PRÜFUNGSBUCH

Groß im Handel

Kaufleute im Groß- und Außenhandel

Zwischen- und Abschlussprüfung

••

Dipl.-Kfm./Dipl. Hdl. Hartwig Heinemeier
Dipl.-Hdl. Peter Limpke
Dipl.-Hdl. Hans Jecht

unter Mitarbeit der Verlagsredaktion

1. Auflage, 2010
Druck 1, Herstellungsjahr 2010

© Bildungshaus Schulbuchverlage
Westermann Schroedel Diesterweg
Schöningh Winklers GmbH
Postfach 33 20, 38023 Braunschweig
Telefon: 01805 996696*   Fax: 0531 708-664
service@winklers.de
www.winklers.de
Redaktion: Katja Becker
Lektorat: Cornelia Osterbrauck, München
Druck: westermann druck GmbH, Braunschweig
ISBN 978-3-8045-**5570**-9

* 14 ct/min aus dem deutschen Festnetz,
  Mobilfunk maximal 42 ct/min

Auf verschiedenen Seiten dieses Buches befinden sich Verweise (Links) auf Internetadressen.
Haftungshinweis: Trotz sorgfältiger inhaltlicher Kontrolle wird die Haftung für die Inhalte der externen Seiten ausgeschlossen. Für den Inhalt dieser externen Seiten sind ausschließlich deren Betreiber verantwortlich. Sollten Sie bei dem angegebenen Inhalt des Anbieters dieser Seite auf kostenpflichtige, illegale oder anstößige Inhalte treffen, so bedauern wir dies ausdrücklich und bitten Sie, uns umgehend per E-Mail davon in Kenntnis zu setzen, damit beim Nachdruck der Verweis gelöscht wird.
Dieses Werk und einzelne Teile daraus sind urheberrechtlich geschützt. Jede Nutzung – außer in den gesetzlich zugelassenen Fällen – ist nur mit vorheriger schriftlicher Einwilligung des Verlags zulässig.

Vorwort

Optimale Prüfungsvorbereitung

Es ist so weit – die Zwischen- oder Abschlussprüfung steht an. Ein jeweils großer Schritt, entweder in Richtung Halbzeit oder – in letzterem Fall – in eine wichtige neue Lebensphase. Doch **wie arbeitet und lernt man am sinnvollsten,** am effektivsten, d. h. mit dem kleinstmöglichen Aufwand und dem größtmöglichen persönlichen Nutzen und Erfolg?

So arbeiten Sie mit diesem Buch

Das vorliegende Prüfungsbuch für die Zwischen- oder Abschlussprüfung im Bereich Groß- und Außenhandel – wie übrigens alle Bücher aus der Winklers-Prüfungsbuchreihe – ist so angelegt, dass Sie im Schnitt auf jeder Doppelseite für die Prüfung **Fragen und deren detaillierte Antworten** finden (die Sie im Zuge Ihrer Vorbereitung zunächst natürlich bitte abdecken). Ein **angehängter Lösungsteil entfällt** also, was das lästige und zeitraubende Nachschlagen und das Wälzen von oft mehreren Hundert Buchseiten verhindert.

Auf verständliche Art und Weise erschließen sich die entsprechenden Fachinhalte aber nicht nur mittels einer **schülergerechten Ausdrucksweise** und **farblichen Hervorhebungen im Text** – wie auch über Schriftarten und -größen –, sondern auch über viele **Übersichten und Grafiken,** die die Texte zudem auflockern. Gerade auf diese **gestalterischen Lern-Elemente** haben Autoren und Redaktion besonders geachtet.

Viele altbewährte Erkenntnisse bezüglich des richtigen Lernens und der besten Lernstrategie, aber auch solche neueren Datums wurden im Einleitungskapitel für Sie zusammengetragen, damit Sie auch wirklich absolut gut gerüstet in die Prüfung gehen, die von Erfolg gekrönt sein soll. Neben der richtigen Lernstrategie gehört zur optimalen Prüfungsvorbereitung aber auch, sich vor der Prüfung mit den **Prüfungsanforderungen** und den **verschiedenen Stilen der Prüfungsaufgaben** vertraut zu machen. Das Einleitungskapitel „Wie bereite ich mich optimal für die Prüfung vor?" bietet Ihnen dazu anhand konkreter Beispiele ausreichend Möglichkeit. Darüber hinaus werden Ihnen dort viele praktische Tipps und Ratschläge gegeben, mit deren Hilfe Sie Ihre Prüfungsvorbereitung noch optimieren können. Das umfasst z. B. Tipps zu einem sinnvollen Wiederholungsplan oder solchen gegen einen Konzentrationsabfall sowie zum Vermeiden von Lernproblemen. Auch der Umgang mit programmierten Aufgabenstellungen wird in diesem Einleitungsteil konkret angesprochen und die einzelnen Aufgabentypen vorgestellt.

Bei jedem Kapitel dieses Buches wurden die **Fragen** und **Aufgaben durchnummeriert.** Versehen Sie bei Ihrer Vorbereitung auf die Prüfung alle Fragen, die Sie ohne Probleme lösen konnten, **mit einem Haken,** so wissen Sie genau, welche Inhalte Sie bereits beherrschen und welche Sie nochmals gründlich bearbeiten sollten beziehungsweise, wo noch Wissenslücken geschlossen werden müssen.

Alles auf einen Blick – ohne langwieriges und lästiges Nachschlagen!

Dieses Prüfungsbuch bietet Ihnen über 1 500 Fragen und Antworten für Ihre optimale Prüfungsvorbereitung!

Vorwort

Gehen Sie gut vorbereitet in die Prüfung!

Im letzten Kapitel dieses Buches findet sich zudem ein lernfeldorientierter Teil mit Aufgaben, die die verschiedensten Lernbereiche des Groß- und Außenhandels gleichzeitig behandeln.

Ergänzungen und **Aktualisierungen** (z. B. aufgrund von Gesetzesänderungen) findet der Benutzer/die Benutzerin dieses Prüfungsbuches über die Internetadresse www.winklers.de. Bitte geben Sie dazu in das Suchfeld oben links z. B. „5570" ein.

Für Ihre Anstrengungen wünschen wir Ihnen schon jetzt alles Gute, erfolgreiches Gelingen und natürlich auch das berühmte Quäntchen Glück, das nach dem Durcharbeiten dieses Buches unserer Ansicht nach allerdings nur noch klein ausfallen muss.

Viel Erfolg für die Arbeit mit diesem Prüfungsbuch!

Autoren und Redaktion

Inhalt

Wie bereite ich mich optimal für die Prüfung vor?

1	Welche Anforderungen erwarten mich in der Abschlussprüfung?	13
2	Wie gestalte ich die Vorbereitung zur Prüfung am sinnvollsten?	19
3	Ich löse typische Aufgaben des gebundenen Teils der Abschlussprüfung	23

Ich wiederhole alle prüfungsrelevanten Inhalte

1	**Großhandelsgeschäfte**	**28**
1.1	**Ausbildungsunternehmen**	28
1.2	**Beschaffung und Logistik**	40
1.3	**Vertrieb und Kundenorientierung**	67
1.4	**Wareneingang, Warenlagerung und Warenausgang; Warenwirtschaftssystem**	94
1.4.1	Aufgaben und Arten des Lagers	94
1.4.2	Organisation des Lagers	104
1.4.3	Kommissionierung	105
1.4.4	Lagerhalter	105
1.4.5	Just-in-time-Prinzip	107
1.4.6	Versicherung	108
1.4.7	Güterversand	109
1.4.8	Tourenplanung	112
1.4.9	Paketdienste	113
1.4.10	Spediteur	115
1.5	**Außenhandelsgeschäft**	116
1.5.1	Einfuhrverfahren	118
1.5.2	System der Wechselkurse	120
1.5.3	Währungsrechnen	124
2	**Kaufmännische Steuerung und Kontrolle, Organisation**	**126**
2.1	**Kaufmännische Steuerung und Kontrolle**	126
2.1.1	Buchen von Geschäftsvorgängen	126
2.1.2	Buchungen im Personalbereich	159

Inhalt

2.1.2.1	Buchung der Löhne und Gehälter	159
2.1.3	Buchungen im Anlagebereich	163
2.1.3.1	Anschaffung von Anlagegegenständen	163
2.1.3.2	Abschreibungen auf Sachanlagen	165
2.2	**Zeitliche Abgrenzung**	**170**
2.2.1	Sonstige Verbindlichkeiten	171
2.2.2	Transistorische Rechnungsabgrenzung	172
2.2.2.1	Aktive Rechnungsabgrenzung	172
2.2.2.2	Passive Rechnungsabgrenzung	173
2.2.3	Rückstellungen	175
2.2.3.1	Bildung von Rückstellungen	175
2.2.3.2	Auflösung von Rückstellungen	176
2.2.4	Bewertung des Vermögens und der Schulden	176
2.2.4.1	Bewertung von Anlagegegenständen und Umlaufvermögen	176
2.2.4.2	Bewertung der Vorräte	178
2.2.4.3	Bewertung der Forderungen	178
2.2.4.3.1	Zweifelhafte Forderungen	178
2.2.4.3.2	Uneinbringliche Forderungen	179
2.2.4.4	Bewertung der Schulden	180
2.3	**Kosten- und Leistungsrechnung, Controlling**	**181**
2.3.1	Controllinginstrumente	182
2.3.2	Ziele und Grundbegriffe der Kosten- und Leistungsrechnung	183
2.3.2.1	Kalkulatorische Kosten	187
2.3.2.2	Tabellarische Abgrenzungsrechnung (Ergebnistabelle)	189
2.3.2.2.1	Wesen	189
2.3.2.2.2	Ergebnistabelle	190
2.3.3	Kostenartenrechnung	195
2.3.3.1	Kalkulationsschema	200
2.3.3.2	Bezugskalkulation	201
2.3.3.3	Vorwärtskalkulation (Angebots- oder Verkaufskalkulation)	202
2.3.4	Einfacher Handlungskostenzuschlagssatz	202
2.3.4.1	Kalkulationszuschlag und Kalkulationsfaktor (Vereinfachung der Vorwärtskalkulation)	204
2.3.4.1.1	Kalkulationszuschlag	205
2.3.4.1.2	Kalkulationsfaktor	206
2.3.4.2	Rückwärtskalkulation (Kalkulation des aufwendbaren Einkaufspreises)	208
2.3.4.3	Handelsspanne (Vereinfachung der Rückwärtskalkulation)	209
2.3.4.4	Differenzkalkulation (Kalkulation des Gewinns)	211

2.3.5	Deckungsbeitragsrechnung (Teilkostenrechnung)	214
2.3.5.1	Deckungsbeitragsrechnung und Sortimentsgestaltung	216
2.3.5.2	Bestimmung der kurzfristigen Preisuntergrenze	216
2.3.6	Auswertung des Jahresabschlusses	223
2.3.6.1	Auswertung der Bilanz	223
2.3.6.1.1	Kennzahlen des Vermögensaufbaus (vertikale Finanzierungsregeln)	223
2.3.6.1.2	Kennzahlen des Kapitalaufbaus	226
2.3.6.1.3	Horizontale Finanzierungsregeln	227
2.3.6.1.4	Kennzahlen zur Liquidität (horizontale Regeln)	228
2.3.6.1.5	Liquiditätsgrundsätze	229
2.3.6.2	Rentabilität	230
2.3.7	Barzahlung und halbbare Zahlung	234
2.3.8	Zinsrechnung	236
2.3.8.1	Berechnung der Zinsen	236
2.3.8.2	Berechnung der Zinstage	236
2.3.8.3	Berechnung des Kapitals	237
2.3.8.4	Berechnung des Zinssatzes	238
2.3.8.5	Berechnung der Zeit	238
2.4	**Finanzierung**	**239**
2.4.1	Investitionsarten	239
2.4.2	Finanzierung und Finanzierungsgrundsätze	240
2.4.3	Finanzierungsarten	241
2.4.4	Kreditarten nach der Fristigkeit des Kredits	244
2.4.5	Kreditarten nach der rechtlichen Stellung des Kredits (Kreditsicherung)	250
2.4.6	Wechsel	252
2.4.7	Leasing	255
2.4.8	Factoring	257
2.5	**Datenschutz und Datensicherung**	**259**
2.6	**Electronic Commerce**	**260**
2.7	**Entlohnungssysteme**	**262**
2.7.1	Gehaltsabrechnung/Steuerklassen	264
3	**Wirtschafts- und Sozialkunde**	**266**
3.1	**Rechtliche Rahmenbedingungen des Wirtschaftens**	**266**
3.1.1	Kaufmannseigenschaften	266

Inhalt

3.1.2	Firma	267
3.1.3	Handelsregister	270
3.1.4	Vertragsfreiheit	272
3.1.5	Rechtsgeschäfte	273
3.1.6	Kaufvertrag: Verpflichtungs- und Erfüllungsgeschäft	274
3.1.7	Verträge des Wirtschaftslebens	274
3.1.8	Mangelhafte Lieferung (Schlechtleistung)	276
3.1.9	Lieferungsverzug (Nicht-rechtzeitig-Lieferung)	283
3.2	**Marketing: Warenverkauf ab Lager**	**286**
3.2.1	Annahmeverzug (Gläubigerverzug)	286
3.2.2	Zahlungsverzug (Nicht-rechtzeitig-Zahlung)	288
3.3	**Rechtsform und Unternehmen**	**291**
3.3.1	Einzelunternehmen	291
3.3.2	Offene Handelsgesellschaft	292
3.3.3	Kommanditgesellschaft	293
3.3.4	Gesellschaft mit beschränkter Haftung	294
3.3.5	Aktiengesellschaft	296
3.3.6	Genossenschaft	297
3.4	**Menschliche Arbeit im Betrieb**	**298**
3.4.1	Mitarbeitervollmacht	298
3.5	**Rechtliche Grundlagen des Personalwesens**	**299**
3.5.1	Berufsausbildung	299
3.5.2	Arbeitsschutzbestimmungen	301
3.5.3	Tarifvertrag	303
3.5.4	Arbeitsvertrag	304
3.5.5	Beendigung des Arbeitsverhältnisses	304
3.5.6	Sozialversicherung	306
3.5.7	Mitbestimmung im Aufsichtsrat	310
3.5.8	Betriebliche Mitwirkungs- und Mitbestimmungsrechte	311
3.6	**Steuern**	**312**
3.7	**Markt und Preis/Wirtschaftsordnung**	**314**
3.7.1	Markt und Marktarten	314
3.7.2	Bildung des Gleichgewichtspreises – seine Veränderungen und Aufgaben	314
3.7.3	Markttypen und Marktformen	329

Inhalt

3.7.4	Preisbildung auf eingeschränkten (unvollkommenen) Märkten	331
3.7.5	Staatliche Preisbildung	334
3.7.6	Konzentration in der Wirtschaft (Kartell, Konzern und Trust)	335
3.8	**Wirtschaftsordnung**	337
3.8.1	Modelle der Wirtschaftsordnung	337
3.8.2	Gesetzliche Regelungen des Wettbewerbs	342
3.9	**Grundzüge der Wirtschaftspolitik in der sozialen Marktwirtschaft**	344
3.9.1	Wirtschaftskreislauf mit staatlicher Aktivität und Außenwirtschaft	344
3.9.2	Bruttoinlandsprodukt/Bruttosozialprodukt und Volkseinkommen	348
3.9.3	Sozialprodukt und Wirtschaftswachstum	350
3.9.4	Entstehung, Verteilung und Verwendung des Bruttoinlandsprodukts	351
3.9.5	Aussagekraft und Bedeutung des Bruttoinlandsprodukts	352
3.9.6	Zahlungsbilanz	353
3.9.7	Gesamtwirtschaftliche Ziele	356
3.9.8	Zielkonflikte	365
3.9.9	Konjunkturelle Schwankungen	366
3.9.10	Konjunkturindikatoren	370
3.9.11	Fiskalpolitik des Staates	371
3.9.12	Staatliche Wachstums- und Umweltschutzpolitik	376
3.9.13	Strukturwandel und Strukturpolitik des Staates	378
3.9.14	Stellung, Aufgaben und Geldpolitk der Europäischen Zentralbank (EZB)	379
3.9.15	Europäische Wirtschafts- und Währungsunion	390

Ich buche nach Belegen

4	**Geschäftsfälle – Buchen nach Belegen**	394
4.1	Buchen nach Beleg Nr. 1– 3	394
4.2	Buchen nach Beleg Nr. 4–20	397
4.3	Buchen nach Beleg Nr. 21–38	412
4.4	Buchen nach Beleg Nr. 39–42	426
4.5	Buchen nach Beleg Nr. 43–45	430
4.6	Buchen nach Beleg Nr. 46–54	433

Inhalt

4.7	Buchen nach Beleg Nr. 55–57	443
4.8	Buchen nach Beleg Nr. 58–59	447
4.9	Buchen nach Beleg Nr. 60–70	449
4.10	Vorbereitende Abschlussbuchungen	459

Ich löse lernfeldorientierte Aufgaben

5 Lernfeldorientierte Aufgaben ... 460

5.1	Anfrage/Angebot/Bezugskalkulation	460
5.2	Betriebslehre/Beschaffung	465
5.3	Beschaffung/Liefererwahl	466
5.4	Rechnungswesen/Controlling	468
5.5	Betriebslehre/Kaufvertrag	470
5.6	Lagerbestände/Bezugskalkulation	471
5.7	ABC-Analyse	472
5.8	Lagerbestandsgrößen/Lagerkennziffern	473
5.9	Einlagerungssystem/Lagerhalter	475
5.10	Frachtführer/Spediteur/Just-in-time	476
5.11	Betriebslehre/Güterversand	478
5.12	Betriebslehre/Marketing	479
5.13	Betriebslehre/Vertrieb	482
5.14	Sortiments- und Produktpolitik	484
5.15	Marketing/Warenverkauf ab Lager	486

Inhalt

5.16	Kooperation	488
5.17	Warenwirtschaftssystem	489
5.18	Projekte/Netzplantechnik	490

Ich löse typische Aufgaben des gebundenen Teils der Abschlussprüfung

6	Multiple-Choice-Aufgaben nach Lernfeldern (LF)	492
6.1	LF 1: Den Ausbildungsbetrieb als Groß- und Außenhandelsunternehmen präsentieren	492
6.2	LF 2: Aufträge kundenorientiert bearbeiten	496
6.3	LF 3: Beschaffungsprozesse planen, steuern und durchführen	500
6.4	LF 4: Geschäftsprozesse als Wertströme erfassen, dokumentieren und auswerten	505
6.5	LF 5: Personalwirtschaftliche Aufgaben wahrnehmen	510
6.6	LF 6: Logistische Prozesse planen, steuern und kontrollieren	514
6.7	LF 7: Gesamtwirtschaftliche Einflüsse auf das Groß- und Außenhandelsunternehmen analysieren	519
6.8	LF 8: Preispolitische Maßnahmen erfolgsorientiert vorbereiten und steuern	525
6.9	LF 9: Marketing planen, durchführen und kontrollieren	531
6.10	LF 10: Finanzierungsentscheidungen treffen	536
6.11	LF 11: Unternehmensergebnisse aufbereiten, bewerten und nutzen	542
6.12	LF 12: Berufsorientierte Projekte für den Groß- und Außenhandel durchführen	548

Kontenrahmen für Groß- und Außenhandel ... 550

Stichwortverzeichnis ... 552

Prüfung

Prüfungsanforderungen

Wie bereite ich mich optimal für die Prüfung vor?

Gehen Sie gut vorbereitet in die Prüfung!

Sie wollen nicht unvorbereitet in die Prüfung gehen? Sie wollen sich nicht der Gefahr aussetzen, durch Zufall und mit Glück oder bestenfalls mit Ach und Krach zu bestehen? Deshalb halten Sie das vorliegende Buch „Prüfungsbuch Groß- und Außenhandel" in Händen, das Ihnen dabei hilft, sich optimal auf Ihre Abschlussprüfung vorzubereiten. Doch wie sieht eine optimale Prüfungsvorbereitung aus?

Kurz und auf einen Blick heißt das,
1. sich mit den Prüfungsanforderungen vertraut machen.
2. ein gutes Zeitmanagement, gekoppelt mit den richtigen Lernstrategien, einsetzen.
3. alle prüfungsrelevanten Lerninhalte wiederholen und mögliche Lücken schließen.
4. sich anhand von konkreten Beispielen mit den verschiedenen Stilen der Prüfungsaufgaben vertraut machen.

Analog zu diesen Punkten können Sie sich in diesem Prüfungsbuch zuerst einmal darüber informieren, wie Ihre Prüfung überhaupt konkret abläuft und was dort von Ihnen verlangt wird. Der folgende Einleitungsabschnitt „**Welche Anforderungen erwarten mich in der Abschlussprüfung?**" widmet sich diesem Aspekt.

In eine gute Prüfungsvorbereitung muss man Zeit investieren, die so effektiv wie möglich genutzt werden sollte. Das geht besonders gut mit gezielten Lerntechniken und dem Wissen, was bei Prüfungen grundsätzlich beachtet werden muss. Unterstützung dazu finden Sie im zweiten Einleitungsabschnitt „**Wie gestalte ich die Vorbereitung zur Prüfung am sinnvollsten?**".

Sie haben Ihre Ausbildung mehr oder weniger hinter sich. In der Berufsschule wurden in dieser Zeit sehr viele Themen durchgenommen. Leider heißt jedoch ‚durchgenommen' aber noch lange nicht behalten! Sie müssen also sicherheitshalber noch einmal alle Inhalte, die in der Prüfung verlangt werden können, wiederholen. Das sollten Sie anhand der drei großen Buchkapitel unter dem Motto „**Ich wiederhole alle prüfungsrelevanten Inhalte**" machen. Dieser Abschnitt orientiert sich an den Prüfungsbereichen des Prüfungskatalogs für die IHK-Abschlussprüfungen. Mithilfe von Fragen können Sie dabei Lücken in Ihrem Wissen erkennen. Die dazugehörenden Antworten in übersichtlicher Form helfen Ihnen, sie zu schließen.

Ein anderer Teil der Prüfung findet in ungebundener Form statt. Mit Kapitel vier „**Ich buche nach Belegen**" und dem sich daran anschließenden Kapitel fünf „**Ich löse lernfeldorientierte Aufgaben**" können Sie sich darauf vorbereiten. Natürlich werden auch damit wichtige Inhalte noch einmal geübt.

Ein großer Teil der Abschlussprüfung findet in Form von Multiple-Choice-Aufgaben statt. Erfahrungsgemäß ist deren Bearbeitung für viele Schüler ungewohnt. Um sich auf diese Art der Prüfung vorzubereiten, sollte man den dritten Einleitungsabschnitt „**Ich löse typische Aufgaben des gebundenen Teils der Abschlussprüfung**" sowie dementsprechend das sechste Kapitel dieses Prüfungsbuches durcharbeiten.

Prüfungsfächer *Prüfung*

1 Welche Anforderungen erwarten mich in der Abschlussprüfung?

Um Groß- und Außenhandelskaufmann bzw. Groß- und Außenhandelskauffrau zu werden, müssen Sie vier Hürden überspringen: drei davon sind schriftliche Prüfungen und die vierte wird mündlich abgelegt.

Schriftliche Abschlussprüfung

Die schriftliche Abschlussprüfung ist eine zentrale Prüfung und wird von der AkA Nürnberg in Zusammenarbeit mit der zuständigen Industrie- und Handelskammer ausgerichtet. Sie erfolgt in drei Prüfungsfächern. Diese Prüfungsfächer entsprechen von der Zuordnung der Lerninhalte her nicht den schulischen Lernfeldern. Über mögliche Inhalte der schriftlichen Abschlussprüfung informiert der „Prüfungskatalog für die IHK-Abschlussprüfungen. Kaufmann/Kauffrau im Groß- und Außenhandel". Dieser Prüfungskatalog ist nach Prüfungsbereichen aufgebaut. Innerhalb der Prüfungsbereiche erfolgt eine inhaltliche Gliederung nach Gebieten, Funktionen, Fragenkomplexen und Themenkreisen.

An dieser Gliederung orientiert sich auch der dritte Buchabschnitt „Wiederholung aller prüfungsrelevanten Inhalte".

Prüfungsfach „Großhandelsgeschäfte"
Die Prüfung im Prüfungsfach „Großhandelsgeschäfte" dauert 120 Minuten und wird in ungebundener Form abgehalten. Sie müssen ca. sechs komplexe Aufgaben lösen. Erreichbar sind maximal 100 Punkte.

Die zu prüfenden Inhalte kommen aus den Gebieten:
- Warenwirtschaft und Logistik im Handel,
- Planung und Durchführung der Beschaffung,
- Marketing und Vertrieb.

In diesem Prüfungsteil sollen Sie also nachweisen, dass Sie die Geschäftsprozesse im Großhandel von der Beschaffung bis hin zum Vertrieb effektiv steuern und kontrollieren können. Sie müssen dabei zeigen, dass Sie kundenorientiert arbeiten und rechtliche Bestimmungen berücksichtigen, gegebenenfalls auch Reklamationen bearbeiten und Konfliktlösungen anwenden können.

Prüfungsfach „Wirtschafts- und Sozialkunde"
In 60 Minuten müssen Sie ungefähr 36 programmierte Aufgaben (Multiple-Choice-Aufgaben) bearbeiten. 100 Punkte erhalten Sie bei vollständiger Lösung.

Prüfungsgegenstände sind Inhalte aus den Themenbereichen:
- Arbeitsrecht und soziale Steuerung,
- Berufsbildung,
- Wirtschaftsordnung und Wirtschaftspolitik.

In diesem Prüfungsteil weisen Sie also nach, dass Sie gesellschaftliche und wirtschaftliche Zusammenhänge der Berufs- und Arbeitswelt darstellen und beurteilen können.

Prüfungsfragen „Kaufmännische Steuerung und Kontrolle, Organisation"
Diese 90-minütige Prüfung findet in gebundener Form statt: Ungefähr 40 programmierte Aufgaben müssen Sie dabei lösen. Erreichbar sind auch in diesem Fall maximal 100 Punkte.

Maximal können je Prüfungsfach 100 Punkte erreicht werden.

Prüfung

IHK-Abschlussprüfung

Beispiel aus dem Prüfungskatalog der IHK-Abschlussprüfungen. Die Prüfungsfächer entsprechen von der Zuordnung der Lerninhalte her nicht den schulischen Lernfeldern.

Großhandelsgeschäfte

02 Beschaffung und Logistik

0202 Beschaffungsplanung

Fragenkomplex	Themenkreis	Beispiele für betriebliche Handlungen
03 Vorschläge für die Zusammenstellung marktorientierter Sortimente unter Berücksichtigung branchenüblicher Produkte entwickeln	01 Sortimentsplanung 02 Sortimentsbildung 03 Sortimentsbreite und -tiefe 04 Kern- und Randsortiment 05 Sortimentsbereinigung und -erweiterung 06 Sortimentskooperation	D Anhand geeigneter Kriterien Vorschläge zur Sortimentsbereinigung erarbeiten D Umsatzrentabilität des Sortiments berechnen D Handelsspanne berechnen K Verbundwirkung von Artikeln prüfen

0203 Wareneinkauf

01 Bezugsquellen ermitteln und Angebote einholen	01 Innerbetriebliche Bezugsquellennachweise 02 Außerbetriebliche Bezugsquellennachweise 03 Anfrage • bestimmte Anfrage • unbestimmte Anfrage	P Externe Beschaffungsquellen ermitteln D Anfragen schreiben
02 Angebote insbesondere hinsichtlich Art, Beschaffenheit, Qualität, Menge, Preis, Verpackungskosten, Lieferzeit, Liefer- und Zahlungsbedingungen vergleichen	01 Inhalt von Angeboten 02 Rechtswirkung von Angeboten • Angebote an Anwesende • Angebote an Abwesende • Freizeichnungsklauseln 03 Angebotsvergleich • Qualitativ • Quantitativ 04 Grundlagen des Kaufvertragsrechts • Gesetzliche Bestandteile (Pflichten von Käufer/Verkäufer, Gefahrtragungsregelung) • Vertragliche Bestandteile (Menge sowie Art, Beschaffenheit und Güte und Preis der Ware, Preisnachlässe, Verpackungskosten, Art des Versands, Lieferzeit, Lieferbedingungen, Zahlungsbedingungen, Erfüllungsort/Gerichtsstand) 05 Allgemeine Geschäftsbedingungen 06 Kaufvertragsarten • Stückkauf • Gattungskauf • Fixkauf • Kauf ab Abruf • Spezifikationskauf • Kauf auf Probe • Streckengeschäft	D Rechnerischen Angebotsvergleich vornehmen (Bezugskalkulation) D Warenproben anfordern/zurücksenden K Angebote unter qualitativen Aspekten auswerten K Rechtswirksamkeit eines Angebots prüfen K Lieferzeiten im Hinblick auf eigenen Bedarf überprüfen K AGB des Lieferanten mit eigenen Einkaufs-AGB abgleichen
03 Ware bestellen, Auftragsbestätigungen prüfen	01 Bestellvorschlag 02 Bestellung 03 Auftragsbestätigung	K Auftragsbestätigung auf Vertragskonformität prüfen
04 Vertragserfüllung prüfen, insbesondere Liefertermine überwachen und bei Verzug mahnen	01 Terminüberwachung 02 Mahnung 03 Lieferungsverzug	D Fällige Lieferungen anmahnen K Terminkontrollen vornehmen
05 Eingangsrechnungen und Lieferpapiere sachlich und rechnerisch prüfen	01 Lieferschein 02 Rechnung	K Anhand geeigneter Unterlagen Rechnungskontrolle durchführen
06 Reklamationen unter Berücksichtigung der vertraglichen Verpflichtungen bearbeiten	01 Leistungsstörungen bei der Erfüllung des Kaufvertrages (BGB/HGB-Regelungen) • Mangelhafte Lieferung • Verzug des Schuldners (Lieferungsverzug, Zahlungsverzug) • Verzug des Gläubigers (Annahmeverzug) 02 Mahnverfahren 03 Verjährung	P Rechtliche Schritte bei Vertragsstörungen planen D Mahnung veranlassen D Mangelbericht erstellen D Verjährungsfristen bzw. -termine bestimmen K Voraussetzungen für Sach- und Rechtsmängel (mangelhafte Lieferung), Verzug des Schuldners (Lieferungs- und Zahlungsverzug), Annahmeverzug prüfen K Zahlungseingang kontrollieren

9

Quelle: AkA, Prüfungskatalog für die IHK-Abschlussprüfungen. Kaufmann/Kauffrau im Groß- und Außenhandel, Seite 9

Umgang mit den Aufgaben

Prüfung

Die Themen dieses Prüfungsteils sind:
- Arbeitsorganisation und Personalwirtschaft,
- Information und Kommunikationstechnik,
- Kosten- und Leistungsrechnung, Controlling,
- Buchungsvorgänge,
- Zahlungsverkehr und Kredit.

Sie sollen in diesem Prüfungsteil zunächst zeigen, dass Sie das Rechnungswesen beherrschen. Ferner sollen Sie sowohl rechnerische als auch organisatorische Probleme der Praxis lösen.

UNBEDINGT BEACHTEN

sollten Sie die folgenden allgemeinen Hinweise zum Umgang mit den Aufgaben. Sie sparen zudem Zeit in der Prüfung, wenn Sie diese Tipps jetzt schon zur Kenntnis nehmen.

1. In der Prüfung erhalten Sie je Prüfungsfach einen Aufgabensatz sowie in der Regel weitere Unterlagen, zum Beispiel Lösungsbögen bei Fächern, die maschinell ausgewertet werden, Anlagen mit Belegen, Nebenrechnungsformulare usw., die Sie zur Bearbeitung der Prüfungsaufgaben benötigen. Bevor Sie mit der Bearbeitung beginnen, prüfen Sie bitte, ob der Aufgabensatz
   a) die auf der ersten Seite (= Deckblatt) vermerkten zusätzlichen **Unterlagen** und
   b) die ebenfalls auf dem Deckblatt angegebene **Aufgabenanzahl** enthält.
   Wenden Sie sich bei Unstimmigkeiten sofort an die zuständige Aufsicht! Reklamationen nach Schluss der Prüfung können nicht anerkannt werden.

2. Lesen Sie sich bitte die **Bearbeitungshinweise,** die auf dem Deckblatt des Aufgabensatzes stehen, aufmerksam durch!

3. Füllen Sie als Erstes sorgfältig die **Kopfleiste** des Aufgabensatzes bzw. bei Fächern, die maschinell ausgewertet werden, die des Lösungsbogens aus. Schreiben Sie Ihren **Familien- und Vornamen** in Blockbuchstaben und ersetzen Sie ä durch ae, ü durch ue und ö durch oe. Außerdem ist die **Prüflingsnummer,** die auf Ihrer Einladung zur Prüfung oder auf Ihrer Prüfungsmappe steht, in diese Kopfleiste einzutragen. Beachten Sie in diesem Zusammenhang auch eventuelle Anweisungen der Aufsichten. **Bei fehlender oder falscher Prüflingsnummer ist eine Auswertung nicht möglich.**

4. Bevor Sie damit beginnen, eine Aufgabe zu lösen, sollten Sie den Aufgabentext **äußerst sorgfältig und genau lesen.** Bei **Fächern, die maschinell ausgewertet werden,** kann die richtige Lösung von einem einzelnen **Wort** abhängen. Halten Sie sich bei der Bearbeitung der **Prüfungsaufgaben** genau an die **Vorgaben** zur Beantwortung der Fragen. Wenn zum Beispiel vier Angaben gefordert werden und Sie sechs Angaben anführen, werden nur die ersten vier Angaben bewertet.

5. Greifen Sie zweckmäßigerweise **zunächst die Aufgaben heraus, die Ihnen am sichersten lösbar erscheinen.** Die übrigen Aufgaben bearbeiten Sie in der dann noch zur Verfügung stehenden Zeit. Auch hierbei sollten Sie **vermeiden, sich an einzelnen Aufgaben „festzubeißen",** solange noch andere Aufgaben ungelöst sind. Eventuelle Angaben zur **Bearbeitungszeit** sind als Hinweis zu verstehen. Er soll Ihnen helfen, sich die Prüfungszeit, die für das Prüfungsfach insgesamt gilt, richtig einzuteilen.

Prüfung

Mündliche Prüfung

6. Als Hilfsmittel ist grundsätzlich ein **nicht programmierter**, netzunabhängiger **Taschenrechner** ohne Kommunikationsmöglichkeit mit Dritten zugelassen. Über weitere, bei einzelnen Ausbildungsberufen **zugelassene Hilfsmittel** informiert Sie rechtzeitig die zuständige IHK. Entsprechende Informationen finden Sie auch im Internet unter
www.aka-nuernberg.de.

7. Die **Benutzung unerlaubter Hilfsmittel** führt zum vorläufigen Ausschluss von der Prüfung.

8. Bitte beachten Sie, dass Ihre **Eintragungen** auf **Nebenrechnungsvordrucken** und **Konzeptpapier** grundsätzlich **nicht bewertet** werden.

Quelle: AkA - Industrie und Handelskammer (Postfach, 90331 Nürnberg), Hinweise für die Teilnehmer an der kaufmännischen Abschlussprüfung der Industrie- und Handelskammer im Frühjahr 2010

Fallbezogenes Fachgespräch

Das fallbezogene Fachgespräch ist eine mündliche Prüfung. Dieser Prüfungsteil dauert nach einer höchstens 15-minütigen Vorbereitungszeit ungefähr 20 bis maximal 30 Minuten.

Sie müssen dort eine von zwei möglichen, Ihnen zur Auswahl gestellten praxisbezogenen Aufgaben bearbeiten. Diese müssen sich inhaltlich unterscheiden und können aus den drei Gebieten
- Wareneinkauf,
- Marketing,
- Verkauf und Kundenberatung

kommen.

Die Lösung dieser Aufgaben findet auch unter Berücksichtigung der branchenspezifischen Warenkenntnisse Ihres Ausbildungsbetriebes statt. Das Fachgespräch darf jedoch keine reine Warenkundeprüfung sein.

Die mündliche Prüfung findet vor einer Kommission statt, die der Branche des Prüflings entspricht. Sie würden also z. B. als Auszubildende bzw. Auszubildender im Textilgroßhandel von der Kommission „Großhandel – Textilien" geprüft. Die Prüfer sind jeweils mindestens ein Arbeitgeber- und ein Arbeitnehmervertreter sowie ein Lehrer einer berufsbildenden Schule.

Bei der Ermittlung des Gesamtergebnisses werden die Prüfungsfächer „Großhandelsgeschäfte" und „Fallbezogenes Fachgespräch" **doppelt gewichtet!**

Prüfungsergebnis

Sie haben die Prüfung bestanden, wenn Sie die folgenden Voraussetzungen erfüllt haben:
- Sie haben in mindestens drei der vier Prüfungen wenigstens 50 Punkte erreicht.
- In keinem Prüfungsfach haben Sie weniger als 30 Punkte.
- Sie haben im Gesamtergebnis mindestens 50 Punkte erzielt.
- Die mündliche Prüfung haben Sie mit mindestens 50 Punkten abgeschlossen.

Benotung — *Prüfung*

> *Beispiel:*
>
> Marvin Nartey hat die folgenden Prüfungsergebnisse erzielt:
> - Großhandelsgeschäfte – 84 Punkte
> - Kaufmännische Steuerung und Kontrolle, Organisation – 69 Punkte
> - Wirtschafts- und Sozialkunde – 44 Punkte
> - Fallbezogenes Fachgespräch – 78 Punkte
>
> Er hat bestanden, weil er in allen Prüfungsfächern mindestens 30 Punkte und in nur einem Fach weniger als 50 Punkte erzielt hat.

Die Benotung in den einzelnen Prüfungsfächern erfolgt nach dem sogenannten „IHK-Schlüssel".

Note	Note	Punkte bzw. Prozent
1	Sehr gut	100 – 92
2	Gut	91 – 81
3	Befriedigend	80 – 67
4	Ausreichend	66 – 50
5	Mangelhaft	49 – 30
6	Ungenügend	29 – 0

> *Beispiel:*
>
> Marvin Nartey hat als Gesamtnote in seiner Prüfung mit insgesamt 73 Punkten ein „Befriedigend":
>
> $$\frac{(84 \cdot 2) + 69 + 44 + (78 \cdot 2)}{6} = \frac{437}{6} = 73 \text{ Punkte}$$

Haben Sie die Prüfung bestanden, ist der Tag der mündlichen Prüfung auch gleichzeitig Ihr letzter Ausbildungstag. Sollten Ihre Noten nicht so gut ausgefallen sein, besteht in einigen Grenzfällen jedoch die Möglichkeit, eine **Ergänzungsprüfung** abzulegen.

Prüfung: Prüfungsergebnis

Beispiel

Prüfling:	Ergebnis des Prüfungsteils „Großhandelsgeschäfte" in %	Ergebnis des Prüfungsteils „Kaufmännische Steuerung und Kontrolle, Organisation" in %	Ergebnis des Prüfungsteils „WiSo" in %	Ergebnis des Prüfungsteils „Fallbezogenes Fachgespräch" in %	Note des Gesamtergebnisses	Folge
Jörn A.	4	5	5	4	4	Ergänzungsprüfung!
Meike H.	4	5	4	4	4	Ergänzungsprüfung!
Tanja L.	5	5	3	3	3	Ergänzungsprüfung!

Eine Ergänzungsprüfung kann im Anschluss an eine mündliche Prüfung stattfinden. Mit einer Ergänzungsprüfung besteht die Möglichkeit, das Ergebnis einer bisherigen mit „Mangelhaft" bewerteten schriftlichen Prüfungsleistung zu verbessern. Bei einer erfolgreichen Ergänzungsprüfung gilt die gesamte Prüfung dann als bestanden.

Beispiel:

Jörn A. hatte in seiner Abschlussprüfung im Prüfungsteil „WiSo" 42 % und im Prüfungsteil „Kaufmännische Steuerung und Kontrolle, Organisation" 46 % erreicht. Damit hat er zunächst einmal die Prüfung nicht bestanden.
Jörn A. beantragt die Ergänzungsprüfung. Aus taktischen Gründen wählt er den Prüfungsteil „Kaufmännische Steuerung und Kontrolle, Organisation", denn hier muss er nur 4 % wettmachen. In der Ergänzungsprüfung erzielt er 67 %.
Der Prüfungsausschuss rechnet nach der folgenden Formel:

$$\frac{(\text{Punkte des nicht bestandenen Prüfungsteils} \cdot 2) + \text{Punkte der Ergänzungsprüfung}}{3}$$

Damit ergibt sich für Jörn A.:

$$\frac{(46 \cdot 2) + 67}{3} = \frac{92 + 67}{3} = \frac{159}{3} = 53 \text{ Punkte}$$

Jörn A. hat nun im Prüfungsteil „Kaufmännische Steuerung und Kontrolle, Organisation" 53 Punkte und somit eine Vier. Jetzt hat er die gesamte Prüfung bestanden.

2 Wie gestalte ich die Vorbereitung zur Prüfung am sinnvollsten?

Lernen auf mehreren Lernwegen

Ein wichtiges Erfolgsrezept bei der Vorbereitung auf Prüfungen ist das flexible Lernen auf verschiedenen Lernwegen. Für die selbstständige Informationsverarbeitung nutzt der Mensch seine Wahrnehmungsmöglichkeiten, wie
- das Lesen,
- das Hören,
- das Sehen,
- das Fühlen.

Über die verschiedenen Sinnesorgane kann der jeweilige Lernstoff aufgenommen werden, d. h., die verschiedenen Sinnesnerven (Augen, Ohren, Geruchssinn usw.) leiten die Sinnesreize zum Gehirn, von wo aus sie ins Gedächtnis gelangen. Die Strecke vom jeweiligen Sinnesorgan zum Gedächtnis nennt man Lernweg.

Bevorzugen Sie zunächst den Lernweg,
- der Ihnen am besten liegt,
- auf dem Sie am meisten verstehen,
- auf dem Sie am meisten behalten.

Lassen Sie aber keinen der drei Hauptlernwege (Sehen, Hören, Handeln) aus, denn je mehr Lernwege benutzt werden, desto mehr Wahrnehmungsfelder werden im Gehirn angesprochen und in den Gedächtnisprozess einbezogen.

Untersuchungen haben gezeigt, dass Lernprozesse dann am effektivsten sind, wenn das ermittelte Wissen selbst angewendet wird. Sie sollten sich daher Informationen nicht nur anhören oder -sehen, sondern sich durch eigene Anwendung aneignen.

Vertiefen Sie den Lernstoff durch Anfertigung von Textauszügen und Textstrukturen oder durch das Lösen von Übungsaufgaben, so wird er gut verankert und vernetzt.

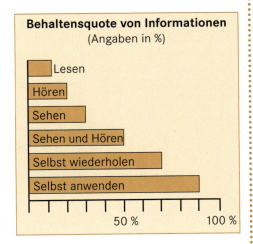

Wissenschaftliche Untersuchungen haben gezeigt, dass bei den meisten Menschen alle Lernwege halbwegs gleichmäßig ausgeprägt sind. Benutzen Sie deshalb beim Lernen möglichst viele Lernwege.

Sinnvolle Wiederholungen

Kaum ein Lernstoff wird auf einmal und für immer griffbereit im Gedächtnis gespeichert. Leider ist ein Großteil der aufgenommenen Informationen nach der ersten Aneignung nicht mehr zugänglich, da wir ständig neue Informationen aufnehmen, werden die alten nämlich nach und nach überlagert. Am meisten geht der Lernstoff, den man zunächst beherrscht, jedoch am Anfang verloren.

Gegen das Vergessen können Sie nur eines tun: wiederholen.

Ein **sinnvoller Wiederholungsplan** sieht folgendermaßen aus:
1. Wiederholung: ein paar Stunden später
2. Wiederholung: einen Tag später
3. Wiederholung: eine Woche später
4. Wiederholung: einen Monat später

Prüfung

Konzentrationsabfall

Weil Sie unmittelbar nach dem Lernen am meisten vergessen, sollten Sie möglichst früh mit der Wiederholung anfangen. Spätere Wiederholungen können dann in größeren Zeitabständen vorgenommen werden. Das Ziel dieses Vorgehens ist, den Lernstoff vom Kurzzeitgedächtnis ins Langzeitgedächtnis zu übertragen. Dabei wird die für das Wiederholen benötigte Zeit im Verlauf der Wiederholungen immer kleiner.

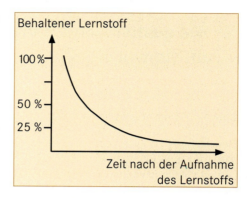

KONZENTRATIONSABFALL VERMEIDEN

Einem **Konzentrationsabfall** können Sie am besten durch Lernpausen entgegenwirken. Sie sollten dabei folgende Regeln beachten:
- Sorgen Sie dafür, dass rund ein Fünftel der Lernzeit aus Pausen besteht (eine Faustregel der Lerntechnik).
- Warten Sie mit dem Pausemachen nicht zu lange.
- Je stärker Sie ermüdet sind, desto geringer ist die Chance, das Anspannungs-Entspannungs-Gleichgewicht wiederherzustellen.
- Legen Sie lieber mehrere kurze Pausen ein als eine lange.
- Achten Sie darauf, dass Sie sich in den Pausen wirklich entspannen.
- Machen Sie sich am Anfang jeder Pause klar, dass Sie einen Teil Ihrer Aufgaben hinter sich gebracht haben. Dieses kleine Erfolgserlebnis hilft Ihnen sowohl bei der Entspannung als auch beim erneuten Lerneinstieg nach der Pause.
- Machen Sie sich die sogenannte Pausen-Erwartungs-Wirkung durch systematisches Einlegen von Pausen zunutze. Man weiß aus arbeitspsychologischen Studien, dass die Erwartung bzw. das Wissen, bald in den Genuss einer Pause zu kommen, die Energien zur Konzentration mobilisiert. Es tritt also eine kurzfristige Leistungssteigerung ein, wenn Sie wissen, dass bald die verdiente Erholung kommt.

Lernpausen

Beim Lernen sollten Sie eines nie vergessen: das **regelmäßige Einlegen von Pausen,** denn mögliche Lernprobleme können auch durch zu langes Lernen entstehen.

Volle geistige Konzentrationsfähigkeit ist nur von begrenzter Dauer. Schon nach 20 bis 30 Minuten können sich die ersten Aufmerksamkeitsverluste bemerkbar machen. Wenn Sie also ununterbrochen lernen, geraten Sie in einen Stresszustand. Anzeichen dafür sind Unkonzentriertheit, Müdigkeit, Mattigkeit, Kopfschmerzen usw.

Vermeidung von Lernproblemen

Lernprobleme werden häufig durch die folgenden Arten der Lernblockade verursacht:

Blockaden und Tipps zur Prüfung

Prüfung

1. **Vorwärts- und Rückwärtsblockaden** entstehen durch pausenloses Lernen: Das Gedächtnis wird mit den vielen neu hinzukommenden Informationen nicht fertig und ist überfordert. Die zuerst gelernten Informationen behindern die folgenden Lerninhalte beim Aufnehmen. Das ist eine Vorwärtsblockade.

   Eine Rückwärtsblockade liegt vor, wenn die letzten gelernten Informationen das Merken des zuerst aufgenommenen Lernstoffs hemmen.

   - *Nehmen Sie also die Informationen schrittweise in kleinen Portionen auf. Legen Sie zwischendurch Pausen ein.*

2. Vermeiden Sie auch **Ähnlichkeitsblockaden.** Sie entstehen beim Hintereinanderlernen ähnlicher Inhalte, wodurch die verschiedenen Informationen durcheinandergeraten. Es besteht dann die große Wahrscheinlichkeit und Gefahr, dass Sie bei der Wiedergabe einiges verwechseln.

   - *Achten Sie darauf, dass sich beim Lernen verschiedene Stoffgebiete abwechseln.*

3. Bei einer **Erinnerungsblockade** wird der Abruf alter Lerninhalte dadurch verhindert, dass Sie kurz vor einer Prüfungssituation nochmals neuen Lernstoff aufnehmen. Sie sind dadurch im Prinzip „übertrainiert".

   - *Nachdem Sie sich auf eine Prüfungssituation gründlich vorbereitet haben, sollten Sie vor der Prüfung rechtzeitig aufhören.*

4. Eine **Gleichzeitigkeitsblockade** kann auftreten, wenn man mehreren Tätigkeiten gleichzeitig nachgeht. Sie lernen beispielsweise und hören parallel dazu Rockmusik. Diese Ablenkung beeinträchtigt in nicht geringem Maß die Aufnahmefähigkeit des Gedächtnisses.

   - *Konzentrieren Sie sich beim Lernen auf die Aufnahme des Lernstoffs. Vermeiden Sie es, dabei noch andere Dinge zu tun, die Sie von der eigentlichen Arbeit ablenken.*

Vorbereitung der Prüfung

Immer wieder steht sie vor der Tür – die Prüfung –, ob nun die Führerscheinprüfung, die Prüfung zum Ende der Ausbildung, die Abiturprüfung, die Prüfung nach einer Weiterbildung oder eine andere Prüfung. Einige Tipps sollen helfen, sich gezielt mit der Prüfung auseinanderzusetzen.

1. **Gruppenarbeit oder Einzelarbeit?**
   Bereiten Sie sich lieber alleine oder mit anderen vor? Machen Sie das u. a. davon abhängig, ob der Stoff noch ausgearbeitet werden muss, oder aber, ob Sie Ihr Wissen noch einmal kontrollieren möchten, z. B. in einer Gruppe Fragen diskutieren.

2. **„Portionen" beim Lernen bilden**
   Lernen Sie „mäßig, aber regelmäßig". In kleinen Abschnitten, d. h. über einen größeren Zeitraum verteilt, zu lernen, ist besser, als einen Lernmarathon zu starten. Nutzen Sie Ihre besten Phasen der Konzentration. Lernen mit Pausen ist effektiver, als ohne Pausen das Wissen in sich „reinzupauken". Irgendwann nehmen Sie nämlich nichts mehr auf, und dann war das ganze Lernen bis zu diesem Zeitpunkt vergeblich.

3. **Lieber jeden Tag etwas, als kurz vor der Prüfung alles auf einmal lernen**
   Lernen Sie begleitend zum Unterricht. Arbeiten Sie regelmäßig Ihre Unterlagen durch, und machen Sie genauso regelmäßig Ihre Hausaufgaben, denn

Im regelmäßigen Lernen steckt der Schlüssel zum Erfolg!

Prüfung

Prüfungsvorbereitung

Stellen Sie einen Zeitplan auf, innerhalb dessen die wesentlichen Lerninhalte wiederholt oder neu erarbeitet werden sollen.

auch sie bilden einen Teil des Lernstoffs. Wenn Sie kurz vor einer Prüfung die prüfungsrelevanten Inhalte erst ausarbeiten, dann bleibt häufig keine Zeit mehr, sie noch zu lernen. Erstellen Sie sich einen Zeitplan, in dem Sie feste Vorgaben für Lernzeiten bestimmen. Halten Sie sich dann aber auch daran.

4. Prüfungsrelevanten Lernstoff checken

Finden Sie heraus, welcher Stoff für die Prüfung
- neu erarbeitet,
- nur noch wiederholt,
- strukturiert,
- geübt

werden muss.

Handelt es sich um **neuen Stoff,** dann müssen aus ihm *das Wesentliche bestimmt* und anschließend *die relevanten Inhalte geordnet werden.*

Handelt es sich um bereits **bekannten Stoff,** dann sollte *dieser angereichert und geordnet werden,* bevor man sich mit *Wiederholen und Üben* beschäftigt. Die prüfungsrelevanten Inhalte können angereichert werden, indem man sich zunächst schon während des Unterrichts Notizen macht oder eigene Notizen während des Ausarbeitens erstellt und diese Notizen ständig ergänzt, indem Informationen auch aus anderen Quellen eingebaut werden.

Für die **mündliche Prüfung** sollten Sie sich bei früheren Auszubildenden, die kürzlich vor Ihrem Prüfungsausschuss ihre Prüfung abgelegt haben, nach den Vorgehensweisen und den Anforderungen in dieser Kommission erkundigen.

5. Nicht nervös machen lassen

Je näher der Prüfungstermin heranrückt, desto mehr Stress und Angst werden Sie vielleicht empfinden.
- Lassen Sie sich davon nicht aus dem Konzept bringen und schon gar nicht in Panik versetzen, sondern arbeiten Sie ruhig weiter nach dem Plan, den Sie sich zu Anfang der Prüfungsvorbereitung gemacht haben.
- Schieben Sie – besonders kurz vor der Prüfung – negative Gedanken weit von sich.
- Sagen Sie sich: „Ich habe mich wirklich gut vorbereitet, deshalb werde ich es schaffen!" Die Angst vor Prüfungen kann deutlich vermindert werden, wenn es gelingt, positive Einstellungen mit der Prüfung zu verbinden.

6. Prüfungsfragen lösen

Meistens existieren Prüfungsfragen aus vorherigen Jahren bzw. von früheren Prüfungen. Diese Unterlagen sollten Sie sich besorgen. Lösen Sie die vorhandenen Prüfungsfragen ohne Hilfsmittel. Kontrollieren Sie später Ihre Lösungen. Sollten keine Prüfungsfragen vorheriger Jahrgänge zur Verfügung stehen, entwickeln Sie neue Fragen. Überlegen Sie sich Fragen, die Ihnen z. B. der Lehrer stellen könnte, und versuchen Sie, sie selbstständig zu lösen. Bitten Sie, wenn möglich, Ihren Prüfer (z. B. den Lehrer), Ihre Lösungen zu kontrollieren.

7. Ernstfall proben

Während der Prüfung steht Ihnen nur eine begrenzte Zeit für das Lösen der gestellten Aufgaben zur Verfügung. Das heißt: Dort stehen Sie unter großem Zeitdruck.
- Üben und trainieren Sie das Arbeiten unter Zeitdruck regelmäßig, z. B. einmal in der Woche oder wenigstens einmal im Monat.
- Greifen Sie Fragestellungen aus den Kapiteln heraus, die Sie in diesem Buch bereits durchgearbeitet und gut wiederholt haben, und schaffen Sie sich eine Prüfungssituation mit „Echtzeitbedingungen".
- Versuchen Sie, eine bestimmte Anzahl Fragen in einer bestimmten Zeit (Küchenwecker!) schriftlich zu beantworten, und überprüfen Sie anschließend Ihre Ergebnisse.

Programmierte Prüfungen

Prüfung

Auch das mündliche Beantworten von Fragen – beziehungsweise das klare, laute, deutliche und konzentrierte Reden und Formulieren, ohne dass man dabei den Faden verliert oder ins Stottern gerät – sollte regelmäßig vor der Prüfung geübt werden. *Lassen Sie sich regelmäßig, zum Beispiel einmal in der Woche, von einem guten Freund oder einer guten Freundin „abhören".*

Für die Vorbereitung der mündlichen Prüfung kann eine Prüfungssimulation in Form von Rollenspielen große Erfolge bringen: Die Rollen von Prüfer und Prüfling sollten dabei möglichst realistisch dargestellt werden.

- Am Abend vor der Prüfung sollten Sie sich entspannen: also keine Wiederholungen mehr.
- Gehen Sie konzentriert in die Prüfung.
- Sorgen Sie vor der Prüfung für ausreichend Schlaf.
- Richten Sie sich im Prüfungsraum Ihren Arbeitsplatz ein.

8. Aufregung ist positiv
Wenn Sie am Prüfungstag aufgeregt sind, ist das ganz normal und sogar von Vorteil: Ein bisschen Aufregung verhilft nämlich zu Höchstleistungen ... und zu viel Aufregung vergeht im Lauf der Prüfung ganz von selbst.

9. Überblick verschaffen
Verschaffen Sie sich nach dem Austeilen der Prüfungsunterlagen zunächst einen Überblick über die Aufgaben. Lesen Sie die Anweisungen gründlich durch und markieren Sie sich die Schlüsselwörter. Ordnen Sie dann Ihre Gedanken.

Verschaffen Sie sich nach dem Austeilen der Prüfungsunterlagen zuerst einen Überblick über die verschiedenen Aufgaben und deren Schwierigkeitsgrad.

3 Ich löse typische Aufgaben des gebundenen Teils der Abschlussprüfung

Verschiedene Aufgabenstile – Umgang mit programmierten Prüfungen

In vielen Prüfungen werden programmierte Prüfungsaufgaben verwendet. Der Umgang mit solchen Aufgaben ist oft ungewohnt. Beachten Sie bei programmierten Aufgaben nach Möglichkeit immer folgende **Regeln:**

1. Verschaffen Sie sich zunächst einen kurzen Überblick über den Test mit den programmierten Übungsaufgaben.

2. Beginnen Sie mit solchen Aufgaben, die Ihnen leicht erscheinen. Wenden Sie sich erst dann den schwierigeren Aufgaben zu.

3. Bevor Sie Ihre Lösungsziffer in die dafür vorgesehenen Lösungskästchen eintragen, sollten Sie den Aufgabentext sehr genau lesen und jede mögliche Alternative sehr genau durchdenken. Beachten Sie, dass für die richtige Lösung manchmal ein einziges Wort ausschlaggebend sein kann.

4. Nicht an Aufgaben „festbeißen", die zunächst als unlösbar erscheinen. Dadurch verlieren Sie zu viel Zeit. Übergehen Sie zunächst solche Aufgaben. Sie können am Schluss, wenn noch Zeit bleibt, weiter bearbeitet werden.

5. Nicht in Panik geraten, wenn eine Lösung nicht sofort einfällt. Oft bedarf es etwas Zeit, bis die richtige Antwort ihren Weg vom Langzeitgedächtnis ins Bewusstsein gefunden hat.

6. Die Lösungstechnik ist abhängig von den Aufgabenformen. Daher sollten Sie die verschiedenen Aufgabentypen kennen, die nachfolgend vorgestellt werden.

Lösen Sie zuerst die Aufgaben, von denen Sie wissen, dass Sie den Stoff beherrschen.

Prüfung

Mehrfach- und Zuordnungsaufgaben

1. Mehrfachwahlaufgaben

Bei einer Mehrfachwahlaufgabe werden Ihnen eine Anzahl falscher Lösungen zusammen mit einer richtigen angeboten. Sie müssen die Lösungsziffer der richtigen Antwort in das Lösungskästchen eintragen.

Beispiel (inkl. Lösung)

Welche Aussage über Lagerkennzahlen ist richtig?

1. Die Höhe des durchschnittlichen Lagerbestands hängt ausschließlich vom Umsatz ab.
2. Je länger die Lagerdauer, desto geringer ist das Lagerrisiko.
3. Die Lagerdauer ist für den Kaufmann gleichgültig, da ausschließlich der Umsatz zählt.
4. Je größer die Umschlagshäufigkeit, desto geringer ist der Kapitalbedarf für das Lager.
5. Je kürzer die Lagerdauer, desto größer ist das Lagerrisiko.

Lösung:
[4]

---

2. Zuordnungsaufgaben

Bei einer Zuordnungsaufgabe sind eigentlich sachlich zusammengehörende Begriffe, Vorgänge oder Sachverhalte – in zwei Reihen getrennt – gegenübergestellt. Ihre Aufgabe ist es, die zusammengehörenden Elemente zusammenzuführen.

Beispiel (inkl. Lösung)

Ordnen Sie zu, indem Sie die eingekreisten Kennziffern von drei der insgesamt sechs Begriffe aus der Lagerhaltung in die Kästchen bei den Erklärungen eintragen.

Begriffe aus der Lagerhaltung:
Durchschnittlicher Lagerbestand
Umschlagshäufigkeit
Meldebestand
Eiserner Bestand
Lagerzinsen
Mindestbestand

Erklärungen:
Wareneinsatz:
- durchschnittlicher Lagerbestand ☐
- Kosten für das im Lager gebundene Kapital ☐
- Menge, bei deren Erreichen neue Ware bestellt werden muss ☐

Lösung:
Wareneinsatz:
- durchschnittlicher Lagerbestand [2]
- Kosten für das im Lager gebundene Kapital [5]
- Menge, bei deren Erreichen neue Ware bestellt werden muss [3]

Offene und Reihenfolgeaufgaben

3. Offene Antwortaufgaben

Sie müssen die auszurechnende Größe in numerischer Form in das vorgegebene Lösungsfeld eintragen.

Beispiel (inkl. Lösung)

Am Morgen des ersten Arbeitstages eines Monats liegen von einem Artikel noch 150 Stück auf Lager. Der Mindestbestand beträgt 46 Stück. Im Durchschnitt werden täglich 8 Stück abgesetzt.

Nach wie viel Arbeitstagen muss neue Ware bestellt werden, wenn die Lieferzeit 9 Tage beträgt?

Lösung:
[4 Tage]

4. Reihenfolgeaufgaben

Bei Reihenfolgeaufgaben sind verschiedene betriebliche Vorgänge, die ungeordnet sind, vorgegeben. Gesucht ist dann die sinnvollste – also sachlich und zeitlich richtige – Reihenfolge der Vorgänge. Um eine solche Aufgabe zu lösen, sollten Sie mit dem Vorgang beginnen, der naturgemäß am Anfang der Arbeitsfolge stehen muss. Die übrigen Vorgänge müssen sich dann zwangsläufig ergeben.

Beispiel (inkl. Lösung)

Bringen Sie die folgenden Arbeitsvorgänge, die den Ablauf von der Bedarfsmeldung bis einschließlich Wareneingang aufzeigen, in die richtige Reihenfolge, indem Sie die Ziffern 1 bis 7 eintragen.

Vorgang		Lösung	
Überprüfung des Wareneingangs auf Vollständigkeit	[ ]	Überprüfung des Wareneingangs auf Vollständigkeit	[6]
Einholen von Angeboten	[ ]	Einholen von Angeboten	[3]
Überwachung des Liefertermins	[ ]	Überwachung des Liefertermins	[5]
Bedarfsmeldung vom Lager	[ ]	Bedarfsmeldung vom Lager	[1]
Bestellung nach Angebotsvergleich	[ ]	Bestellung nach Angebotsvergleich	[4]
Feststellung der Bezugsquellen	[ ]	Feststellung der Bezugsquellen	[2]
Wareneingangsmeldung	[ ]	Wareneingangsmeldung	[7]

Prüfung

Prüfung

Kontierungsaufgaben

5. Kontierungsaufgaben
Sie müssen zu den vorgegebenen Geschäftsfällen oder Belegen den Buchungssatz bilden.

Die Kennziffern für die anzurufenden Konten werden in die Lösungskästchen eingetragen.

Beispiel (inkl. Lösung)

Ein Paketdienst liefert eine Warensendung in der Warenannahme des Lagers ab. Die Rechnung liegt dem Paket bei.

Bilden Sie den Buchungssatz.
1. Umsatzerlöse
2. Kreditintsitute
3. Verbindlichkeiten a. LL
4. Aufwendungen für Ware
5. Umsatzsteuer
6. Vorsteuer

Soll	Haben
[...]	[...]
[...]	[...]

Lösung:

Soll	Haben
[4]	[3]
[6]	[3]

Machen Sie sich mit den verschiedenen Aufgabentypen vertraut, so sind Sie in der Prüfung gut vorbereitet.

Bei derartigen **Kontierungsaufgaben** buchen Sie nach den Belegen bzw. nach den angegebenen Geschäftsfällen, indem Sie je nach Anweisung in der Aufgabenstellung entweder die Kennziffern der richtigen Konten oder die Kontonummern nach Soll- und Haben-Seite getrennt in die Lösungskästchen eintragen. Die Reihenfolge der Kennziffern bzw. der Kontonummern auf der Soll- und Haben-Seite ist beliebig (siehe Beispiel: „4 und 6 an 3").

HINWEISE ZUM BEARBEITEN MASCHINELL AUSWERTBARER PRÜFUNGSAUFGABEN

Unbedingt beachten sollten Sie die folgenden **Hinweise zum Bearbeiten maschinell auswertbarer Prüfungsaufgaben.** Sie sparen zudem Zeit in der Prüfung, wenn Sie diese Tipps jetzt schon zur Kenntnis nehmen.

1. Der Aufgabensatz enthält einen Lösungsbogen mit Durchschrift. Damit Ihre Eintragungen auch auf der Durchschrift des Lösungsbogens gut leserlich sind, dürfen Sie **nur mit Kugelschreiber** und **nicht auf einer weichen Unterlage** schreiben. Sie müssen dabei **kräftig aufdrücken.** Da es sich um einen Durchschreibesatz handelt, **darf kein Konzeptpapier oder Ähnliches zwischen die beiden Lösungsbogen geschoben werden. Kontrollieren** Sie vor dem Abgeben des Lösungsbogens, ob Ihre Eintragungen auf der Durchschrift deutlich erscheinen (auch in der Kopfleiste)!

2. Für jede Aufgabe sind entsprechende Kästchen auf dem Lösungsbogen („Lösungskästchen") rechts neben der Aufgabennummer angeordnet. Die Seitenzahl gibt an, auf welcher Seite im Aufgabensatz sich die jeweilige Aufgabe befindet. In die Lösungskästchen **tragen** Sie Ihre **„Lösungsziffern",** das

Maschinell auswertbare Prüfungsaufgaben

sind die Kennziffern der Antworten bzw. die Lösungsbeträge bei bestimmten Rechenaufgaben, **ein**. Ihre **Lösungen** dürfen **nur aus arabischen Ziffern** bestehen bzw. aus ihnen zusammengesetzt sein. Kreuze, Buchstaben, römische Zahlen oder Kommata stellen keine Lösungen dar.

3. Schreiben Sie die **Lösungsziffern** in den Lösungskästchen so deutlich wie möglich, damit sie ohne Missverständnisse erfasst werden können! Bei unleserlicher Eintragung gehen Ihnen Punkte verloren.

   Beispiel: Nicht so: [6][7]   sondern so: [6][7]

4. Überlegen Sie gut, bevor Sie eine Lösungsziffer eintragen! Sollten Sie dennoch ein Ergebnis korrigieren wollen, schreiben Sie die **neue Lösungsziffer ausschließlich unter das betreffende Kästchen, niemals daneben oder darüber!** Streichen Sie das falsche Ergebnis deutlich durch!

   Beispiel: Nicht so: ~~2~~ 1   sondern so: ~~2~~
                                                1

5. Die **Anzahl der richtigen Lösungsziffern** erkennen Sie an der Zahl der vorgedruckten Lösungskästchen. Das gilt jedoch **nicht** für Kontierungsaufgaben in der Buchführung. Bei **Kontierungsaufgaben** darf in einem Buchungssatz ein Konto nur einmal angerufen werden, beim Bankkaufmann nur einmal auf einer Kontenseite.

6. Einige Prüfungsaufgaben sind in „Offen-Antwort-Form" gestellt. Es werden Ihnen also keine Lösungen zur Auswahl vorgegeben, sondern die von Ihnen gefundenen Lösungen sind unmittelbar in die hierfür vorgesehenen Lösungskästchen im Lösungsbogen einzutragen.
   Beachten Sie, dass bei **Ergebnissen mit Dezimalstellen** – sofern keine berufsspezifischen Rundungsregeln anzuwenden oder keine Rundungshinweise angegeben sind – **so genau wie möglich zu rechnen ist, bei Zwischenergebnissen alle Nachkommastellen im Taschenrechner bleiben sollten und das Endergebnis auf die vorgegebene Dezimalstellenzahl kaufmännisch zu runden ist** (unter 5 abrunden, ab 5 aufrunden).

   Beispiele: 16,514 € = 16,51 €
                  16,515 € = 16,52 €

7. Bei **Kontierungsaufgaben** buchen Sie nach den Belegen bzw. nach den angegebenen Geschäftsfällen, indem Sie je nach Anweisung in der Aufgabenstellung entweder die Kennziffern der richtigen Konten oder die Kontonummern **nach Soll- und Habenseite getrennt** in die Lösungskästchen eintragen. Die Reihenfolge der Kennziffern bzw. der Kontonummern auf der Soll- und Habenseite ist beliebig.
   Die Benutzung unerlaubter Hilfsmittel führt zum vorläufigen Ausschluss von der Prüfung! Eintragungen auf Nebenrechnungsvordrucken und Konzeptpapier werden grundsätzlich nicht bewertet.

Quelle: AkA – Industrie und Handelskammer (Postfach, 90331 Nürnberg), Hinweise für die Teilnehmer an der kaufmännischen Abschlussprüfung der Industrie- und Handelskammer im Frühjahr 2010

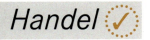

Großhandelsgeschäfte

Ich wiederhole alle prüfungsrelevanten Inhalte

1 Großhandelsgeschäfte

1.1 Ausbildungsunternehmen

1 Worin besteht der Unterschied zwischen einem Betrieb und einem Unternehmen?

- Unter **Unternehmen** versteht man die selbstständige rechtliche Wirtschaftseinheit mit eigenem Rechnungswesen, Risiko sowie Vermögen. Es stellt das finanzielle Fundament des Betriebes, die rechtliche Verfassung und die mit dem Markt verbundene Seite des Betriebes dar. Ein Unternehmen kann mehrere Betriebe umfassen.

- Unter **Betrieb** wird landläufig die Produktionsstätte des Unternehmens verstanden, in der Sachgüter und Leistungen für den Bedarf Dritter hergestellt werden.

2 Welche Aufgaben erfüllen die Unternehmen des Binnengroßhandels generell in der Gesamtwirtschaft?

Der **Großhandel** überbrückt die räumliche Distanz zwischen Hersteller und Einzelhandel. Seine Aufgaben:

- **Sortimentsbildung:** Aus dem vielfältigen Angebot der Lieferer wird ein bedarfsgerechtes Angebot zusammengestellt (Warenumgruppierung).
- **Qualitätsausgleich:** Durch Veredeln, Mischen und Sortieren bringt der Handel die Waren bedarfsgerecht auf den Markt (Warenmanipulation).
- **Mengenausgleich:** Unterschiede zwischen der Produktions- und der Verbrauchsmenge werden durch mengenmäßige Umgruppierung ausgeglichen, z. B. Kauf von großen Mengen und Verkauf von kleineren (Mengenumgruppierung).
- **Raumüberbrückung:** Weiterleitung der Artikel vom Hersteller zum Einzelhandel (Überwindung des Raums zwischen Hersteller und Verwender; Transportfunktion)
- **Lagerhaltung:** Sie überwindet die Zeit zwischen Herstellung und Verwendung.
- **Preisausgleich**
- **Absatzfinanzierung (Kreditgewährung):** z. B. die Gewährung von Zahlungszielen, die Vermittlung von Krediten an die Kunden, Auszahlungen oder Vorauszahlungen an den Hersteller
- **Kundendienst (Serviceleistungen)** wie z. B. Zustellung der Ware, Installation, Schulungen, Stellung von Ersatzgeräten
- **Logistik:** Steuerung und Timing der Informations- und Warenflüsse zwischen Lieferern und Abnehmern (Supply-Chain-Management) sowie die Organisation von Transporten
- **Markterschließung:** Erschließung neuer Absatzmärkte aufgrund der Marktkenntnisse und durch eigene absatzpolitische Maßnahmen, wie Werbung und Bedarfsanalysenerstellung
- **Kundenberatung:** Informationen an den Hersteller über Kundenwünsche und -beschwerden (Produzentenberatung) bzw. an den Einzelhändler über technische Merkmale, Anwendungsmöglichkeiten und Bedienung der Ware

Großhandel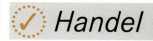

Einerseits werden die Ansprüche der Konsumenten immer differenzierter, andererseits wird der Güterstrom im Zuge der Integration der Märkte (z. B. in Europa) noch breiter.
In dieser Situation ist es der **Handel,** der den doppelten Druck einer **verstärkten Gütervielfalt** vonseiten der Hersteller aus dem In- und Ausland und einer steigenden und differenzierter werdenden **Konsumnachfrage** ausbalanciert und seine Versorgungsfunktion wirtschaftlich erfüllt.
Versorgung meint in diesem Sinne: Lenkung der Warenströme in der gewünschten Art, Menge und Qualität an die Orte des Bedarfs.
Handelsbetriebe sind demnach Dienstleistungsbetriebe, die Sachgüter von anderen Unternehmen aufkaufen und lagern, um sie unverändert (ggf. mit geringen, handelsüblichen Veränderungen) und bedarfsgerecht an die Abnehmer (andere Unternehmen oder Haushalte) abzugeben.

Als Zwischenanbieter und -nachfrager sind die Handelsbetriebe Bindeglied zwischen den Herstellern und den Konsumenten. Je nach Abnehmerkreis unterscheidet man im Handel zwei Verteilungsstufen:

- Der **Einzelhandel** bezieht seine Waren vom Großhändler oder direkt vom Hersteller und verkauft sie an die Endverbraucher.

- **Großhandelsbetriebe** verkaufen ihre Produkte an Wiederverkäufer (Einzelhändler), Großabnehmer (z. B. Großkantinen) und Verarbeitungsbetriebe (Industrie und Handwerk).

a) Der **Aufkaufgroßhandel** kauft von verschiedenen Herstellern Wirtschaftsgüter in kleinen Mengen, die gesammelt, umsortiert und anschließend in größeren Mengen an Betriebe der Weiterverarbeitung abgegeben werden.

b) Der **Produktionsverbindungsgroßhandel** ist als Mittler zwischen den verschiedenen aufeinanderfolgenden Stufen der gewerblichen Wirtschaft (Weiterverarbeitungsbetriebe) tätig.

c) Der **Absatzgroßhandel** (Konsumgütergroßhandel) bezieht Güter in größeren Mengen von den Herstellern und verkauft sie in kleineren Mengen überwiegend an Einzelhändler und Handwerksbetriebe.

3 Beschreiben Sie die Stellung und die Bedeutung von Handelsbetrieben in der Gesamtwirtschaft.

4 Erläutern Sie, was Sie unter
a) Aufkaufgroßhandel,
b) Produktionsverbindungsgroßhandel und
c) Absatzgroßhandel verstehen.

Handel ✓

Ausbildungsunternehmen

5 Unterscheiden Sie die Betriebsformen des Großhandels nach a) der Vertriebsorganisation (Art der Warenabgabe), b) dem Sortimentsumfang, c) Sonderformen.

a)
- Zustellgroßhandel
- **Abholgroßhandel:**
  - C&C-Großhandel: Selbstbedienung gegen Barzahlung und Warentransport durch den Kunden
  - Thekengeschäft

b)
- **Sortimentsgroßhandel:** breites Sortiment
- **Spezialgroßhandel:** schmales, tiefes Sortiment

c)
- **Rackjobber** (Regalgroßhandel): übernimmt den Regaldienst in Einzelhandelsbetrieben (Super- und Verbrauchermärkten, Warenhäusern, C&C-Märkten)
- **Streckengroßhandel:**
  - Großhändler ohne eigenes Lager
  - Vermittler zwischen Produzenten und Abnehmern

6 Zeigen Sie im Zusammenhang mit dem Rackjobber a) die Vorteile für den Einzelhändler und b) die Vorteile für den Rackjobber auf.

a) Vorteile für den Einzelhändler
- gesicherte umsatzunabhängige Einnahmen durch Regalmiete
- geringes Absatzrisiko (Risikoabwälzung durch Rückgaberecht der Waren)
- i. d. R. keine Warenpflege
- Verbreiterung des eigenen Sortiments (häufig Belieferung mit Randsortimenten)
- Umsatzprovision
- regelmäßiger Auffülldienst

b) Vorteile für den Rackjobber
- Er kann sein Marketingkonzept bis zum Endverbraucher (Konsumenten) umsetzen.
- breite und schnelle Markteinführung
- Übertragung der Verkaufsbesorgung
- geringere eigene Lagerhaltung

7 Was verstehen Sie unter dem ökonomischen Prinzip?

Wegen des Zielkonflikts der unbegrenzten Bedürfnisse/Erwartungen der Wirtschaftssubjekte (Haushalte/Unternehmen) einerseits und der vorhandenen knappen Güter andererseits wird das **ökonomische Prinzip** (wirtschaftliches oder Rationalprinzip) angewandt. Es tritt in zwei Formen auf:

- **Maximalprinzip** (Haushaltsprinzip)
Mit *gegebenen Mitteln* soll ein *möglichst großer (maximaler) Erfolg* erzielt werden. *Unternehmen* setzen ihre Mittel so ein, dass der erzielbare Gewinn möglichst hoch ist (Gewinnmaximierung). *Haushalte* dagegen versuchen, mit dem Einkommen den Warenkorb mit dem größten Nutzen zu füllen (Nutzenmaximierung).

- **Minimalprinzip** (Sparprinzip)
Mit *geringstem (minimalem) Mitteleinsatz* soll ein *bestimmtes Ziel* (Erfolg, Zweck) erreicht werden. *Unternehmen* versuchen daher, mit möglichst geringen Kosten einen geplanten Gewinn zu erzielen (Kostenminimierung). *Haushalte* wählen beim Einkauf nach Preisvergleichen den preisgünstigsten Anbieter (Ausgabenminimierung).

Dieses ökonomische Prinzip wird als allgemeingültig für jedes wirtschaftliche Handeln der Unternehmen, der Haushalte und des Staates angesehen.

Arbeitsproduktivität

Einige **Zielkonflikte zwischen Ökonomie und Ökologie:**

- Bei der Produktion von Gütern werden auf der Erde knappe Rohstoffe und Energie benötigt.
- Bei der Gewinnung der notwendigen Energien für Produktion und Transport (z. B. Verbrennung von Öl oder Kohle) und beim Verbrauch von Energieträgern (z. B. durch Lkws und Pkws) werden Schadstoffe erzeugt. Derartige Emissionen führen zur Aufheizung der Erdatmosphäre (Treibhauseffekt).
- Aufgrund wirtschaftlicher Aspekte werden immer noch zu viele Einwegverpackungen anstatt der umweltfreundlicheren Mehrwegverpackungen verwendet. Darüber hinaus sind viele Waren aufwendig oder sogar mehrfach verpackt und verursachen dadurch eine zusätzliche Abfallbelastung und Gefahren für die Umwelt. Mehr Müll entsteht auch durch Kunststoffflaschen und andere Behälter für Flüssigprodukte. Bislang gibt es kaum Möglichkeiten, diese stabilen Packungen dem Recycling zuzuführen oder sie nachfüllen zu lassen. Daraus ergeben sich Nachteile für die Umwelt, die nicht zu übersehen sind. Glas verrottet nicht; bei der Verbrennung von Kunststoff entstehen giftige Gase.
- Durch die Rodung von Regenwäldern werden neue landwirtschaftliche Nutzflächen gewonnen. Der sinkende Anteil dieser Wälder, die bei der Stabilisierung des globalen Klimas eine entscheidende Rolle spielen, kann das klimatische Gleichgewicht der Erde stören.

Die **Arbeitsproduktivität** misst, welche Menge an Gütern und Dienstleistungen in einer Volkswirtschaft pro Arbeitsstunde bzw. pro Arbeitskraft hergestellt wird.

Die **Arbeitsproduktivität** wird wie folgt errechnet:

$$\frac{\text{Menge der produzierten Güter (Leistung)}}{\text{Menge der benötigten Arbeitsleistungen (Faktoreinsatz)}}$$

Diese Gleichung wird bezogen auf einen bestimmten Zeitraum. Hierbei können entweder die geleisteten Arbeitsstunden oder die Zahl der Erwerbstätigen zugrunde gelegt werden.

Im ersten Fall wird die Stundenproduktivität, im letzteren Fall die Pro-Kopf-Produktivität errechnet.

✓ *Handel*

8 Nennen Sie die Zielkonflikte zwischen Ökonomie und Ökologie.

9 Was verstehen Sie unter Arbeitsproduktivität?

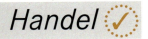

Ausbildungsunternehmen

10 Welche wirtschaftlichen Gefahren, aber auch Chancen können mit der steigenden Arbeitsproduktivität verbunden sein?

Die **Steigerung der Arbeitsproduktivität** ist i. d. R. stets mit Rationalisierungsinvestitionen verbunden.

Vorteile	Nachteile
- Produkte bleiben konkurrenzfähig - Verbesserung der Arbeitsbedingungen für den Menschen - Vermeidung von Leerlauf und Doppelarbeit - Senkung der Selbstkosten - Steigerung der Qualität und des technischen Fortschritts - mehr Wohlstand durch höheres Volkseinkommen	- Einsparung menschlicher Arbeitskräfte - führt zwangsläufig zur automatisierten und sinnentleerten Arbeitsweise - Arbeitsvielfalt wird eingeschränkt - Kreativitätsverlust

11 Welche Ziele unternehmerischen Handels sind für einen Groß- und Außenhandelsbetrieb bedeutsam?

Im Groß- und Außenhandel spielen insbesondere folgende wirtschaftlichen Ziele eine Rolle: **Wirtschaftlichkeit, angemessener Gewinn, Umsatzstreben.** Darüber hinaus sollten Groß- und Außenhandelsbetriebe auch **soziale Ziele** (z. B. Sicherung der Arbeitsplätze, menschengerechte Gestaltung der Arbeitsbedingungen) sowie **ökologische Ziele** beachten.

12 Unterscheiden Sie Rentabilität und Wirtschaftlichkeit.

Rentabilität gibt die Verzinsung des im Unternehmen eingesetzten Kapitals an. Die **Wirtschaftlichkeit** ergibt sich aus dem Verhältnis seiner Leistungen zu seinen Kosten.

13 Ein Großhandelsunternehmen erwirtschaftet in einem Jahr einen Unternehmergewinn von 240.000,00 € bei einem Jahresumsatz von 5,8 Mio. €. Das Eigenkapital des Unternehmens betrug 800.000,00 €, das eingesetzte Fremdkapital 1,2 Mio. € und der Fremdkapitalzinssatz 11 %.
a) Ermitteln Sie Eigen-, Gesamt- und die Umsatzrentabilität.

a)

$$\text{Eigenkapitalrentabilität} = \frac{\text{Unternehmergewinn} \cdot 100}{\text{Eigenkapital}} = \frac{240.000{,}00 \cdot 100}{800.00{,}00} = \underline{30\,\%}$$

$$\text{Gesamtkapitalrentabilität} = \frac{(\text{Unternehmergewinn} + \text{Fremdkapitalzinsen}) \cdot 100}{\text{Eigenkapital} + \text{Fremdkapital}}$$

$$= \frac{(240.000{,}00 + 132.000{,}00) \cdot 100}{800.000{,}00 + 1.200.000{,}00} = \underline{18{,}6\,\%}$$

$$\text{Umsatzrentabilität} = \frac{\text{Unternehmergewinn} \cdot 100}{\text{Nettoumsatz}} = \frac{240.000{,}00 \cdot 100}{5.800.00{,}00} = \underline{4{,}14\,\%}$$

Zielkonflikte — Handel

b) Der Einsatz des Fremdkapitals hat sich gelohnt, da die Eigenkapitalrentabiltität wesentlich höher ist als die Gesamtkapitalrentabilität.

1 Siehe auch Kaufmännische Steuerung und Kontrolle, Seite 230–232

b) Stellen Sie fest, ob sich der Fremdkapitaleinsatz für das Unternehmen gelohnt hat.[1]

$$\text{Wirtschaftlichkeit} = \frac{\text{Leistung}}{\text{Kosten}} = \frac{5.800.000,00}{4.200.000,00} = \underline{\underline{1,381}}$$

14 Ein Außenhandelsunternehmen erwirtschaftete im abgelaufenen Jahr einen Nettoumsatz von 5,8 Mio. € bei einem Kapitaleinsatz von 2 Mio. €. Im gleichen Zeitraum entstanden in diesem Unternehmen Kosten von 4,2 Mio. €. Ermitteln Sie die Wirtschaftlichkeit des Unternehmens.

Neben der Sicherung der Arbeitsplätze sollte besonders auf eine menschengerechte Gestaltung des Arbeitsplatzes und der Arbeitsräume, die Bereitstellung betrieblicher Sozialeinrichtungen (z. B. Kantine, Pausenraum, Krankenzimmer), die Einhaltung der Arbeitsschutzbestimmungen und auf persönliche Mitbestimmungs- und Entfaltungsmöglichkeiten der Arbeitnehmerinnen und Arbeitnehmer am Arbeitsplatz geachtet werden.

15 Welche sozialen Ziele sollten in einem Unternehmen beachtet werden?

Vor allem durch eine **entsprechende Sortimentsgestaltung** kann dem Umweltschutz gedient werden: z. B. umweltfreundliche Produkte oder mit geringem Verpackungsaufwand; ferner durch stoffliche Verwertung (Recycling) und energetische Verwertung von Abfällen (Nutzung zur Energiegewinnung).

16 Durch welche Maßnahmen kann ein Großhandelsunternehmen zum Umweltschutz beitragen?

Die Erhöhung der Rentabilität durch Rationalisierungsmaßnahmen kann zu Verlusten von Arbeitsplätzen führen. Werbewirksame Verpackungen können den Umsatz fördern, aber als Abfall auch die Umwelt belasten.

17 Nennen Sie Beispiele für Zielkonflikte zwischen wirtschaftlichen, sozialen und ökologischen Zielen.

Handel ✓

Ausbildungsunternehmen

18 Was versteht man unter einer Kooperation?

Kooperation ist die freiwillige, vertraglich geregelte Zusammenarbeit rechtlich unabhängiger und wirtschaftlich weitgehend selbstständig bleibender Unternehmen.

19 Welchem Ziel dient die Kooperation von Unternehmen?

Die Kooperation dient der **Verbesserung der Leistungsfähigkeit** der kooperierenden Unternehmen.

20 Unterscheiden Sie horizontale und vertikale Kooperation.

- **Horizontale Kooperation** ist die Kooperation stufengleicher Unternehmen, z. B. die Zusammenarbeit von Großhandelsbetrieben untereinander.

- **Vertikale Kooperation** ist die Kooperation stufenverschiedener Unternehmen, z. B. von Großhandelsbetrieben mit Herstellern oder von Großhandelsbetrieben mit Einzelhandelsbetrieben.

21 Welche Ziele verfolgen Großhandelsbetriebe mit der Unterhaltung gemeinsamer Einkaufskontore?

Ziele von Einkaufskontoren sind insbesondere die

- bessere Ausnutzung der gebotenen Preisvorteile durch Großeinkauf,
- Stärkung der Marktmacht gegenüber Lieferern,
- Stärkung der Wettbewerbsfähigkeit gegenüber der Konkurrenz,
- Marktbehauptung gegenüber dem Direktabsatz der Hersteller und der Direktbeschaffung des Einzelhandels.

22 Mehrere Großhändler des gleichen Geschäftszweiges vereinbaren, dass jedes Kooperationsmitglied einen bestimmten umsatzschwachen Artikel lagermäßig führt und bei Bedarf eine Kollegenlieferung ausführt. Welches Ziel verfolgen sie mit dieser Form der Sortimentskooperation?

Ziel dieser Form der Sortimentskooperation ist die Kostensenkung durch Sortimentsbereinigung bei gleichzeitiger Aufrechterhaltung der Lieferfähigkeit.

23 Welches Ziel wollen Großhandelsbetriebe mit einem Standortverbund erreichen?

Bei einem **Standortverbund** benutzen mehrere Großhandelsbetriebe gemeinsame Transport-, Verlade- und Lagereinrichtungen (sogenannte Handelshöfe). Ziel dieses Standortverbundes ist die wirtschaftlichere Nutzung von technischen Betriebseinrichtungen.

Franchise-System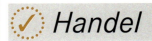

Die **freiwillige Kette** ist eine Form der Kooperation, bei der sich rechtlich und wirtschaftlich selbstständig bleibende Groß- und Einzelhandelsbetriebe meist gleichartiger Branchen zur gemeinsamen Durchführung unternehmerischer Aufgaben zusammenschließen.

24 Welche Form der Kooperation wird als „freiwillige Kette" bezeichnet?

Die Zusammmenarbeit mit einer größeren Anzahl selbstständiger Einzelhändler bietet dem Kettengroßhändler u. a. folgende **Vorteile:**

- genauere Beschaffungsplanung und rascher Lagerumschlag,
- rationeller Absatz: Feste Auslieferungstouren ermöglichen eine optimale Auslastung des Fuhrparks. Reisende, die angeschlossene Einzelhandelsbetriebe in festen Zeitabständen besuchen, nehmen Aufträge für problemlose Artikel auf Bestellformularen des Lieferers in Mengeneinheiten von Originalkolli an. Dadurch werden Doppelarbeiten vermieden.
- Leistungserstellung bindet relativ wenig Kapital: Regelmäßiger Absatzfluss bei hohen Bestellgrößen, rascher Lagerumschlag, genormter Zahlungsverkehr (Bankeinzugsverfahren) bewirken eine relativ geringe Kapitalbindung für die Leistungserstellung.

25 Welche Vorteile hat die Zusammenarbeit des Kettengroßhändlers mit einer größeren Anzahl selbstständiger Einzelhändler?

Ein **Rackjobber** (Regalgroßhändler) ist ein Großhändler, dem in einem Einzelhandelsbetrieb Verkaufsraum oder Regalflächen zur Verfügung gestellt werden. Dort bietet er für eigene Rechnung Waren an, die das Sortiment des Einzelhandelsbetriebes ergänzen. Die für den Rackjobber reservierten Regalflächen werden von ihm selbst verwaltet. Er füllt die Regale regelmäßig mit Ware nach, rechnet die verkaufte Ware mit dem Einzelhandelsbetrieb ab und nimmt unverkaufte Ware zurück.

26 Welche Tätigkeiten führt ein Rackjobber aus?

Franchising ist eine langfristige vertragliche Bindung zwischen selbstständig bleibenden Unternehmen. Hierbei wird einem Franchisenehmer von einem Franchisegeber gegen Bezahlung das Recht eingeräumt, bestimmte Waren und Dienstleistungen unter genau festgelegten Bedingungen zu vertreiben. Der Franchisenehmer erhält das Recht, Namen, Warenzeichen, Symbole, Ausstattung und Schutzrechte des Franchisegebers zu nutzen.

Vorteile für den Franchisenehmer sind u. a.:

- Teilhabe am Ruf und Wissen des Franchise-Systems,
- Absatzunterstützung durch den Franchisegeber (abgerundetes Sortiment, Gemeinschaftswerbung, Verkaufsförderungsmaßnahmen, Verkaufsraumgestaltung),
- Dienstleistungen des Franchisegebers (z. B. Übernahme der Buchführung, Erstellung von Betriebsvergleichen und laufende Überprüfung der Kalkulationsunterlagen).

27 Welche Vorteile hat ein Franchise-System für den Franchisenehmer?

Handel ✓

Ausbildungsunternehmen

28 Was verstehen Sie unter a) dem betrieblichen Standort und b) dem optimalen Standort?

a) **Betrieblicher** Standort = Ort, an dem sich Unternehmen mit ihren Betrieben niederlassen.

b) Der **optimale** Standort ist der Ort, an dem der größtmögliche Gewinn erzielt wird (= standortbedingte Erträge minus standortbedingte Aufwendungen).

Standortbedingte Aufwendungen sind:
- Steuern und Abgaben
- Beförderungskosten
- staatliche Auflagen
- Arbeitskosten
- Raum- und Flächenkosten

Standortbedingte Erträge sind:
- Steuererleichterungen
- Subventionen

Die Wahl des Standortes ist für den Großhändler eine Entscheidung mit langfristiger Wirkung. Sie muss daher stets auch unter Kostengesichtspunkten erfolgen. Denn es gibt Kosten, die an verschiedenen Standorten unterschiedlich sind, wie z. B. Transportkosten, Arbeitslöhne, Grundstückspreise, Mieten oder steuerliche Belastungen.

29 Unterscheiden Sie allgemeine und örtliche Standortfaktoren.

- Zu den **allgemeinen Standortfaktoren** zählen:

  ○ **Absatzmärkte:**
  Der Standort wird in die Nähe der Kunden gelegt, um schnell und kostengünstig liefern zu können.

  ○ **Beschaffungsmärkte:**
  Aus Kostengründen Ansiedlung in Lieferernähe, in der Nähe von bedeutenden Grenzübergängen, Flughäfen, Seehäfen oder von Bahnknotenpunkten mit internationalen Verkehrsverbindungen.

  ○ **Arbeitskräfte:**
  Der Standort richtet sich nach der Höhe der Lohnkosten sowie nach der Qualifikation der Menschen, z. B. Facharbeiter in der optischen Industrie.

  ○ **Energiequellen**
  ○ **Bürokratie**
  ○ **Verkehrstechnische Einrichtungen:**
  Verkehrsorientiert sind u. a. Binnengroßhandelsbetriebe, die mit Massengütern handeln, sowie Im- und Exportgroßhändler. Vor allem betrifft das aber das Lagerhausgewerbe und Unternehmen, die ihre Produkte über weite Entfernungen einem großen Kundenkreis zustellen, wie z. B. Ölraffinerien, der Baumwoll- und Getreidehandel und ferner Kaffeeröstereien.

- Ist die Wahl auf einen bestimmten Ort gefallen, müssen weiterhin berücksichtigt werden (**örtliche Standortfaktoren**):

  ○ Abgaben und Steuern, z. B. unterschiedliche Gewerbe- und Lohnsummensteuer
  ○ Umweltschutzbestimmungen wie z. B. Lärmschutz- und Abwässerbestimmungen
  ○ Boden- und Baupreise bzw. Mieten
  ○ kommunale Fördermaßnahmen wie z. B. Subventionen

  Zu den Standortfaktoren für die Enstehung und die Entwicklung von Industrie- und Dienstleistungsgebieten zählt heute weniger das Vorhandensein von Rohstoffen, sondern vielmehr vorrangig Anzahl und Ausbildungsstand der Arbeitskräfte, Lohn- und Lohnnebenkosten, vorhandene Infrastruktur, politische und soziale Stabilität, Energiekosten sowie die zu beach-tenden Gesetze und Verordnungen für den Umweltschutz und Arbeitszeitregelungen.

Stellenbeschreibungen — Handel

30. Nennen Sie die Standortfaktoren, die bei der Gründung eines absatzorientierten Großhandelsbetriebes zu berücksichtigen sind.

Zu den **zu berücksichtigenden Standortfaktoren** zählen:
- verkehrsgünstige Lage (Anbindung an das öffentliche Verkehrsnetz)
- Konkurrenzsituation
- Bedarf und Kaufkraftumfang
- Abgaben und Steuern
- Mieten
- kommunale Förderungsmaßnahmen

31. Was bedeutet Infrastruktur und warum ist sie für ein Unternehmen wichtig?

Infrastruktur ist die Gesamtheit aller (meist) öffentlichen und privaten Einrichtungen eines Wirtschaftsgebietes, die der Allgemeinheit zur Verfügung stehen.

Beispiele: Schienen- und Straßennetz, Schulen, Universitäten, Krankenhäuser, Kindergärten, Kläranlagen, Trink-, Industrie- und Abwassernetz, Altenheime, Schwimmbäder, Bibliotheken, Theater, öffentliche Verwaltung u. v. m.

Die Infrastruktur ist eine elementare Voraussetzung für die Ansiedlung von Unternehmen in einem Gebiet.

Erst durch eine gute Infrastruktur wird das entsprechende Gebiet zu einem geeigneten Wirtschafts- und Lebensraum.

32. Was versteht man unter Organisation?

Die **Organisation** ist ein System von Regelungen und Arbeitsanweisungen im Betrieb, die eine schnelle und wirksame Lösung der Betriebsaufgaben ermöglichen sollen.

33. Was ist die Aufbauorganisation?

Die **Aufbauorganisation** bestimmt den Aufbau eines Unternehmens hinsichtlich der zu verrichtenden Aufgaben und der zu übernehmenden Verantwortungen.

34. Was ist eine Stelle?

Eine **Stelle** ist die kleinste Organisationseinheit eines Betriebes, also der Aufgaben- und Arbeitsbereich eines Mitarbeiters.

35. Was ist eine Instanz?

Eine **Instanz** ist eine Stelle, die Leitungs- und Entscheidungsaufgaben für eine Reihe untergeordneter Stellen übernimmt und gegenüber den Unterstellten Anordnungs- und Kontrollbefugnis sowie Disziplinargewalt besitzt.

36. Was sind Stellenbeschreibungen?

Stellenbeschreibungen enthalten alle wichtigen Angaben über die Stelle in einem Unternehmen. Eine Stellenbeschreibung dient sowohl dem Mitarbeiter, da sie die von ihm zu erbringende Leistung beschreibt, als auch dem Unternehmen, für das sie eine Grundlage für die Bewertung der Leistung des Stelleninhabers und für ihre Neubesetzung bildet. Eine Stellenbeschreibung sollte mindestens Auskunft geben über

- die Bezeichnung der Stelle, z. B. Leiter des Lagers,
- die Stelleneingliederung, also die Beziehungen zu anderen Stellen,
- die zu verrichtenden Aufgaben,
- die Verantwortungs- und Entscheidungsbereiche,
- die persönlichen Anforderungen, die der Stelleninhaber erfüllen muss.

Handel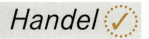

Ausbildungsunternehmen

37 Was ist eine Abteilung?

Eine **Abteilung** ist eine Zusammenfassung von sachlich zusammengehörenden Stellen. Sie besteht aus mindestens einer Instanz und mehreren untergeordneten Stellen.

38 Was ist ein Einliniensystem?

Das **Einliniensystem** ist eine Organisationsform mit einheitlichem Instanzenweg: Jeder untergeordneten Stelle ist nur eine weisungsbefugte Instanz übergeordnet.

39 Führen Sie Vor- und Nachteile des Einliniensystems auf.

Vorteile des Einliniensystems sind:
- einfacher organisatorischer Aufbau
- eindeutig geregelte Zuständigkeiten
- leichte Überprüfbarkeit

Das Einliniensystem weist folgende **Nachteile** auf:
- starre Organisation
- langer, zeitraubender Befehlsweg
- starke Belastung mit steigender Ranghöhe im Instanzenzug
- Überlastung der Geschäftsführung
- Gefahr von Fehlentscheidungen

40 Erläutern Sie das Mehrliniensystem.

Beim **Mehrliniensystem** ist die Weisungsbefugnis auf mehrere spezialisierte Vorgesetzte verteilt: Ein Mitarbeiter ist also gleichzeitig mehreren Vorgesetzten verantwortlich.

41 Führen Sie Vor- und Nachteile des Mehrliniensystems auf.

Vorteile des Mehrliniensystems sind:
- kurze Befehlswege
- weniger Fehlentscheidungen
- Entlastung der Geschäftsführung

Nachteile des Mehrliniensystems sind:
- keine scharfe Kompetenzabgrenzung
- keine zufriedenstellende Klärung der Verantwortung
- Schwierigkeiten bei der Koordination dezentraler Entscheidungen

42 Was ist ein Stabliniensystem?

Ein **Stabliniensystem** ist ein Liniensystem mit Stabsstellen.
Stabsstellen sind besondere Stellen, die Informationen verarbeiten, Entscheidungen vorbereiten und die Instanzen fachlich beraten, aber kein Anordnungsrecht besitzen.

43 Beurteilen Sie Vor- und Nachteile des Stabliniensystems.

Vorteile des Stabliniensystems:
- die Nutzung von Spezialwissen, wodurch die Geschäftsführung entlastet wird.
  Gleichzeitig bleiben aber die eindeutigen Anordnungsbefugnisse des Einliniensystems enthalten.

Nachteilig könnte sich
- die Gefahr der Entwicklung von Expertenmacht auswirken, von der Entscheidungsträger eventuell abhängig werden können.

Darstellung von Arbeitsabläufen

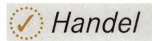 Handel

Die **Spartenorganisation** wird häufig auch „Divisionale Organisation" genannt und ist eine Organisationsform für große, daher in der Regel unübersichtliche und schwer zu steuernde Unternehmen.

Das Unternehmen wird in mehrere Geschäftsbereiche (Divisionen bzw. Sparten) unterteilt, die praktisch wie wirtschaftlich unabhängige Teilunternehmen, denen nur die Gesamtunternehmensleitung übergeordnet ist, behandelt werden. Gliederungsprinzip sind meistens die Objekte des Betriebes – also die Produktgruppen.

44 Was versteht man unter der Spartenorganisation?

Bei der **Matrixorganisation** hat jeder Mitarbeiter einen produkt- bzw. projektorientierten und einen funktionsorientierten Vorgesetzten.

45 Was ist eine Matrixorganisation?

Die **Ablauforganisation** soll für eine exakte Steuerung der betrieblichen Arbeiten und Arbeitsabläufe sorgen.
Sie stimmt also Arbeiten und Arbeitsabläufe zeitlich aufeinander ab, sodass eine optimale Auslastung aller beteiligten Stellen gegeben ist, und legt Reihenfolge, Zeitpunkt, Dauer und Art der Arbeit fest.

46 Was ist die Ablauforganisation?

Die **einzelnen Schritte bei der Ablauforganisation** sind:

- Ermittlung des Ist-Zustandes (derzeitiger Zustand)
- Darstellung des Ist-Zustandes
- Bewertung (Kritik des Ist-Zustandes/ Vorschlag zur Beseitigung der Mängel)
- Erstellung eines Soll-Konzepts (zukünftiger Zustand)
- Einführung und Verbesserung der verbesserten Abläufe
- Überprüfung des verwirklichten Soll-Vorschlags

47 In welchen Schritten werden Arbeitsabläufe im Rahmen der Ablauforganisation organisiert?

Hilfsmittel zur Darstellung von Arbeitsabläufen:
- Balkendiagramme
- Ablaufdiagramme
- Netzpläne

48 Nennen Sie einige Hilfsmittel zur Darstellung von Arbeitsabläufen.

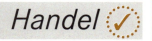

Beschaffung und Logistik

1.2 Beschaffung und Logistik

49 Was versteht man unter Supply-Chain-Management?

Unter **Supply-Chain-Management** wird die optimale Gestaltung des Informations- und Warenflusses zur Leistungserstellung von Erzeugnissen (Leistungen) im gesamten Logistiknetzwerk, vom Lieferer des Lieferers bis zum Kunden des Kunden, unter Verwendung geeigneter Planungs- und Kommunikationstechnologien verstanden.
Die Supply-Chain ist der Weg vom Hersteller bis zum Endkunden. Entlang dieser logistischen Kette sollen Wettbewerbsvorteile für alle Beteiligten realisiert werden. Das bringt den einzelnen Unternehmen folgende Vorteile:

- Kostenreduktion (z. B. durch verbesserte Abstimmung zwischen Produktions- und Distributionsvorgängen)
- Zeitersparnis (z. B. durch Vermeidung von Liegezeiten)
- Erhöhung der Kundenzufriedenheit (z. B. durch verbesserte Termintreue)
- Verbesserung des Frühwarnsystems (z. B. durch aktuelle Informationen über entstandene Störungen)

50 Erläutern Sie die Bedeutung von Qualitätsmanagementsystemen, wie z. B. TQM.

Die Qualitätssicherung als Unternehmensstrategie spielte früher lediglich in Industrieunternehmen eine Rolle. Dort bezog sie sich vor allem auf die technische Qualität der hergestellten Produkte am Ende der Fertigung. Diese enge Qualitätssicht wurde jedoch aufgegeben, mittlerweile sind alle Funktionen eines Unternehmens einbezogen. Damit werden die Qualitätsmanagementkonzepte auch für andere Wirtschaftsbereiche – und somit auch für den Großhandel – relevant. Qualitätsmanagementsysteme dienen also der Sicherstellung aller Dienstleistungen eines Großhandelsunternehmens.

Grundsätze:
- Führung im Hinblick auf einheitliche Zielsetzung und Ausrichtung des Unternehmens
- Anstreben ständiger Verbesserungen
- Einbeziehung der Mitarbeiter
- Aufbau von Liefererbeziehungen zum gegenseitigen Nutzen
- Kundenorientierung
- Prozessorientierung
- sachliche Entscheidungsfindung

Ziele:
- Zufriedenstellung der Kunden
- Vermeidung von Fehlern
- bessere Erfassung und Umsetzung der Kundenbedürfnisse
- Vorteile bei Kooperationen mit zertifizierten Firmen (gleiche Sprache)

Beschaffungs- und Lagerkosten ✓ Handel

Güterversand im Großhandel:

- per Bahn:
  - Wagenladungsverkehr
  - Stückgutverkehr
  - IC-Kuriergut

- per Lkw:
  - Werkverkehr
  - gewerblicher Güterverkehr

- per Binnenschiff:
  - partikuliere Reedereien
  - Werkschifffahrt

- per Post

- per Flugzeug

- per Seeschiff:
  - Stückgutfrachtvertrag
  - Chartervertrag

- per KEP-Dienste

51 Wie kann ein Großhändler Güter versenden?

Flurförderfahrzeuge sind Transportmittel für den **horizontalen** Transport, die zumeist innerbetrieblich in den Lagern des Großhandels zu ebener Erde eingesetzt werden. Bekannte Flurfördermittel sind z. B. der Gabelstapler und der Hubwagen. An Bedeutung gewinnen fahrerlose Transportsysteme. Das sind flurgebundene Fördermittel mit eigenen Fahrantrieben, die automatisch gesteuert und berührungslos geführt werden.

52 Was sind Flurförderfahrzeuge?

Eine der Hauptgrundlagen für den Erfolg eines Unternehmens ist der **richtige Wareneinkauf.**
Günstige Einkaufspreise z. B. fördern die Wettbewerbsfähigkeit und erhöhen den Gewinn des Unternehmens.
Deshalb kommt es darauf an, die richtige Ware in ausreichender Menge, in der richtigen Qualität, zum günstigsten Preis beim richtigen Lieferer zu beschaffen.

53 Welches Ziel haben die Beschaffungstätigkeiten in einem Unternehmen?

Nach der Bedarfsermittlung sollten die folgenden Maßnahmen durchgeführt werden:

- **Sortimentsplanung:**
  Welche Warengruppen bzw. Artikel sollen beschafft werden?

- **Mengenplanung:**
  Welche Mengen sollen eingekauft werden?

- **Zeitplanung:**
  Zu welchem Zeitpunkt sollte die Ware bestellt bzw. geliefert werden?

- **Bezugsquellenermittlung:**
  Wo kann die Ware am günstigsten bezogen werden?

54 Welche Maßnahmen müssen im Rahmen der Beschaffungsplanung getroffen werden?

Durch die **Erhöhung der Bestellmenge**

- nehmen die Lagerkosten zu: Es wird mehr Kapital gebunden (Zinskosten), mehr Raum/Personal benötigt.

- nehmen die Beschaffungskosten ab: Dazu führen u. a. der geringere Arbeitsaufwand für eine einmalige Bestellung und die Inanspruchnahme von Mengenrabatten.

55 Wie wirkt sich eine Erhöhung der Bestellmenge auf die Beschaffungs- oder Lagerkosten aus?

Handel ✓

Beschaffung und Logistik

56 400 Stück eines Artikels sollen bestellt werden. Die Lagerhaltungskosten betragen pro Stück 0,75 €, die Beschaffungskosten pro Bestellung 40,00 €.

Ermitteln Sie die optimale Bestellmenge.

Bei der optimalen Bestellmenge gleichen sich sinkende Bestellkosten und steigende Lagerhaltungskosten aus.

Im Beispiel wäre es das Günstigste, dreimal zu bestellen. Die optimale Bestellmenge liegt bei 133 Stück. Dort entstehen Gesamtkosten in Höhe von 219,75 €, die sich zusammensetzen aus 99,75 € Lagerhaltungskosten und 120,00 € Bestellkosten.

Bei nur einer Bestellung führen zum Vergleich 300,00 € Lagerhaltungskosten und 40,00 € Bestellkosten zu 340,00 € Gesamtkosten.

57 Was versteht man unter Beschaffungsmarketing?

Beschaffungsmarketing ist die an den Beschaffungsmärkten ausgerichtete Verhaltensweise eines Unternehmens.

58 Wozu dient die Beschaffungsmarktforschung?

Die **Beschaffungsmarktforschung** dient der laufenden und systematischen Analyse und Beobachtung der Zustände und Entwicklungen auf den Beschaffungsmärkten.

59 Erläutern Sie die Aufgaben der aktiven Beschaffungspolitik.

Die **Beschaffungspolitik** hat die Aufgabe, so weit wie möglich die Marktsituation auf den Beschaffungsmärkten zugunsten des eigenen Unternehmens zu verändern.

60 Geben Sie jeweils ein Beispiel für beschaffungspolitische Instrumente.

- **Beschaffungsmarktforschung:** Ermittlung günstiger Bezugsquellen

- **Beschaffungsprogrammpolitik:** Einfluss auf die produktpolitischen Entscheidungen der Hersteller, wenn entsprechende Nachfrage bei eigenen Kunden entdeckt wird.

- **Preis-, Mengen- und Konditionenpolitik:** Preisverhandlungen über den Abgabepreis des Herstellers

- **Kontraktpolitik:** Durch Abschluss von z. B. Spezifikationskäufen gewinnt das Unternehmen Vorteile.

- **Bezugs- und Lieferantenpolitik:** Gegen Zusicherung einer längerfristigen Geschäftsbeziehung lässt sich das Unternehmen vom Hersteller Werbematerialien schicken.

Gründe für eine Anfrage

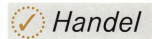 **Handel**

Die **Bezugsquellenermittlung** ist die Suche nach Informationen über mögliche Lieferer.

Dabei geht es sowohl um die Auswahl von Erstlieferern als auch um Informationen über bestehende Geschäftsbeziehungen.

61 Was versteht man unter Bezugsquellenermittlung?

- Adressenverzeichnisse („Gelbe Seiten" der Deutschen Post AG; ABC der deutschen Wirtschaft; Wer liefert was?)
- Fachzeitschriften
- Kataloge, Prospekte, Preislisten
- Messen, Ausstellungen
- Besuche von Reisenden und Handelsvertretern
- Geschäftsfreunde
- Internet

62 Welche Informationsquellen dienen der Auswahl von Erstlieferern?

In einer **Bezugsquellenkartei** werden Angaben über früher schon einmal ermittelte Bezugsquellen festgehalten.

- Ist sie als Lieferkartei **nach Lieferern geordnet,** informiert sie über deren lieferbare Waren.
- Als **nach Artikeln geordnete** Warenkartei enthält sie Angaben über die betreffenden Lieferfirmen.

63 Welche Informationen enthält eine Bezugsquellendatei?

Abhängig von der jeweiligen Situation sind die folgenden **Beurteilungspunkte bei mehreren Lieferern** mehr oder weniger zu beachten:

- Einhaltung von Qualität, Liefertermin und Menge
- Preise und Konditionen
- geografische Lage
- Umwelt- und Gesundheitsverträglichkeit der Waren

64 Welche Kriterien müssen herangezogen werden, wenn ein Artikel von mehreren Lieferern bezogen werden kann?

- Schnelligkeit
- Kombinationsmöglichkeiten verschiedener Suchmerkmale

65 Welche Vorteile hat eine Suche nach Bezugsquellen mithilfe elektronischer Medien (Internet/Datenbanken auf CD)?

Durch die **Anfrage** kann sich der Käufer Informationsmaterial, wie z. B. Warenmuster, einen Katalog oder ein Warenverzeichnis, von bestimmten Waren beschaffen. Darüber hinaus können Preise und Beschaffungskonditionen, z. B. Lieferbedingungen, Warenqualität und Preisnachlässe, erfragt werden. Dadurch kann schließlich die Leistungsfähigkeit der bisherigen Lieferer überprüft bzw. können neue Geschäftsverbindungen geknüpft werden.

66 Was sind die Gründe für eine Anfrage?

Handel ✓

Beschaffung und Logistik

67 Worin unterscheiden sich eine allgemein gehaltene und eine bestimmt gehaltene Anfrage?

Bei der **allgemein gehaltenen Anfrage** steht die Bitte um Muster, Kataloge, Preisliste oder Vertreterbesuch im Mittelpunkt. Wird dagegen z. B. nach dem Preis, der Farbe, der Güte und Beschaffenheit, den Zahlungs- und Lieferbedingungen und/oder der Lieferzeit gefragt, spricht man von einer **bestimmt gehaltenen Anfrage.**

68 Welche Bedeutung hat die Anfrage für das Zustandekommen eines Kaufvertrags?

Als unverbindliche Willenserklärung ist die Anfrage **rechtlich** zunächst **ohne Bedeutung** für das Zustandekommen eines Kaufvertrags: Eine Anfrage ist **stets unverbindlich,** sie verpflichtet den Anfragenden nicht zum Kauf. Ihre Bedeutung liegt aber unzweifelhaft in der Anbahnung von zukünftigen Geschäftsbeziehungen.

69 Was verstehen Sie unter einem Angebot?

Ein **Angebot** ist eine Willenserklärung, Waren zu den angegebenen Bedingungen zu verkaufen. Angebote richten sich an eine **genau bestimmte** Person oder Personengruppe.

70 Welche Formvorschriften gelten für ein Angebot?

Die **Abgabe eines Angebots** ist an **keine** bestimmte gesetzlich vorgeschriebene **Formvorschrift** gebunden. Sie kann schriftlich, mündlich oder telefonisch erfolgen.

71 Wie lange ist der Antragende an sein abgegebenes Angebot gebunden?

Angebote müssen unverzüglich angenommen werden, wenn keine Frist genannt wurde.

- **Mündliche und telefonische Angebote** sind nur so lange bindend, wie das Gespräch dauert.

- **Schriftliche Angebote** werden in dem Moment verbindlich, in dem sie dem Empfänger zugehen. Der Anbieter ist so lange an dieses Angebot gebunden, wie er unter verkehrsüblichen Bedingungen mit einer Antwort rechnen muss. Dabei muss das Angebot mindestens mit dem gleich schnellen Nachrichtenmittel angenommen werden, wie es abgegeben wurde.

- Die **Bindungsfrist** beträgt bei einem Angebotsbrief gewöhnlich eine Woche.

- Wird in einem Angebot eine Frist angegeben (z. B. „gültig bis 6. Juni"), so muss die Bestellung bis zum Ablauf dieser Frist beim Anbieter eingegangen sein.

72 Erklären Sie, was Sie unter Freizeichnungsklauseln verstehen.

Durch **Freizeichnungsklauseln** kann die Verbindlichkeit eines Angebots ganz oder teilweise ausgeschlossen werden.
Beispiele:
- „Preisänderungen vorbehalten"   →   Der Preis ist unverbindlich.
- „Solange Vorrat reicht"   →   Die Menge ist unverbindlich.
- „freibleibend", „unverbindlich", „ohne Obligo"   →   Das ganze Angebot ist unverbindlich.

Inhalte eines Angebots   ✓ *Handel*

Der Anbieter ist **nicht mehr** an sein Angebot **gebunden,** wenn

- der Empfänger das Angebot ablehnt,
- die Bestellung zu spät eintrifft,
- die Bestellung vom Angebot abweicht,
- er sein Angebot rechtzeitig widerruft.

Der **Widerruf** muss möglichst vor, spätestens aber mit dem Angebot beim Empfänger eingetroffen sein.

73 Wann erlischt die Bindung an ein Angebot?

Anpreisungen sind nicht an eine **genau bestimmte** Person oder Personengruppe gerichtet, sondern **an die Allgemeinheit.** Eine Anpreisung stellt daher eine **Aufforderung zur Abgabe eines Kaufantrags** dar und keinen Antrag im Sinne des BGB. Daher sind sie auch kein Bestandteil für das rechtswirksame Zustandekommen eines Kaufvertrags. Daran ändert auch die Angabe von Preisen nichts. Demjenigen, der Waren anpreist, ist es freigestellt, den Kauf*antrag* des Kunden anzunehmen oder abzulehnen. *Beispiele für Anpreisungen:* Schaufensterauslagen, Zeitungsanzeigen, Plakate, Kataloge, Prospekte, Werbefunk und -fernsehen.

74 Was unterscheidet die Anpreisung von einem verbindlichen Angebot?

Ziel eines Angebotsvergleichs ist die Ermittlung der **günstigsten Beschaffungsquelle** für einen Artikel. Voraussetzung dafür ist, dass die Ware vergleichbar sein muss.

75 Welches Ziel verfolgt ein Kaufmann mit einem Angebotsvergleich?

Beim **Preisvergleich** werden die Bezugspreise verglichen, da sie eventuelle Preisnachlässe bzw. Bezugskosten berücksichtigen. Beim **Lieferervergleich** werden zusätzlich noch wichtige Faktoren für den Bezug der Ware verglichen wie z. B.:

- Lieferzeit
- Kulanz
- Kundendienst
- Zuverlässigkeit, langjährige Geschäftsbeziehungen usw.

- Mengenrabatte
- Naturalrabatte (Dreingaben und Draufgaben)
- Treuerabatte
- Wiederverkäuferrabatte
- Boni
- Sonderrabatte
- Skonti

76 Welche Entscheidungshilfen werden beim Angebotsvergleich angewandt?

77 Welche unterschiedlichen Preisnachlässe können Angebote enthalten?

Bestandteile eines Angebots können sein:

- Art, Güte und Beschaffenheit der Ware
- Menge der Ware
- Preis der Ware und Preisabzüge wie Rabatte und Skonto
- Kosten der Versandverpackung
- Versandkosten
- Lieferzeit
- Zahlungsbedingungen
- Erfüllungsort und Gerichtsstand

78 Welche Inhalte gehören grundsätzlich in ein Angebot?

45

Handel ✓

Beschaffung und Logistik

79 Wie lauten die gesetzlichen Regelungen für folgende Angebotsinhalte:
a) Art, Beschaffung und Güte der Ware,
b) Kosten der Versandverpackung,
c) Versandkosten,
d) Lieferzeit,
e) Zahlungsbedingungen?

a) mittlere Art und Güte
b) Kosten der Versandverpackung sind grundsätzlich vom Käufer zu tragen.
c) Versandkosten trägt der Käufer. Beim Versandkauf ab Versandstation: Verladekosten, Fracht, Entladekosten, Hausfracht am Bestimmungsort (Warenschulden sind Holschulden).
d) sofortige (unverzügliche) Lieferung
e) sofortige Zahlung bei Lieferung; Kosten der Zahlung (z. B. Überweisungsgebühren) trägt der Käufer

80 Was verstehen Sie unter gesetzlichem Erfüllungsort?

Als **gesetzlicher Erfüllungsort** wird der Ort bezeichnet, an dem der Schuldner seine Leistungen zu erbringen hat (Leistungsort):

- Der Verkäufer muss **rechtzeitig liefern** und das Eigentum übertragen.
- Der Käufer muss die Ware annehmen und rechtzeitig **den Kaufpreis bezahlen.**
Daher ist der Erfüllungsort für die Zahlung der Wohn- oder Geschäftssitz des Käufers (**Geldschulden sind Schickschulden**) und der Erfüllungsort für die Warenlieferung der Wohn- oder Geschäftssitz des Verkäufers (**Warenschulden sind Holschulden**).
- Der Erfüllungsort ist der Ort, an dem die Gefahr des zufälligen Untergangs und der zufälligen Verschlechterung der Ware auf den Vertragsparner übergeht (**Ort des Gefahrenübergangs**).
- Der Erfüllungsort ist der Ort, an dem bei Streitigkeiten aus dem Kaufvertrag die Klage eingereicht wird (**Klageort**).

81 Welche Bedeutung hat der gesetzliche Erfüllungsort für die Warenschuld?

Der **gesetzliche Erfüllungsort** ist besonders bedeutsam für den **Gefahrenübergang** und die **Kostenübernahme** beim Warenversand.

Mit der Übergabe der verkauften Ware am Erfüllungsort geht die Gefahr des zufälligen Untergangs und einer zufälligen Verschlechterung (z. B. Transportunfall, Diebstahl, Brand) auf den Käufer über. Das bedeutet, dass die Ware auf Gefahr des Käufers reist. Der Käufer muss das Transportrisiko tragen, nicht der Verkäufer.

Da das Abholen der Ware beim gesetzlichen Erfüllungsort zu den Pflichten des Käufers gehört, muss er auch *beim Versendungskauf* die Abnahme- und Versendungskosten (= Transportkosten) ab Versandstation des Verkäufers tragen. Die Übergabekosten, z. B. für das Wiegen oder Messen, trägt der Verkäufer.

Formen des Eigentumsvorbehalts

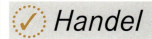 *Handel*

Der **Erfüllungsort für die Geldzahlung** ist der Wohnsitz des Käufers (Geldschuldner). Das heißt, der Käufer

- muss das Geld fristgerecht abschicken (für die fristgerechte Zahlung ist der Zeitpunkt entscheidend, zu dem das Geld abgesandt wurde),
- trägt die Kosten und Gefahr der Geldübermittlung bis zum Wohnort des Verkäufers (Geldschulden sind Schick- bzw. Bringschulden).

82 Welche Bedeutung hat der gesetzliche Erfüllungsort für die Geldschuld?

Der **Erfüllungsort bestimmt das Gericht** (Amts- oder Landgericht), das vom Gläubiger angerufen werden kann, wenn der Vertragspartner seine Verpflichtungen aus dem Kaufvertrag nicht ordnungsgemäß erfüllt hat.
Verhandelt wird vor dem Gericht, in dessen Bereich der Erfüllungsort liegt:

- für Warenschulden ist dann das zuständige Gericht der Wohnort des Verkäufers,
- für Geldschulden ist es der Wohnort des Käufers.

83 Welche Bedeutung hat der gesetzliche Erfüllungsort für den Gerichtsstand?

Ein **vertraglicher Erfüllungsort** liegt vor, wenn er von den Vertragsparteien frei vereinbart wird. Es kann demnach als Erfüllungsort der Wohnort des Verkäufers, der Wohnort des Käufers oder ein anderer Ort als Erfüllungsort festgelegt werden.

Im Unterschied zum gesetzlichen Erfüllungsort gibt es bei der vertraglichen Regelung nur einen Erfüllungsort.

84 Was unterscheidet den vertraglichen vom gesetzlichen Erfüllungsort?

Unter **Eigentumsvorbehalt** versteht man die Vereinbarung zwischen Verkäufer und Käufer, dass das Eigentumsrecht erst mit der vollständigen Bezahlung der Ware auf den Käufer übergeht. Der Eigentumsvorbehalt stellt damit eine wichtige Form der Sicherung von Forderungen aus Warenlieferungen auf Ziel dar.

85 Was verstehen Sie unter Eigentumsvorbehalt?

Nach den **Formen des Eigentumsvorbehalts** sind zu unterscheiden:

- Der **einfache Eigentumsvorbehalt:** Der Käufer wird zunächst lediglich Besitzer der Sache, Eigentümer bleibt der Verkäufer bis zur vollständigen Bezahlung des Kaufpreises.
- Der **verlängerte Eigentumsvorbehalt:** Der Käufer darf zwar die von ihm unter Eigentumsvorbehalt gekaufte Ware weiterverkaufen, muss aber seine Kaufpreisforderungen gegen seine Kunden im Voraus an seinen Verkäufer abtreten.
- Der **erweiterte Eigentumsvorbehalt:** Er liegt vor, wenn der Verkäufer nicht nur die Forderung aus einer Warenlieferung sichert, sondern wenn **sämtliche Lieferungen** an einen Käufer geschützt werden sollen. Das heißt, die Eigentumsrechte beziehen sich auf alle Lieferungen an denselben Kunden, bis sie vollständig bezahlt sind.

86 Welche Formen des Eigentumsvorbehalts kennen Sie?

Handel

Beschaffung und Logistik

87 Wann erlischt der einfache Eigentumsvorbehalt bzw. wann wird er unwirksam?

- Der **Eigentumsvorbehalt erlischt** bei vollständiger Bezahlung des Kaufpreises.
- Er wird **unwirksam,** wenn die bewegliche Sache vom Käufer
  - verarbeitet,
  - verbraucht,
  - vernichtet oder
  - mit einer anderen unbeweglichen Sache fest verbunden wird.

88 Für die Grotex GmbH, eine Textilgroßhandlung, ist das häufigste Kreditsicherungsmittel der Eigentumsvorbehalt.

a) Welche Rechtsfolgen ergeben sich aus der Vereinbarung des einfachen Eigentumsvorbehalts?
b) Nennen Sie vier Beispiele, in denen der einfache Eigentumsvorbehalt erlischt.
c) Wie kann die Grotex GmbH das Erlöschen des Eigentumsvorbehalts verhindern?

a) **Rechtsfolgen:**
Der Käufer wird zunächst nur Besitzer der Ware; die Grotex GmbH als Verkäufer bleibt bis zur Zahlung des Kaufpreises Eigentümer. Bei Zahlungsverzug kann der Verkäufer vom Käufer die Herausgabe seines Eigentums fordern, wenn er von seinem Rücktrittsrecht Gebrauch macht. Darüber hinaus kann der Verkäufer bei einer Pfändung Freigabe, bei Insolvenz und Vergleich Aussonderung verlangen.

b) Der Eigentumsvorbehalt wird unwirksam, wenn die bewegliche Sache vom Käufer
- verarbeitet,
- verbraucht,
- vernichtet,
- mit einer anderen unbeweglichen Sache fest verbunden,
- an einen gutgläubigen Dritten veräußert (§ 932 BGB) oder
- schlichtweg weiterverkauft wird (§ 185 BGB).

c) Das Erlöschen des einfachen Eigentumsvorbehalts kann durch Vereinbarung eines verlängerten Eigentumsvorbehalts im Kaufvertrag verhindert werden.

89 Was verstehen Sie unter Allgemeinen Geschäftsbedingungen?

Allgemeine Geschäftsbedingungen
- sind alle für eine Vielzahl von Verträgen vorformulierten Vertragsbedingungen,
- die eine Vertragspartei der anderen Vertragspartei **einseitig** stellt,
- ohne dass die Klauseln im Einzelnen ausgehandelt worden sind;
- können von einzelnen Unternehmen bzw. für Wirtschaftsbereiche formuliert werden: z. B. AGB bei Banken, Transportunternehmen, Reiseveranstaltern, Groß- und Einzelhandel.

Allgemeine Geschäftsbedingungen

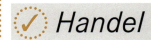 *Handel*

Allgemeine Geschäftsbedingungen helfen Kosten und Arbeitszeit einzusparen und haben eine Rationalisierungsfunktion, da sie auf typische, regelmäßig wiederkehrende Probleme des Geschäftsverkehrs abgestimmt sind, wie z. B. Liefer- und Zahlungsbedingungen, Erfüllungsort und Gerichtsstand, Lieferzeit, Eigentumsvorbehalt, Gefahrenübergang, Verpackungs- und Beförderungskosten.

Gleichzeitig wird es dem Verkäufer durch diese Vertragsvorformulierung möglich, seine Vertragspflichten gemäß BGB/HGB einzuschränken und damit seine wirtschaftliche Stellung zu stärken.

90 Welche wirtschaftliche Bedeutung haben Allgemeine Geschäftsbedingungen für den Verkäufer?

Allgemeine Geschäftsbedingungen sind Bestandteil eines zwischen Verkäufer und Käufer individuell ausgehandelten Vertrags, der unter dem Primat der Vertragsfreiheit abgeschlossen wurde.

91 Warum haben Allgemeine Geschäftsbedingungen Vorrang vor gesetzlichen Regelungen?

Die Bestimmungen des ehemaligen AGB-Gesetzes (das aufgelöst wurde) sind mit Wirkung zum 1. Januar 2002 in das BGB (§§ 305 bis 310) integriert worden und zielen darauf ab,

- Benachteiligungen des wirtschaftlich Schwächeren zu verhindern,
- mehr Rechtssicherheit und Gerechtigkeit zu schaffen.

92 Was beabsichtigen die gesetzlichen Regelungen des BGB zur „Gestaltung rechtsgeschäftlicher Schuldverhältnisse durch Allgemeine Geschäftsbedingungen" (vormals Gesetz zur Regelung des Rechts der Allgemeinen Geschäftsbedingungen; AGB-Gesetz)?

Handel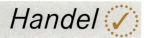

Beschaffung und Logistik

93 Nennen Sie maßgebliche Regelungen des BGB die Allgemeinen Geschäftsbedingungen betreffend.

Im Bürgerlichen Gesetzbuch wird zum **Sachverhalt der Allgemeinen Geschäftsbedingungen** u. a. ausgeführt:

- Kleingedrucktes gehört nicht automatisch zum Vertrag.

- Mindestvoraussetzungen:
  - ausdrücklicher Hinweis des Verkäufers auf seine AGB,
  - AGB müssen für den Käufer leicht erreichbar und mühelos lesbar sein,
  - Käufer muss den AGB zustimmen.

- Persönliche Absprachen haben Vorrang vor abweichenden AGB, das gilt auch für mündliche Absprachen; aber Vorsicht: der Beweis ist schwierig!

- Überraschende Klauseln werden nicht Bestandteil des Vertrags – sie sind unwirksam.

- Einzelverbote, z. B.
  - Ausschluss oder Einschränkung von Reklamationsrechten
  - unangemessen lange oder ungenau bestimmte Nachfrist
  - Beschneidung von Rechten bei zu später Lieferung
  - nachträgliche Preiserhöhungen (innerhalb von 4 Monaten)
  - Ausschluss oder Beschränkung der Haftung bei grobem Verschulden u. Ä. m.

94 Unterscheiden Sie die verschiedenen Kaufverträge nach ihrer Art.

Kaufvertragsarten				
Unterscheidung nach				
Art und Beschaffenheit der Ware	der Lieferzeit	dem Zahlungszeitpunkt	der rechtlichen Stellung der Vertragspartner	dem Leistungsort (Erfüllungsort)

· Kauf auf Probe
· Kauf nach Probe
· Kauf zur Probe
· Gattungskauf
· Stückkauf
· Bestimmungskauf (Spezifikationskauf)
· Ramschkauf (Kauf „en bloc" bzw. „in Bausch und Bogen")
	· Sofortkauf (Tageskauf)
	· Terminkauf
	· Fixkauf
	· Kauf auf Abruf
		· Kauf gegen Anzahlung
		· Barkauf
		· Kommissionskauf
		· Zielkauf
		· Abzahlungskauf (Ratenkauf)
			· Handelskauf
			  a) zweiseitiger Handelskauf
			  b) einseitiger Handelskauf
			· bürgerlicher Kauf
				· Handkauf
				· Platzkauf
				· Versendungskauf
				· Kauf im Streckengeschäft

Termin- und Fixhandelskauf

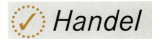 *Handel*

Kauf auf Probe
Der Käufer hat das Recht, den Kaufgegenstand innerhalb einer vereinbarten Frist zu prüfen, auszuprobieren und zurückzugeben (Kauf mit Rückgaberecht).

Kauf nach Probe
Beim Kauf nach Probe liefert der Verkäufer die Ware aufgrund einer vorher vorgelegten oder übergebenen Probe oder eines Musters. Der Verkäufer muss sich bei seiner späteren Lieferung ganz genau an sein Probeexemplar halten.

Kauf zur Probe
Der Kauf zur Probe ist ein endgültiger Kauf, mit dem der Käufer weitere Bestellmengen in Aussicht stellt, falls die Ware seinen Vorstellungen entspricht. Das Recht zur Rückgabe der Ware besteht nicht.

95 Beschreiben Sie:
– Kauf auf Probe,
– Kauf nach Probe und
– Kauf zur Probe.

- Von einem **Gattungskauf** spricht man, wenn im Kaufvertrag die Ware nur der Art oder Klasse nach (nach allgemeinen Merkmalen) bestimmt ist. Die Kaufgegenstände sind **gleichartige (= vertretbare) Sachen**. Eine vertretbare Sache kann durch eine andere, gleiche Sache ersetzt werden (z. B. Getreide, Obst, Bier, Geld, Aktien oder Serienmöbel).

- Der **Stückkauf** betrifft eine nicht nur der Gattung nach, sondern vom Käufer auch persönlich bestimmte Ware. Kaufgegenstände sind in diesem Fall genau bestimmte (= nicht vertretbare) Sachen, wie z. B. der Kauf eines Grundstücks, eines gebrauchten Pkw, eines Originalgemäldes oder eines Maßanzuges.

96 Worin besteht der Unterschied zwischen einem Gattungskauf und einem Stückkauf?

Bei einem **Bestimmungskauf** legt der Käufer beim Vertragsabschluss lediglich die Warenart und die Gesamtmenge fest.
Die Ware wird dann durch den Käufer innerhalb einer bestimmten Frist nach Maß, Form, Farbe, Stück u. v. m. näher bestimmt.

97 Erklären Sie, was Sie unter einem Bestimmungskauf (Spezifikationskauf) verstehen.

- Von einem **Terminkauf** spricht man, wenn zwischen Käufer und Verkäufer vereinbart wird, dass die Ware zu einem bestimmten Termin oder innerhalb einer festgelegten Frist geliefert werden soll, z. B.: Lieferung innerhalb der Zeit vom 1. bis 6. Juni; Lieferung Anfang Mai d. J.; Lieferung innerhalb eines Monats nach Bestellung.

- Bei einem zwischen Verkäufer und Käufer vereinbarten **Fixhandelskauf** muss der Verkäufer die bestellte Ware zu einem genau festgelegten Zeitpunkt liefern. Die Einhaltung des vereinbarten Liefertermins ist wesentlicher Bestandteil dieses Vertrags. Eine nachträgliche Leistung kann nicht mehr als Erfüllung des Vertrags angesehen werden.

  Beispiele: Lieferung am 15. Juli fix (bestimmt, exakt, präzise); Lieferung bis 11. März, 17:00 Uhr, fest; Lieferung genau am 24. Januar.

98 Worin sehen Sie den Unterschied zwischen Terminkauf einerseits und Fixhandelskauf (Fixgeschäft) andererseits?

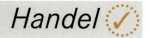

Beschaffung und Logistik

99 Erklären Sie den Kauf auf Abruf.

Beim **Kauf auf Abruf** liefert der Verkäufer die bestellte Ware erst später, wenn der Käufer sie abruft.
Vereinbart wird dabei ein Zeitpunkt innerhalb einer angemessenen Frist, zu dem der Käufer die Ware als Ganzes oder in Teilmengen geliefert haben möchte.

100 Was kennzeichnet den Zielkauf?

Man spricht von einem **Zielkauf,** wenn zwischen Käufer und Verkäufer vereinbart wird, dass die Zahlung des Kaufpreises erst einige Zeit nach der Lieferung der Ware erfolgen soll, z. B. „30 Tage Ziel".

101 Was ist ein Kauf im Streckengeschäft?

Ein **Streckengeschäft** liegt vor, wenn die Ware nicht an den Käufer (Großhändler), sondern direkt an dessen Kunden (Einzelhändler) geliefert wird, ohne das Lager des Käufers (Großhändlers) zu berühren.

102 Nennen Sie Vorteile, die das Streckengeschäft für den Großhändler hat.

Gründe für die Vereinbarung von **Streckengeschäften** sind:

- **Einsparung von Kosten:** Verlade- (Umschlags-), Fracht- und Lagerkosten können beim Zwischenhändler (Großhändler, Wiederverkäufer) eingespart werden.

- **Zeitersparnis:** Wichtige Liefertermine (z. B. Fixtermine) können unter Umständen besser eingehalten und/oder zu lange Lieferfristen hin und wieder um mehrere Tage verkürzt werden. Vor allen Dingen wenn der Produktionsbetrieb zum Kunden näher liegt als der Geschäftssitz des Großhändlers, kann die Zeitersparnis entsprechend größer ausfallen.

- **Verringerung von Transportkosten** durch mehrfachen Warenumschlag (z. B. Bruch), insbesondere wenn es sich um teure oder empfindliche Waren handelt.

103 Unterscheiden Sie zwischen zweiseitigem Handelskauf, einseitigem Handelskauf, bürgerlichem Kauf und Verbrauchsgüterkauf.

- Handelt es sich bei beiden Vertragspartnern um Kaufleute, die im Rahmen ihres Handelsgewerbes ein Handelsgeschäft abschließen, liegt ein **zweiseitiger Handelskauf** vor.

- Handelt ein Vertragspartner als Kaufmann, d. h., ist das Geschäft für ihn ein Handelsgeschäft, und der andere Partner als Privatperson, spricht man von einem **einseitigen Handelskauf.**

- Beim **bürgerlichen Kauf** sind beide Vertragspartner Nichtkaufleute, für beide ist das Geschäft kein Handelsgeschäft.

- Von einem **Verbrauchsgüterkauf** spricht man, wenn
  ○ ein Verbraucher von einem Unternehmer
  ○ eine bewegliche Sache
  kauft. Insofern gelten die Regeln zum Verbrauchsgüterkauf nicht bei Verträgen zwischen Unternehmern und zwischen Verbrauchern und auch nicht, wenn der Verkäufer Verbraucher und der Käufer Unternehmer ist.

Mahnung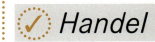

- Beim **Handkauf** findet der Kauf in den Geschäftsräumen des Verkäufers statt. Der Kaufvertrag und seine Erfüllung fallen zeitlich zusammen.

- Beim **Platzkauf** haben Verkäufer und Käufer ihren **Geschäftssitz am selben Ort.** Die Gefahr des zufälligen Untergangs und einer zufälligen Verschlechterung geht bei diesem Kauf mit der Übergabe der Ware an den Käufer über.

- Beim **Versendungskauf** muss der Verkäufer die Ware auf Verlangen des Käufers an einen anderen Ort als den Erfüllungsort versenden. Die Gefahr der Beschädigung, Verschlechterung oder des zufälligen Untergangs geht bei diesem Kauf mit der Übergabe an der Versandstation auf den Käufer über.

104 Was verstehen Sie unter Handkauf, Platzkauf und Versendungskauf?

Eine Auftragsbestätigung ist eine ausdrückliche Bestellungsannahme.

105 Was ist eine Auftragsbestätigung?

Eine Bestellungsannahme ist notwendig, wenn
- die Bestellung vom Angebot abweicht,
- die Bestellung aufgrund eines freibleibenden Angebots erfolgte,
- der Bestellung kein Angebot vorausging.

106 Wann ist für das Zustandekommen eines Kaufvertrags eine Bestellungsannahme notwendig?

Eine Bestellungsannahme ist an keine Formvorschrift gebunden. Aus Beweissicherungsgründen empfiehlt sich zwar die ausdrückliche Bestellungsannahme in Form einer schriftlichen Auftragsbestätigung. Sie ist aber rechtlich gesehen nicht nötig: Wenn z. B. aufgrund einer Bestellung, die eigentlich eine Bestellungsannahme notwendig macht, sofort geliefert wird, gilt die Lieferung als Annahme der Bestellung (schlüssige Handlung).

107 Ist die Bestellungsannahme an eine Formvorschrift gebunden?

Der Hauptgrund für das kaufmännische Mahnverfahren besteht darin, dass nicht gleich das Gericht bemüht werden soll.
Den Vertragspartnern wird die Möglichkeit gegeben, die Situation untereinander – ohne die Einschaltung Dritter – gütlich zu bereinigen und dabei ganz individuell auf die möglichen Argumente und Belange des anderen Rücksicht nehmen zu können.

108 Welchen Zweck hat das kaufmännische Mahnverfahren?

Form und Häufigkeit der Mahnung können u. a. von den Gründen des in Verzug geratenen Kunden, von der Qualität der bestehenden Geschäftsbeziehung und der eigenen wirtschaftlichen Situation abhängen.

109 Wovon wird es abhängen, in welcher Form und wie oft ein Verkäufer einen Käufer mahnt?

Handel ✓

Beschaffung und Logistik

110 Beschreiben Sie die mögliche Vorgehensweise beim außergerichtlichen Mahnverfahren.

Grundsatz: Zunächst vorsichtig mahnen. Es sind folgende Stufen möglich, wobei eine Steigerung von „sehr höflich" über „energische Aufforderung" bis „Androhung gerichtlicher Schritte" denkbar wäre:

- (nette bzw. originelle) Zahlungserinnerung
- eventuell drei Mahnungen
- Postnachnahme/Beauftragung eines Inkassoinstituts
- vierte Mahnung
- Mahnbescheid (= Beginn des gerichtlichen Mahnverfahrens)

Ein allgemeingültiges Ablaufschema gibt es nicht.

111 Welche Bedeutung hat das kaufmännische (außergerichtliche) Mahnverfahren für den Verkäufer?

Mit der laufenden Überwachung der Fälligkeitstermine (Debitorenkontrolle) und dem pünktlichen Eingang der Forderungen kann der Verkäufer

- seine Liquidität erhöhen,
- Kreditkosten vermeiden,
- Skonti seiner Lieferer in Anspruch nehmen,
- günstige Angebote wahrnehmen,
- seine Kreditwürdigkeit verbessern,
- das Forderungsrisiko verringern.

112 In welcher Reihenfolge laufen die Phasen des gerichtlichen Mahnverfahrens ab?

Das gerichtliche Mahnverfahren:

- **Gläubiger** (Antragsteller) stellt Antrag (mündlich/schriftlich) auf Erlass eines Mahnbescheids beim Amtsgericht des Gläubigers (= Mahngericht) bzw. beim zentralen Mahngericht.

- Der **Mahnbescheid** wird dem Schuldner (Antragsgegner) von Amts wegen durch die Post zugestellt.

- Der **Schuldner** hat drei Möglichkeiten:
  ○ **Er zahlt,** dann ist das gerichtliche Mahnverfahren beendet (der Kaufvertrag erfüllt).
  ○ **Er widerspricht** innerhalb von 2 Wochen beim Amtsgericht des Gläubigers.
    – Das Amtsgericht, das den Mahnbescheid erlassen hat, gibt den Rechtsstreit von Amts wegen an das örtlich zuständige Gericht (Amts- oder Landgericht) ab.
    – Anschließend kommt es auf Antrag von Gläubiger oder Schuldner zu einem ordentlichen Gerichtsverfahren, in dem geklärt wird, ob die Forderung begründet ist.
  ○ **Er schweigt.** Nun hat der Gläubiger das Recht,
    – frühestens nach dem Ende der Widerspruchsfrist von 2 Wochen,
    – spätestens nach einer Frist von 6 Monaten, bei demselben Amtsgericht den Erlass eines Vollstreckungsbescheids zu beantragen, der dem Schuldner dann zugestellt wird. Wird der Antrag nicht innerhalb der 6-monatigen Frist, beginnend mit der Zustellung des Mahnbescheids, erhoben, verjähren die Rechte aus dem Mahnbescheid.

113 Was verstehen Sie unter a) Mahnbescheid und b) Vollstreckungsbescheid?

a) Der Mahnbescheid ist eine Aufforderung an den Schuldner, entweder innerhalb einer gegebenen Frist den geschuldeten Betrag zuzüglich Zinsen und entstandenen Kosten zu zahlen oder sich zu verteidigen.

b) Der Vollstreckungsbescheid ist ein „vollstreckbarer Titel" mit dem Recht, gegen den Schuldner die Zwangsvollstreckung einzuleiten.

Zwangsvollstreckung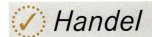

Der Schuldner kann nach Zustellung des Vollstreckungsbescheids

- **zahlen,** dann ist das gerichtliche Mahnverfahren beendet.
- **Einspruch erheben** innerhalb von 2 Wochen beim Amtsgericht des Gläubigers. Dann
  - informiert das Amtsgericht den Gläubiger (Antragsteller) über den eingegangenen Einspruch,
  - kann der Gläubiger innerhalb von 2 Wochen eine Gerichtsverhandlung beantragen, die im Rahmen einer mündlichen Verhandlung mit einem Urteil abgeschlossen wird. Fällt das Urteil zugunsten des Gläubigers aus, kommt es zur Zwangsvollstreckung.
- **schweigen.** Die Folge – der Vollstreckungsbescheid wird rechtskräftig (vollstreckbar) und es kommt zur Zwangsvollstreckung.

114 Wie kann sich der Schuldner nach Zustellung des Vollstreckungsbescheids verhalten?

Die Voraussetzungen für die Zwangsvollstreckung sind:

- Zustellung des Vollstreckungsbescheids
- Vorhandensein eines Vollstreckungstitels (= öffentliche Urkunde) gegen den Schuldner
- Vollstreckungsklausel; die Vollstreckungsklausel muss in jedem Vollstreckungsbescheid enthalten sein (= amtliche Bescheinigung), z. B. „Vorstehende Ausfertigung wird der Großhandlung Grotex GmbH, Hannover, zum Zwecke der Zwangsvollstreckung erteilt."

115 Nennen Sie die Voraussetzungen der Zwangsvollstreckung.

Es sind folgende Arten der Zwangsvollstreckung zu unterscheiden:

- **Zwangsvollstreckung in das bewegliche Vermögen:**
  - Pfändung und anschließende öffentliche Versteigerung (frühestens nach 7 Tagen) körperlicher Sachen
  - Pfändung von Geldforderungen und anderen Rechten. Hierzu zählen z. B. das Arbeitseinkommen, Bankguthaben, Kreditforderungen, Leistungen aus Lebensversicherungen, Mietforderungen.
- **Zwangsvollstreckung in das unbewegliche Vermögen** (zum unbeweglichen Vermögen zählen Grundstücke und Gebäude), beispielsweise durch:
  - **Zwangsversteigerung:** Der Schuldner verliert durch die Versteigerung sein Eigentum.
  - **Zwangsverwaltung:** Durch die vom Gericht auf Antrag des Gläubigers angeordnete Zwangsverwaltung werden das Grundstück und die Erträge aus dem Grundstück, z. B. Miet- und Pachteinnahmen, beschlagnahmt. Der Schuldner bleibt zwar Eigentümer des Grundstücks, doch erhält der Gläubiger die Einnahmen.

116 Welche Arten der Zwangsvollstreckung gibt es?

55

Handel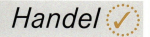

Beschaffung und Logistik

117. Was ist eine eidesstattliche Versicherung?

Die **eidesstattliche Versicherung** (= Offenbarungsversicherung) muss vom Schuldner abgegeben werden, wenn die Zwangsvollstreckungsmaßnahmen nicht zum Erfolg geführt haben. Er bestätigt damit die Richtigkeit und Vollständigkeit seiner Vermögensverhältnisse. Falsche Angaben gelten als Meineid und werden mit Freiheitsstrafe geahndet.
Verweigert der Schuldner die eidesstattliche Versicherung, kann er auf Antrag und Kosten des Gläubigers bis zu 6 Monate in Erzwingungshaft genommen werden.

Die Ansprüche des Gläubigers bleiben bei erfolglosem gerichtlichen Mahn- und Vollstreckungsverfahren noch 30 Jahre lang bestehen.

118. Beachtet der Schuldner den Vollstreckungsbescheid nicht, kann der Gläubiger die Zwangsvollstreckung erwirken.
a) Wer führt die Zwangsvollstreckung durch?
b) Wie wird die Zwangsvollstreckung durchgeführt?

a) Die Zwangsvollstreckung in das bewegliche Vermögen führt der Gerichtsvollzieher durch.

b) Körperliche Gegenstände nimmt der Gerichtsvollzieher in seinen Besitz, indem er sie entweder an sich nimmt (= Faustpfand – Bargeld, Wertpapiere und wertvolle Gegenstände), oder er bringt bei schweren Gegenständen ein Pfandsiegel an, z. B. bei Schränken, Tiefkühltruhen, Maschinen. Geldvermögen werden aufgrund eines Pfändungsbeschlusses des Gerichts eingezogen.

119. Was verstehen Sie unter Austauschpfändung?

Aus sozialen Gründen (Sicherung der wirtschaftlichen Existenz, Erhalt einer bescheidenen Lebensführung) sind zahlreiche bewegliche Sachen nicht pfändbar. Eine Möglichkeit, verhältnismäßig wertvolle, aber unpfändbare Sachen zu pfänden, bietet die sogenannte **Austauschpfändung**.
Gehört dem Schuldner z. B. ein wertvolles Farbfernsehgerät, kann es dennoch gepfändet werden, wenn der Gläubiger dem Schuldner zugleich ein betriebsfähiges Gerät von geringerem Wert zur Verfügung stellt.

120. Was verstehen Sie unter Verjährung?

Von **Verjährung** spricht man, wenn ein Anspruch nach einer vom Gesetz bestimmten Frist vom Gläubiger auf dem Gerichtsweg nicht mehr eingeklagt werden kann. Der Schuldner kann, obwohl der Anspruch des Gläubigers weiter besteht, die Leistung verweigern, sollte die Verjährungsfrist abgelaufen sein; er hat das sogenannte Recht der **Einrede der Verjährung**.
Bezahlt der Schuldner allerdings eine bereits verjährte Forderung, kann er die einmal geleistete Zahlung nicht mehr zurückverlangen.
Ziel der Verjährung ist der **Rechtsfrieden**.

Verjährungsfristen

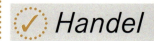 *Handel*

Mangel an:	Verjährung der Rechte bei mangelhafter Lieferung (Fristen)		
	Allgemeines Kaufrecht (es findet Anwendung auf alle Kauf-, Tausch- und Werklieferungsverträge)	**Verbrauchsgüterkauf** (= Kaufverträge, bei denen ein Verbraucher von einem Unternehmer eine unbewegliche Sache kauft)	
neuen Sachen	2 Jahre, beginnend mit der Ablieferung der Sache	2 Jahre, beginnend mit der Ablieferung	Beweislastumkehr: Innerhalb der ersten 6 Monate wird angenommen, der Mangel habe bereits bei Übergabe bestanden.
gebrauchten Sachen		Verkürzung bis zu 1 Jahr möglich, beginnend mit der Ablieferung	
Sachen, wenn der Verkäufer den Mangel arglistig verschwiegen hat (§ 438 Abs. 3 BGB)	3 Jahre, beginnend am Schluss des Jahres, in dem der Anspruch entstand und der Gläubiger Kenntnis erlangte (§ 195 BGB)		
Bauwerken (§ 634 a BGB) oder wenn die Sache für ein Bauwerk verwendet worden ist und dessen Mangel verursacht hat (§ 438 BGB)	5 Jahre, beginnend mit der Ablieferung bzw. Abnahme des Werkes		

Nennen Sie die wichtigsten Verjährungsfristen bei mangelhafter Lieferung.

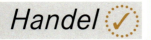

Beschaffung und Logistik

122 Wodurch wird die Verjährung von Ansprüchen beeinflusst?

Die Verjährung wird beeinflusst durch Neubeginn der Verjährung einerseits und Hemmung andererseits.

- **Neubeginn der Verjährung** (siehe Aufgabe Seite 59): Der Neubeginn erfolgt unter bestimmten Voraussetzungen und hat zur Folge, dass mit dem Datum des Neubeginns der Lauf der bisherigen Verjährungsfrist endet und sofort die Verjährungsfrist **neu** in voller Länge zu laufen beginnt.

- **Hemmung:** Bei der Hemmung **läuft** die Verjährungsfrist **nicht weiter**. Während der Zeit der Hemmung **ruht** die Verjährungsfrist, d. h., es wird lediglich der Ablauf der laufenden Verjährungsfrist angehalten, bis der Hemmungsgrund entfallen ist. Entfällt schließlich der Hemmungsgrund, verlängert sich die Verjährungsfrist um die Zeit der Hemmung, d. h., die noch nicht abgelaufene restliche Verjährungszeit läuft zu Ende. Beginn und Ende der Hemmung sind fallbezogen im Gesetz geregelt.

123 Welche Hemmungsgründe sind Ihnen bekannt?

Hemmung tritt ein, wenn zwischen einem Gläubiger und einem Schuldner Ansprüche ungeklärt sind. Hierfür gibt es zahlreiche Beispiele, die im Wesentlichen die Klage, die Gerichtsverhandlung und hiermit zusammenhängende Rechtshandlungen umfassen. Als **Hemmungsgründe** kommen u. a. in Betracht:

- **Verhandlungen:** Solange Schuldner und Gläubiger miteinander über den Anspruch oder die den Anspruch begründenden Umstände verhandeln, ist die Verjährung gehemmt, bis der eine oder andere Teil die Verhandlung abbricht.

- **Hemmung durch Rechtsverfolgung:**
  - Der Schuldner kann die Zahlung aus berechtigten Gründen verweigern (Gegenanspruch).
  - Zustellung eines Antrags auf einstweilige Verfügung
  - Gesuch um Prozesskostenhilfe
  - Klageerhebung
  - Zustellung des gerichtlichen Mahnbescheids
  - Anmeldung eines Anspruchs im Insolvenzverfahren

- **Leistungsverweigerungsrecht** des Schuldners (z. B. bei Stundung ≙ Zahlungsaufschub).

- **Höhere Gewalt,** z. B. aufgrund von Naturkatastrophen oder Krieg. Die Verjährung ist gehemmt, solange der Gläubiger innerhalb der letzten 6 Monate der Verjährungsfrist durch höhere Gewalt an der Rechtsverfolgung seines Anspruchs gehindert ist.

Weitere Hemmungsgründe bestehen aus familiären Gründen oder bei nicht voll Geschäftsfähigen.
Das kaufmännische Mahnverfahren hat keinen Einfluss auf die Verjährungsfrist. Es bewirkt demzufolge auch keine Hemmung.

Verjährung

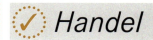

Der **Neubeginn der Verjährung** kann erreicht werden, wenn

- gerichtliche oder behördliche Vollstreckungshandlungen beantragt oder vorgenommen werden;
- der Schuldner den **Anspruch anerkennt,** wie z. B. durch
  - Teil- bzw. Abschlagszahlung,
  - Zahlung von Verzugszinsen,
  - Sicherheitsleistung,
  - Beseitigung eines Mangels aufgrund einer Mängelrüge,
  - **Bitte um Stundung.**

124 Durch welche Maßnahmen kann der Neubeginn der Verjährung erreicht werden?

Eine **Verkürzung der Verjährungsfristen** ist möglich

- grundsätzlich durch individuelle Vereinbarungen,
- durch AGB, jedoch Mindestfrist ein Jahr bei den üblichen Sachmängeln (nicht Bauleistungen),
- beim Verbrauchsgüterkauf nur für gebrauchte Sachen, jedoch Mindestfrist ein Jahr.

125 Inwiefern ist eine Verkürzung der Verjährungsfristen möglich?

Die **regelmäßige Verjährungsfrist** beträgt **3 Jahre.** Sie beginnt mit dem Schluss des Jahres,

- in dem der Anspruch entstanden ist, und
- der Gläubiger Kenntnis der anspruchsbedingten Umstände und der Person des Schuldners erlangt oder ohne grobe Fahrlässigkeit erlangen müsste.

Demnach beginnt die Frist noch nicht, solange die Unkenntnis des Gläubigers lediglich auf **leichter Fahrlässigkeit** beruht. Diese Regelung ist im Interesse des Gläubigers: Der Anspruch soll nicht bereits verjährt sein können, bevor der Gläubiger von den maßgeblichen Umständen Kenntnis hat (relative Verjährungsfrist).

126 Wie viel Jahre beträgt die regelmäßige Verjährungsfrist und wann beginnt sie?

a) nach 10 Jahren (§ 199 Abs. 4 BGB)

b) grundsätzlich in 2 Jahren (§ 438 Abs. 1 Nr. 3 BGB)

127 Wann verjähren
a) grundsätzlich Ansprüche mit Ausnahme von Schadensersatzansprüchen, unabhängig von der Kenntnis oder dem Kennenmüssen des Gläubigers, und
b) kaufrechtliche Gewährleistungsansprüche?

Handel ✓

Beschaffung und Logistik

128 — Was verstehen Sie unter einer Ablaufhemmung?

Die **Hemmung der Verjährung** darf nicht verwechselt werden mit der **Ablaufhemmung.** Eine Ablaufhemmung bewirkt, dass eine an sich eintretende Verjährung nicht sofort in Kraft tritt, sondern erst, wenn bestimmte Umstände hinzukommen.

Der für die Wirtschaft wichtigste Fall ist die Ablaufhemmung bei Regressansprüchen des Letztverkäufers gegenüber seinem Lieferer beim Verbrauchsgüterkauf:

Die Mängelansprüche des Unternehmers gegen seinen Lieferer verjähren frühestens **2 Monate** nach dem Zeitpunkt, in dem der Unternehmer die Ansprüche des Verbrauchers erfüllt hat.

Die Obergrenze für die Ablaufhemmung beträgt 5 Jahre. Spätestens zu diesem Zeitpunkt tritt – sollten keine anderen Gründe entgegenstehen – die Verjährung ein.

129 — Was versteht man unter der Warenwirtschaft?

Die **Warenwirtschaft** ist der Bereich der Ware in einem Handelsbetrieb. Hierzu zählen alle Tätigkeiten, die mit der Beschaffung, der Lagerung und dem Verkauf von Waren zu tun haben.
Die Warenwirtschaft ist das Hauptanwendungsgebiet der Datenverarbeitung in einem Handelsbetrieb. Fehler in der Warenwirtschaft sind für Handelsunternehmen existenzbedrohend.

130 — Was ist ein Warenwirtschaftssystem?

Ein **Warenwirtschaftssystem** ist das Informations- und Steuerungssystem der Warenwirtschaft eines Handelsbetriebs. Mithilfe dieses Instruments wird der Warenfluss im Unternehmen gesteuert und kontrolliert. Dadurch kann der Zielkonflikt der Warenwirtschaft – niedrige Bestände anzustreben bei gleichzeitiger Aufrechterhaltung eines hohen Lieferservices – gelöst werden.

Durch Warenwirtschaftssysteme werden warenbezogene Informationen zur Verfügung gestellt: Je mehr und je bessere Informationen ein Handelsunternehmen hat, desto besser werden die unternehmerischen Entscheidungen sein und der Handelsbetrieb wird sich am Markt behaupten können.

131 — Was ist ein manuelles Warenwirtschaftssystem?

Manuelle Warenwirtschaftssysteme gab es vor der Einführung der Datenverarbeitung in Handelsunternehmen: Gearbeitet wird mit handerstellten Belegen. Das Warenwirtschaftssystem kann (sofort) lediglich warengruppengenaue Informationen liefern.

132 — Was ist ein EDV-gestütztes Warenwirtschaftssystem?

Bei einem **EDV-gestützten Warenwirtschaftssystem** wird der gesamte Warenfluss von einem Computer gesteuert und kontrolliert. Dadurch kommt es neben einer Vereinfachung vieler Arbeitsprozesse zu einer Verbesserung der Informationsbasis des Handelsbetriebs: Informationen sind artikelgenau, leichter zugänglich und schneller verfügbar.

Dateien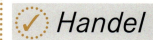

Im **geschlossenen Warenwirtschaftssystem** werden alle Aufgaben der Warenwirtschaft von Computern unterstützt.

Erklären Sie das geschlossene Warenwirtschaftssystem. (133)

Beim **offenen Warenwirtschaftssystem** wird nur ein Teil der Arbeit in der Warenwirtschaft von der EDV unterstützt. *Beispiel:* Die Lagerbestände werden schon mit der EDV, Verkäufe noch an mechanischen Kassen erfasst.

Erklären Sie das offene Warenwirtschaftssystem. (134)

Beim **integrierten Warenwirtschaftssystem** binden sich Kunden, Lieferer und Banken in das Warenwirtschaftssystem des Betriebes ein: warenwirtschaftliche Daten fließen in die EDV-Systeme der Marktpartner, sodass die Kosten der Mehrfacherfassung wegfallen und der Informationsaustausch erheblich beschleunigt wird.

Was ist ein integriertes Warenwirtschaftssystem? (135)

Das **EDV-gestützte Warenwirtschaftssytem** benötigt
- **Hardware** und
- **Software**.

Welche zwei Elemente benötigt man, um ein EDV-gestütztes WWS aufzubauen? (136)

Hardware ist ein Sammelbegriff für alle Bestandteile einer EDV-Anlage, die man anfassen kann.
Dazu zählt die gesamte maschinelle Ausstattung des Computersystems, z. B. Geräte, Kabel und Datenträger.

Was ist Hardware? (137)

Ohne **Software** kann die Hardware nicht arbeiten. Zur Software zählt alles, was in Dateien festgehalten ist. Es gibt zwei verschiedene Arten von Software, nämlich Programmdateien (Programme) und Datendateien (Dateien im engeren Sinn).

Was ist Software? (138)

Eine **Konfiguration** ist die sinnvolle Zusammenstellung von Hardwarebestandteilen.

Was versteht man unter einer Konfiguration? (139)

Dateien sind Ansammlungen von Informationen. Sie bestehen aus zusammengehörenden Daten, die in der Regel auf Datenträgern gespeichert und durch einen Namen eindeutig identifizierbar sind.

Was versteht man unter Dateien? (140)

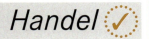# Handel

Beschaffung und Logistik

141 Erklären Sie den Begriff „Programme".

Programme bzw. Programmdateien sind Dateien, die Informationen für die EDV-Anlage in Form von Befehlen enthalten.
Sie sind aktiv: Sie bringen den Computer dazu, bestimmte Aufgaben zu lösen.

142 Erläutern Sie den Begriff „Datendateien".

Datendateien enthalten Informationen für den Benutzer. Sie sind passiv: Diese für den Anwender interessanten Daten können vom Computer mithilfe von Programmen bearbeitet werden.

143 Erklären Sie den Begriff „EVA-Prinzip".

Jede **Informationsverarbeitung** sowohl beim Menschen als auch beim Computer verläuft immer in den drei Schritten:
- **Eingabe** der Daten
- **Verarbeitung** der Daten
- **Ausgabe** der Daten

Das gesamte EDV-System funktioniert nach diesem Prinzip: Sowohl die Hardware als auch Programme sind nach dem **EVA-Prinzip** aufgebaut.

144 Erläutern Sie den typischen Aufbau einer EDV-Anlage.

Eine **EDV-Anlage** ist nach dem EVA-Prinzip aufgebaut:

- Für die Eingabe stehen Eingabegeräte zur Verfügung,
- für die Verarbeitung ist die Zentraleinheit zuständig
- und die Ausgabe wird von Ausgabegeräten besorgt.

145 Nennen Sie jeweils zwei Ausgabe- und Eingabegeräte.

Typische **Eingabegeräte** sind die Tastatur und die Maus.

Die bekanntesten **Ausgabegeräte** sind der Bildschirm (Monitor) und der Drucker.

146 Erklären Sie den Begriff „CPU" und erläutern Sie die Bestandteile.

CPU (Central Processing Unit) ist eine geläufige Abkürzung für die Zentraleinheit, den Bestandteil eines Computers, der für die Verarbeitung zuständig ist. Die CPU besteht aus:

- dem **Prozessor:** Das ist die Zusammenfassung von Steuerwerk und Rechenwerk. Das Steuerwerk liest und interpretiert die von außen kommenden Befehle und veranlasst deren Durchführung. Das Rechenwerk führt die Rechenoperationen durch. Die Leistungsfähigkeit eines Prozessors wird in Megahertz (MHz) gemessen.

- dem **Arbeitsspeicher:** Er wird häufig auch Hauptspeicher oder interner Speicher genannt. Er nimmt alle Programme und Daten auf, die unmittelbar zur Verarbeitung anstehen. Die Kapazität eines Arbeitsspeichers wird in Megabyte (MB) angegeben.

Lesegeräte an Datenkassen 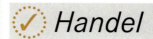 *Handel*

Der **Arbeitsspeicher** setzt sich aus RAM- und ROM-Speicher zusammen:

- Der **RAM-Speicher** (Random Access Memory) ist ein flüchtiger Speicher mit wechselndem Inhalt: Nach Unterbrechung der Stromzufuhr sind alle Daten verloren. RAM-Speicher sind sehr schnell, aber im Vergleich zu externen Speichern nicht ganz billig.

- Der **ROM-Speicher** (Read Only Memory) hat einen vom Computerhersteller fest vorgegebenen, unveränderbaren Inhalt.

147 Erläutern Sie den Unterschied zwischen RAM- und ROM-Speicher.

Externe Speicher befinden sich außerhalb der Zentraleinheit und enthalten z. B. CDs, DVDs oder Festplatten, Programme oder Daten, die langfristig aufbewahrt werden sollen. Sie sind deshalb nicht flüchtig.

148 Was sind externe Speicher?

Typische **Hardwarebestandteile in einem Handelsbetrieb** sind:

- Datenkassen mit Lesegeräten
- mobile Datenerfassungsgeräte
- Identkartengeräte
- Verbundsysteme Kasse/Waage

149 Nennen Sie typische Hardwarebestandteile eines EDV-gestützten Warenwirtschaftssystems in einem Handelsbetrieb.

Datenkassen sind an EDV-Anlagen anschließbar und erfassen Artikelnummern. Datenkassen erfüllen also zwei Aufgaben: Sie sollen einerseits das schnelle und einwandfreie Kassieren des Kaufbetrags ermöglichen. Andererseits sind sie Datenerfassungsstationen im Verkauf.

150 Nennen Sie die Aufgaben von Datenkassen.

Die Datenkasse, die nicht direkt mit der EDV Anlage über Leitungen verbunden ist, speichert die erfassten Verkaufsdaten zunächst auf CDs oder DVDs. Erst anschließend, z. B. nach Geschäftsschluss, werden diese Datenträger zur weiteren Auswertung zu einer EDV- Anlage gebracht.

Diese Art der **Verbindung** zwischen Datenkasse und Rechner nennt man Offline-Verbindung. Eine Online-Verbindung liegt dagegen vor, wenn die Daten direkt und sofort über Leitungen an den Computer weitergegeben werden.

151 Wie kann die Verbindung zwischen Datenkasse und EDV-Anlage hergestellt werden?

- **Scanner** sind stationäre (fest stehende), meist in die Kassentische eingebaute Lesegeräte, die den EAN-Code lesen.

- **Lesestift** und **Lesepistole** dagegen sind beweglich und durch ein Kabel mit der Datenkasse verbunden. Während der Lesestift nur Strichcodes (EAN) erfassen kann, lesen Lesepistolen auch den OCR-Code.

152 Welche Lesegeräte werden an Datenkassen zur Erfassung der Artikelnummern verwendet?

63

Handel ✓

Beschaffung und Logistik

153 Was sind mobile Datenerfassungsgeräte?

Mobile Datenerfassungsgeräte (MDE-Geräte) sind kleine, taschenrechnerähnliche Geräte, mit denen an verschiedenen Orten im Unternehmen Daten in computergerechter Form gesammelt, gespeichert und an eine EDV-Anlage weitergeleitet werden können.

154 In welchen Bereichen verwendet man mobile Datenerfassungsgeräte?

- **Im Unternehmen:**
  - Auftragsdatenerfassung, Artikelstammpflege
  - Bestellabwicklung mit allen Sonderfunktionen
  - Inventurerfassung
  - Wareneingangskontrolle, z. B. mit EAN-Überprüfung

- **Im Außendienst:**
  - Tourenplanung, Wegeoptimierung
  - Speichern individueller Kundenstammdaten
  - Unterstützung der Konditionsfindung, Spesenberichte

155 Welche Bedeutung haben Identkartengeräte für Warenwirtschaftsysteme?

Identkartengeräte wickeln den elektronischen Zahlungsverkehr ab und ermöglichen kundenbezogene Auswertungen.

156 Welche Arten von Programmen gibt es?

Die beiden **grundsätzlichen Programmarten** sind
- Betriebssysteme und
- Anwendungssoftware.

- **Betriebssysteme** (Systemsoftware) sind die für eine EDV-Anlage unerlässlichen Programme, die den Computer überhaupt erst funktionsfähig machen.

- **Anwendungssoftware** (Anwendungsprogramme) bestehen aus Programmen, die die speziellen Probleme des Menschen lösen (Textverarbeitung, Warenwirtschaft usw.). Dies ist also Software, die für kaufmännische, technische und private Anwendungen erstellt wurde.

157 Welche Aufgabe hat das Betriebssystem?

Betriebssysteme steuern das gesamte EDV-System. Im Einzelnen
- steuert und kontrolliert ein Betriebssystem den Ablauf von Programmen,
- koordiniert es die verschiedenen Hardwarebestandteile des Computers und
- „dolmetscht" es als Bindeglied zwischen Computer und Mensch.

158 Nennen Sie einige Betriebssysteme.

- MS-Dos
- Windows XP, Vista usw.
- Linux
- Windows 7

Organisationsstufen einer Datei

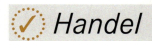 *Handel*

Unter **Individual-Software** versteht man Anwendungsprogramme, die von dem Anwender selbst oder für ihn geschrieben worden sind.

159 Erklären Sie den Begriff „Individual-Software".

Standardsoftware oder **-programme** sind fertige Programme, die zum Kauf angeboten werden. Sie sind für die Vielfalt der Anwender geschrieben, die gleichartige Aufgabenstellungen haben.
Es ist also Software, die auf vielseitige Nutzung hin ausgelegt ist. Standardsoftware ist in der Regel billiger und ausgereifter als Individual-Software.

160 Erklären Sie den Begriff „Standardsoftware".

- **Alphabetische Daten** bestehen nur aus Buchstaben (Beispiel: Das Wort „Schokolade").

- **Alphanumerische Daten** sind eine Kombination von Sonderzeichen/Buchstaben/Ziffern (Beispiel: Autokennzeichen HI-JJ 236).

- **Numerische Daten** sind nur aus Ziffern und evtl. Dezimalpunkten zusammengesetzt (Beispiel: 248 als aktueller Bestand für Mokkaschokolade).

161 Erläutern Sie, aus welchen Zeichen alphabetische, numerische und alphanumerische Daten bestehen.

Stammdaten (wie z. B. ein Name oder eine Artikelnummer) bleiben über einen längeren Zeitraum unverändert, wogegen sich **Bewegungsdaten** (z. B. Kontostände) häufiger ändern.

162 Wodurch unterscheiden sich Stamm- und Bewegungsdaten?

Daten lassen sich wie folgt **im Datenverarbeitungsprozess** gliedern:

- **Ordnungsdateien** (z. B. Rechnungs- oder Artikelnummer) dienen zum Auffinden und Sortieren.

- **Erläuterungsdaten** (z. B. die Artikelbezeichnung) erklären andere Daten.

- **Rechen- und Mengendaten** (Preise und verkaufte Mengen) sind Daten, mit denen gerechnet wird.

163 Wie können Daten nach ihrer Funktion im Datenverarbeitungsprozess gegliedert werden?

Eine Datei umfasst folgende **Organisationsstufen:**

- Zeichen
- Datenfeld (z. B. Vorname)
- Datensatz (z. B. Personaldaten eines Beschäftigten)
- Datei (eine Personaldatei enthält die Personaldaten aller Beschäftigten)

164 Welche Organisationsstufen umfasst eine Datei?

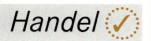

Beschaffung und Logistik

165 Nennen und erläutern Sie die Aufgaben der Packung.

- **Informationsaufgabe der Packung**
  Mit dem Aufkommen der Selbstbedienungsgeschäfte fällt der Warenpackung in verstärktem Maße eine Verkaufsfunktion zu, d. h., die Packung muss verkaufen helfen; sie ersetzt gewissermaßen das Verkaufsgespräch. Dadurch wird sie zu einem wichtigen Informationsträger.

- **Gebrauchs- und Serviceaufgabe der Packung**
  Die Packung kann den Umgang mit der Ware erleichtern, wenn sie bestimmte Gesichtspunkte berücksichtigt:
  ○ gute Handhabung
  ○ den Hygienestandard
  ○ problemloses Öffnen
  ○ leichtes Entleeren
  ○ Verschließbarkeit, insbesondere bei Reinigungsmitteln und Medikamenten
  ○ Standfestigkeit (für die Vorratshaltung)

- **Absatzaufgabe der Packung**
  War die Verpackung früher eine aus Gründen des Warenschutzes und der Zweckmäßigkeit angefertigte Hülle, wird die Packung nun zum Werbemittel und -träger zugleich. Sie soll die Kunden auf die Ware aufmerksam machen und zum Kauf anregen. Dabei soll sie nicht nur zum einmaligen Kauf anreizen, sondern auch den wiederholten Kauf fördern und schließlich zur Markentreue erziehen.

- **Schutzaufgabe der Packung**
  Einen weiteren Anspruch, den Handel und Verbraucher gemeinsam an die Packung stellen, ist der Schutz der Ware.
  Damit ist zweierlei gemeint:
  ○ Die Packung soll die Ware bis zum Ge- oder Verbrauch vor Transport- und Lagerschäden (Erschütterungen, Druck) schützen sowie vor sämtlichen Fremdeinflüssen, wie Schmutz, Staub, Feuchtigkeit und Austrocknung. Darüber hinaus hat sie die Aufgabe, Gärungsprozesse z. B. bei Sekt (Flaschengärung) zu ermöglichen.
  ○ Die Packung muss einen Beitrag zum Umweltschutz leisten.

166 Nennen Sie die abfallwirtschaftlichen Ziele gemäß §1 Verpackungsverordnung.

Gemäß ihrem Leitgedanken *Vermeidung* → *Verminderung* → *Verwertung* fordert die Verpackungsverordnung:

- Verpackungsabfälle sind in erster Linie zu vermeiden.
- Sofern sie nicht vermieden werden können, sollen sie vorrangig wiederverwertet werden.
- Sollten die Verpackungsabfälle nicht wiederverwertbar sein, sind sie zu verwerten (beseitigen).

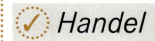

Marketing

- **Transportverpackungen**
  Transportverpackungen sind Verpackungen,
  - die den Transport von Waren erleichtern,
  - die Waren auf dem Transport vor Schäden bewahren oder
  - die aus Gründen der Sicherheit des Transports verwendet werden (z. B. Beschädigungen von Personen oder Sachen durch Herabfallen, Umstürzen usw. der verpackten Ware) und beim Vertreiber anfallen.

- **Umverpackungen** sind Verpackungen,
  - die als zusätzliche Verpackungen zu Verkaufsverpackungen verwendet werden und
  - die nicht aus Gründen der Hygiene, der Haltbarkeit oder des Schutzes der Ware vor Beschädigung oder Verschmutzung für die Abgabe an den Endverbraucher erforderlich sind.

- **Verkaufsverpackungen**
  - sind Verpackungen des Handels, der Gastronomie und anderer Dienstleister,
  - dienen dazu, dass der Endverbraucher die erworbene Ware transportieren oder die Ware überhaupt verbrauchen bzw. in Gebrauch nehmen kann (Serviceverpackungen),
  - verlieren ihre Funktion erst beim Endverbraucher.

Im Gegensatz zu Umverpackungen und Transportverpackungen umgeben Verkaufsverpackungen die Ware unmittelbar.

167 Erläutern Sie die Verpackungsarten gemäß Verpackungsverordnung.

1.3 Vertrieb und Kundenorientierung

Unter **Marketing** (engl. = auf den Markt bringen) versteht man sämtliche Maßnahmen, die darauf abzielen, den Absatz eines Unternehmens zu fördern.

Das bedeutet zugleich, dass sämtliche Aktivitäten des Unternehmens auf die gegenwärtigen und zukünftigen Erfordernisse des Marktes ausgerichtet werden.

168 Was verstehen Sie unter Marketing?

Handel ✓

Vertrieb und Kundenorientierung

169 Worin sehen Sie für den Großhandel die Notwendigkeit zur Marktorientierung?

- Mit **Marktorientierung** ist die ganz konsequente Ausrichtung des Unternehmens am Markt gemeint.

- Die Grundlage der Marktorientierung muss die Orientierung am Kunden sein, da die meisten Konsumgütermärkte heutzutage sogenannte **Käufermärkte** sind. Käufermärkte sind durch die starke Marktstellung der Nachfrager gekennzeichnet; auf ihnen ist das Angebot generell größer als die Nachfrage.

- Aus diesem Grund kommt es mehr denn je für den Großhandelsbetrieb darauf an, **zufriedene Kunden** zu haben. Mit anderen Worten: Der marktorientierte Großhändler muss sich vom Zeitpunkt der Beschaffung seiner Waren bis hin zu seiner Distributionspolitik mit all seinen Aktivitäten zielbewusst, planmäßig und organisatorisch an den Problemen, Wünschen und Bedürfnissen ausgewählter Kundengruppen orientieren.

- Nicht das Produkt steht im Mittelpunkt. Vielmehr wird das Großhandelsunternehmen vom **Absatzmarkt** her geführt, sodass sämtliche unternehmerischen Maßnahmen durch das „Denken-vom-Markt" geprägt sind. Dabei werden sowohl Kundenwünsche dauerhaft erfüllt als auch der eigene Unternehmenszweck, d. h. die Gewinnerzielung, erreicht.

170 Was gehört zum Marketing im Großhandel?

Zum Marketing im Großhandel gehören:
- **Marktforschung** mit ihren Teilbereichen
  - Marktanalyse
  - Marktbeobachtung
  - Marktprognose
- die **absatzpolitischen Instrumente**
  - Sortimentspolitik
  - Preis- und Konditionenpolitik
  - Distributionspolitik
  - Kommunikationspolitik

171 Worin bestehen die Ziele des Absatzmarketings?

Zu den Zielen des Absatzmarketings gehören:
- (Marktbezogene) **Unternehmensziele:**
  - Festlegung der Märkte, auf denen das Unternehmen aktiv wird
  - Marktführerschaft
  - Unabhängigkeit, z. B. von anderen Unternehmen
- **Marketingziele:** Die Marketingziele werden aus den Unternehmenszielen abgeleitet und beziehen sich auf den Wirkungsbereich des Marketingmix (Sortiment, Preis, Vertrieb, Kommunikation).
  Beispiele:
  – Erhöhung des Marktanteils einer Ware um 10 % innerhalb der nächsten 3 Jahre
  – Gewinnung eines neuen Marktes, z. B. im Ausland
  – Steigerung des Reingewinns auf 2,1 Mio. € in der Warenwelt „Damen"
  – Erreichen eines bestimmten Deckungsbeitrags zur Deckung der fixen Kosten

Marketingziele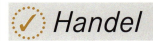

- **Absatzpolitische Unterziele (Instrumentarziele):**
  Ziel im Rahmen der Sortimentspolitik:
  - Reduzierung der Fehlverkäufe bei Damenjeans der Größe XS bis Juni des übernächsten Jahres auf maximal 10 %

  Ziel im Rahmen der Kundendienstpolitik:
  - Bereitstellung eines Ersatzgeräts im Fall der Reparatur oder Wartung von Büromaschinen ab einem Gerätewert (Neuwert) von 700,00 € – soll ausnahmslos allen Kunden gewährt werden

  Ziel im Rahmen der Preispolitik:
  - Erhöhung der Handelsspanne von derzeitig 49,09 % auf 53,1 % in der Warenwelt „Spielparadies"

  Ziele im Rahmen der Kommunikationspolitik:
  - Erhöhung des Bekanntheitsgrades eines Produkts oder des Sortiments um 15 %
  - Verbesserung des Unternehmensimages innerhalb der nächsten 12 Monate
  - fünfmaliger Kontakt mit einem Werbespot innerhalb der nächsten 6 Monate in Deutschland bei den 24- bis 49-jährigen Hausfrauen
  - Bekanntmachung einer Sonderaktion

  Ziele im Rahmen der Distributionspolitik:
  - Einrichtung von 15 weiteren Niederlassungen im Freistaat Bayern innerhalb der nächsten 2,5 Jahre
  - Senkung der firmenfremden Zustellkosten um 12 % bis spätestens in 1,5 Jahren

- **Werbeziele:** Die Werbeziele werden aus den Kommunikationszielen abgeleitet und beziehen sich auf alle möglichen Werbemaßnahmen.
  Beispiele:
    - Vorstellung eines neuen Produkts und seines Nutzens bei der infrage kommenden Zielgruppe
    - Beeinflussung von Kundinnen und Kunden als vorbereitende Einstimmung für das Verkaufsgespräch
    - Stärkung des Vertrauens in ein Produkt zur Erhaltung von Markentreue

Marketingziele	
ökonomische (wirtschaftliche)	psychografische (sollen das Kaufverhalten beeinflussen bzw. ändern)
• Umsatz • Wachstum • Gewinn • Marktanteil • Marktführerschaft • Deckungsbeitrag	• Image • Bekanntheitsgrad • Arbeitsplatzversicherung • Einschätzung der Qualität • Corporate Identity • Vertrauen • Käufertreue

172 Teilen Sie die Zielsetzungen des Großhandelsunternehmens nach ökonomischen und psychografischen Gesichtspunkten ein.

Handel ✓

Vertrieb und Kundenorientierung

173 Was verstehen Sie unter Marktsegmentierung?

Unter **Marktsegmentierung** versteht man die Aufteilung eines Marktes auf bestimmte, möglichst gleichartige Zielgruppen (= Marktsegment).
Marktsegmentierung hat zum Ziel, die eigene Marketingpolitik (Marktforschung und absatzpolitische Maßnahmen) auf den Bedarf der Zielgruppe auszurichten.

174 Welche Merkmale können bei der Bildung von Marktsegmenten bedeutsam sein?

Bei der Bildung von Marktsegmenten können u. a. folgende Merkmale eine Rolle spielen:

- **Demografische Merkmale:** Geschlecht, Alter, Familienstand, Haushaltseinkommen und -größe, Beruf, Zugehörigkeit zu einer sozialen Schicht

- **Geografische Merkmale:** städtische/ländliche Gebiete, Wohngegend, Bundesland

- **Kaufverhalten:** Kaufhäufigkeit, Form der Kaufentscheidung, Markentreue, Verwendungsmotiv, Reaktion auf Marketingmaßnahmen

- **Psychologische Merkmale:** Einstellungen, Erwartungen, Sorge um die Gesundheit, Reaktion auf modische Neuheiten

175 Warum ist es für ein Großhandelsunternehmen sinnvoll, Marktsegmente zu bilden?

Der Sinn, **(Käufer-)Marktsegmente** zu bilden, besteht für den Großhändler darin, dass er sein Sortiment speziell auf die Merkmale der Zielgruppe zuschneiden kann. Daraus folgt ein effizienterer, weil gezielterer und wirtschaftlicherer Einsatz der absatzpolitischen Instrumente mit der Folge,
- sich so von der Vielzahl der Konkurrenten abheben
- und einen eigenen Teilmarkt sichern zu können.

176 Was bedeutet Marktforschung?

Marktforschung ist die
- systematische Beschaffung,
- Auswertung und
- Interpretation

von Informationen über jetzige und zukünftige Marktsituationen und -entscheidungen eines Unternehmens, beispielsweise
- über Konkurrenten,
- allgemeine Marktdaten (Kaufkraft, Preise, Lohnniveau)

oder darüber, wie
- die Waren beim Kunden ankommen und
- der zukünftige Bedarf aussehen wird.

Marktforschung trägt demzufolge dazu bei, dass Marktinformationen darüber gewonnen werden,
- an wen verkauft,
- wie viel verkauft und
- was verkauft werden kann.

Marktanalyse, -beobachtung und -prognose

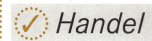 **Handel**

Marktforschung dient der Informationsgewinnung über segmentierte Märkte und ist ein Instrument des Marketings.

177 Worin besteht der Zusammenhang zwischen Marketing und Marktforschung?

- Um **Sekundärerhebungen** (Sekundärforschungen/Deskresearch bzw. Schreibtischforschung) handelt es sich, wenn bereits vorhandenes Zahlenmaterial ausgewertet wird.

- Von **Primärerhebungen** (Feldforschung bzw. Fieldresearch) hingegen spricht man, wenn
  - neue, bisher noch nicht erhobene Marktdaten ermittelt und
  - hierzu eigene Erhebungen durchgeführt werden (oder z. B. durch beauftragte Marktforschungsinstitute),
  - die in erster Linie (primär) für eine bestimmte Marktuntersuchung benötigt werden.

178 Was unterscheidet Sekundärerhebungen von Primärerhebungen?

Die **Primärforschung** als Methode der Marktforschung liefert Material aufgrund eigener
- Befragungen,
- Beobachtungen und
- Experimente.

Sie hat zum Ziel, die zur Lösung eines absatzpolitischen Problems vorliegenden unzureichenden Daten zu ergänzen, um so die Marketingzielsetzung (z. B. Erhalt und Ausweitung von Marktanteilen oder Umsatzsteigerung) zu erreichen.

179 Wie kann die Primärforschung durchgeführt werden und welchem Zweck soll sie dienen?

- Von einem **Panel** spricht man, wenn ein in einer repräsentativen Stichprobe erfasster, gleichbleibender Personenkreis über den gleichen Gegenstand **über einen längeren Zeitraum** hinweg fortlaufend befragt wird.

- Unter einem **Experiment** (Test) kann die Erprobung einer neuen Maßnahme vor ihrer Einführung verstanden werden.

180 Erklären Sie „Panel" und „Experiment" im Rahmen von Primärerhebungen.

- **Marktanalyse:** Einmalige Marktforschung (Untersuchung eines Teilmarktes) zu einem bestimmten Zeitpunkt (= **Zeitpunkt**untersuchung).

- **Marktbeobachtung:** Laufende Beobachtung des Marktes über einen längeren Zeitraum hinweg (= Kette von Marktanalysen; **Zeitraum**untersuchung).

- **Marktprognose:** Voraussage der Marktentwicklung (Trend) auf der Grundlage der Ergebnisse der Marktanalyse und Marktbeobachtung.

181 Unterscheiden Sie zwischen
- Marktanalyse,
- Marktbeobachtung und
- Marktprognose.

Handel ✓

Vertrieb und Kundenorientierung

182. Warum kann Marktforschung dazu beitragen, das Marktrisiko zu verringern?

Marktforschung bedeutet, dass das Unternehmen Informationen über Absatzmärkte, von denen es abhängig ist, zusammenträgt, auswertet und interpretiert. Je genauer und umfassender diese Informationen über Kunden, Konkurrenz, eigenes Image und Profil sind, desto besser kann geplant werden, desto geringer ist das Marktrisiko und desto erfolgreicher wird das Unternehmen am Markt sein.

183. Welche Informationen liefert die Marktforschung im Rahmen der a) Kundenforschung, b) Konkurrenzforschung und c) Imageforschung?

a) Im Rahmen der **Kundenforschung (Kundenstrukturanalyse)** liefert die Marktforschung Aussagen über deren Betriebsgröße, Sortiment, Marketingpolitik, Konkurrenzverhältnisse, führungsmäßigen Hintergrund bis hin zur Nachfolgefrage, Verbrauchswandlungen, Einkommens- und Ausgabenstruktur, Verwendungsmotive, Motivation des Markenwechsels und der Markentreue, Kaufmotive.

b) Im Rahmen der **Konkurrenzforschung** liefert die Marktforschung Informationen über die Anzahl der Konkurrenten, die Rechtsform, die Betriebsform, den Standort, die Betriebsgröße, das Erscheinungsbild, die Marktanteile, die Marketingkonzeptionen, die eingesetzten absatzpolitischen Instrumente, insbesondere über die Preis-, Werbe- und Sortimentspolitik, das Handelsmanagement (es gibt Auskunft über den personal- und führungsmäßigen Hintergrund).

c) Im Rahmen der **Imageforschung** liefert die Absatzmarktforschung Auskünfte über Erwartungen und Vorstellungen der Kunden, das absatzpolitische Instrumentarium, insbesondere die Preis- und Sortimentspolitik sowie die Werbung, das Verkaufspersonal und die Außenfront- und innere Gestaltung der Geschäftsräume.

184. Was versteht man unter einem Sortiment?

Das **Sortiment** ist die Gesamtheit aller Waren und Dienstleistungen, die ein Handelsbetrieb anbietet.

185. Unterscheiden Sie Sortimentsbreite und Sortimentstiefe.

Der **Sortimentsumfang** eines Handelsbetriebes wird mit den Begriffen „Sortimentsbreite" und „Sortimentstiefe" beschrieben.

- Die **Sortimentsbreite** wird durch die Zahl der Warenarten und Warengruppen bestimmt. Je mehr Warenarten und Warengruppen in einem Handelsbetrieb angeboten werden, umso breiter ist sein Sortiment. Ein breites Sortiment enthält viele Warenarten und Warengruppen. Ein schmales Sortiment besteht nur aus einer oder wenigen Warenarten.

- Die **Sortimentstiefe** wird durch die Artikel- und Sortenzahl bestimmt. Je mehr Artikel und Sorten innerhalb einer Warenart angeboten werden, umso tiefer ist ein Sortiment. Ein Handelsbetrieb führt ein tiefes Sortiment, wenn er innerhalb der einzelnen Warenarten viele Artikel und Sorten anbietet. Werden innerhalb der einzelnen Warenarten nur wenige Artikel und Sorten angeboten, spricht man von einem flachen Sortiment.

Kurzfristige Erfolgsrechnung

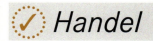 Handel

- Das **Kernsortiment** ist der Sortimentsteil, auf den sich die Haupttätigkeit des jeweiligen Handelsbetriebes erstreckt. Er erbringt in der Regel den überwiegenden Umsatzanteil.

- Das **Randsortiment** wird zur Ergänzung und Abrundung des Kernsortiments geführt. Es erbringt in der Regel den geringeren Umsatzanteil.

186 Was versteht man unter
a) einem Kernsortiment und
b) einem Randsortiment?

Warenbezogene Dienstleistungen von Großhandelsbetrieben sind z. B.:
- Produktberatung und Produktinformation
- Gebrauchsanleitungen
- Aufstellen und Inbetriebnahme von technischen Geräten
- Garantiegewährung, Reparaturservice
- Inspektions- und Wartungsservice
- Ersatzteildienst
- Ersatzbereitstellung im Falle von Reparatur und Wartung
- Warenmanipulation

Nicht warenbezogene Dienstleistungen, die von Großhandelsbetrieben angeboten werden können, sind z. B.:
- Übernahme von betrieblichen Funktionen der Kunden (Rechnungswesen, Werbung usw.)
- Überlassung von EDV-Kapazitäten
- Unternehmensberatung
- Personalschulung
- Finanzierungshilfen

187 Nennen Sie Kundendienstleistungen, die ein Großhandelsbetrieb seinen Kunden anbieten kann.

Die **Sortimentsgestaltung** wird durch die Branche, die Lagerfläche, das zur Verfügung stehende Kapital, den Kundenbedarf, die Sortimente der Konkurrenz, die Umweltverträglichkeit und ggf. durch Rechtsvorschriften beeinflusst.

188 Durch welche Bestimmungsgrößen wird die Gestaltung eines Sortiments beeinflusst?

- Bei **Fehlverkäufen** kann kein Verkauf getätigt werden, weil die nachgefragte Ware zurzeit nicht vorrätig ist.

- Bei **Nichtverkäufen** kann kein Verkauf getätigt werden, weil die nachgefragte Ware nicht im Sortiment geführt wird.

189 Unterscheiden Sie Fehlverkäufe und Nichtverkäufe.

Die **kurzfristige Erfolgsrechnung** hilft wirtschaftliche und unwirtschaftliche Artikel im Sortiment aufzuspüren.

190 Welche Hilfe bietet die kurzfristige Erfolgsrechnung bei der Sortimentskontrolle?

Handel ✓

Vertrieb und Kundenorientierung

191 Welches Ziel verfolgt ein Großhandelsbetrieb mit einer Sortimentsbereinigung?

Durch die **Sortimentsbereinigung** verringert der Großhandelsbetrieb seinen Sortimentsumfang. Unwirtschaftliche Artikel werden aus dem Sortiment genommen.

192 Warum führen Großhandelsbetriebe Sortimentserweiterungen durch?

Durch die **Sortimentserweiterung** bietet der Großhandelsbetrieb eine größere Auswahl. Damit versucht er die Attraktivität seines Angebots für die Kunden zu erhöhen.

193 Welche Sortimentserweiterung wird als Diversifikation bezeichnet?

Bei einer **Diversifikation** wird das Sortiment um Warengruppen erweitert, die mit dem bisherigen Sortiment keine oder nur geringe Verwandtschaft aufweisen.

194 Unterscheiden Sie die Formen der Preisdifferenzierung.

Formen der Preisdifferenzierung sind

- die räumliche Preisdifferenzierung,
- die personelle Preisdifferenzierung,
- die zeitliche Preisdifferenzierung,
- die mengenmäßige Preisdifferenzierung.

Bei der **räumlichen Preisdifferenzierung** wird die gleiche Ware an verschiedenen Orten zu verschiedenen Preisen angeboten. Bei der **personellen Preisdifferenzierung** wird die gleiche Ware unterschiedlichen Kundengruppen zu unterschiedlichen Preisen angeboten. Bei der **zeitlichen Preisdifferenzierung** wird die gleiche Ware oder Dienstleistung zu verschiedenen Zeiten zu unterschiedlichen Preisen angeboten. Bei der **mengenmäßigen Preisdifferenzierung** wird bei Abnahme größerer Mengen einer Ware ein günstigerer Preis gewährt.

195 Welche absatzfördernden Konditionen kann ein Großhandelsbetrieb seinen Kunden anbieten?

Absatzfördernde Konditionen sind:

- die schnelle und kostenfreie Zustellung der gekauften Ware mit betriebseigenen und betriebsfremden Fahrzeugen, mit der Post oder mit der Bahn,
- die Übernahme des Transportrisikos durch den Anbieter,
- die Vereinbarung, dass gebrauchte Anlagegüter in Zahlung genommen werden,
- die Vereinbarung eines Kommissionsgeschäfts,
- die Einräumung von Zahlungsbedingungen, die dem Kunden eine nachträgliche Bezahlung der Ware erlauben (z. B. Teilzahlungsverkäufe, Zielverkäufe, Valutierung).

Absatzorgane

 **Handel**

- Beim **nettopreisbezogenen** Preisstellungssystem wird der Großhandelsverkaufspreis für die Abnehmer nachvollziehbar gebildet, indem zum Bezugspreis des Großhandelsbetriebes ein Kosten- und Gewinnzuschlag addiert wird. Von diesem Preis werden den Abnehmern keine Rabatte mehr gewährt.

- Beim **Bruttopreissystem** werden den Abnehmern dagegen auf einen Bruttopreis Rabatte unterschiedlicher Höhe gewährt.

196 Unterscheiden Sie nettopreisbezogene und bruttopreisbezogene Preisstellungssysteme.

Im Rahmen der **Distributionspolitik** (Distribution = Verteilung) werden sämtliche Entscheidungen im Zusammenhang mit den **Fragen der Warenverteilung** getroffen. Im Mittelpunkt stehen die Fragen,
- auf welchen Wegen und
- mit welchen Absatzmitteln

die Waren vom eigenen Unternehmen zum Kunden bzw. Verwender gebracht werden sollen.

Zur Distribution (Absatzmethoden) gehören die
- **Absatzwege** (Distributionswege)
  - *indirekter Absatz:* Einschaltung von z. B. Einzelhandelsunternehmen, nachgelagerter Großhandelsunternehmen usw.
  - *direkter Absatz:* Direktverkauf an die Endabnehmer ohne Einschaltung weiterer Handelsunternehmen
- **Absatzformen** (Distributionsorgane)
  - unternehmenseigene Absatzorgane und
  - unternehmensfremde Absatzorgane

197 Was verstehen Sie unter Distributionspolitik?

Der Großhändler muss berücksichtigen:
- Größe und Finanzkraft seines Unternehmens
- die eigene Marktmacht
- den Umfang und die Art des Sortiments
- die Kundenstruktur
- die Kosten- und Umsatzsituation
- die speziellen Besonderheiten der Ware
- die Konkurrenzsituation

198 Welche Aspekte muss der Großhändler bei der Auswahl der Absatzwege (Channel-Marketing) berücksichtigen?

a) **Unternehmenseigene** Absatzorgane sind
- Mitglieder der Geschäftsleitung und Verkaufsabteilungen,
- Verkaufsniederlassungen und
- Handlungsreisende.

b) Zu den **unternehmensfremden** Absatzorganen zählen
- Handelsvertreter,
- Kommissionäre und
- Handelsmakler.

199 Nennen Sie
a) unternehmenseigene und
b) unternehmensfremde Absatzorgane.

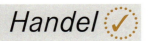

Vertrieb und Kundenorientierung

200 Was verstehen Sie unter einem Handlungsreisenden?

Der Handlungsreisende ist kein Mitarbeiter außerhalb des Unternehmens, sondern im Unternehmen **angestellt** und an Weisungen gebunden (= Handlungsgehilfe). Alle Merkmale eines kaufmännischen Angestellten treffen zu:

- Bezug eines festen Gehalts (Fixum)
- oft zusätzliche Umsatzprovisionen
- Anspruch auf Auslagenersatz, wie für Übernachtungen, Verpflegung usw.

Zu den **Aufgaben des Handlungsreisenden** gehören:
- Geschäfte für sein Unternehmen selbstständig abzuschließen (= Abschlussreisender)
- Kunden und potenzielle Käufer aufzusuchen
- Kundengespräche zu führen
- Waren oder Dienstleistungen anzubieten
- Bestellungen entgegenzunehmen
- Kontakte mit Kunden zu pflegen
- neue Kunden zu werben
- Informationen über Abnehmer, die Konkurrenz und den Markt seinem Arbeitgeber zu beschaffen

Der Handlungsreisende schließt in **fremdem Namen** und für **fremde Rechnung** Geschäfte ab.

201 Was unterscheidet den Handelsvertreter vom Handlungsreisenden?

Im Gegensatz zum Handlungsreisenden ist der Handelsvertreter **selbstständiger Gewerbetreibender**. Seine ständige Aufgabe ist, **im Namen und für die Rechnung eines anderen Unternehmens**

- Geschäfte zu vermitteln (Vermittlungsvertreter)
- oder abzuschließen (Abschlussvertreter).

Dabei schließt er **Geschäfte** ab entweder
- für nur **ein** Unternehmen (Einfirmenvertreter)
- oder für **mehrere** Unternehmen (Mehrfirmenvertreter). Voraussetzung: Es dürfen keine direkten Konkurrenzprodukte betreut werden.

202 Was wird im sogenannten Agenturvertrag zwischen Auftraggeber und Handelsvertreter geregelt?

Im Agenturvertrag sind die Pflichten und die Rechte des Handelsvertreters geregelt.

Pflichten
- **Sorgfaltspflicht,** d. h., sämtliche Geschäfte sind mit der Sorgfalt eines ordentlichen Kaufmanns auszuführen.
- **Benachrichtigungspflicht,** d. h., er muss das auftraggebende Unternehmen über die vermittelten oder abgeschlossenen Geschäfte unverzüglich unterrichten.

- **Treuepflicht,** d. h., Geschäftsgeheimnisse dürfen nicht verwertet oder anderen Personen mitgeteilt werden. Das gilt auch für die Zeit nach Beendigung des Vertragsverhältnisses.
- **Wettbewerbsverbot:** Der Handelsvertreter darf nicht gleichzeitig das Produkt eines Konkurrenten vertreten.

Kommissionär und Handelsvertreter 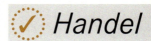 Handel

Rechte

- **Recht auf Provision:** Der Handelsvertreter erhält für jedes durch seine Dienste zustande gekommenes Geschäft eine Provision:
  - *Abschlussprovision:* wird für alle vermittelten oder abgeschlossenen Geschäfte gewährt.
  - *Delkredereprovision:* wird gezahlt bei Übernahme der Haftung für den Zahlungseingang.
  - *Inkassoprovision:* kann beansprucht werden für ordnungsgemäß eingezogene Rechnungsbeträge.

- **Recht auf Überlassung von Unterlagen:** Der Auftraggeber muss dem Handelsvertreter zur Ausübung seiner Tätigkeit die nötigen Unterlagen zur Verfügung stellen (z. B. Preislisten, Allgemeine Geschäftsbedingungen, Warenmuster, Werbematerial).

- **Recht auf Ausgleich:** Der Handelsvertreter kann eine angemessene Ausgleichsentschädigung für Geschäfte verlangen, auch wenn das Vertragsverhältnis zwischen ihm und dem Auftraggeber bereits beendet ist. Voraussetzung: Diese Kunden müssen von ihm zuvor noch geworben worden sein und der Auftraggeber zieht auch weiterhin erhebliche Vorteile aus dieser Geschäftsbeziehung.

Merkmale	Kommissionär	Handelsvertreter	gemeinsam
Rechtsgrundlage	Kommissionsvertrag	Agenturvertrag	
Rechtsstellung	Gewerbetreibender	Gewerbetreibender	x
Tätigkeit	Abschluss von Verträgen im eigenen Namen auf fremde Rechnung	Abschluss bzw. Vermittlung von Verträgen im fremden Namen für fremde Rechnung	
Dauer der Tätigkeit	ständig oder von Fall zu Fall	ständig	
Vergütung	Umsatzprovision, unter Umständen Delkredere- und Inkassoprovision	Umsatzprovision, eventuell Delkredere- und Inkassoprovision	x

203 Welche Merkmale haben Kommissionär und Handelsvertreter gemeinsam und worin unterscheiden sie sich?

Handel ✓ Vertrieb und Kundenorientierung

204 Das Unternehmen Gerhard Melchers GmbH, Elektrotechnische Anlagen, handelt mit Geräten für die Elektro- und Nachrichtentechnik. Es ist in Stuttgart ansässig und will seine Produkte auch verstärkt in Norddeutschland und in Polen und Ungarn einführen.

Welcher Absatzhelfer (Reisender, Handelsvertreter, Kommissionär) ist geeignet, die Neueinführung der Geräte zu übernehmen? Treffen Sie als Exportsachbearbeiter/-in eine begründete Entscheidung für einen dieser Absatzhelfer auf dem jeweils angesprochenen Markt.

In Norddeutschland: Handelsvertreter, denn er ist ortsansässig und kennt das Absatzgebiet genau. Darüber hinaus verursacht er für den Auftraggeber nur dann Kosten, wenn ein Vertrag zustande kommt, also Waren verkauft werden.

Die Eröffnung einer eigenen Niederlassung oder der Einsatz eines Reisenden wäre wegen der Unkenntnis über den Absatzmarkt zu risikoreich.

In Polen und Ungarn: Kommissionär, da das deutsche Unternehmen den ausländischen Kunden unbekannt ist.

Ausländische Kunden schließen lieber mit einem einheimischen Lieferer einen Kaufvertrag ab.

205 Vergleichen Sie den Handlungsreisenden und den Handelsvertreter bezüglich ihrer
a) Rechtsstellung,
b) Dauer der Tätigkeit und
c) Vergütung.

a) Der Handlungsreisende ist kaufmännischer Angestellter, mit bestimmten Vollmachten ausgestattet, ansonsten weisungsgebunden.

Der Handelsvertreter ist selbstständiger Kaufmann, der im Rahmen der Vereinbarungen im Agenturvertrag seine Tätigkeit und Arbeitszeit frei bestimmen kann.

b) Der Reisende ist als Angestellter *ständig* für das Unternehmen tätig.

Der Handelsvertreter ist als selbstständiger Kaufmann ebenfalls *ständig* damit betraut, im Namen und für Rechnung seines Auftraggebers Geschäfte zu vermitteln oder abzuschließen.

c) Der Handlungsreisende erhält ein (festes) Gehalt, Erstattung der Spesen sowie eine geringfügige Umsatzprovision.

Der Handelsvertreter erhält eine höhere Umsatzprovision, je nach Vertragsabsprache Inkasso- und Delkredereprovision.

Vertreter oder Reisender

Handel

Entscheiden Sie, ob im nachstehend aufgeführten Fall ein Vertreter oder ein Reisender eingesetzt werden soll. Ermitteln Sie hierzu den „kritischen Umsatz".

- Reisender: Fixum 48.000,00 € p. a.; Umsatzprovision 4 %
- Handelsvertreter: Umsatzprovision 12 %
- erwarteter Jahresumsatz: 450.000,00 €

Das Ergebnis ist mathematisch und grafisch zu ermitteln.

Bitte begründen Sie Ihre Entscheidung.

Berechnung des kritischen Umsatzes:

$$48.000,00 + \frac{4}{100} x = \frac{12}{100} x \ ; \ \frac{8}{100} x = 48.000,00$$
$$x = 600.000,00$$

Bis zu einer Umsatzhöhe von 600.000,00 € ist es kostengünstiger, einen Handelsvertreter einzusetzen. Erst bei einer Umsatzhöhe von über 600.000,00 € ist es aus kostenrechnerischen Überlegungen ratsam, einen Reisenden, d. h. einen eigenen Außendienstmitarbeiter, einzustellen.

Bei der Umsatzhöhe von 600.000,00 € entsprechen die Kosten für den Handelsvertreter denen des Reisenden, wie die anschließende Rechnung und die grafische Lösung beweisen.

Rechnung:
Kosten des Reisenden:
600.000,00 · 0,04 + 48.000,00 = 72.000,00 €

Kosten des Vertreters:
600.000,00 · 0,12 = 72.000,00 €

Grafische Lösung:

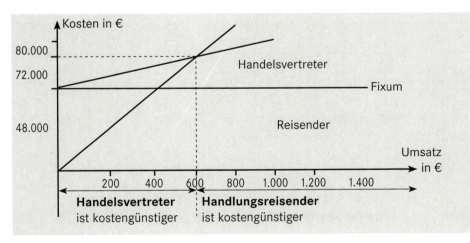

Bei einem zu erwartenden Jahresumsatz in Höhe von 450.000,00 € betragen die Kosten

für den Vertreter:	für den Reisenden:
0,12 · 450.000 = 54.000,00 €	48.000 + (0,04 · 450.000) = 66.000,00 €

Das Unternehmen sollte daher einen Agenturvertrag mit einem Handelsvertreter abschließen.

Handel ✓   Vertrieb und Kundenorientierung

207 Die Grotex GmbH plant für den Vertrieb eines neuen Artikels Handlungsreisende oder Handelsvertreter als Absatzmittler einzusetzen. Die Entscheidung soll einzig und allein unter Kostenaspekten erfolgen (Ausgangslage siehe rechts).

a) Bei welcher Umsatzhöhe entsprechen sich die Kosten der beiden Absatzmittler (kritischer Umsatz)?
b) Für welches Distributionsorgan würden Sie sich bei dem erwarteten Umsatz entscheiden? Ermitteln Sie hierzu rechnerisch die Kosten, die für den Vertreter und den Reisenden pro Jahr anfallen.

Ausgangslage:
Kosten für einen Handelsvertretereinsatz:
- Umsatzprovision: 7,5 %
- Auslagenersatz je Monat: 500,00 € pauschal

Kosten beim Einsatz eines Reisenden:
- Fixum pro Monat: 4.000,00 €
- Umsatzprovision: 2,5 %
- Sonstige Kosten je Monat: 1.200,00 €

Der erwartete Jahresumsatz liegt bei 1,5 Millionen €.

a) Kritischer Umsatz:

$6.000{,}00 + 0{,}075\ x = 48.000{,}00 + 14.400{,}00 + 0{,}025\ x$
$0{,}05\ x = 56.400{,}00$
$\underline{x = 1.128.000{,}00\ €}$

b) Kosten pro Jahr:

	Vertreter	Reisender
Fixum p. a.	0,00 €	48.000,00 €
Provision	112.500,00 €	37.500,00 €
Sonstige Kosten p. a.	6.000,00 €	14.400,00 €
Kosten pro Jahr	**118.500,00 €**	**99.900,00 €**

208 Nennen Sie begründete Argumente für den Abschluss eines Kommissionsgeschäfts.

Die Vorteile des **Kommissionsgeschäfts** sind

a) für den Auftraggeber (Kommittenten):
- schnellere und leichtere Neueinführung von Produkten aufgrund des Fachwissens und der guten Marktkenntnisse des Kommissionärs
- Der Kommissionär kennt die Erwartungen, Ansprüche und wirtschaftlichen Verhältnisse der Kunden.
- Einsparung von Lagerkosten, da der Kommissionär die Lagerhaltung übernimmt
- Übernahme der Rechnungsabwicklung

b) für den Kommissionär:
- Er muss erst nach Erfüllung des Vertrags die Ware bezahlen.
- Er hat stets ein tiefes und breites Sortiment.
- Nicht verkaufte Waren können an den Kommittenten zurückgegeben werden (kein Absatzrisiko).

Öffentlichkeitsarbeit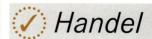

Marktveranstaltungen sollen den Warenabsatz des Großhandelsunternehmens fördern. Zu nennen sind:

- **Märkte:** Sondermärkte, Großmärkte, Auktionen

- **Messen:** Eine Messe ist eine zeitlich begrenzte und regelmäßig wiederkehrende Veranstaltung, auf der eine Vielzahl von Ausstellern das wesentliche Angebot einer oder mehrerer Wirtschaftszweige ausstellt; Messen wenden sich überwiegend an Handel und Industrie und dienen dem Verkauf der gezeigten Produkte/Muster (z. B. Internationale Modemesse [IGEDO] Düsseldorf, Deutsche Industriemesse in Hannover, Frankfurter Buchmesse, Leipziger Messe).

- **Ausstellungen:** Eine Ausstellung ist eine zeitlich begrenzte Veranstaltung, auf der eine Vielzahl von Ausstellern ein repräsentatives Angebot einer oder mehrerer Wirtschaftszweige oder Wirtschaftsgebiete ausstellt und vertreibt oder über dieses zum Zweck der Absatzförderung informiert; allgemeine Ausstellungen wenden sich auch an Privatpersonen (z. B. Internationale Funkausstellung in Berlin, Automobilausstellung in Frankfurt, Deutsche Bootsausstellung in Hamburg).

209 Nennen und erklären Sie Marktveranstaltungen.

- **Marketingkommunikation** ist die Verständigung des Unternehmens mit möglichen Kunden, mit der Öffentlichkeit und mit Unternehmensangehörigen.

- Zur **Kommunikationspolitik** gehören sämtliche auf den Absatzmarkt gerichtete Informationsprozesse.
Ziel dieser Informationsprozesse ist die Beeinflussung von Einstellungen und Erwartungshaltungen gegenüber dem Produkt und dem Unternehmen im Sinne der Unternehmensziele (z. B. Steigerung des Umsatzes).

Die Kommunikationspolitik (Marketingkommunikation) umfasst die **kommunikationspolitischen Maßnahmen:**
- Öffentlichkeitsarbeit (Public Relations einschließlich Corporate Identity)
- innerbetriebliche Werbung (Human Relations)
- Verkaufsförderung (Salespromotion)
- Direktmarketing
- Electronic-Marketing
- persönlicher Verkauf
- Absatzwerbung
- Sponsoring
- Product-Placement
- Eventmarketing

Der abgestimmte Einsatz aller kommunikationspolitischen Maßnahmen wird **Kommunikationsmix** genannt.

210 Was verstehen Sie unter Marketingkommunikation?

Unter **Öffentlichkeitsarbeit (Public Relations)** sind sämtliche Maßnahmen zu verstehen, die ein Unternehmen ergreift, um sein **Ansehen in der Öffentlichkeit zu pflegen oder zu verbessern.** Man nennt diese entsprechenden Maßnahmen auch **Imagepflege.**

211 Was verstehen Sie unter Öffentlichkeitsarbeit?

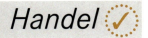

Vertrieb und Kundenorientierung

212 Nennen Sie Mittel der Public-Relations-Politik.

- Geschäftsberichte
- Wettbewerbe
- Betriebsbesichtigungen (Tag der offenen Tür)
- Modeschauen
- Informationsabende
- Mitwirkung des Unternehmens in Vereinen und Verbänden
- Förderung des Gemeinwohls, z. B. durch Spenden
- Sponsoring (Kultur-, Sport-, Sozial- oder Umweltsponsoring)

213 Was ist Corporate-Identity-Politik?

Corporate-Identity-Politik hat die Aufgabe, die verschiedenen Kommunikationsmöglichkeiten im Sinn einer unternehmensspezifischen Identität **(= einheitliches, unverwechselbares Unternehmensbild)** zu koordinieren. Gestaltungsmöglichkeiten sind:

- Corporate Design: Firmenlogo, Farbe, Schrift
- Corporate Communications: z. B. Image-Slogans
- Corporate Behaviour: Führung, Konferenzstil, Umgangston

214 Beschreiben Sie das Direktmarketing (Dialogmarketing).

Als Direktmarketing (auch Dialogmarketing) wird jede persönliche Ansprache des möglichen Kunden gesehen. Im Unterschied zur einfachen Direktwerbung wird im Dialogmarketing der Kunde durch eine deutlich hervorgehobene Responsemöglichkeit zur Antwort aufgefordert.

215 Was ist Human Relations und welche Mittel und Maßnahmen sind möglich?

Human Relations (innerbetriebliche Werbung)
- wendet sich an die Belegschaft des Unternehmens
- mit dem Ziel, gute zwischenmenschliche Beziehungen im Unternehmen zu schaffen und zu pflegen.
- Dadurch sollen das Betriebsklima und die Arbeitsfreude sowie die Arbeitsleistung der Mitarbeiterinnen und Mitarbeiter positiv gefördert werden.

- Mittel und Maßnahmen sind u. a.
  - soziale Fürsorge für Betriebsangehörige (Werkskindergarten, Sporteinrichtungen, werkseigene Erholungsheime usw.)
  - Werkzeitungen mit Berichten und Informationen über die Situation des Unternehmens und der Belegschaft, Maßnahmen der Unternehmensleitung, Jubiläen, Familienereignisse
  - Vorschlagssysteme für Verbesserungsvorschläge
  - Betriebsfeste
  - Betriebsausflüge
  - Sportveranstaltungen u. v. m.

216 Welche Vorteile bietet das Sponsoring einem Großhandelsunternehmen?

Sponsoring bietet die Gelegenheit, durch Förderung geeigneter Personen, Vereine oder Organisationen das Unternehmen bekannter zu machen sowie die Imageziele des Unternehmens zu gestalten (Marketing by Sponsoring).

Persönlicher Verkauf

Handel

Unter **Verkaufsförderung (Salespromotion)** sind alle Maßnahmen des Anbietenden zu verstehen, die seine Absatzbemühungen unterstützen.
Verkaufsfördernde Maßnahmen sind gerichtet auf:

Verkaufsfördernde Maßnahmen mit Zielrichtung

Einzelhandel
- Kooperation bei der Werbung (Überlassung von Displaymaterial, Zuschüsse zu den Werbekosten)
- besondere Nachlässe
- Prämien
- Schulungen
- Werbegeschenke
- Messen. Musterschauen, Demonstrationen
- Kundendienst, Informationsdienste
- Händlerzeitschriften
- Schaufensterwettbewerbe
- Kalkulationshilfen

Verbraucher
(relevant insbesondere für den Konsumgütergroßhandel)
- Preisausschreiben
- Centaktion
- Aktion mit Prominenz
- Gutscheinaktionen
- Ballonwettflug
- erlaubte Zugaben
- Sonderangebote
- günstige Warenplatzierung
- ansprechende Gestaltung der Verkaufsräume und Schaufenster
- Suchaktionen
- Kostprobenverteilung (Sampling-Aktionen)
- Selfliquidating offers (z. B. Verkauf von Büchern zum Selbstkostenpreis bei Kaffeegeschäften)
- Contests: Teilnahmescheine am Produkt, in der Nähe des Produkts oder in Anzeigen. Konsumenten müssen sich durch eine bestimmte Leistung für die Teilnahme an der Verlosung qualifizieren.
- Verbundpromotion: Mehrere, teilweise verschiedenartige Produkte werden unter einem „verbindenden" gemeinsamen Thema zusammengefasst.

Verkaufspersonal
- Verkaufswettbewerbe
- Prämien für besondere Leistungen
- Besichtigungsfahrten zum Hersteller
- eigene Verkäuferschulungen, z. B. Schulung der Verkaufstechnik und Vermittlung von Fachwissen bei beratungsintensiven Waren, z. B. Computern
- zusätzliches schriftliches Informationsmaterial
- Prospekte und Kataloge
- Handbücher
- Bedienungsanleitungen
- Proben und Muster

217 Was versteht man unter Verkaufsförderung (Salespromotion) und worauf zielen verkaufsfördernde Maßnahmen ab?

Häufig entscheidet der *persönliche Kontakt* darüber, welcher Großhändler den begehrten Auftrag erhält, insbesondere dann, wenn zwischen den angebotenen Produkten Qualitäts- und Preisgleichheit besteht.
Beim **persönlichen Verkauf** versucht das Großhandelsunternehmen potenzielle Kunden durch direkte Kommunikation von der Leistungsfähigkeit seines Angebots so zu überzeugen, dass sie bereit sind, die angebotene Ware zu kaufen. Zu diesem Zweck werden mit möglichen Kunden Verkaufsgespräche geführt.

218 Welche Bedeutung hat die kommunikationspolitische Maßnahme des persönlichen Verkaufs für ein Großhandelsunternehmen?

Handel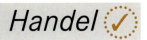

Vertrieb und Kundenorientierung

 219 Welche Ziele stehen beim Eventmarketing im Vordergrund?

- Imagebildung
- Schaffung und Steigerung des Bekanntheitsgrades
- aktive Ansprache der Zielgruppe und dadurch Verbesserung des Dialogs
- die Schaffung einer einmaligen Erlebnissituation
- die Gewinnung neuer Kunden

 220 Was ist Werbung?

Werbung ist die planmäßige Beeinflussung einer bestimmten Zielgruppe durch spezielle Kommunikationsmittel, um den Absatz bzw. die Nachfrage nach einer Ware oder Dienstleistung zu fördern, anzuregen oder hervorzurufen.

221 Welche Aufgaben hat die Werbung?

a) Die Werbung soll **aus der Sicht des Unternehmens**
- neue Waren bekannt machen (**Einführungswerbung**)
- den bestehenden Kundenkreis erhalten (**Erinnerungs- oder Stabilisierungswerbung**)
- beim Kunden neue Bedürfnisse wecken und dadurch neue Kunden hinzu- oder
- ehemalige zurückgewinnen (**Expansionswerbung**)

b) **aus der Sicht des Kunden**
- über Konsumgüter **informieren/aufklären,** wie z. B. über die Eigenschaften, Verwendungsmöglichkeiten, Verbesserungen oder über technische Neuerungen
- eine **Marktübersicht** und **Preisvergleiche ermöglichen**

222 Nennen Sie die Werbearten unterschieden nach der Zahl der Werbenden einerseits und der Zahl der Umworbenen andererseits.

Nach der **Zahl der Werbenden** unterscheidet man die folgenden Werbearten:
- Alleinwerbung (Individualwerbung)
- Kooperative Werbung, die ihrerseits unterteilt werden kann in Sammel- und Gemeinschaftswerbung

Nach der **Zahl der Umworbenen** teilt man die Wirtschaftswerbung ein in
- Einzelwerbung (Direktwerbung) und
- Massenwerbung.

 223 Unterscheiden Sie Sammel- und Gemeinschaftswerbung.

- **Sammelwerbung** liegt vor, wenn sich mehrere Unternehmen verschiedener Branchen zusammenschließen und unter Namensnennung gemeinsam für ihre Leistungen werben.

- Von **Gemeinschaftswerbung** spricht man, wenn ein Fachverband oder mehrere Unternehmen einer Branche gemeinsam für ihre Branche werben, ohne dabei ihren Namen zu erwähnen.

Bereiche des Werbeplans

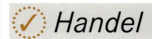

Durch die Zusammenfassung mehrerer kleiner Werbeetats zu einem großen können die folgenden Vorteile erzielt werden:

- Entwicklung eines gemeinsamen, einprägsamen Slogans und eines einheitlichen Symbols
- Erreichung von anhaltend gleichbleibender Werbung mit hohem Wiedererkennungswert
- Einsatz eines Werbeprofils (z. B. Betriebswirtschaftliche Beratungsstelle für den Großhandel)
- Teilnahme an größeren Aktionen mit hoher Durchschlagskraft
- Erreichung einer gewissen Exklusivität für einen kleinen Kreis über die Werbung durch Fachverbände
- Gegengewicht zu den massiven Werbekampagnen der Großbetriebe, denen man als Kleinunternehmen hilflos ausgeliefert ist

224 Welche wirtschaftliche Bedeutung hat die kooperative Werbung für das Großhandelsunternehmen?

- **Werbemittel:** Ausdrucks- und Gestaltungsform, durch die die Werbebotschaft vermittelt wird (z. B. Anzeigen, Handzettel, Werbebriefe, Homepage, Fernsehwerbung, Ausstellungen, Messen, Verpackung der Ware, Ausstattung, Aufschriften auf Omnibussen); das Werbemittel stellt die **Werbebotschaft** dar.
- **Werbeträger:** Gegenstände oder Personen, durch die die Werbemittel an die Zielpersonen bzw. Zielgruppe herangetragen werden (z. B. Litfaßsäule, Hauswand, Zeitschrift, Straßenbahn, Schaufenster); der Werbeträger ist das **Transportmittel** für das Werbemittel.

225 Unterscheiden Sie zwischen Werbemitteln und Werbeträgern.

Die **Bereiche des Werbeplans** sind im Einzelnen:

- **Werbeziele:** mit ihnen wird festgelegt, was mit den Werbemaßnahmen erreicht werden soll
- **Werbeetat:** gibt Auskunft darüber, wie viel Geld für die Werbung zur Verfügung steht
- **Werbeobjekte:** klären darüber auf, für welche Objekte geworben werden soll
- **Streukreis (Zielgruppe):** hier wird festgelegt, wer mit der Werbung angesprochen werden soll
- **Streugebiet:** mit seiner Bestimmung wird klargestellt, wo geworben werden soll
- **Streuweg (Werbemittel und Werbeträger):** gibt Auskunft darüber, womit geworben werden soll
- **Werbemittelgestaltung:** soll bei den Umworbenen eine größtmögliche Werbewirksamkeit erzielen und muss daher so ausfallen, dass die Werbeziele von der Zielgruppe verstanden und angenommen werden (z. B. Klarheit der Aussagen, Farben, Formen)
- **Streuzeit:** legt fest, wann geworben werden soll

226 Welche Bereiche sind vom Werbenden selbst oder von einer von ihm beauftragten Werbeagentur für einen Werbeplan festzulegen?

Handel ✓

Vertrieb und Kundenorientierung

227 Nennen und erklären Sie die Grundsätze der Werbung.

Im Anschluss an die Werbeplanung folgt die Durchführung, bei der folgende **Werbegrundsätze** beachtet werden müssen:

- **Wahrheit:** Werbung muss frei sein von unzutreffenden Behauptungen, Übertreibungen und Entstellungen von Tatsachen, um den Kunden nicht irrezuführen und zu verärgern und um nicht gegen das Gesetz gegen den unlauteren Wettbewerb zu verstoßen.

- **Wirksamkeit:** Die Werbung soll ideenreich und originell sein, damit Aufmerksamkeit erzielt wird und für den Kunden der Unterschied zu den Konkurrenzprodukten klar erkennbar ist. Hinzu kommen die Wahl geeigneter Werbemittel und die Einprägsamkeit.

- **Klarheit:** Die Werbebotschaft sollte schnell erfassbar, leicht verständlich und übersichtlich sein.

- **Wirtschaftlichkeit:** Das Ziel des Werbenden/Anbieters muss sein, mit möglichst geringen Kosten den Umsatz zu steigern.

228 Erklären Sie die AIDA-Formel.

Wie die Werbung auf den Kunden wirkt, bevor er seine Kaufentscheidung trifft, lässt sich vereinfacht in einem stufenartigen Zusammenhang darstellen:

- **A** → **A**ttention = Die Werbebotschaft soll Aufmerksamkeit erzielen. Aber: Botschaft hören heißt noch lange nicht Interesse haben.

- **I** → **I**nterest = Interesse wecken. Dadurch soll die Werbebotschaft im Gedächtnis des Umworbenen bleiben (= länger anhaltende Aufmerksamkeit). Aber: Interesse heißt noch lange nicht Kaufwunsch haben.

- **D** → **D**esire = Drang, Kaufwunsch auslösen. Dem Umworbenen soll eine angenehme Gefühlswelt oder Erlebniswelt vermittelt werden, sodass er die Ware besitzen möchte. Aber: Kaufwunsch haben heißt noch lange nicht kaufen.

- **A** → **A**ction = Aktion, Kauf bewirken. Der Umworbene kauft die Ware. Aber: Kaufen heißt noch lange nicht Produkttreue.

Deshalb muss der Anbieter, will er Wirksamkeit erzielen, auch auf **Stetigkeit** achten. Einmalige Werbemaßnahmen haben erfahrungsgemäß nur bescheidenen Erfolg.

229 Wie wird der ökonomische Werbeerfolg festgestellt?

$$\text{Ökonomischer Werbeerfolg} = \frac{\text{Umsatzsteigerung}}{\text{Werbekosten}}$$

Suggestive Wirkung der Werbung

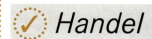

Bei der Ermittlung des ökonomischen Werbeerfolgs treten Schwierigkeiten auf, da

- sich häufig die Werbekosten nicht genau von den anderen Kosten im Unternehmen abgrenzen lassen,
- sich andere Absatzmaßnahmen und Faktoren – neben der eingesetzten Werbemaßnahme – ebenfalls und gleichzeitig auf den Umsatz auswirken können, z. B. die Produktgestaltung, Bedarfsverschiebungen (Mode), Preisänderungen bei der Konkurrenz, Konjunktureinflüsse u. v. m.,
- eine zeitliche Abgrenzung der Werbeerträge häufig unmöglich ist. Eine Werbemaßnahme kann z. B. schon längst abgeschlossen sein, ihre absatzfördernde Wirkung kann aber unvermutet und unerkannt noch über einen längeren Zeitraum wirken.

230 Beschreiben Sie die Problematik der Werbeerfolgskontrolle.

Der **außerökonomische Werbeerfolg** stellt sich dar in der

- Erhöhung der Kundenkontakte,
- Verbesserung des Unternehmensimages,
- Steigerung des eigenen Bekanntheitsgrades und
- Erhöhung der Erinnerungsfähigkeit der Kunden an das Unternehmen des Großhändlers.

231 Wann spricht man von außerökonomischem Werbeerfolg?

Ein manipulierter Kunde ist ein **fremdgesteuerter** Kunde, der beispielsweise aufgrund emotionaler Beeinflussung oder geschickter Warendarbietung Dinge kauft, die er unter anderen Umständen (bei sachlichem Abwägen seiner Kaufentscheidung) nicht gekauft hätte.

232 Erklären Sie die Aussage „Werbung manipuliert".

Leitbildwerbung benutzt bekannte Persönlichkeiten für werbliche Zwecke. Der Kunde soll sich beim Kauf der Ware selbst als jenes Vorbild bzw. Idealbild sehen.

233 Beschreiben Sie die Leitbildwerbung.

Suggestive Werbung ist stets emotional oder seelisch beeinflussende Werbung. Sie will dem Kunden ein bestimmtes Bild vermitteln, das er von sich beim Gebrauch bzw. Verbrauch der Ware erhalten soll.

Der Kunde soll davon überzeugt werden, dass die Ware ihm einen Vorteil oder Nutzen bringt, der über ihren üblichen Gebrauchswert hinausgeht.

234 Werbung hat u. a. suggestive Wirkung.

Was verstehen Sie darunter?

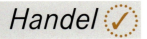

Vertrieb und Kundenorientierung

235 Was bedeutet Marketingmix?

Marketingmix ist die von einem Unternehmen zu einem bestimmten Zeitpunkt eingesetzte **optimale Kombination von marketingpolitischen Instrumenten** entsprechend dem strategischen Marketingziel. Dabei geht es hauptsächlich um die Bereiche:

- Sortimentspolitik, ggf. auch Produktpolitik,
- Preis- und Konditionenpolitik,
- Distributionspolitik und

- Kommunikationspolitik mit den Bestandteilen:
  - Absatzwerbung,
  - Human Relations,
  - Verkaufsförderung,
  - Öffentlichkeitsarbeit,
  - Sponsoring,
  - Eventmarketing,
  - Messen und Ausstellungen,
  - Direktkommunikation,
  - Onlinekommunikation.

236 Was versteht man unter einem optimalen Marketingmix?

Als **optimaler Marketingmix** lässt sich diejenige Kombination von marketingpolitischen Instrumenten bezeichnen, durch die ein bestimmtes Ziel bestmöglich erreicht wird.

Dabei hängt die Bedeutung der einzelnen Instrumente wesentlich vom Produkt und vom Käuferverhalten ab. So spielt z. B. bei manchen Produkten der Preis eine wesentliche Rolle, während er bei anderen von untergeordneter Bedeutung ist. Auch ist bei einigen Leistungen der Kundendienst wesentlich für Kauf oder Nichtkauf, bei anderen spielt der Kundendienst dagegen keine Rolle. Die Kombination von absatzpolitischen Instrumenten wird darüber hinaus bestimmt von

- absatzpolitischen Zielsetzungen und den
- Wirtschaftszweigen: Konsumgüterproduzent, Investitionsgüterproduzent, Handel.

237 Welche Aspekte können für ein zukunftsbezogenes Marketing besondere Bedeutung gewinnen?

Aspekte für ein **zukunftsbezogenes Marketing** sind:

- **die Umwelt:** Umweltmarketing zum Schutz von Umwelt und Verbraucher, die das gesamte Unternehmen in allen seinen Funktionsbereichen trifft.
- **der Wertewandel:** neue Käufergruppen entstehen, existierende Käufergruppen verändern ihr Verhalten; Trends: Der „neue Konsument" ist mobil, preis- und qualitätsbewusst, kritisch, emanzipiert und darüber hinaus freizeit- und prestigeorientiert.

- **die Bevölkerungsstruktur:** Der Anteil der älteren Menschen wächst ständig, sodass der Seniorenmarkt in Zukunft eine zunehmende Bedeutung gewinnt.

After-sales-Services ✓ Handel

- **Technische Serviceleistungen** umfassen alle Maßnahmen, die der Gewährleistung oder Wiederherstellung der einwandfreien Funktion einer Ware dienen.
  Beispiele:
  - Aufstellen von technischen Geräten (Waschmaschinen, Fernsehgeräte, DVD-Player usw.)
  - Reparaturservice (z. B. für technische Geräte, Uhren, Schuhe)
  - Inspektions- und Wartungsservice (z. B. bei Kraftfahrzeugen und Büromaschinen)
  - Änderungsservice bei Bekleidung

- **Kaufmännische Serviceleistungen** umfassen Beratungs- und Zustellungsdienste sowie Gefälligkeiten aller Art, individuelles Entgegenkommen und Hilfsbereitschaft in vielfältigen Ausprägungen.
  Beispiele:
  - Garantiegewährung
  - Kulanz: Der Umtausch von Waren bei Nichtgefallen ist eine freiwillige Leistung des Großhändlers, da er gesetzlich nur zum Umtausch fehlerhafter Ware verpflichtet ist. Ein solches Verhalten des Einzelhändlers wird als Kulanz (= Entgegenkommen) bezeichnet. Kulanz liegt auch dann vor, wenn Mängel an einer gekauften Ware vom Großhandelsbetrieb nach Ablauf der Garantiefrist kostenlos behoben werden.
  - Entsorgung (z. B. von alten Autos oder Computern)

238 Führen Sie unterschiedliche Instrumente der Servicepolitik eines Unternehmens auf.

- Kundenbeziehungsmangement = Customer-Relationship-Management
- Ausbau der Beziehung zum Kunden

- Bestehende Kunden zu halten ist billiger, als Neukunden zu gewinnen.

239 Was versteht man unter CRM?

- Teilbereich des CRM

- Nach dem Kauf eines Produkts (oder einer Dienstleistung) wird die gesamte Nutzungsdauer herangezogen, um die Kundenzufriedenheit zu steigern.

240 Was sind After-sales-Services?

- Beschwerdemanagement
- Couponing (Ausgabe von Gutscheinen)
- Kundenkarten
- Kundenklubs
- One-to-one-Marketing (direkte Kundenansprache)

- Events, Kundenabende und Filialfeste
- Kundenzeitschriften
- Ersatzteillogistik
- Reparatur und Wartung

241 Nennen Sie Beispiele für Instrumente der After-sales-Services.

Handel ✓

Vertrieb und Kundenorientierung

242 Erklären Sie den Grundgedanken der Vier-Felder-Portfolio-Matrix.

Bei einer Vier-Felder-Portfolio-Matrix werden alle Sortimentsteile klassifiziert und hinsichtlich der Zukunftschancen untersucht. Dabei gilt es, im Kern die Umsatzträger der Gegenwart und die Umsatzträger der Zukunft herauszufiltern sowie die Sortimentsschwachpunkte auszumachen, um anschließend sortimentspolitische Entscheidungen zu treffen.

243 Was verstehen Sie unter „Sternen", „Milchkühen", „armen Hunden" und „Fragezeichen" im Zusammenhang mit der Portfolio-Analyse?

- **Question marks** = Nachwuchsprodukte, die beobachtet werden und selektiv gefördert werden sollten
- **Poor dogs** = Auslaufprodukte, die vom Markt genommen werden sollten
- **Stars** = Wachstumsprodukte, die gefördert werden müssen
- **Cash cows** = Produkte in der Reifephase, hiermit wird Geld verdient

244 Wann ist ein Portfolio ausgeglichen?

Ein Portfolio ist ausgeglichen, wenn das Wachstum eines Großhandelsunternehmens gesichert ist und ein Risikoausgleich zwischen den verschiedenen SGE besteht; d. h., wenn genügend Stars vorhanden sind, die in Zukunft den Umsatz bringen können, und genügend Cash cows, die das Geld verdienen, das man in die Stars und die Question marks investieren kann. Gleichzeitig sollten möglichst wenige Poor dogs in Sortiment schlafen, da dies ein Unternehmen in seinem Handlungsspielraum blockiert.

245 Die Portfolio-Matrix unterscheidet z. B. bei den Produkten/Produktgruppen zwischen „Fragezeichen", „Sternen", „Milchkühen" und „armen Hunden".
a) Begründen Sie, bei welchen dieser Produkte wahrscheinlich eine Notwendigkeit für Produktvariationen besteht.
b) In welchen Phasen des Produktlebenszyklus befinden sich diese Produkte?
c) Geben Sie am Beispiel eines Pkw an, worin eine Produktvariation bestehen könnte.

a) Bei den Stars empfiehlt es sich wegen relativer Marktsättigung auf Variationen zu setzen, um die Produkte weiterhin attraktiv zu halten.
Auch Cash cows sind wegen der Marktsättigung oftmals schon in die Jahre gekommen und könnten mit etwas neuem Wind wieder leicht belebt werden.
Andererseits könnte man auch Überlegungen anstellen in Question marks zu investieren, um sie nach vorne zu bringen.

b) Stars: Wachstumsphase
Cash cows: Reifephase
Questions marks: Einführungsphase

c) Bei einem Pkw bieten sich verschiedene Variationen an:
- Facelifting
- kein neues Modell, nur leichte Kosmetik
- Sondermodelle mit attraktiver Ausstattung

Kundenreklamationen

Portfolio 1 hat ein großes Zukunftspotenzial, da die Question marks und die Stars ausreichend vorhanden sind. Im *Portfolio 2* sind zwar die Poor dogs aus dem Programm verschwunden, aber es fehlen die Produkte der Zukunft. Mit einem solchen Sortiment ist ein Großhändler *für den künftigen Markt schlecht gerüstet.*

Die meisten Produkte starten als Question marks. Nach der Einführung werden sie beobachtet und gezielt gefördert. Stellt sich ein Wachstum ein, sind es die Stars, da hohe Zuwachsraten winken. In der Reifephase muss kaum noch investiert werden und die Cash cows können gemolken werden. Am Ende dieser Kette stehen die Poor dogs, die langsam, aber sicher ausgedient haben und letztlich vom Markt genommen werden.

- sich ruhig und freundlich verhalten
- Reklamation sofort bearbeiten
- Reklamation ernst nehmen und das dem Kunden (z. B. durch Zuhören, Ausredenlassen) zeigen

- Schritte einer erfolgreichen Reklamationsbehandlung beachten:
  1. Durch aktives Zuhören dem Kunden ermöglichen, „Dampf" abzulassen
  2. Klärung des Sachverhalts: Recherchieren (Wie ist es zur Unzufriedenheit des Kunden gekommen?)
  3. Wenn es die eigene Schuld ist: Entschuldigen!
  4. Wenn Fremdverschulden vorliegt: Hilfe anbieten!
  5. Für Abhilfe sorgen!
  6. Alles tun, um die Beziehung aufrechtzuerhalten

✓ Handel

246 Entscheiden Sie, welches der beiden abgebildeten Portfolios ein gutes bzw. welches ein schlechtes darstellt.

Portfolio 1
Marktwachstum

relativer Marktanteil

Portfolio 2
Marktwachstum

relativer Marktanteil

247 Beschreiben Sie den idealtypischen Lebensweg in einer Vier-Felder-Portfolio-Matrix.

248 Was ist bei Kundenreklamationen zu beachten?

Handel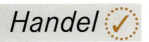

Vertrieb und Kundenorientierung

249 Verkaufsgespräche spielen im Großhandel eine immer größere Rolle.
1. Nennen Sie die acht Phasen eines Verkaufsgesprächs und erläutern Sie deren Zielsetzung.
2. Führen Sie mindestens ein Kriterium für die erfolgreiche Durchführung der jeweiligen Phase im Verkaufsgespräch durch.

Phase	Zielsetzung	Kriterien für eine erfolgreiche Durchführung der Phase
Kontaktaufnahme mit dem Kunden	Der Kunde soll sich positiv angenommen fühlen.	• Blickkontakt halten • den Kunden freundlich begrüßen • den Kunden – so bekannt – mit Namen ansprechen
Ermittlung des Kaufwunsches	Der Verkäufer soll in Erfahrung bringen, welche Bedürfnisse der Kunde hat.	• Kundenwunsch erfragen • aktives Zuhören praktizieren • dabei Kaufmotive ermitteln • dabei auf genannte Motive eingehen
Vorlegen der Ware	Der Verkäufer soll die Ware bedarfsgerecht unterbreiten.	• eine begrenzte Zahl von Artikeln vorlegen • alle Sinne des Käufers ansprechen
Verkaufsargumentation: Anbieten von Problemlösungen	Der Kunde soll durch die Nutzendarstellung des Verkäufers überzeugt werden.	• auf das zu lösende Problem des Kunden eingehen • Nutzen der Ware für den Kunden bzw. dessen Abnehmer aufzeigen • im Sie-Stil formulieren • Verkaufsargumente möglichst anschaulich und überzeugend aus Warenkenntnissen ableiten • keine Verkaufsphrasen verwenden
Nennung des Preises	Der Verkäufer setzt den Preis der Ware in Bezug zur Leistung.	• Begriffe wie „billig" oder „teuer" vermeiden • den Preis nicht isoliert nennen
Behandlung von Einwänden	Dem unsicheren Kunden wird gezeigt, dass seine Bedenken ernst genommen werden.	• Es wird Verständnis für den Kunden gezeigt. • Es wird eine der möglichen Methoden der Einwandbehandlung angewandt, um auf die Bedenken des Kunden zu reagieren.
Herbeiführen des Kaufentschlusses	Der Kunde soll dazu gebracht werden, eine Entscheidung zu treffen.	• Die Kaufsignale des Kunden müssen erkannt werden. • Um den Kunden die Entscheidung zu erleichtern wird eine der möglichen, Abschlusstechniken eingesetzt.
Abschluss der Verkaufsverhandlung	Das Verkaufsgespräch wird für den Kunden zufriedenstellend beendet.	• Es werden evtl. Serviceleistungen angeboten. • Es werden passende Zusatzartikel empfohlen. • Der Kaufentschluss des Kunden wird bekräftigt. • Der Kunde wird verabschiedet.

Sach- und persönliche Konflikte

Handel

Jedes Verkaufsgespräch am Telefon dient zunächst der Kundenbindung. Es gibt zwei Arten telefonischer Verkaufsgespräche:

- Sogenannte passive Verkaufsgespräche liegen vor, wenn der Kunde selber die Initiative ergreift und das Großhandelsunternehmen anruft, um zunächst einmal mehr Produktinformation zu bekommen, vielleicht auch um gleich zu bestellen. Solche ankommenden Gespräche werden als **Inbound** bezeichnet.

- Wenn der Großhändler von sich aus aktiv wird, also den Kunden bzw. Interessenten anruft, um ein Produkt zu verkaufen, liegt ein aktives Verkaufsgespräch über Telefon vor. Ausgehende Anrufe zur Durchführung von Verkaufsgesprächen werden auch **Outbound** genannt.

250 Unterscheiden Sie die Arten telefonisch durchgeführter Verkaufsgespräche.

- gegenseitige Wertschätzung
- Einhaltung von Feedbackregeln
- Zielvereinbarungen
- Anwendung von Konfliktlösungstechniken
- Beachtung der Regeln effizienter Teamarbeit
  Diese Regeln umfassen:
  1. Jeder erkennt den anderen als gleichwertigen Partner an.
  2. Die Aktivitäten jedes Einzelnen müssen ständig allen bekannt sein.
  3. Die Spielregeln sind, wenn nötig, neu zu diskutieren.
  4. Entscheidungen, Diskussionen- und Arbeitsergebnisse sind laufend festzuhalten und durch Darstellungen sichtbar zu machen.
  5. Alle Unterlagen stehen jedem jederzeit zur Verfügung.
  6. Innerhalb des Teams soll kritisiert, aber nicht getadelt werden.
  7. Konflikte nicht verschleiern, sondern aufdecken und diskutieren.
  8. Zuhören ist genauso wichtig wie reden.
  9. Lernbedarf muss jederzeit deutlich gemacht werden. Informationsgefälle ist abzubauen. Wissen ständig mitzuteilen.
  10. Schweigen bedeutet nicht Zustimmung.
  11. Meinungsverschiedenheiten sollen als Informationsquelle und nicht als Störfaktor betrachtet werden.
  12. Es gibt keine Meinung oder Erfahrung, die nicht infrage gestellt werden dürfte.
  13. Meinungen sollen ständig herausgefordert und geäußert werden.
  14. Entscheidungen sollen nicht durch Mehrheitsbeschluss, sondern mit weitestgehender Einstimmigkeit erzielt werden. Keiner führt eine Aktivität aus, die nicht vorher gemeinsam beschlossen wurde.
  15. Neue Aspekte und Zielabweichungen sind sofort mitzuteilen und zu klären.
  16. Die Einhaltung der Spieregeln ist ständig zu beobachten.

251 Konflikte kommen häufig zustande aufgrund von Kommunikationsstörungen in Teams. Führen Sie Maßnahmen zur Vermeidung von Kommunikationsstörungen auf.

- **Sachkonflikte**
  Entgegengesetzte fachliche Meinungen führen zu Uneinigkeit darüber, welche Lösung besser ist und umgesetzt werden soll.

- **Persönliche Konflikte**
  Sachliche Konflikte werden durch Antipathie oder individuelles Machtstreben in Zusammenhang mit Personen gebracht.

252 Unterscheiden Sie Sachkonflikte und persönliche Konflikte.

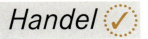

Warenwirtschaftssystem

253 Wie sollte im Allgemeinen im Konfliktfall vorgegangen werden?

- **Wahrnehmen**
  - Der Konflikt muss natürlich erst einmal erkannt werden.
  - Welche direkten oder indirekten Parteien befinden sich in welcher Eskalationsstufe?
  - Wer ist direkt, indirekt betroffen und wer fühlt sich betroffen?

- **Austragen**
  - Der Konflikt darf nicht verschwiegen, sondern muss offen angegangen werden.
  - Der Konflikt sollte geregelt ausgetragen werden, sonst besteht die Gefahr der späteren Konfliktsteigerung.

- **Lösen**
  - Keine der Parteien sollte mit dem Gefühl der Unterlegenheit aus dem Konflikt hervorgehen.
  - Eine kooperative Problemlösung sollte angestrebt werden.

- **Nacharbeiten**
  - Eine nachträgliche Konfliktanalyse zeigt ein eventuell ständig bestehendes Konfliktpotenzial oder zumindest Parallelen auf.
  - Die Parteien müssen sich an die Vereinbarungen halten.
  - Ein Lerneffekt sollte folgen.

1.4 Wareneingang, Warenlagerung und Warenausgang; Warenwirtschaftssystem

1.4.1 Aufgaben und Arten des Lagers

254 Warum muss der Großhändler bei der Warenannahme bestimmte Kontrollen vornehmen?

Will der Unternehmer nicht das **Recht zur Reklamation mangelhafter Ware** verlieren, muss er beweisen können, dass der Schaden nicht in seinem Betrieb entstanden ist. Daher sind verschiedene **Kontrollen** vorzunehmen.

255 Erklären Sie den Unterschied zwischen einer unverzüglichen und sofortigen Prüfung.

- **Sofortige Prüfung:** Bei Eintreffen der Sendung und in Anwesenheit des Überbringers.

- **Unverzügliche Prüfung:** Zum nächstmöglichen Zeitpunkt ohne schuldhafte Verzögerung.

256 Welche Kontrollen müssen sofort bei der Warenannahme vorgenommen werden?

Es muss auf der Stelle und in Anwesenheit des Spediteurs eine **Tatbestandsaufnahme** erfolgen: Der äußere Zustand der Lieferung ist zu überprüfen, also

- die Korrektheit der Anschrift,
- die Zahl der gelieferten Stücke,
- die äußere Verpackung.

Aufgaben eines Lagers

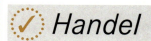 **Handel**

Der **Inhalt der Sendung** ist unverzüglich zu prüfen. Die Ware wird nach Art, Menge, Güte und Beschaffenheit kontrolliert.

257 Was kann unverzüglich bei der Warenannahme kontrolliert werden?

Ist der äußere Zustand der Ware mangelhaft, ist das vom Transporteur in einer **Tatbestandsaufnahme** zu bescheinigen.

- Die **Abnahme der Ware** kann dann **verweigert** werden oder nur unter Vorbehalt erfolgen.
- Ist dagegen die **Ware beschädigt**, muss eine **Mängelrüge** geschrieben werden.

258 Welche Maßnahmen hat der Großhändler bei Beanstandungen zu ergreifen?

- Bereithaltung freier Abladestellen
- Reservieren von Platz für die Ware
- Bereithaltung innerbetrieblicher Transportmittel
- Vorhalten von Personalkapazität

259 Welche Maßnahmen müssen ergriffen werden, wenn das EDV-gestützte Warenwirtschaftssystem den Eingang von Ware ankündigt?

- Bereitstellung von Informationen
- Datenerfassung nur noch bei Abweichungen von den Bestellungen
- Auswertungen

260 Wie unterstützen Warenwirtschaftssysteme den Wareneingangsbereich des Großhandelsbetriebes?

Ein **Lager** ist der Ort, an dem Ware aufbewahrt wird.

261 Was ist ein Lager?

Ein **Lager** erfüllt folgende **Aufgaben**:

- **Sicherung der Verkaufsbereitschaft:** Für Kundennachfragen muss immer ein Warenvorrat bereitstehen.
- **Ausnutzung von Preisvorteilen:** Waren können dann eingekauft werden, wenn sie besonders günstig sind bzw. wenn Mengenrabatte eingeräumt werden.
- **Zeitliche Überbrückung:** Die Zeitspanne zwischen Produktion (Ankauf) und Verkauf an den Konsumenten kann durch die Lagerhaltung überwunden werden.
- **Umformung/Veredelung:** Im Lager werden Waren so behandelt, dass ihr Wert sich erhöht, ihre Haltbarkeit verlängert wird oder sie in verkaufsgerechten Verkaufseinheiten umgepackt werden.

262 Welche Aufgaben erfüllt ein Lager?

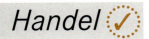

Warenwirtschaftssystem

263 Nennen und erläutern Sie die im Großhandel gebräuchlichen Lagerarten im Hinblick auf
– den Ort der Aufbewahrung,
– den Grad der Aufteilung der Güter und
– ihrer Aufgabe.

Lager findet man im Großhandel in unterschiedlichen Formen und Größen. Sie können nach verschiedenen **Merkmalen** unterschieden werden (in der Praxis häufig Mischformen):

1. nach dem Ort der Aufbewahrung

- **Eigenlager**
  Von Eigenlager spricht man, wenn der Großhandelsbetrieb seine Ware in eigenen Räumen lagert.

- **Fremdlager**
  Aus bestimmten Gründen verwenden Großhandelsbetriebe für ihre Warenvorräte oft fremde Lagerräume in Lagerhäusern, bei Spediteuren oder Kommissionären.

2 nach dem Grad der Aufteilung der Lagergüter

- **Zentrales Lager**
  Alle Waren werden an einem Ort gelagert.

- **Dezentrales Lager**
  Die Waren werden auf verschiedene Lager verteilt, beispielsweise auf die Lager von Filialen.

3. nach ihrer Aufgabe

- **Vorratslager**
  Hauptaufgabe ist es, eine hohe Kapazität für die Aufnahme von Waren zur Verfügung zu stellen. Als wichtigstes Ziel wird eine langfristige Pufferfunktion angestrebt, also die Zeitüberbrückung zwischen Produktion und Verwendung.

- **Umschlagslager**
  Diese Lagerart soll kurzfristig die Güter zwischen dem Umschlag von Transportmittel zu Transportmittel aufnehmen. Es dominieren die Bewegungsprozesse: Nicht so sehr eine hohe Lagerkapazität, sondern die Erzielung einer großen Umschlagsgeschwindigkeit ist wichtigste Zielsetzung.

- **Verteilungslager**
  Hier sind Lager- und Bewegungsprozesse von gleicher Bedeutung. Wichtigste Zielsetzung ist die Leistungsfähigkeit zur Umstrukturierung des Güterflusses. Man unterscheidet:
  - **Zulieferungslager:** Güter von unterschiedlichen Lieferern werden gesammelt und an einen oder mehrere Kunden verteilt. Hauptaufgabe dieser beschaffungsorientierten Lagerart ist also eine hohe Konzentrationsleistung.
  - **Auslieferungslager:** Güter werden z. B. aus der Produktion gesammelt und an verschiedene Kunden ausgeliefert. Auslieferungslager sind absatzorientiert und streben eine hohe Auflöseleistung an.

Bauformen eines Lagers

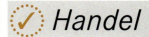 *Handel*

Ferner kann die **Lagerart nach der Bauform** unterschieden werden:

- **Freilager**
  Sie sind für witterungsunempfindliche Güter die preisgünstigste Möglichkeit. Ihr häufigster Anwendungsbereich ist bei Schüttgütern, Holz, Baustoffen oder einigen Stahlerzeugnissen zu finden.

- **Flachlager**
  Lager, die in Gebäuden bis zu maximal 7 m Höhe untergebracht sind. Voraussetzung ist eine genügend vorhandene Grundfläche. Sie sind nicht hochgradig automatisierbar und somit personalaufwendig.

- **Etagenlager**
  Ein Etagenlager ist ein übereinander angeordnetes Flachlager auf mehreren Stockwerken. Es wird Grundfläche im Lager eingespart, der Warenfluss im Lager jedoch oft durch Aufzüge verlangsamt.

- **Hochflachlager**
  Lager mit bis zu 12 m Höhe.

- **Hochregallager**
  Hochregallager sind Lager mit Höhen über 12 m. Die höchsten Lager in der Praxis haben sogar Höhen von z. T. über 45 m. Sie haben eine kleine Grundfläche. Hochregallager besitzen eine kapitalintensive Lagereinrichtung, weil sie u. a. über eine hohe Automatisierung mit EDV-gestützten Regalförderzeugen verfügen.

- **Bunker-/Silo-/Tanklager**
  Bunker, Silos oder Tanks sind Speicherbehältnisse zur Lagerung von Schüttgütern, Flüssigkeiten oder Gasen. Es werden Höhen bis zu 50 m und Nutzinhalte von 2 000 m³ erreicht. Die Beschickung der Bunker geschieht sehr häufig von oben über Kräne oder Stetigförderer, während die Entnahme meist über Auslaufeinrichtungen am Boden erfolgt.

264 Nennen und erläutern Sie die im Großhandel gebräuchlichen Lagerarten im Hinblick auf die Bauform eines Lagers.

Freilager — Flachlager — Etagenlager — Hochregallager — Bunker-/Silo-/Tanklager

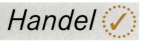

Warenwirtschaftssystem

265 Nennen Sie spezielle Lagertypen und erläutern Sie deren Funktion.

Spezielle Lagertypen sind:
- **Reservelager**
  Ein Reservelager dient der Aufnahme von Sicherheitsbeständen zur Aufrechterhaltung der Verkaufsbereitschaft.

- **Wareneingangslager**
  Hier befinden sich Waren, die vom Wareneingang noch nicht für die eigentliche Lagerung bzw. den Verkauf freigegeben worden sind.

- **Kühllager**
  Sie dienen zur Aufbewahrung wärmeempfindlicher Waren.

- **Sonderlager durch gesetzliche Bestimmungen**
  In bestimmten Fällen müssen aus gesetzlichen Gründen spezielle Lager eingerichtet werden. Dabei ist der Verbleib der Ware gesondert nachzuweisen und die Ware unter strengstem Verschluss zu halten:
  - **Lager für gefährliche Güter:** Betäubungsmittel, radioaktive Stoffe, explosionsgefährliche Ware
  - **Steuerlager:** aufgrund der Gesetzgebung getrennt zu haltende und abzurechnende Waren, wie z. B. Alkohol
  - **Zollgutlager:** Es dient der Verwahrung von Zollgut.

266 Was ist ein optimaler Lagerbestand?

Der für das Unternehmen günstigste Bestand wird **optimaler Lagerbestand** genannt. Bei dieser anzustrebenden, aber nie genau berechenbaren Bestandsgröße wird die größte Wirtschaftlichkeit der Lagerhaltung erreicht.

Der optimale Lagerbestand vermeidet die Nachteile sowohl eines zu kleinen als auch zu großen Lagerbestands.

267 Nennen und erläutern Sie die Aufgaben der Lagerhaltung.

Aufgaben der Lagerhaltung:
- **Übersichtlichkeit:** Zur schnellen Wareneinlagerung und -entnahme muss man im Lager die Übersicht behalten können.

- **Geräumigkeit:** Für eine effektive Lagerung muss für Kunden, Personal und Fördermittel ausreichend Bewegungsspielraum vorhanden sein.

- **Artgerechte Lagerung:** Die Lagerung muss den jeweiligen speziellen Anforderungen der Ware entsprechen (Ware sollte also je nach ihrer Beschaffenheit geschützt werden vor Licht, Feuchtigkeit, Wärme usw.)

- **Sachgerechte Lagereinrichtung:** Um den Aufgaben der Lagerhaltung nachzukommen, sollten technische Einrichtungen und andere Hilfsmittel (z. B. Regale, Gabelstapler usw.) verwendet werden, die das Lagern der Ware erleichtern.

- **Sicherheit:** Die Lagerräume müssen so gestaltet sein, dass es einerseits zu keinen Unfällen kommen kann, andererseits die Ware vor Risiken geschützt ist.

Mindest- und Höchstbestand

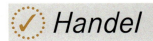 **Handel**

Nachteile eines zu hohen Lagerbestands:
- hohe Lagerkosten
- in den gelagerten Waren gebundenes („totes") Kapital
- Zunahme von Risiken wie Diebstahl, Veralten bzw. Verderben oder Modewechsel

Nachteile eines zu niedrigen Lagerbestands:
- entgangener Gewinn durch nicht zustande gekommene Verkäufe
- Kundenverlust
- Nichtausnutzung von Mengenrabatten

268 Führen Sie jeweils die Nachteile eines zu hohen und eines zu niedrigen Lagerbestands auf.

Betriebe versuchen im Rahmen ihrer Lagerhaltung ständig, sich dem **optimalen Lagerbestand** anzunähern.

Hilfsmittel beim Ausgleich der gegenläufigen Auswirkungen zwischen den Nachteilen eines zu großen und den Nachteilen eines zu niedrigen Lagerbestands sind einerseits

- die Bestandskontrolle (Anwendung und Beobachtung der verschiedenen Lagerbestandsgrößen wie z. B. Meldebestand), andererseits
- die Kontrolle des Lagers mit Lagerkennziffern (z. B. Umschlagshäufigkeit).

269 Wie versuchen Betriebe sich dem optimalen Lagerbestand anzunähern?

Kosten für die Lagerbestände:
- Zinsen für das in Lagerbeständen gebundene Kapital
- Prämien für die Versicherung der Lagerbestände
- Wertminderung der Warenvorräte (Abschreibungen)
- Pflege

Kosten für die Lagerausstattung:
- Raumkosten
- Reinigung, Instandhaltung, Heizung, Strom
- Abschreibungen auf Gebäude und Einrichtungen
- Verzinsung des in Gebäude und Einrichtung investierten Kapitals

Kosten für die Lagerverwaltung:
- Personalkosten
- Büromaterial und EDV-Anlagen

270 Welche Kosten entstehen durch die Lagerhaltung?

Der **Mindestbestand** ist der Bestand, der immer vorhanden sein muss, um einen störungsfreien Betriebsablauf sicherzustellen. Dieser häufig auch sogenannte „eiserner Bestand" darf nur angegriffen werden, wenn ein Notfall eintritt.

271 Was ist der Mindestbestand?

Der **Höchstbestand** ist die oberste Grenze des Lagerbestands. Er darf bzw. kann nicht überschritten werden.

272 Was sagt der Höchstbestand aus?

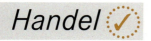

Warenwirtschaftssystem

273 Worüber gibt der Meldebestand Auskunft?

Wird die Bestandsgröße **Meldebestand** erreicht, muss neue Ware nachbestellt werden:
Der Meldebestand wird so hoch angesetzt, dass bei der Lieferung der neuen Ware gerade der Mindestbestand erreicht ist.

274 Wie wird der Meldebestand berechnet?

Meldebestand = (Tagesverbrauch · Liefertage) + Mindestbestand

275 Der Tagesumsatz eines Artikels beträgt durchschnittlich 40 Stück; Lieferzeit 10 Tage. Als eiserne Reserve dient ein Mindestbestand von 120 Stück.

Berechnen Sie den Meldebestand.

Der Meldebestand beträgt 520 Stück.

520 = (40 · 10) + 120

276 Was sagt der durchschnittliche Lagerbestand aus?

Der **durchschnittliche Lagerbestand** gibt an, welcher Warenbestand (Stückzahl) bzw. welcher Warenwert (bewertet zu Einstandspreisen in Euro) durchschnittlich auf Lager liegt.

277 Wie wird der durchschnittliche Lagerbestand bei Jahresinventuren berechnet?

Bei einer **Jahresinventur** werden der letztjährige Endbestand als Anfangsbestand und der diesjährige Endbestand zur Berechnung des durchschnittlichen Lagerbestands herangezogen:

$$\text{durchschnittlicher Lagerbestand} = \frac{\text{Jahresanfangsbestand} + \text{Jahresendbestand}}{2}$$

Durchschnittlicher Lagerbestand — Handel

durchschnittlicher Lagerbestand = $\frac{(900.000,00 + 1.300.000,00)}{2}$ = 1.100.000,00 €

278 Im Rahmen der Jahresinventur werden für einen Artikel als Jahresanfangsbestand 900.000,00 € und als Endbestand 1.300.000,00 € ermittelt.

Wie hoch ist der durchschnittliche Lagerbestand in Euro?

Bei **monatlichen Inventuren** werden der Jahresanfangsbestand und die 12 Monatsendbestände herangezogen:

durchschnittlicher Lagerbestand =	$\frac{\text{Jahresanfangsbestand + 12 Monatsendbestände}}{13}$

279 Wie wird der durchschnittliche Lagerbestand bei Monatsinventuren berechnet?

durchschnittlicher Lagerbestand

= $\frac{(12 + 10 + 20 + 14 + 10 + 12 + 16 + 12 + 10 + 18 + 16 + 14 + 18)}{13}$ = 14 Stück

280 Bei monatlichen Inventuren werden für einen Artikel in der Ambiente Warenhaus GmbH folgende Bestände in Stück ermittelt: Jahresanfangsbestand: 12; Januar: 10; Februar: 20; März: 14; April: 10; Mai: 12; Juni: 16; Juli: 12; August: 10; September: 18; Oktober: 16; November 14; Dezember: 18.

Berechnen Sie den durchschnittlichen Lagerbestand in Stück.

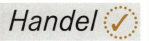

Warenwirtschaftssystem

281 Was sagt die Umschlagshäufigkeit aus?

Die **Umschlagshäufigkeit** gibt an, wie oft der durchschnittliche Lagerbestand innerhalb eines Jahres umgesetzt wurde.
Die Berechnung kann in Wertangaben (in Euro) oder mit Mengenangaben (in Stück) erfolgen.

282 Wie wird die Umschlagshäufigkeit berechnet?

$$\text{Umschlagshäufigkeit} = \frac{\text{Wareneinsatz}}{\text{durchschnittlicher Lagerbestand}}$$

283 Was sagt die durchschnittliche Lagerdauer aus?

Die **durchschnittliche Lagerdauer** gibt an, wie lange die Ware im Durchschnitt auf Lager liegt, bis sie verkauft wird.
Sie gibt also die Zeitspanne zwischen Lagereingang und Lagerausgang eines Artikels an.

284 Als Wareneinsatz zu Einstandspreisen wird für eine Warengruppe in einer Filiale der Ambiente Warenhaus GmbH ein Betrag von 490.000,00 € ermittelt. Der durchschnittliche Lagerbestand dieser Warengruppe beträgt 70.000,00 €. Berechnen Sie die Lagerumschlagshäufigkeit.

Umschlagshäufigkeit = $\frac{490.000,00}{70.000,00}$ = 7-mal

285 Wie wird die durchschnittliche Lagerdauer berechnet?

$$\text{durchschnittliche Lagerdauer} = \frac{360 \text{ Tage}}{\text{Umschlagshäufigkeit}}$$

286 Für eine Warengruppe wird die Lagerumschlagshäufigkeit von 4 ermittelt.

Wie hoch ist die durchschnittliche Lagerdauer?

Durchschnittliche Lagerdauer = $\frac{360}{4}$ = 90 Tage

Umschlagshäufigkeit — Handel

Eine **Erhöhung der Umschlagshäufigkeit** verkürzt die durchschnittliche Lagerdauer von Artikeln. Dadurch ergeben sich u. a. als **Vorteile**:
- geringerer Kapitalbedarf durch weniger gebundenes Kapital
- Senkung von Lagerkosten
- schnellere Anpassung an Veränderungen des Marktes

287 Welche Vorteile hat eine Erhöhung der Umschlagshäufigkeit?

Maßnahmen zur **Verminderung der durchschnittlichen Lagerdauer**:
- Straffung des Sortiments
- permanente Lagerbestandsüberwachung
- Kauf auf Abruf
- Festlegung von Höchstbeständen

288 Nennen Sie Maßnahmen, mit denen einer Erhöhung der durchschnittlichen Lagerdauer entgegengewirkt werden kann.

Die Kennziffer **Lagerzinssatz** zeigt die Zinsbelastung der Lagerbestände während der Lagerdauer an: Sie misst das in den Waren investierte (tote) Kapital und wird durch den aktuellen banküblichen Jahreszinssatz beeinflusst.

289 Worüber gibt der Lagerzinssatz Auskunft?

$$\text{Lagerzinssatz} = \frac{\text{Jahreszinssatz} \cdot \text{durchschnittliche Lagerdauer}}{360 \text{ Tage}}$$

290 Wie wird der Lagerzinssatz berechnet?

$$\text{Lagerzinssatz} = \frac{(12 \cdot 60)}{360} = \underline{\underline{2\ \%}}$$

Für beispielsweise 100.000,00 €, die in Ware investiert würden, bekäme er Zinsen in Höhe von 2.000,00 €, wenn er den Geldbetrag bei einer Bank zu 12 % anlegen würde:

$$\text{Lagerzinsen} = \frac{(100.000,00 \cdot 2)}{100} = \underline{\underline{2.000,00}}$$

291 Wie hoch ist der Lagerzinssatz bei einem banküblichen Marktzins von 12 % und einer durchschnittl. Lagerdauer von 60 Tagen?

Die Unterschiede sind u. a. auf die Art der Waren zurückzuführen.

Lebensmittel sind verderblich und müssen daher in der Regel schneller umgeschlagen werden.

292 Der Baumarkt bauschön GmbH hat eine Umschlagshäufigkeit von 5, eine Filiale des Supermarkts Leckermarkt eine von 28. Was führt zu diesen Unterschieden?

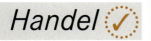

Warenwirtschaftssystem

293 Ein Unternehmensleiter liest, dass die Umschlagshäufigkeit der Branche 11-mal ist; bei seinem Betrieb nur 8-mal.

Welchen Schluss muss er daraus ziehen?

Im Vergleich zum Durchschnitt seiner Branche ist die Wirtschaftlichkeit seines Betriebes schlechter. Er muss die Ursachen für diese Abweichung suchen. Die Gründe können z. B. sein

- Ladenhüter,
- zu hohe Mindestbestände,
- eine schlechte Bestellorganisation und
- eine Sortimentszusammensetzung, die sich vom Durchschnitt der Branche unterscheidet.

1.4.2 Organisation des Lagers

294 Was versteht man unter der festen Lagerplatzzuordnung?

Jedem Lagergut wird ein **fester Lagerplatz** zugeordnet. Eine bestimmte Ware ist also immer am gleichen Lagerort zu finden.

Die Platzgröße des Lagerplatzes wird durch den Höchstbestand bestimmt.

295 Erläutern Sie die chaotische Lagerplatzzuordnung.

Die **chaotische Lagerplatzzuordnung** besagt: Es gibt keine festen Lagerplätze für bestimmte Artikel, weil eingehende Ware mithilfe der EDV gerade frei gewordenen Lagerplätzen zugewiesen wird.

296 Wann wird ein Großhändler die chaotische Lagerplatzzuordnung wählen?

Wenn es dem Großhändler um die Optimierung der Lagerflächen bzw. der Lagerkapazität geht, wird er sich für die **chaotische Lagerplatzzuordnung** entscheiden. Da es hier keine festen Lagerplätze für Artikel gibt, braucht nicht jeweils Platz für den Höchstbestand vorgehalten werden.

297 Was wird mit der Wahl eines Verbrauchsfolgeverfahrens im Lager festgelegt?

Im Rahmen eines **Verbrauchsfolgeverfahrens** wird die Reihenfolge der Waren bei den Einlagerungs- und Auslagerungsprozessen im Lager festgelegt.

Lagerhalter

Bei der **Fifo-Methode** (first in – first out) wird die zuerst eingelagerte Ware auch zuerst wieder ausgelagert. Diese Methode wird z. B. fast immer bei Lebensmitteln angewandt.

298 Was ist die Fifo-Methode?

Bei der **Lifo-Methode** wird die zuletzt eingelagerte Ware zuerst wieder ausgelagert. Dies ist z. B. bei Schüttgütern wie Kohle, Sand, Getreide der Fall.

299 Erläutern Sie die Lifo-Methode.

1.4.3 Kommissionierung

Im Rahmen der **Kommissionierung** erledigt der Großhändler Kundenaufträge: Er stellt die vom Kunden benötigten Waren aus mehreren Lagerorten zusammen.

300 Was versteht man unter der Kommissionierung?

- Beim **seriellen Kommissionieren** wird ein Kundenauftrag der Reihe der Kommissionierpositionen nach von einem Kommissionierer abgearbeitet.

- Liegt dagegen **paralleles Kommissionieren** vor, wird der Kundenauftrag in mehrere Teilaufträge zerlegt, wobei der Lagerort als Zerlegungskriterium gilt. Die einzelnen Teilaufträge werden von unterschiedlichen Kommissionierern erledigt und hinterher wieder zusammengeführt.

301 Unterscheiden Sie serielles und paralleles Kommissionieren.

- Beim **Kommissionierprinzip „Mann zur Ware"** geht der Kommissionierer zu den Lagerplätzen und entnimmt die jeweilige Artikelmenge.

- Der genau umgekehrte Fall liegt beim **Kommissionierprinzip „Ware zum Mann"** vor: Die Artikel werden in Behältern oder Paletten aus dem Lager zum Kommissionierer gebracht, der die benötigte Teilmenge entnimmt.

302 Erläutern Sie die Kommissionierprinzipien „Mann zur Ware" und „Ware zum Mann".

1.4.4 Lagerhalter

Ein **Lagerhalter** übernimmt gewerbsmäßig die Lagerung und Aufbewahrung von Gütern. Er ist Kaufmann und schließt mit dem Einlagerer einen Lagervertrag ab.

303 Was ist ein Lagerhalter?

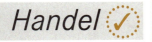

Warenwirtschaftssystem

304 Welche Vorteile hat die Fremdlagerung für einen Großhändler?

Vorteile der **Fremdlagerung** für den Großhändler:

- Einsparung von Lagerkosten, die im eigenen Lager anfallen würden.
- Benutzung von Speziallagern für bestimmte Artikel, die er wegen des hohen Investitionsaufwands nicht lagern kann bzw. wegen gesetzlicher Vorschriften nicht lagern darf.
- Kapitalersparnis, weil nicht in eigenen Lagerraum investiert werden muss.
- Verminderung des Lagerrisikos

305 Wodurch unterscheiden sich Einzel- und Sammellagerung?

- Bei der **Einzellagerung** wird die eingelagerte Ware von den anderen Gütern getrennt aufbewahrt.
- Anders bei der **Sammellagerung:** Hier wird die eingelagerte Ware (Getreide, Kies, Sand) mit anderer Ware gleicher Art und Güte vermischt.

306 Auf welchen Dokumenten bescheinigt der Lagerhalter die Einlagerung der Ware?

Entweder mit dem **Lagerempfangsschein** oder einem **Lagerschein** (je nach Wunsch des Einlagerers) bescheinigt der Lagerhalter die Einlagerung der Ware:

- Der Lagerempfangsschein ist in erster Linie eine Quittung, mit der der Lagerhalter den Empfang der Ware bescheinigt.
- Neben der Quittungsfunktion enthält der Lagerschein zusätzlich die Verpflichtung des Lagerhalters, die Ware gegen Vorlage des Lagerscheins auszuliefern. Er ist also auch ein Warenwertpapier, das eine bequeme Verfügung über die Ware (z. B. Eigentumsübertragung) gestattet, ohne dass sie selbst bewegt werden muss.

307 Führen Sie die Pflichten des Lagerhalters auf.

Zu den **Pflichten eines Lagerhalters** zählen im Einzelnen:

- Er muss die Güter aufbewahren.
- Er muss nach der Empfangskontrolle dem Einlagerer auf Wunsch einen Lagerempfangsschein oder Lagerschein ausstellen.
- Er muss auf Verlangen des Einlagerers die Ware jederzeit herausgeben. Der Einlagerer hat ein jederzeitiges Besichtigungsrecht.
- Er muss für Schäden haften.
- Er hat eine Benachrichtigungspflicht bei auftretenden Veränderungen an der Ware.

308 Welche Rechte hat ein Lagerhalter?

Ein **Lagerhalter** hat folgende **Rechte:**

- Er hat einen Anspruch auf Zahlung des Lagergeldes.
- Er hat ein Pfandrecht.
- Er kann nach Ablauf der Lagerzeit die Rücknahme der Güter verlangen.

309 Was ist die kritische Lagermenge?

Wenn ein Großhändler vor der Frage steht, ob er eine Eigen- oder Fremdlagerung von Gütern vornehmen soll, führt er eine Kostenvergleichsrechnung durch. Dabei ermittelt er die **kritische Lagermenge:** Das ist die Lagermenge, bei der die Kosten der Eigenlagerung und Fremdlagerung genau gleich sind.

Just-in-time-Prinzip Handel

Wenn man in einer Tabelle die Kosten der Eigenlagerung denen der Fremdlagerung gegenüberstellt, ergibt sich die kritische Lagermenge von 2 t.
Bei einer geringeren Menge lohnt sich die Fremdlagerung; bei einer größeren Menge ist die Eigenlagerung vorzuziehen.

Begründung:

- Bei 1 t betragen die Gesamtkosten der Eigenlagerung (setzen sich zusammen aus 50.000,00 € fixen Kosten und 25.000,00 € variablen Kosten) 75.000,00 €. Die Kosten der Fremdlagerung betragen 50.000,00 €.
- Bei 2 t betragen die Gesamtkosten der Eigenlagerung (setzen sich zusammen aus 50.000,00 € fixen Kosten und 50.000,00 € variablen Kosten) 100.000,00 €. Die Kosten der Fremdlagerung betragen 100.000,00 €. Hier sind die Kosten der Eigen- und Fremdlagerung gleich: Die kritische Lagermenge ist erreicht.
- Bei 3 t betragen die Gesamtkosten der Eigenlagerung (setzen sich zusammen aus 50.000,00 € fixen Kosten und 75.000,00 € variablen Kosten) 125.000,00 €. Die Kosten der Fremdlagerung betragen 150.000,00 €.

310 Bei Eigenlagerung fallen fixe Kosten in Höhe von 75.000,00 € an. Die variablen Lagerkosten betragen 25.000,00 € je t. Bei Fremdlagerung fallen 50.000,00 € pro t an.

Berechnen Sie die kritische Lagermenge.

1.4.5 Just-in-time-Prinzip

Wenden Lieferer und Kunden das **Just-in-time-Prinzip** an, erfolgt der Warenfluss vom Lieferer zum Abnehmer, ohne von Lagerhaltungsprozessen unterbrochen zu sein: Die Ware wird entsprechend den Wünschen des Kunden bezüglich Lieferservice, Preis und Qualität zeitgenau vom Lieferer zur Verfügung gestellt.

311 Was ist das Just-in-time-Prinzip?

Bei der Verwirklichung des **Just-in-time-Prinzips** können verschiedene **Methoden** angewandt werden:

- **Verbrauchssynchrone Anlieferung:** Die Ware wird angeliefert, wenn sie beim Kunden (in der Produktion oder für den Weiterverkauf) benötigt wird.
- **Nahe räumliche Ansiedlung von Lieferer und Kunde:** Für kurze Transportwege siedelt der Lieferer eine Niederlassung in der Nähe des Kunden an.
- **Zusammenlegung der Lager:** In einem gemeinsamen Lager sind die Bestände (und damit auch die Kosten) niedriger.
- **Verlagerung der Lagerung auf die Transportmittel:** Aus „rollenden Lagern" können die gewünschten Waren direkt entnommen werden.
- **Integrierte Warenwirtschaftssysteme:** Die Warenwirtschaftssysteme der Unternehmen der unterschiedlichen Wirtschaftsstufen werden miteinander verknüpft.

312 Welche Methoden werden zur Verwirklichung des Just-in-time-Prinzips angewandt?

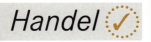

Warenwirtschaftssystem

313 Welche Vor- und Nachteile hat das Just-in-time-Prinzip?

- Die **Vorteile** des Just-in-time-Prinzips für den Kunden liegen in größeren Bestandssenkungen und Flächenreduzierungen im Lager. Auch die Personalkosten vermindern sich.

- **Nachteile** des Just-in-time-Prinzips: Es kommt zu einem höheren Verkehrsaufkommen; z. T. wird die Lagerhaltung auf den Lieferer verschoben. Durch den hohen Steuerungsaufwand kommt es zu steigenden Warenkosten. Das Ausfallrisiko steigt ebenfalls.

1.4.6 Versicherung

314 Führen Sie die drei Zweige der Sozialversicherung auf.

- **Vermögensversicherungen** schützen die Großhandlung vor Minderung ihrer Vermögenswerte.

- **Personenversicherungen** bieten den Menschen finanziellen Schutz gegen persönliche Risiken.

- **Sachversicherungen** ersetzen dem Großhändler die Schäden, die ihm durch Verlust oder Beschädigung einer Sache entstehen können.

315 Prüfen Sie in den folgenden Fällen, welche Versicherungen die aufgetretenen Schäden ersetzen. Klären Sie auch, zu welcher Versicherungsart die entsprechenden Versicherungen gehören.

Fälle:
a) Herr Sindig, Fahrer des betriebseigenen Lkw, verursacht einen Auffahrunfall. Sachschaden beim Unfallgegner: 25.000,00 €.
b) Der Kunde Weber GmbH & Co. KG muss Insolvenz anmelden. 87.000,00 € Forderungen fallen aus.
c) Ein geplatztes Wasserrohr führte zu einem großen Schaden im Bürogebäude.
d) Eine kurzzeitige Überspannung führt in einer EDV-Anlage zu einem Schmorschaden.
e) Während der Inventur werden größere Inventurdifferenzen festgestellt. Die Kriminalpolizei teilt wenig später mit, dass ein Mitarbeiter verhaftet wurde, als er einem Hehler Ware übergeben wollte.
f) Herr Spindler, Miteigentümer der Großhandlung, verliert durch einen Unfall im Lager zwei Finger.
g) Übers Wochenende brachen unbekannte Täter in das Lager ein und entwendeten Waren im Wert von 679.000,00 €.
h) Das Lager im Filialbetrieb brannte. Es entstand ein sehr großer Sachschaden.
i) Durch den Brand in der Filiale entstand ein großer Gewinnausfall. Aus dem Tank einer benachbarten Großhandlung ist Öl auf das Freigelände der Grotex GmbH geflossen und hat den dort gelagerten Sand verunreinigt. Die Ölgroßhandlung weigert sich, den entstandenen Schaden zu ersetzen.
j) Ware, die an einen Kunden mit dem firmeneigenen Lkw ausgeliefert wird, ist auf dem Transport beschädigt worden.

Sachversicherungen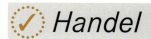

Lösungen:

a) Kfz-Versicherung (Sachversicherung)
b) Warenkreditversicherung (Vermögensversicherung)
c) Leitungswasserversicherung (Sachversicherung)
d) Schwachstromanlagenversicherung (Sachversicherung)
e) Vertrauensschadensversicherung (Vermögensversicherung)
f) Private Unfallversicherung (Personenversicherung)
g) Einbruchdiebstahlversicherung (Sachversicherung)
h) Feuerversicherung (Sachversicherung)
i) Betriebsunterbrechungsversicherung (Vermögensversicherung)
j) Rechtsschutzversicherung (Vermögensversicherung)

Die **Großhandlung benötigt folgende Versicherungen:**

- Feuerversicherung
- Leitungswasserversicherung
- Einbruch-Diebstahl-Versicherung
- Sturmversicherung
- Schwachstromanlagenversicherung
- Glasversicherung
- Transportversicherung

316 Welche Sachversicherungen sind notwendig, um die Großhandlung abzusichern?

1.4.7 Güterversand

- **Pflichten des Frachtführers:**
  - Er muss den Gütertransport zu einem bestimmten Ort innerhalb der vereinbarten Zeit durchführen (**Beförderungs- und Ablieferungspflicht**).
  - Er hat die Weisungen des Absenders so lange zu befolgen, wie die Ware noch nicht an den Empfänger ausgehändigt worden ist (**Befolgungspflicht**).
  - Er haftet für verschuldeten Verlust, Beschädigung und Lieferfristüberschreitung (**Haftpflicht**).

- **Rechte des Frachtführers:**
  - Er kann die Ausstellung eines Frachtbriefes und die Übergabe der erforderlichen Warenbegleitpapiere verlangen (**Frachtbriefausstellung**).
  - Er hat Anspruch auf Zahlung der vereinbarten Fracht und Erstattung sonstiger Auslagen (**Vergütungsanspruch**).
  - Er hat ein Pfandrecht an dem beförderten Gut wegen aller durch den Frachtvertrag begründeten Forderungen (**Pfandrecht**).

317 Welche Rechte und Pflichten ergeben sich für den Frachtführer aus dem Frachtvertrag?

Vorteile sind:

- Die im Vergleich zum Bahntransport häufig kürzere Transportdauer.
- Der umladefreie Haus-Haus-Verkehr von der Beladerampe des Versenders bis zur Entladerampe des Empfängers.
- Dadurch können oft erhebliche Umlade- und Verpackungskosten eingespart werden.
- Direkte Belieferung von Kunden ohne Bahnanschluss.

318 Welche Vorteile hat der Güterversand durch Lastkraftwagen?

Handel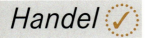

Warenwirtschaftssystem

319 Welche Nachteile hat der Güterversand durch Lastkraftwagen?

Nachteile sind:
- geringere Verkehrssicherheit
- Witterungsabhängigkeit
- Unwirtschaftlichkeit bei Massengütern aufgrund des hohen Energieverbrauchs je beförderte Tonne
- starke Umweltbelastung

320 Welche Vorteile hat der Güterversand mit der Eisenbahn?

Vorteile sind:
- kostengünstiger Transport von Massengütern
- hohe Transportsicherheit
- gute Umweltverträglichkeit

321 Welche Vorteile hat der Luftfrachtverkehr?

Vorteile des Luftfrachtverkehrs sind
- seine Schnelligkeit,
- Pünktlichkeit,
- die Streckendichte,
- Transportsicherheit und
- die Einsparung von Verpackungskosten.

322 Für welche Güter eignet sich der Güterversand mit Binnenschiffen?

Die **Binnenschifffahrt** eignet sich besonders für Massengüter, Containertransporte und ungewöhnlich große und schwere Güter.

323 Welchen Vorteil hat eine Sammelladung gegenüber dem Kleingutversand?

Die **Sammelladung** wird als Wagenladung versandt. Sie ist preisgünstiger als der Kleingutversand.

324 Der Absender einer Wagenladung möchte die Sendung an einen anderen Empfänger umleiten.

Was muss er tun?

Er muss beim Versandbahnhof das Frachtbriefdoppel vorlegen.

Schadensersatz

Sie haftet nicht bei

- Schäden durch Verschulden des Verfügungsberechtigten,
- höherer Gewalt,
- Schäden, die sich aus der Beschaffenheit des Gutes ergeben,
- mangelhafter Verpackung,
- unrichtiger Bezeichnung,
- mangelhafter Verladung durch den Absender.

Im Fall a)
muss kein Schadensersatz geleistet werden, da es sich bei dem Streik um einen Umstand handelt, den der Frachtführer nicht vermeiden und dessen Folgen er nicht abwenden konnte.

Im Fall d)
muss kein Schadensersatz geleistet werden, da der Schaden durch den Verfügungsberechtigten (Absender) verschuldet wurde (mangelhafte Verpackung).

✓ Handel

325 In welchen Fällen muss die Deutsche Bahn nicht für den Verlust oder die Beschädigung einer von ihr transportierten Ware haften?

326 In welchen der folgenden Fälle muss ein Unternehmen des Güterkraftverkehrs *keinen* Schadensersatz leisten?

a) Aufgrund eines Streiks des Frankfurter Flughafenpersonals wird eine Warenlieferung erst mit 3 Tagen Verspätung ausgeliefert.

b) Durch das Verrutschen der Ladung wird eine Ware stark beschädigt.

c) Auf einem Transport wird ein Tafelservice beschädigt. Es war ordnungsgemäß verpackt.

d) Auf einem Transport werden zwei Glasvasen beschädigt. Die Vasen waren in einem Paket verpackt. Auf dem Paket war keine Markierung angebracht, die auf den zerbrechlichen Inhalt hinwies.

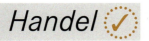

Warenwirtschaftssystem

327 Wodurch unterscheiden sich Ladeschein und Frachtbrief?

Der **Frachtbrief** ist lediglich eine Beweisurkunde, der **Ladeschein** als Warenwertpapier verbrieft darüber hinaus das Recht auf Empfang der verbrieften Güter am Empfangsort.

328 Ein Kunde hat eine Ware, Gewicht 10 kg, Wert 250,00 €, bestellt. Er will erst bei Erhalt der Ware bezahlen.

Welche Versendungsform der Post kann der Lieferer wählen?

Er kann die Ware als **Nachnahmesendung** verschicken.

329 Durch welche Versendungsform der Post kann der Absender nachweisen, dass er einen Brief aufgegeben hat?

Die Aufgabe des Briefes kann der Absender durch die Versendungsform „**Einschreiben**" nachweisen.

1.4.8 Tourenplanung

330 Was versteht man unter Tourenplanung?

Die **Tourenplanung** ist eine direkt auf die Transportkosten wirkende Maßnahme, bei der es um die Reduzierung der bei der Auslieferung oder bei Sammelfahrten zurückgelegten Wegstrecke geht.

Es sollen optimale Tourenpläne für den eigenen Fuhrpark erstellt werden.

331 Welche Folgen haben optimale Tourenpläne für die Großhandlung?

Eine **optimale Tourenplanung** hat zur **Folge**:
- niedrige Auslieferungskosten
- hoher Lieferservice
- Entlastung der Fahrer von administrativen Tätigkeiten

Kurier- und Expressdienst

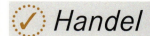

Für die tägliche Fuhrparkdisposition ist eine **systematische Vorgehensweise** erforderlich, die die Einrichtung eines großen Stammdatenbestands notwendig macht. Folgende **Daten** müssen **zur Erstellung eines Tourenplans** erfasst werden:

- **Planungsraumdaten** (Beschreibung der Kundenstandorte: Entfernungen/Fahrzeiten/Wegbeschränkungen wie Baustellen, Staus usw.)
- **Kundenstammdaten** wie z. B. Adressen
- **Auftragsdaten**
- **Fuhrparkstammdaten** (z. B. maximale Zuladung)
- **Personalstammdaten**

332 Was sind die Voraussetzungen für eine Tourenplanung mithilfe der EDV?

Die Aufgabenstellung ist zu komplex, da zu viele Einzelfaktoren berechnet und beachtet werden müssen.

333 Warum kann eine Tourenoptimierung nur mithilfe der EDV erfolgen?

Bei der **EDV-gestützten Einsatzplanung** lassen sich mithilfe von Programmsystemen zur Tourenoptimierung schnelle und optimale Lösungen finden.

334 Erläutern Sie die EDV-gestützte Einsatzplanung.

Während der Auslieferung werden mit verschiedenen Geräten der Mikroelektronik im Fahrzeug Daten erfasst, die später zur Auswertung in die EDV übertragen werden. Dadurch wird eine **Tourenkontrolle** ermöglicht, die in einem Soll-Ist-Vergleich der Tour besteht.

Dabei geht es einerseits um die glaubhaften Begründungen zeitlicher Abweichungen gegenüber den geplanten Vorgabewerten, andererseits um die Erhöhung der Genauigkeit und Zuverlässigkeit des Tourenplanungsprogramms.

335 Was versteht man unter Tourenkontrolle?

1.4.9 Paketdienste

- **Früher** nahmen kleine Privatunternehmen die Branchenbezeichnung „Kurier- und Expressdienste" in Anspruch, die mit einem Pkw-Kombi oder Kleinlieferwagen auf Anforderung eines einzelnen Kunden einige Eiltransporte innerhalb eines bestimmten Bedienungsbereichs (Stadt, Bezirk, aber auch Fernstrecken) durchführten. Die Abrechnung erfolgte in der Regel nach den gefahrenen Kilometern oder der in Anspruch genommenen Zeit.

- **Heute** stehen private Paketdienste in Konkurrenz zum Stückgutverkehr der Bahn und zum Güterverkehr der Post. Sie haben seit einiger Zeit vor allem deshalb einen Aufschwung genommen, weil sie aufgrund ihrer privatwirtschaftlichen Struktur anpassungsfähiger auf Veränderungen des Marktes und auf Kundenwünsche reagieren konnten als beispielsweise die Post. Befördert werden von diesen direkten Konkurrenten der Post Pakete bis zu einer Gewichtsgrenze von in der Regel 30 kg.

336 Erläutern Sie den Unterschied zwischen Kurier- und Expressdienst früher und heute.

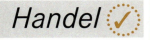

Warenwirtschaftssystem

337 Nennen Sie vier Anforderungen an die Expressdienste.

- **Schnelligkeit** = kurze Lieferzeit
- **Zuverlässigkeit** = pünktliche Abholung und Zuführung
- **Sicherheit** = schonende Behandlung der Güter
- **Kalkulierbarkeit** = einfache Tarifgestaltung

338 Nennen Sie ein Beispiel für die Sicherstellung von Terminen bei Kurierdiensten.

Eine Großhandlung beteiligt sich an einem termingebundenen Ausschreibungsverfahren. Der Kurierdienst stellt sicher, dass die Unterlagen fristgerecht übergeben werden.

339 Nennen Sie Unterschiede der privaten Paket-, Kurier- und Expressdienste zu den herkömmlichen Liefersystemen.

- ein auf die Bedürfnisse des Versenders zugeschnittenes Abholsystem
- Schnelligkeit (Verkaufsargument)
- Pünktlichkeit (Just-in-time)
- Sendungsverfolgung (EDV-Systeme mit fortschrittlicher Kommunikationstechnik)

340 Erläutern Sie die Bedeutung der Pünktlichkeit.

Häufig ist **Pünktlichkeit** noch wichtiger als Schnelligkeit. Nur die genaue Auslieferungszeit ermöglicht eine genaue Planung.

Das Prinzip der Just-in-time-Lieferungen wurde beispielsweise entwickelt, um Lagerbestände niedrig zu halten: Die Produkte werden zu einer vorbestimmten Zeit ausgeliefert, um dann unmittelbar in den Verkaufsprozess eingebunden zu werden.

Durch Laufzeitgarantien leisten die Kurier-, Express- und Paketdienste hierbei wichtige Unterstützung.

341 Welche Trends werden in der Logistik in Zukunft immer wichtiger?

- Lieferservice
- Kostendruck
- Durchlaufzeit
- Bestellmanagement
- internationaler Wettbewerb

Selbsteintrittsrecht 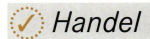 Handel

1.4.10 Spediteur

Aufgrund seiner Berufserfahrung kennt der Spediteur die günstigsten Verkehrsbedingungen und Frachtsätze. Besonders im Auslandsgeschäft kann seine Tätigkeit Kosten und Zeit sparen.

342 Ein Großhändler beauftragt eine Spedition mit dem Versand einer Ware.

Welche Vorteile hat die Beauftragung der Spedition für den Großhändler?

Die Spedition muss:
- das oder die günstigste(n) Beförderungsmittel auswählen,
- die Frachtverträge mit den Frachtführern abschließen,
- die Umladung in das nächste Beförderungsmittel sicherstellen,
- (soweit erforderlich) für die Versicherung, Verpackung, Verzollung und Zwischenlagerung der Ware sorgen.

343 Ein Großhändler erteilt einer Spedition den Auftrag, die Versendung einer Ware an einen Kunden in Posen zu besorgen.

Welche Tätigkeiten muss die Spedition durchführen, um den Auftrag auszuführen?

Selbsteintrittsrecht bedeutet, dass die Spedition selbst als Frachtführer und Lagerhalter auftreten kann.

344 Eine Spedition nimmt bei der Ausführung eines Auftrags ihr Selbsteintrittsrecht wahr.

Was bedeutet das?

Handel

Außenhandelsgeschäft

1.5 Außenhandelsgeschäft

345 — Welche Bedeutung hat der Außenhandel für ein Land?

Bedeutung des Außenhandels:

- Der Außenhandel ermöglicht es, dass die Vorteile einer weltweiten Arbeitsteilung realisiert werden können.
- Die Teilnahme an der internationalen Arbeitsteilung erhöht den Wohlstand im Inland.
- Der Außenhandel erhöht den Wettbewerb zwischen den Herstellern und verstärkt den Trend zu Produktions- und Prozessinnovationen.
- Die Produktion hochwertiger Industriegüter für den Export stabilisiert die Wirtschaft.
- Deutschland muss als rohstoffarmes Land die meisten Rohstoffe importieren.
- Zahlreiche Lebensmittel – wie Kaffee, Tee, Zitrusfrüchte, Gewürze – können unter hiesigen Klimabedingungen nicht erzeugt werden.
- Der Außenhandel beeinflusst maßgeblich, dass die Produktionsfaktoren ihrer produktivsten Verwendung zugeführt werden, indem Standort- und andere Kostenvorteile ausgenutzt werden.

346 — Warum ist Außenhandel notwendig?

Außenhandel ist der grenzüberschreitende Austausch von Waren und Dienstleistungen zwischen verschiedenen Ländern. Er ermöglicht einen Ausgleich zwischen

- Volkswirtschaften, in denen Güter in großer Menge, zu günstigen Preisen und in besonderer Qualität hergestellt werden, und
- Volkswirtschaften, die diese Güter zwar benötigen, sie aber nur in geringer Menge, zu hohen Preisen und in minderer Qualität produzieren können.

347 — Was sind die Terms of Trade?

Die **Terms of Trade (ToT)** sind eine Messzahl, die die Vorteile angibt, die ein Land aus dem Außenhandel zieht. Diese Messzahl zeigt an, in welchem Wert Importgüter für eine bestimmte Exportmenge eingetauscht werden können. Die **Terms of Trade** werden wie folgt errechnet:

$$\frac{\text{Index der Durchschnittswerte der Ausfuhr}}{\text{Index der Durchschnittswerte der Einfuhr}} \cdot 100$$

Beispiel: Das Land A exportiert eine bestimmte Warenmenge im Wert von 1.000.000,00 € und kann dafür einen bestimmten Warenkorb in gleichem Wert von Land B kaufen. Dann lautet die Rechnung:

ToT = (1.000.000,00 : 1.000.000,00) · 100 = 100

Gelingt es nun in der Folgezeit den Exporteuren des Landes A, den gleichen Warenkorb zu durchschnittlich 12 % höheren Preisen abzusetzen – und das bei um

Incoterms-Klauseln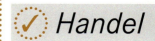

lediglich 4 % gestiegenen Importpreisen –, so können mit dem Exporterlös, den Land A erzielt hat, folglich mehr Importgüter gekauft werden als vorher.
Nun ergeben sich folgende Zahlen:

ToT = (1.120.000,00 : 1.040.000,00) · 100 = 107,69

Ergebnis: Die Terms of Trade haben sich für das Land A verbessert, und zwar von 100 auf 107,69.
Die Terms of Trade werden natürlich durch Änderungen der Mengen und Preise exportierter und importierter Güter beeinflusst, zugleich aber auch durch Wechselkursschwankungen.

Gegen das **Kreditrisiko** kann sich der Exporteur durch Vereinbarung einer der im Außenhandel üblichen Zahlungsbedingungen „Zahlung aus einem Dokumentenakkreditiv", „Dokumente gegen Kasse" oder „Dokumente gegen Akzept" absichern.
Das mit der Warenausfuhr verbundene **Transportrisiko** kann der Exporteur durch die Vereinbarung entsprechender Lieferungsbedingungen (z. B. Ex Works, Free Carrier) verringern.

Gegen das **Kursrisiko** kann sich der Exporteur durch die Fakturierung in Euro absichern.
Eine **störungsfreie Vertragserfüllung** kann u. a. durch die Vereinbarung von Konventionalstrafen und Erfüllungsgarantien, Schiedsgerichtsklauseln und Gerichtsstandsvereinbarungen gefördert werden.

348 Welche Angebotsinhalte können die besonderen Risiken eines Ausfuhrgeschäfts begrenzen?

- Bei der Klausel **FCA** (Frei Frachtführer) trägt der Käufer die Kosten von dem Zeitpunkt an, an dem die Ware dem Frachtführer bzw. Spediteur übergeben ist.

- Bei der Klausel **FAS** (Frei Längsseite Schiff) trägt der Verkäufer die Kosten, bis sich die Ware im Verschiffungshafen „Längsseite Schiff" befindet.

- Bei der Klausel **FOB** (Frei an Bord) trägt der Verkäufer die Kosten bis zu dem Zeitpunkt, an dem die Ware die Reling des Schiffes im Verschiffungshafen überschritten hat.

- Bei der Klausel **CIF** (Kosten, Versicherung, Fracht) übernimmt der Verkäufer außer den Beförderungs- auch die Versicherungskosten bis zum benannten Bestimmungshafen.

349 Wie ist die Verteilung der Frachtkosten zwischen Käufer und Verkäufer bei den Incoterms-Klauseln FCA, FAS, FOB, CIF geregelt?

- Bei der Klausel **FCA** trägt der Käufer das Risiko von dem Zeitpunkt an, an dem die Ware dem Frachtführer bzw. Spediteur übergeben ist.

- Bei der Klausel **FAS** geht das Risiko ab Längsseite Seeschiff im Verschiffungshafen auf den Käufer über.

- Bei den Klauseln **FOB, CFR** und **CIF** geht das Risiko bei Überschreiten der Reling des Seeschiffes im Verschiffungshafen auf den Käufer über.

350 Wie ist der Gefahrenübergang auf den Käufer bei den Incoterms-Klauseln FCA, FAS, FOB, CFR und CIF geregelt?

Handel ✓

Außenhandelsgeschäft

351 Erläutern Sie die Zahlungsbedingungen „Dokumente gegen Kasse" und „Dokumente gegen Akzept".

Bei der Zahlungsbedingung **„Dokumente gegen Kasse"** werden die Dokumente, mit denen über die Ware verfügt werden kann (Konnossement, Frachtbriefdoppel, Spediteurversanddokumente), dem Käufer nur gegen sofortige Zahlung ausgehändigt.
Bei der Vereinbarung der Zahlungsbedingung **„Dokumente gegen Akzept"** werden die Dokumente dem Käufer nur ausgehändigt, nachdem er einen Wechsel akzeptiert hat.

352 Was versteht man unter einem Dokumenten-Akkreditiv?

Beim **Dokumenten-Akkreditiv** handelt es sich um die Zusage eines Bankinstituts, dem Verkäufer an Käufers statt im Rahmen genau umschriebener Bedingungen eine vereinbarte Summe zu zahlen. Die Bank zahlt aber nur, wenn der Käufer ihr die im Akkreditiv genannten Dokumente fristgerecht übergibt. Diese Dokumente umfassen üblicherweise eine Rechnung und ein Transportdokument (Konnossement, Frachtbrief usw.).

353 Erläutern Sie die Aufgaben der folgenden Dokumente:
a) Handelsrechnung,
b) Konnossement,
c) Internationaler Eisenbahnfrachtbrief,
d) Ursprungszeugnis.

a) Die **Handelsrechnung** hat eine Beweisfunktion. Sie dient nicht nur der Rechnungsstellung, sondern auch als Unterlage für die zollamtliche Behandlung im Einfuhrland.

b) Das im Seeverkehr benutzte **Konnossement** beweist den Versand der Ware. Das Konnossement ist ein Wertpapier. Es verschafft dem rechtmäßigen Inhaber das Eigentum an dem versandten Gut. Als Dispositions- oder Traditionspapier bietet es die Möglichkeit, mittels des Dokuments über die Sache selbst zu verfügen.

c) Der **Eisenbahnfrachtbrief** beweist die Übergabe des Gutes an den Frachtführer zur Beförderung. Das Frachtbriefdoppel ist ein Verfügungspapier mit begrenzter Sperrwirkung, d. h., der Versender kann nachträgliche Verfügungen über die Ware nur treffen, wenn er das Frachtbriefdoppel vorlegt.

d) Das **Ursprungszeugnis** bescheinigt die Herkunft der Ware.

1.5.1 Einfuhrverfahren

354 Welche Einfuhrpapiere sind für eine genehmigungsfreie Einfuhr erforderlich?

Einfuhrpapiere sind:

- die **Rechnung** (Faktura) oder sonstige Unterlagen, aus denen das Einkaufs- oder Versendungsland und das Ursprungsland der Ware ersichtlich sind,

- ein **Ursprungszeugnis**, sofern es laut Einfuhrliste für die Ware vorgeschrieben ist,

- eine **Einfuhrkontrollmeldung**, wenn in der Warenliste der Einfuhrliste der Hinweis „EKM" angegeben ist,

Einfuhrabgaben

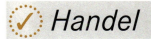 *Handel*

- eine **Einfuhrerklärung** des Importeurs zum Zweck der Einfuhrüberwachung. Sie ist für die genehmigungsfreie Einfuhr von Waren erforderlich, die von den Organen der EU unter eine gemeinschaftliche Überwachung gestellt sind oder die noch einer nationalen Überwachung unterliegen.

Außerdem muss der Importeur oder sein Bevollmächtigter für die Einfuhrabfertigung die Exemplare 6, 7 und 8 des Einheitspapiers vorlegen. Mit diesen Exemplaren gibt er den Zollantrag, die Zollanmeldung und die Einfuhranmeldung ab.

Der Importeur oder sein Bevollmächtigter muss die abzufertigenden Waren der Zollstelle so vorzeigen, dass die Zollabfertigung vorschriftsmäßig vorgenommen werden kann.

Durch Zollbeschau wird geprüft, ob die in der Zollanmeldung enthaltenen Angaben stimmen. Die Zollbeschau erstreckt sich auf die Menge des Zollgutes und auf die wertmäßige Beschaffenheit. Außerdem wird der zu zahlende Zollsatz festgelegt. Im Anschluss wird der Zollbefund in der Zollanmeldung beurkundet. Ergibt der Zollbefund, dass kein Zoll zu zahlen ist, so wird das Zollgut dem Importeur zur freien Verfügung überlassen (Zollfreistellung).

Ergibt der Zollbefund, dass eine Zollschuld entstehen wird, so wird sie festgestellt und dem Importeur mit der Aufforderung zur Zahlung mitgeteilt (Zollbescheid).
Das Zollgut wird freigegeben, wenn der Zollbetrag gezahlt oder gestundet ist.

355 Beschreiben Sie die Zollbehandlung „Abfertigung zum freien Verkehr".

Erst mit der Entnahme der Ware aus dem **Zolllager** entsteht die Zollschuld.

356 Welchen Vorteil hat das Zolllagerverfahren für den Importeur?

- Beim **aktiven Veredelungsverkehr** wird die Ware aus einem Nicht-EU-Land eingeführt, in einem EU-Land veredelt und wieder ausgeführt.

- **Passiver Veredelungsverkehr** liegt vor, wenn eine Ware aus der EU in ein Drittland ausgeführt und nach erfolgter Veredelung wieder eingeführt wird.

357 Unterscheiden Sie aktiven und passiven Veredelungsverkehr.

Außer Einfuhrzoll werden von der Zollverwaltung bei der Einfuhr die **Einfuhrumsatzsteuer** und gegebenenfalls Verbrauchsteuer erhoben.

358 Welche Einfuhrabgaben werden bei der Wareneinfuhr erhoben?

Handel ✓ — Außenhandelsgeschäft

1.5.2 System der Wechselkurse

359 Was wissen Sie über Parität und Wechselkurs?

- Das Austauschverhältnis zwischen inländischer und ausländischer Währung bezeichnet man als **Parität**. Die Parität wird in einem Preis ausgedrückt, nämlich dem Wechselkurs.

- Der **Wechselkurs** bezeichnet daher die **Menge ausländischer Währungseinheiten** (z. B. polnische Zloty), die man für eine inländische Währungseinheit (z. B. für einen Euro) erhält.
- An diesen Wechselkursen ist der Außenwert des Geldes abzulesen.

360 Was ist der Außenwert der Währung?

Der **Außenwert der Währung** ist ein äußerer Geldwert, der die Kaufkraft der inländischen Währung im Ausland angibt. Er wird durch den Wechselkurs einer Währung zu Währungen anderer Länder bestimmt.
Der Außenwert gibt an, wie viele Währungseinheiten man für einen bestimmten Euro-Betrag erhält.

- Je mehr ausländische Währungseinheiten für eine inländische Währungseinheit zu erhalten sind oder
- je weniger inländische Währungseinheiten für eine ausländische Währungseinheit zu zahlen sind,

- desto höher ist der Außenwert des Geldes (und umgekehrt).

361 Nach welchen zwei unterschiedlichen Methoden erfolgt die Wechselkursbildung?

Die **Wechselkursbildung** erfolgt nach dem Prinzip
- fester (fixer) Wechselkurse oder
- frei schwankender (flexibler) Wechselkurse.

- **Feste Wechselkurse:**
 Bei festen Wechselkursen gibt es keinen freien Devisenmarkt, auf dem sich die Währungskurse nach Angebot und Nachfrage bilden. Höchst- und Niedrigkurse werden vom Staat festgesetzt. Sie stellen die Grenzen dar, bis zu denen der Marktpreis vom vereinbarten Paritätskurs abweichen darf. Wird der Niedrig- oder Höchstkurs erreicht, greift die Zentralbank mittels Käufe bzw. Verkäufe von Devisen ein.

- **Flexible (freie) Wechselkurse:**
 Sie sind das Ergebnis von Angebot und Nachfrage. Der freie Wechselkurs ist ein Gleichgewichtspreis.

362 Inwiefern verhindern flexible Wechselkurse eine importierte Inflation?

Flexible Wechselkurse verhindern eine importierte Inflation, indem sie das Devisenangebot und die Devisennachfrage ausgleichen und damit auch die Zahlungsbilanz **(Wechselkursautomatismus)**; siehe nachfolgendes Schaubild.

Flexible Wechselkurse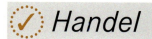

Annahme: Die Auslandsnachfrage nach deutschen Gütern nimmt zu, weil in Deutschland die Peise langsamer steigen als im Ausland, z. B. in den USA.

Folge: Exportüberschuss: Amerikaner kaufen vermehrt deutsche Güter.

Erhöhung des Devisenangebots (Die Angebotskurve von Devisen verschiebt sich nach A', sodass zu jedem Kurs eine größere Menge an US-$ angeboten wird.)

Aufgrund des erhöhten Angebots an US-$ (= m_1) **sinkt** – bei Preisnotierung – **der Wechselkurs des US-Dollar** gegenüber dem Euro von 1,05 auf 0,85 (bzw. **steigt** – bei Mengennotierung – **der Wechseldkurs des Euro** von 0,95 $/€ auf 1,18 US-$/€). Es ensteht ein neues Gleichgewicht, wo Angebot und Nachfrage sich ausgleichen (GP'').

– Der neue Gleichgewichtspreis (Wechselkurs) verteuert die deutschen Ausfuhren, weil die Kunden im Ausland für einen bestimmten Euro-Betrag mehr US-Dollar bezahlen müssen.
– Umgekehrt werden die Einfuhren billiger.

Die Inlandswährung (€) gewinnt gegenüber der ausländischen Währung (US-$) an Wert.

Die Nachfrage des Auslands geht zurück und die Überschüsse im Außenhandel werden abgebaut.

Preissteigerungen im Ausland führen zu **einem sinkenden[1] Wechselkurs im Inland**

Flexible Wechelsekurse verhindern eine importierte Inflation, indem sie das Devisenangebot und die Devisennachfrage ausgleichen und damit auch die Zahlungsbilanz (Wechselkursautomatismus).

---

1 Wird der Kurs als Mengennotierung angegeben, werden (aus der Sicht des Euro) steigende Wechselkurse die Folge sein.

Handel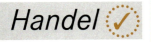

Außenhandelsgeschäft

363 Nennen Sie Vor- und Nachteile flexibler Wechselkurse.

- **Vorteile flexibler Wechselkurse**
  - Die Wechselkursschwankungen führen zu Export- und Importanpassungen und damit tendenziell zum Ausgleich von Zahlungsbilanzdefiziten und -überschüssen.
  - Da sich der Wechselkurs frei am Markt aus Devisenangebot und -nachfrage bildet und daher Eingriffe der Notenbank nicht stattfinden, benötigen die Staaten keine größeren Liquiditätsreserven für Interventionen.
  - Keine importierte Inflation, da die ausländischen Preissteigerungen durch eine Änderung der Wechselkurse ausgeschaltet werden.

- **Nachteile flexibler Wechselkurse**
  - Gefahr des Kursrisikos: Kursschwankungen erschweren den zwischenstaatlichen Handelsverkehr, da die Kalkulation der Exporteure auf einer unsicheren Grundlage erfolgt.
  - Der Außenwert des Geldes kann durch spekulative Kapitalbewegungen manipuliert werden. Folge: Die positiven Auswirkungen auf die Zahlungsbilanz greifen nicht.

364 Nennen Sie Vor- und Nachteile fester Wechselkurse.

- **Vorteile fester Wechselkurse**
  - Durch die Währungsschwankungen innerhalb vorgegebener Bandbreiten wird das Währungsrisiko beschränkt.
  - Feste Wechselkurse gewähren eine sichere Kalkulationsgrundlage für die Ein- und Ausfuhr.
  - Aufgrund des hier minimierten Währungsrisikos wird der Warenaustausch zwischen den Ländern gefördert.

- **Nachteile fester Wechselkurse**
  - Kein automatischer Ausgleich der Zahlungsbilanz.
  - Interventionen der Zentralbanken erfordern erhebliche Liquiditätsreserven. Daraus folgt die Gefahr der schnellen Erschöpfung bei häufigen und nachhaltigen Eingriffen.
  - Ein durch feste Wechselkurse geförderter Export (in Länder mit unterbewerteten Währungen, d. h. mit stabilen Preisen) führt
    - zu einem Überschuss in der Handelsbilanz mit der Folge der Geldmengenvermehrung.
    - dazu, dass das Devisenangebot größer ist als die Devisennachfrage. Die Zentralbank muss dann Devisen kaufen und vermehrt dadurch die Geldmenge. Somit wird Inflation importiert.
  - Unterschiedliche Preisentwicklungen in den einzelnen Volkswirtschaften führen zu
    - einer Überbewertung der Währungen in Ländern mit starkem Preisanstieg.
    - einer Unterbewertung in Ländern mit geringen Preissteigerungen.

Aufwertung einer Inlandswährung

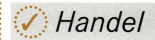 **Handel**

Bei einer **Abwertung** wird der **Paritätskurs** der eigenen Währung gegenüber ausländischen Währungen **herabgesetzt**. Der **Außenwert** der inländischen Währung **sinkt**.

Eine Abwertung erhöht für die Inländer den Preis für die ausländische Währung (= Wechselkurssenkung).

365 Was verstehen Sie unter der Abwertung einer Währung?

Die **Ursachen für eine Abwertung** sind
- Inflationsunterschiede,
- Leistungsbilanzdefizite,
- Spekulationen,
- Zinsunterschiede,
- Krisen und
- Interventionen der Notenbanken.

366 Was sind die Ursachen für eine Abwertung?

Wirtschaftliche Folgen einer Abwertung:
- Der Zustrom ausländischen Geldes ins Inland wird gefördert.
- Die Importe werden gebremst, die Exporte gefördert.
- Die Konjunktur wird über die zunehmende Auslandsnachfrage belebt.
- Die Beschäftigung nimmt zu.
- Die volkswirtschaftliche Gesamtnachfrage steigt an.
- Ein vorhandenes Zahlungsbilanzdefizit kann verringert oder sogar beseitigt werden.
- Auslandsreisen werden für Inländer teurer.
- Die ebenfalls teurer gewordenen ausländischen Güter und Dienstleistungen können eine importierte Inflation hervorrufen.

367 Nennen Sie die wirtschaftlichen Folgen einer Abwertung der Inlandswährung.

Bei einer **Aufwertung** wird der **Paritätskurs** der eigenen Währung gegenüber ausländischen Währungen heraufgesetzt. Diese Wechselkursänderung bedeutet die **Erhöhung des Außenwertes** der inländischen Währung. Dadurch können Inländer ausländische Währungen preisgünstiger kaufen (= Wechselkurserhöhung).

368 Was verstehen Sie unter der Aufwertung einer Währung?

Wirtschaftliche Folgen einer Aufwertung der Inlandswährung:
- Ausfuhren von Gütern und Dienstleistungen des Inlands werden für das Ausland teurer.
- Einfuhren werden für das Inland preisgünstiger.
- Der Export geht zurück und der Import von ausländischen Gütern nimmt zu.
- Zahlungsbilanzüberschüsse werden so verringert.
- Rückgang der Geldmenge im Inland.
- Die volkswirtschaftliche Inlandsnachfrage schrumpft.
- Der Preisanstieg wird gebremst.
- Es kann zu Entlassungen und Konkursen bei den auf den Export angewiesenen Unternehmen kommen.
- Andererseits können ausländische Güter und Dienstleistungen preisgünstiger eingekauft werden.
- Für Urlauber, die im EU-Währungsraum wohnen, werden Reisen in andere ausländische Länder billiger.

369 Nennen Sie die wirtschaftlichen Folgen einer Aufwertung der Inlandswährung.

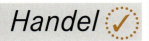

Außenhandelsgeschäft

1.5.3 Währungsrechnen

370 Ein Geschäftsmann wechselt für eine Auslandsreise nach Hongkong bei seiner Bank in Nürnberg 1.500,00 € in Hongkong-Dollar. Der Kurs beträgt 10,1201. Berechnen Sie den Gegenwert in HKD.

(Anm.: In der Europäischen Union werden die Wechselkurse in der sog. Mengennotierung angegeben. Sie gibt an, welchen Wert 1,00 € in der jeweiligen ausländischen Währungseinheit hat.)

Lösung mittels Dreisatz:

$$1{,}00 \text{ EUR} \; \triangleq \; 10{,}1201 \text{ HKD}$$
$$1.500{,}00 \text{ EUR} \; \triangleq \; x \text{ HKD}$$

$$x = \frac{10{,}1201 \cdot 1.500{,}00}{1} = \underline{\underline{15.180{,}15 \text{ HKD}}}$$

371 Der deutsche Geschäftsmann aus Nürnberg (siehe vorherige Aufgabe) muss in Hongkong einen weiteren Betrag in Höhe von 500,00 € für laufende Aufenthaltskosten umtauschen. Die Bank of China tauscht ihm daraufhin die Euro zum einem Kurs von 0,0988123 in HKD um. Ermitteln Sie den Betrag, der von der Bank ausgezahlt wird.

Lösung mittels Dreisatz:

$$0{,}0998123 \text{ EUR} \; \triangleq \; 1{,}00 \text{ HKD}$$
$$500{,}00 \text{ EUR} \; \triangleq \; x \text{ HKD}$$

$$x = \frac{1 \cdot 500{,}00}{0{,}0998123} = \underline{\underline{5.009{,}40 \text{ HKD}}}$$

Währungsrechnen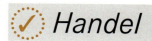

Lösung mittels Dreisatz:

500,00 EUR ≙ 5.009,40 HKD
1,00 EUR ≙ x HKD

$$x = \frac{5.009{,}40 \cdot 1}{500{,}00} = \underline{\underline{10{,}02 \text{ HKD}}}$$

372 Ermitteln Sie (auf der Grundlage der EWU-Mengennotierung) den Wechselkurs, zu dem die 500,00 € umgetauscht wurden.

Lösung mittels Dreisatz:

0,8828 GBP ≙ 1,00 EUR
3.450,00 GBP ≙ x EUR

$$x = \frac{1 \cdot 3.450{,}00}{0{,}8828} = \underline{\underline{3.908{,}02 \text{ EUR}}}$$

373 Ein Textilgroßhändler aus Dresden importiert englische Stoffe. Die Rechnung des englischen Lieferers lautet über 3.450,00 GBP.

Wie hoch ist der Gegenwert in Euro bei einem bei der Deutschen Bank notierten Kurs von 0,8828?

Rechnungswesen

2 Kaufmännische Steuerung und Kontrolle, Organisation

2.1 Kaufmännische Steuerung und Kontrolle

2.1.1 Buchen von Geschäftsvorgängen

1 Was verstehen Sie unter Buchführung?

Die **Buchführung** ist die sachlich geordnete und lückenlose Aufzeichnung aller Geschäftsfälle eines Unternehmens aufgrund von Belegen.

2 Wer ist buchführungspflichtig?

Buchführungspflichtig ist jeder Kaufmann, dessen Unternehmen eine bestimmte Größe erreicht hat.

3 Warum wird Finanzbuchhaltung betrieben?

Die wichtigsten **Grundsätze ordnungsmäßiger Buchführung (GoB)** besagen:

- **Die Buchführung muss klar und übersichtlich sein.**
  Das bedeutet:
  - sachgerechte und überschaubare Organisation der Buchführung,
  - übersichtliche Gliederung des Jahresabschlusses,
  - keine Verrechnung zwischen Vermögenswerten und Schulden sowie zwischen
  - Aufwendungen und Erträgen,
  - Buchungen dürfen nicht unleserlich gemacht werden.

- **Sämtliche Geschäftsfälle müssen ordnungsmäßig erfasst werden.**
  Das bedeutet, dass die Geschäftsfälle
  - fortlaufend und vollständig (lückenlos),
  - richtig (fiktive Buchungen und Konten sind verboten) und zeitgerecht sowie sachlich geordnet (z. B. Belegnummerierung) zu buchen sind, damit sie leicht überprüfbar sind.

  Kasseneinnahmen und -ausgaben sind täglich aufzuzeichnen.

- **Handelsbücher und Aufzeichnungen müssen in einer lebenden Sprache abgefasst sein.**

- **Keine Buchung ist ohne Beleg vorzunehmen** (= Belegprinzip).
  Das bedeutet, dass sämtliche Buchungen anhand der Belege (Fremd-, Eigen- und Notbelege) jederzeit nachprüfbar sein müssen. Die Belege müssen fortlaufend nummeriert und geordnet aufbewahrt werden.

- **Die Buchführungsunterlagen müssen ordnungsmäßig aufbewahrt werden.**
  Sämtliche Buchungsbelege, Buchungsprogramme, Konten, Handelsbücher, Inventare, Bilanzen sowie Jahresabschlüsse einschließlich Anhang und Lagebericht müssen **10** Jahre lang geordnet aufbewahrt werden. Handels-

Inventurverfahren

briefe sind **6** Jahre lang aufzubewahren.
Die Aufbewahrungsfrist beginnt mit dem Schluss des Kalenderjahres, in dem die Unterlagen angefallen sind.

Verstöße gegen die GoB können mit Freiheitsstrafe oder mit Geldstrafe geahndet werden.

Mit Ausnahme der Eröffnungsbilanz und des Jahresabschlusses können alle Buchführungsunterlagen auf einem **Bildträger** (Mikrofilm) oder auf einem anderen **Datenträger** (Magnetband, CD u. a.) aufbewahrt werden. Die gespeicherten Daten müssen allerdings jederzeit durch Bildschirm oder Ausdruck lesbar zu machen sein. Für diese Form der Buchführung gelten die **Grundsätze ordnungsmäßiger Speicherbuchführung (GoS)**.

4 Welche Besonderheiten gelten für die Speicherung der Buchführungsunterlagen auf anderen Medien als auf Papier?

Die Buchführung erfüllt die folgenden **Aufgaben:** Sie

- stellt den Stand des Vermögens und der Schulden fest,
- zeichnet sämtliche Veränderungen der Vermögens- und Schuldenwerte lückenlos und sachlich geordnet auf,
- erfasst alle Aufwendungen und Erträge und ermittelt so den Erfolg (Gewinn oder Verlust) des Unternehmens,
- liefert die Zahlen für die Preisberechnung der Waren,
- stellt Zahlen für innerbetriebliche Kontrollen zur Verfügung,
- ist Grundlage zur Berechnung der Steuern und
- ist ein wichtiges Beweismittel bei Rechtsstreitigkeiten mit Kunden, Lieferern, Kreditinstituten, Behörden wie Finanzamt und Gericht u. v. m.

5 Welche Aufgaben übernimmt die Buchführung in einem Großhandelsunternehmen?

Inventur (= Bestandsaufnahme) ist die mengen- und wertmäßige Bestandsaufnahme aller Vermögensteile und Schulden eines Unternehmens zu einem bestimmten Zeitpunkt.

6 Was ist unter Inventur zu verstehen?

Es sind folgende **Inventurverfahren** zu unterscheiden:

- **Stichtagsinventur** = zeitnahe körperliche Bestandsaufnahme
- **Verlegte Inventur** = vor- bzw. nachverlegte körperliche Bestandsaufnahme
- **Permanente Inventur** = laufende Inventur anhand der Lagerkartei
- **Stichprobeninventur** anhand mathematisch-statistischer Methoden.

7 Nennen Sie die verschiedenen Inventurverfahren mit Blick auf den <u>Zeitpunkt</u> der Bestandsaufnahme.

127

ReWe

Kaufmännische Steuerung und Kontrolle

8 Erklären Sie die Kontrollfunktion der Inventur.

Kontrollfunktion der Inventur:

- Die bei der Inventur ermittelten Bestände sind maßgeblich für die Bilanz.
- Weichen die bei der Inventur ermittelten Bestände (= Ist-Bestände) von den buchhalterisch ermittelten Schlussbeständen der Bestandskonten (=Soll-Bestände der Finanzbuchhaltung) ab, sind die buchhalterisch ermittelten Werte den Inventurwerten anzupassen.
- Insofern können erst durch die Inventur z. B. Inventurdifferenzen wie z. B. Ladendiebstähle oder Buchungsfehler entdeckt werden.

9 Mit welchem Bestand sollte der Buchbestand auf den Lagerkarten immer übereinstimmen?

Der Buchbestand auf den Lagerkarten sollte immer mit dem **Ist-Bestand,** der durch die Inventur ermittelt wurde, übereinstimmen.

10 Bringen Sie die folgenden Inventurarbeiten in die richtige Reihenfolge:
– Eintragung der ermittelten Warenbestände in die Inventuraufnahmelisten
– Zählen, Messen und Wiegen der Warenvorräte
– Stichprobenkontrolle der eingetragenen Bestände
– Niederschrift der Ergebnisse in Zählzettel
– Einteilung des Personals und Erteilung genauer Arbeitsanweisungen

Richtige **Reihenfolge der Inventurarbeiten:**

1. Einteilung des Personals und Erteilung genauer Arbeitsanweisungen
2. Zählen, Messen und Wiegen der Warenvorräte
3. Niederschrift der Ergebnisse in Zählzettel
4. Stichprobenkontrolle der eingetragenen Bestände
5. Eintragung der ermittelten Warenbestände in die Inventuraufnahmelisten

Inventar

a) **Soll-Bestand:** der in der Finanzbuchhaltung geführte Bestand
Ist-Bestand: der tatsächlich vorhandene Bestand, ermittelt durch die körperliche und buchmäßige Inventur

b) Mögliche Ursachen für Differenzen zwischen den Ist-Beständen der Inventur und den Soll-Beständen, die in der Finanzbuchhaltung aufgrund von Belegen gebucht wurden, können z. B. sein:
- Inventurfehler bei der Aufnahme
- Fehler beim Preisauszeichnen
- falsche Erfassung von Retouren
- Diebstahl
- Einlagerung in falschen Lagerplätzen
- Schwund
- Bruch
- Verderb
- Fehler bei der Buchung von Zugängen und Abgängen, Doppelbuchungen

Der Großhändler muss immer die Ursachen für derartige Abweichungen auffinden und seine Buchführung entsprechend den tatsächlich durch die Inventur ermittelten Werten mittels entsprechender Korrekturbuchungen anpassen. Entscheidend für die Werte in der Bilanz sind daher immer die **bei der Inventur** ermittelten Werte.

- Das **Inventar** (= **Bestandsverzeichnis**) weist zu einem bestimmten Stichtag alle Vermögensposten und Schulden eines Unternehmens nach Art, Menge und Wert aus. Es ist die Grundlage eines ordnungsgemäßen Jahresabschlusses.

- Das Inventar besteht aus drei Teilen: dem Vermögen, den Schulden und dem Reinvermögen.

- Das Vermögen wird in **Anlage- und Umlaufvermögen** unterteilt, wobei die Vermögensposten nach steigender Flüssigkeit geordnet werden.

- Die Schulden werden nach ihrer Fälligkeit geordnet. Die langfristigen Schulden werden vor den kurzfristigen aufgeführt.

- Inventare sind 10 Jahre lang geordnet aufzubewahren.

---

11 Bei der jährlichen Inventur wurde in einem Großhandelsunternehmen festgestellt, dass der Bestand an einer bestimmten Sorte 172 Stück beträgt. Diese Zahl widerspricht dem Warenbestand von 180 Stück, den der Sachbearbeiter in der Finanzbuchhaltung vorliegen hat.

a) Erklären Sie in diesem Zusammenhang die Begriffe „Soll-" und „Ist-Bestand".

b) Nennen Sie Ursachen, die auf diese Inventurdifferenz hinweisen könnten.

12 Was verstehen Sie unter einem Inventar und wie ist es gegliedert?

Kaufmännische Steuerung und Kontrolle

AUSGANGSLAGE

Für eine Textilgroßhandlung liegt aufgrund der Inventur am Ende des Geschäftsjahres 2 (31. Dezember, 2. Geschäftsjahr) folgendes rechts stehende Inventar vor.

INVENTAR
eines Großhandelsunternehmens
für den 31. Dezember (2. Geschäftsjahr)

	€	€
A. Vermögen		
I. Anlagevermögen		
1. Grundstücke		212.000,00
2. Gebäude:		
– Verwaltungsgebäude	240.000,00	
– Lagergebäude	128.000,00	368.000,00
3. Fuhrpark lt. Anlagenverzeichnis 1		160.000,00
4. Betriebs- und Geschäftsausstattung lt. Anlagenverzeichnis 2		236.000,00
II. Umlaufvermögen		
1. Warenbestände:		
– Damenoberbekleidung lt. Verz. 3	110.000,00	
– Wäsche lt. Verzeichnis 4	210.000,00	
– Fashion lt. Verzeichnis 5	51.000,00	
– Sport- und Freizeitbekleidung lt. Verz. 6	120.000,00	491.000,00
2. Forderungen aus Lieferungen und Leistungen:		
– Bruns GmbH, Freiburg	30.200,00	
– SiBoLex KG, Lübeck	36.100,00	
– Helen Villanueva, Kffr., Rostock	20.000,00	86.300,00
3. Kassenbestand		13.700,00
4. Postbankguthaben		24.000,00
5. Guthaben bei Kreditinstituten:		
– Stadtsparkasse, Hannover	75.000,00	
– Deutsche Bank, Hannover	21.000,00	96.000,00
Summe des Vermögens		**1.687.000,00**
B. Schulden		
I. Langfristige Schulden		
1. Hypothek der Sparkasse Hannover		225.000,00
2. Darlehen der Deutschen Bank, Hannover		200.000,00
II. Kurzfristige Schulden		
Verbindlichkeiten aus Lieferungen und Leistungen:		
– Klages GmbH, Osnabrück	129.000,00	
– Mayer OHG, Gera	80.000,00	
– Machmann KG, Heidelberg	150.000,00	359.000,00
Summe der Schulden		**784.000,00**
C. Eigenkapital		
Summe des Vermögens		1.687.000,00
./. Summe der Schulden		784.000,00
Eigenkapital *(Reinvermögen)*		**903.000,00**

Gewinn eines Unternehmens

Vorgänge, die bei der **Erfolgsermittlung** berücksichtigt werden müssen:
- Am Ende des Geschäftsjahres 2 betrug das Eigenkapital   903.000,00 €

- Im Laufe des Geschäftsjahres 2 betrugen die Privateinlagen (= Geld- und Sachwerte, die nicht vom Unternehmen erwirtschaftet, sondern vom Unternehmer in das Unternehmen eingebracht wurden)   21.000,00 €

- Die Privatentnahmen (= Entnahmen für private Zwecke, z. B. für die Lebensführung usw.) beliefen sich insgesamt auf   60.000,00 €

Erfolgsermittlung durch Eigenkapitalvergleich

	Eigenkapital zum 31.12. (2. Geschäftsjahr)	903.000,00 €
./.	Eigenkapital zum 31.12. (1. Geschäftsjahr)	799.000,00 €
=	Erhöhung des Eigenkapitals	104.000,00 €
+	Privatentnahmen	60.000,00 €
./.	Privateinlagen	21.000,00 €
=	**Erfolg (= Gewinn) zum 31.12. (2. Geschäftsjahr)**	**143.000,00 €**

Privatentnahmen müssen addiert werden, weil der Unternehmer im Vorgriff auf den erwarteten Gewinn dem Unternehmen Mittel entzogen hat. Daher wäre im Inventar die Summe des Vermögens und damit auch des Reinvermögens bzw. Eigenkapitals um diesen Betrag zu niedrig ausgewiesen. Zur genauen Ermittlung des Jahresgewinns müssen daher alle Privatentnahmen der Eigenkapitalerhöhung hinzugerechnet werden.

Privateinlagen müssen subtrahiert werden, weil sie nicht vom Unternehmen erwirtschaftet wurden und daher auch keinen betrieblich bedingten Gewinn darstellen. Aus diesem Grund müssen Privateinlagen um diesen Betrag von der Erhöhung des Eigenkapitals abgezogen werden.

Der **Gewinn** ist der Unterschiedsbetrag zwischen dem Eigenkapital am Schluss des Geschäftsjahres und dem Eigenkapital am Schluss des vorangegangenen Geschäftsjahres, vermehrt um den Wert der Privatentnahmen und vermindert um den Wert der Privateinlagen.

---

13 Der Geschäftsinhaber hatte zum Schluss des Geschäftsjahres 1 ein Eigenkapital in Höhe von 799.000,00 € ermittelt.

Wie hoch ist der Erfolg des Unternehmens zum 31. Dezember des Geschäftsjahres 2, wenn nebenstehende Vorgänge berücksichtigt werden müssen?

14 Warum müssen bei der Erfolgsermittlung Privatentnahmen addiert werden?

15 Warum müssen Privateinlagen bei der Erfolgsermittlung abgezogen werden?

16 Definieren Sie den Gewinn eines Unternehmens.

ReWe

Kaufmännische Steuerung und Kontrolle

17 Was ist eine Bilanz und was unterscheidet die Bilanz vom Inventar?

Wer ist zur Aufstellung einer Bilanz verpflichtet?

- Die **Bilanz** ist eine **kurz gefasste Gegenüberstellung des Vermögens** (linke Seite = Aktiva) **und des Kapitals** (rechte Seite = Passiva) eines Unternehmens in Kontenform, während das Inventar eine ausführliche Aufstellung der einzelnen Vermögensteile und Schulden nach Art, Menge und Wert darstellt.

- Die **Passivseite** der Bilanz gibt Auskunft auf die Frage, woher das Kapital stammt (Vermögensquellen; Mittelherkunft; Finanzierung), während die **Aktivseite** aufzeigt, wo die Mittel hingeflossen sind bzw. wie die Mittel verwendet wurden (Vermögensformen; Mittelverwendung; Investierung).

- Beide Seiten der Bilanz weisen die gleiche Summe aus (Bilanzgleichung):
  - **Vermögen** = **Kapital**
  - **Vermögen** = **Eigenkapital + Fremdkapital**
  - **Eigenkapital** = **Vermögen ./. Fremdkapital**
  - **Fremdkapital** = **Vermögen ./. Eigenkapital**

- Gemäß HGB ist jeder Kaufmann verpflichtet, bei der Gründung oder Übernahme, am Ende eines jeden Geschäftsjahres und bei Veräußerung oder Auflösung des Unternehmens eine Bilanz aufzustellen. Sie muss klar und übersichtlich gegliedert sein, wobei Anlage- und Umlaufvermögen einerseits und Eigenkapital und Fremdkapital andererseits gesondert auszuweisen und aufzugliedern sind. Die Vermögensposten sind nach den Gliederungsvorschriften zunehmender Flüssigkeit zu ordnen, während für die Kapitalposten auf der Passiva die Ordnung nach Fälligkeit zu befolgen ist.

- Die Bilanz ist beim Einzelunternehmen vom Inhaber und bei einer GmbH beispielsweise von allen Geschäftsführern unter Angabe des Datums persönlich zu unterzeichnen.

- Bilanzen sind über einen Zeitraum von 10 Jahren aufzubewahren. Die Aufbewahrungsfrist beginnt mit dem Schluss des Kalenderjahres.

- Die Grundlage für die Aufstellung der Bilanz stellt das Inventar dar.

18 Stellen Sie die wichtigsten Angaben zum Inventar und zur Bilanz gegenüber.

Inventar	Bilanz
- ausführliche Darstellung der einzelnen Vermögens- und Schuldenwerte	- kurz gefasste überschaubare Darstellung des Vermögens und des Kapitals
- Angabe der Mengen, Einzelwerte und Gesamtwert	- nur Angabe der Gesamtwerte der einzelnen Bilanzposten
- Darstellung des Vermögens und des Kapitals untereinander *(Staffelform)*	- Darstellung des Vermögens und des Kapitals nebeneinander *(Kontenform)*

Eröffnungsbilanz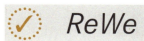

Aktiva	Bilanz zum 31. Dezember (2. Geschäftsjahr)		Passiva
I. Anlagevermögen		**I. Eigenkapital**	903.000,00
1. Grundstücke	212.000,00	**II. Fremdkapital**	
2. Gebäude	368.000,00	1. Hypotheken-	
3. Fuhrpark	160.000,00	schulden	225.000,00
4. BGA	236.000,00	2. Darlehensschulden	200.000,00
		3. Verbindlich-	
		keiten a. LL	359.000,00
II. Umlaufvermögen			
1. Warenbestände	491.000,00		
2. Forderungen a. LL	86.300,00		
3. Kasse	13.700,00		
4. Kreditinstitute	120.000,00		
	1.687.000,00		1.687.000,00

Hannover, 8. Januar
(3. Geschäftsjahr)

Gerd Spindler

ReWe 19

Erstellen Sie auf der Grundlage des Inventars des Großhandelsunternehmens (siehe Seite 130) die Bilanz zum 31. Dezember des 2. Geschäftsjahres.

AUSGANGSLAGE

Für ein Großhandelsunternehmen liegt die nebenstehende Eröffnungsbilanz vor.

Sie ist mit den darunter aufgeführten Geschäftsfällen a) bis j) die Ausgangsbasis für verschiedene Buchungen, die nachfolgend auf den Seiten 134 bis 138 auszuführen sind.

Aktiva	Bilanz zum 1. Januar (2. Geschäftsjahr)		Passiva
I. Anlagevermögen		**I. Eigenkapital**	776.500,00
1. Gebäude	470.000,00	**II. Fremdkapital**	
2. Fuhrpark	260.000,00	1. Darlehensschulden	190.000,00
3. BGA	175.000,00	2. Verbindlich-	
		keiten a. LL	145.000,00
II. Umlaufvermögen			
1. Warenbestände	87.000,00		
2. Forderungen a. LL	63.000,00		
3. Kasse	1.500,00		
4. Kreditinstitute	55.000,00		
	1.111.500,00		1.111.500,00

Geschäftsfälle:

a)	Kauf eines Computertisches gegen Bankscheck	180,00 €
b)	Ausgleich einer Liefererrechnung durch Banküberweisung	1.200,00 €
c)	Bareinzahlung auf unser Bankkonto	700,00 €
d)	Banküberweisung für Gehälter	2.500,00 €
e)	Eingang der Miete für März auf unser Bankkonto	600,00 €
f)	Wir zahlen Darlehenszinsen durch Banküberweisung	200,00 €
g)	Eine Zeitungsannonce wird von uns bar beglichen	100,00 €
h)	Wir erhalten eine Bankgutschrift wegen Provisionszahlung	170,00 €
i)	Ein Kunde begleicht seine Rechnung durch Banküberweisung	1.800,00 €
j)	Bareinkauf von Büromaterial	70,00 €

ReWe

Kaufmännische Steuerung und Kontrolle

20 Bilden Sie bezogen auf die Eröffnungsbilanz auf Seite 133 die Buchungssätze für die Eröffnung der aktiven und passiven Bestandskonten.

Buchungssätze für die Eröffnung der aktiven und passiven Bestandskonten
- Aktivkonten   an Eröffnungsbilanzkonto
- Eröffnungsbilanzkonto   an Passivkonten.

21 Bilden Sie die Buchungssätze zu den Geschäftsfällen a) bis j) auf Seite 133 im Grundbuch.

Buchungssätze für die Geschäftsfälle (Angaben in €)

	Soll	Haben
a) Betriebs- und Geschäftsausstattung	180,00	
an Kreditinstitute		180,00
b) Verbindlichkeiten a. LL	1.200,00	
an Kreditinstitute		1.200,00
c) Kreditinstitute	700,00	
an Kasse		700,00
d) Gehälter	2.500,00	
an Kreditinstitute		2.500,00
e) Kreditinstitute	600,00	
an Mieterträge		600,00
f) Zinsaufwendungen	200,00	
an Kreditinstitute		200,00
g) Werbe- und Reisekosten	100,00	
an Kasse		100,00
h) Kreditinstitute	170,00	
an Provisionserträge		170,00
i) Kreditinstitute	1.800,00	
an Forderungen a. LL		1.800,00
j) Bürobedarf	70,00	
an Kasse		70,00

Abschlussbuchungen

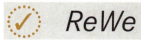

Nehmen Sie die Abschlussbuchungen in der folgenden Reihenfolge vor:

a) Abschluss der Erfolgskonten über Gewinn- und Verlustkonto

b) Abschluss der Bestandskonten zum Schlussbilanzkonto (SBK)

Buchungssätze für den Abschluss der Konten
a) Abschluss der Erfolgskonten (Angaben in €)

	Soll	Haben
GuV-Konto	2.500,00	
an Gehälter		2.500,00
GuV-Konto	200,00	
an Zinsaufwendungen		200,00
GuV-Konto	100,00	
an Werbe- und Reisekosten		100,00
GuV-Konto	70,00	
an Bürobedarf		70,00
Provisionserträge	170,00	
an GuV-Konto		170,00
Mieterträge	600,00	
an GuV-Konto		600,00
Eigenkapital	2.100,00	
an GuV-Konto		2.100,00

b) Abschluss der Bestandskonten (Angaben in €)

	Soll	Haben
SBK	470.000,00	
an Gebäude		470.000,00
SBK	260.000,00	
an Fuhrpark		260.000,00
SBK	175.180,00	
an Betriebs- u. Ge.ausstattung		175.180,00
SBK	87.000,00	
an Waren		87.000,00
SBK	61.200,00	
an Forderungen a. LL		61.200,00
SBK	630,00	
an Kasse		630,00
SBK	54.190,00	
an Kreditinstitute		54.190,00
Eigenkapital	774.400,00	
an SBK		774.400,00
Darlehensschulden	190.000,00	
an SBK		190.000,00
Verbindlichkeiten a. LL	143.800,00	
an SBK		143.800,00

ReWe

23 Buchen Sie die Geschäftsfälle der Bestands- und Erfolgskonten auf den Konten im Hauptbuch.

Schließen Sie die Konten in folgender Reihenfolge ab:
– Erfolgskonten
– GuV-Konto
– Bestandskonten

Kaufmännische Steuerung und Kontrolle

Soll	Gebäude		Haben
EBK	470.000,00	SBK	470.000,00

Soll	Fuhrpark		Haben
EBK	260.000,00	SBK	260.000,00

Soll	BGA		Haben
EBK	175.000,00	SBK	175.180,00
Ki	180,00		
	175.180,00		175.180,00

Soll	Warenbestände		Haben
EBK	87.000,00	SBK	87.000,00

Soll	Forderungen a. LL		Haben
EBK	63.000,00	Ki	1.800,00
		SBK	61.200,00
	63.000,00		63.000,00

Soll	Kasse		Haben
EBK	1.500,00	Ki	700,00
		Werbekosten	100,00
		Bürobedarf	70,00
		SBK	630,00
	1.500,00		1.500,00

Abschluss der Konten  ReWe

Soll	Kreditinstitute		Haben
EBK	55.000,00	BGA	180,00
Kasse	700,00	Verb. a. LL	1.200,00
Mieterträge	600,00	Gehälter	2.500,00
Prov.ertr.	170,00	Zinsaufw.	200,00
Ford. a. LL	1.800,00	SBK	54.190,00
	58.270,00		58.270,00

Soll	Eigenkapital		Haben
G+V **(Verlust)**	2.100,00	EBK	776.500,00
SBK	774.400,00		
	776.500,00		776.500,00

Soll	Darlehensschulden		Haben
SBK	190.000,00	EBK	190.000,00

Soll	Verbindlichkeiten a. LL		Haben
Ki	1.200,00	EBK	145.000,00
SBK	143.800,00		
	145.000,00		145.000,00

Soll	Gehälter		Haben
Ki	2.500,00	GuV	2.500,00

Soll	Zinsaufwendungen		Haben
Ki	200,00	GuV	200,00

Soll	Werbe- und Reisekosten		Haben
Kasse	100,00	GuV	100,00

Fortsetzung Seite 138

ReWe

Kaufmännische Steuerung und Kontrolle

Fortsetzung von Seite 137

Soll	Bürobedarf		Haben
Kasse	70,00	GuV	70,00

Soll	Provisionserträge		Haben
GuV	170,00	Ki	170,00

Soll	Mieterträge		Haben
GuV	600,00	Ki	600,00

Soll	GuV-Konto		Haben
Gehälter	2.500,00	Prov.erträge	170,00
Zinsaufw.	200,00	Mieterträge	600,00
Werbek.	100,00	EK **(Verlust)**	2.100,00
Bürobedarf	70,00		
	2.870,00		2.870,00

Soll	SBK		Haben
Gebäude	470.000,00	Eigenkapital	774.400,00
Fuhrpark	260.000,00	Darlehen	190.000,00
BGA	175.180,00	Verb. a. LL	143.800,00
Warenbestände	87.000,00		
Ford. a. LL	61.200,00		
Kasse	630,00		
Kreditinstitute	54.190,00		
	1.108.200,00		1.108.200,00

24 Ermitteln Sie rechnerisch den Erfolg des Unternehmens.

	Summe der Erträge	700,00 €
./.	Summe der Aufwendungen	2.870,00 €
=	**Verlust**	**2.100,00 €**

Schussbilanz

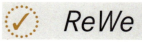

Aufstellen der Schlussbilanz (Angaben in €):

Stellen Sie die Schlussbilanz zur vorhergehenden Aufgabe auf und schließen Sie sie ordnungsgemäß ab.

Aktiva	Bilanz zum 31. Dezember (2. Geschäftsjahr)		Passiva
I. Anlagevermögen		**I. Eigenkapital**	774.400,00
1. Gebäude	470.000,00	**II. Fremdkapital**	
2. Fuhrpark	260.000,00	1. Darlehens-	
3. BGA	175.180,00	schulden	190.000,00
II. Umlaufvermögen		2. Verbindlich-	
1. Warenbestände	87.000,00	keiten a. LL	143.800,00
2. Forderungen a. LL	61.200,00		
3. Kasse	630,00		
4. Kreditinstitute	54.190,00		
	1.108.200,00		1.108.200,00

Ort, Datum   Unterschrift

Zusammenfassung:
Jeder Geschäftsfall verändert mindestens zwei Posten der Bilanz:
- **Aktivtausch: Tauschvorgang auf der Aktivseite**
- **Passivtausch: Tauschvorgang auf der Passivseite**
- **Aktiv-Passiv-Mehrung: Erhöhung auf beiden Bilanzseiten**
- **Aktiv-Passiv-Minderung: Verminderung auf beiden Bilanzseiten.**
  - Bei allen vier Möglichkeiten der Wertveränderung bleibt das Gleichgewicht der Bilanzseiten (Bilanzgleichung) erhalten. Es verändert sich lediglich der zahlenmäßige Inhalt der Bilanz.
  - Auf den **aktiven Bestandkonten** stehen die Anfangsbestände auf der Soll-Seite des Kontos. Bei den **Passivkonten** stehen die Anfangsbestände auf der Haben-Seite des Kontos.
  - Die **Zugänge** stehen auf der Seite der Anfangsbestände, weil sie die Bestände vergrößern. Die Abgänge stehen jeweils auf der entgegengesetzten Seite.
  - Saldiert man die **Abgänge** mit den Beträgen der Gegenseite, erhält man als Saldo den Schlussbestand, sodass jedes Konto am Ende auf beiden Seiten (Soll oder Haben) mit gleicher Summe abschließt.
  - **Jeder Geschäftsfall wird doppelt gebucht: Erst im Soll, dann im Haben!**
  - Bei der Buchung in den Konten wird jeweils das **Gegenkonto angegeben.**
  - Die Schlussbilanz muss wertmäßig mit dem Inventar zum Schluss des Geschäftsjahres übereinstimmen.
  - Die Schlussbilanz eines Geschäftsjahres ist zugleich die Eröffnungsbilanz des folgenden Geschäftsjahres.
  - Der **Buchungssatz** nennt die Buchung auf den Konten in der Reihenfolge **Soll-Konto an Haben-Konto.**
  - Das **Grundbuch** erfasst die Buchungen in zeitlicher Reihenfolge. Das **Hauptbuch** übernimmt die sachliche Ordnung der Buchungen auf den Sachkonten.
  - Bei allen Buchungssätzen gilt stets: **Summe der Soll-Buchung(en) ist gleich der Summe der Haben-Buchung(en).**
  - In der Schluss- und Eröffnungsbilanz heißen die Seiten „Aktiva" und „Passiva", im Eröffnungsbilanzkonto und Schlussbilanzkonto dagegen „Soll" und „Haben".
  - Das Eröffnungsbilanzkonto ist das Hilfskonto zur Eröffnung der aktiven und passiven Bestandskonten.
  - Das Schlussbilanzkonto dient dem buchhalterischen Abschluss der Bestandskonten.

ReWe

Kaufmännische Steuerung und Kontrolle

26 Definieren Sie den Begriff „Aufwendungen".

Aufwendungen stellen den gesamten Werteverzehr eines Unternehmens an Gütern, Diensten und Abgaben während einer Abrechnungsperiode (Monat, Quartal, Geschäftsjahr) dar.

Aufwendungen vermindern das Eigenkapital.

27 Was sind Erträge?

Erträge sind alle Wertezuflüsse, die den Gewinn des Unternehmens erhöhen.

Die Umsatzerlöse (Verkaufserlöse) bilden den wichtigsten Ertragsposten in einem Großhandelsunternehmen.

Erträge erhöhen das Eigenkapital.

28 Wie wird auf Erfolgskonten gebucht?

- Die **Erfolgskonten** (= Aufwands- und Ertragskonten) sind Unterkonten des Eigenkapitalkontos. Sie bewegen sich wie das Eigenkapitalkonto. Daher bucht man
  - Minderungen des Eigenkapitals **auf den Aufwandskonten im Soll,**
  - Mehrungen des Eigenkapitals **auf den Ertragskonten im Haben.**
- Die Aufwands- und Ertragskonten werden über das Sammelkonto „Gewinn und Verlust" abgeschlossen.

29 Nennen Sie die wichtigsten Fakten zum Gewinn- und Verlustkonto.

- **Das Gewinn- und Verlustkonto sammelt auf der Soll-Seite alle Aufwendungen, auf der Haben-Seite sämtliche Erträge.**
- **Der Saldo des GuV-Kontos ergibt den Erfolg (Gewinn oder Verlust)** der Rechnungsperiode.
- Der **Gewinn erhöht das Eigenkapital,** während der **Verlust das Eigenkapital vermindert.**
- Das Gewinn- und Verlustkonto ist das unmittelbare Unterkonto des Eigenkapitalkontos.

- Das GuV-Konto wird am Jahresende bei Einzelunternehmen und Personengesellschaften über das Eigenkapitalkonto abgeschlossen. Insofern bildet das EK-Konto das Bindeglied der beiden Kontenkreise Bestandskonten und Erfolgskonten.
- Das **Gewinn- und Verlustkonto** zeigt die Quellen des unternehmerischen Erfolgs sowie die Quellen des Warenerfolgs (Rohgewinn bzw. Rohverlust).

30 Welches sind die wichtigsten Erfolgskonten eines Großhandelsbetriebes?

- Die Konten „**Wareneingang**" und „**Warenverkauf**" sind die wichtigsten Erfolgskonten eines Handelsbetriebes: Das Wareneingangskonto ist ein reines Aufwandskonto. Das Warenverkaufskonto ist ein Ertragskonto.

- Das **Wareneingangskonto** erfasst im Soll die Wareneinkäufe zu **Nettopreisen.**
- Das **Warenverkaufskonto** erfasst im Haben die Warenverkäufe zu **Nettopreisen.**

Vorsteuerüberhang

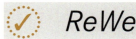

- Der Abschluss der beiden Erfolgskonten erfolgt über das GuV-Konto.
  - Den Saldo auf dem Konto „Wareneingang" nennt man **Wareneinsatz**.
- Der Saldo auf dem Konto „Warenverkauf" stellt die **Umsatzerlöse** dar.

Das **Warenrohergebnis** (Rohgewinn oder -verlust) ist die Differenz zwischen dem Wert der verkauften Waren zu Nettoverkaufspreisen (Verkaufserlöse) und dem Wert der verkauften Waren bewertet zu Einstandspreisen (= Wareneinsatz):

Warenrohgewinn = Nettoumsatz ./. Wareneinsatz

31 Definieren Sie das Warenrohergebnis.

- Das **Konto „Vorsteuer"** ist ein **aktives Bestandskonto**. Es weist ein Guthaben, d. h. eine Forderung gegenüber dem Finanzamt aus.
- Das **Konto „Umsatzsteuer"** ist ein **passives Bestandskonto**.
- Die Umsatzsteuer stellt eine Verbindlichkeit gegenüber dem Finanzamt dar.
- Bemessungsgrundlage für die Umsatzsteuerberechnung ist der **Nettowarenwert**.
- Die Umsatzsteuer stellt bei Unternehmen keinen Kostenfaktor dar, sondern ist ein **durchlaufender Posten**. Die Umsatzsteuer trägt allein der Letztverbraucher.
- Die Umsatzsteuer in der Eingangsrechnung ist die Vorsteuer.

32 Beschreiben Sie das Wesen der Konten Vorsteuer und Umsatzsteuer.

Die Umsatzsteuer ist eine Verbrauchsteuer, die allein der Endverbraucher aufbringen muss. Sie wird beim Verkauf von Waren vom Kunden (Endverbraucher) erhoben und an das zuständige Finanzamt abgeführt.

33 Warum ist die Umsatzsteuer für den Großhändler kein Kostenfaktor?

Sie heißt auch Mehrwertsteuer, weil sie auf den vom Großhändler **erzielten Mehrwert** der verkauften Waren entfällt (Wareneinkaufswert netto 25,00 €; Warenverkaufswert netto 32,00 € → Mehrwert 7,00 €; hierauf 19 % Mehrwertsteuer = 1,33 €, abzuführen an das Finanzamt).

34 Erklären Sie, warum die Umsatzsteuer auch Mehrwertsteuer genannt wird.

Die Vorsteuer-Ausgaben beim Einkauf von Waren fallen höher aus als die Umsatzsteuer-Einnahmen beim Verkauf der Waren. Der *Differenzbetrag* stellt eine **Forderung gegenüber dem Finanzamt** dar. Buchhalterisch liegt ein **Vorsteuerüberhang** vor, der – im Falle des Monats Dezember – am Jahresende im SBK aktiviert wird: *SBK an Vorsteuer*. Ansonsten wird in den übrigen Monaten beim Vorliegen eines Vorsteuerüberhangs das Umsatzsteuer-Konto über das Vorsteuer-Konto abgeschlossen: *Umsatzsteuer an Vorsteuer*.

35 Erläutern Sie die Entstehung eines Vorsteuerüberhangs und seine Verbuchung.

ReWe

Kaufmännische Steuerung und Kontrolle

36 **Wie wird die Zahllast ermittelt?**

Die **Zahllast** ist die Differenz zwischen der Umsatzsteuer (aus Ausgangsrechnungen) und der Vorsteuer (aus Eingangsrechnungen). Sie wird normalerweise monatlich (als Saldo auf dem Konto „Umsatzsteuer") ermittelt und bis zum 10. des Folgemonats an das Finanzamt abgeführt.
Ein **Vorsteuerüberhang (Umsatzsteuer < Vorsteuer)** wird vom Finanzamt ausgezahlt.

Zur **buchhalterischen Ermittlung der Zahllast** wird das Konto „Vorsteuer" über das Konto „Umsatzsteuer" abgeschlossen: *Umsatzsteuer an Vorsteuer.*
Im Falle eines Vorsteuerüberhangs ist das Konto „Umsatzsteuer" über das Konto „Vorsteuer" abzuschließen: *Umsatzsteuer an Vorsteuer.*

37 **Wie wird die Zahllast zum Jahresende verbucht?**

Zum Bilanzstichtag (31. Dezember) ist im Schlussbilanzkonto die Zahllast als Sonstige Verbindlichkeit auszuweisen *(Umsatzsteuer an SBK)*, d. h. zu passivieren, und ein Vorsteuerüberhang als Sonstige Forderung *(SBK an Vorsteuer)* zu aktivieren.

38 **Fall 1: Ein Großhandelsunternehmen kauft Waren ein auf Ziel. Die Buchung erfolgt aufgrund der vorliegenden Eingangsrechnung ER 433 (Warenwert, netto 5.200,00 €). Buchen Sie den Geschäftsfall.**

Buchungssatz:
Wareneingang	5.200,00 €	
Vorsteuer	988,00 €	
an Verbindlichkeiten a. LL		6.188,00 €

39 **Fall 2: In der Buchhaltung wird aufgrund der vorliegenden Ausgangsrechnung AR 339 der Verkauf von Waren auf Ziel festgehalten (Warenwert, netto 8.500,00 €). Buchen Sie den Geschäftsfall.**

Buchungssatz:
Forderungen a. LL	10.115,00 €	
an Warenverkauf		8.500,00 €
an Umsatzsteuer		1.615,00 €

Rohgewinn

Ermittlung der Zahllast:

S	Vorsteuer		H		S	Umsatzsteuer		H
USt	988,00	Saldo	988,00		VSt	988,00		1.615,00
					Zahllast	627,00		

Umsatzsteuer 988,00 €
an Vorsteuer 988,00 €

Überweisung der Zahllast:

Umsatzsteuer 627,00 €
an Kreditinstitute 627,00 €

Wenn die Zahllast am 10. Januar des Folgejahres überwiesen wird, lautet die Buchung am 31. Dezember:

Buchungssatz:
Umsatzsteuer 627,00 €
an Schlussbilanzkonto 627,00 €

S	Wareneingang		H		S	Warenverkauf		H
5.200,00		G+V	5.200,00		G+V	8.500,00		8.500,00

S	Gewinn- und Verlustkonto		H
WEG	5.200,00	WVK	8.500,00

Der **Warenrohgewinn** beträgt:

    8.500,00 € für Warenverkäufe
./. 5.200,00 € für Wareneinkäufe

= 3.300,00 €

---

40 Legen Sie die Geschäftsfälle 1 und 2 von Seite 142 zugrunde und ermitteln Sie mithilfe der Konten die Zahllast.

41 Buchen Sie die Überweisung der Zahllast durch die Bank.

42 Wie ist die Zahllast, die für den Monat Dezember erst am 10. Januar des nächsten Jahres überwiesen wird, am 31. Dezember zu buchen?

43 Schließen Sie die beiden Warenkonten zu den Fällen 1 und 2 auf Seite 142 ab und ermitteln Sie den (Waren-)Rohgewinn.

ReWe

Kaufmännische Steuerung und Kontrolle

44 Ermitteln Sie unter Zugrundelegung des folgenden Sachverhalts die Bestandsveränderung.

Warenanfangsbestand: 600.000,00 €
Warenschlussbestand lt. Inventur: 580.000,00 €
Wareneinkäufe: 70.000,00 €
Warenverkäufe: 120.000,00 €

Nehmen Sie die entsprechenden Buchungen im Hauptbuch vor und schließen Sie die Konten anschließend ab.

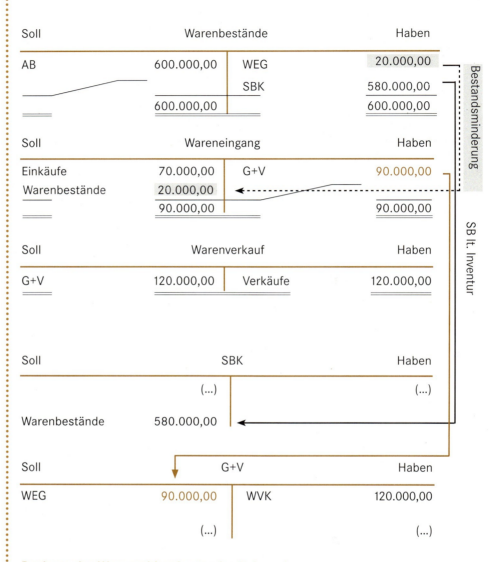

Buchung des Warenschlussbestandes lt. Inventur:
Schlussbilanzkonto   580.000,00 €
   an   Warenbestände   580.000,00 €

Buchung der Bestandsminderung:
Wareneingang   20.000,00 €
   an   Warenbestände   20.000,00 €

Buchung des Wareneinsatzes:
GuV   90.000,00 €
   an   Wareneingang   90.000,00 €

Bestandsänderung

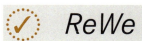

Buchung:
Warenbestände an Wareneingang

Zusammenfassung:
Neben Wareneingangs- und Warenverkaufskonto gibt es aus Gründen der Klarheit das **Warenbestandskonto,** auf dem die Warenbestände festgehalten werden.
- Das **Warenbestandskonto** ist ein aktives Bestandskonto.
- Das Warenbestandskonto erfasst den Warenanfangsbestand und den durch Inventur ermittelten Warenschlussbestand.
- Der **Saldo** auf dem Warenbestandskonto stellt die **Bestandsänderung** dar.
- Zur buchhalterischen Ermittlung des tatsächlichen Warenaufwands (= Wareneinsatz) ist die Bestandsveränderung (Bestandsminderung bzw. -mehrung) auf das Wareneingangskonto umzubuchen.
- Wareneinsatz (Saldo auf dem Konto Wareneingang) = Verkaufte Waren bewertet zum Einstandspreis:
  Wareneinsatz = Wareneinkäufe + Bestandsminderung bzw.
  Wareneinsatz = Wareneinkäufe ./. Bestandsmehrung

Wert der verkauften Waren bewertet zum Einstandspreis

GuV an Wareneingang

a) Eingegangene Ware wurde versehentlich nicht gebucht.
b) Entnommene Ware wurde buchungsmäßig nicht erfasst.

---

45 Wie lautet bei einer Bestandsmehrung die Umbuchung auf das Wareneingangskonto zur buchhalterischen Ermittlung des Wareneinsatzes?

46 Was verstehen Sie unter dem Begriff „Wareneinsatz"?

47 Mit welchem Buchungssatz wird das Konto „Wareneingang" abgeschlossen?

48
a) Der Ist-Bestand an Waren ist lt. Inventur höher als der in der Lagerbuchhaltung errechnete Bestand. Worauf führen Sie dies zurück?
b) Von einem Artikel sind im Lager noch 144 Stück vorhanden. Es müssten aber laut Lagerkarte noch 157 Stück sein. Worauf kann die Differenz zurückzuführen sein?

Kaufmännische Steuerung und Kontrolle

49
a) Wie wird der Wareneinsatz ermittelt?
b) Wie ist es möglich, dass das GuV-Konto einen Reingewinn von 22.000,00 € ausweist, obwohl ein Warenrohverlust von 8.000,00 € vorliegt?
c) Wo erscheint der Saldo auf dem Konto „Warenbestände" bei einer Bestandsmehrung?
d) Nennen Sie die Umbuchungen bei den beiden möglichen Bestandsveränderungen.

a) Der Mehr- oder Minderbestand auf dem aktiven Bestandskonto „Warenbestände" wird per Saldo auf das Konto „Wareneingang" übertragen.
Unter Berücksichtigung dieses Saldos wird das Konto „Wareneingang" über das Konto „GuV" abgeschlossen.
In diesem Konto wird auf der Soll-Seite der Wareneinsatz ausgewiesen.
Wareneinsatz = Wareneinkäufe + Minderbestand (oder ./. Mehrbestand)

b) Die übrigen Erträge sind um 30.000,00 € höher als die übrigen Aufwendungen.

c) Der Saldo steht auf der Soll-Seite.

d) Bestandsminderung: Wareneingang an Warenbestände
Bestandsmehrung: Warenbestände an Wareneingang

50 Wie werden Privatentnahmen buchhalterisch behandelt?

- Entnimmt der Großhändler Wirtschaftsgüter aus seinem Unternehmen (Bargeld, Waren, Dienstleistungen), müssen diese Entnahmen buchhalterisch *zum Einstandspreis* festgehalten werden (gilt nur für Einzelunternehmen und Personengesellschaften).
- Da es steuerrechtlich unerheblich ist, an wen der Großhändler seine Waren abgibt, ist demzufolge diese Privatentnahme umsatzsteuerpflichtig.
- Sämtliche privaten Entnahmen werden im Soll auf dem Bestandskonto „Privatentnahmen" (Unterkonto vom Konto „Eigenkapital") erfasst.
- Handelt es sich um die Entnahme von Waren oder Dienstleistungen für private Zwecke, wird im Haben auf dem Ertragskonto „Entnahme von Waren" oder „Entnahme von sonstigen Gegenständen und Leistungen" gebucht:
- *Privatentnahmen an Entnahme von Waren/Umsatzsteuer*

51 Herr Merck, Mitinhaber einer Textilgroßhandlung,
a) entnimmt dem Geschäftskonto 1.500,00 € für private Zwecke;

Buchungen der Privatentnahmen:
a) Privatentnahmen 1.500,00 €
   an Kreditinstitute 1.500,00 €

Entnahme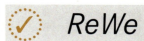

b) Betriebs- und Geschäftsausstattung		800,00 €	
an	Privateinlagen		800,00 €
c) Privatentnahmen		476,00 €	
an	Entnahme von Waren		400,00 €
an	Umsatzsteuer		76,00 €

b) bringt einen bislang privat genutzten Flachbildmonitor ins Betriebsvermögen ein: 800,00 € Zeitwert;

c) entnimmt dem Warenlager für Privatzwecke einen Skianzug zum Einstandspreis von 450,00 € + 19 % Umsatzsteuer.

Buchen Sie die Geschäftsfälle.

Buchung der Privatentnahme:

Privatentnahmen		595,00 €	
an	Entnahme von sonstigen Gegenständen und Leistungen		500,00 €
an	Umsatzsteuer		95,00 €

52

Der Textilgroßhändler Merck lässt seine private Garage durch einen Angestellten des Unternehmens neu streichen; die Farbe wird von Herrn Merck zur Verfügung gestellt.

Buchen Sie den Geschäftsfall.

Kaufmännische Steuerung und Kontrolle

53 Der private Anteil an den zuvor schon gebuchten Kosten für das Geschäftstelefon für den Monat März beträgt netto 120,00 €; Umsatzsteuer 19 %.

Buchen Sie den Geschäftsfall.

Buchung der privaten Nutzung:

Privatentnahmen		142,80 €	
an	Porto, Telefon, Telefax		120,00 €
an	Vorsteuer		22,80 €

Zusammenfassung:
- Die **Privatkonten** sind **Unterkonten des Eigenkapitalkontos**.
- **Privatentnahmen** werden auf dem Konto „Privatentnahmen" im Soll gebucht (Minderung des betrieblichen Eigenkapitals).
- **Private Einlagen** werden auf dem Konto „Privateinlagen" im Haben gebucht (Mehrung des betrieblichen Eigenkapitals).
- Die Privatentnahme betrieblicher Gegenstände (Waren und Anlagegüter) und sonstiger Leistungen (private Nutzung von betrieblichen Gegenständen und die Inanspruchnahme von betrieblichen Leistungen für Privatzwecke) ist umsatzsteuerpflichtig.
- Die Privatkonten werden über das Konto „Eigenkapital" abgeschlossen.
- Die Konten „**Entnahme von Waren**" und „**Entnahme von sonstigen Gegenständen und Leistungen**" **sind Ertragskonten** und werden über das GuV-Konto abgeschlossen.

54 Erklären Sie den Unterschied zwischen Kontenrahmen und Kontenplan.

- Der **Kontenrahmen** ist ein Ordnungsmittel der Buchführung, aufgestellt für eine bestimmte Wirtschaftsbranche. Insofern enthält er alle Konten, die in einem Unternehmen der entsprechenden Branche vorkommen können, und fasst jeweils verwandte Konten zusammen.
- Jedes Unternehmen stellt auf der Grundlage des Kontenrahmens seinen eigenen **Kontenplan** auf. Er ist auf die speziellen Bedürfnisse des Unternehmens zugeschnitten und enthält daher nur die tatsächlich benötigten Konten in diesem Großhandelsunternehmen.

55 Erläutern Sie den Aufbau des Groß- und Außenhandelskontenrahmens.

Das Nummernsystem aller Kontenrahmen ist nach dem Zehnersystem (Dezimal-Klassifikation) aufgebaut. Die Konten des Kontenrahmens für den Groß- und Außenhandel werden nach Sachgruppen in 10 Klassen von 0 bis 9 geordnet. Die Reihenfolge der **Kontenklassen** entspricht weitgehend dem typischen Geschäftsablauf.
Innerhalb jeder *Kontenklasse* werden die Konten ebenfalls nach dem Zehnersystem geordnet: Jede Kontenklasse wird in 10 **Kontengruppen** eingeteilt.
Der Vorteil dieses Zehnersystems besteht darin, dass durch beliebiges Anhängen von Zahlen weitere Untergliederungen geschaffen werden können. Das Aufsuchen von Konten ist daher leicht möglich. Jede Kontengruppe kann aufgrund des Zehnersystems mühelos in 10 **Kontenarten** usw. untergliedert werden. Letztlich hat jedes Konto eine eindeutige vierstellige Nummer.

56 Welches Konto verbirgt sich hinter der Kontonummer 4714?

4	Konten der Kostenarten (gibt die *Kontenklasse* an)
47	Betriebskosten, Instandhaltung (gibt die *Kontengruppe* an)
471	Instandhaltung (gibt die *Kontenart* an)
4714	Instandhaltung Pkw (gibt die *Kontenunterart* an)

System- und Nebenbücher

a) Zieleinkauf auf Waren
b) Kunde überweist Rechnungsbetrag auf unser Bankkonto
c) Zielverkauf von Waren
d) Überweisung der Miete für Geschäftsräume
e) Banküberweisung der Gehälter
f) Begleichung einer Lieferrechnung durch Banküberweisung
g) Barkauf von Büromaterial
h) Eine (Kfz-)Reparatur wird bar bezahlt
i) Abschluss des Kontos „Vorsteuer"; Saldo wird auf das USt-Konto übertragen
j) Buchung des Warenmehrbestands

57 Ermitteln Sie die Geschäftsfälle, die den folgenden Buchungen zugrunde liegen.
a) 3010, 1410 / 1710
b) 1310 / 1010
c) 1010 / 8010, 1810
d) 4100 / 1310
e) 4020 / 1310
f) 1710 / 1310
g) 4810, 1410 / 1510
h) 4700, 1410 / 1510
i) 1810 / 1410
j) 3910 / 3110

Die Bücher der Finanzbuchhaltung lassen sich gliedern in **Systembücher** und in **Nebenbücher**.

58 In welche beiden großen Gruppen werden die Bücher der Finanzbuchhaltung unterteilt?

59 Welche Systembücher und welche Nebenbücher der Finanzbuchhaltung sind Ihnen bekannt?

Wie werden sie verwendet?

- **Systembücher**
  - Das **Grundbuch** (Journal/Tagebuch) erfasst sämtliche Geschäftsfälle in Form von Buchungssätzen in zeitlicher Reihenfolge.
  - Im **Hauptbuch** werden sämtliche Geschäftsfälle auf Sachkonten erfasst.

- **Nebenbücher**
  - Das **Kontokorrentbuch** erfasst auf einem speziellen Personenkonto den Geschäftsverkehr mit jedem einzelnen Kunden (Debitorenkonten) und Lieferer (Kreditorenkonten).
  - Das **Lager- oder Warenbuch** erfasst für jeden Artikel die Bestandsmehrungen und Bestandsminderungen, sodass jederzeit der mengenmäßige Buchbestand ermittelt werden kann.
  - Das **Wechselbuch** dient der Überwachung von Fälligkeitsterminen der vorhandenen Besitz- und Schuldwechsel.
  - Im **Lohn- und Gehaltsbuch** wird für jeden Arbeitnehmer ein entsprechendes Konto geführt. Es enthält Informationen über sämtliche mit der Entgeltzahlung zusammenhängenden Daten, wie den Bruttoverdienst, die Steuerabzüge (LSt, KiSt, Soli), die Steuerklasse, Steuerfreibetrag, Kinderfreibetrag, die Sozialversicherungsabgaben und den Überweisungsbetrag.
  - Das **Anlagenbuch** dient der Erfassung der Anlagegegenstände. Auf Anlagekarteien werden die Anschaffungskosten, die Nutzungsdauer, Abschreibung und Buchwert zum 31. Dezember festgehalten bzw. fortgeschrieben.
  - Aus dem **Kassenbuch** sind Informationen über alle Entnahmen und Ausgaben einer Kasse sowie deren Bestand zu entnehmen.

ReWe

Kaufmännische Steuerung und Kontrolle

60 Warum werden Nebenbücher geführt?

Die Nebenbücher erfassen den Buchungsinhalt für jeden einzelnen Beleg und ergänzen somit die zusammengefassten Buchungsinhalte des Hauptbuches.

61 Welche Inhalte werden im Kontokorrentbuch geführt?

Im **Kontokorrentbuch** wird eine Vielzahl von **Personenkonten**, getrennt nach den einzelnen Kunden und Lieferern, geführt, um auf diesem Weg eine bessere Kontrolle über die Höhe und Fälligkeit der einzelnen Verbindlichkeiten und Forderungen zu haben.

- **Kundenkonten** (Debitorenkonten): Erfasst werden **für jeden einzelnen Kunden** Forderungen aufgrund von Zielverkäufen und Kundenzahlungen.
- **Liefererkonten** (Kreditorenkonten): Erfasst werden **für jeden einzelnen Lieferer** Verbindlichkeiten aufgrund von Wareneinkäufen auf Ziel und Zahlungen an Lieferer.

62 Erläutern Sie den Zusammenhang zwischen Hauptbuch und Kontokorrentbuch.

Das Kontokorrentbuch erfasst alle Wertveränderungen auf den Personenkonten (Kreditoren und Debitoren) **im Einzelnen**. Sie werden gesammelt und i. d. R. monatlich auf die Hauptbuchkonten übertragen. Erst nach dieser Übertragung sind die beiden Konten „Forderungen a. LL" und „Verbindlichkeiten a. LL" abschlussfähig.

63 Im Rahmen der Belegbearbeitung müssen die Belege buchungsfertig aufbereitet werden.
a) Nennen Sie die Arbeiten im Rahmen der Belegvorbereitung.
b) Warum werden im Rahmen der Belegvorbereitung eine sachliche und eine rechnerische Prüfung durchgeführt?

a)
- Prüfung der Belege auf sachliche und rechnerische Richtigkeit
- Sortierung der Belege nach Belegarten.
- Nummerierung der Belege
- Vorkontierung der Belege mithilfe eines Kontierungsstempels

b) Bei Rechnungseingang muss im Rahmen der sachlichen Kontrolle überprüft werden, ob
- die gelieferte Ware tatsächlich bestellt wurde,
- die Ware termingerecht geliefert wurde,
- die in der Rechnung aufgeführte Ware auch geliefert wurde.

Die **rechnerische Prüfung** erstreckt sich auf die Suche nach Additions- und Multiplikationsfehlern, nach fehlerhaften Preisen und Rabattberechnungen.
Die **sachliche Prüfung** erstreckt sich auf die inhaltliche Richtigkeit der Rechnung, wie beispielsweise darauf, ob die gelieferte Ware überhaupt bestellt wurde, ob die in der Rechnung aufgelistete Ware tatsächlich geliefert wurde oder ob die Ware termingerecht angeliefert wurde.

Gutschrift

- Kontoauszüge
- Eingangsrechnungen von Lieferern
- Frachtbriefe
- Quittungen
- Geschäftsbriefe über Gutschriften, Warenrücksendungen oder Nachlässe

} **Fremdbelege**

- Belege über Privatentnahmen
- Kopien von Ausgangsrechnungen an Kunden
- Lohn- und Gehaltslisten
- Durchschriften von Quittungen
- Belege über Stornobuchungen

} **Eigenbelege**

Mit Rechnung HRE 245 stellt uns unser Lieferer in Rechnung:

	Waren	5.000,00 €
+	Verpackung	70,00 €
+	Fracht	110,00 €
		5.180,00 €
+	19 % Umsatzsteuer	984,20 €
		6.164,20 €

Buchung der Eingangsrechnung:

3010	Wareneingang	5000,00 €	
3020	Warenbezugskosten	180,00 €	
1410	Vorsteuer	984,20 €	
an	1710 Verbindlichkeiten a. LL		6.164,20 €

Umbuchung Bezugskosten:

| 3010 | Wareneingang | 180,00 € | |
| an | 3020 Warenbezugskosten | | 180,00 € |

Buchung:

1710	Verbindlichkeiten a. LL	83,30 €	
an	3020 Warenbezugskosten		70,00 €
an	1410 Vorsteuer		13,30 €

Zusammenfassung:
- Bei der Beschaffung der Ware fallen **Warenbezugskosten** an, wie z. B. Fracht, Verpackungskosten, Rollgeld, Transportversicherung, Zölle, Provision des Einkaufskommissionärs.
- Bezugskosten sind **Anschaffungsnebenkosten** und werden auf dem Konto „Warenbezugskosten" mit ihrem Nettowert gesondert erfasst.
- Das Konto „Warenbezugskosten" ist ein Unterkonto des Kontos „**Wareneingang**" und wird darüber abgeschlossen. Nach der Umbuchung weist das Wareneingangskonto die **Anschaffungskosten** (Bezugs- oder Einstandspreis) aus.
- Bei **Rückgabe** berechneter Verpackungen an den Lieferer wird der Vorgang als **Gutschrift** (Storno) gebucht; die Vorsteuer ist dabei entsprechend zu berichtigen.

✓ **ReWe**

64 Der wichtigste Grundsatz ordnungsmäßiger Buchführung lautet: Keine Buchung ohne Beleg!

Nennen Sie einige Beispiele für Belege.

65 Buchen Sie den Rechnungseingang für den nebenstehenden Geschäftsfall.

66 Die Verpackung wird zurückgegeben und vom Lieferer gutgeschrieben.

Buchen Sie.

ReWe

Kaufmännische Steuerung und Kontrolle

67 Ein Großhändler kauft Waren ein auf Ziel für 9.000,00 € netto (19 % Umsatzsteuer). Davon sind Waren im Nettowert von 700,00 € falsch und werden an den Lieferer zurückgeschickt.

Buchen Sie die entsprechenden Geschäftsfälle.

Buchung der Eingangsrechnung:

3010	Wareneingang	9.000,00 €	
1410	Vorsteuer	1.710,00 €	
an	1710 Verbindlichkeiten a. LL		10.710,00 €

Buchung der Rücksendung:

1710	Verbindlichkeiten a. LL	833,00 €	
an	3050 Rücksendungen an Lieferer		700,00 €
an	1410 Vorsteuer		133,00 €

Abschluss des Kontos „3050 Rücksendungen an Lieferer":

3050	Rücksendungen an Lieferer	700,00 €	
an	3100 Wareneingang		700,00 €

Zusammenfassung:
- **Warenrücksendungen** werden zur besseren Information mit dem Nettowert auf dem Konto „*3050 Rücksendungen an Lieferer*" (auf der Haben-Seite) erfasst.
- Das Konto „Rücksendungen an Lieferer" ist ein Unterkonto des Kontos „Wareneingang" und wird darüber abgeschlossen.
- Bei Rücksendungen an Lieferer ist die Vorsteuer anteilig zu korrigieren.

68 Aufgrund der Mängelrüge eines Großhändlers gewährt der Lieferer einen Preisnachlass von 300,00 € netto in Form einer Gutschrift; Umsatzsteuer 19 %.

Buchen Sie den Geschäftsfall (die Eingangsrechnung wurde bereits verbucht).

Buchung der Gutschrift beim Kunden, dem Großhändler:

1710	Verbindlichkeiten a. LL	357,00 €	
an	3060 Nachlässe von Lieferern		300,00 €
an	1410 Vorsteuer		57,00 €

Abschluss des Kontos „3060 Nachlässe von Lieferern":

3060	Nachlässe von Lieferern	300,00 €	
an	3100 Wareneingang		300,00 €

Zusammenfassung:
- **Nachlässe von Lieferern** werden zur besseren Information mit dem Nettowert auf dem Konto „*3060 Nachlässe von Lieferern*" (auf der Haben-Seite) erfasst.
- Das Konto „Nachlässe von Lieferern" ist ein Unterkonto des Kontos „Wareneingang" und wird darüber abgeschlossen.
- Das Vorsteuerkonto muss um den anteiligen Umsatzsteuerbetrag (im Haben) korrigiert werden.

69 Unser Lieferer gewährt uns am Jahresende einen Umsatzrabatt (Bonus) in Höhe von 4.000,00 € netto (19 % Umsatz-

Buchung der Bonusanzeige beim Kunden:

1710	Verbindlichkeiten a. LL	4.760,00 €	
an	3070 Liefererboni		4.000,00 €
an	1410 Vorsteuer		760,00 €

Abschluss des Kontos „3070 Liefererboni":

3070	Liefererboni	4.000,00 €	
an	3100 Wareneingang		4.000,00 €

Rechnungsbetrag

Zusammenfassung:
- **Boni beim Einkauf** werden zur besseren Information mit dem Nettowert auf dem Konto *„3070 Liefererboni"* (auf der Haben-Seite) erfasst.
- Das Konto „Liefererboni" ist ein Unterkonto des Kontos „Wareneingang" und wird darüber abgeschlossen.
- Das Vorsteuerkonto muss (auf der Haben-Seite) um den anteiligen Umsatzsteuerbetrag korrigiert werden.

Eingangsrechnung mit Sofortrabatt:

Waren	30.000,00 €
./. Mengenrabatt 25 %	7.500,00 €
= Nettorechnungsbetrag	22.500,00 €
+ Umsatzsteuer 19 %	4.275,00 €
= Bruttorechnungsbetrag	26.775,00 €

Buchung:

3010	Wareneingang	22.500,00 €	
1410	Vorsteuer	4.275,00 €	
an	1710 Verbindlichkeiten a. LL		26.775,00 €

- **Sofortrabatte** werden, sofern sie schon in der Eingangsrechnung berücksichtigt sind, **buchhalterisch nicht erfasst**.

ursprünglicher Rechnungsbetrag	**7.340,00 €**	100 %
./. 2 % Skonto	**146,80 €**	2 %
= Überweisungsbetrag	7.193,20 €	98 %

---

steuer) und erteilt uns hierüber eine Gutschriftsanzeige.

Buchen Sie den Geschäftsfall.

70 Ein Großhandelsunternehmen erhält von einem seiner Lieferer die nebenstehende Eingangsrechnung.

Buchen Sie sie aus Sicht des Großhandelsunternehmens.

71 Von einer Eingangsrechnunng wurden 2 % Skonto abgezogen. Der Restbetrag wurde anschließend per Banküberweisung beglichen und lautete über 7.193,20 €.

Wie hoch war
- der Rechnungsbetrag vor dem Abzug und
- der von dem Unternehmen in Abzug gebrachte Skontobetrag?

ReWe

Kaufmännische Steuerung und Kontrolle

72 Ein Lieferer gewährt seinem Kunden bei vorzeitiger Zahlung auf den Rechnungspreis (= Bruttobetrag) 2,5 % Skonto.

Buchen Sie den Geschäftsfall aus der Sicht des Kunden, wenn Skonto bei der Zahlung der Rechnung in Anspruch genommen wird.

Auszug aus der Eingangsrechnung ER 723:

Zieleinkauf von Waren, netto	15.000,00 €
+ Umsatzsteuer 19 %	2.850,00 €

Buchung beim Einkauf der Ware auf Ziel:

3010	Wareneingang	15.000,00 €	
1410	Vorsteuer	2.850,00 €	
an	1710 Verbindlichkeiten a. LL		17.850,00 €

Buchung des Zahlungsausgleichs beim Kunden:

1710	Verbindlichkeiten a. LL	17.850,00 €	
an	3080 Liefererskonti		375,00 €
an	1410 Vorsteuer		71,25 €
an	1310 Kreditinstitute		17.403,75 €

Abschluss des Kontos „3080 Lieferskonti":

3080	Lieferskonti	375,00 €	
an	3100 Wareneingang		375,00 €

Zusammenfassung:

- Vom Lieferer gewährte Skonti werden beim Kunden (Skonti beim Einkauf) zur besseren Information mit dem Nettowert auf dem Konto „3080 Lieferskonti" (auf der Haben-Seite) erfasst.
- Bei Skonti vom Lieferer ist die Vorsteuer anteilig zu korrigieren.
- Das Konto „Lieferskonti" ist ein Unterkonto des Kontos „Wareneingang" und wird darüber abgeschlossen.

73 Wie wird die Vorsteuer bei Gewährung von Lieferskonti korrekt anteilig korrigiert?

Anteilige Korrektur der Vorsteuer bei Lieferskonti:

Der abgezogene Bruttoskonto (Skontoabzug vom Rechnungsbetrag = 119 %) ist aufzuteilen in den Nettoskonto (100 %) und in die anteilige Umsatzsteuer (hier 19 %).

	Bruttorechnungsbetrag	17.850,00 €	→ 1710 Verbindlichkeiten a. LL
	Bruttoskonto (2,5 % vom Rechnungsbetrag)	**435,00 €**	
./.	Nettoskonto	375,00 €	→ 3080 Lieferskonti
./.	anteilige Umsatzsteuer	71,25 €	→ 1410 Vorsteuer
=	Überweisungsbetrag	17.403,75 €	→ 1310 Kreditinstitute

Frachtkosten

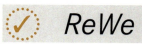

Rücksendungen, Preisnachlässe und Skonti reduzieren nachträglich die Bemessungsgrundlage der in der Eingangsrechnung ausgewiesenen Umsatzsteuer, sodass die auf die Entgeltminderung entfallene Vorsteuer zu korrigieren ist.

74 Erläutern Sie, warum bei Liefererskonti, Rücksendungen bei Falschlieferung und nachträglichen Preisnachlässen die Vorsteuer zu korrigieren ist.

EineTextilgroßhandlung verkauft Waren an einen Kunden **frei Haus**. Die **Transportkosten** belaufen sich auf 340,00 € netto zuzüglich 19 % Umsatzsteuer und werden vom Großhändler an das Transportunternehmen überwiesen.

Buchung der Frachtkostenrechnung „frei Haus":

4620	Ausgangsfrachten	340,00 €	
1410	Vorsteuer	64,60 €	
an	1310 Kreditinstitute		404,60 €

75 Nehmen Sie zu nebenstehendem Fallbeispiel die entsprechende Buchung der Vertriebskosten vor.

Buchung der Frachtkostenrechnung „ab Werk":

4620	Ausgangsfrachten	264,00 €	
1410	Vorsteuer	50,16 €	
an	1510 Kasse		314,16 €

Buchung des Warenverkaufs auf Ziel:
Vorüberlegung:

	Zielverkauf von Waren, netto	12.000,00 €
+	Transportkosten	264,00 €
		12.264,00 €
+	Umsatzsteuer 19 %	2.330,16 €
		14.594,16 €

1010	Forderungen a. LL	14.594,16 €	
an	8010 Warenverkauf		12.264,00 €
an	1810 Umsatzsteuer		2.330,16 €

76 Einem anderen Kunden werden ebenfalls Waren zugestellt, jedoch mit der Lieferbedingung „ab Werk". Der Großhändler zahlt zunächst die Frachtkostenrechnung bar, stellt diesen Betrag in Höhe von 314,16 € dem Kunden aber zusammen mit den Waren in Höhe von 14.280,00 € einschließlich 19 % Umsatzsteuer in Rechnung.

Buchen Sie diese Geschäftsfälle.

ReWe

Kaufmännische Steuerung und Kontrolle

77 Einer unserer Kunden gibt vereinbarungsgemäß Verpackungsmaterial im Wert von 220,00 € netto zurück. Wir schreiben ihm 80 % des Wertes zuzüglich 19 % Umsatzsteuer gut.

Buchen Sie den Geschäftsfall.

Buchung der Rücksendung:

8010	Warenverkauf	176,00 €	
1710	Umsatzsteuer	33,44 €	
an	1410 Forderungen a.LL		209,44 €

78 Ein Kunde hat unsere Ausgangsrechnung unter Abzug von 2,5 % Skonto vorzeitig beglichen. Auf unserem Bankkonto sind daraufhin 21.464,63 € eingegangen. Berechnen Sie
a) den ursprünglichen Rechnungsbetrag,
b) den Bruttoskontobetrag,
c) den Nettoskontobetrag,
d) den Betrag der Umsatzsteuerkorrektur.

a) 22.015,00 €
b) 550,37 €
c) 462,50 €
d) 87,87 €

79 Wie und wo werden Vertriebskosten verbucht?

Vertriebskosten wie „4500 Ausgangsfrachten", „4610 Verpackungsmaterial", „4500 Vertriebsprovisionen" und „4630 Gewährleistungen" stellen **für den Lieferer betrieblichen Aufwand** dar und werden auf den entsprechenden Aufwandskonten (auf der Soll-Seite) erfasst.

Werden die Vertriebskosten dem Kunden zusammen mit den Waren in Rechnung gestellt, erfolgt die Buchung mit dem Nettowert **direkt über das Warenverkaufskonto.**

156

Gutschrift

Buchung beim Verkauf der Ware:
1010	Forderungen a. LL	3.570,00 €	
an	8010 Warenverkauf		3.000,00 €
an	1810 Umsatzsteuer		570,00 €

Buchung der Rücksendung durch den Kunden:
8050	Rücksendungen von Kunden	200,00 €	
1810	Umsatzsteuer	38,00 €	
an	1010 Forderungen a. LL		238,00 €

Abschluss des Kontos „8050 Rücksendungen von Kunden":
8010	Warenverkauf	200,00 €	
an	8050 Rücksendungen von Kunden		200,00 €

Zusammenfassung:
- **Warenrücksendungen von Kunden** wegen beispielsweise falscher oder mangelhafter Lieferung werden zur besseren Information mit dem Nettowert auf dem Konto „*3080 Rücksendungen von Kunden*" auf der Soll-Seite erfasst.
- Das Konto „Rücksendungen von Kunden" ist ein Unterkonto des Kontos „Warenverkauf" und wird darüber abgeschlossen.
- Bei Rücksendungen von Kunden ist die Umsatzsteuer anteilig zu korrigieren. Dadurch reduziert sich die Umsatzsteuerschuld gegenüber dem Finanzamt.

Buchung der dem Kunden erteilten Gutschrift:
8060	Nachlässe an Kunden	150,00 €	
1810	Umsatzsteuer	28,50 €	
an	1010 Forderungen a. LL		178,50 €

Abschluss des Kontos „8060 Nachlässe an Kunden":
8010	Warenverkauf	150,00 €	
an	8060 Nachlässe an Kunden		150,00 €

Zusammenfassung:
- **Nachlässe an Kunden** werden zur besseren Information mit dem Nettowert auf dem Konto „*8060 Nachlässe an Kunden*" auf der Soll-Seite erfasst.
- Das Konto „Nachlässe von Kunden" ist dagegen ein Unterkonto des Kontos „Warenverkauf" und wird darüber abgeschlossen.
- Bei Nachlässen von Kunden ist die Umsatzsteuer anteilig zu korrigieren. Dadurch reduziert sich die Umsatzsteuerschuld gegenüber dem Finanzamt.

---

80 Ein Großhändler verkauft Waren auf Ziel für 3.000,00 € netto (19 % Umsatzsteuer). Davon sind Waren im Nettowert von 200,00 € falsch geliefert worden und werden an den Großhändler zurückgeschickt. Der Großhändler schreibt daraufhin den Gegenwert der beanstandeten Waren dem Kunden gut.

Buchen Sie die Geschäftsfälle aus der Sicht des Großhändlers.

81 Aufgrund der Mängelrüge eines Kunden gewährt eine Großhandlung einen Preisnachlass in Höhe von 150,00 € netto in Form einer Gutschriftsanzeige.

Buchen Sie den Geschäftsfall (die Ausgangsrechnung wurde bereits verbucht).

ReWe Kaufmännische Steuerung und Kontrolle

82 Eine Großhandlung gewährt einem ihrer Kunden für bezogene Waren im Nettowert von 70.000,00 € einen Bonus von 2 %.

Bilden Sie den Buchungssatz aus der Sicht des Großhändlers.

Buchung des dem Kunden gewährten Bonus:

8070	Kundenboni	1.400,00 €	
1810	Umsatzsteuer	266,00 €	
an	1010 Forderungen a. LL		1.666,00 €

Abschluss des Kontos „8070 Kundenboni":

8010	Warenverkauf	1.400,00 €	
an	8070 Kundenboni		1.400,00 €

Zusammenfassung:
- **Boni beim Verkauf** werden zur besseren Information mit dem Nettowert auf dem Konto *„8070 Kundenboni"* (auf der Soll-Seite) erfasst.
- Das Konto „Kundenboni" ist ein Unterkonto des Kontos „Warenverkauf" und wird darüber abgeschlossen.
- Bei Boni an Kunden ist die Umsatzsteuer anteilig zu korrigieren. Dadurch reduziert sich die Umsatzsteuerschuld gegenüber dem Finanzamt.
- Ein Bonus kann sowohl in Form einer Gutschrift als auch in einer Geldzahlung geleistet werden.
- **Sofortrabatte** werden, sofern sie schon in der Verkaufsrechnung berücksichtigt sind, buchhalterisch **nicht erfasst**.

83 Buchen Sie nebenstehenden Geschäftsfall aus der Sicht des Großhändlers (Lieferers).

Ein Großhändler gewährt seinem Kunden bei vorzeitiger Zahlung auf den Rechnungspreis (= Bruttobetrag) 2 % Skonto. Der Kunde nimmt diesen Skonto in Anspruch und überweist den um Skonto verminderten Rechnungspreis.

	Zielverkauf von Waren, netto	11.000,00 €
+	Umsatzsteuer 19 %	2.090,00 €
=	Rechnungspreis	13.090,00 €

Buchung beim Verkauf der Ware auf Ziel:

1010	Forderungen	13.090,00 €	
an	8010 Warenverkauf		11.000,00 €
an	1810 Umsatzsteuer		2.090,00 €

Buchung des Zahlungsausgleichs beim Großhändler:

1310	Kreditinstitute	12.828,20 €	
8080	Kundenskonti	220,00 €	
1810	Umsatzsteuer	41,80 €	
an	1010 Forderungen a. LL		13.090,00 €

Abschluss des Kontos „8080 Kundenskonti":

8010	Warenverkauf	220,00 €	
an	8080 Kundenskonti		220,00 €

Zusammenfassung:
- Vom Lieferer an den Kunden gewährte Skonti (Skonti beim Verkauf) werden beim Lieferer zur besseren Information mit dem Nettowert auf dem Konto *„8080 Kundenskonti"* (auf der Soll-Seite) erfasst.

Löhne und Gehälter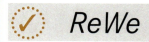

- Bei Kundenskonti ist die Umsatzsteuer anteilig zu korrigieren.
- Das Konto „Kundenskonti" ist ein Unterkonto des Kontos „Wareneingang" und wird darüber abgeschlossen. Durch Kundenskonti werden die Umsatzerlöse gemindert.

Der abgezogene Bruttoskonto (Skontoabzug vom Rechnungsbetrag = 119 %) ist aufzuteilen in den Nettoskonto (100 %) und in die anteilige Umsatzsteuer (hier 19 %).

Bruttorechnungsbetrag	13.090,00 €	→ 1010 Forderungen a. LL
Bruttoskonto (2,0 % vom Rechnungsbetrag)	261,80 €	
./. Nettoskonto	220,00 €	→ 8080 Kundenskonti
./. anteilige Umsatzsteuer	41,80 €	→ 1810 Umsatzsteuer
= Überweisungsbetrag	12.828,20 €	→ 1310 Kreditinstitute

84 Wie wird die Umsatzsteuer bei Gewährung von Kundenskonti korrekt anteilig korrigiert?

2.1.2 Buchungen im Personalbereich

2.1.2.1 Buchung der Löhne und Gehälter

Der Kaufmännische Angestellte Frank Huber ist verheiratet und hat eine vierjährige Tochter. Seine Frau ist nicht mehr berufstätig und bezieht daher auch keinen Arbeitslohn. Familie Huber gehört der katholischen Kirche an.

Gehaltsabrechnung von Herrn Huber (in €):

Bruttogehalt	3.800,00
./. LSt, KiSt, Soli	523,74
./. Sozialversicherungsanteil	768,48
= **Nettogehalt** (≙ Überweisungsbetrag)	**2.507,78**

Sozialversicherungsanteil des Arbeitgebers   735,41 €

85 Buchen Sie die Gehaltsabrechnung für Herrn Huber, wenn nebenstehende Daten zugrunde liegen.

(1) Buchung des Bankeinzugs der SV-Beiträge (AG- und AN-Anteil)
    1170 SV-Vorauszahlung   1.503,89
    an   1310 Kreditinstitute   1.503,89

(2) Buchung der Gehaltszahlung

		Soll	Haben
4020	Gehälter	3.800,00	
an	1310 Kreditinstitute		2.507,78
an	1910 Verbindlichkeiten aus Steuern		523,74
an	1160 SV-Vorauszahlung		768,48

Fortsetzung Seite 160

Kaufmännische Steuerung und Kontrolle

Fortsetzung von Seite 159

(3) Buchung des Arbeitgeberanteils zur Sozialversicherung

		Soll	Haben
4040	Gesetzliche soziale Aufwendungen	735,41	
an	1170 SV-Vorauszahlung		735,41

(4) Buchung der Überweisung der einbehaltenen und noch abzuführenden Steuern an das Finanzamt

		Soll	Haben
1910	Verbindlichkeiten aus Steuern	523,74	
an	1310 Kreditinstitute		523,74

Zusammenfassung:

- Die abgebuchte Vorauszahlung der Sozialversicherungsbeiträge (Arbeitgeber- **und** Arbeitnehmeranteil) wird auf dem Verrechnungskonto *„1170 SV-Vorauszahlung"* (im Soll) erfasst und bei der späteren Gehaltsbuchung (siehe Buchungssatz 2) und der Buchung des Arbeitgeberanteils zur Sozialversicherung (siehe Buchungssatz 3) verrechnet.
- Das Gehalt von Herrn Huber wird als **Personalkosten** auf dem Konto *„4020 Gehälter"* gebucht.
- Herr Huber erhält sein Nettogehalt in Höhe von 2.507,78 € überwiesen. Der Betrag wird vom Geschäftskonto des Großhändlers abgebucht (Haben-Buchung auf dem Konto *„1310 Kreditinstitute"*).
- Der von der Krankenkasse abgebuchte Arbeitnehmeranteil zur Sozialversicherung (siehe Buchung 1) wird auf dem Konto *„1170 SV-Vorauszahlung"* (im Haben) erfasst.
- Die vom Arbeitgeber einbehaltenen Steuerabzüge werden auf dem passiven Bestandskonto *„1910 Verbindlichkeiten aus Steuern"* gebucht und bis zum 10. des Folgemonats an das Finanzamt überwiesen (siehe Buchungssatz 4).

86 Der Angestellte Kevin Schüttler, 26 Jahre alt, ledig, kinderlos, erhält ein steuer- und sozialversicherungspflichtiges Bruttogehalt in Höhe von 2.150,00 €.

Berechnen Sie die einzelnen Beiträge zur Sozialversicherung, die Herrn Schüttler von seinem Gehalt abgezogen werden.

Sozialversicherungszweige	Beitragssätze	Zusatzbeitrag für Arbeitnehmer	Beitragsbemessungsgrenzen
Rentenversicherung	19,9 %		5.500,00 € West
Arbeitslosenversicherung	2,8 %		4.650,00 € Ost
Krankenversicherung	14,9 %	0,90 %	3.750,00 €
Pflegeversicherung	1,95 %	0,25 %	

Umsatzprovision

Lösung:

Sozialversicherungs-zweige	Beitragssätze AN	Sozialversicherungs-beiträge
Rentenversicherung	9,95 %	213,93 €
Arbeitslosenversicherung	1,4 %	30,10 €
Krankenversicherung	7,9 % (7,0 % + 0,90 %)	169,85 €
Pflegeversicherung	1,225 % (0,975 % + 0,25 %)	26,34 €

Die Beiträge zur Renten-, Kranken-, Pflege- und Arbeitslosenversicherung werden grundsätzlich vom Arbeitgeber und Arbeitnehmer **je zur Hälfte** getragen.
Zu beachtende Ausnahmen:
- **Zusätzlicher Beitragssatz in der Krankenversicherung**
  Für alle Mitglieder der gesetzlichen Krankenversicherung wird ein **zusätzlicher Beitragssatz in Höhe von 0,9 %** auf die beitragspflichtigen Einnahmen erhoben. Dieser Prozentsatz setzt sich zusammen aus einem Sonderbeitrag von 0,4 % für Zahnersatz und 0,5 % für das Krankengeld. Die Zusatzbeiträge sind **vom Arbeitnehmer allein** zu tragen.
  Bei einem Beitragssatz der Krankenkasse von 14,9 % bezahlt der Arbeitgeber 7,0 %, der Arbeitnehmer 7,0 % + 0,9 % = 7,9 %.
- **Beitragssatz in der Pflegeversicherung**
  Der Beitragssatz in der gesetzlichen Pflegeversicherung beträgt 1,95 %. **Kinderlose, die das 23. Lebensjahr vollendet haben, zahlen zusätzlich 0,25 %.**

Grundsätzlich gilt, dass die Beiträge zur Renten-, Kranken-, Pflege- und Arbeitslosenversicherung prozentual vom sozialversicherungspflichtigen Arbeitsentgelt erhoben werden. Die Beiträge steigen daher mit dem Bruttolohn.
Ist das sozialversicherungspflichtige Arbeitsentgelt höher als die **Beitragsbemessungsgrenze,** wird zur Beitragsberechnung nur die Beitragsbemessungsgrenze des jeweiligen Sozialversicherungszweigs herangezogen. Der Teil des Gehalts/Lohnes, der die Beitragsbemessungsgrenze übersteigt, wird **nicht berücksichtigt.**

Beachten Sie dabei die Informationen in der Tabelle auf Seite 160.

Provision:

$$PW = \frac{Grundwert \cdot Prozentsatz}{100} = \frac{48.700{,}00 \cdot 1{,}6}{100} = 779{,}20 \; €$$

+ **Grundgehalt**   1.800,00 €

= Bruttogehalt Monat März   2.579,20 €

87 Eine Angestellte erhält neben ihrem monatlichen Gehalt von 1.800,00 € brutto eine Umsatzprovision in Höhe von 1,6 %. Im Monat März erzielte sie einen Umsatz in Höhe von 48.700,00 €. Ermitteln Sie das Bruttogehalt der Angestellten für diesen Monat.

ReWe

Kaufmännische Steuerung und Kontrolle

88 Das derzeitige Gehalt des halbtags beschäftigten Armin Reichelt, Sachbearbeiter im Rechnungswesen eines Großhandelsunternehmens, beträgt 1.800,00 € brutto. Berechnen Sie sein ursprüngliches Gehalt, wenn folgende Ereignisse zu berücksichtigen sind:
– Herr Schwarz hatte vor 9 Monaten eine Gehaltserhöhung in Höhe von 3,5 % erhalten,
– danach (6 Monate später) wurde sein Gehalt um 33 $\frac{1}{3}$ % gekürzt, weil sich Herr Schwarz entschloss, weniger Stunden zu arbeiten, um sich als alleinerziehender Vater noch intensiver seinem kleinen Sohn widmen zu können.

	ursprüngliches Gehalt	**2.608,70 €**	100,0 %	
+	Erhöhung	91,30 €	3,5 %	
=	neues Gehalt	2.700,00 €	103,5 %	– 100 %
./.	Einbuße	900,00 €		33 $\frac{1}{3}$ %
=	derzeitiges Gehalt	1.800,00 €		133 $\frac{1}{3}$ %

Anschaffungen von Anlagegegenständen

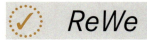

2.1.3 Buchungen im Anlagebereich

2.1.3.1 Anschaffungen von Anlagegegenständen

Vorüberlegung:
Bevor die Buchung erfolgen kann, müssen die Anschaffungskosten bzw. der Brutto-Rechnungsbetrag ermittelt werden:

	Anschaffungspreis der Hebebühne, netto	22.000,00 €
./.	Rabatt 10 %	2.200,00 €
=		19.800,00 €
+	Anschaffungsnebenkosten:	
	– Transportkosten	900,00 €
	– Montagekosten	700,00 €
=	**Anschaffungskosten**	**21.400,00 €**
+	Umsatzsteuer 19 %	4.066,00 €
=	**Rechnungsbetrag (brutto)**	**25.466,00 €**

- Der **Anschaffungspreis** ist der Kaufpreis gemäß Rechnung ohne Umsatzsteuer (= Nettowert des Anlagegutes).

- Der **Brutto-Rechnungsbetrag** enthält zusätzlich die Umsatzsteuer.

Buchung der Eingangsrechnung:

0310	Technische Anlagen und Maschinen	21.400,00 €	
1410	Vorsteuer	4.066,00 €	
an	1710 Verbindlichkeiten a. LL		25.466,00 €

Ermitteln Sie zu folgendem Geschäftsfall

a) die Anschaffungskosten und
b) den Brutto-Rechnungsbetrag und buchen Sie die Eingangsrechnung.

Eine Textilgroßhandlung kauft im Februar eine neue Hebebühne für das Lager zum Kaufpreis von 22.000,00 € netto zuzüglich 19 % Umsatzsteuer auf Ziel.

Der Hersteller gewährt der Großhandlung 10 % Rabatt auf den Anschaffungspreis. Darüber hinaus werden der Großhandlung Transportkosten in Höhe von 900,00 € netto und 700,00 € Montagekosten netto in Rechnung gestellt.

Kaufmännische Steuerung und Kontrolle

90 Erfassen Sie den Rechnungsausgleich buchhalterisch, wenn folgende Voraussetzung gegeben ist: Der Rechnungsausgleich erfolgt 10 Tage nach Rechnungseingang durch Banküberweisung. Dabei werden 2 % Skonto berücksichtigt.

Rechnungsausgleich:

	Anschaffungskosten	21.400,00 €
./.	Skonto 2 % (= Nettoskonto)	428,00 €
=	**verminderte Anschaffungskosten**	**20.972,00 €**

Buchung beim Rechnungsausgleich:

1710	Verbindlichkeiten a. LL	25.466,00 €	
an	**0310 TA und Maschinen**		428,00 €
an	1410 Vorsteuer (Steuerberichtigung)		81,32 €
an	1310 Kreditinstitute		24.956,68 €

Zusammenfassung:
- Beim Erwerb von Anlagegütern sind sie mit ihren Anschaffungsnebenkosten zu erfassen.
- Vom Anschaffungspreis werden zunächst die Anschaffungspreisminderungen subtrahiert, wie z. B. Rabatte, Skonti und Boni.
- Anschließend werden die Anschaffungsnebenkosten addiert.
- Durch den Skontoabzug beim Rechnungsausgleich verringern sich nachträglich die Anschaffungskosten in Höhe des Nettowertes des abgezogenen Skontobetrags und damit gleichzeitig die Bemessungsgrundlage für die Abschreibungen.
- Die aktivierungspflichtigen Anschaffungskosten bilden die Bemessungsgrundlage für die Abschreibung:

    Anschaffungspreis netto
./. Anschaffungspreisminderungen
\+ Anschaffungsnebenkosten

= **aktivierungspflichtige Anschaffungskosten**

91 Was zählt zu den Anschaffungsnebenkosten, was nicht?

Zu den **Anschaffungsnebenkosten** gehören z. B. die Transportkosten, Fundamentierungs- und Montagekosten, Transportversicherung, Zulassungskosten, Notariatskosten, Grunderwerbsteuer und Grundbuchgebühren.

Nicht zu den Anschaffungsnebenkosten gehören Finanzierungskosten.

Abschreibungsbetrag und -satz

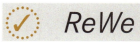

2.1.3.2 Abschreibungen auf Sachanlagen

Da diese Anlagegüter dem Großhändler über *viele Jahre zur Nutzung* zur Verfügung stehen, verlieren sie an Wert.
Ursachen der Wertminderung:

- **Verbrauchsbedingt** *(technische Entwertung):*
  - Abnutzung durch Gebrauch
  - natürlicher Verschleiß, z. B. durch Witterungs- und Temperatureinflüsse, durch Verrosten oder Zersetzen

- **Wirtschaftlich bedingt:** Wertminderung infolge
  - *technischen Fortschritts,* wie die Entwicklung von neuen, verbesserten Anlagen,
  - *von Nachfrageverschiebungen,* wie Änderungen der Mode, des Geschmacks oder der Verbrauchergewohnheiten

92 Warum werden Sachanlagen wie z. B. bebaute Grundstücke, Ladenausstattung, Kassensysteme, Lagerausstattung, Fuhrpark, Büromaschinen und Büromöbel abgeschrieben?

Die Abkürzung AfA ist ein steuerlicher Begriff und steht für „Absetzung für Abnutzung".

93 Was bedeutet die Abkürzung AfA?

Die Wertminderung der Anlagegüter, die im Lauf der Zeit eintritt, muss für jedes einzelne Geschäftsjahr erfasst und **als Aufwand verrechnet** werden, um den Gewinn des Unternehmens periodengerecht ermitteln zu können.
Da sich das Finanzamt am Gewinn mit gewinnabhängigen Steuern (Einkommensteuer, Gewerbesteuer) orientiert, mindern Abschreibungen als Aufwand den steuerpflichtigen Gewinn und dadurch die gewinnabhängigen Steuern.

94 Welche wirtschaftliche Bedeutung haben Abschreibungen für das Großhandelsunternehmen?

Jährlicher Abschreibungs**betrag:**

$$\frac{\text{Anschaffungskosten (netto)}}{\text{Gesamtnutzungsdauer}}$$

$$= \frac{48.890{,}00\ €}{6\ \text{Jahre}} = \underline{8.148{,}33\ €}$$

Jährlicher Abschreibungs**satz:**

$$\frac{100\ \%}{\text{Gesamtnutzungsdauer}}$$

$$= \frac{100}{6}\ \% = \underline{16{,}67\ \%}$$

95 Die Anschaffungskosten eines neuen Firmen-Pkw betragen brutto 58.179,10 €. Die Nutzungsdauer wird unter Berücksichtigung der amtlichen AfA-Tabelle mit 6 Jahren festgelegt. Berechnen Sie den jährlichen Abschreibungsbetrag und den jährlichen Abschreibungssatz.

ReWe

96 Berechnen Sie zu nebenstehender Ausgangssituation den jährlichen Abschreibungsbetrag und buchen Sie die Wertminderung.

Kaufmännische Steuerung und Kontrolle

Ausgangssituation (Fortsetzung des Beispiels von Seite 163):

Soll	0310 TA und Maschinen	Haben
21.400,00		428,00

- Die aktivierungspflichtigen Anschaffungskosten in Höhe von 20.972,00 € für die Hebebühne bilden die Grundlage für die Abschreibungen.
- Das Anlagegut hat eine Nutzungsdauer von 8 Jahren und wird <u>linear</u> abgeschrieben.

Lösung:
- **Jährlicher Abschreibungsbetrag** *bei linearer Abschreibung:*

$$\frac{\text{Anschaffungskosten}}{\text{Nutzungsdauer (in Jahren)}} = 2.621{,}50 \ €$$

Buchung der Abschreibung am Ende des ersten Nutzungsjahres:

4910	Abschreibungen auf Sachanlagen	2.621,50	
an	0310 TA und Maschinen		2.621,50

Buchung bei Abschluss des Kontos „Abschreibungen":

9300	Gewinn- und Verlustkonto	2.621,50	
an	4910 Abschreibungen auf Sachanlagen		2.621,50

Zusammenfassung:
- **Abschreibung** wird der buchhalterische Vorgang genannt, mit dem man die Wertminderungen der Anlagegüter erfasst.
- Bewegliche Wirtschaftsgüter des Anlagevermögens mit Anschaffungskosten von mehr als 1.000,00 € netto und einer Nutzungsdauer von mehr als einem Jahr sind über die gesamte Laufzeit abzuschreiben.
- Bei der **linearen Abschreibung** wird mit gleichbleibenden Beträgen bzw. mit gleichem Prozentsatz von den Anschaffungskosten des Anlagegegenstandes abgeschrieben:

$$\text{Abschreibungsprozentsatz} = \frac{100}{\text{Nutzungsdauer}}$$

- Nach Ablauf der Nutzungsdauer ist der Anlagegegenstand bei der linearen Abschreibungsmethode voll abgeschrieben.
- Bei der **degressiven AfA** wird der Buch- oder Restwert des Anlagegegenstandes als Bemessungsgrundlage gewählt (Buchwert-AfA).

$$\text{Abschreibungsbetrag bei degressiver Abschreibungsmethode} = \frac{\text{Buchwert} \cdot \text{Abschreibungsbetrag}}{100}$$

- Bei **degressiver Abschreibungsmethode** werden die Abschreibungsbeträge von Jahr zu Jahr niedriger. Eine volle Abschreibung bis zum Restbuchwert von null wird daher nicht erreicht.
- Für Anlagegüter, die bis zum 31.12.2005 angeschafft wurden, darf der degressive Abschreibungssatz 20 % oder das Doppelte des linearen Satzes nicht übersteigen.

Geringwertige Wirtschaftsgüter

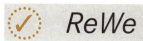

- Für Anlagegüter, die zwischen dem 01.01.2006 und dem 31.12.2007 angeschafft wurden, darf der Prozentsatz höchstens das Dreifache des linearen Satzes betragen und 30 % nicht übersteigen (§ 7 Abs.2 EStG und § 254 HGB).
- Für Gegenstände des Anlagevermögens, die vom 1. Januar 2008 bis zum 31. Dezember 2008 angeschafft wurden, ist nur noch die lineare Abschreibung nach den amtlichen AfA-Tabellen möglich.
- Ab dem 01.01.2009 angeschaffte bewegliche Wirtschaftsgüter dürfen – zunächst für 2 Jahre – mit dem 2,5-fachen Satz der linearen Abschreibung, maximal aber mit 25 %, degressiv abgeschrieben werden.
- Der Abschreibungsbetrag errechnet sich ab dem Monat des Erwerbs (monatsgenaue Abschreibung). *Beispiele:*
  Kauf am 02.12.: Abschreibung ➡ Abschreibungsprozentsatz · $^1/_{12}$
  Kauf am 17.05.: Abschreibung ➡ Abschreibungsprozentsatz · $^8/_{12}$
- Ein Anlagegegenstand wird mit einem Erinnerungswert von 1,00 € aktiviert, wenn er nach vollständiger Abschreibung weiterhin im Unternehmen genutzt wird.

Normalerweise können die Anschaffungskosten von Wirtschaftsgütern nur verteilt auf die Nutzungsdauer steuermindernd geltend gemacht werden. Eine Ausnahme gilt für geringwertige Wirtschaftsgüter (GWG). Sie werden in drei Gruppen eingeteilt:

Was sind geringwertige Wirtschaftsgüter? 97

- **Wirtschaftsgüter bis einschließlich 150,00 € netto**
  Wirtschaftsgüter, deren Anschaffungswert 150,00 € netto **nicht übersteigt,** werden im Jahr ihrer Anschaffung **sofort** in voller Höhe zu Aufwand. Die 150,00 € sind **Nettobeträge.** Im Ergebnis können daher Wirtschaftsgüter, die weniger als 178,50 € inklusive 19 % Mehrwertsteuer kosten, sofort im Jahr der Bezahlung als Aufwand gebucht werden.

- **Wirtschaftsgüter über 150,00 € bis einschließlich 1.000,00 € netto**
  Abnutzbare bewegliche und selbstständig nutzbare Wirtschaftsgüter des Anlagevermögens im Wert von mehr als 150,00 € bis maximal 1.000,00 € netto werden in einen **jahrgangsbezogenen Sammelposten** zusammengefasst (auch *Poolbildung* genannt). Die Bildung des Sammelpostens ist zwingend vorgeschrieben.
  Jeder Pool wird **wie ein einzelnes Wirtschaftsgut** behandelt und über einen Zeitraum von **5 Jahren linear** (= 20 % p. a.) abgeschrieben. Die tatsächliche bzw. betriebsübliche Nutzung spielt im Rahmen dieser *pauschalen Abschreibung* keine Rolle. Insofern ist es auch gleichgültig, ob sich ein bestimmtes Anlagegut noch im Unternehmen befindet, ob es bereits verkauft worden ist oder ob sich sein Wert gemindert hat – der Wert des Sammelpostens wird hierdurch nicht beeinflusst. Diese Regelung gilt auch für gebraucht angeschaffte Wirtschaftsgüter.

- **Wirtschaftsgüter über 150,00 € bis einschließlich 410,00 €**
  Ab 2010 gilt für abnutzbare bewegliche Wirtschaftsgüter des Anlagevermögens, die netto über 150,00 € und bis 410,00 € kosten, ein **Wahlrecht je Wirtschaftsjahr:** Ihre Anschaffungskosten dürfen weiterhin in einen Pool (Sammelposten) eingestellt oder aber in voller Höhe als Betriebsausgaben abgesetzt werden (§ 6 Abs. 2 EStG). Ob die Sofort- oder Sammelabschreibung günstiger ist, hängt von der aktuellen und zukünftigen Gewinnsituation des Unternehmens ab. Denn wenn für ein Wirtschaftsgut die 410,00-€-Regel angewandt wurde, ist für alle weiteren angeschafften Wirtschaftsgüter ein Wechsel innerhalb dieses Jahres zum Sammelposten nicht möglich. Für jedes Wirtschaftsgut ist jetzt die gleiche Regel anzuwenden.

Fortsetzung Seite 168

ReWe

Kaufmännische Steuerung und Kontrolle

Fortsetzung von Seite 167

Typische geringwertige Wirtschaftsgüter sind Büromöbel wie Schreibtischstühle, Bücherschränke, Bürolampen, Diktiergeräte, Software und Ähnliches. Voraussetzung für die Berücksichtigung als Aufwand im Anschaffungsjahr ist stets, dass ein geringwertiges Wirtschaftsgut **selbstständig** *(für sich allein)* **nutzungsfähig** ist. Das ist nicht der Fall, wenn ein Wirtschaftsgut nur zusammen mit anderen Wirtschaftsgütern genutzt werden kann (z. B. Drucker oder Tastatur). Derartige nicht selbstständig nutzbare Wirtschaftsgüter werden nicht auf dem Sammelposten erfasst. Sie sind aber selbstständig aktivierbar und werden daher – auch wenn der Wert unter 1.000,00 € liegt – entsprechend der amtlichen AfA-Tabelle linear abgeschrieben. Im Rahmen des Wachstumsbeschleunigungsgesetzes ist ab Januar 2010 ein Wahlrecht hinsichtlich der Abschreibung von geringwertigen Wirtschaftsgütern vorgesehen, allerdings müssen diese Wirtschaftgüter von 150,01 € bis zu 410,00 € (im Nettowert) in einem laufend zu führenden Verzeichnis erfasst werden. Eine Poolabschreibung dieser Beträge (150,01 € bis 410,00 €) ist auch weiterhin möglich, das Wahlrecht ist jedoch jährlich anzuwenden.

98 Wie werden geringwertige Wirtschaftsgüter gebucht?

Buchen Sie die folgenden Geschäftsfälle im Jahr 1:
– 15.01. Kauf eines Regalschrankes gegen Bankscheck 370,00 € + 70,30 € USt;
– 25.01. Kauf eines Schreibtisches auf Ziel 850,00 € + 161,50 € USt.

- **Buchung bei der Anschaffung:**

(1)	0381	Sammelposten GWG Jahr 1	370,00 €	
	1410	Vorsteuer	70,30 €	
	an	1310 Kreditinstitute		440,30 €
(2)	0381	Sammelposten GWG Jahr 1	850,00 €	
	1410	Vorsteuer	161,50 €	
	an	1710 Verbindlichkeiten a.LL		1.011,50 €

- **Buchungen zum Jahresschluss:**

(3)	4911	Abschreibungen auf GWG	244,00 €	
	an	0381 Sammelposten GWG Jahr 1		244,00 €
(4)	9400	SBK	976,00 €	
	an	0381 Sammelposten GWG Jahr 1		976,00 €

S	0381 Sammelposten GWG Jahr 1	H
(1) 370,00	(3) 244,00	
(2) 850,00	(4) SBK 976,00	
1.220,00	1.220,00	

S	1410 Vorsteuer	H
(1) 70,30		
(2) 161,50		

S	4911 Abschreibungen auf GWG	H
(3) 244,00		

Abschreibung 20 %

S	1310 Kreditinstitute	H
AB 27.000,00	(1) 440,30	

S	9400 SBK	H
GWG J1 (4) 976,00		

S	1710 Verb. a. LL	H
	AB 49.000,00	
	(2) 1.011,50	

GWG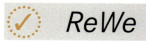

Im Folgejahr 2 wird Anfang Januar das „Sammelposten GWG Jahr 1" wie alle anderen Bestandskonten eröffnet. Am Ende des Jahres wird es, nachdem die Abschreibungen (20 % linear = 244,00 €) erfasst sind, erneut über das SBK abgeschlossen.

Geschäftsjahr 2

S	0381 Sammelposten GWG Jahr 1		H
AB 1.1. J2	976,00	Abschr. GWG SBK	244,00 732,00
	976,00		976,00

S	4911 Abschreibungen auf GWG	H
GWG J1	244,00	

Das Konto „Sammelposten GWG Jahr 1" wird insgesamt **5 Jahre** bis zum Ende des 5. Jahres geführt, bis die letzte Abschreibung in Höhe von 244,00 € durchgeführt wurde (5 Jahre · 244,00 € = 1.220,00 €). Am Ende des 5. Jahres weist das Konto „Sammelposten GWG Jahr 1" daher einen Wert von 0,00 € aus und wird im Jahresabschluss des 5. Jahres nicht mehr ausgewiesen.
Anschaffungen von Wirtschaftsgütern im Wert von mehr als 150,00 € bis einschließlich 1.000,00 € werden <u>im Jahr 2</u> auf dem neuen „Sammelposten GWG Jahr 2" erfasst.

Da Skonti die Anschaffungskosten mindern, ist der Betrag maßgebend, der sich nach deren Abzug ergibt, hier: 999,37 €. Der angeschaffte PC ist daher ein geringwertiges Wirtschaftsgut, da er selbstständig nutzbar ist und ohne Umsatzsteuer weniger als 1.000,00 € kostet. Der Kauf wird auf dem Konto „Sammelposten GWG" des betreffenden Jahres erfasst, da das Wirtschaftsgut mehr als 150,00 € kostet.

		1.025,00 €
./.	2,5 % Skonto	25,63 €
=		999,37 €
+	19 % USt	189,88 €
=		1.189,25 €

99 Begründen Sie, ob ein Großhandelsunternehmen den Kauf des folgenden PC einschließlich Monitor und Tastatur als geringwertiges Wirtschaftsgut behandeln kann.

4810	Bürobedarf	29,00 €	
1410	Vorsteuer	5,51 €	
an	1510 Kasse		34,51 €

100 Buchen Sie den Barkauf einer Konzepthalterung im Wert von 29,00 € netto + 19 % USt.

ReWe — Zeitliche Abgrenzung

2.2 Zeitliche Abgrenzung

101 Warum besteht die Notwendigkeit einer periodengerechten Erfolgsermittlung (zeitlichen Abgrenzung)?

Geschäftsfälle können unterschiedliche Geschäftsjahre betreffen. Daher müssen die Aufwendungen und Erträge anteilig dem Jahr zugeordnet werden, dem sie wirtschaftlich zuzurechnen sind (Ermittlung des **tatsächlichen Periodenerfolgs**), unabhängig vom Zeitpunkt der Zahlung (Einnahme bzw. Ausgabe). Nur so kann sichergestellt werden, dass die Erfolgsrechnung des laufenden und des kommenden (neuen) Jahres periodengerecht ausgewiesen wird.

102 Auf welchen Konten werden Aufwendungen bzw. Erträge des alten Jahres gebucht, die erst im neuen Jahr zu Ausgaben bzw. zu Einnahmen führen?

Aufwendungen des ablaufenden Jahres, die im kommenden Jahr zu Ausgaben führen, sind auf dem Konto „**1940 Sonstige Verbindlichkeiten**" zu buchen: *Aufwandskonto an Sonstige Verbindlichkeiten.*

Erträge des ablaufenden Jahres, die im kommenden Jahr zu Einnahmen führen, sind auf dem Konto „**1130 Sonstige Forderungen**" zu buchen: *Sonstige Forderungen an Ertragskonto.*

103 Ein Mieter eines Großhandelsunternehmens überweist die Miete für den Monat Dezember in Höhe von 2.500,00 € erst im Februar des nächsten Jahres.

Buchen Sie den Geschäftsfall aus Sicht des Großhändlers und begründen Sie die Buchung.

Buchung zum 31. Dezember des alten Geschäftsjahres:

1130	Sonstige Forderungen	2.500,00 €	
an	2421 Mieterträge		2.500,00 €

Buchung bei Zahlungseingang im Februar des neuen Jahres:

1310	Kreditinstitute	2.500,00 €	
an	1130 Sonstige Forderungen		2.500,00 €

Begründung:
- Die Miete für Dezember wird als Ertrag im ablaufenden Geschäftsjahr periodengerecht erfasst.
- Die Mieterträge des ablaufenden Geschäftsjahres, die aber erst im neuen Geschäftsjahr auf dem Bankkonto eingehen, werden auf dem Konto „*1130 Sonstige Forderungen*" gebucht.
- Im neuen Geschäftsjahr wird bei Eingang der Dezembermiete das Konto „*1130 Sonstige Forderungen*" durch die Buchung *Kreditinstitute an Sonstige Forderungen* ausgeglichen, da nun keine Forderungen mehr bestehen.

Sonstige Verbindlichkeiten

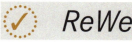

Buchung zum 31. Dezember des alten Geschäftsjahres:
1130	Sonstige Forderungen	300,00 €	
an	2610 Zinserträge		300,00 €

Begründung:
Im alten Geschäftsjahr dürfen lediglich die Darlehenszinsen für die Monate November und Dezember (300,00 €) als Ertrag erfasst werden. Die Zinserträge für die vier Monate Januar bis April (600,00 €) gehören als Ertrag in das neue Geschäftsjahr.

Buchung bei Zahlungseingang Ende April des neuen Jahres:
1310	Kreditinstitute	900,00 €	
an	1130 Sonstige Forderungen		300,00 €
an	2610 Zinserträge		600,00 €

Begründung:
- Im April des neuen Geschäftsjahres werden die Sonstigen Forderungen durch die Gutschrift auf dem Bankkonto aufgelöst.
- Der anteilige Zinsertrag in Höhe von 600,00 € für die Monate Januar bis April des neuen Jahres geht in die Erfolgsrechnung des neuen Geschäftsjahres ein.

104 Ein Darlehensschuldner eines Großhandelsunternehmens zahlt die halbjährlich fälligen Darlehenszinsen vom 1. November bis 30. April in Höhe von 900,00 € durch Banküberweisung erst nachträglich Ende April.

Buchen Sie den Geschäftsfall und begründen Sie die Buchung.

2.2.1 Sonstige Verbindlichkeiten

Buchung zum 31. Dezember des alten Geschäftsjahres:
4500	Provisionen	3.000,00 €	
an	1940 Sonstige Verbindlichkeiten		3.000,00 €

Begründung:
Durch die Erfassung der Provisionen in Höhe von 3.000,00 € wird diese Summe noch im alten Geschäftsjahr als Aufwand in der Erfolgsrechnung berücksichtigt.

Buchung bei Zahlung der Provision Ende Januar des neuen Jahres:
1940	Sonstige Verbindlichkeiten	3.000,00 €	
4500	Provisionen	1.500,00 €	
1410	Vorsteuer	855,00 €	
an	1310 Kreditinstitute		5.355,00 €

Begründung:
- Die Sonstigen Verbindlichkeiten werden mit dieser Buchung Ende Januar aufgelöst.
- Die Provision für den Monat Januar in Höhe von 1.500,00 € wird im neuen Jahr als Aufwand in der Erfolgsrechnung berücksichtigt.

105 Dem Handelsvertreter Kuhn wird am 31. Januar seine Provision in Höhe von 4.500,00 € zuzüglich 19 % Umsatzsteuer für die Zeit vom 1. November bis 31. Januar überwiesen. Der Abrechnungsnachweis selbst wird ebenfalls Ende Januar des neuen Geschäftsjahres erstellt.

Buchen Sie den Geschäftsfall und begründen Sie die Buchung.

ReWe

Zeitliche Abgrenzung

2.2.2 Transitorische Rechnungsabgrenzung

2.2.2.1 Aktive Rechnungsabgrenzung

106

Die Prämie für die Feuerversicherung in Höhe von 1.200,00 € wird halbjährlich im Voraus bereits am 1. September überwiesen.

Buchen Sie den Geschäftsfall und begründen Sie Ihre Buchung.

Fall 1

Buchung der Vorauszahlung am 1. September des alten Jahres:

4260	Versicherungen	1.200,00 €	
an	1310 Kreditinstitute		1.200,00 €

Begründung:
Mit der Erfassung des Betrags in Höhe von 1.200,00 € für die Versicherungsprämie wird die Ausgabe im alten Jahr in voller Höhe als Aufwand erfasst.

Buchung zum 31. Dezember des alten Geschäftsjahres:

0910	Aktive Rechnungsabgrenzung	400,00 €	
an	4260 Versicherungen		400,00 €

Begründung:
- Die Versicherungsaufwand ist zum 31. Dezember periodengerecht abzugrenzen. Das bedeutet, dass der Anteil der Prämie, der in das neue Geschäftsjahr fällt (400,00 €), im alten Geschäftsjahr zeitlich abgegrenzt wird, um nicht aufwandswirksam erfasst zu werden.
- Das Konto „4260 Versicherungen" ist um 400,00 € zu berichtigen (Haben-Buchung).
- Zur Berichtigung dient das aktive Bestandskonto „0910 Aktive Rechnungsabgrenzung".
- Der Saldo auf dem Konto „4260 Versicherungen" in Höhe von 800,00 € ist die Versicherungsprämie für die Monate September bis Dezember (4 Monate · 200,00 €), der in die Erfolgsrechnung des alten Jahres einfließt.

Soll	4260 Versicherungen		Haben
1310	1.200,00	0910	400,00
		9300	800,00
	1.200,00		1.200,00

Buchung nach der Eröffnung der Bestandskonten im neuen Jahr:

4260	Versicherungen	400,00 €	
an	0910 Aktive Rechnungsabgrenzung		400,00 €

Erklärung:
- Anhand dieser Buchung ist ersichtlich, dass das Konto „4260 Versicherungen" die anteilige Versicherungsprämie für die Monate Januar bis Februar (2 · 200,00 €) des neuen Jahres periodengerecht erfasst.
- Der Betrag in Höhe von 400,00 € wird im neuen Geschäftsjahr als Aufwand erfasst.

Mieterträge 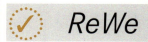 ReWe

- Das Konto „0910 Aktive Rechnungsabgrenzung" hat seine Aufgabe erfüllt, indem es die im alten Geschäftsjahr im Voraus gezahlte Versicherungsprämie in die Erfolgsrechnung des neuen Jahres übertragen hat. Mit der Eröffnungsbuchung wird das Konto „0910 ARA" aufgelöst.

2.2.2.2 Passive Rechnungsabgrenzung

Buchung der Mieteinnahme am 1. Dezember des alten Jahres:
1310	Kreditinstitute	1.500,00 €	
an	2421 Mieterträge		1.500,00 €

Begründung:
Mit der Erfassung des Betrags in Höhe von 1.500,00 € für die Vermietung wird die gesamte Einnahme im alten Jahr als Ertrag erfasst.

Buchung zum 31. Dezember des alten Geschäftsjahres:
2421	Mieterträge	1.000,00 €	
an	0930 Passive Rechnungsabgrenzung		1.000,00 €

Begründung:
- Die **Mieterträge** sind zum 31. Dezember periodengerecht abzugrenzen. Das bedeutet, dass der Anteil der Erträge, der in das neue Geschäftsjahr fällt (1.000,00 € für die Monate Januar und Februar), im alten Geschäftsjahr nicht in die Erfolgsrechnung eingehen darf und demzufolge zeitlich abgegrenzt werden muss.
- Das Konto *„2421 Mieterträge"* ist um 1.000,00 € zu berichtigen (Soll-Buchung).
- Zur Berichtigung dient das passive Bestandskonto *„0930 Passive Rechnungsabgrenzung"*.
- Der Saldo auf dem Konto *„2421 Mieterträge"* in Höhe von 500,00 € ist der Mietertrag für den Monat Dezember, der in die Erfolgsrechnung des alten Jahres eingeht.

Soll	2421 Mieterträge		Haben
0930	1.000,00	1310	1.500,00
9300	500,00		
	1.500,00		1.500,00

107

Ein Großhandelsunternehmen erhält per Banküberweisung am 1. Dezember die Miete für vermietete Stellplätze in Höhe von 1.500,00 € für 3 Monate im Voraus.

Buchen Sie den Geschäftsfall und begründen Sie Ihre Buchung.

Zeitliche Abgrenzung

108 Führen Sie die Buchung durch und erklären Sie Ihre Buchung.

Buchung nach der Eröffnung der Bestandskonten im neuen Jahr:

0930 Passive Rechnungsabgrenzung 1.000,00 €
an 2421 Mieterträge 1.000,00 €

Erklärung:
- Anhand dieser Buchung ist ersichtlich, dass das Konto „*2421 Mieterträge*" den anteiligen Ertrag für die Monate Januar und Februar des neuen Jahres periodengerecht erfasst.
Der Betrag in Höhe von 1.000,00 € wird im neuen Geschäftsjahr im Rahmen der Erfolgsrechnung als Ertrag wirksam.
- Das Konto „*0930 Passive Rechnungsabgrenzung*" hat seine Aufgabe erfüllt, indem es die im alten Jahr im Voraus vereinnahmten Mieterträge in die Erfolgsrechnung des neuen Jahres übertragen hat. Mit der Eröffnungsbuchung wird das Konto „*0930 Passive Rechnungsabgrenzung*" aufgelöst.

109 Erläutern Sie in kurzen Worten den Unterschied zwischen aktiver und passiver Rechnungsabgrenzung und deren buchhalterische Behandlung.

Im Rahmen der Rechnungsabgrenzung sind zwei Fälle möglich:

1. Erfolgt die **Ausgabe im alten Jahr** und findet der **Aufwand im neuen Jahr** statt,

= dann ⇩

0910 Aktive Rechnungsabgrenzung
an Aufwandskonto

2. Erfolgt die **Einnahme im alten Jahr** und findet der **Ertrag im neuen Jahr** statt,

= dann ⇩

Ertragskonto
an 0930 Passive Rechnungsabgrenzung

Bildung von Rückstellungen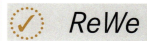

2.2.3 Rückstellungen

- **Rückstellungen** sind Verbindlichkeiten und erscheinen daher in der Bilanz auf der Passivseite.

- Rückstellungen werden gebildet für Aufwendungen des alten Jahres. Sie werden am Bilanzstichtag für Schulden gebildet, die in ihrer Höhe und/oder der Fälligkeit aber noch unbestimmt sind.

- **Rückstellungen müssen** wegen ihrer Unbestimmtheit **geschätzt werden.**

- Rückstellungen werden gebildet, um den Jahreserfolg periodengerecht ermitteln zu können.

110 Was sind Rückstellungen?

Rückstellungen **müssen** gebildet werden für:

- ungewisse Verbindlichkeiten, wie beispielsweise Garantieverpflichtungen, zu erwartende Steuernachzahlungen oder noch nicht feststehende Kosten für einen Gerichtsprozess,
- drohende Verluste aus schwebenden Geschäften,

- unterlassene Instandhaltungsaufwendungen, die im nächsten Geschäftsjahr innerhalb von 3 Monaten nachgeholt werden,
- Gewährleistungen ohne rechtliche Verpflichtung, wie z. B. Gewährleistungen wegen Kulanzregelungen.

111 Wann müssen Rückstellungen gebildet werden?

2.2.3.1 Bildung von Rückstellungen

Buchung zum 31. Dezember (Bildung der Rückstellung):

4840	Rechts- und Beratungskosten	7.500,00 €	
an	0720 Rückstellungen		7.500,00 €

Abschlussbuchungen:
9300	GuV-Konto	7.500,00 €	
an	4840 Rechts- und Beratungskosten		7.500,00 €
0720	Rückstellungen	7.500,00 €	
an	9400 SBK		7.500,00 €

112 Zum Bilanzstichtag rechnen die Geschäftsführer eines Großhandelsunternehmens für ein noch laufendes Gerichtsverfahren mit Kosten in einer Gesamthöhe von 7.500,00 €. Die Urteilsverkündung ist vom Amtsrichter für den 15. Februar nächsten Jahres terminiert worden.

Buchen Sie den Geschäftsfall.

Zeitliche Abgrenzung

2.2.3.2 Auflösung von Rückstellungen

113 Am 15. Februar nächsten Jahres sind nach der Eröffnung des Kontos „Rückstellungen" drei Möglichkeiten denkbar. Das Großhandelsunternehmen überweist an die Staatskasse bzw. den Prozessgegner:
Fall 1: den Betrag von 7.500,00 €,
Fall 2: einen höheren Betrag, z. B. 8.200,00 €,
Fall 3: einen niedrigeren, z. B. 7.000,00 €.
Buchen Sie alle drei Alternativen.

Fall 1: Die Zahlung entspricht der geschätzten Rückstellung.

Buchung:
0720	Rückstellungen	7.500,00 €	
an	1310 Kreditinstitute		7.500,00 €

Fall 2: Die Zahlung ist höher als die geschätzte Höhe der Rückstellung.

Buchung:
0720	Rückstellungen	7.500,00 €	
2030	Periodenfremde Aufwendungen	700,00 €	
an	1310 Kreditinstitute		8.200,00 €

Fall 3: Die Zahlung ist geringer als die geschätzte Höhe der Rückstellung.

Buchung:
0720	Rückstellungen	7.500,00 €	
an	1310 Kreditinstitute		7.000,00 €
an	2760 Erträge aus der Auflösung von Rückstellungen		500,00 €

2.2.4 Bewertung des Vermögens und der Schulden

2.2.4.1 Bewertung von Anlagegegenständen und Umlaufvermögen

114 Erläutern Sie die Bewertungsgrundsätze
– Anschaffungskostenprinzip,
– Niederstwertprinzip und
– Höchstwertprinzip.

- **Anschaffungskostenprinzip**
Bei der Bewertung zum Bilanzstichtag dürfen die beschafften oder selbst erstellten Vermögensgegenstände nach handelsrechtlicher Vorschrift *höchstens* mit ihren Anschaffungs- oder Herstellkosten (= Bewertungsobergrenze), vermindert um planmäßige Abschreibungen, angesetzt werden.
Insofern stellen die Anschaffungskosten bzw. die *fortgeführten* Anschaffungskosten (= Anschaffungskosten minus planmäßige Abschreibungen) die absolute Wertobergrenze dar.
Hinweis:
Beim *nicht abnutzbaren* Anlagevermögen (z. B. unbebaute Grundstücke) ist die planmäßige Abschreibung *nicht erlaubt*. In diesem Fall ist nur die *außerplanmäßige Abschreibung* möglich: *Außerplanmäßige Abschreibungen auf SA an Grundstücke.*
Durch diese Buchung werden unregelmäßig auftretende oder außergewöhnliche Wertminderungen erfasst.

- **Niederstwertprinzip**
Ist die Bewertung des Vermögens zum Tageswert (Börsen- oder Marktpreis) und den Anschaffungskosten oder fortgeführten Anschaffungskosten möglich, so ist grundsätzlich der **niedrigere** Wert anzusetzen. Im Handelsrecht werden zwei Arten unterschieden:

Anlagegegenstände und Umlaufvermögen

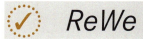

- **gemildertes Niederstwertprinzip**
  Einzelunternehmen und Personengesellschaften dürfen bei **vorübergehender** Wertminderung *wählen*, ob sie von zwei möglichen Werten (Anschaffungskosten; Tageswert) den niedrigeren für die Bewertung ihrer Anlagegegenstände ansetzen wollen.
- **strenges Niederstwertprinzip**
  Dieses Prinzip besagt, dass von zwei möglichen Werten (Anschaffungskosten; Tageswert, z. B. Börsen- oder Marktpreis) der **niedrigere** genommen werden **muss**.
  – Diese Bestimmung gilt für alle Rechtsformen bei der Bewertung ihres *Umlaufvermögens* (z. B. Forderungen und Vorräte).
  – Auf die Gegenstände des *Anlagevermögens* ist die Regelung nur bei dauernder Wertminderung anzuwenden.
- **Höchstwertprinzip**
  Das Höchstwertprinzip besagt, dass Verbindlichkeiten zum Bilanzstichtag mit ihrem höheren Rückzahlungsbetrag zu bewerten und in die Bilanz einzustellen sind.

Fall 1: Bewertung der nicht abnutzbaren Anlagegegenstände (hier: Grundstück)
Wertansatz für das Grundstück = Anschaffungskosten in Höhe von 160.000,00 €
Zusammenfassung:
- **Nicht abnutzbare Anlagegegenstände** sind zum Bilanzstichtag **höchstens** mit ihren Anschaffungskosten zu bewerten.
- Bei einer **dauernden** Wertminderung des nicht abnutzbaren Anlagevermögens muss eine außerplanmäßige Abschreibung vorgenommen werden (strenges Niederstwertprinzip).
- Zu den **nicht abnutzbaren Anlagegegenständen** zählen z. B. Grundstücke sowie langfristige Finanzanlagen, wie z. B. Wertpapiere.

Fall 2: Bewertung der abnutzbaren Anlagegegenstände (hier: Schreibtischsessel)
Wertansatz für die Schreibtischsessel = Anschaffungskosten am 15.12. 560,00 €/Stück
Zusammenfassung:
- **Abnutzbare Anlagegegenstände** sind mit den fortgeführten Anschaffungs- bzw. Herstellungskosten zu bewerten.
- Die Obergrenze für die Bewertung des abnutzbaren Anlagevermögens stellen die fortgeführten Anschaffungskosten dar.
- **Fortgeführte Anschaffungs- bzw. Herstellungskosten** = Anschaffungskosten (Herstellungskosten) minus planmäßige Abschreibung.
- Alle Anlagegüter müssen bei einer voraussichtlich **dauerhaften Wertminderung** (z. B. Schadensfall) **außerplanmäßig** auf den niedrigeren Tageswert abgeschrieben werden (strenges Niederstwertprinzip).
- Zum **abnutzbaren Anlagevermögen** gehören Gebäude, Maschinen, Fuhrpark sowie Betriebs- und Geschäftsausstattung.

Fall 3: Bewertung des Umlaufvermögens (hier: Drucker)
Wertansatz für die acht Drucker = Tageswert zum 31. Dezember 1.300,00 €
Zusammenfassung:
- Die Gegenstände des **Umlaufvermögens** sind entweder mit den Anschaffungs- bzw. Herstellungskosten (= Wertobergrenze) oder mit dem Tageswert anzusetzen.
- Liegt der Tageswert am Bilanzstichtag unter den Anschaffungskosten, muss der niedrigere Tageswert herangezogen werden (strenges Niederstwertprinzip).
- Zum **Umlaufvermögen** zählen die **Vorräte**, Forderungen und sonstige Vermögensgegenstände, Wertpapiere sowie Scheck-, Kassenbestand, Bank- und Postbankguthaben.

---

115 Bewerten Sie die aufgeführten Wirtschaftsgüter einer Elektro-Großhandlung für den Bilanzstichtag 31.12.
1. Grundstück:
   – Anschaffungskosten 160.000,00 €
   – Verkehrswert zum 31.12. 250.000,00 €
2. 14 Schreibtischsessel „monro design":
   – Anschaffungskosten am 15.12. 540,00 €/Stück
   – Tageswert zum 31.12. 560,00 €/Stück
3. 8 Drucker „MXA 17":
   – Anschaffungskosten am 14.12. 1.450,00 €
   – Tageswert zum 31.12. 1.300,00 €

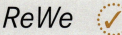

Zeitliche Abgrenzung

2.2.4.2 Bewertung der Vorräte

116 Aufgrund der vorliegenden Daten und der abgebildeten Lagerdatei sollen die Vorräte zum Bilanzstichtag bewertet werden:
– Schlussbestand gemäß Inventur am 31.12. = 550 Stück,
– Tageswert am 31.12. = 8,50 €.

Jährliche Durchschnittsbewertung der Vorräte

Lagerdatei	Datum	Menge/ Stück	Anschaffungs- kosten/Stück	Anschaffungs- kosten gesamt
Anfangs- bestand				
+ Zugang	01.01.	700	8,00 €	5.600,00 €
+ Zugang	04.03.	400	9,00 €	3.600,00 €
+ Zugang	06.06.	500	12,00 €	6.000,00 €
+ Zugang	17.11.	800	8,00 €	6.400,00 €
		2 400		21.600,00 €

Bewertung:
– durchschnittl. Anschaffungskosten pro Stück = $\frac{21.600,00\ €}{2\ 400\ Stück}$ = 9,00 €
– durchschnittliche Anschaffungskosten: Schlussbestand = 550 Stück · 9,00 € = 4.950,00 €
– Bewertung nach dem **strengen Niederstwertprinzip** 550 Stück · 8,50 € (Wert je Einheit) = 4.675,00 € (= Wert in der Bilanz)

Zusammenfassung:
- Bei der **jährlichen Durchschnittsbewertung** wird der durch Inventur ermittelte Schlussbestand mit den durchschnittlichen Anschaffungskosten pro Stück bewertet.
- Die **durchschnittlichen Anschaffungskosten** werden ermittelt, indem man die in Euro bewerteten Zugänge einschließlich Anfangsbestand durch die Menge bestehend aus der Summe aus Anfangsbestand und Zugängen dividiert.
- Ist der Tageswert am Bilanzstichtag niedriger als die durchschnittlichen Anschaffungskosten, dann muss – dem strengen Niederstwertprinzip fogend – der niedrigere Wert zur Ermittlung des Bilanzwertes zugrunde gelegt werden.

2.2.4.3 Bewertung der Forderungen

2.2.4.3.1 Zweifelhafte Forderungen

117 Mitte Oktober wird über das Vermögen eines Kunden einer Großhandlung das Insolvenzverfahren eröffnet. Die Forderung der Großhandlung beträgt inkl. 19 % USt 7.497,00 €. Buchen Sie den Geschäftsfall.

Umbuchung der zweifelhaft gewordenen Forderung am 16. Oktober:

1020	Zweifelhafte Forderungen	7.497,00 €
an	1010 Forderungen a. LL	7.497,00 €

- Die gefährdete Forderung wird mit dieser Buchung kontenmäßig gesondert erfasst, indem sie von den übrigen einwandfreien Forderungen getrennt wird.

Uneinbringliche Forderungen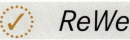

2.2.4.3.2 Uneinbringliche Forderungen

Buchung (→ direkte Abschreibung!):

2310	Übliche Abschreibungen auf Forderungen	6.300,00 €	
1810	Umsatzsteuer	1.197,00 €	
an	1020 Zweifelhafte Forderungen		7.497,00 €

Die Umsatzsteuer muss korrigiert werden. Die Abschreibung darf nur den Nettobetrag erfassen.

118 Noch im laufenden Jahr vor Aufstellung der Bilanz erfahren die Geschäftsführer des Großhandelsunternehmens, dass das Insolvenzverfahren mangels Masse eingestellt wurde, womit die zweifelhaft gewordene Forderung in Höhe von 7.497,00 € uneinbringlich geworden ist.

Buchen Sie den Geschäftsfall.

Buchung:

1310	Kreditinstitute	868,70 €	
an	2740 Erträge aus abgeschriebenen Forderungen		730,00 €
an	1810 Umsatzsteuer		138,70 €

Die Umsatzsteuer, die zuvor korrigiert wurde (Soll-Buchung), muss erneut wegen des zugrunde liegenden Warengeschäfts berücksichtigt werden; sie lebt sozusagen wieder auf.

119 Das Großhandelsunternehmen erhält unerwartet auf eine bereits im Vorjahr als uneinbringlich abgeschriebene Forderung eine Zahlung über 868,70 € einschließlich 19 % Umsatzsteuer, zugestellt per Bankscheck.

Buchen Sie den Geschäftsfall.

Zeitliche Abgrenzung

120 Wann gelten Forderungen als uneinbringlich?

Forderungen sind uneinbringlich, wenn z. B.

- die Eröffnung des Insolvenzverfahrens mangels Masse vom Gericht abgelehnt wird,
- ein Insolvenzverfahren abgeschlossen wird,
- im Rahmen eines Vergleichsverfahrens auf die Forderung verzichtet wird,
- im Rahmen eines Zwangsvollstreckungsverfahrens fruchtlos gepfändet wurde oder
- die Forderung verjährt ist.

2.2.4.4 Bewertung der Schulden

121 Wie sind Verbindlichkeiten am Bilanzstichtag zu bewerten?

Verbindlichkeiten sind am Bilanzstichtag mit ihrem höheren Rückzahlungsbetrag zu bewerten (Höchstwertprinzip).

122 Wie sind Währungsverbindlichkeiten zu bewerten?

Bei **Währungsverbindlichkeiten** ist der Tageskurs am Bilanzstichtag zu ermitteln.

- Ist der Tageskurs (numerisch) gesunken (Kurs 1,34 US-$/€ → Kurs 1,29 US-$/€), muss der niedrigere Kurs angesetzt werden. Damit wird sichergestellt, dass gemäß **Höchstwertprinzip** der **höhere Rückzahlungsbetrag** in der Schlussbilanz berücksichtigt wird (der Rückzahlungsbetrag ist aufgrund des schwächer gewordenen Euro größer als die gebuchte Verbindlichkeit).
- Ist am Bilanzstichtag der Tageskurs (numerisch) gestiegen (Kurs 1,15 US-$/€ → Kurs 1,21 US-$/€), muss die Verbindlichkeit zum niedrigeren Kurs passiviert werden ≙ höherer Anschaffungswert.

123 Eine Verbindlichkeit über 136.000,00 US-$ laut Eingangsrechnung vom 2. Dezember ist für die Bilanz zum Stichtag (31. Dezember) zu bewerten.
– Wechselkurs am Eingangsrechnungstag: 1,00 € = 1,34 US-$,
– Wechselkurs am Bilanzstichtag: 1,00 € = 1,29 US-$.

Bewertung der Währungsverbindlichkeiten
Wertansatz = Kurs am 31.12.

1,29 $ ≙ 1,00 €
136.000,00 $ ≙ x €

$$x = \frac{1 \cdot 136.000,00}{1,29} = \underline{105.426,35\ €}$$

1,34 $ ≙ 1,00 €
136.000,00 $ ≙ x €

$$x = \frac{1 \cdot 136.000,00}{1,34} = \underline{101.492,53\ €}$$

Vergleich

Indem der *niedrigere* Kurs von 1,29 € angesetzt wird, wird die **höhere Verbindlichkeit** in der Bilanz berücksichtigt.

Controlling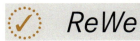

a) *Buchung bei Aufnahme der Hypothek:*

1310	Kreditinstitute	142.500,00 €	
0920	Disagio	7.500,00 €	
an	0820 Hypothekenschulden		150.000,00 €

b) *Buchung am 31. Dezember (Tilgung des Disagios):*

2120	Zinsaufwendungen für langfristige Verbindlichkeiten	500,00 €	
an	0920 Disagio		500,00 €

- Darlehens- und Hypothekenschulden sind gemäß **Höchstwertprinzip** mit dem höheren Rückzahlungsbetrag zu passivieren.
- Das Disagio ist auf die Laufzeit des Darlehens zu verteilen und jährlich (planmäßig) abzuschreiben.

124 Ein Großhandelsunternehmen hat bei der Sparda Bank eine Hypothek in Höhe von 150.000,00 € zur Finanzierung seiner Filiale aufgenommen: Laufzeit 15 Jahre, Auszahlung 95 %.

Wie lautet der Buchungssatz:
a) bei Aufnahme des Darlehens,
b) zur Tilgung des Disagios, am Bilanzstichtag?

Wie sind Darlehens- und Hypothekenschulden zu bewerten?

2.3 Kosten- und Leistungsrechnung, Controlling

Controlling ist ein Teilbereich der Unternehmensführung. Es hat die vornehmliche Aufgabe, Informationen zu beschaffen und zu verarbeiten, um **die Unternehmensleitung** bei ihren unternehmerischen Steuerungs- und Entscheidungsprozessen zu unterstützen.

125 Was verstehen Sie unter Controlling?

- **Aufgaben des Controllings:**
  - Koordinierungsaufgabe (Koordinierung der Informationsverwendung),
  - Feststellung des Informationsbedarfs des Entscheidungsträgers,
  - Überprüfung und Überwachung der Wirtschaftlichkeit des Informationssystems und
  - Beschaffung der als wirtschaftlich erkannten Informationen.

- Die **Controllingaufgaben** müssen generell an den Unternehmenszielen ausgerichtet werden. Ein Ziel ist die Gewinnmaximierung.

126 Welche Aufgaben hat das Controlling?

Kosten- und Leistungsrechnung, Controlling

2.3.1 Controllinginstrumente

I27 Nennen und erläutern Sie die wichtigsten Controllinginstrumente.

Die wichtigsten **Controllinginstrumente** sind:

- **Berichtswesen:** Das Berichtswesen umfasst die Sammlung, Auswertung und Präsentation von Informationen. Zu unterscheiden sind:
  - *Standardberichte:* Ein Standardbericht liegt vor, wenn routinemäßig und nach einem festgelegten Schema einem meist gleichbleibenden Empfängerkreis bestimmte Informationen als Hardcopys oder durch Electronic-Mail zugestellt werden. Typische Beispiele für Standardberichte sind z. B. Branchenberichte oder Kundenberichte eines Handelsreisenden.
  - *Abweichungsberichte:* Von einem Abweichungs- oder Ausnahmebericht spricht man, wenn das Management mit Informationen versorgt wird, weil der aktuelle Betriebsablauf von Vorgaben über die zugestandenen Toleranzgrenzen hinaus abweicht. Beispiel: die vorgegebenen Daten des aufgestellten Umsatzplanes weichen stark von den tatsächlichen Verkaufszahlen ab.
  - *Bedarfsberichte:* Wenn das in Form der Standard- und Abweichungsberichte zur Verfügung stehende Informationsmaterial zur Lösung des betrieblichen Problems nicht ausreicht, werden Bedarfsberichte erstellt, beispielsweise eine in Auftrag gegebene Marktanalyse vor der Einführung eines neuen Produkts.

- **Budgetierung:** Unter Budgetierung wird die Bewilligung und Zuteilung von finanziellen Mitteln für alle organisatorischen Einheiten des Unternehmens verstanden (Vorgabe von Plan- bzw. **Soll-Zahlen**). Beim *Finanzbudget* werden den Einnahmen die Ausgaben gegenübergestellt (z. B. Umsatzbudget/Beschaffungsbudget und Marketing- und Vertriebsbudget), während bei der *budgetierten Erfolgsrechnung* die Leistungen mit den Kosten verglichen werden (z. B. Umsatzbudget/Personalbudget und Budget der Verwaltungskosten).
  Das Ergebnis der Budgetierung sind Einzelbudgets (z. B. Umsatz- und Leistungsbudget, Investitionsbudget, Personalbudget, Kostenbudget, Ergebnisbudget, Finanzbudget, Bilanzbudget) und das Gesamtbudget.
  In zeitlicher Hinsicht erstreckt sich die Budgetierung auf das jeweils nächste Geschäftsjahr, das als Budgetjahr dem ersten Planjahr der strategischen Planung entspricht. Budgets werden also in der Regel für ein Jahr aufgestellt und können nach Quartalen bzw. Monaten unterteilt werden. Da die Budgetierung über eine **Ist-Wert-Kontrolle** Rückschlüsse auf die weiteren Planungen zulässt, kann sie als ein wichtiges Instrument des operativen Controllings (= kurz- bis mittelfristig) angesehen werden.

- **Soll-Ist-Vergleich:** Beim Soll-Ist-Vergleich werden die **geplanten Werte (Soll- oder Planzahlen)** des Budgets mit den **tatsächlich erreichten Werten (Ist-Zahlen)** verglichen. Dadurch wird es möglich, die Abweichung festzustellen, sie zu analysieren und Fehlentwicklungen zu erkennen, um die Plandaten beim Aufstellen der neuen Budgets unter Umständen zu korrigieren (z. B. Abweichungen bei der Beschäftigung, des Verbrauchs oder der Löhne und Preise).

Kosten- und Leistungsrechnung

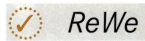

Der Schwerpunkt beim Soll-Ist-Vergleich (auch **Budgetkontrolle** genannt) ist auf die **Kostenkontrolle** gerichtet, indem die geplanten Kosten, die bei wirtschaftlicher Leistungserstellung erreicht werden können (= Soll-Kosten; sind die in Zukunft erwarteten Kosten), den tatsächlich angefallenen Kosten (Ist-Kosten) einer Rechnungsperiode gegenübergestellt werden. Insofern ist es das Ziel des Soll-Ist-Vergleichs, die Rentabilität und die Liquidität und damit letztlich den Bestand des Handelsunternehmens zu sichern.

Ablauf der Budgetkontrolle:
- Festlegung der Kontrollmaßstäbe,
- Erfassung der tatsächlichen Ergebnisse,
- Feststellung von Abweichungen,
- Abweichungsanalyse (aufgrund der Abweichungsanalyse kann das bisherige Ziel immer noch erreicht werden, sodass eine Zieländerung nicht zwangsläufig notwendig wird),
- unter Umständen Einleitung korrigierender Maßnahmen (Nachsteuerung).

- **Kennzahlensysteme:** Mit Kennzahlen werden Sachverhalte gemessen, um bestimmte Zahlenverhältnisse vergleichbar zu machen. Grundlage für die Bildung von Kennzahlen sind Ist-Werte. In einer Warenwirtschaft gibt es die folgenden üblichen Kennzahlen:
  - **Absatzkennzahlen:** Umsatz pro m^2 Verkaufsfläche, Pro-Kopf-Umsatz, Break-even-Point, Vertriebskostenquote in Prozent, Kundenkreditanteil in Prozent u. Ä. m.;
  - **Kostenkennzahlen:** z. B. Intensität der Abschreibungen, der Personalkosten oder des Wareneinsatzes, wobei als Bezugsgrundlage die Gesamtkosten dienen;
  - **Erfolgskennzahlen:** z. B. Eigen- und Gesamtkapitalrentabilität, Umsatzrentabilität und Deckungsbeiträge;
  - **Personalkennzahlen:** Alters-, Lohn- und Bildungsstruktur der Arbeitnehmer;
  - **Finanzkennzahlen:** Liquiditätsgrade, Anlagendeckung 1 + 2, Verschuldungskoeffizient, Eigenkapital- und Fremdkapitalintensität und Finanzierung;
  - **Lagerkennzahlen:** Umschlagshäufigkeit, durchschnittlicher Lagerbestand, durchschnittliche Lagerdau-

2.3.2 Ziele und Grundbegriffe der Kosten- und Leistungsrechnung

Die Hauptaufgabe der Kosten- und Leistungsrechnung (KLR) ist die vollständige und richtige Ermittlung der **Kosten** und **Leistungen** innerhalb eines bestimmten Zeitraumes. Die KLR ermittelt mit ihrer rein betriebsbezogenen Sichtweise den **Erfolg aus der betrieblichen Tätigkeit** (→ Betriebsgewinn oder Betriebsverlust).
Die **Aufgaben der Kosten- und Leistungsrechnung** sind im Einzelnen:

- Erfassung sämtlicher Kosten gegliedert nach Kostenarten
- Abgrenzung der Kosten und Leistungen von den betriebsfremden Aufwendungen und Erträgen
- Verteilung der Kosten auf die Kostenstellen
- Zurechnung der Kosten auf die Kostenträger
- Ermittlung der Wirtschaftlichkeit
- Bereitstellung von Daten für Statistik, Kontrolle und Planung

Welche Aufgabe hat die Kosten- und Leistungsrechnung?

ReWe

129 Erläutern Sie den Unterschied zwischen der Geschäftsbuchführung und der Kosten- und Leistungsrechnung.

Kosten- und Leistungsrechnung, Controlling

Unterschied zwischen
Geschäftsbuchführung (Finanzbuchführung)
und
Kosten- und Leistungsrechnung (Betriebsbuchführung)

Die **Geschäfts- bzw. Finanzbuchführung**
- ist unternehmensbezogen und schließt mit dem Gesamtergebnis ab,
- beinhaltet Bestands- und Erfolgsrechnung,
- mündet mit ihrer Erfolgsrechnung in die Gewinn- und Verlustrechnung,
- ermittelt dort das Gesamtergebnis (das Gesamtergebnis umfasst **sämtliche** Aufwendungen und Erträge einer Abrechnungsperiode.),
- schließt ihre Bestandsrechnung mit der Bilanz,
- ist an gesetzliche Vorgaben gebunden und
- gibt der Öffentlichkeit Einblicke in die wirtschaftliche Situation des Unternehmens.

Die **Kosten- und Leistungsrechnung**
- ist betriebsbezogen und daher auf das innerbetriebliche Geschehen gerichtet,
- liefert Informationen zur Steuerung des Unternehmens,
- ist nicht an gesetzliche Vorschriften gebunden,
- erfasst lediglich die Größen, die mit dem eigentlichen **betrieblichen Zweck** des Einzelhändlers in Verbindung stehen: **Kosten** (= betriebliche Aufwendungen) und **Leistungen** (= betriebliche Erträge),
- ermittelt das Betriebsergebnis als Differenz zwischen Leistungen und Kosten.
- Einkauf, Lagerung und Verkauf sind die Hauptaufgaben des Großhandelsunternehmens, in denen *Kosten und Leistungen* entstehen. *Aufwendungen und Erträge,* die mit **dem eigentlichen Betriebszweck** nichts zu tun haben (z. B. betriebsfremde, periodenfremde und außerordentliche Aufwendungen und Erträge = *neutrale Aufwendungen und Erträge)* werden von der KLR getrennt. Diese Trennung ist die Voraussetzung einer exakten Kosten- und Leistungsrechnung.

Externes Rechnungswesen   **Internes Rechnungswesen**

Neutrale Aufwendungen

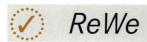

- **Leistungen** sind in einem Großhandelsunternehmen vor allem die betriebsbedingten Erträge (= Umsatzerlöse).

- Mit **Kosten** wird der wertmäßige betriebsbedingte Verbrauch von Gütern und Leistungen bezeichnet, der zur **betrieblichen** Leistungserstellung erforderlich ist. Dies sind in einem Großhandelsunternehmen in erster Linie die Aufwendungen für Waren (= Wareneinsatz), Personalkosten, Steuern und Mieten.

- Aufgrund der Gegenüberstellung von Kosten und Leistungen erhält man das auf den betrieblichen Leistungsprozess basierende **Betriebsergebnis.** Sind die Leistungen größer als die Kosten, liegt ein *Betriebsgewinn* vor; im umgekehrten Fall spricht man von *Betriebsverlust*.

130 Was verstehen Sie unter Kosten und Leistungen?

- **Ausgaben** sind Geldausgaben, d. h. sämtliche Geschäftsfälle, die das Geldvermögen vermindern. Ausgaben können Kosten sein, z. B. Lohnzahlungen; oft sind Ausgaben keine Kosten, z. B. Wareneinkäufe bar oder auf Ziel, Barkauf eines Computers (Kosten entstehen durch die Abschreibung).

- **Aufwendungen** sind der gesamte Güter- und Dienstleistungsverzehr (-verbrauch), der in einem Großhandelsunternehmen (also sowohl im betrieblichen als auch im neutralen Leistungsbereich) während einer Abrechnungsperiode eintritt.

  ○ Aufwendungen vermindern das Eigenkapital, wie z. B. Zahlung von Zinsen für einen aufgenommenen Kredit oder die Abschreibung auf ein betrieblich genutztes Fahrzeug (➔ die Abschreibung vermindert das Anlagevermögen und dadurch gleichzeitig das Eigenkapital).
  ○ Aufwendungen werden für die Kostenrechnung eingeteilt in **neutrale Aufwendungen** *(= Nichtkosten)* und **betriebliche Aufwendungen** *(= Kosten).*
  ○ Aufwendungen werden im Gewinn- und Verlustkonto den Erträgen gegenübergestellt, um das **Gesamtergebnis** (Gesamtgewinn oder -verlust) zu ermitteln.

131 Grenzen Sie ab zwischen
– Ausgaben und
– Aufwendungen.

Neutrale Aufwendungen lassen sich einteilen in

- **betriebsfremde Aufwendungen:** sie stehen in **keinem** Zusammenhang mit der eigentlichen betrieblichen Tätigkeit eines Großhandelsunternehmens,

- **betriebliche außerordentliche Aufwendungen:** sie fallen unregelmäßig oder in außergewöhnlicher Höhe an,

- **betrieblich periodenfremde Aufwendungen:** sie sind zwar betrieblich bedingt, betreffen aber nicht den Abrechnungszeitraum. *(Anm.: Kosten sind betriebsbedingte Aufwendungen, die in einem unmittelbaren Zusammenhang mit dem eigentlichen Betriebszweck stehen.)*

132 Was verstehen Sie unter neutralen Aufwendungen?

ReWe Kosten- und Leistungsrechnung, Controlling

133 Worin unterscheiden sich Leistungen und neutrale Erträge?

- **Erträge** sind der gesamte erfolgswirksame Zufluss an Werten innerhalb einer Abrechnungsperiode.
- Erträge werden in der KLR eingeteilt in neutrale Erträge und betriebliche Erträge (= Leistungen):
- **Neutrale Erträge** haben mit dem eigentlichen Betriebszweck **nichts** zu tun. Zu ihnen gehören die *betriebsfremden, betrieblich außerordentlichen* und *periodenfremden* Erträge. Sie werden deshalb nicht in die KLR übernommen, um die Leistungen nicht zu verfälschen.

Beispiele:
Steuerrückerstattung für das zurückliegende Geschäftsjahr, Zinserträge, Steuerrückerstattung, Mieterträge, Gewinn aus dem Verkauf von Sachanlagen, Erträge aus Wertpapierverkäufen, Erträge aus Lizenzen und Beteiligungen.

- **Betriebliche Erträge** entstehen in einem Großhandelsunternehmen in erster Linie beim Verkauf der Waren (= Umsatzerlöse). In der KLR sind sie **Leistungen.**

134 Stellen Sie den Zusammenhang her zwischen Gesamterfolg, Betriebserfolg und neutralem Erfolg.

Leistungen (Zweckerträge)	./.	Kosten (Zweckaufwendungen)	=	**Betriebserfolg** (Betriebsergebnis)
+		+		+
Neutrale Erträge	./.	Neutrale Aufwendungen	=	**Neutraler Erfolg** (Neutrales Ergebnis)
=		=		=
Gesamtertrag	./.	Gesamtaufwand	=	**Gesamterfolg** (Unternehmensergebnis) (≙ Ergebnis des GuV-Kontos)

Die getrennte Ermittlung von betrieblichem und neutralem Erfolg ist erforderlich, weil nur so die *Erfolgsquellen* des Großhandelsunternehmens erkennbar werden.

135 Was verstehen Sie unter kalkulatorischen Kosten?

- **Kalkulatorische Kosten** haben den Zweck, die KLR und damit die Kalkulation der Preise genauer zu gestalten. An die Stelle der Aufwendungen aus der Finanzbuchhaltung, die den Werteverzehr des gesamten Unternehmens erfassen, treten für die Kostenrechnung „kalkulatorische" Kosten. Diese Beträge sind geeigneter, da sie
  a) dem **tatsächlichen** Werteverzehr entsprechen und
  b) mit dem eigentlichen **Betriebszweck** zusammenhängen.
- Kalkulatorische Kosten werden in Anders- und Zusatzkosten unterschieden.
- In der Abgrenzungsrechnung (siehe Ergebnistabelle) erscheinen die kalkulatorischen Kosten in der KLR als „Kosten der Betriebsergebnisrechnung". Da sie den „verrechneten Kosten" in der Abgrenzungsrechnung gegenübergestellt werden, wirken sie erfolgsneutral, ohne das Gesamtergebnis zu verfälschen.

Kalkulatorische Abschreibungen

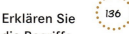

- **Grundkosten sind aufwandsgleiche Kosten.** Sie zeichnen sich dadurch aus, dass sie als Kosten der Geschäftsbuchführung **unverändert in die KLR** übernommen werden. Sie stehen in einem unmittelbaren Zusammenhang mit der betrieblichen Leistungserstellung, wie z. B. die Aufwendungen für den Wareneinkauf, Gehälter oder Instandhaltungskosten.

- **Zusatzkosten sind aufwandslose Kosten.** Den Zusatzkosten liegt kein Aufwand in der Geschäftsbuchführung zugrunde. Insofern erscheinen sie auch nicht in der GuV-Rechnung der Geschäftsbuchführung. Da Zusatzkosten aber echten leistungsbedingten Werteverzehr darstellen, müssen sie in der KLR **ergänzend** berücksichtigt werden. Zu den Zusatzkosten gehören der kalkulatorische Unternehmerlohn bei Einzelunternehmen und Personengesellschaften und die kalkulatorischen Zinsen für das betriebsnotwendige Eigenkapital.

- **Anderskosten sind aufwandsungleiche Kosten:** Einige in der Geschäftsbuchführung erfasste Aufwendungen sind für die KLR ungeeignet und müssen daher mit einem anderen Wert in der KLR angesetzt werden. Zu den Anderskosten gehören die kalkulatorischen Abschreibungen, die kalkulatorischen Zinsen für das Fremdkapital, die kalkulatorischen Wagnisse und die kalkulatorische Miete.

136 Erklären Sie die Begriffe
– Grundkosten,
– Zusatzkosten und
– Anderskosten.

2.3.2.1 Kalkulatorische Kosten

Die **kalkulatorischen Abschreibungen** zählen zu den Anderskosten. Das heißt, sie sind **Kosten**, die die tatsächliche Wertminderung der betriebsbedingten Anlagen erfassen:

- Das Abschreibungsvolumen bilden die Wiederbeschaffungskosten, da sonst nach Ende der Nutzungsdauer aus den verdienten Abschreibungsbeträgen kein gleichwertiges Anlagegut beschafft werden kann.
- Die Nutzungsdauer wird nach eigenen Erfahrungen festgelegt.
- Die Abschreibungsmethode ist normalerweise die lineare Methode, da hier die gleichmäßige Abnutzung am besten erfasst wird.

Die **kalkulatorischen Abschreibungen** werden in der Betriebsergebnisrechnung erfasst mit der „Buchung": *Kosten der Betriebsergebnisrechnung an Verrechnete Kosten der Abgrenzungsrechnung.*

137 Was versteht man unter kalkulatorischen Abschreibungen?

ReWe

Kosten- und Leistungsrechnung, Controlling

138 Erläutern Sie Sinn und Zweck der kalkulatorischen Zinsen.

- Anstelle der tatsächlich gezahlten Zinsen werden in der KLR **kalkulatorische Zinsen** (= Zusatzkosten) verrechnet. Die Berechnungsgrundlage stellt das **betriebsnotwendige** Gesamtkapital (Eigen- und Fremkapital) dar, verzinst zum Kapitalmarktzins für langfristige Darlehen.

- Da die Unternehmen unterschiedlich mit Eigen- und Fremdkapital ausgestattet sind, bezwecken die in der Betriebsergebnisrechnung erfassten kalkulatorischen Zinsen eine gleichmäßige Belastung der Abrechnungsperiode mit Zinskosten.

- Die kalkulatorischen Zinsen werden in der Betriebsergebnisrechnung erfasst mit der „Buchung": *Kosten der Betriebsergebnisrechnung an Verrechnete Kosten der Abgrenzungsrechnung.*

- Da die „Buchung" der kalkulatorischen Zinsen zwar Einfluss auf das Betriebsergebnis hat, nicht aber auf das Gesamtergebnis, ergibt sich kein steuerlicher Vorteil.

139 Warum wird ein kalkulatorischer Unternehmerlohn in die Kosten- und Leistungsrechnung einbezogen?

Kalkulatorischer Unternehmerlohn wird in der KLR als Zusatzkosten berücksichtigt, weil sämtliche Kosten zu erfassen sind, die im Zusammenhang mit dem leistungsbedingten Werteverzehr entstehen. Hierzu zählt auch die Arbeitskraft des mitarbeitenden Unternehmers in Einzelunternehmen und Personengesellschaften. In der KLR wird deshalb der Unternehmerlohn verrechnet.
Die Höhe des kalkulatorischen Unternehmerlohnes richtet sich in der Regel nach dem Gehalt eines leitenden Angestellten in vergleichbarer Position.

140 Was verstehen Sie unter kalkulatorischen Wagnissen?

- Die tatsächlich eingetretenen betriebsbedingten Wagnisverluste werden als Aufwand in der Finanzbuchhaltung erfasst. Sie fallen zeitlich unregelmäßig und in schwankender Höhe an.
- **Kalkulatorische Wagnisse** treten in der KLR an ihre Stelle, weil dadurch eine gleichmäßigere Belastung der Abrechnungsperiode mit Wagnisverlusten gewährleistet ist.
- Nicht erfasst durch die kalkulatorischen Wagnisse werden das allgemeine Unternehmerwagnis und die durch Fremdversicherungen abgedeckten Einzelwagnisse.

Unternehmensbezogene Abgrenzungen

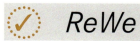

2.3.2.2 Tabellarische Abgrenzungsrechnung (Ergebnistabelle)

2.3.2.2.1 Wesen

- Die **Ergebnistabelle** (Abgrenzungsrechnung) wird verwendet, um die Zahlen der Geschäftsbuchführung für die Betriebsergebnisrechnung aufzubereiten.

- Mithilfe der Ergebnistabelle wird das Gesamtergebnis der Finanzbuchhaltung in das Neutrale Ergebnis und das Betriebsergebnis der Kosten- und Leistungsrechnung getrennt:

Gesamtergebnis = Neutrales Ergebnis + Betriebsergebnis

- Das **Betriebsergebnis** ist das Resultat des eigentlichen betrieblichen Leistungsprozesses und berücksichtigt daher nur die **betrieblichen** Aufwendungen (= Kosten) und **betrieblichen** Erträge (= Leistungen).

141 Welche Aufgabe hat die Ergebnistabelle?

- Mithilfe der Spalte „Unternehmensbezogene Abgrenzungen" in der Ergebnistabelle werden aus den Aufwendungen und Erträgen der Geschäftsbuchführung die neutralen Aufwendungen und Erträge herausgefiltert (sie werden abgegrenzt), sodass nur die **betrieblichen** Aufwendungen und Erträge in der Betriebsergebnisrechnung berücksichtigt werden.

- Unter neutralen Aufwendungen und Erträgen, die mit der betrieblichen Tätigkeit unmittelbar **nichts zu tun** haben, sind zu verstehen:
  - **betriebsfremde Aufwendungen.** Ein Aufwand ist betriebsfremd, wenn er mit dem Betriebszweck des Großhandelsunternehmens in **keinem** Zusammenhang steht, z. B. Verlust aus dem Verkauf von Wertpapieren oder Verluste aus dem Verkauf von Anlagegütern.
  - **periodenfremde Aufwendungen,** z. B. Steuernachzahlungen. Ein Aufwand ist periodenfremd, wenn er zwar betriebsbedingt ist, aber einem anderen Abrechnungszeitraum zuzuordnen ist.
  - **außergewöhnliche Aufwendungen,** z. B. Schadensfälle, Entlassungsentschädigungen. Sie werden zwar durch die betriebliche Tätigkeit hervorgerufen, treten jedoch so unregelmäßig auf, dass sie nicht zu den gewöhlich anfallenden Aufwendungen eines gewöhnlichen Geschäftsverlaufs gezählt werden dürfen.

142 Was verstehen Sie unter den unternehmensbezogenen Abgrenzungen in der Ergebnistabelle?

ReWe — Kosten- und Leistungsrechnung, Controlling

2.3.2.2.2 Ergebnistabelle

143 Erstellen Sie aufgrund des vereinfachten GuV-Kontos des Großhandelsunternehmens Schwertfeger KG die Ergebnistabelle unter Berücksichtigung von:
1. Kalkulatorischer Unternehmerlohn: 10.000,00 €
2. Kalkulatorische Abschreibungen: 70.000,00 €
3. Kalkulatorische Zinsen: 43.000,00 €.

Die Schwertfeger KG vermietet ein Gebäude und erzielt hierfür Mieterträge.
1. Von den Abschreibungen auf Sachanlagen entfallen 6.000,00 € auf das vermietete Gebäude.
2. In den betrieblichen Steuern sind Grundsteuern enthalten. Hiervon entfallen auf das vermietete Gebäude 4.000,00 €.

Weisen Sie in der Ergebnistabelle getrennt aus das:
a) Gesamtergebnis der Finanzbuchhaltung,
b) neutrale Ergebnis und
c) Betriebsergebnis.

Soll		Gewinn und Verlust			Haben
2030	Periodenfremde Aufwendungen	39.245,00	2420	Betriebsfremde Erträge	28.000,00
2110	Zinsaufwendungen	36.000,00	2610	Zinserträge	6.500,00
3010	Wareneingang	1.454.034,00	2760	Erträge aus der Auflösung von Rückst.	40.000,00
4010	Löhne	116.249,00	8010	Warenverkauf	3.010.000,00
4020	Gehälter	317.391,00	8710	Sonstige Erlöse aus WVK	7.500,00
4040	Gesetzl. Soziale Aufwendungen	56.902,00			
4100	Mieten, Pachten, Leasing	59.000,00			
4200	Steuern, Beiträge Versicherungen	51.354,00			
4300	Energie, Brennstoffe	72.832,00			
4400	Werbe- und Reisekosten	41.200,00			
4500	Provisionen	19.500,00			
4820	Porto, Telefon, Telefax	63.000,00			
4710	Instandhaltung	50.000,00			
4910	Abschreibungen	60.000,00			
Gewinn		655.293,00			
		3.092.000,00			3.092.000,00

Ergebnistabelle

Ergebnistabelle

	Finanzbuchhaltung (RK I)		Kosten- und Leistungsrechnung (RK II)					
	Gesamtergebnisrechnung der FB		Abgrenzungsrechnung				Betriebsergebnisrechnung	
			Unternehmensbez. Abgrenzungen		Kostenrechnerische Korrekturen			
Konto	Aufwendungen	Erträge	Aufwendungen	Erträge	Aufwend. lt. FB	Verr. Kosten lt. KLR	Kosten	Leistungen
2030	39.245		39.245					
2110	36.000				36.000	43.000	43.000	
2420		28.000		28.000				
2610		6.500		6.500				
2760		40.000		40.000				
3010	1.454.034						1.454.034	
4010	116.249						116.249	
4020	317.391						317.391	
4040	56.902						56.902	
4100	59.000						59.000	
4200	51.354		4.000				47.354	
4300	72.832						72.832	
4400	41.200						41.200	
4500	19.500						19.500	
4820	63.000						63.000	
4710	50.000						50.000	
4910	60.000		6.000		54.000	70.000	70.000	
8010		3.010.000						3.010.000
8710		7.500						7.500
U.-lohn						10.000	10.000	
	2.436.707	3.092.000	49.245	74.500	90.000	123.000	2.420.462	3.017.500
	655.293		25.255		33.000		597.038	
	3.092.000	3.092.000	74.500	74.500	123.000	123.000	3.017.500	3.017.500

Abstimmung der Ergebnisse:

1. Gesamtergebnis der FB   **655.293 €**
2. Ergebnis aus unternehmensbez. Abgrenzungen   (+)   **25.255 €**
3. Ergebnis aus kostenrechnerischen Korrekturen   (+)   **33.000 €**
4. Betriebsergebnis   (+)   **597.038 €**
5. Gesamtergebnis der KLR   **655.293 €**

Erklärung:

- Der Gewinn aus unternehmensbezogenen Abgrenzungen beträgt 25.255,00 €. Das **Ergebnis aus kostenrechnerischen Korrekturen** in Höhe von 33.000,00 € zeigt, dass die Schwertfeger KG aufgrund der zugrunde gelegten kalkulatorischen Zinsen (43.000,00 €), der kalkulatorischen Abschreibungen (70.000,00 €) und des kalkulatorischen Unternehmerlohnes (10.000,00 €) einen deutlichen Überschuss über die Aufwendungen der Finanzbuchhaltung erzielt hat.
- Der **neutrale Gewinn** beträgt insgesamt 58.255,00 €.
- Das **Betriebsergebnis** weist einen Gewinn in Höhe von 597.038,00 € aus. Die Schwertfeger KG hat also offensichtlich über die Warenverkäufe sämtliche Kosten (einschließlich der kalkulatorischen Kosten) gedeckt und darüber hinaus noch einen beträchtlichen Überschuss erwirtschaften können.

ReWe

Kosten- und Leistungsrechnung, Controlling

144 Welche Aufgabe hat der Soll-Ist-Vergleich?

Mittels Soll-Ist-Vergleich sollen die während eines Zeitabschnitts tatsächlich angefallenen Kosten mit den zuvor geplanten Soll-Kosten verglichen werden.

145 Nach welcher Schrittfolge wird bei einem Soll-Ist-Vergleich vorgegangen?

1. Festlegung von Zielen (Soll-Werten): Jedes Großhandelsunternehmen sollte eine Unternehmensplanung aufbauen, um seine Existenz langfristig zu sichern. Dabei werden Zielvorgaben ermittelt und in Plänen für das kommende Jahr und für die kommenden fünf Jahre berücksichtigt.

2. Erfassen der tatsächlichen Ergebnisse (Ermittlung der Ist-Werte)

3. Feststellung von Abweichungen (Vergleich von Soll- mit Ist-Werten): Beim *Soll-Ist-Vergleich* steht die **Kosten- und Leistungsrechnung** im Mittelpunkt der Betrachtung. Die geplanten Kosten, die bei wirtschaftlicher Leistungserstellung erreicht werden können **(= Soll-Kosten;** Kosten, die für die Zukunft erwartet werden), werden den tatsächlich angefallenen Kosten **(= Ist-Kosten)** einer Rechnungsperiode gegenübergestellt. Abweichungen lassen erkennen, inwieweit die Zielsetzungen der Unternehmensleitung erreicht wurden oder nicht.

4. Abweichungsanalyse: im Mittelpunkt können die wesentlichen Ursachen für die Abweichungen herausgefunden werden.

5. Eventuell Einleitung korrigierender Maßnahmen (Nachsteuerung): Zeigt es sich, dass die Ziele der Unternehmensleitung nicht erreicht wurden, müssen unter Umständen korrigierende Maßnahmen eingeleitet werden. Es erfolgt eine systematische Gegensteuerung, z. B. Kostensenkung durch Rationalisierung oder Leistungssteigerung durch einen optimalen Marketingmix.

146 Was verstehen Sie unter einem zwischenbetrieblichen Soll-Ist-Vergleich (Betriebsvergleich)?

Im Rahmen von **zwischenbetrieblichen** Vergleichen werden die Zahlen des eigenen Unternehmens mit denen *vergleichbarer Unternehmen* und/oder mit den *Durchschnittszahlen der Unternehmen der eigenen Branche* verglichen. Der Vergleich mit der Konkurrenz lässt Stärken und Schwächen des eigenen Unternehmens erkennen.

Wirtschaftlichkeitszahlen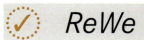

Ein zwischenbetrieblicher Kostenvergleich (Betriebsvergleich) kann durch Gegenüberstellung der Kosten vergleichbarer Betriebe Hinweise auf organisatorische und leistungssteigernde Verbesserungsmöglichkeiten geben, indem er die schwachen Stellen des eigenen Betriebes gegenüber dem anderen Betrieb erkennbar werden lässt.

147 Welchen Sinn kann ein zwischenbetrieblicher Kostenvergleich haben?

Bei einem Zeitvergleich werden die tatsächlichen Zahlen verschiedener Zeitabschnitte gegenübergestellt. Dabei ist zu unterscheiden zwischen

- **innerbetrieblichen Zeitvergleichen:** es werden Ist-Zahlen aus verschiedenen Zeiträumen bzw. Zeiträumen aus dem eigenen Unternehmen im Zeitablauf miteinander verglichen
- **zwischenbetrieblichen Zeitvergleichen:** Vergleich von Ist-Zahlen verschiedener Unternehmen aus unterschiedlichen Zeiträumen bzw. Zeitpunkten

148 Wie erklären Sie Zeitvergleiche?

Betriebswirtschaftliche Vergleichskennzahlen werden verwendet für die:

- Analyse des Unternehmens (Vermögens- und Kapitalaufbau)
- Steuerung des Betriebsablaufs im Bereich Beschaffung, Lagerung, Absatz und Verwaltung
- Planungsrechnung: Vorausbestimmung künftiger Ziele und der dazu einzusetzenden Mittel
- Betriebsergebniskontrolle (u. a. Wirtschaftlichkeit und Rentabilität)

149 Wofür werden betriebswirtschaftliche Vergleichskennzahlen verwendet?

150 Der Geschäftsleitung einer Textilgroßhandlung liegen seit einigen Tagen die Wirtschaftlichkeitszahlen ihrer Niederlassung aus Stuttgart vor (siehe Grafik links).

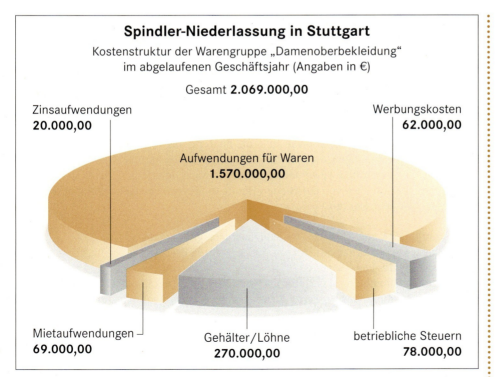

Spindler-Niederlassung in Stuttgart
Kostenstruktur der Warengruppe „Damenoberbekleidung"
im abgelaufenen Geschäftsjahr (Angaben in €)
Gesamt **2.069.000,00**

- Zinsaufwendungen **20.000,00**
- Werbungskosten **62.000,00**
- Aufwendungen für Waren **1.570.000,00**
- Mietaufwendungen **69.000,00**
- Gehälter/Löhne **270.000,00**
- betriebliche Steuern **78.000,00**

Fortsetzung Seite 194

ReWe

Kosten- und Leistungsrechnung, Controlling

Fortsetzung von Seite 193

Einige der in der Stuttgarter Niederlassung ermittelten Ist-Werte weichen von den von der Geschäftsführung erwarteten Zahlen (Soll-Werte) für dieses Geschäftsjahr ab:

Soll-Werte (in €)					
Aufwendungen für Waren	Werbungskosten	Betriebliche Steuern	Löhne und Gehälter	Mietaufwendungen	Zinsaufwendungen
1.210.000	62.500	77.000	215.000	72.000	23.000

Bei den Umsatzerlösen gibt es keine nennenswerten Abweichungen zwischen Soll- und Ist-Werten; ihre Gesamthöhe beträgt 2.240.325,00 €.

a) Beurteilen Sie die wirtschaftliche Situation der Stuttgarter Niederlassung.

b) Stellen Sie fest, welche Auswirkungen die Ergebnisse der Abweichungsanalyse auf eine kostenorientierte Preisgestaltung der Großhandelsunternehmung haben können.

c) Machen Sie Vorschläge für die Lösung des Problems.

Lösung:

a) Gesamtaufwand 2.069.000,00 € < Umsatzerlöse 2.240.325,00 € = Gewinn von 171.325,00 €

Die Niederlassung Stuttgart steht wirtschaftlich gut da. Allerdings zeigt der Soll-Ist-Vergleich einige Abweichungen, die zu hinterfragen sind. Trotz höherer Aufwendungen für Waren (knapp 30 % höherer Ist-Aufwand) ist nur der geplante Umsatz erreicht worden. Das legt nahe, dass entweder die Produktmargen gesunken sind, d. h., dass die Preiserhöhungen nicht an die Kunden weitergegeben werden konnten, oder aber höhere Lagerbestände aufgebaut wurden. Langfristig könnte beides die wirtschaftliche Situation beeinträchtigen. Die Ursache der Abweichung ist zu klären.

b) Die Analyse der Abweichungen führt zu zwei unterschiedlichen Ergebnissen:
Die Abweichung bei den Personalkosten (Beschäftigungsabweichung) führt zu einem Sinken der Fixkosten und führt so zu sinkenden Stückkosten. Dadurch ergeben sich Preissenkungspotenziale.
Die Abweichung bei den Aufwendungen für Waren, die wahrscheinlich durch Preisabweichungen bedingt sind, führt zu steigenden Stückkosten und sinkenden Margen. Um die alten Margen zu halten, müsste die Spindler KG die Preise erhöhen.

c) Lösungsvorschläge
Bei diesem durchgeführten innerbetrieblichen Soll-Ist-Vergleich ergeben sich Abweichungen, die erkennen lassen, inwieweit die Zielsetzungen der Geschäftsführung erreicht wurden oder nicht.
Mithilfe der Abweichungsanalyse kann die Führung des Textilgroßhandelsunternehmens die wesentlichen Ursachen für die Abweichungen herausfinden.
Anschließend wird eine systematische Gegensteuerung erfolgen, damit in Zukunft die vereinbarten Ziele von der Niederlassung in Stuttgart besser, schneller und genauer erreicht werden.

Es können sich ggf. folgende Handlungsvorschläge ergeben:
- Suche nach alternativen Lieferer mit geringeren Preisen
- Senkung der Lagerkosten
- neue Positionierung des Unternehmens oder der Produkte in einem höherpreisigen Segment, das bessere Margen bietet (z. B. Damenbekleidung mit einem speziellen Ökosiegel)
- Anpassung der Soll-Kennzahlen an die neuen Marktgegebenheiten

Fixe Kosten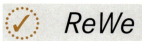

2.3.3 Kostenartenrechnung

Die **Kostenarten eines Großhandelsunternehmens** können nach verschiedenen Gesichtspunkten eingeteilt werden:

- **nach ihrer Entstehung werden die Kosten entsprechend dem Kontenrahmen geordnet:**
  - Personalkosten
  - Mieten, Pachten, Leasing
  - Energie, Betriebsstoffe
  - Werbe- und Reisekosten
  - Provisionen
  - Bürobedarf
  - Abschreibungen

- **nach der Verrechnung bzw. Zuordnung:**
  - Einzelkosten (direkte Kosten)
  - Gemeinkosten (indirekte Kosten)

- **nach ihrem Verhalten bei Beschäftigungsschwankungen (Beschäftigungsgrad = Ausbringungsmenge):**
  - fixe Kosten
  - variable Kosten (proportionale, degressive und progressive Kosten)

151 Geben Sie einen Überblick über die Kostenarten eines Großhandelsunternehmens.

- **Einzelkosten** können dem einzelnen Kostenträger (Ware oder Warengruppe) **direkt** zugeordnet werden, z. B. Wareneingänge, Warenbezugskosten, Versandverpackung oder Transportkosten.

- **Gemeinkosten** können einem bestimmten Kostenträger nur **indirekt** zugeordnet werden, weil sie nicht unmittelbar durch den einzelnen Kostenträger, sondern durch alle Warengruppen insgesamt entstanden sind. *Beispiele:* allgemeine Verwaltungskosten, Abschreibungen, Steuern und Abgaben, Gehälter, Mieten und Pachten, Energiekosten, soziale Aufwendungen).

152 Worin besteht der Unterschied zwischen Einzel- und Gemeinkosten?

Fixe (feste) Kosten sind vom Beschäftigungsgrad (= Leistungsumfang wie Umsatz oder Absatz) **unabhängig;** man nennt sie auch *Kosten der Betriebsbereitschaft.* Sie entstehen also selbst dann, wenn die abgesetzte Menge „null" beträgt. Zu den fixen Kosten zählen die meisten Gemeinkosten, wie z. B. kalkulatorische Abschreibungen, Gehälter oder Mieten.

Wenn man die fixen Gesamtkosten durch die Absatzmenge dividiert, erhält man die Stückkosten, die bei steigender Absatzmenge (Beschäftigungsgrad) sinken. Den fixen Gesamtkosten entsprechen daher **degressiv fallende Stückkosten,** da sie auf eine größere Absatzmenge (Stückzahl) verteilt werden.

 153 Was verstehen Sie unter fixen Kosten?

ReWe

Kosten- und Leistungsrechnung, Controlling

154 Stellen Sie die fixen Kosten als Gesamtkosten und Stückkosten mithilfe des rechts stehenden Zahlenbeispiels grafisch dar. (Maximalkapazität: 40 000 Stück).

Absatz (Stück)	Fixe Kosten (€)	
	gesamt	pro Stück
0	184.110,00	0,00
1	184.110,00	184.110,00
500	184.110,00	368,22
10 000	184.110,00	18,41
15 800	184.110,00	11,65
24 750	184.110,00	7,44
38 000	184.110,00	4,85

Lösungen:

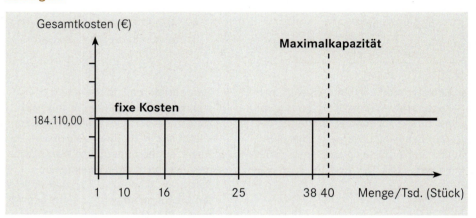

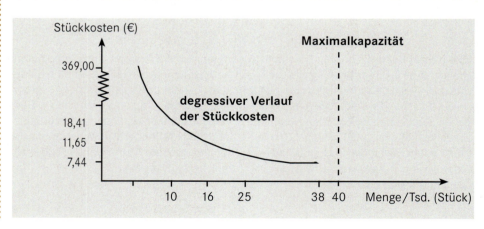

155 Erklären Sie, was Sie unter variablen Kosten verstehen.

Variable (veränderliche) Kosten sind **abhängig** vom Absatz bzw. Umsatz (Beschäftigung).
Variable Kosten sinken oder steigen mit ab- bzw. zunehmender Beschäftigung.
Auf *ein Stück* bezogen sind die variablen Kosten immer gleich hoch.
Zu den variablen Kosten zählen die Einzelkosten und ein Teil der Gemeinkosten, wie beispielsweise die Aufwendungen für die Waren, Provisionen oder Versandkosten.

Variable Kosten

Variable Kosten hängen in unterschiedlicher Weise vom Beschäftigungsgrad ab. Es sind die folgenden drei Arten zu unterscheiden:

- **Proportionale Kosten** (z. B. Wareneinsatz und Verpackungen) verändern sich in einem festen Verhältnis (proportional) zum Leistungsumfang (Beschäftigungsgrad). Die variablen Stückkosten bleiben **immer gleich,** da sie sich im gleichen Verhältnis ändern wie die Stückzahl.
- **Degressive Kosten steigen** im Verhältnis zum Leistungsumfang *langsamer,* d. h. *unterproportional* (z. B. der Wareneinsatz bei gestaffelten Mengenrabatten oder Energiekosten).
- **Progressive Kosten steigen stärker** *(überproportional)* als der Leistungsumfang (z. B. Löhne für Überstunden, überhöhte Instandhaltungskosten bei Kapazitätenauslastung).

156 Unterscheiden Sie die drei Arten von variablen Kosten.

	Variable Kosten (€)	
Absatz (Stück)	gesamt	pro Stück
1	9,655	9,655
500	4.827,50	9,655
10 000	96.550,00	9,655
15 800	152.549,00	9,655
24 750	238.961,00	9,655
38 000	366.890,00	9,655

157 Stellen Sie die variablen Kosten als Gesamtkosten und Stückkosten mithilfe des links stehenden Zahlenbeispiels grafisch dar.

Lösungen:

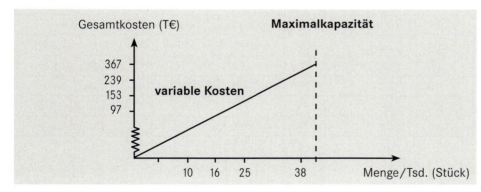

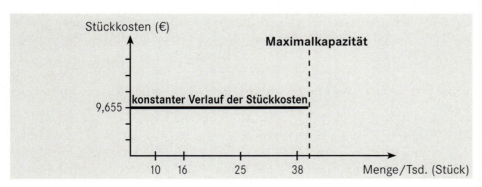

ReWe — Kosten- und Leistungsrechnung, Controlling

158 Ermitteln Sie mithilfe der vorliegenden Tabellenübersicht rechnerisch und grafisch die Gewinnschwelle (Break-even-Point). Berücksichtigen Sie
– fixe Gesamtkosten 40.000,00 €,
– variable Stückkosten 4,50 €,
– Stückerlös 15,00 €.

Menge (Stück)	Gesamtkosten in €			Erlöse in €	Erfolg in € (Verlust/Gewinn)
	variable	fixe	Summe		
1 000					
2 000					
3 000					
3 500					
4 000					
5 000					
6 000					

Endergebnisse:

Menge	K_v	K_f	K_G	Erlöse	Erfolg
					Gewinn
					Verlust

Lösungen:

Menge	Gesamtkosten in €			Erlöse in €	Erfolg in €
	variable	fixe	Summe		
1 000	4.500	40.000	44.500	15.000	./. 29.500 Verlust
2 000	9.000	40.000	49.000	30.000	./. 19.000 Verlust
3 000	13.500	40.000	53.500	45.000	./. 8.500 Verlust
3 500	15.750	40.000	55.750	52.500	./. 3.250 Verlust
4 000	18.000	40.000	58.000	60.000	**2.000 Gewinn**
5 000	22.500	40.000	62.500	75.000	**12.500 Gewinn**
6 000	27.000	40.000	67.000	90.000	**23.000 Gewinn**

Die Gewinnschwelle (Break-even-Point) zeigt die Absatzmenge (Beschäftigung) an, bei der die Erlöse genauso hoch sind wie die Kosten, sodass weder ein Gewinn noch ein Verlust erwirtschaftet wird.
Da dieser Wert mithilfe der vorliegenden Tabelle nicht exakt bestimmt werden kann (er liegt zwischen 3 500 und 4 000 Stück), soll die Gewinnschwelle mittels Gleichungssystem bestimmt werden:

- Gesamtkosten (K_G) = variable Gesamtkosten (K_v) + fixe Gesamtkosten (K_f)
- variable Gesamtkosten (K_v) = variable Stückkosten (k_v) · x
- Umsatzerlöse (U) = Absatzmenge (x) · Stückpreis (p)

gesamte Umsatzerlöse = Gesamtkosten (K_G)
$$U = K_v + K_f$$
$$p \cdot x = (k_v \cdot x) + K_f$$
$$(p \cdot x) ./. (k_v \cdot x) = K_f$$

Gewinnschwelle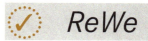

Gewinnschwellenmenge $(x) = \dfrac{K_f}{p ./. k_v}$

$$= \dfrac{40.000}{15,00 ./. 4,50} = 3\,809,5 \text{ Stück}$$

Bei einer geringeren Absatzmenge (3 809 Stück und weniger) wird ein Verlust erzielt, bei einer größeren Menge (3 810 Stück und mehr) hingegen ein Gewinn:

Menge	K_v	K_f	K_G	Erlöse	Erfolg	
3 810	17.145,00	40.000,00	57.145,00	57.150,00	**5,00 €**	**Gewinn**
3 809	17.140,50	40.000,00	57.140,50	57.135,00	**./. 5,50 €**	Verlust

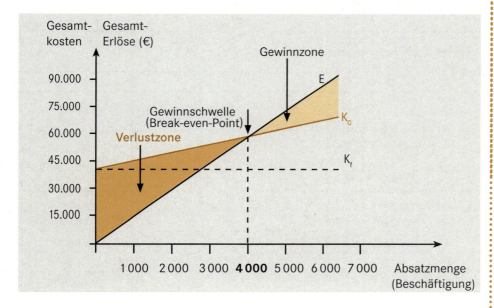

Optisch gut sichtbar ist, dass sich das Unternehmen vor dem Break-even-Point im Verlustbereich befindet. Nach Überschreiten der Gewinnschwelle beginnt die **Gewinnzone,** wobei sich die Gewinnschere mit zunehmender Menge mehr und mehr öffnet, d. h., der Abstand zwischen Gesamtkosten- und Erlöskurve wird immer größer.

ReWe Kosten- und Leistungsrechnung, Controlling

2.3.3.1 Kalkulationsschema

159 Erstellen Sie das Kalkulationsschema, das im Großhandel zur Ermittlung von Kosten und Angebotspreisen üblicherweise angewandt wird.

Kalkulationsschema

	Listeneinkaufspreis (netto)	
./.	Liefererrabatt (vom Hundert)	
=	Zieleinkaufspreis	
./.	Liefererskonto (vom Hundert)	
=	Bareinkaufspreis	
+	Einkaufsprovision	→ vom Zieleinkaufspreis
+	Bezugskosten (netto)	→ z. B. Fracht, Rollgeld, Verpackung
=	Bezugspreis/Einstandspreis (Wareneinsatz)	
+	Handlungskosten (HKZ) (vom Hundert)	
=	Selbstkosten	
+	Gewinn (vom Hundert)	
=	Barverkaufspreis	
+	Kundenskonto (im Hundert)	→ vom Zielverkaufspreis
+	Verkaufsprovision (im Hundert)	
=	Zielverkaufspreis	
+	Kundenrabatt (im Hundert)	→ vom Listenverkaufspreis
=	Listenverkaufspreis (netto); Angebotspreis	

Bezugskalkulation (Einkaufskalkulation): Listeneinkaufspreis bis Bezugspreis/Einstandspreis

Angebotskalkulation (Verkaufskalkulation): Barverkaufspreis bis Listenverkaufspreis

Bezugspreis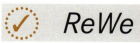

2.3.3.2 Bezugskalkulation

Bruttogewicht		1.750,00 kg
./. Tara		105,00 kg
= Nettogewicht (Reingewicht)		1.645,00 kg
./. Gutgewicht 2 %		32,90 kg
= vermindertes Nettogewicht (verminderter Reingewinn)		1.612,10 kg
		4,30 €/kg netto
Listeneinkaufspreis (netto)		6.932,03 €
./. Liefererrabatt 5 %		346,60 €
= Zieleinkaufspreis		6.585,43 €
./. Liefererskonto 2 %		131,71 €
= Bareinkaufspreis		6.453,72 €
+ Einkaufskosten		
– Provision 4 % (vom Ziel-EKP)	263,42 €	
– Bankspesen	15,00 €	278,42 €
+ Bezugskosten (netto)		
– Fracht	148,75 €	
– Rollgeld	56,50 €	
– Versicherung 2 ‰ (v. Listen-EKP)	13,86 €	219,11 €
= **Bezugs- oder Einstandspreis**		**6.951,25 €**
Bezugspreis je kg Gewürzextrakt	4,31 €	[Bezugspreis] / [Reingewicht]

Zusammenfassung:
- Mithilfe der **Bezugskalkulation** wird der Bezugs- oder Einstandspreis ermittelt. Er gibt Auskunft darüber
  - wie viel die bestellte Ware kostet, bis sie am eigenen Lager angekommen ist;
  - welcher Lieferer das preisgünstigste Angebot abgegeben hat (Angebotsvergleich).
- Zu den **Bezugskosten** zählen:
  - **Gewichtsspesen:** Porto, Lkw- und Bahnfracht **(vom Bruttogewicht** bzw. frachtpflichtigen Gewicht), Hausfracht (Rollgeld), Verlade-, Umlade- und Lagerkosten.
  - **Wertspesen:** Versicherungskosten, Einfuhrzölle, Vermittlungs-, Verpackungskosten und Kursdifferenzen.
- Zu den **Einkaufskosten** zählen *Provision* (Handelsvertreter) und *Kommission* (Kommissionär) (→ sie werden **vom Zieleinkaufspreis** berechnet), Bankspesen und Zinsen.
- **Tara = Abzug vom Bruttogewicht** für Verpackung.
- **Gutgewicht = Abzug vom Warengewicht (Nettogewicht)** für Verluste beim Umpacken/Einwiegen von Schüttgütern.
- Schema zur **Ermittlung des Abrechnungsgewichts:**
  Bruttogewicht
  ./. Verpackungsgewicht (Tara)
  = Nettogewicht (Reingewicht)
  ./. Gutgewicht
  = vermindertes Nettogewicht (vermindertes Reingewicht)

Rabatt und Skontoprozentsatz dürfen nicht zusammengefasst werden, da sie von unterschiedlichen Bezugsgrößen ausgehen: Rabatt wird vom Listeneinkaufspreis (≙ 100 %) und Skonto vom Zieleinkaufspreis (≙ 100 %) berechnet und abgezogen.

160

Eine Großhandlung erhält durch ihren Handelsvertreter das folgende Angebot: 70 Sack Gewürzextrakt zu je 25 kg, Tara je Sack 1,5 kg, zu 4,30 € je kg netto, 2 % Gutgewicht, 5 % Liefererrabatt, 2 % Liefererskonto. Für die Vermittlung des Geschäfts erhält der Vertreter eine Provision in Höhe von 4 %. Darüber hinaus fallen an: Bankspesen 15,00 € und Transportkosten (Fracht 8,50 € je 100 kg und Rollgeld 56,50 €) und Versicherungsprämie 2 ‰ vom Listeneinkaufspreis.

Berechnen Sie den Bezugspreis/Einstandspreis für 1 kg Gewürzextrakt.

ReWe — Kosten- und Leistungsrechnung, Controlling

2.3.3.3 Vorwärtskalkulation (Angebots- oder Verkaufskalkulation)

161 Was unterscheidet die Verkaufskalkulation von der Bezugskalkulation?

- Mithilfe der **Verkaufskalkulation** wird der **Verkaufspreis** (Angebotspreis) einer Ware berechnet, zu dem sie mindestens verkauft werden soll.

- Ausgangspunkt ist der zuvor ermittelte Bezugspreis. Auf ihn müssen die Handlungskosten (z. B. Personalkosten, Mieten, Steuern, Abgaben, Werbe- und Reisekosten, Kosten der Warenabgabe, Allgemeine Verwaltungskosten, Abschreibungen) hinzugerechnet werden. Aus der Summe von Bezugspreis (Einstandspreis) und anteiligen Handlungskosten ergeben sich die Selbstkosten einer Ware.

- Auf die Selbstkosten sind Gewinn, Verkaufsskonto, -provision und -rabatt zu addieren.

- Ergebnis ist der kalkulierte Angebotspreis ($\triangleq$ Listenverkaufspreis). Er soll
  ○ sämtliche Kosten decken: Bezugskosten und Handlungskosten,
  ○ einen angemessenen Gewinn einbringen,
  ○ das Großhandelsunternehmen wettbewerbsfähig halten.

2.3.4 Einfacher Handlungskostenzuschlagssatz

162 Stellen Sie die wichtigsten Angaben zum Inventar und zur Bilanz gegenüber.

- Handlungskosten sind Kosten, die in einem Großhandelsunternehmen im Einkauf, im Lager, in der Verwaltung und im Vertrieb entstehen, wie beispielsweise Mietaufwendungen, Reinigungskosten, Löhne und Gehälter, soziale Aufwendungen, Büromaterial, betriebliche Steuern oder Werbe- und Reisekosten.

- **Handlungskosten** (überwiegend Gemeinkosten) müssen, da sie einer bestimmten Ware oder Warengruppe nicht direkt zuzuordnen sind, mit einem Handlungskostenzuschlagssatz dem Kostenträger zugerechnet werden.

- Der **Handlungskostenzuschlagssatz** (HKZ) gibt das Prozentverhältnis von Handlungskosten zum Bezugspreis bzw. Wareneinsatz (= Warenumsatz zu Einstandspreisen) an, wobei der Bezugspreis (bzw. Wareneinsatz) 100 % entspricht:

$$\text{Handlungskostenzuschlagssatz} = \frac{\text{Handlungskosten}}{\text{Bezugspreis}} \cdot 100$$

- Mithilfe des HKZ wird jedem Kostenträger der Teil an den Handlungskosten zugewiesen, der seinen Anteil am Wareneinsatz ausmacht.

- Der HKZ unterliegt der ständigen betrieblichen Kontrolle und wird bei Veränderungen der Kostensituation entsprechend angepasst.

Handlungskostenzuschlagssatz

 ReWe

Berechnen Sie den Handlungskostenzuschlagssatz aufgrund nebenstehender GuV-Rechnung der Schwertfeger KG (die kalkulatorischen Kosten betragen insgesamt 123.000,00 €).

Soll		Gewinn und Verlust			Haben
2030	Periodenfremde Aufwendungen	39.245,00	2420	Betriebsfremde Erträge	28.000,00
2110	Zinsaufwendungen	36.000,00	2610	Zinserträge	6.500,00
3010	Wareneingang	1.454.034,00	2760	Erträge aus der Auflösung von Rückstellungen	40.000,00
4010	Löhne	116.249,00	8010	Warenverkauf	3.010.000,00
4020	Gehälter	317.391,00	8710	Sonstige Erlöse aus WVK	7.500,00
4040	Gesetzliche soziale Aufwendungen	56.902,00			
4100	Mieten, Pachten, Leasing	59.000,00			
4200	Steuern, Beiträge, Versicherungen	51.354,00			
4300	Energie, Brennstoffe	72.832,00			
4400	Werbe- und Reisekosten	41.200,00			
4500	Provisionen	19.500,00			
4820	Porto, Telefon, Telefax	63.000,00			
4710	Instandhaltung	50.000,00			
4910	Abschreibungen	60.000,00			
	Gewinn	655.293,00			
		3.092.000,00			3.092.000,00

- **Wareneinsatz** (Warenaufwendungen): 1.454.034,00 €

- **Summe der Handlungskosten:** 970.428,00 €
  (Konten der Klasse 4 ohne Abschreibungen + kalkulatorische Kosten)

- **Handlungskostenzuschlagssatz** = $\dfrac{970.428,00}{1.454.034,00} \cdot 100$ = 66,74 %

ReWe

Kosten- und Leistungsrechnung, Controlling

164 Eine Textilgroßhandlung kalkuliert den Listenverkaufspreis eines bestimmten Herrenoberhemdes. Der Listeneinkaufspreis beträgt netto 38,77 €. Der Liefererrabatt beträgt 25 %, der Liefererskonto 2 %. Die Bezugskosten betragen 1,50 € (netto). Die Großhandlung kalkuliert den Listenverkaufspreis mit 50 % Handlungskosten, 5 % Gewinn, 3 % Kundenskonto, 5 % Vertreterprovision und 10 % Kundenrabatt.

Wie hoch ist der Listenverkaufspreis (Angebotspreis) pro Hemd?

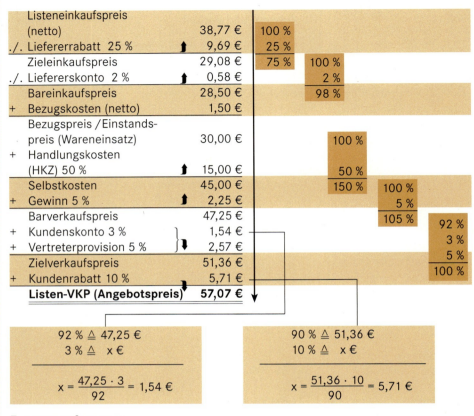

Zusammenfassung:
- Die **Vorwärtskalkulation** wird von Großhandelsunternehmen bei der Preisbildung angewandt, wenn es für eine Ware keinen feststehenden Preis auf dem Absatzmarkt gibt.
- Verkaufsprovision und Kundenskonto werden vom Zielverkaufspreis berechnet.
- Grundlage für die Berechnung des Kundenrabatts ist der Angebotspreis (Listenverkaufspreis).

2.3.4.1 Kalkulationszuschlag und Kalkulationsfaktor (Vereinfachung der Vorwärtskalkulation)

165 Warum wird im Zusammenhang mit Kalkulationszuschlag und Kalkulationsfaktor von einer Vereinfachung der Vorwärtskalkulation gesprochen?

Wenn die Nettoverkaufspreise für das gesamte Sortiment, einzelne Warengruppen oder Warenarten eines Großhandelsunternehmens mit gleichen Zuschlagssätzen für Handlungskosten, Gewinn und Verkaufskosten (Kundenskonto, Vertreterprovision und Kundenrabatt) kalkuliert werden, kann man diese Zuschlagssätze zu einem einzigen Zuschlagssatz, dem

Kalkulationszuschlag, zusammenfassen. Dadurch wird die Preisberechnung erheblich vereinfacht.

Um den Listenverkaufspreis mithilfe des Kalkulationsfaktors zu ermitteln, muss man lediglich den Bezugs- bzw. Einstandspreis mit dem Kalkulationsfaktor multiplizieren.

Kalkulationszuschlag

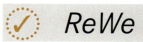

2.3.4.1.1 Kalkulationszuschlag

	Bezugspreis	40,00 €
+	Kalkulationszuschlag 90,2 %	36,08 €
=	**Listenverkaufspreis**	**76,08 €**

Bezugspreis + Kalkulationszuschlag = Listenverkaufspreis (Angebotspreis)

○ 166

Eine Textilgroßhandlung kalkuliert alle Artikel der Warenart Herrenoberhemden mit einem Kalkulationszuschlag von 90,2 %.

Ermitteln Sie den Listenverkaufspreis für ein Herrenhemd, das zum Bezugspreis von 40,00 € eingekauft wurde.

○ 167

Ein Großhandelsunternehmen kalkuliert die Nettoverkaufspreise für die Warenart Herrenoberhemden mit 50 % Handlungskosten, 5 % Gewinn, 3 % Kundenskonto, 5 % Vertreterprovision und 10 % Kundenrabatt.

Ermitteln Sie für diese Warenart den Kalkulationszuschlag.

Lösungsschritt 1:

	Bezugspreis/Einstandspreis (Wareneinsatz)	100,00 €
+	Handlungskosten (HKZ) 50 %	50,00 €
=	Selbstkosten	150,00 €
+	Gewinn 5 %	7,50 €
=	Barverkaufspreis	157,50 €
+	Kundenskonto 3 %	5,14 €
+	Vertreterprovision 5 %	8,56 €
=	Zielverkaufspreis	171,20 €
+	Kundenrabatt 10 %	19,02 €
=	Listenverkaufspreis (Angebotspreis)	190,22 €

Lösungsschritt 2:

	Nettoverkaufspreis	190,22 €
./.	Bezugspreis	100,00 €
=	Differenz	90,22 €

Lösungsschritt 3:

100,00 € = 100 %
90,22 € =   x %

$$x = \frac{90{,}22 \cdot 100}{100{,}00} = \underline{90{,}2\ \%}$$

Der Kalkulationszuschlag ergibt sich aus der Differenz von Listenverkaufspreis und Bezugspreis (Einstandspreis), ausgedrückt in Prozent des Bezugspreises (Bezugspreis ≙ 100 %).

$$\text{Kalkulationszuschlag (KZ)} = \frac{(\text{Listenverkaufspreis ./. Bezugspreis})}{\text{Bezugspreis}} \cdot 100\ \%$$

ReWe

Kosten- und Leistungsrechnung, Controlling

168 In einer Textilgroßhandlung werden die Listenverkaufspreise für Sommerkleider mit 35 % Handlungskosten, 5 % Gewinn, 2 % Kundenskonto und 20 % Kundenrabatt kalkuliert.

Der Kalkulationszuschlag ist zu berechnen.

Liegen außer den einzelnen Zuschlagssätzen keine weiteren Kalkulationsdaten vor, wird der Kalkulationszuschlag berechnet, indem der Bezugspreis gleich 100,00 € gesetzt wird.

	Bezugspreis (Einstandspreis)	100,00 €
+	Handlungskosten 35 % (v. H.)	35,00 €
=	Selbstkostenpreis	135,00 €
+	Gewinn 5 % (v. H.)	6,75 €
=	Barverkaufspreis	141,75 €
+	Kundenskonto 2 % (i. H.)	2,89 €
=	Zielverkaufspreis	144,64 €
+	Kundenrabatt 20 % (i. H.)	36,16 €
=	Listenverkaufspreis (Angebotspreis)	180,80 €

	Listenverkaufspreis	180,80 €
./.	Bezugspreis	100,00 €
=	Differenz	80,80 €

100,00 € ≙ 100 %
80,80 € ≙ x %

$$x = \frac{80{,}80 \cdot 100}{100{,}00} = \underline{\underline{80{,}8\ \%}}$$

Der Kalkulationszuschlag beträgt 80,8 %.

2.3.4.1.2 Kalkulationsfaktor

169 Ein Großhandelsunternehmen kalkuliert Damenblusen mit einem Kalkulationsfaktor von 1,852.

Ermitteln Sie den Listenverkaufspreis für eine Bluse, die zum Einstandspreis von 50,00 € eingekauft wird.

Listenverkaufspreis = 50,00 € · 1,852 = $\underline{\underline{92{,}60\ €}}$

Der **Kalkulationsfaktor** ist eine Zahl, mit der der Bezugspreis multipliziert wird, um den Listenverkaufspreis (Angebotspreis) zu errechnen.

$$\text{Bezugspreis} \cdot \text{Kalkulationsfaktor} = \frac{\text{Listenverkaufspreis}}{\text{(Angebotspreis)}}$$

170 Ermitteln Sie den Kalkulationsfaktor für die Warenart Herrenoberhemden.

Lösungsschritt 1:

	Bezugspreis	100,00 €
+	Kalkulationszuschlag 90,2 %	90,20 €
	Listenverkaufspreis (Angebotspreis)	190,20 €

Lösungsschritt 2:

Kalkulationsfaktor = $\dfrac{190{,}20\ €}{100{,}00\ €}$ = $\underline{\underline{1{,}902}}$

Handlungskostenzuschlag

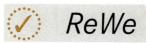

| Kalkulationsfaktor | = | $\dfrac{\text{Listenverkaufspreis}}{\text{Bezugspreis}}$ |

| Kalkulationsfaktor | = | $\dfrac{\text{Kalkulationszuschlag}}{100} + 1$ |

Der Kalkulationsfaktor wird ermittelt, indem der Listenverkaufspreis durch den Bezugspreis geteilt wird.

$$KF = \frac{90{,}2}{100} + 1 = 1{,}902$$

Das betreffende Großhandelsunternehmen kalkuliert diese Warenart mit einem Kalkulationszuschlag von 90,2 %.

	Bezugspreis	187,87 €	100 %
+	Handlungskostenzuschlag	12,70 €	
=	Selbstkosten	200,57 €	
+	Gewinn		
	(...)		
=	Listenverkaufspreis (netto)	220,00 €	100 %
+	Umsatzsteuer 19 %	41,80 €	19 %
=	Bruttoverkaufspreis	261,80 €	119 %

Lösungsschritt 1:

Listenverkaufspreis = $\dfrac{261{,}80}{119\,\%} \cdot 100 = \underline{\underline{220{,}00\,€}}$

Lösungsschritt 2:

Bezugspreis = $\dfrac{220{,}00\,€}{1{,}171} = \underline{\underline{187{,}87\,€}}$

| Bezugspreis | = | $\dfrac{\text{Listenverkaufspreis}}{\text{Kalkulationsfaktor}}$ |

Lösungsschritt 3:

Handlungskostenzuschlag in € = Selbstkosten ./. Bezugspreis
= 200,57 € ./. 187,87 € = $\underline{\underline{12{,}70\,€}}$

Lösungsschritt 4:

Handlungskostenzuschlagssatz = $\dfrac{12{,}70 \cdot 100}{187{,}87} = \underline{\underline{6{,}76\,\%}}$

Der Selbstkostenpreis einer Ware beträgt für eine Großhandlung 200,57 €, der Bruttoverkaufspreis 261,80 € (19 % Umsatzsteuer).

Wie viel Prozent beträgt der Handlungskostenzuschlag bei einem Kalkulationsfaktor von 1,171?

ReWe

Kosten- und Leistungsrechnung, Controlling

172 Wie hoch ist der Kalkulationsfaktor bei folgenden Angaben: Bareinkaufspreis 1.900,00 €, Selbstkostenpreis 2.700,00 €, Zielverkaufspreis 3.500,00 €, Einstandspreis 2.200,00 €, Kundenskonto 3 %, Kundenrabatt 25 % und Bruttoverkaufspreis 5.413,34 €?

Vorüberlegungen:

1) Kalkulationsfaktor (KF) = $\dfrac{\text{Listenverkaufspreis}}{\text{Einstandpreis}}$

2)
Zielverkaufspreis	3.500,00 €	≙	75 %
+ Kundenrabatt	... €	≙	25 %
= Listenverkaufspreis	... €	≙	100 %

Lösungsschritt 1:

Listenverkaufspreis = $\dfrac{3.500{,}00\ € \cdot 100}{75\ \%}$ = 4.666,67 €

Lösungsschritt 2:

Kalkulationsfaktor = $\dfrac{4.666{,}67\ €}{2.200{,}00\ €}$ = 2,1212

2.3.4.2 Rückwärtskalkulation (Kalkulation des aufwendbaren Einkaufspreises)

173 Die Flanellhosen der Marke ‚Eleganzia' können von einem Textilgroßhändler aufgrund der Konkurrenzsituation höchstens zu einem Listenverkaufspreis von 112,00 € je Stück verkauft werden. Ermitteln Sie den Bezugspreis, zu dem die Großhandlung die Hosen höchstens einkaufen darf, damit sich der Handel mit diesen Hosen für das Unternehmen lohnt. Das Unternehmen kalkuliert mit 50 % Handlungskosten, 5 % Gewinn, 3 % Kundenskonto, 5 % Vertreterprovision und 10 % Kundenrabatt.

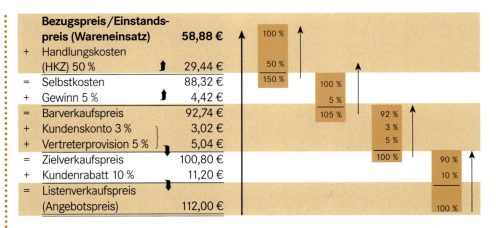

Zusammenfassung:

- Die **Rückwärtskalkulation** wird von Großhandelsunternehmen immer dann angewandt, wenn der Verkaufspreis einer Ware durch die Verkaufspreise der Mitbewerber oder aufgrund gesetzlicher Preisvorschriften vorgegeben ist.
- Bei der Rückwärtskalkulation wird der Bezugspreis (Einstandspreis), zu dem die Ware höchstens eingekauft werden darf, berechnet. Ausgegangen wird dabei von einem vorgegebenen Verkaufspreis.
- Zu beachten ist bei der stufenweisen Rückrechnung, dass sämtliche Zuschläge, die in der Vorwärtskalkulation vom *verminderten Grundwert* berechnet wurden, nun vom reinen Grundwert (= 100 %) zu ermitteln sind.

Handelsspanne

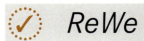

2.3.4.3 Handelsspanne (Vereinfachung der Rückwärtskalkulation)

Lösungsschritt 1:

100,0 % ≙ 30,00 €
53,2 % ≙ x €

$$HSp \text{ in } € = \frac{30,00 \cdot 53,2}{100} = 15,96 \text{ €}$$

Lösungsschritt 2:

	Listenverkaufspreis	30,00 €
./.	Handelsspanne 53,2 %	15,96 €
=	**Bezugspreis (Einstandspreis)**	**14,04 €**

> **Bezugspreis = Listenverkaufspreis ./. Handelsspanne**

Durch die Handelsspanne lässt sich die Berechnung des aufwendbaren Bezugspreises bei vorgegebenem Listenverkaufspreis vereinfachen.

		a)	b)
	Bezugspreis (Einstandspreis)	**46,46 €**	**26,01 €**
+	Handlungskosten 38,5 %	17,89 €	10,02 €
=	Selbstkostenpreis	64,35 €	36,03 €
+	Gewinn 15 %	9,65 €	5,41 €
=	Barverkaufspreis	74,00 €	41,44 €
+	Kundenskonto 2 %	1,60 €	0,90 €
+	Vertreterprovision 5,5 %	4,40 €	2,46 €
=	Zielverkaufspreis	80,00 €	44,80 €
+	Kundenrabatt 20 %	20,00 €	11,20 €
=	**Listenverkaufspreis (Angebotspreis)**	***100,00 €***	***56,00 €***	≙ 100 %

		a)	b)	
	Listenverkaufspreis	100,00 €	56,00 €	≙ 100 %
./.	Bezugspreis (Einstandspreis)	46,46 €	26,02 €	
=	Differenz	53,54 €	29,98 €	

a) 100,00 € ≙ 100 %
    53,54 € ≙   x %

$$HSp = \frac{53,54 \cdot 100}{100,00} = 53,54 \text{ \%}$$

b) 56,00 € ≙ 100 %
    29,98 € ≙   x %

$$HSp = \frac{29,98 \cdot 100}{56,00} = 53,54 \text{ \%}$$

Die Handelsspanne beträgt in beiden Fällen 53,54 %.

> **Handelsspanne** = $\frac{(\text{Listenverkaufspreis ./. Bezugspreis}) \cdot 100}{\text{Listenverkaufspreis}}$
>
> **Handelsspanne** = $\frac{\text{Kalkulationszuschlag}}{\text{Kalkulationsfaktor}}$

---

174 Spannbetttücher der Marke ‚Exklusiv' können von einem Textilgroßhandelsunternehmen höchstens zum Netto-VK von 30,00 € verkauft werden.

Ermitteln Sie den Bezugspreis, zu dem die Tücher eingekauft werden können, wenn die Großhandlung mit einer Handelsspanne von 53,2 % kalkuliert.

175 Eine Textilgroßhandlung kalkuliert die Warengruppe Haushaltswäsche mit 38,5 % Handlungskosten, 15 % Gewinn, 5,5 % Verkaufsprovision, 2 % Kundenskonto und 20% Kundenrabatt.

Zu ermitteln ist die Handelspanne
a) bei einem nicht bekannten Angebotspreis,
b) bei einem Angebotspreis für Bettlaken von 56,00 €.

ReWe

Kosten- und Leistungsrechnung, Controlling

176 Der Bezugspreis für eine Ware beträgt 745,00 €. Die Großhandlung kalkuliert mit einer Handelsspanne von 24,75 %.

Wie hoch ist der Listenverkaufspreis?

Vorüberlegung:

Bezugspreis	745,00 €	≙	75,25 %	
+ Handelsspanne (2)	... €	≙	24,75 %	(1)
= Listenverkaufspreis	... €	≙	100,00 %	

Lösungsschritt 1:

Handelsspanne in € = $\dfrac{745{,}00 \cdot 24{,}75}{75{,}25}$ = 245,03 €

Lösungsschritt 2:

Listenverkaufspreis = Bezugspreis + Handelsspanne
= 745,00 € + 245,03 € = 990,03 €

177 a) Welche Handelsspanne entspricht einem Kalkulationszuschlag von 25 %?

b) Welcher Kalkulationsfaktor entspricht einer Handelsspanne von 38 %?

a)

Handelsspanne = $\dfrac{\text{Kalkulationszuschlag}}{\text{Kalkulationsfaktor}}$ = $\dfrac{25\ \%}{1{,}25}$ = 20,00 %

Kalkulationsfaktor = $\dfrac{\text{Kalkulationszuschlag} + 100}{100}$ = $\dfrac{25 + 100}{100}$ = 1,25

b)

Bezugspreis	... €	≙	62 %
+ Handelsspanne	... €	≙	38 %
= Listenverkaufspreis	100,00 €	≙	100 %

Kalkulationsfaktor (KF) = $\dfrac{\text{Listen-VKP}}{\text{Bezugspreis}}$ = $\dfrac{100{,}00\ €}{62{,}00\ €}$ = 1,6129

Zusammenfassung:

Die Handelsspanne ist die Differenz zwischen dem Listenverkaufspreis (Angebotspreis) und dem Bezugspreis, ausgedrückt in Prozent des Listenverkaufspreises (Listenverkaufspreis ≙ 100 %).

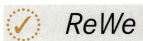

Gewinn

2.3.4.4 Differenzkalkulation (Kalkulation des Gewinns)

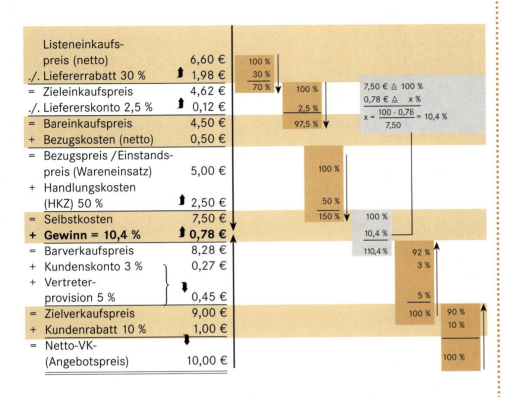

$$\text{Gewinnzuschlagsatz} = \frac{0{,}78\ €}{7{,}50\ €} \cdot 100 = \underline{10{,}4\ \%,}$$

sodass die Weiterführung dieses Artikels im Sortiment der Textilgroßhandlung gerechtfertigt ist.

$$\text{Gewinnzuschlagsatz} = \frac{\text{Gewinn}}{\text{Selbstkosten}} \cdot 100$$

Zusammenfassung:
- Die **Differenzkalkulation** wendet ein Großhandelsunternehmen an, wenn es den Verkaufspreis und den Einstandspreis einer Ware wenig oder gar nicht beeinflussen kann.
- Mithilfe der Differenzkalkulation soll festgestellt werden, ob es sich lohnt, die Ware in das Sortiment aufzunehmen bzw. im Sortiment zu belassen.
- Bei der Differenzkalkulation wird der Gewinn (oder Verlust), der sich durch den Verkauf einer Ware erzielen lässt, bei vorgegebenem Bezugspreis (Einstandspreis) und feststehendem Verkaufspreis unter Berücksichtigung der Kostenstruktur des eigenen Unternehmens ermittelt.
- Der Gewinn (oder der mögliche Verlust) ergibt sich als Differenz (daher die Bezeichnung *Differenzkalkulation*) zwischen den Selbstkosten und dem Barverkaufspreis, ausgedrückt als Prozentsatz der Selbstkosten (Gewinn = Barverkaufspreis > Selbstkosten).

178

Eine Textilgroßhandlung kann Walkfrottiertücher bei einem Lieferer zum Listeneinkaufspreis von 6,60 € je Stück beziehen. Weitere Konditionen: Liefererrabatt 30 %, Liefererskonto 2,5 %, Bezugskosten pro Tuch 0,50 €. Aufgrund der Konkurrenzsituation kann sie die Frottiertücher zum Nettoverkaufspreis von 10,00 € je Stück verkaufen.

Prüfen Sie, ob sich die Aufnahme dieses Artikels in das Sortiment lohnt.

Das Großhandelsunternehmen kalkuliert mit 50 % Handlungskosten, 3 % Kundenskonto, 5 % Vertreterprovision und 10 % Kundenrabatt.

Fortsetzung Seite 212

ReWe Kosten- und Leistungsrechnung, Controlling

Fortsetzung von Seite 211

- Die Selbstkosten werden mit der Vorwärtskalkulation, der Barverkaufspreis mithilfe der Rückwärtskalkulation errechnet.

Vereinfachte Kalkulationsverfahren

Kalkulationszuschlag (KZ)

→ Stellt einen prozentualen Aufschlag auf den Bezugspreis dar

Bezugspreis (100 %) + KZ = Angebotspreis

verkürzen die *Vorwärtskalkulation* so, dass direkt vom Bezugspreis = 100 % (Einstandspreis)

auf den

Angebotspreis (Listen- oder Nettoverkaufspreis) geschlossen werden kann

Kalkulationsfaktor (KF)

→ Ist ein Faktor, mit dem der Bezugspreis multipliziert wird

Bezugspreis · KF = Angebotspreis

Handelsspanne (HSp)

→ Stellt eine prozentuale Größe dar, um die der Angebotspreis verringert wird

Angebotspreis (100 %) ./. HSp = Bezugspreis

verkürzt die Rückwärtskalkulation so, dass direkt vom Angebotspreis = 100 % (Listen- oder Nettoverkaufspreis)

auf den

aufwendbaren Bezugspreis (Einstandspreis) geschlossen werden kann

Berechnung

Kalkulationszuschlag =
$$\frac{(Listenverkaufspreis ./. Bezugspreis) \cdot 100}{Bezugspreis}$$

Kalkulationsfaktor =
$$\frac{Listenverkaufspreis}{Bezugspreis}$$

oder

Kalkulationsfaktor = $\frac{1 + KZ}{100}$

Handelsspanne =
$$\frac{(Listenverkaufspreis ./. Bezugspreis) \cdot 100}{Listenverkaufspreis}$$

oder

Handelsspanne = $\frac{Kalkulationszuschlag}{Kalkulationsfaktor}$

---

179 Der Barverkaufspreis einer Ware beträgt 617,40 €.

Kalkulieren Sie den Zielverkaufspreis, wenn 2 % Skonto gewährt werden.

(...)

	€	%
Zielverkaufspreis	? €	– 100 %
./. Skonto 2 %		– 2 %
= Barverkaufspreis	617,40 €	– 98 %

98 % ≙ 617,40 €
100 % ≙ x €

$x = \frac{617{,}40 \cdot 100}{98} = \underline{630{,}00\ €}$

Bruttoverkaufspreis

	Rechnungspreis, netto	? €	– 100 %
+	USt 19 %		– 19 %
=	Rechnungspreis, brutto	66,40 €	– 119 %

119 % ≙ 66,40 €
100 % ≙   x €

$$x = \frac{66{,}40 \cdot 100}{119} = \underline{\underline{55{,}80 \text{ €}}}$$

	Warenumsatz im 1. Jahr	650.000,00 €
+	Erhöhung 17 %	110.500,00 €
=	Warenumsatz im 2. Jahr	760.500,00 €
./.	Rückgang 12 %	91.260,00 €
=	Warenumsatz im 3. Jahr	**669.240,00 €**

	Nettoverkaufspreis	78,00 €	– 100 %
+	19 % Umsatzsteuer	14,82 €	– 19 %
=	Bruttoverkaufspreis	**92,82 €**	– 119 %

ReWe

180 Ein Großhändler kauft Büromaterial im Gesamtwert von 66,50 € brutto.

Ermitteln Sie den Nettoeinkaufspreis bei einem Umsatzsteuersatz von 19 %.

181 Der Warenumsatz eines Unternehmens stieg im Jahr 2 gegenüber dem Jahr 1 um 17 % auf 760.500,00 €. Im Jahr 3 ging er gegenüber Jahr 2 um 12 % zurück.

Wie viel Prozent betrug der Warenumsatz im Jahr 3?

182 Wie hoch ist der Bruttoverkaufspreis von Sommerschuhen, wenn die Umsatzsteuer 19 % = 14,82 € beträgt?

ReWe

Kosten- und Leistungsrechnung, Controlling

2.3.5 Deckungsbeitragsrechnung (Teilkostenrechnung)

183 Stellen Sie das Wesen der Voll- und Teilkostenrechnung (Deckungsbeitragsrechnung) unter Einbeziehung einer kritischen Betrachtungsweise gegenüber.

Vollkostenrechnung

- Umrechnung aller entstandenen Kosten (Selbstkosten) auf die Erzeugnisse ohne Berücksichtigung der Absatzhöhe (Beschäftigung).
- Die fixen Kosten verhalten sich wie die variablen Kosten proportional zur Zuschlagsgrundlage (Wareneinsatz/Bezugsreis).

Kritik:

- Die Vollkostenrechnung trennt die Kosten nicht in variable Kosten (vom Kostenträger abhängige Kosten) und fixe Kosten.
- Die Vollkostenrechnung berücksichtigt daher nicht, dass mit wachsender Ausbringung *die fixen Kosten pro Stück sinken* bzw. dass mit sinkender Ausbringung die fixen Stückkosten steigen.
- Es trifft nicht unbedingt zu, dass zwischen den (überwiegend fixen) Handlungskosten und dem Wareneinsatz einer Ware eine gleichgerichtete Abhängigkeit besteht.
- Die Verrechnung der fixen Kosten in der Vollkostenrechnung (→ proportionalisierte Fixkosten) führt bei veränderlichem Beschäftigungsgrad (Absatzveränderungen) zu fehlerhafter Preispolitik und falschen Entscheidungen bei der Sortimentspolitik.

Teilkostenrechnung

- Bei der **Teilkostenrechnung (Deckungsbeitragsrechnung)** wird lediglich mit veränderlichen **variablen Kosten** (Einzelkosten und variable Gemeinkosten) gerechnet. Die Kostenträger werden nur mit den Kosten belastet, die ihnen auch tatsächlich direkt zugerechnet werden können. Die **Fixkosten** werden nicht auf das einzelne Erzeugnis (Kostenträger) aufgeteilt, sondern als Gesamtposition in das Betriebsergebnis übernommen.
- Der **Deckungsbeitrag** ist die Differenz zwischen den Nettoverkaufserlösen und den variablen Kosten eines Kostenträgers.
- Der Deckungsbeitrag gibt an, welchen Beitrag ein Kostenträger zur Deckung der fixen Kosten leistet.

Berechnung:
Die Deckungsbeitragsrechnung als ein wichtiges operatives Controllinginstrument kann als Stückrechnung und als Periodenrechnung durchgeführt werden:

Deckungsbeitragsrechnung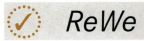

Stückrechnung	Periodenrechnung
Verkaufspreis ./. variable Kosten: • Bezugspreis • variable Handlungskosten pro Stück	gesamte Nettoverkaufserlöse ./. variable Kosten: • Wareneinsatz (Einzelkosten) • gesamte variable Handlungskosten (= direkt zurechenbare Gemeinkosten)
= **Deckungsbeitrag (db)** ./. =	= **Gesamtdeckungsbeitrag (DB)** gesamte fixe Kosten der (den Kostenträgern nicht direkt zurechenbare Gemeinkosten) Erfolg (Betriebsgewinn bzw. -verlust)
Der so ermittelte Deckungsbeitrag pro Stück (vorausgesetzt db > 0) sagt aus, dass dieser Betrag zur Deckung der fixen Kosten beiträgt. Ein positiver Deckungsbeitrag pro Stück führt dann zu einer Verbesserung des Betriebserfolgs.	Ist die Summe aller Deckungsbeiträge (DB) größer als die Fixkosten, befindet sich das Unternehmen in der Gewinnzone.

- Die Deckungsbeitragsrechnung ist Entscheidungsgrundlage
  - für die Sortimentsgestaltung,
  - die Ermittlung der Preisuntergrenze,
  - die Berechnung der Gewinnschwelle und
  - für die Annahme von Zusatzaufträgen.

- **Voraussetzung für die Anwendung der Deckungsbeitragsrechnung** (Teilkostenrechnung) ist die **Aufteilung der Handlungskosten in variable und fixe Kosten.**

- Die **variablen Kosten** lassen sich **direkt** den einzelnen Kostenträgern **zurechnen** und sind **von der Beschäftigung** (= Umsatz, Absatz) **abhängig**, d. h., sie steigen mit zunehmender Beschäftigung und sinken mit abnehmender Beschäftigung. Sie setzen sich zusammen aus dem **Wareneinsatz** und den **variablen Gemeinkosten** (z. B. Verpackungs- und Transportkosten, Provisionen, Abschreibungen auf Forderungen, Kundenskonti).

- Als **fixe Kosten** werden angesehen: Gehälter, Mieten, Abgaben und Pflichtbeiträge, Pachten, Leasing, Abschreibungen auf Sachanlagen, Versicherungen.

184 Was ist die Voraussetzung für die Anwendung der Deckungsbeitragsrechnung?

ReWe

Kosten- und Leistungsrechnung, Controlling

2.3.5.1 Deckungsbeitragsrechnung und Sortimentsgestaltung

185 Ein Großhändler verkauft drei verschiedene Erzeugnisse. Die Abteilung Rechnungswesen liefert für den Monat Oktober folgende nebenstehenden Zahlen (siehe rechts, Preise in €).

Ermitteln Sie das Betriebsergebnis mithilfe der Deckungsbeitragsrechnung.

	Erzeugnis A	Erzeugnis B	Erzeugnis C	insges.
variable Kosten	24.600,00	12.400,00	15.500,00	52.500,00
Verkaufserlöse (netto)	31.520,00	15.880,00	17.600,00	65.000,00

Die fixen Kosten betragen 10.500,00 €.

Berechnung auf der Basis der einstufigen Deckungsbeitragsrechnung (Beträge in €)

	Ergebnisrechnung	Ware A	Ware B	Ware C	insgesamt
	Nettoverkaufserlöse	31.520,00	15.880,00	17.600,00	65.000,00
./.	variable Kosten	24.600,00	12.400,00	15.500,00	52.500,00
=	Deckungsbeitrag	6.920,00	3.480,00	2.100,00	12.500,00
./.	fixe Kosten				10.500,00
=	**Gewinn**				2.000,00

Ergebnis:
- Solange eine Ware einen positiven Deckungsbeitrag erzielt, ist es unwirtschaftlich, sie aus dem Sortiment herauszunehmen, da sie zur Deckung der fixen Kosten beiträgt.
- Ist die Summe der Deckungsbeiträge größer als die Fixkosten, ergibt sich ein Betriebsgewinn. Im umgekehrten Fall errechnet sich ein betrieblicher Verlust.

2.3.5.2 Bestimmung der kurzfristigen Preisuntergrenze

186 Was kann der Grund dafür sein, dass sich ein Handelsunternehmen gezwungen sieht, seine Verkaufspreise für bestimmte Waren vorübergehend zu senken?

In wirtschaftlich schlechten Zeiten, die durch Absatzeinbußen gekennzeichnet sind, wird die Unternehmensleitung (der Unternehmer) gezwungen sein, die Verkaufspreise zu senken, um den eingetretenen Absatzrückgang aufzuhalten.

Es ist für die Verantwortlichen des Unternehmens dabei wichtig zu wissen, in welchem Ausmaß die Preissenkung vorgenommen werden kann, ohne Verlust zu erleiden.

Die **kurzfristige Preisuntergrenze** legt dabei den Preis fest, der gerade noch die *variablen Kosten* des Kostenträgers deckt. Der Deckungsbeitrag ist dann null, ein Gewinn wird nicht erzielt.

Preisreduzierung

Die monatliche Absatzmenge beträgt:
- bei Ware A 1 000 Stück
- bei Ware B 800 Stück
- bei Ware C 800 Stück

Die variablen Stückkosten (k_v) betragen:
- bei Ware A 150,00 €
- bei Ware B 100,00 €
- bei Ware C 125,00 €

Ergebnisrechnung	Ware A	Ware B	Ware C	insges.
Nettoverkaufserlöse	345.200,00 €	250.000,00 €	176.000,00 €	
unternehmensfixe Kosten				300.000,00 €
Gewinn/Verlust				?

187 Vervollständigen Sie die nachfolgend aufgeführte Ergebnisrechnung. Berücksichtigen Sie dabei die nebenstehenden Absatzmengen bzw. variablen Stückkosten.

Lösung:

Ergebnisrechnung	Ware A	Ware B	Ware C	insgesamt
Nettoverkaufserlöse	345.200,00 €	250.000,00 €	176.000,00 €	771.200,00 €
./. variable Kosten	150.000,00 €	80.000,00 €	100.000,00 €	330.000,00 €
= Deckungsbeitrag	195.200,00 €	170.000,00 €	76.000,00 €	441.200,00 €
./. fixe Kosten				300.000,00 €
= **Gewinn**				**141.200,00 €**

Der Nettoverkaufspreis (= Preisuntergrenze) beträgt bei Ware C 125,00 € pro Stück. Bei diesem VKP ist der Deckungsbeitrag null:

```
    VKP   125,00 €
./. k_v   125,00 €
=   db      0,00 €
```

188 Unter Zugrundelegung der Zahlen des obigen Beispiels beschließt die Unternehmensleitung, dass aus Konkurrenzgründen der Verkaufspreis der Ware C vorübergehend gesenkt werden soll. Das Ausmaß der Preisreduzierung soll so ausfallen, dass der Verkaufserlös von Ware C gerade noch seine variablen Stückkosten deckt.

Ergebnisrechnung	Ware A	Ware B	Ware C	insgesamt
Absatzmenge in Stück	1 000	800	800	
Preis/Stück	345,20 €	312,50 €	125,00 €	
Nettoverkaufserlöse	345.200,00 €	250.000,00 €	100.000,00 €	695.200,00 €
./. variable Kosten	150.000,00 €	80.000,00 €	100.000,00 €	330.000,00 €
= Deckungsbeitrag	195.200,00 €	170.000,00 €	0,00 €	365.200,00 €
./. fixe Kosten				300.000,00 €
= Gewinn				65.200,00 €

Fortsetzung Seite 218

ReWe — Kosten- und Leistungsrechnung, Controlling

Fortsetzung von Seite 217

Ermitteln Sie den Nettoverkaufspreis von Ware C und stellen Sie anschließend die entsprechende Ergebnisrechnung auf.

- Aus vielfältigen betriebswirtschaftlichen Gründen kann der Verkaufspreis einer Ware herabgesetzt werden. Im vorliegenden Beispiel wurde eine Reduzierung um 95,00 € (von 220,00 € auf 125,00 €) vorgenommen.

- Der Gewinn hat sich dadurch um 76.000,00 € vermindert (141.200,00 € ./. 65.200,00 €), da Ware C (Deckungsbeitrag = null) nun nicht mehr zum Abbau des Fixkostenblocks beiträgt.

- Bei einem Verkaufspreis von 125,00 € ist der Deckungsbeitrag bei Ware C null, womit die **absolute (kurzfristige) Preisuntergrenze** erreicht ist. Würde der Preis unter diese absolute Preisuntergrenze fallen, dann wären die variablen Kosten dieses Kostenträgers nicht gedeckt.

- Eine derartige Preissenkungsmaßnahme kann allerdings nur vorübergehend durchgeführt werden, da langfristig sämtliche Kosten über den Preis abgedeckt werden müssen.

- Andererseits könnte die vorliegende Preisreduzierung zu einer höheren Nachfrage nach Ware C führen und so höhere Umsätze und steigende Gewinne nach sich ziehen.

Die **absolute Preisuntergrenze** eines Kostenträgers liegt dort, wo der **Deckungsbeitrag null** ist, d. h., **wo der Verkaufspreis die variablen Kosten (Wareneinsatz + variable Handlungskosten) deckt.**

---

189 Was verstehen Sie unter dem Break-even-Point?

Der Break-even-Point (auch Gewinnschwelle oder kritische Beschäftigung genannt) ist die Absatzmenge (Beschäftigung), bei der die Erlöse die Kosten decken. Er ist mit anderen Worten auch dann erreicht, wenn die Deckungsbeiträge die fixen Kosten ausgleichen, d. h., es muss eine bestimmte Absatzmenge erreicht werden, um die fixen Gesamtkosten ausgleichen zu können.

Das Großhandelsunternehmen hat bei dieser Absatzmenge (Beschäftigung) die sogenannte Gewinnschwelle erreicht. Liegt die Absatzmenge über dieser Gewinnschwelle, erwirtschaftet das Unternehmen Gewinn.

---

190 In der Abteilung Kosten- und Leistungsrechnung eines Großhandelsunternehmens stellt sich das folgende Problem: Es soll entschieden werden, ob der Auftrag von einer Discountkette angenommen werden soll.

a) Die kurzfristige Preisuntergrenze legt den Preis fest, der genau die variablen Kosten des Kostenträgers deckt. Der Verkaufspreis ist in diesem Fall also gleich den variablen Stückkosten; der **Deckungsbeitrag ist null.** Die Preisuntergrenze liegt im vorliegenden Fall bei 49,00 €. Wird die vorliegende Ware zu diesem Preis an den Discounter abgegeben, wird der Betriebserfolg weder verbessert noch verschlechtert.

b) Zunächst ist festzustellen, dass der Zusatzauftrag in Höhe von 4 800 000 Stück p. a. = 400 000 Stück pro Monat, die Kapazitätsgrenze nicht übersteigt:

    bisher: 4 500 000 Stück p. M. (85 %)
+ Zusatzauftrag 400 000 Sütck p. M.
= **4 900 000** Stück pro Monat

Kapazitätsgrenze (100 %) = **5 294 117** Stück p. M.

Abgabepreis

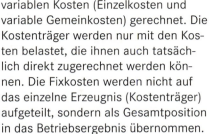 ReWe

Der Zusatzauftrag wäre unter diesem Aspekt zu realisieren. Die zurzeit nur zu 85 % ausgelasteten Kapazitäten werden im Gegenteil durch den Zusatzauftrag besser genutzt: mit dem Zusatzauftrag in Höhe von 400 000 Stück p. M. beträgt die Auslastung 92,6 %.

Dadurch, dass die fixen Kosten bereits gedeckt sind, ergibt sich eine Gewinnsteigerung von
4 800 000 Stück · db/Stück 3,00 €
(p 52,00 € ./. k_v 49,00 €) =
14.400.000,00 € p. a.

Das Betriebsergebnis wird verbessert, da sich das Großhandelsunternehmen ja bereits in der Gewinnzone befindet. Die Annahme des Zusatzauftrags kann daher uneingeschränkt empfohlen werden.

Bei der Teilkostenrechnung (DB-Rechnung) wird lediglich mit veränderlichen variablen Kosten (Einzelkosten und variable Gemeinkosten) gerechnet. Die Kostenträger werden nur mit den Kosten belastet, die ihnen auch tatsächlich direkt zugerechnet werden können. Die Fixkosten werden nicht auf das einzelne Erzeugnis (Kostenträger) aufgeteilt, sondern als Gesamtposition in das Betriebsergebnis übernommen.

Der **Vorteil** dieser Vorgehensweise liegt in den Möglichkeiten der Preisdifferenzierung. Durch Ermittlung der Preisuntergrenze (im vorliegenden Beispiel 49,00 €) ist die Preis- und damit die Absatzpolitik des Großhandelsunternehmens flexibler geworden.

Das Unternehmen ist in der Lage, auf das Marktgeschehen einzugehen und in hart umkämpften Märkten geringere Preise anzubieten.

Angaben für die betreffende Ware:
- monatliche Absatzmenge 4 500 000 Stück
- = Kapazitätsauslastung von 85 %
- monatliche Fixkosten 25 Mio. €
- variable Stückkosten 49,00 €
- bisheriger Abgabepreis an den Einzelhandel pro Stck. 58,00 € (netto)

Alle im Unternehmen entstehenden fixen Kosten sind durch die Verkaufserlöse der anderen Waren bereits gedeckt.

a) Erläutern und begründen Sie, welche kurzfristige Preisuntergrenze für diese Ware gilt.
b) Erläutern Sie der Geschäftsführung die mögliche Sichtweise des Controllers und die des Marketingleiters, ob die Auftragsannahme zu einem Preis von 52,00 € – unter Berücksichtigung der Kapazitätsauslastung – sinnvoll ist. Unterbreiten Sie der Geschäftsführung eine begründete Entscheidungshilfe.

Kosten- und Leistungsrechnung, Controlling

191 Welche grafischen Darstellungen sind in einem Großhandelsunternehmen für die Datenaufbereitung von besonderer Bedeutung?

Linien- oder Kurvendiagramme
- eignen sich, wenn viele zeitabhängige Daten dargestellt bzw. zwei oder mehr Datenreihen verglichen werden sollen
- sind gut geeignet, Trends aufzuzeigen.

Stab-, Säulen- und Balkendiagramme
heben die absolute Höhe der Einzelwerte besonders gut hervor.

Flächendiagramme (Quadrat, Rechteck, Kreis, Dreieck)
eignen sich, wenn die Struktur eines Gesamtwertes dargestellt werden soll (nicht einsetzbar zur Veranschaulichung von Zeitreihen!).

Gestapelte Balkendiagramme
demonstrieren die Entwicklung eines Gesamtwertes. Gleichzeitig ist es möglich, die den Gesamtwert ausmachenden Einzelwerte darzustellen.

192 Welche Bedeutung haben Diagramme für ein Großhandelsunternehmen?

Diagramme geben der Unternehmensleitung schnell und übersichtlich wichtige Hinweise auf:	
	Beispiele:
den Verlauf der *bisherigen* Entwicklung	- Schwankungen im Verlauf der letzten 6 Monate - steigende oder fallende Umsatzraten - kontinuierlich steigende Personalkosten
die möglicherweise *zukünftig* eintretende Entwicklung (Trend)	- Einstellung von Zusatzpersonal für die stets umsatzstarken Monate November und Dezember - Sortimentserweiterungen bzw. Sortimentsbereinigung aufgrund veränderten Nachfrageverhaltens
den Zeitpunkt von auffälligen Bewegungen/Veränderungen	- umsatzstärkster Wochentag - Tageszeit mit größtem Kundenandrang - Verkaufserfolge bei bestimmten Sonderveranstaltungen - Kundenreaktionen auf Werbemaßnahmen
den Zeitpunkt, zu dem Änderungen aufgrund eigener Zielvorgaben eingetreten sind	- Steigerung der Umsatzrentabilität ab Juni von 3,1 % (Ist-Wert) auf 4,5 % (Soll-Wert) - Senkung der Personalkosten ab Geschäftsjahr 3 um jährlich 4 %

Wareneinsatz und Umsatzerlöse

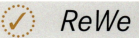 ReWe

Monat	Wareneinsätz in €	Umsatzerlöse in €
Juli	135.000,00	225.000,00
August	150.000,00	240.000,00
September	135.000,00	210.000,00
Oktober	155.000,00	223.000,00
November	150.000,00	265.000,00
Dezember	145.000,00	233.000,00

Aus der Buchhaltung eines Großhändlers sind für das zweite Halbjahr der Wareneinsatz und die Umsatzerlöse für die Warengruppe „Büromaterial" entnommen worden:

a) Stellen Sie den Wareneinsatz und die Umsatzerlöse in einem gemeinsamen Balkendiagramm dar.

b) Berechnen Sie die prozentualen Veränderungen der Wareneinsätze und der Umsatzerlöse.

c) Stellen Sie beide unter b) ermittelten Zahlenreihen in getrennten Liniendiagrammen dar.

d) Berechnen Sie
 – den prozentualen Anteil des Rohgewinns am Wareneinsatz,
 – die Handelsspanne,
 – den Wareneinsatz in Prozent vom Umsatz.

a)
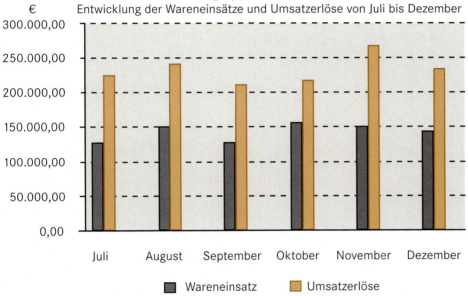

b)

Monat	Wareneinsätz in €	Veränderung in %	Umsatzerlöse in €	Veränderung in %
Juli	135.000,00	–	225.000,00	–
August	150.000,00	+ 11,1	240.000,00	+ 6,6
September	135.000,00	./. 10,0	210.000,00	./. 12,5
Oktober	155.000,00	+ 14,8	223.000,00	+ 6,2
November	150.000,00	./. 3,2	265.000,00	+ 18,8
Dezember	145.000,00	./. 3,3	233.000,00	./. 12,1
Σ	870.000,00		1.396.000,00	

Fortsetzung Seite 222

Kosten- und Leistungsrechnung, Controlling

Fortsetzung von Seite 221

c) Darstellung der **prozentualen Veränderungen** von Wareneinsätzen und Umsatzerlösen mithilfe von **Liniendiagrammen**

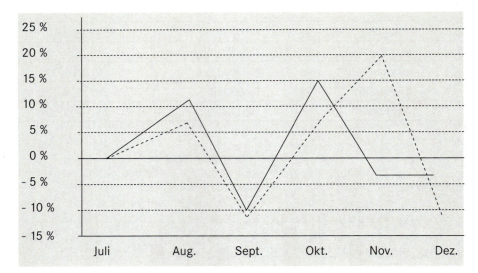

d)

Monat	Waren-einsätz in €	Umsatz-erlöse in €	Roh-gewinn in €	Rohgewinn in % des WE	HSp	WE in % vom Umsatz
Juli	135.000,00	225.000,00	90.000,00	66,7	40,0 %	60,0
August	150.000,00	240.000,00	90.000,00	60,0	37,5 %	62,5
September	135.000,00	210.000,00	75.000,00	55,6	35,7 %	64,3
Oktober	155.000,00	223.000,00	68.000,00	43,9	30,5 %	69,5
November	150.000,00	265.000,00	115.000,00	76,7	43,4 %	56,6
Dezember	145.000,00	233.000,00	88.000,00	60,7	37,8 %	62,2
Σ	870.000,00	1.396.000,00				

Bilanzpositionen

Jahr	Verkaufs-fläche	Umsatz in €	durchschnittlich im Verkauf Beschäftigte
1	1 150 m²	430.000,00 €	11
2	1 275 m²	452.000,00 €	9

a) Jahr   Ø Umsatz je Verkäufer
    1   430.000,00 €/11   =   39.090,91 €   100,00 %
    2   452.000,00 €/9   =   50.222,22 €   **128,47 %**

Der durchschnittliche Umsatz je Verkäufer hat innerhalb eines Jahres um 28,47 % zugenommen.

b) Jahr   Umsatz je m²
    1   430.000,00 €/1 150 m²   =   373,91 €
    2   452.000,00 €/1 275 m²   =   354,51 €

Es hat einen Umsatzrückgang von 19,40 € gegeben, was einem Prozentsatz von 5,19 % entspricht.

194 Ein Handelsunternehmen hat die nebenstehende Statistik für die letzten zwei Geschäftsjahre erstellt:
a) Berechnen Sie, um wie viel Prozent sich der durchschnittliche Umsatz je Verkäufer im Jahr 2 gegenüber Jahr 1 verändert hat (bitte Antwortsatz).
b) Um wie viel Prozent hat sich der Umsatz pro m² im Jahr 2 gegenüber Jahr 1 verändert?

2.3.6 Auswertung des Jahresabschlusses

2.3.6.1 Auswertung der Bilanz

2.3.6.1.1 Kennzahlen des Vermögensaufbaus (vertikale Finanzierungsregeln)

Die vertikalen Regeln untersuchen die Positionen auf der Aktiv- bzw. der Passivseite der Bilanz, wie Eigenkapital zu Fremdkapital oder Anlagevermögen zu Umlaufvermögen. Diese Kennzahlen geben Auskunft über

Kapitalstruktur
- gibt Auskunft auf die Frage, ob das Unternehmen überwiegend mit eigenem oder fremdem Kapital arbeitet
- macht Aussagen darüber, wie groß/gering die Dispositionsfreiheit der Unternehmensleitung ist bzw. die Abhängigkeit von Gläubigern
- Kennzahlen:
  - Finanzierung
  - Eigenkapitalanteil
  - Verschuldungsgrad
  - Fremdkapitalanteil

Vermögensstruktur
- gibt Auskunft über die Vermögensverteilung und die damit verbundenen unternehmerischen Risiken
- ausgewählte Kennzahlen:
  - Konstitution
  - Anlagenintensität
  - Umlaufintensität

195 Welche Bilanzpositionen untersuchen die vertikalen Finanzierungsregeln?

ReWe

Kosten- und Leistungsrechnung, Controlling

196 Nennen Sie die Kennzahlen der Vermögensstruktur.

Bei der **Analyse der Vermögensstruktur** interessiert besonders die Art und die Zusammensetzung des Vermögens sowie der einzelnen Vermögensposten zueinander, insbesondere das **Verhältnis des Anlage- zum Umlaufvermögen (= Konstitution)**. Es lassen sich die folgenden vertikalen Bilanzkennzahlen unterscheiden:

Vertikale Bilanzkennzahlen:

$$\text{Konstitution} = \frac{\text{Anlagevermögen}}{\text{Umlaufvermögen}} \cdot 100$$

Je geringer das Anlagevermögen im Verhältnis zum Umlaufvermögen ist, desto
- geringer ist für das Unternehmen die Belastung mit fixen Kosten,
- flexibler kann es auf veränderte Marktsituationen reagieren (z. B. höhere Anpassungsfähigkeit in der Phase der Rezession),
- leichter und schneller kann die möglicherweise notwendige Freisetzung von Kapital erfolgen.

$$\text{Anlagenintensität} = \frac{\text{Anlagevermögen}}{\text{Gesamtvermögen}} \cdot 100$$

Eine hohe Anlagenintensität macht
- einen hohen Eigenkapitalanteil bzw. einen hohen Anteil an langfristigem Fremdkapital notwendig,
- das Unternehmen (in Krisenzeiten) unflexibler.

$$\text{Umlaufintensität} = \frac{\text{Umlaufvermögen}}{\text{Gesamtvermögen}} \cdot 100$$

Eine hohe Umlaufintensität zeigt einen hohen Anteil des Umlaufvermögens am Gesamtvermögen bzw. einen geringen Anteil des Anlagevermögens. Das bedeutet eine verbesserte Ertragssituation wegen der besseren Ausnutzung der vorhandenen Kapazität.

197 Berechnen Sie die entsprechenden Werte für die Grotex GmbH, ausgehend von der auf Seite 225 aufgeführten Bilanz.

Berechnung der Werte für die Grotex GmbH:

$$\frac{976.000,00}{711.000,00} = \underline{\underline{137,27 \% \ (1,37 : 1)}}$$

$$\frac{976.000,00}{1.687.000,00} = \underline{\underline{57,85 \%}}$$

$$\frac{711.000,00}{1.687.000,00} = \underline{\underline{42,14 \%}}$$

Kennzahlenermittlung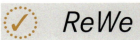

Wertung der Ergebnisse
- Die beiden Ergebnisse von 57,85 % und 42,15 % zeigen, dass das **Anlagevermögen** etwas mehr als die Hälfte am Gesamtvermögen ausmacht.
- Das **Anlagevermögen** der Grotex GmbH, einem Handelsbetrieb, der seinen geschäftlichen Schwerpunkt im Ein- und Verkauf von Textilien hat, ist **zu hoch.**
- Der Grund für diesen hohen Anteil ist darin zu sehen, dass in den letzten zwei Jahren von den Geschäftsführern Erweiterungs- und Rationalisierungsinvestitionen in Höhe von 350.000,00 € vorgenommen wurden.

198 Nehmen Sie eine Wertung Ihrer in der vorherigen Aufgabe ermittelten Ergebnisse vor.

Bei der **Beurteilung der Kapitalstruktur** eines Unternehmens wird untersucht, wie sich das Unternehmen finanziert hat – überwiegend mit *eigenen* oder mit *fremden* Mitteln. Dabei sollen bei günstiger Finanzierung Eigenkapital und Fremdkapital in einem angemessenen Verhältnis zueinander stehen, möglichst 1 : 1.

$$\text{Finanzierung} = \frac{\text{Eigenkapital}}{\text{Fremdkapital}} \cdot 100$$

199 Was wird bei der Beurteilung der Kapitalstruktur untersucht?

Dieser Grundsatz bringt zum Ausdruck, dass zusätzlich zum langfristig gebundenen Kapital eigene Mittel vorhanden sein müssen, damit unerwartete Risiken, wie etwa die Zahlungsunfähigkeit eines Kunden, abgefedert werden können.
Das Verhältnis zwischen Eigen- und Fremdkapital eines Unternehmens kann allerdings nicht eindeutig festgelegt werden. Was zweckmäßig ist, hängt von der Struktur des einzelnen Unternehmens ab.
Eine generelle Aussage ist jedoch möglich: Fällt der Eigenkapitalanteil unter 20 % des Gesamtkapitals, besteht für das Unternehmen wirtschaftliche Gefahr.

$$\text{Eigenkapitalanteil} = \frac{\text{Eigenkapital}}{\text{Gesamtkapital}} \cdot 100$$

Aktiva	Bilanz zum 31. Dezember 20.. Textilgroßhandlung Grotex GmbH		Passiva
A. Anlagevermögen		**A. Eigenkapital**	903.000,00 €
1. Grundstücke		**B. Verbindlichkeiten**	
und Gebäude	580.000,00 €	1. Hypotheken	425.000,00 €
2. Fuhrpark	160.000,00 €	2. Verbindlich-	
3. BGA	236.000,00 €	keiten a. LL	359.000,00 €
B. Umlaufvermögen			
1. Warenvorräte	491.000,00 €		
2. Forderungen a. LL	86.300,00 €		
3. Kasse	13.700,00 €		
4. Postbank	24.000,00 €		
5. Kreditinstitute	96.000,00 €		
	1.687.000,00 €		1.687.000,00 €
Hannover, 4. Januar 20..			

200 Ermitteln und deuten Sie unter Zugrundelegung der links abgebildeten Bilanz die Kennzahlen
– Finanzierung und
– Eigenkapitalintensität
(= Kennzahlen des Kapitalaufbaus) für die Grotex GmbH.

Fortsetzung Seite 226

Kosten- und Leistungsrechnung, Controlling

Fortsetzung von Seite 225

Im Falle der Grotex GmbH beträgt der **Eigenkapitalanteil** 53,53 %.

$$\left(\frac{\text{Eigenkapital}}{\text{Gesamtkapital}} \cdot 100\right)$$

Dieser Prozentsatz weist auf den Anteil der Finanzierung mit Eigenkapital hin.

Das Verhältnis von Eigen- zu Fremdkapital **(= Finanzierung)** beträgt:

$$\frac{903.000,00}{425.000,00 + 359.000,00} \cdot 100 = \underline{\underline{115\ \% \ (= 1{,}15 : 1)}}$$

2.3.6.1.2 Kennzahlen des Kapitalaufbaus

201 Nennen Sie die zur Beurteilung der Finanzlage eines Unternehmens verwendeten weiteren Bilanzkennzahlen des Kapitalaufbaus.

Weitere Kennziffern zur Beurteilung der Finanzlage eines Unternehmens sind *vertikale Bilanzkennzahlen.*

$$\text{Verschuldungsgrad} = \frac{\text{Fremdkapital}}{\text{Eigenkapital}} \cdot 100$$

(= prozentualer Anteil des Fremdkapitals am Eigenkapital)

$$\text{Fremdkapitalanteil} = \frac{\text{Fremdkapital}}{\text{Gesamtkapital}} \cdot 100$$

202 Berechnen Sie entsprechend Verschuldungsgrad und Fremdkapitalintensität für die Grotex GmbH (siehe Bilanz S. 225).

Im Falle der Grotex GmbH lauten die Ergebnisse wie folgt:

$$\text{Verschuldungsgrad} = \frac{425.000,00 + 359.000,00}{903.000,00} \cdot 100 = \underline{\underline{86{,}82\ \%}}$$

$$\text{Fremdkapitalanteil} = \frac{425.000,00 + 359.000,00}{1.687.000,00} \cdot 100 = \underline{\underline{46{,}47\ \%}}$$

203 Wie werten Sie insgesamt aufgrund Ihrer rechnerischen Ergebnisse zum Verschuldungsgrad und zur Fremdkapitalintensität die Situation der Grotex GmbH?

Die **Kapitalstruktur** der Grotex GmbH kann als günstig bezeichnet werden, denn es ist wünschenswert, dass das Verhältnis von Eigenkapital zu Fremdkapital mindestens 1 : 1 beträgt (d. h., beide sollten wenigstens gleich groß sein, das Eigenkapital sollte sogar möglichst überwiegen).

Diese Erkenntnis kann durch den **Verschuldungsgrad** bestätigt werden. Der Prozentsatz von 86,82 % besagt, dass auf je 100,00 € Eigenkapital 86,82 € Fremdkapital entfallen, d. h., dass das Eigenkapital größer ist als das Fremdkapital. Das Ergebnis besagt aber auch, dass die Unternehmensleitung bei diesem Wert aufpassen muss, dass der Verschuldungsgrad nicht weiter – z. B. durch

Goldene Bilanzregel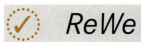

weitere Kreditaufnahme – zunimmt. Denn damit steigt das unternehmerische Risiko und die Möglichkeit sinkt, neue Kredite von den Banken zu erhalten.

Der Anteil des Fremdkapitals am Gesamtkapital kommt in der **Fremdkapitalintensität** zum Ausdruck. Eine Erhöhung der 46,47 % Fremdkapitalanteil in der Grotex GmbH würde bedeuten, dass die Selbstständigkeit der Textilgroßhandlung eingeengt würde.

Denn mit jeder weiteren Aufnahme von Fremdkapital (z. B. Kredite) ist zwangsläufig die Kontrolle durch Gläubiger sowie der Nachweis der Kreditverwendung verbunden.

Ein hoher Eigenkapitalanteil am Gesamtkapital

- macht das Unternehmen unabhängig von Kreditgebern,
- erhöht seine Kreditwürdigkeit,
- macht die Unternehmensleitung flexibler, insbesondere in einem wirtschaftlich angespannten Umfeld.

204 Welche wirtschaftliche Bedeutung hat ein hoher Eigenkapitalanteil für ein Unternehmen?

2.3.6.1.3 Horizontale Finanzierungregeln

Die **horizontalen Finanzierungsregeln** untersuchen die Relation zwischen dem Vermögen und der Kapitalstruktur der Bilanz, wie das Verhältnis Eigenkapital zu Anlagevermögen oder Umlaufvermögen zu Fremdkapital.

205 Worauf beziehen sich die horizontalen Finanzierungsregeln?

Die **„goldene Bilanzregel"** ist eine horizontale Kapital-Vermögensstrukturregel, die in ihrer *engsten* Fassung besagt, dass das Anlagevermögen mit Eigenkapital zu finanzieren ist.

$$\text{Anlagendeckung 1} = \frac{\text{Eigenkapital}}{\text{Anlagevermögen}} \cdot 100$$

Das Ergebnis der Anlagendeckung zeigt an, inwieweit das Anlagevermögen durch das Eigenkapital gedeckt ist.

206 Was verstehen Sie unter der „goldenen Bilanzregel"?

In ihrer *weiten* Fassung fordert die **„goldene Bilanzregel"**:
Anlagevermögen und ständig gebundenes Umlaufvermögen (= eiserner Bestand, der zur Aufrechterhaltung der Betriebsbereitschaft erforderlich ist) sind langfristig gebundenes Vermögen.
Es sollte deshalb durch langfristiges Kapital, also durch Eigenkapital und langfristiges Fremdkapital (mehr als 4 Jahre Laufzeit), gedeckt sein:

$$\text{Anlagendeckung 2} = \frac{\text{Eigenkapital + langfr. Fremdkapital}}{\text{Anlagevermögen + ständ. gebund. Umlaufvermögen}} \cdot 100$$

207 Was fordert die „goldene Bilanzregel" in ihrer weiten Fassung?

227

ReWe — Kosten- und Leistungsrechnung, Controlling

208 Warum wird das Umlaufvermögen in die „goldene Bilanzregel" einbezogen?

Für die Einbeziehung des **Umlaufvermögens** in die Berechnung spricht die Tatsache, dass trotz möglicher saisonaler Schwankungen die Kapitalbindung für ein durchschnittlich großes Warenlager langfristig vorhanden ist.

Die übrigen Teile des Umlaufvermögens können kurzfristig finanziert werden. Auf diese Weise ist gewährleistet, dass kurzfristige Tilgungsverpflichtungen (z. B. Liefererschulden) nicht durch den Verkauf von Anlagegegenständen finanziert werden müssen.

209 Ermitteln Sie die Anlagendeckung 1 und 2 unter Zugrundelegung von der Bilanz auf Seite 225 für die Grotex GmbH.

Im Falle der Grotex GmbH ist festzustellen:

Verhältnis von Eigenkapital zu Anlagevermögen:

$$\frac{903.000,00}{976.000,00} \cdot 100 = \underline{92,52\ \% \ (0,92 : 1)}$$

Anlagendeckung mit langfristigem Fremdkapital:

$$\frac{(903.000,00 + 425.000,00)}{976.000,00} \cdot 100 = \underline{136,07\ \% \ (1,36 : 1)}$$

210 Wie beurteilen Sie die Situation in der Grotex GmbH vor dem Hintergrund Ihrer in der vorherigen Aufgabe ermittelten Ergebnisse?

- Bei dem Ergebnis von 92 % ist durch die Finanzierung des Anlagevermögens das Eigenkapital bereits aufgebraucht. Die Investitionssituation ist nicht ganz befriedigend.

- Das Ergebnis von 136 % hingegen sagt aus, dass das Anlagevermögen durch eine langfristige Finanzierung gesichert ist. Die Gefahr, dass durch eine mangelhafte Finanzierung des Anlagevermögens (durch kurzfristige Mittel) der Grotex GmbH die Existenzgrundlage entzogen wird, besteht nicht.

2.3.6.1.4 Kennzahlen zur Liquidität (horizontale Regeln)

211 Was verstehen Sie unter Liquidität und wann ist sie ausreichend gegeben?

Mit **Liquidität (Flüssigkeit)** bezeichnet man die Fähigkeit des Unternehmens, stets seine fälligen Zahlungsverpflichtungen **fristgerecht** erfüllen zu können.

- Die **Zahlungsfähigkeit** eines Unternehmens ist gegeben, wenn sich Einzahlungen (= Geldzuflüsse) und Ausgaben (= Geldabflüsse) ausgleichen. Es liegt ein finanzielles Gleichgewicht vor = **optimale Liquidität** (Geldzuflüsse = Geldabflüsse).

- Da eine **optimale Liquidität** in der Praxis sehr selten realisiert werden kann, bilden die Unternehmen aus

Gründen der Sicherung ihrer Zahlungsfähigkeit finanzielle Reserven. Durch dieses unwirtschaftlich genutzte Kapital entsteht zwangsläufig ein Zinsverlust, der eine Verringerung des Gewinns zur Folge hat und letztlich die Rentabilität (= Verzinsung des in einem Unternehmen eingesetzten Kapitals) verschlechtert – denn je höher die Überliquidität ausfällt, desto geringer muss die Rentabilität sein.

Liquiditätskennzahlen

- Von **Überliquidität** spricht man, wenn die Zahlungsmittelbestände die betrieblichen Verpflichtungen bzw. die Geldeingänge aus den Forderungen die Zahlungsabflüsse aus den Verpflichtungen übersteigen. Zwar kann das Unternehmen in dieser Situation seine Zahlungsverpflichtungen erfüllen, vorhandene überschüssige Zahlungsmittel bedeuten aber auch, dass das Kapital unwirtschaftlich genutzt wird und Zinsverluste hingenommen werden müssen. Die Situation der *Überliquidität* sollte wie folgt genutzt werden:
  - Tilgung von Krediten,
  - Anlage als Termingeld,
  - Kauf von Wertpapieren,
  - Verbesserung des Zahlungsziels für Kunden zur Steigerung des Umsatzes.

- Sind die Ausgaben höher als die Einnahmen, liegt **Unterliquidität** vor. In dieser Situation decken die flüssigen Mittel nicht die fälligen kurzfristigen Verpflichtungen. Das Unternehmen ist nicht mehr jederzeit in der Lage, seine Zahlungsverpflichtungen zu erfüllen – es ist nur noch eingeschränkt zahlungsfähig.
  Bei *Unterliquidität* wäre denkbar:
  - Aufnahme neuer Kredite,
  - Leasing von Wirtschaftsgütern,
  - Verkauf von Kundenforderungen an eine Factoringgesellschaft,
  - Verlängerung von Krediten.

212 Wann spricht man von Über-, wann von Unterliquidität?

2.3.6.1.5 Liquiditätsgrundsätze

Liquiditätskennzahlen
Es können drei Liquiditätsgrade unterschieden werden:

$$\text{Liquidität 1. Grades (Barliquidität)} = \frac{\text{Zahlungsmittel}^1}{\text{kurzfristiges Fremdkapital}} \cdot 100$$

$$\text{Liquidität 2. Grades (einzugsbed. Liquidität)} = \frac{\text{Zahlungsmittel + kurzfristige Forderungen}}{\text{kurzfristiges Fremdkapital}} \cdot 100$$

$$\text{Liquidität 3. Grades (Umsatzliquidität)} = \frac{\text{Umlaufvermögen}}{\text{kurzfristiges Fremdkapital}} \cdot 100$$

213 Welche Liquiditätskennzahlen werden unterschieden und was sagen sie aus?

Die Kennzahlen der Liquidität 1. bis 3. Grades zeigen in unterschiedlicher Weise, wie das kurzfristige Fremdkapital gedeckt ist, d. h., ob das Unternehmen über ausreichend flüssige Mittel zur Begleichung seiner kurzfristigen Zahlungsverpflichtungen verfügt. Erfahrungswerte der Vergangenheit zeigen, dass die **Zahlungsfähigkeit** in ausreichendem Maße gesichert ist, wenn
- die Liquidität 1. Grades mindestens 1/10 ($\triangleq$ 10 %) beträgt
  (Zwar ist die Liquidität mit 10 % unzureichend, weil flüssige Mittel fehlen. Andererseits sind die kurzfristigen Verbindlichkeiten nicht alle am Bilanzstichtag fällig. Insofern ist es möglich, dass bis zum jeweiligen Fälligkeitstermin noch flüssige Mittel eingehen.),
- die Liquidität 2. Grades mindestens 1 bis 1,2 ($\triangleq$ 100 % bis 120 %) beträgt,
- die Liquidität 3. Grades mindestens 1,5 ($\triangleq$ 150 %) beträgt.

---
1 sofort flüssige Mittel wie Kasse, Postbankguthaben, Bankguthaben, Schecks

ReWe

Kosten- und Leistungsrechnung, Controlling

214 Berechnen Sie die drei Liquiditätsgrade für die Grotex GmbH (siehe Bilanz Seite 225) und nehmen Sie Stellung zu Ihren Ergebnissen.

Für die Grotex GmbH stellt sich die **Auswertung der Liquiditätsgrade** wie folgt dar:

- **Liquidität 1. Grades** (Barliquidität) =

$$\frac{133.700{,}00}{359.000{,}00} = \underline{0{,}37\ (37\ \%)}$$

- **Liquidität 2. Grades** (einzugsbedingte Liquidität) =

$$\frac{220.000{,}00}{359.000{,}00} = \underline{0{,}61}$$

d. h., die kurzfristigen Verbindlichkeiten werden nicht durch kurzfristig verfügbare Mittel abgedeckt, da L < 1.

Zwar ist die Liquidität mit 20 % unzureichend, weil flüssige Mittel fehlen. Andererseits sind die kurzfristigen Verbindlichkeiten nicht alle am Bilanzstichtag fällig. Insofern ist es möglich, dass bis zum jeweiligen Fälligkeitstermin noch flüssige Mittel eingehen.

- **Liquidität 3. Grades** (Umsatzliquidität) =

$$\frac{711.000{,}00}{359.000{,}00} = \underline{1{,}98}$$

d. h., das Unternehmen müsste zweimal so hohe Verbindlichkeiten haben, bevor es ernste Zahlungsschwierigkeiten bekäme.

2.3.6.2 Rentabilität

215 Was verstehen Sie unter Rentabilität? Welche Unterscheidungen gibt es?

Die **Rentabilität** gibt die Verzinsung des in einem Unternehmen eingesetzten Kapitals an. Bei der Ermittlung der Rentabilität unterscheidet man

- **Eigenkapitalrentabilität** (= Unternehmerrentabilität),
- **Gesamtkapitalrentabilität** (= Unternehmensrentabilität) und
- **Umsatzrentabilität.**

216 Was gibt die Eigenkapitalrentabilität an und wie wird sie ermittelt?

Die **Eigenkapitalrentabilität** gibt an, mit wie viel Prozent sich das im Unternehmen eingesetzte Eigenkapital verzinst hat.
Bei der Ermittlung der Eigenkapitalrentabilität wird der erzielte Unternehmensgewinn ins Verhältnis zum Eigenkapital gesetzt:

$$\text{Eigenkapitalrentabilität} = \frac{\text{Gewinn}}{\text{Eigenkapital}} \cdot 100$$

217 Was gibt die Gesamtkapitalrentabilität an und wie wird sie vermittelt?

- Die **Gesamtkapitalrentabilität** gibt an, mit wie viel Prozent sich das *gesamte* eingesetzte Kapital verzinst hat. Bei ihrer Ermittlung wird der erzielte Gewinn zum Gesamtkapital ins Verhältnis gesetzt.
  - Der erzielte Gewinn ist der Unternehmensgewinn zuzüglich der Fremdkapitalzinsen.
  - Das Gesamtkapital ist die Summe von Eigen- und Fremdkapital.

Umsatzrentabilität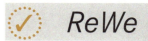

$$\text{Gesamtkapital-rentabiliät} = \frac{\text{Unternehmensgewinn + Fremdkapitalzinsen}}{\text{Eigenkapital + Fremdkapital}} \cdot 100$$

- Die **Gesamtkapitalrentabilität** gibt Aufschluss darüber, ob sich die Aufnahme von Fremdkapital gelohnt hat. Das ist dann immer der Fall, wenn der *Fremdkapitalzins niedriger ist als die Gesamtkapitalrentabilität* bzw. wenn die Rentabilität des Eigenkapitals größer ist als die des gesamten Kapitals.
  Das Unternehmen hat in diesem Fall durch den Einsatz von Fremdkapital einen zusätzlichen Gewinn erwirtschaftet, der die Zinsen übersteigt, die es für das Fremdkapital bezahlen muss.

- Als Ziel sollte eine Rentabilität des Gesamtkapitals von 10 % angestrebt werden.

Die Zurechnung der **Fremdkapitalzinsen** zu dem Gewinn ist erforderlich, weil bei Einbeziehung des Fremdkapitals in das Gesamtkapital des Unternehmens diese **Zinszahlungen nicht mehr als Aufwand** angesehen werden dürfen (die Fremdkapitalzinsen wurden im Rahmen der Gewinnermittlung als Aufwendungen abgezogen).

Warum ist die Zurechnung der Fremdkapitalzinsen zum Gewinn erforderlich? **218**

Andererseits müsste auch für das Eigenkapital ein Zinsbetrag angesetzt und vom Gewinn abgezogen werden. Es ist jedoch besser, die Kapitalverzinsungen in dem Gewinn einbezogen zu lassen, was durch die Zurechnung der Fremdkapitalzinsen zum Gewinn erreicht wird.

Die **Umsatzrentabilität** gibt den im Nettoumsatz enthaltenen Gewinn in Prozent an, d. h., wie viel Prozent der Umsatzerlöse dem Unternehmen als Gewinn zugeflossen sind.

Wie errechnet sich die Umsatzrentabilität? **219**

$$\text{Umsatzrentabiliät} = \frac{\text{Gewinn}}{\text{Nettoumsatz (Verkaufserlöse)}} \cdot 100$$

Eine **geringe** Umsatzrentabilität führt bei gleichem Umsatz zu einem geringeren Gewinn als eine hohe Umsatzrentabilität.
Eine **hohe** Umsatzrentabilität bedeutet, dass das Großhandelsunternehmen bezogen auf seine Verkaufserlöse einen hohen Gewinn erzielt hat.

ReWe

Kosten- und Leistungsrechnung, Controlling

Ausgangsbasis

Grundlage für nachfolgende Fragen ist die nebenstehende Bilanz, die darunter genannten Zahlen aus der GuV-Rechnung sowie ein Zinssatz für Fremdkapital von 7 %.

Aktiva	Bilanz zum 31. Dezember 20.. Textilgroßhandlung Grotex GmbH		Passiva
A. Anlagevermögen		**A. Eigenkapital**	903.000,00 €
1. Grundstücke und Gebäude	580.000,00 €	**B. Verbindlichkeiten**	
2. Fuhrpark	160.000,00 €	1. Hypotheken	425.000,00 €
3. BGA	236.000,00 €	2. Verbindlichkeiten a. LL	359.000,00 €
B. Umlaufvermögen			
1. Warenvorräte	491.000,00 €		
2. Forderungen a. LL	86.300,00 €		
3. Kasse	13.700,00 €		
4. Postbank	24.000,00 €		
5. Kreditinstitute	96.000,00 €		
	1.687.000,00 €		1.687.000,00 €

Hannover, 4. Januar 20..

Aus der GuV-Rechnung sind u. a. zu entnehmen:

- Zinsaufwendungen 29.750,00 € – Verkaufserlöse 3.156.700,00 €
- Gewinn 97.000,00 €

220 Ermitteln Sie die Eigenkapitalrentabilität (Unternehmerrentabilität) der Grotex GmbH.

Rentabilität des Eigenkapitals =

$$\frac{97.000,00 \cdot 100}{903.000,00} = \underline{10,74 \%}$$

Die Eigenkapitalrentabilität sollte zum *Ausgleich des unternehmerischen Risikos* den marktüblichen Zinssatz für langfristig angelegtes Kapital wesentlich übersteigen.

221 Ermitteln Sie die Gesamtrentabilität der Grotex GmbH.

Rentabilität des Gesamtkapitals

$$\frac{(97.000,00 + 29.750,00)}{1.687.000,00} \cdot 100 = \underline{7,51 \%}$$

- Mit je 100,00 € eingesetztem Gesamtkapital erzielt das Unternehmen 7,51 € Gewinn.

- Der Gewinn in Höhe von 97.000,00 € muss um die angefallenen Zinsen in Höhe von 29.750,00 € für das Fremdkapital erhöht werden, weil die Fremdkapitalzinsen zuvor bei der Gewinnermittlung als Aufwendungen abgezogen wurden.

- Erst durch die Addition des Betrages von 29.750,00 € sind die in Beziehung zu setzenden Größen Gewinn und Gesamtkapital miteinander vergleichbar.

- Das in der Grotex GmbH angelegte Fremdkapital erwirtschaftet dann Gewinn, wenn die Gesamtkapitalrentabilität (7,51 %) den Zinssatz für das Fremdkapital (7 %) übersteigt. Unter dieser Voraussetzung ist auch die weitere Aufnahme von Fremdkapital rentabel, was gleichzeitig zu einer höheren Rentabilität des Eigenkapitals führt.

Cashflow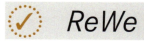

Mögliche Ursachen für	
gestiegene Aufwendungen	gesunkene Umsatzerlöse
- Mieterhöhung für die betrieblich genutzten Geschäftsräume - höhere Beschaffungskosten aufgrund gestiegener Einkaufspreise - höhere Prämien für die Versicherung der Lagerbestände - gestiegene Löhne und Gehälter des Personals - zu hohe Aufwendungen für Instandhaltungsmaßnahmen - gestiegene Aufwendungen für Kommunikation usw.	- fehlende Absatzforschung (Auskunft über die eigene Stellung am Markt) - mangelhafte Bedarfsforschung (Erforschung von Marktgröße und Aufnahmefähigkeit des Marktes, Kaufkraft und Kaufkraftveränderungen, Zusammensetzung der Nachfrager sowie Käufergewohnheiten, Kaufmotive und Käuferreaktionen) - falsche Sortimentspolitik - unzureichende Preispolitik (keine Preisdifferenzierungen) - keine Sortimentskontrolle - zu dürftige Kundendienstleistungen - nur mäßige Absatzwerbung - keine Verkaufsförderungsmaßnahmen usw.

222 Angenommen, die Umsatzrentabilität wäre im Vorjahr mit 3,75 % berechnet worden. Dann würde dieser Rückgang (im Vergleich mit der vorherigen Aufgabe) eine Abnahme der Ertragskraft des Unternehmens bedeuten. Die Aufgabe der Unternehmensleitung ist es nun, nach den Ursachen dieser Verschlechterung – insbesondere bei den Aufwendungen und den Umsatzerlösen – zu suchen.

Nennen Sie mögliche Ursachen für
– gestiegene Aufwendungen,
– gesunkene Umsatzerlöse.

- Der Cashflow *(= Kassenzufluss; selbst erwirtschaftete Mittel)* gibt Auskunft über die Selbstfinanzierungskraft und die Kreditwürdigkeit (Verschuldungsfähigkeit) eines Großhandelsunternehmens.

- Der Cashflow gibt an, welche durch die Umsatzerlöse selbst erwirtschafteten Mittel frei zur Verfügung stehen, um damit möglicherweise
  ○ Ersatz- und Erweiterungsinvestitionen zu finanzieren,
  ○ Schulden zu tilgen,
  ○ Gewinne auszuschütten und/oder
  ○ die eigenen liquiden Mittel aufzustocken.

Berechnung des Cashflows in vereinfachter Form:
Jahresüberschuss
+ Abschreibungen auf Anlagen
= Cashflow

Je höher der Cashflow ist, desto höher ist auch die Kreditwürdigkeit und damit die Möglichkeit für das Unternehmen, zusätzliche Kredite am Kapitalmarkt zu erhalten.

223 Erläutern Sie das Wesen des Cashflows und seine unternehmerische Bedeutung.

ReWe Kosten- und Leistungsrechnung, Controlling

224 Wie hoch ist die Umsatzrentabilität der Grotex GmbH?

Umsatzrentabilität der Grotex GmbH
$$\frac{97.000,00 \cdot 100}{3.156.700,00} = \underline{\underline{3,07}} \%$$

2.3.7 Barzahlung und halbbare Zahlung

225 Was verstehen Sie unter Barzahlung?

Barzahlung liegt vor, wenn

- Geld (Banknoten und Münzen) vom Schuldner an den Gläubiger persönlich oder durch einen Boten übermittelt wird und
- für die Zahlung keine Konten verwendet werden.

226 Welche Formen der Barzahlung unterscheidet man?

Die **Barzahlung** kann unterschieden werden in:

- Zahlung von Hand zu Hand (persönlich; durch einen Boten)
- Wertbrief durch die Deutsche Post AG mit dem Service „Wert International" bis 500,00 €
- Bargeldtransfer durch Western Union: Bargeld kann in kürzester Zeit versandt werden. Das Geld wird in bar an einem Vertriebsstandort eingezahlt, z. B. bei der Postbank (sog. Minutenservice) und kann vom Empfänger in einer Western Union Agentur bar abgeholt werden.

227 Welche Angaben muss eine Quittung enthalten, um eine beweiskräftige Urkunde für die Zahlung zu sein?

Jede Quittung sollte folgende **Angaben** enthalten:

- Zahlungsbetrag (in Ziffern und Buchstaben)
- Name des Zahlers
- Grund der Zahlung
- Empfangsbestätigung
- Ort und Tag der Ausstellung
- Unterschrift des Zahlungsempfängers (Ausstellers)

228 Welche Bedeutung hat eine rechtsgültige Quittung?

Die **Quittung** beweist die Übergabe von Bargeld.

229 Was versteht man unter halbbarer Zahlung?

Eine **halbbare (bargeldsparende) Zahlung** liegt vor, wenn nur einer der beiden Zahlungsteilnehmer ein Konto besitzt. Entweder hat der Zahlungspflichtige oder der Zahlungsempfänger ein Konto bei einer Bank, Sparkasse oder Postbank, sodass

- auf der einen Seite der Geldübermittlung eine Barzahlung und
- auf der anderen Seite eine Buchung steht.

Einzugsermächtigungsverfahren

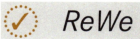

Der Zahlungspflichtige zahlt ein mit Bargeld und Zahlschein

- bei der Postbank oder einem Kreditinstitut.
- Es erfolgt die Gutschrift auf dem Konto des Zahlungsempfängers.
- Der Zahlungsempfänger erhält eine Gutschriftsanzeige zusammen mit seinem Kontoauszug.

230 Beschreiben Sie den Zahlungsvorgang bei der Zahlung mit Zahlschein.

Hat nur der Zahlungspflichtige ein Konto, während der Zahlungsempfänger über kein Konto verfügt, dann kann der Zahler folgende Zahlungsmittel verwenden:

- Zahlungsanweisung der Postbank
- Barschecks von Geldinstituten
- Postbankbarschecks bzw. Kassenschecks

231 Welche Zahlungsmittel können im Rahmen der halbbaren Zahlung verwendet werden, wenn nur der Zahlungspflichtige ein Konto besitzt?

Vorteile für den Zahler sind:
- geringe Kosten für den Geldtransport,
- geringer Arbeitsaufwand,
- Zahlung in beliebiger Höhe möglich,
- Sicherheit.

Vorteile für den Zahlungsempfänger sind:
- Sicherheit: z. B. keine Falschgeldannahme,
- Bequemlichkeit: Abwicklung durch die Bank.

232 Welche Vorteile bietet eine Überweisung
a) dem Zahler,
b) dem Zahlungsempfänger?

Daueraufträge eignen sich für regelmäßig wiederkehrende Zahlungen in derselben Höhe, z. B. Zahlung des IHK-Beitrages, Zahlung von Mitgliedsbeiträgen, Zahlung der Miete.

233 Für welche Zahlungen eignet sich ein Dauerauftrag?

Das **Einzugsermächtigungsverfahren** eignet sich für regelmäßige Zahlungen von Beträgen in unterschiedlicher Höhe, z. B. Zahlung der Fernsprechgebühren, Zahlung der Stromrechnung.

234 Für welche Zahlungen eignet sich das Einzugsermächtigungsverfahren?

- Beim **Einzugsermächtigungsverfahren** erteilt der Inhaber eines Girokontos dem Zahlungsempfänger eine Einzugsermächtigung. Im Rahmen dieses Verfahrens kann der Zahlungspflichtige gegen eine ungerechtfertigte Belastung jederzeit bei seinem kontoführenden Geldinstitut innerhalb von sechs Wochen Widerspruch einlegen.
- Beim **Abbuchungsverfahren** erteilt der Zahlungspflichtige seinem Geldinstitut einen Abbuchungsauftrag (Aufhebung der Belastung ist nicht möglich).

235 Unterscheiden Sie Einzugsermächtigungs- und Abbuchungsverfahren.

Kosten- und Leistungsrechnung, Controlling

2.3.8 Zinsrechnung

2.3.8.1 Berechnung der Zinsen

236 Berechnen Sie die Zinsen, die ein Großhändler für einen Kredit von 7.457,00 € bei einem Zinssatz von 7,5 % bezahlen muss in:
a) 9 Jahren,
b) 11 Monaten,
c) 68 Tagen.

Zinsen sind der Preis, den der Schuldner für das Überlassen von Kapital oder Kredit zu zahlen hat. Die Größen der Zinsrechnung heißen:
- Kapital (K)
- Zinssatz (p)
- Zinsen (Z)
- Zeit (t)

$$\text{Jahreszinsen} = \frac{\text{Kapital} \cdot \text{Zinssatz} \cdot \text{Jahre}}{100} \quad ; \quad Z = \frac{K \cdot p \cdot t}{100}$$

$$\text{Monatszinsen} = \frac{\text{Kapital} \cdot \text{Zinssatz} \cdot \text{Monate}}{100 \cdot 12} \quad ; \quad Z = \frac{K \cdot p \cdot t}{100 \cdot 12}$$

$$\text{Tageszinsen} = \frac{\text{Kapital} \cdot \text{Zinssatz} \cdot \text{Tage}}{100 \cdot 360} \quad ; \quad Z = \frac{K \cdot p \cdot t}{100 \cdot 360}$$

Lösungen:

a)
$$Z = \frac{7.457{,}00 \cdot 7{,}5 \cdot 9}{100} = \underline{\underline{5.033{,}48 \text{ €}}}$$

b)
$$Z = \frac{7.457{,}00 \cdot 7{,}5 \cdot 11}{100 \cdot 12} = \underline{\underline{512{,}67 \text{ €}}}$$

c)
$$Z = \frac{7.457{,}00 \cdot 7{,}5 \cdot 68}{100 \cdot 360} = \underline{\underline{105{,}64 \text{ €}}}$$

2.3.8.2 Berechnung der Zinstage

237 Berechnen Sie die Zinstage der Aufgaben a) bis m).
a) vom 12. Mai bis 31. Dezember
b) vom 29. Oktober bis 2. November

In der **kaufmännischen Zinsrechnung** sind folgende *deutsche* Regeln bei der **Errechnung der Zinstage** zu berücksichtigen:
- 1 Jahr = 360 Tage
- 1 Monat = 30 Tage
- Der 31. Tag eines Monats wird nicht berechnet.
- Der Februar wird bei Angabe „bis Ende Februar" genau berechnet.
- Als Zinsmonat hat der Februar ebenfalls 30 Tage.
- Beim Errechnen der Zinstage wird der erste Tag des Zeitraums nicht mitgezählt.

Kapitalberechnung

Lösungen:

a)	vom 12. Mai bis 31. Dezember	= 228 Zinstage
b)	vom 29. Oktober bis 2. November	= 3 Zinstage
c)	vom 18. Juli bis 16. August	= 28 Zinstage
d)	vom 20. Februar bis Ende Februar (Schaltjahr)	= 9 Zinstage
e)	vom 6. Januar bis 10. April	= 94 Zinstage
f)	vom 28. Februar bis 16. August	= 168 Zinstage
g)	vom 1. Dezember bis 6. März	= 95 Zinstage
h)	vom 14. März bis 16. Oktober	= 212 Zinstage
i)	vom 20. Februar bis 1. März	= 11 Zinstage
j)	vom 29. Oktober bis 31. Oktober	= 1 Zinstag
k)	vom 18. September bis 2. Oktober	= 14 Zinstage
l)	vom 20. Februar bis Ende Februar	= 8 Zinstage
m)	vom 14. Februar bis 6. Juni	= 112 Zinstage

Zur Berechnung der Zinstage nach der *Euro-Methode* gilt: Jahr mit 360 Tagen, Monate genau!

c) vom 18. Juli bis 16. August
d) vom 20. Februar bis Ende Februar (Schaltjahr)
e) vom 6. Januar bis 10. April
f) vom 28. Februar bis 16. August
g) vom 1. Dezember bis 6. März
h) vom 14. März bis 16. Oktober
i) vom 20. Februar bis 1. März
j) vom 29. Oktober bis 31. Oktober
k) vom 18. September bis 2. Oktober
l) vom 20. Februar bis Ende Februar
m) vom 14. Februar bis 6. Juni

2.3.8.3 Berechnung des Kapitals

$$\text{Kapital} = \frac{\text{Zinsen} \cdot 100 \cdot 12}{\text{Zinssatz} \cdot \text{Monate}}$$

$$K = \frac{54{,}36 \cdot 100 \cdot 12}{7{,}5 \cdot 9} = \underline{\underline{966{,}40\ \text{€}}}$$

238 Für welches Kapital zu 7,5 % zahlt ein Großhandelsunternehmen in 9 Monaten 54,36 € Zinsen?

ReWe

Kosten- und Leistungsrechnung, Controlling

2.3.8.4 Berechnung des Zinssatzes

239 Wie hoch ist der jeweilige Zinssatz bei den folgenden Bedingungen:

a) 680,00 € vom 6. Juni bis 15. Oktober; gezahlt werden 14,00 € Zinsen

b) 8.500,00 € vom 27. Februar bis 2. April; gezahlt werden 90,00 € Zinsen

$$\text{Zinssatz} = \frac{\text{Zinsen} \cdot 100 \cdot 360}{\text{Kapital} \cdot \text{Tage}}$$

a) $p = \dfrac{14{,}00 \cdot 100 \cdot 360}{680{,}00 \cdot 129} = \underline{\underline{5{,}75\ \%}}$

b) $p = \dfrac{90{,}00 \cdot 100 \cdot 360}{8.500{,}00 \cdot 35} = \underline{\underline{10{,}89\ \%}}$

2.3.8.5 Berechnung der Zeit

240 Wann wurde ein Kredit von 68.000,00 € zu 8,25 % aufgenommen, für den die Grotex GmbH am 11. März 576,58 € Zinsen zahlen musste?

$$\text{Zeit} = \frac{\text{Zinsen} \cdot 100 \cdot 360}{\text{Kapital} \cdot \text{Zinssatz}}$$

$t = \dfrac{576{,}58 \cdot 100 \cdot 360}{68.000{,}00 \cdot 8{,}25} = \underline{\underline{37\ \text{Tage}}}$, d. h., der Kredit wurde am 4. Februar aufgenommen.

Investition

$$t = \frac{258{,}90 \cdot 100 \cdot 360}{12.065{,}24 \cdot 7{,}5} = \underline{103 \text{ Tage}}$$

d. h., unter Berücksichtigung des Zahlungsziels von 30 Tagen wurde die Rechnung am 24. April ausgestellt.

241 Für eine längst fällige Ausgangsrechnung werden von unserem Kunden am 7. September einschließlich 7,5 % Verzugszinsen (= 258,90 €) 12.324,14 € überwiesen. Unsere Zahlungsbedingung lautete: „Zahlung unverzüglich mit 2 % Skonto oder 30 Tage netto Kasse".

Wann wurde von unserem Unternehmen die Rechnung ausgestellt?

2.4 Finanzierung

2.4.1 Investitionsarten

- Unter einer **Investition** versteht man die Verwendung von finanziellen Mitteln zur Beschaffung von Sachvermögen, immateriellem Vermögen oder Finanzvermögen (Maschinen, Vorräte, Patente, Lizenzen, Wertpapiere, Beteiligungen).

- Den umgekehrten Vorgang, die Kapitalfreisetzung, nennt man **Desinvestition.** Beispiel: Ein Kunde eines Großhandelsunternehmens überweist nach Ablauf des Zahlungsziels den fällig gewordenen Rechnungsbetrag. Hierdurch wird bislang gebundenes Kapital in dem Unternehmen wieder freigesetzt.

242 Was verstehen Sie unter Investition?

Finanzierung

243 Nennen und erklären Sie die wichtigsten Investitionsarten.

Die wichtigsten **Investitionsarten** sind:
- **Bruttoinvestitionen** (→ gesamte Investitionen einer Volkswirtschaft), bestehend aus:
  - **Ersatz-(Re-)Investitionen:** Sie dienen dazu, veraltete oder verbrauchte Anlagen zu ersetzen (= Erhalt des Produktionsapparates), nicht aber zur Erweiterung. Eine Ersatzinvestition kann gleichzeitig auch Rationalisierungsinvestition sein.
  - **Neu-(Netto-)Investitionen:** Sie vergrößern den Bestand an Produktionsgütern und tragen zur Steigerung des Wirtschaftswachstums maßgeblich bei. Sie lassen sich unterscheiden in Rationalisierungs-, Erweiterungs- und Vorratsinvestitionen.
  - **Rationalisierungsinvestitionen:** Sie verbessern den Produktionsapparat, d. h., sie tragen zur Senkung der Produktionskosten bei, ohne dass die Produktion selbst ausgedehnt wird. Es wird in produktivere und kostengünstiger produzierende Betriebsmittel investiert. Rationalisierungsinvestitionen haben auch den Verlust von Arbeitsplätzen zur Folge, sind aber Voraussetzung für das allgemeine Wachstum der Volkswirtschaft.
  - **Erweiterungsinvestitionen:** Sie vergrößern den Produktionsmittelbestand eines Unternehmens (Kapitalneubildung).
  - **Vorratsinvestitionen:** Sie stellen zusammen mit den Erweiterungs- und Rationalisierungsinvestitionen die Summe der Neuinvestitionen dar. Zu ihnen zählen die nicht dauerhaften Produktionsmittel, wie z. B. die Lagerbestände.
- **Finanzinvestitionen:** Beteiligungen, Forderungen
- **Immaterielle Investitionen:** Forschung und Entwicklung, Ausbildung, Sozialleistungen

2.4.2 Finanzierung und Finanzierungsgrundsätze

244 Was ist Finanzierung?

Unter **Finanzierung** versteht man sämtliche Maßnahmen, die der lang-, mittel- und kurzfristigen Beschaffung von Kapital in allen Formen (Eigen- oder Fremdkapital) dienen.

245 Wovon ist der Kapitalbedarf eines Unternehmens abhängig?

Die **Höhe des Kapitals** hängt von verschiedenen Einflüssen ab, wie z. B. von:
- der Unternehmensgröße
- der Betriebsform
- der Branche
- dem Sortiment
- der Kapitalbindungsdauer
- der Rechtsform
- der eigenen Kreditgewährung
- den Liefererkrediten
- Saisoneinflüssen
- der Kapitalüberlassungsdauer

Selbstfinanzierung

- Der bekannteste **Finanzierungsgrundsatz**, auch als „**goldene Finanzregel**" oder „**goldene Bankregel**" bezeichnet, lautet:
Aufgenommenes Fremdkapital soll erst dann fällig sein, wenn die damit finanzierten Investitionen durch den Umsatzerlös wieder zu Geld geworden sind (Desinvestition). Das heißt:
  - Anlagevermögen ist mit Eigenkapital bzw. in geringem Umfang mit langfristigem Fremdkapital zu finanzieren.
  - Umlaufvermögen sollte mit mittel- und kurzfristigem Fremdkapital beschafft werden. Die Fristigkeiten sollten sich decken.
  - Die Beachtung dieser Grundsätze soll unter Berücksichtigung der Rückzahlungsverpflichtungen jederzeit die Zahlungsbereitschaft des Unternehmens sicherstellen.

- Ein weiterer Finanzierungsgrundsatz kommt durch die „**goldene Bilanzregel**" zum Ausdruck:
Die *engere Fassung* besagt, dass das Anlagevermögen mit Eigenkapital zu finanzieren sei.
In ihrer *weiten Fassung* fordert sie: Anlagevermögen und ständig gebundenes Umlaufvermögen (= eiserner Bestand, der zur Aufrechterhaltung der Betriebsbereitschaft erforderlich ist) sind langfristig gebundenes Vermögen. Es sollte deshalb durch langfristiges Kapital, also durch Fremdkapital (mehr als 4 Jahre Laufzeit), gedeckt sein.

246 Welche Finanzierungsgrundsätze sind Ihnen bekannt?

2.4.3 Finanzierungsarten

Finanzierungsarten können unterschieden werden

- **nach der Rechtsstellung der Kapitalgeber:**
  - **Eigenfinanzierung** = unbefristete Überlassung von Mitteln durch den bzw. die Eigentümer.
  - **Fremdfinanzierung** = befristete Überlassung von Mitteln durch Gläubiger mit Rückzahlungsverpflichtung.

- **nach der Herkunft des Kapitals:**
  - **Außenfinanzierung** = Das Kapital wird dem Unternehmen nicht aus dem betrieblichen Umsatzprozess zugeführt, sondern von außen.
  - **Innenfinanzierung** = Das Kapital stammt aus dem Unternehmen selbst.

247 Geben Sie einen ersten Überblick über die Finanzierungsarten.

Selbstfinanzierung ist Finanzierung aus erwirtschafteten, einbehaltenen Gewinnen. Die Finanzierung des Unternehmens erfolgt aus eigener Kraft, ohne Zuführung von Kapital von außen. Die Selbstfinanzierung ist daher sowohl eine Innen- als auch eine Eigenfinanzierung.

248 Was verstehen Sie unter Selbstfinanzierung?

Finanzierung

249 Worin besteht der Unterschied zwischen offener und stiller Selbstfinanzierung?

- Bei der **offenen Selbstfinanzierung** fließen die Gewinne dem Eigenkapitalkonto zu (bei Personengesellschaften) bzw. werden den Rücklagen zugewiesen (bei Kapitalgesellschaften).

- Die **stille Selbstfinanzierung** entsteht durch die Bildung stiller Reserven entweder durch
  - Unterbewertung von Vermögensgegenständen und/oder
  - Überbewertung von Schulden.
  - Die **Unterbewertung** der Aktivposten in der Bilanz kann z. B. durch überhöhte direkte Abschreibungen erfolgen. Die **Überbewertung** der Passiva wäre z. B. durch hohe Steuerrückstellungen möglich.

250 Nennen Sie die Vor- und Nachteile der Selbstfinanzierung.

Selbstfinanzierung	
Vorteile	**Nachteile**
- keine Kosten für die Kapitalbeschaffung - unabhängig von Kapitalgebern - keine Belastung durch Zins- und Tilgungsverpflichtungen - Erhöhung der Kreditwürdigkeit - Erhöhung der Krisenfestigkeit - Steigerung der Investitionsbereitschaft (z. B. risikoreiche Investitionen) und Investitionstätigkeit - Verringerung des Fremdkapitalanteils - durch Eigenkapitalerhöhung zusätzliche Gewinnerzielung	- Zinsloses Eigenkapital kann zu riskanten Spekulationsgeschäften verleiten (Gefahr der Fehlinvestition). - verdeckte Selbstfinanzierung verschleiert die tatsächliche Rentabilität[1] - Sofern die Bedingung des Verkäufermarktes gegeben ist und die Selbstfinanzierung über überhöhte Preise erfolgt, muss der Käufer die Kosten für die Bildung zusätzlichen Eigenkapitals tragen. Werden stille Reserven aufgelöst, wird u. U. trotz wirtschaftlichen Verlusts noch Gewinn ausgewiesen; Verschleierung von Managementfehlern.

[1] (Den Berechnungen liegt nicht das wirkliche Eigenkapital zugrunde, sondern nur das ausgewiesene.)

251 Was verstehen Sie unter Einlagen- oder Beteiligungsfinanzierung?

Von **Einlagen- oder Beteiligungsfinanzierung** spricht man, wenn
- der bisherige oder die bisherigen Gesellschafter eine zusätzliche Einlage leisten oder
- Kapitalgeber als neue Gesellschafter aufgenommen werden.

Den Unternehmen wird dabei stets Kapital (Geld, Sachleistungen oder Rechte) von außen zugeführt.
Die Einlagen- und Beteiligungsfinanzierung ist daher sowohl eine Außenfinanzierung als auch eine **Eigenfinanzierung**.

Fremdfinanzierung

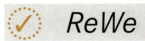

Selbstfinanzierung ist der Innenfinanzierung zuzuordnen (= Finanzierung aus eigener Kraft), während bei der **Beteiligungsfinanzierung** Kapital von außen zugeführt wird; sie stellt demnach also eine Form der Außenfinanzierung dar.

252 Worin besteht der Unterschied zwischen Beteiligungsfinanzierung und Selbstfinanzierung?

- **Abschreibungen** entstehen ursächlich u. a. durch technischen und natürlichen Verschleiß sowie aufgrund von Entwertungen durch technischen Fortschritt und Bedarfsverschiebungen (wirtschaftliche Überholung).

- Diese Wertminderungen von Anlagegütern sind betrieblicher Aufwand, der durch Abschreibungen erfasst wird und in die Preiskalkulation einfließt.

- Die so über die Umsatzerlöse zurückfließenden Abschreibungsgegenwerte werden letztlich aber nicht über die gesamte Nutzungsdauer des Anlagegegenstandes angesammelt, sondern zwischenzeitlich für neue Ersatz- oder Erweiterungsinvestitionen ausgegeben. Dadurch kann die Kapazität des Unternehmens erweitert werden, ohne dass Finanzmittel aufgenommen werden müssen.

253 Erklären Sie die Finanzierung durch Abschreibungen.

Bei der **Fremdfinanzierung** erhält das Unternehmen Kapital in Form von Geld- oder Sachkrediten. Dabei sind die Kreditgeber unternehmensfremde Gläubiger; die Überlassung der Mittel ist befristet. Zu unterscheiden sind:
- die Finanzierung aus Rückstellungen und
- die Kreditfinanzierung.

254 Was verstehen Sie unter Fremdfinanzierung?

- **Rückstellungen** werden im Unternehmen für Verbindlichkeiten gegenüber Gläubigern gebildet, deren Höhe und/oder Fälligkeit noch nicht bekannt sind. Daher handelt es sich um Fremdkapital, das zu einem späteren Zeitpunkt zurückgezahlt werden muss (Fremdfinanzierung).
Rückstellungen werden als Aufwand in der Buchhaltung erfasst. Da Rückstellungen für Aufwendungen gebildet werden, vermindert sich der auszuschüttende Gewinn und damit zugleich auch die zu zahlende Ertragsteuer, wie z. B. Einkommensteuer.
Gleichzeitig fließen dem Unternehmen durch die in der Kalkulation erfassten Rückstellungsaufwendungen liquide Mittel über die Verkaufspreise zu (Innenfinanzierung). Diese Mittel verbleiben bis zu ihrer späteren Auszahlung im Unternehmen und können zu Finanzierungszwecken verwendet werden.

- Bei der **Kreditfinanzierung** wird dem Unternehmen (von außen) durch unternehmensfremde Kapitalgeber (Gläubiger) Fremdkapital auf begrenzte Zeit zur Verfügung gestellt (Außenfinanzierung).

Finanzierung

255 Nennen Sie die Nachteile der Kreditfinanzierung.

- Die Kapitalgeber sind Gläubiger des Unternehmens und haben daher Anspruch
  - auf Verzinsung und
  - pünktliche Rückzahlung ihres Kapitals.
- Es besteht die Gefahr erhöhter Abhängigkeit, sollte sich das Unternehmen bei einem Großkreditgeber hoch verschuldet haben.
- Unabhängig von der Ertragslage des Unternehmens sind die Zins- und Tilgungsraten zu bezahlen.
- Das Fremdkapital steht nur befristet zur Verfügung.
- Bei einem hohen Fremdkapitalanteil nimmt die eigene Kreditwürdigkeit ab.

2.4.4 Kreditarten nach der Fristigkeit des Kredits

256 Welche Kreditarten werden generell unterschieden?

Nach der Laufzeit unterscheidet man

- **Kurzfristige Kredite:** Sie haben eine Laufzeit von bis zu einem Jahr.
- **Mittelfristige Kredite:** Sie haben eine Laufzeit von einem Jahr bis zu 5 Jahren.
- **Langfristige Kredite:** Die langfristige Fremdfinanzierung ist eine Finanzierung durch Darlehen mit einer Laufzeit von mehr als 5 Jahren.

257 Was ist ein Liefererkredit und welche Bedeutung hat er?

- Der **Liefererkredit** entsteht dadurch, dass der Lieferer dem Käufer ein Zahlungsziel einräumt (Kauf von Waren auf Ziel). Der Käufer muss den Rechnungsbetrag erst nach einer bestimmten Frist, z. B. nach 30 oder 60 Tagen, begleichen („Zahlung innerhalb von 60 Tagen netto Kasse").
- Durch den Zahlungsaufschub wird dem Käufer ermöglicht, seine Schulden aus den Umsatzerlösen der verkauften Waren zu bezahlen, sodass sein sonstiger Kapitalbedarf durch diese Art der Kreditgewährung wesentlich geringer ist.
- Der Lieferer gewährt den Kredit natürlich nicht kostenlos, sondern kalkuliert den Zins für die Gewährung des Kredits zuvor in seinen Verkaufspreis ein, denn üblicherweise kann bei Barzahlung vom Rechnungspreis Skonto abgezogen werden, beispielsweise „Zahlbar in 30 Tagen ohne Abzug oder innerhalb von 14 Tagen mit 1 % Skonto".

Skonto

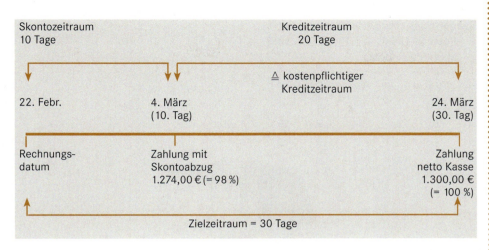

Zahlt die Netzel GmbH spätestens am 10. Tag, so erhält sie dafür, dass sie 20 Tage vor dem Zahlungsziel zahlt, 2 % = 26,00 € Skonto.
Die ersten 10 Tage des Ziels, während der ein Skontoabzug möglich ist, verursachen noch keine Kreditkosten. Kreditkosten in Höhe von 2 %, die im Verkaufspreis der Grotex GmbH einkalkuliert sind, entstehen ab dem 11. bis zum 30. Tag. Der kostenpflichtige Kreditzeitraum umfasst 20 Tage (Zielzeitraum ./. Skontozeitraum).
20 Tage Kredit kosten demnach 26,00 €.
Da sich 2 % Skonto auf den kostenpflichtigen Kreditzeitraum von 20 Tagen beziehen, ergibt dies, bezogen auf ein Jahr, einen Jahreszinssatz von:

Kaufmännische Überschlagsrechnung:

$$\frac{20 \text{ Tage} \triangleq 2\,\%}{360 \text{ Tage} \triangleq x\,\%} \qquad x = \frac{360 \cdot 2}{20} = 36\,\%$$

Die genaue Lösung:

$$p = \frac{Z \cdot 100 \cdot 360}{K \cdot t} = \frac{26{,}00 \cdot 100 \cdot 360}{1.274{,}00 \cdot 20} = 36{,}73\,\%$$

oder

$$p = \frac{2\,\% \cdot 100 \cdot 360}{98\,\% \cdot 20} = \frac{72.000}{1.960} = 36{,}73\,\%$$

ReWe

258

„Es ist günstiger, den vom Lieferer gewährten Skonto in Anspruch zu nehmen, als den Liefererkredit zu nutzen."

Beweisen Sie rechnerisch diese Aussage, indem Sie bei dem folgenden Sachverhalt den effektiven (tatsächlichen) Zinssatz beim Ausnutzen von Skonto ermitteln.

Die Netzel GmbH erhält die Rechnung der Grotex GmbH vom 22. Februar über 1.300,00 €. Sie enthält die Zahlungsbedingung „Zahlbar innerhalb von 10 Tagen mit 2 % Skonto oder 30 Tage netto". Die Netzel GmbH überweist den Rechnungsbetrag unter Abzug des Skontos.

ReWe

Finanzierung

259 Eine Liefererrechnung lautet über 6.000,00 €, die Zahlungsbedingung „Zahlbar innerhalb von 10 Tagen mit 2,5 % Skonto oder 30 Tage netto Kasse". Um Skonto ausnutzen zu können, müsste der Kunde einen Kredit über den Überweisungsbetrag aufnehmen. Die Hausbank berechnet zurzeit für kurzfristige Kredite 15 % Zinsen.

Wie viel Euro beträgt der Skontoabzug und wie hoch ist der Überweisungsbetrag?

Berechnung des Überweisungsbetrags

Rechnungsbetrag	6.000,00 €	
./. Skonto 2,5 %	150,00 €	
Überweisungsbetrag	5.850,00 €	(= benötigtes Kapital)

260 Wie viel Jahresprozent beträgt der Skontosatz für den kostenpflichtigen Kreditzeitraum?

Berechnung des effektiven Zinssatzes (Jahresprozentsatzes)

<u>Vorüberlegung:</u>
Die 2,5 % Skonto beziehen sich auf den kostenpflichtigen Zielzeitraum von 20 Tagen (Zielzeitraum 30 Tage ./. Skontozeitraum 10 Tage).

$$p = \frac{Z \cdot 100 \cdot 360}{K \cdot t} = \frac{150{,}00 \cdot 100 \cdot 360}{5.850{,}00 \cdot 20} = \underline{\underline{46{,}15\ \%}}$$

oder

$$p = \frac{2{,}5\ \% \cdot 100 \cdot 360}{97{,}5\ \% \cdot 20} = \underline{\underline{46{,}15\ \%}}$$

Kreditleihe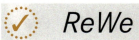

Berechnung der Kreditzinsen und des Finanzierungserfolgs

Lösungsschritt 1:

$$\text{Zinsen} = \frac{K \cdot p \cdot t}{100 \cdot 360} = \frac{5.850,00 \cdot 15 \cdot 20}{100 \cdot 360} = 48,75\ \text{€}$$

Lösungsschritt 2:

	Skontoertrag	150,00 €
./.	Kreditkosten	48,75 €
	Finanzierungsgewinn	101,25 €

261 Wie viel Euro betragen die Kreditkosten und der Finanzierungserfolg (Lohnt sich die Kreditaufnahme für das Ausnutzen von Skonto)?

- Der **Kontokorrentkredit** entsteht bei der Abwicklung des Zahlungsverkehrs über das laufende Konto. Dabei gewährt die Bank dem Kreditnehmer einen Kredit bis zu einer bestimmten Höhe. Bis zu dieser Kreditgrenze (= Limit) kann der Kontoinhaber innerhalb einer bestimmten Laufzeit sein Konto überziehen.

- Durch ständige Ein- und Auszahlungen entsteht eine laufende Rechnung, deren Saldo entweder ein Guthaben oder eine Kreditinanspruchnahme aufweist.

- Dem Kontoinhaber werden von der Bank berechnet:
  - Kreditzinsen (nur für den beanspruchten Kreditbetrag),
  - Überziehungsprovision,
  - Kreditprovision (Bereitstellung des Kredits) und
  - Umsatzprovision.

- Dem Kreditnehmer dient der Kontokorrentkredit zur Sicherung seiner Zahlungsbereitschaft (bedeutsam für Skonto).

262 Erklären Sie das Wesen und die Bedeutung des Kontokorrentkredits.

Kreditleihe bedeutet, dass ein Kreditinstitut dem Kunden kein Geld zur Verfügung stellt, sondern seine eigene Kreditwürdigkeit. Man unterscheidet:

- **Avalkredit (Bankbürgschaft):** Hier übernimmt die Bank eine selbstschuldnerische Bürgschaft zugunsten ihres Kunden.

- **Akzeptkredit (Bankakzept):** Hierbei akzeptiert die Bank einen von einem vertrauenswürdigen Kunden auf sie selbst gezogenen Wechsel. Diesen Wechsel kann der Kunde entweder als Kreditmittel verwenden (diskontieren) oder als Zahlungsmittel zur Begleichung von Schulden an einen seiner Gläubiger weitergeben. Vor Verfall muss der Kunde rechtzeitig für Deckung auf seinem Konto sorgen.

263 Was verstehen Sie unter Kreditleihe?

ReWe

Finanzierung

264 Erläutern Sie die Tilgungsformen langfristiger Darlehen.

Es lassen sich entsprechend der möglichen Tilgungsvereinbarungen folgende **Darlehensarten** unterscheiden:

- Beim **Fest- oder Fälligkeitsdarlehen** wird
  - am Ende der vereinbarten Laufzeit
  - die gesamte Darlehenssumme zurückgezahlt.

  Lediglich die Zinsen werden in vertraglich vereinbarten Zeitabständen gezahlt, z. B. jährlich oder vierteljährlich.

- Von einem **Abzahlungsdarlehen** spricht man, wenn die Tilgung
  - zu festgelegten Terminen
  - in stets gleichbleibenden Raten erfolgt (≙ Ratentilgung).

  Da die regelmäßig gezahlten Tilgungsbeträge konstant bleiben, die Zinsanteile aber sinken (sie werden von der jeweiligen Restschuld berechnet), werden die Annuitäten[1] im Laufe der Zeit geringer.

- Beim **Annuitätendarlehen** (Amortisationsdarlehen) wird zwischen Darlehensgeber und Darlehensnehmer die Höhe der Tilgung und der Zinszahlung so vereinbart, dass sich über die gesamte Laufzeit ein gleichbleibender Zahlungsbetrag für Tilgung und Zinsen (= Annuität) ergibt.
  Konstante Annuität bedeutet im Zeitablauf:
  - steigende Tilgungsanteile und
  - sinkende Zinsanteile.

  Da sich die Annuität während der Laufzeit nicht verändert, wird die Liquidität in jedem Jahr der Kreditlaufzeit gleich belastet.

---

[1] Annuität (von lat. annus = Jahr): bei Tilgung einer Kapitalschuld die regelmäßige Jahreszahlung, die **die Zinsquote und die Tilgungsquote** umfasst.

265 Berechnen Sie den effektiven Zinssatz, der für das Darlehen in dem folgenden Beispiel gezahlt werden muss.

Die Noris Bank hat der Grotex GmbH ein Darlehensangebot über 100.000,00 € gemacht: Zinssatz 8 %, Auszahlung zu 96 %. Des Weiteren werden 1,5 % Bearbeitungsgebühr und 25,00 € Spesen berechnet. Das Darlehen ist nach 5 Jahren in einer Summe zu tilgen.

Die Verwaltungsleiterin der Grotex GmbH, Frau Behring, erstellt daraufhin die folgende Rechnung:

	Darlehensbetrag	100.000,00 €		Zinsen (5 Jahre zu 8 %	
./.	4 % Disagio	4.000,00 €		auf 100.000,00 €)	40.000,00 €
./.	1,5 % Gebühren	1.500,00 €	+	Disagio	4.000,00 €
./.	Spesen	25,00 €	+	Gebühren	1.500,00 €
			+	Spesen	25,00 €
=	Auszahlungsbetrag	94.475,00 €			
			=	tatsächl. (effektive) Kreditkosten	45.525,00 €

Damit Frau Behring den **effektiven Zinssatz** berechnen kann, muss sie die vermittelten Kreditkosten in Höhe von 45.525,00 € auf ein Jahr und zum gesamten Auszahlungsbetrag (94.475,00 €) ins Verhältnis setzen:

$$p = \frac{Z \text{ (effektive Kreditkosten)} \cdot 100}{K \text{ (Auszahlungsbetrag)} \cdot \text{Jahre}} = \frac{45.525,00 \cdot 100}{94.475,00 \cdot 5} = \underline{9,6 \%}$$

Der effektive Zinssatz von 9,6 % liegt deutlich über dem nominalen Zinssatz von 8 %. Eine unternehmerische Entscheidung muss u. a. vor dem Hintergrund dieser Rechnung getroffen werden.

Abzahlungsdarlehen

- *Tilgungsrate:*
  $\frac{50.000,00}{5} = \underline{10.000,00\ \text{€}}$

  → $T = \frac{K_0}{n}$

- *Zinsen am Ende des ersten Jahres:*
  $\frac{50.000,00 \cdot 10}{100} = \underline{5.000,00\ \text{€}}$

- *Rückzahlungsbetrag (Annuität):*
  = 10.000,00 € + 5.000,00 € = $\underline{15.000,00\ \text{€}}$

- *Restschuld* = Darlehen am Jahresanfang ./. Tilgung
  = 50.000,00 € ./. 10.000,00 € = $\underline{40.000,00\ \text{€}}$

Der Gesamttilgungsplan für die Laufzeit von fünf Jahren sieht dann wie folgt aus:

Tilgungsplan bei Ratentilgung

Jahr	Darlehen: Restschuld € (Jahresanfang)	Zinsen €	Tilgung €	jährlicher Rückzahlungsbetrag €	Restschuld € (Jahresende)
1	50.000,00	5.000,00	10.000,00	15.000,00	40.000,00
2	40.000,00	4.000,00	10.000,00	14.000,00	30.000,00
3	30.000,00	3.000,00	10.000,00	13.000,00	20.000,00
4	20.000,00	2.000,00	10.000,00	12.000,00	10.000,00
5	10.000,00	1.000,00	10.000,00	11.000,00	–
Summe		15.000,00	50.000,00	65.000,00	

konstante Tilgungsrate

abnehmende Rückzahlungsrate (Annuität)

Die *Gesamtannuität* für 5 Jahre beträgt 65.000,00 € (= 15.000,00 € + 50.000,00 €).

ReWe

266

Ein Großhandelsunternehmen vereinbart mit seiner Hausbank für die Erweiterung seines Lagers ein Abzahlungsdarlehen in Höhe von 50.000,00 €; Laufzeit 5 Jahre; Zinssatz 10 %.

Zu berechnen sind:
- die jährliche Tilgungsrate,
- die Zinsen für das erste Jahr,
- der Rückzahlungsbetrag (Annuität) für das erste Jahr sowie
- die Restschuld am Ende des ersten Jahres.

Finanzierung

267 Der Abteilungsleiter des Rechnungswesens in einem Großhandelsunternehmen möchte zum Vergleich mit dem Tilgungsplan bei Ratentilgung einen Tilgungsplan bei Annuitätentilgung aufstellen. Die sonstigen Bedingungen bleiben daher gleich: Darlehenssumme 50.000,00 €; Laufzeit 5 Jahre; Zinssatz 10 %.

Die Berechnung der gleichbleibenden Raten (Annuität) erfolgt mit der Formel[1]:

$$A = K_0 \cdot \underbrace{\frac{(1+p)^n \cdot p\%}{(1+p)^n ./. 1}}_{\text{Annuitätenfaktor[2]}}$$

$$A = 50.000{,}00 \cdot \frac{1{,}1^5 \cdot 10/100}{1{,}1^5 ./. 1} = 50.000{,}00 \cdot \frac{0{,}161051}{0{,}61051} = 50.000{,}00 \cdot 0{,}263797 = 13.189{,}85 \, €$$

Tilgungsplan bei **Annuitätentilgung**[3]

Jahr	Restschuld € (Jahresanfang)	Zinsen €	Tilgung €	Annuität[1] €	Restschuld € (Jahresende)
1	50.000,00	5.000,00	8.189,85	13.189,85	41.810,15
2	41.810,15	4.181,01	9.008,84	13.189,85	32.801,31
3	32.801,31	3.280,13	9.909,72	13.189,85	22.891,59
4	22.891,59	2.289,16	10.900,69	13.189,85	11.990,90
5	11.990,90	1.199,09	11.990,76	13.189,85	0,14
Summe		15.949,39	49.999,86	65.949,25	

        zunehmende Tilgungsrate   **konstante Annuität**

---

1 Auf die Entwicklung der Formel zur Berechnung der jährlichen Annuität wird an dieser Stelle verzichtet.
2 Annuitätenfaktoren (Kapitalwiedergewinnungsfaktoren) sind aus finanzmathematischen Tabellen abzulesen; u. a. zu finden im Internet
3 Zinsen und Tilgung sind zum Jahresende fällig

2.4.5 Kreditarten nach der rechtlichen Stellung des Kredits (Kreditsicherung)

268 Welche Informationsquellen kann der Kreditgeber bei der Kreditprüfung benutzen?

Im Einzelnen können die folgenden Unterlagen herangezogen werden (= **sachliche Prüfung**):

- Handelsregister
- Grundbuch
- Steuerunterlagen
- Bilanz
- Gewinn- und Verlustrechnung
- Geschäftsbücher
- Betriebsbesichtigung (Zustand der Geschäftseinrichtung, Organisation)
- Auskünfte von z. B. Auskunfteien

Zur **persönlichen Kreditwürdigkeitsprüfung** zählen:

- charakterliche Eigenschaften (z. B. Fleiß, Zuverlässigkeit)
- fachliche Qualifikationen
- persönliche Haftung (Rechtsform)
- unternehmerische Fähigkeiten

Dingliche Sicherung

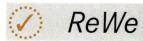

a) Personalkredit: Sicherung durch die Kreditwürdigkeit des Schuldners

b) Verstärkter Personalkredit: Sicherung durch weitere haftende Personen

c) Realkredit: Sicherung durch bewegliche/unbewegliche Sachen

269 Worin besteht die Kreditsicherung bei einem a) Personalkredit, b) verstärkten Personalkredit, c) Realkredit?

Der **Bürgschaftsvertrag** ist ein einseitig verpflichtender Vertrag. Darin verpflichtet sich der Bürge, für die Erfüllung der Verbindlichkeit des Hauptschuldners einzustehen.

Die **Bürgschaft** kommt durch einen Bürgschaftsvertrag zwischen dem Kreditinstitut und dem Bürgen als Nebenschuldner zustande.

270 Was ist eine Bürgschaft und wie kommt sie zustande?

- **Selbstschuldnerische Bürgschaft:** Der Bürge als Nebenschuldner haftet wie der Hauptschuldner. Er kann ohne vorherige Zwangsvollstreckung zur Zahlung verpflichtet werden.

- **Ausfallbürgschaft:** Der Bürge haftet nur für den nach einer betriebenen Zwangsvollstreckung verbleibenden Ausfall (= Restschuld).

271 Unterscheiden Sie zwischen selbstschuldnerischer Bürgschaft und Ausfallbürgschaft.

Der Bürge hat durch die **Einrede der Vorausklage** das Recht auf Zahlungsverweigerung, solange der Gläubiger beim säumigen Kreditnehmer nicht eine Zwangsvollstreckung erfolglos versucht hat.

Die Einrede der Vorausklage besteht im Fall der Ausfallbürgschaft, sie ist ausgeschlossen bei der selbstschuldnerischen Bürgschaft.

272 Erklären Sie im Zusammenhang mit der Bürgschaft die „Einrede der Vorausklage".

Beim **Zessionskredit** wird die Bank durch die Abtretung von Forderungen Eigentümerin der Forderung. Mit dem Abtretungsvertrag tritt die Bank an die Stelle des alten Gläubigers.

- Von **stiller Zession** ist immer dann die Rede, wenn der Drittschuldner von der Forderungsabtretung nichts erfährt. Er zahlt nach wie vor an seinen Gläubiger, der das Geld anschließend an die Bank (neuer Gläubiger) weiterleitet.

- Eine **offene Zession** liegt vor, wenn der Drittschuldner von der Abtretung benachrichtigt wird. Hierbei muss der Drittschuldner an die Bank direkt zahlen.

273 Was verstehen Sie unter einem Zessionskredit?

Von einer **dinglichen Sicherung** spricht man, wenn die Kredite durch bewegliche und unbewegliche Sachen (Dinge) abgesichert werden.

274 Was verstehen Sie unter dinglicher Sicherung?

Finanzierung

275 — Was ist ein Lombardkredit (Faustpfandkredit)?

Zur Sicherung seiner Forderung schließt der Kreditgeber mit dem Schuldner einen Pfandvertrag. Das **Pfand,** wie z. B. Wertpapiere, Schmuck, Edelmetalle, Bausparverträge, Forderungen aus Lieferungen und Leistungen und Lebensversicherungen, geht dabei in den Besitz des Kreditgebers über, während der Schuldner Eigentümer bleibt. Das Pfandrecht erlischt dann, wenn der Schuldner seine Schulden bezahlt hat.

276 — Wie ist der Vorgang der Sicherungsübereignung und was bewirkt sie?

- Besitzt der Unternehmer zur Sicherung eines Kredits keine Gegenstände, die er verpfänden könnte, besteht die Möglichkeit, dass er der Bank Vermögensgegenstände als Sicherheit anbietet, z. B. Lieferwagen, Geschäftseinrichtung, Warenvorräte.

- Bei der **Sicherungsübereignung** wird vertraglich festgelegt, dass das Kreditinstitut Eigentümer der Sache wird, während der Schuldner Besitzer bleiben soll (= Besitzkonstitut). Das hat für Letzteren den Vorteil, dass er mit der übereigneten Sache weiterarbeiten kann.

277 — Worin besteht der grundlegende Unterschied zwischen einer Hypothek und einer Grundschuld?

Die Absicherung von langfristigen Krediten erfolgt bei Banken durch ein Pfandrecht an einem Grundstück oder Gebäude in Form der Hypothek oder der Grundschuld.

- **Hypothek:**
  ○ Die Hypothek setzt immer das Bestehen einer Forderung voraus.
  ○ Im Falle des Leistungsverzugs haftet der Schuldner sowohl mit seinem Grundvermögen (= dingliche Haftung) als auch mit seinem sonstigen Vermögen (= persönliche Haftung).
  ○ Die Hypothek erlischt mit der Rückzahlung des Darlehens.

- **Grundschuld:**
  ○ Bei der Grundschuld besteht keine persönliche, sondern lediglich eine dingliche Haftung.
  ○ Sie ist ein Pfandrecht an einem Grundstück, bei dem nur das Grundstück haftet, nicht aber der Schuldner persönlich wie bei der Hypothek.
  ○ Der Kreditgeber hat keinen persönlichen Anspruch gegen den Grundstückeigentümer.
  ○ Es besteht keine persönliche Schuld, insofern auch keine persönliche Forderung (Grundschuld ohne Schuldgrund).
  ○ Die Grundschuld bleibt in voller Höhe bestehen, auch wenn die persönliche Forderung aus dem Kreditgeschäft erloschen ist.
  ○ Die Grundschuld erlischt erst, wenn sie im Grundbuch gelöscht wird.

2.4.6 Wechsel

278 — Erläutern Sie das Wesen eines Wechsels.

Unter einem **Wechsel** versteht man eine Urkunde, durch die der Wechselaussteller (Zahlungsempfänger) den Wechselbezogenen (Zahlungspflichtigen) auffordert, zu einem festgesetzten Zeitpunkt eine bestimmte Geldsumme an den Wechselnehmer (= Wechselaussteller) oder jemand anderen zu zahlen.

Weitergabe eines Wechsels

 ReWe

Grundgeschäft	Käufer	Verkäufer	
Wechselgeschäft	Bezogener (Trassat) Akzeptant Schuldner	Aussteller (Trassat) Gläubiger	Wechselnehmer (Remittent) Wechselempfänger (Gläubiger des Ausstellers)

279 Nennen Sie beim Ablauf eines Wechselgeschäftes die Beteiligten gemäß Wechselrecht.

Der Aussteller hat drei Verwendungsmöglichkeiten. Er kann ihn

- bis zum Verfalltag aufbewahren und den Betrag dann selbst oder durch ein Kredit- oder Inkassoinstitut einziehen.
- vor dem Fälligkeitstag an ein Kreditinstitut verkaufen (diskontieren).
- als Zahlungsmittel an einen seiner Gläubiger (Lieferer) zum Ausgleich seiner Verbindlichkeiten weitergeben. In diesem Fall muss allerdings der Gläubiger sein Einverständnis gegeben haben.

280 Wie kann der Wechselaussteller seinen Wechsel verwenden (mehrere Möglichkeiten)?

Der Wechsel erfüllt wichtige Aufgaben. Für den Großhändler ist er in erster Linie

- **Kreditmittel,** da er (der Bezogene) erst zu einem späteren Zeitpunkt – erheblich nach der Warenlieferung – zahlen muss (= Liefererkredit in Wechselform).
- In zweiter Linie ist er **Zahlungsmittel,** da mit der Übergabe des Wechsels Verbindlichkeiten beim Lieferer beglichen werden können, und
- **Sicherungsmittel,** da aufgrund der strengen Vorschriften des Wechselgesetzes Wechselforderungen sicherer sind als gewöhnliche Forderungen.

281 Welche Aufgaben erfüllt der Wechsel?

Akzept werden sowohl der angenommene Wechsel selbst als auch die schriftliche Annahmeerklärung genannt.
Der Bezogene verpflichtet sich mit seiner Unterschrift quer auf der linken Seite des Wechsels, ihn am Verfalltag einzulösen.
Da das Akzept kein gesetzlicher Bestandteil ist, ist der Wechsel auch ohne Annahmeerklärung gültig.

282 Was verstehen Sie unter einem Akzept?

Bei der *Weitergabe des Wechsels* durch den Aussteller oder jeden anderen Wechselnehmer muss der Wechsel mit einem schriftlichen Übertragungsvermerk auf der Rückseite versehen werden.

Den Übertragungsvermerk bezeichnet man als Indossament (lat. „in dosso" = auf dem Rücken). Das Weitergeben wird indossieren oder girieren, der Weitergebende Indossant und der Empfänger Indossat oder Indossatar genannt.

283 Beschreiben Sie die Weitergabe eines Wechsels.

253

Finanzierung

284 Unterscheiden Sie zwischen Voll-, Blanko- und Inkassoindossament.

- Das **Vollindossament** enthält den Namen des Indossatars und die Unterschrift des Indossanten, z. B. „Für uns an die Order der Gebr. Lingk KG, Mannheim. Ort, Datum Unterschrift".

- Das **Blankoindossament** besteht lediglich aus der Unterschrift des Indossanten. Gibt der Wechselinhaber den Wechsel unverändert weiter, kann er, da er nicht als Indossant (= Weitergebender) erscheint, wechselrechtlich auch nicht haftbar gemacht werden.

- Mit einem **Inkasso- oder Einzugsindossament** berechtigt der Indossant z. B. sein Kreditinstitut, den Wechsel beim Bezogenen einzuziehen, z. B. „Für uns an die Essener Volksbank e. G. zum Inkasso. Ort, Datum, Unterschrift".

285 Wie wird der Wechsel eingelöst?

- **Wechselschulden sind Holschulden.** Der Wechsel ist daher beim Bezogenen (in dessen Geschäft oder in seiner Wohnung) oder der Zahlstelle (bei Wechseln mit Zahlstellenvermerk) einzuziehen. Das kann geschehen durch den Wechselberechtigten selbst, einen Boten, Geschäftsfreund bzw. Angestellten oder ein Kredit- oder Inkassoinstitut.

- Der Wechsel muss zur Einlösung vorgelegt werden: am Verfalltag oder an einem der beiden darauffolgenden Werktage, spätestens bis 18:00 Uhr.

- Grundsätzlich ist der Zahlungs- der Verfalltag. Fällt der Verfalltag auf einen Samstag, Sonn- oder gesetzlichen Feiertag, so gilt der nächste Werktag als Zahlungstag.

- Wenn der Bezogene gezahlt hat, wird ihm der quittierte Wechsel („Betrag erhalten, Ort, Tag, Unterschrift") ausgehändigt bzw. zugestellt.

- Versäumt der letzte Wechselinhaber die Vorlegefrist, erlöschen die Rückgriffsansprüche gegen seine Vorleute/ Aussteller. Der Bezogene bleibt jedoch wechselmäßig verpflichtet.

286 Was ist zu tun, wenn der Bezogene am Verfalltag nicht zahlen kann?

Kann der Bezogene den Wechsel am Verfalltag nicht einlösen (man spricht von einem Not leidenden Wechsel), sind zwei Möglichkeiten denkbar:

- Die **Laufzeit** des Wechsels **wird verlängert (prolongiert):** Der Aussteller stellt auf rechtzeitiges Bitten des Bezogenen einen neuen Wechsel mit einem späteren Verfalltag aus. Er stellt dem Bezogenen gleichzeitig die zur Einlösung des alten Wechsels erforderliche Summe zur Verfügung. Die Kosten der Wechselprolongation trägt der Bezogene.

- Der Wechsel geht zu Protest. Folgende Schritte sind gemäß Wechselgesetz erforderlich:
  - **Protesterhebung** durch den letzten Wechselinhaber spätestens am zweiten Werktag nach dem Zahlungstag. Der Protest kann vorgenommen werden durch einen Gerichtsvollzieher oder einen Notar.
  - **Benachrichtigung (Notifikation):** Der letzte Wechselinhaber muss nach Protesterhebung den Ausstel-

Leasing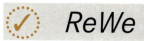

ler und seinen unmittelbaren Vormann innerhalb von 4 Werkta-gen nach dem Protest benachrichtigen. Jeder Indossant wiederum muss seinen jeweiligen Vormann innerhalb von 2 Werktagen nach Erhalt der Nachricht über den Protest informieren.

- **Rückgriff (Regress):** Sämtliche Vorleute des letzten Wechselinhabers sind regresspflichtig. Daher kann sich der letzte Wechselinhaber an einen beliebigen Vormann oder an den Aussteller wenden. Wird dabei der Reihe nach ein Vormann nach dem anderen in Anspruch genommen, liegt ein Reihenrückgriff vor. Von Sprungrückgriff spricht man, wenn andere Vorleute übersprungen und eine beliebige, zahlungskräftige Vorperson in Anspruch genommen wird.

Der Wechselprozess unterscheidet sich vom gewöhnlichen Zivilprozess durch die **Wechselstrenge**, die sich unter anderem auszeichnet durch:

- **Kurze Ladungsfrist (Einlassungsfrist)** = Frist zwischen Zustellung der Klageschrift und dem Termin zur mündlichen Verhandlung (beträgt 24 Stunden bis höchstens eine Woche).

- **Beschränkung der Beweismittel** auf den Wechsel, die Protesturkunde und die Parteien (Kläger und Beklagten).

- **Beschränkung der Einwendungen** des Beklagten auf solche, die sich gegen den Wechsel oder den Kläger richten.

- **Sofortige Vollstreckbarkeit des Urteils** = Recht des Gläubigers, aufgrund des positiven Urteils sofort beim Schuldner pfänden zu lassen.

287 Was versteht man unter dem Begriff „Wechselstrenge"?

2.4.7 Leasing

Unter Leasing versteht man die mittel- und langfristige Vermietung von beweglichen oder unbeweglichen Investitionsgütern sowie langlebigen Konsumgütern durch den Leasinggeber.

Dabei ist allen Leasingarten gemeinsam, dass an die Stelle der einmaligen Zahlung des Kaufpreises eine laufende, regelmäßig zu entrichtende Mietzahlung tritt, in die der Leasinggeber einkalkuliert:

- den Abschreibungsbetrag,
- die Verzinsung des von ihm investierten Kapitals,
- eine Risikoprämie, z. B. für schnelles Veralten,
- sonstige Verwaltungs- und Vertriebskosten und
- den Gewinnzuschlag.

288 Was verstehen Sie unter Leasing?

255

Finanzierung

289 Beschreiben Sie die Abwicklung eines indirekten Leasinggeschäfts.

Das typische Merkmal beim **indirekten Leasinggeschäft** ist das Dreiecksverhältnis zwischen dem Hersteller eines Gutes, dem Leasinggeber und dem Leasingnehmer. Wie bei einem Kauf entscheidet sich der Leasingnehmer zunächst für ein Investitionsgut. Doch den Kaufvertrag schließt nicht der Leasingnehmer, sondern der Leasinggeber mit dem Hersteller oder Lieferer des Investitionsgutes. Letzterer erhält also sofort den Kaufpreis, da zwischen Leasinggeber und Hersteller ein Kaufvertrag geschlossen wird. Der Leasingnehmer, der das Investitionsgut nutzen will, schließt nun mit dem Leasinggeber einen Leasingvertrag. Das Objektrisiko, etwa ein Garantieanspruch, geht dabei auf den Leasingnehmer über. Er kann ihn erfolgreich direkt beim Hersteller geltend machen. Für die Nutzung des Investitionsgutes zahlt der Leasingnehmer meist monatliche Leasingraten an den Leasinggeber.

Abwicklung eines INDIREKTEN Leasinggeschäfts (Mobilien)

```
Hersteller                    ④ Lieferung des Leasingobjekts    Großhändler als
= Verkäufer des          ──────────────────────────────▶        Leasingnehmer
Leasingobjekts                                                   = Benutzer
                                                                 = Besitzer
                              ② Leasingvertrag
      ▲ │                                                              ▲
      │ │ ①Bestellung         Leasinggesellschaft als
      │ ▼ ③ Rechnung           Leasinggeber                            │
                               = Käufer              ⑥ Zahlung der
      ⑤ Zahlung der Rechnung   = Eigentümer            Leasingraten
                          übernimmt die Finanzierung und
                          Beschaffung des Leasingobjektes
```

290 Nennen Sie die Vor- und die Nachteile des Leasings.

Vorteile des Leasings	Nachteile des Leasings

– keine Bindung des Eigenkapitals, da eine 100%ige Fremdfinanzierung möglich ist
– Eigenkapital kann rentabler eingesetzt werden
  a) im ertragsstarken Umlaufvermögen und
  b) durch Einräumung von Rabatt oder Sonderangeboten.
– Die Liquidität wird geschont bzw. erhöht, da weder eigene noch fremde Mittel benötigt werden. Die Mieten werden aus dem laufenden wirtschaftlichen Erfolg des Mietobjekts bezahlt.
– Leasingraten sind Fremdkapitalkosten, die steuerlich Betriebsausgaben darstellen und daher die Steuerbelastung mindern (wenn wirtschaftlich die Objekte nicht dem Leasingnehmer zugerechnet werden).
	– hohe finanzielle Belastung mit fixen Kosten
	– Das Leasing ist teurer als der Kreditkauf.
	– Die Leasingobjekte müssen ihre Miete erst verdienen, was besonders in Krisenzeiten nicht immer möglich ist.
	– Der Leasingnehmer ist während der Grundmietzeit (beim Finanzierungsleasing) vertraglich fest gebunden.
	– Investitionsobjekte sind nicht im Eigentum des Nutzers.
	– Sie können deshalb auch nicht – quasi kostenlos – nach der Abschreibungszeit weiterarbeiten.
	– Die eventuell gewinnbringende Verwertung des Investitionsobjekts nach Ende der betrieblichen Nutzung liegt beim Leasinggeber.

Factoring 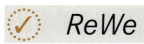 ReWe

Vorteile des Leasings	Nachteile des Leasings
– Durch schnelle Anpassung an den technischen Fortschritt schützt Leasing vor Überalterung der Anlagen. – Leasing bietet einen Servicevorteil durch Beratung, Wartung und Reparatur des Leasingobjekts durch den Leasinggeber. – Der Finanzierungsspielraum und die Kreditlinien bleiben für den kurz- und mittelfristigen Finanzbedarf erhalten. – Das Verhältnis zwischen Eigen- und Fremdkapital ändert sich nicht (gleichbleibende Bilanzrelation). – Der Leasingnehmer hat feste monatliche Raten, die eine genaue Kalkulation ermöglichen. – Für die Dauer des Leasingvertrags liegen die monatlichen Leasingraten fest. Sie sind von Preisveränderungen unberührt. Das Risiko trägt der Leasinggeber. – Leasing erleichtert den Kosten-Nutzen-Vergleich einer Investition, da die anfallenden Kosten genau fixiert sind. Investitionsentscheidungen können so leichter abgeklopft werden, ob sie vorteilhaft sind.	

2.4.8 Factoring

- **Factoring** ist die Bevorschussung von kurzfristigen Forderungen aus Warenlieferungen und Dienstleistungen durch den Factor (= Finanzierungsinstitut). Der Factor übernimmt dabei den Ankauf, den Forderungsausfall sowie die Verwaltung dieser Forderungen.

- Das Factoring ist eine besondere Form der kurzfristigen Fremdfinanzierung, insbesondere des Umlaufvermögens (= Absatzfinanzierung).

- Grundlage des Factoringgeschäfts ist der **Factoringvertrag:** Es wird zwischen Lieferer und Factor, einem Finanzierungsinstitut, vereinbart, dass die aus Warenlieferungen oder sonstigen Leistungen entstandenen Forderungen des Lieferers an den Factor übergehen.

- Unmittelbar nach Abschluss des Factoringvertrags informiert der Lieferer/Großhändler seinen Kunden darüber, dass die Zahlungen künftig an seinen Factor zu leisten sind, und gibt direkt nach Rechnungstellung jeweils eine Rechnungskopie an den Factor weiter.

Erklären Sie, was Sie unter Factoring verstehen. 291

Finanzierung

292 Welche Leistungen übernimmt der Factor?

Der **Leistungsumfang des Factor** besteht in drei unterschiedlichen Aufgaben:

- **Dienstleistungsfunktion:** Übernahme der Kundenbuchhaltung, der Terminüberwachung, des Mahnwesens, des Forderungseinzugs (Inkasso) und der Überweisung der eingezogenen Forderungen an den Anschlusskunden.

- **Finanzierungsfunktion:** Bevorschussung der Buch- oder Wechselforderung zu einem hohen Prozentsatz; Überweisung der nicht bevorschussten Beträge bei Fälligkeit oder bei Eingang.

- **Delkrederefunktion:** Übernahme des Risikos, dass die abgetretenen Forderungen nicht eingezogen werden können.

293 Welche Kosten entstehen dem Lieferer aus dem Factoringvertrag?

Die Kosten des Factoringvertrages richten sich nach den in Anspruch genommenen Leistungen. Sie können sich wie folgt zusammensetzen:

- **Dienstleistungsgebühr (Factoringgebühr)** für Kontenführung, Mahnwesen und Forderungseinzug (0,4 % bis 3 % des Forderungsumsatzes)

- **bankübliche Zinsen** für die Bevorschussung der Forderungen (ca. 4,5 % über Diskontsatz)

- **Delkrederegebühr** (je nach Risiko zwischen 0,2 % und 1,5 % vom Umsatz)

294 Welche Vorteile hat ein Lieferer durch die Abtretung seiner Forderungen an einen Factor?

Die Vorteile für den Lieferer sind:

- Erhöhung der eigenen Liquidität,
- Absicherung gegen Verluste aus uneinbringlichen Forderungen,
- Einsparung von Verwaltungsgebühren.

295 Worin besteht der Unterschied zwischen echtem und unechtem Factoring?

Das **unechte Factoring** unterscheidet sich vom **echten** durch die fehlende Delkrederefunktion. Das heißt, der Factor übernimmt in diesem Fall nicht die Risikohaftung eines eventuellen Forderungsausfalls.

Speicherung personenbezogener Daten

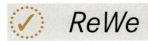

2.5 Datensicherung und Datenschutz

Das Anliegen der **Datensicherung** ist es, die bei der Datenverarbeitung eingesetzten Mittel und Verfahren vor solchen Gefahren abzusichern, die die Funktion der EDV-Anlagen beeinträchtigen könnten. Die Datensicherung bezieht sich also auf die technischen Aspekte der Datenverarbeitung.

Der **Datenschutz** soll die Bürger vor dem Missbrauch der Daten, die an irgendeiner Stelle gespeichert oder verarbeitet werden, bewahren.

296 Wodurch unterscheiden sich Datensicherung und Datenschutz?

Das **Bundesdatenschutzgesetz** hat die Aufgabe, alle personenbezogenen Daten vor Missbrauch bei ihrer Verarbeitung zu schützen.

297 Welche gesetzliche Regelung dient dem Schutz der Privat- und Intimsphäre der Bürger?

Personenbezogene Daten sind:
- Name
- Vorname
- Geburtsdatum
- Beruf
- Anschrift
- Gesundheitszustand
- Finanzlage
- Vermögenslage
- Straftaten und Ordnungswidrigkeiten
- politische und religiöse Anschauungen

298 Nennen Sie Beispiele für personenbezogene Daten.

Hinsichtlich der **Speicherung personenbezogener Daten** können die nachstehenden **Rechte** geltend gemacht werden:

- **Berichtigungsrecht:** Die speichernde Stelle muss unrichtige Daten korrigieren.

- **Löschungsrecht:** Wenn die Speicherung personenbezogener Daten unzulässig ist, muss die speichernde Stelle sie von ihrem Datenträger entfernen.

- **Sperrungsrecht:** Wenn weder die Richtigkeit noch die Unrichtigkeit personenbezogener Daten bewiesen werden kann, darf die speichernde Stelle die Daten nicht weiter verwenden.

- **Auskunftsrecht:** Wenn sich ein Betroffener mit einer Anfrage über die zu seiner Person gespeicherten Daten unmittelbar an eine speichernde Stelle wendet, ist sie zur Auskunft verpflichtet.

299 Welche Rechte können geltend gemacht werden, wenn von einer Person Daten gespeichert werden?

ReWe

Datensicherung und -schutz

300 Welche Pflichten haben die Daten verarbeitenden Stellen?

Die **Daten verarbeitende Stelle** ist verpflichtet zur:

- Wahrung des Datengeheimnisses
- Prüfung der Zulässigkeit der Verarbeitung von Daten
- Benachrichtigung der Betroffenen bei erstmaliger Speicherung
- Ernennung eines Beauftragten für den Datenschutz
- Durchführung von Kontrollen zur Erreichung der Datensicherheit

301 Welche zehn Gebote sind für Datenschutz und Datensicherung von großer Bedeutung?

Zur Aufrechterhaltung der **Datensicherung** und des **Datenschutzes** müssen im Unternehmen folgende Kontrollen permanent vorgenommen werden:

- Zugangskontrolle
- Abgangskontrolle
- Speicherkontrolle
- Benutzerkontrolle
- Zugriffskontrolle
- Übermittlungskontrolle
- Eingabekontrolle
- Auftragskontrolle
- Transportkontrolle
- Organisationskontrolle

302 Nennen Sie vier Gefahren, die die Datensicherung gefährden.

- Höhere Gewalt (Wasser, Feuer, Sturm)
- technisches Versagen (Ausfall von Schaltelementen, Ausfall von Schaltkreisen, fehlerhafte Beschichtungen)
- menschliches Versagen (Vergesslichkeit, Interessenlosigkeit, Gedankenlosigkeit)
- bewusste Herbeiführung (Hardware-Manipulation, Datenmanipulation)

303 Führen Sie Maßnahmen der Datensicherung auf.

- **Parallelrechner**
  Ein Parallelrechner ist ein zusätzlicher Computer, der bei Ausfall der eigentlichen EDV-Anlage deren Aufgaben wahrnimmt. Im Notfall wird automatisch umgeschaltet, sodass Gesamtausfälle vermieden werden.
- **Hardware-Schreibschutz**
  Disketten besitzen einen Schreibschutzhalter. Wird er in eine entsprechende Position gebracht, ist ein versehentliches Überschreiben der Diskette nicht möglich.
- **Notstromaggregate**
- **Streamer**
  spezielle Magnetbandgeräte zur Datensicherung
- **räumliche und mechanische Sicherungen**
- **Schulungen**
- **Doppelbesetzungen**
- **Passwortverfahren**
- **Plausibilitätskontrollen**
- **Prüfziffern**
- **Anfertigen von Sicherheitskopien**
  am besten nach dem Großvater-Vater-Sohn-Prinzip
- **Führen von Überwachungsprotokollen**

2.6 Electronic Commerce

304 Was versteht man unter Electronic Commerce?

Unter **Electronic Commerce** wird die elektronische Geschäftsabwicklung über das Internet verstanden. Dazu zählen also

- alle Formen des Einkaufs und Verkaufs von Waren und auch
- Dienstleistungen auf der Basis von Rechnernetzen.

Idealer Webshop

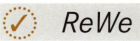

Es gibt **zwei Arten des Electronic Commerce:**

- **Business-to-Business (B2B)**
  Darunter fallen alle elektronisch durchgeführten Geschäftstransaktionen zwischen Betrieben.

- **Business-to-Consumer (B2C)**
  Dies ist der elektronische Versandhandel mit Endkunden (Onlineshopping).

305 Welche Arten von Electronic Commerce gibt es?

Der weitaus größere Teil (über 90 %!) von E-commerce ist der Teilbereich **Business-to-Business (B2B).** Darunter versteht man alle Formen des elektronischen Handel zwischen Unternehmen.

Man rechnet damit, dass in den nächsten Jahren bis zu 50 % der Geschäftsprozesse zwischen Unternehmen über das Internet abgewickelt werden.

306 Was versteht man im Zusammenhang mit Electronic Commerce unter der Abkürzung B2B?

EDI (Electronic Data Interchange) ist die rechnergestützte Zusammenarbeit von Geschäftspartnern, die sich immer mehr von anderen Formen der Datenübertragung ins Internet verlagert.
Hier findet ein elektronischer Dokumentenaustausch über Geschäftstransaktionen zwischen Betrieben statt.
Daten wie z. B.

- Bestellungen,
- Rechnungen,
- Überweisungen,
- Warenerklärungen usw.

werden in Form von strukturierten, nach vereinbarten Regeln formatierten (z. B. Edifact- oder Branchen-Normen) Nachrichten übertragen.
Der Empfänger kann die Daten dann direkt – ohne eigene Erfassungsarbeiten – sofort in seinen Anwendungsprogrammen weiterverarbeiten.

307 Was versteht man unter EDI?

Der Handel von Waren und Dienstleistungen über das Internet erfordert eine dem realen Geschäft vergleichbare Verkaufsstelle, die **Web-** oder **Onlineshop** genannt wird.
Damit der Kunde – egal ob Endverbraucher oder Firma – eine solche Verkaufsstelle annimmt und dort Waren oder Dienstleistungen bestellt, sollte ein möglichst umfassendes Sortiment angeboten werden.

Auch die angebotene Zahlungsweise sollte kundenfreundlich sein und auf möglichst bekannten Verfahren basieren.
Im Gegensatz zu einer realen Verkaufsstelle ist ein Onlineshop nur über das Internet zu erreichen, sodass sein Standort für den Kunden nicht transparent ist.

308 Was ist ein Webshop (auch Onlineshop genannt)?

Ein **idealer Webshop** umfasst folgende Funktionen:

- Begrüßung
- News
- Firmenpräsentation
- Sonderangebote
- Feststellung und Prüfung der Kundenidentität
- Produktkatalog mit weitgehenden Informationen, wie z. B. Testberichte, Produktverfügbarkeit usw.
- Warenkorb und Preisberechnung
- Bestellung
- Bestellbestätigung
- Zahlungsabwicklung
- AGB

309 Welche Bestandteile hat ein idealer Webshop?

ReWe

Electronic Commerce

310 Erläutern Sie den Begriff „Projekt".

Projekte sind Vorhaben, die sich in identischer Form nicht wiederholen.

311 Führen Sie Merkmale von Projekten auf.

- Aufgabenstellung mit zeitlicher Befristung (vorgegebener Abschlusstermin)
- Zielvorgabe
- Aufgabenstellung mit Einmaligkeitscharakter, hoher Komplexität und Risiko
- begrenzte Ressourcen und begrenzter finanzieller Rahmen (Budgetierung)
- interdisziplinärer Charakter

312 Geben Sie an, welche Phasen ein Projekt umfasst.

1. **Definitionphase** (aus unklaren Vorstellungen klare Vorstellungen machen):
   - Problemanalyse
   - Projektziele und Detailanforderungen
   - Entwurf Projektergebnis (Lösungskonzept)
   - Durchführbarkeitsanalyse
   - Angebot oder Projektauftrag
   - Projektorganisation
   - Kick-off-Meeting

2. **Planungsphase** (den Prozess steuer- und kontrollierbar machen):
   - Identifikation der Arbeitspakete
   - Projektstrukturplan
   - Ablauf- und Terminplan
   - Kapazitätsplan
   - Kostenplan
   - Qualitätsplan

3. **Projektdurchführung** (die Projektplanung realisieren):
   - Projektsteuerung
   - Projektcontrolling
   - Projektdokumentation

4. **Abschlussphase** (letzte Phase eines Projekts, in der das Projekt abgenommen, analysiert und schließlich aufgelöst wird):
   - Abschlusspräsentation
   - Abnahme des Projektergebnisses
   - Einweisung
   - Abschlussbesprechung
   - Abschlussbericht
   - Auflösung des Projekteams

2.7 Entlohnungssysteme

313 Welche Bedeutung hat die Entlohnung für Arbeitgeber und Arbeitnehmer?

- Für das **Unternehmen** ist der **Lohn** Aufwand, der in die Kalkulation der Verkaufspreise einfließt und deshalb möglichst gering gehalten werden soll.
- Für den **Arbeitnehmer** ist der Lohn die Gegenleistung für seine zur Verfügung gestellte Arbeitskraft.

Akkordlohn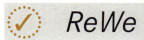

Berechnungsgrundlage beim **Zeitlohn** ist die im Unternehmen verbrachte Zeit, unabhängig von der dabei erbrachten Leistung.

Was ist der Zeitlohn? 314

Zeitlohn wird gezahlt für Tätigkeiten
- bei denen besonders sorgfältig und genau gearbeitet werden muss (z. B. Forschungsarbeit, Labor- und Konstruktionstätigkeiten);
- bei denen eine Leistungsmessung kaum möglich ist (z. B. Büroarbeiten, Lagerverwaltung).

In welchen Fällen wird Zeitlohn gezahlt? 315

- **Vorteile des Zeitlohns** sind:
  - einfache Berechnung des Arbeitsentgelts,
  - Qualitätsarbeit: der Arbeitnehmer ist nicht unter Zeitdruck,
  - festes und sicheres Einkommen für den Arbeitnehmer.

- **Nachteile des Zeitlohns** sind:
  - Es gibt wenig Anreiz zur Steigerung der Leistung, da eine Leistungssteigerung nicht unmittelbar zu einer Einkommenssteigerung führt.
  - Es sind eventuell Arbeitskontrollen notwendig, die Kosten verursachen und zu Unannehmlichkeiten führen können.

Führen Sie Vor- und Nachteile des Zeitlohns auf. 316

Beim **Akkordlohn** erfolgt die Lohnzahlung nach erbrachter Leistung: Die Verrechnung erfolgt also nach gefertigter Stückzahl oder für vorgegebene Zeiten.

Ausgangspunkt ist der tariflich festgelegte **Normallohn** je Stunde (Mindestlohn). Hinzu kommt ein bestimmter **Akkordzuschlag** (bis zu 25 %), weil die Arbeitsintensität (Produktivität) in der Regel höher ist als beim Zeitlohn.

Mindestlohn und Akkordzuschlag ergeben zusammen den **Akkordrichtsatz** (Grundlohn), d. h. den Stundenverdienst bei Normalleistung.

Was ist Akkordlohn? 317

Akkordlohn kann bei Vorliegen der folgenden Voraussetzungen gezahlt werden:
- Die Bearbeitungsdauer eines herzustellenden Produkts bzw. eines Arbeitsvorganges muss direkt gemessen werden können.
- Der Arbeitsablauf muss genau bekannt sein.
- Die Arbeitsabläufe müssen sich ständig wiederholen.
- Der Arbeitnehmer muss das Arbeitstempo selber beeinflussen können.

In welchen Situationen wird Akkordlohn gezahlt? 318

Entlohnungssysteme

319 Führen Sie Vor- und Nachteile des Akkordlohns auf.

- **Vorteile des Akkordlohns** sind:
  - Es besteht ein Anreiz zur Steigerung der Leistung.
  - Der Arbeitnehmer erkennt den Erfolg der Leistung; Mehrarbeit bzw. Mehrleistung wird entlohnt.

- **Nachteile des Akkordlohns** sind:
  - Es besteht die Gefahr einer Gesundheitsgefährdung durch Stress.
  - Die Qualität kann durch ein überhöhtes Arbeitstempo gemindert werden (zusätzliche Qualitätskontrollen werden dadurch nötig).
  - umfangreiche Vorarbeiten, z. B. Ermittlung der Vorgabezeiten

320 Was ist ein Gruppenakkord?

Beim **Gruppenakkord** verrichten mehrere Arbeitnehmer eine Arbeit gemeinsam im Akkordverfahren.
Der Gruppenakkord zahlende Arbeitgeber erhofft sich, dass sich die Arbeitnehmer in der Arbeitsgruppe gegenseitig kontrollieren und dass sie sich zu großer Arbeitsleistung anspornen.

321 Erläutern Sie den Prämienlohn.

Beim **Prämienlohn** erhält der Arbeitnehmer zu seinem jeweiligen Grundlohn (das kann Zeit- oder Akkordlohn sein) eine auf qualitative Leistung bezogene Prämie als zusätzliches Entgelt.

2.7.1 Gehaltsabrechnung/Steuerklassen

322 Wählen Sie die jeweils richtige Steuerklasse:
a) lediger Angestellter ohne Kinder,
b) berufstätiges Ehepaar (Ehefrau 30.000,00 €, Ehemann 50.000,00 € im Jahr),
c) alleinstehende Frau mit einem schulpflichtigen Kind,
d) lediger Angestellter mit zwei Arbeitsverhältnissen,
e) berufstätiges Ehepaar (Ehefrau 37.000,00 €, Ehemann 36.000,00 € im Jahr).

a) Steuerklasse I
b) Steuerklasse III für den Ehemann, Steuerklasse V für die Ehefrau
c) bisher Steuerklasse II, in Zukunft Steuerklasse I, da der Haushaltsfreibetrag für Alleinerziehende in Zukunft wegfällt
d) für das erste Arbeitsverhältnis Steuerklasse I, für das zweite Arbeitsverhältnis Steuerklasse VI
e) für beide Ehepartner Steuerklasse IV

Nettogehalt

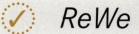

Zur **Ermittlung des Nettoverdienstes** müssen vom Bruttoverdienst die gesetzlichen Abzüge

- Lohnsteuer,
- Kirchensteuer,
- Solidaritätszuschlag und
- Sozialversicherungsbeiträge (Beiträge zur Renten-, Kranken-, Pflege- und Arbeitslosenversicherung) abgezogen werden.

323 Welche Abzüge müssen vom Bruttoverdienst eines Angestellten abgezogen werden, um seinen Nettoverdienst zu ermitteln?

In die **Lohnsteuerkarte** trägt die Gemeinde u. a.

- die Anschrift des Arbeitnehmers,
- den Familienstand,
- das Geburtsdatum,
- die Steuerklasse,
- die Religionszugehörigkeit,
- die Zahl der Kinder und
- die Zahl der Kinderfreibeträge ein.

324 Welche Angaben trägt die zuständige Gemeinde in die Lohnsteuerkarte eines Arbeitnehmers ein?

Die vom Lohn oder Gehalt der Arbeitnehmer einbehaltene Lohnsteuer, Kirchensteuer und der Solidaritätszuschlag müssen vom Arbeitgeber bis zum 10. Tag des auf den Lohnsteuer-Anmeldezeitraums folgenden Monat (bei monatlicher Abrechnung) in einem Betrag an die **Kasse des zuständigen Betriebsstättenfinanzamts** abgeführt werden.

325 Bis zu welchem Termin muss ein Arbeitgeber die vom Lohn/Gehalt der Arbeitnehmer einbehaltene Lohn- sowie Kirchensteuer und den Solidaritätszuschlag an die Kasse des zuständigen Betriebsstättenfinanzamtes abführen?

Der Arbeitgeber muss die monatlich einbehaltenen Sozialversicherungsbeiträge bis zum 15. des Folgemonats an die jeweilige **Krankenkasse** seiner Arbeitnehmer abführen.

326 An wen muss der Arbeitgeber die Sozialversicherungsbeiträge für seine Arbeitnehmer abführen?

Herr Krause:	
Bruttogehalt	1.221,99 €
./. Lohnsteuer	73,03 €
./. Solidaritätszuschlag	0,00 €
./. Sozialversicherung (bei 14,9 % KV-Beitrag)	182,08 €
= Nettogehalt	966,88 €

327 Ermitteln Sie das Nettogehalt mithilfe der aktuellen Lohnsteuertabelle: Herr Krause, Bruttomonatsverdienst 1.221,99 €, verheiratet, zwei Kinder, Steuerklasse IV, katholisch.

Wirtschafts- und Sozialkunde

3 Wirtschafts- und Sozialkunde

3.1 Rechtliche Rahmenbedingungen des Wirtschaftens

3.1.1 Kaufmannseigenschaften

1 Welche Arten von Kaufleuten unterscheidet das Handelsgesetzbuch?

- Istkaufleute (Kaufmann kraft Handelsgewerbe)
- Kannkaufleute (Kaufmann kraft Handelsregistereintrag)
- Formkaufleute (Kaufmann kraft Rechtsform)

2 Auf welche Weise wird die jeweilige Kaufmannseigenschaft erworben?

Die **Kaufmannseigenschaft** kann erworben werden als:

- **Kaufmann kraft Handelsgewerbe (Istkaufmann)**
Jeder Gewerbetreibende, dessen Betrieb eine kaufmännische Organisation erfordert, gilt von vornherein, d. h. mit Aufnahme der Geschäfte (auch ohne Handelsregistereintragung), als Kaufmann gem. § 1 HBG.

- **Kaufmann kraft Rechtsform (Formkaufmann)[1]**
Jede Kapitalgesellschaft und die eingetragene Genossenschaft entsteht erst mit Eintragung ins Handelsregister und wird dadurch zum Kaufmann (§ 6 HGB, § 36 AktG, §§ 7 und 11 GmbHG).

- **Kaufmann kraft Handelsregistereintrag (Kannkaufmann)**
Land- und Forstwirte und deren Nebenbetriebe (z. B. Molkerei, Brennerei, Mühle) sowie Kleingewerbetreibende, die nach Art und Umfang keinen in kaufmännischer Weise eingerichteten Geschäftsbetrieb erfordern, **können** sich ins Handelsregister eintragen lassen (Eintragungswahlrecht) und werden durch den Eintrag zum Kaufmann (§§ 2 und 3 HGB).

---

[1] Alle Kapitalgesellschaften (z. B. AG, KGaA, GmbH) sind – unabhängig von der Art ihrer Tätigkeit – Handelsgesellschaften, auch wenn sie kein Handelsgewerbe betreiben. Sie sind dabei generell als Kaufleute zu betrachten.

Firma eines Kaufmanns

Die Art oder der Umfang der Tätigkeit, die eine kaufmännische Organisation erfordern, ist gesetzlich nicht geregelt. Bei der Entscheidung über die Notwendigkeit kaufmännischer Einrichtungen sind die Verhältnisse des einzelnen Unternehmens in ihrer Gesamtheit zu berücksichtigen. Insbesondere sind dabei die Kriterien für die Istkaufmannseigenschaft einzubeziehen:

- die Zahl, Funktion und Qualifikation der Beschäftigten,
- das Umsatzvolumen,
- der Wert des Anlage- und Umlaufvermögens,
- die Vielfalt der erbrachten Leistungen und Geschäftsbeziehungen,
- die Inanspruchnahme oder Gewährung von Krediten,
- die Teilnahme am Wechsel- und Frachtverkehr,
- der Umfang der Werbung und
- die Größe der Lagerhaltung.

Die Entscheidung, ob ein in kaufmännischer Weise eingerichteter Geschäftsbetrieb notwendig ist, trifft das Amtsgericht – ggf. mit Unterstützung der zuständigen Industrie- und Handels- oder Handwerkskammer.

> **3** Wovon hängt es ab, wann im Einzelfall Art oder Umfang der Tätigkeit einen in kaufmännischer Weise eingerichteten Geschäftsbetrieb erfordern?

Nichtkaufleute sind:
- Land- und Forstwirte, die sich im Handelsregister nicht haben eintragen lassen,
- Kleingewerbetreibende, die sich im Handelsregister nicht haben eintragen lassen,
- Freiberufler, wie beispielsweise Ärzte, Schriftsteller, Anwälte, Architekten.

Für Nichtkaufleute gelten die Bestimmungen des BGB.

> **4** Wer gilt als Nichtkaufmann?

3.1.2 Firma

Die **Firma** ist der Name eines Kaufmanns, unter dem er
- seine Geschäfte betreibt,
- die Unterschrift abgibt,
- klagen und verklagt werden kann (§ 17 HGB).

> **5** Was verstehen Sie unter der Firma eines Kaufmanns?

Rechtliche Rahmenbedingungen des Wirtschaftens

 Nennen und beschreiben Sie die Firmengrundsätze.

Die Firma muss
- von anderen Gewerbetreibenden zu unterscheiden sein,
- die Gesellschafts- und Haftungsverhältnisse offenlegen und
- wahr (nicht irreführend) sein (§ 18 HGB).

Die **Firmengrundsätze** lauten daher:

- **Firmenöffentlichkeit**
Jeder Kaufmann ist verpflichtet, seine Firma in das Handelsregister eintragen zu lassen. Er hat seine Namensunterschrift unter Angabe der Firma bei dem Gericht, in dessen Bezirk sich seine Handelsniederlassung befindet, zu zeichnen (§ 29 HGB).

- **Firmenwahrheit**
Bei der Unternehmensgründung muss die Firma wahr sein. Das bedeutet, dass die Firma den zwingenden Hinweis auf die Kaufmannseigenschaft enthalten muss.
Nicht zwingend vorgeschrieben, aber erlaubt sind Zusätze, die über den Geschäftszweig Auskunft geben.

- **Firmenklarheit**
Die Firma darf keine Angaben enthalten, die geeignet sind, über wesentliche geschäftliche Verhältnisse irrezuführen (§ 18 Abs. 2 HGB).

- **Firmenausschließlichkeit**
Die Firma muss Unterscheidungskraft besitzen, d. h., sie muss sich von allen an demselben Ort oder in derselben politischen Gemeinde bereits bestehenden und in das Handelsregister eingetragenen Firmen deutlich unterscheiden (§ 30 HBG).
Firmenzusätze, die Wahl eines anderen oder weiteren Vornamens oder der Zusatz jun. oder sen. dienen zur Unterscheidung des Geschäfts.
Die örtliche Begrenzung gilt nicht für Unternehmen, deren Bedeutung über den Ort hinausgeht. Sein Schutz kann sich auf das gesamte Inland beziehen.

- **Firmenbeständigkeit**
Die bisherige Firma kann fortgeführt werden
  - bei Änderung des in der Firma enthaltenen Namens des Geschäftsinhabers oder eines Gesellschafters, d. h. ohne eine Änderung der Person, z. B. bei Heirat oder Adoption (§ 21 HGB).
  - beim Erwerb eines bestehenden Handelsgeschäfts (z. B. Kauf, Erbschaft, Schenkung), und zwar mit oder ohne der Beifügung eines Zusatzes, der das Nachfolgeverhältnis andeutet (§ 22 HGB).
  - bei Änderung des Gesellschafterbestands, auch wenn sie den Namen des bisherigen Geschäftsinhabers oder Namen von Gesellschaftern enthält (§ 24 HGB).
  In den beiden letztgenannten Fällen ist die ausdrückliche Einwilligung des bisherigen Geschäftsinhabers, des Gesellschafters oder deren Erben notwendig.

- **Firmenübertragbarkeit**
Dieser Grundsatz besagt, dass eine Firma nur mit dem dazugehörigen Handelsgeschäft verkauft werden kann (§ 23 HGB).

Handelsrechtliche Angaben

- Bei **Personenfirmen** besteht der Firmenname aus einem oder mehreren bürgerlichen Namen.

- Bei einer **Sachfirma** ist der Firmenname aus dem Gegenstand des Unternehmens abgeleitet.

- Die **gemischte Firma** beinhaltet neben dem Personennamen den Gegenstand des Unternehmens.

- Die **Fantasiefirma** kann aus Abkürzungen oder Firmenzeichen entstehen.

7 Unterscheiden Sie zwischen Personen-, Sach-, gemischter und Fantasiefirma.

Herr Schröder haftet für alle betrieblichen Verbindlichkeiten des früheren Inhabers (§§ 25 und 26 HGB). Der alte Inhaber hat für seine Verbindlichkeiten noch fünf Jahre aufzukommen (§ 26 HGB).

Möchte Herr Schröder seine Haftung gegenüber einem Dritten (Gläubiger bzw. Schuldner) ausschließen, muss er das in das Handelsregister eintragen lassen und bekannt machen oder es dem Dritten mitteilen (§ 25 Abs. 2 HGB).

8 Herr Schröder erwirbt ein Großhandelsunternehmen, das er unter der bisherigen Firma weiterführt.

Wie ist die Haftung für die alten Verbindlichkeiten gesetzlich geregelt?

Bei einem **Wechsel des Inhabers** kann gemäß des Firmengrundsatzes der Beständigkeit die bisherige Firma beibehalten werden.

9 Warum kann aus dem Firmennamen allein nicht ohne Weiteres auf den dahinterstehenden Inhaber geschlossen werden?

Für den Kaufmann besteht die Pflicht, auf seinen **Geschäftsbriefen**

- die Firma einschließlich des Zusatzes über die Kaufmannseigenschaft,
- den Ort seiner Handelsniederlassung,
- das Registergericht und
- die Nummer, unter der die Firma in das Handelsregister eingetragen ist,

anzugeben.

Bei Aktiengesellschaften sind weiterhin alle Vorstandsmitglieder und der Vorsitzende des Aufsichtsrates mit dem Familiennamen und mindestens einem ausgeschriebenen Vornamen anzugeben. Die gleichen Bestimmungen gelten für die GmbH bezogen auf ihre Geschäftsführer und den Aufsichtsratsvorsitzenden, sofern die Gesellschaft einen Aufsichtsrat gebildet hat.

10 Nennen Sie die handelsrechtlichen Angaben, die ein Kaufmann pflichtgemäß auf Geschäftsbriefen und Bestellscheinen angeben muss.

Rechtliche Rahmenbedingungen des Wirtschaftens

3.1.3 Handelsregister

11. Was verstehen Sie unter einem Handelsregister?

Das **Handelsregister** ist ein amtliches Verzeichnis aller Kaufleute eines Amtsgerichtsbezirks. Es wird beim zuständigen Amtsgericht (Registergericht) geführt.

12. Erläutern Sie den Aufbau und nennen Sie die Inhalte der Eintragungen des Handelsregisters.

Das **Handelsregister** besteht aus den Abteilungen A (Abkürzung HRA) und B (Abkürzung HRB).
Während in der Abteilung A die Einzelkaufleute und Personengesellschaften (OHG, KG) geführt werden, nimmt die Abteilung B Kapitalgesellschaften (AG, GmbH, KGaA) auf.

Inhalt der Eintragungen:
- Firma
- Name des Inhabers bzw. des persönlich haftenden Gesellschafters, des Geschäftsführers oder des Vorstands
- Rechtsform der Firma
- Unternehmenszweck (Gegenstand des Unternehmens)
- Geschäftssitz (Ort der Niederlassung)
- Zweigniederlassungen
- Höhe der Einlagen, des Grund- oder Stammkapitals
- Erteilung und Erlöschung einer Prokura
- Insolvenzverfahren, Vergleich, Liquidation

13. Wann muss die Firma oder eine Firmenänderung zur Eintragung in das Handelsregister angemeldet werden?

Jede Anmeldung zur Eintragung in das Handelsregister muss **unverzüglich** erfolgen.

14. Wie müssen die Eintragungen in das Handelsregister erfolgen?

Anmeldungen über Neueintragungen, Veränderungen und Löschungen müssen elektronisch in öffentlich beglaubigter Form (Notar, Gericht) erfolgen. Das zum Handelsregister einzureichende Dokument kann in jeder Amtssprache eines Mitglieds der Europäischen Union übermittelt werden.

15. Welche Bestimmungen bestehen hinsichtlich der Veröffentlichung von Handelsregistereintragungen?

Die öffentliche Bekanntmachung über Registrierungen erfolgen über das bundesweite Portal www.justiz.de.

Rechtmäßiger Besitz einer Sache

Zweck des Handelsregisters ist es,
- die Firma des Kaufmanns zu schützen.
- die Allgemeinheit, insbesondere aber den Geschäftspartnern, die Möglichkeit zu geben, sich über die kaufmännischen Verhältnisse eines Kaufmanns zuverlässig zu informieren (Gläubigerschutz).

Das Handelsregister steht daher jedermann zur Einsicht offen (inkl. Abschriften oder Ablichtungen).

16 Welchen Zweck erfüllt das Handelsregister?

Bei den **Eintragungen in das Handelsregister** gilt es, zwischen zwei rechtlichen Folgewirkungen zu unterscheiden:

- die **konstitutive** (= rechtsbegründende oder rechtserzeugende) Wirkung. In solch einem Fall ist die Eintragung notwendig, damit eine bestimmte Rechtslage überhaupt entsteht (z. B. Form- und Kannkaufleute);

- die **deklaratorische** (= rechtsbezeugende) Wirkung. Der Rechtsvorgang ist dabei **ohne** die Eintragung wirksam, die Eintragung bestätigt ihn lediglich (z. B. Erteilung und Widerruf der Prokura; Kaufmannseigenschaft bei Vorliegen bestimmter Voraussetzungen).

17 Welche rechtlichen Wirkungen haben die einzelnen Eintragungen ins Handelsregister?

- **Besitz** ist die tatsächliche Herrschaft über eine Sache (Besitzer ist, wer eine Sache augenblicklich hat),

- während **Eigentum** durch die rechtliche Herrschaft gekennzeichnet ist (Eigentümer ist der, dem die Sache gehört).

18 Wodurch unterscheiden sich Besitz und Eigentum?

Eigentum verschafft **Rechte** wie:
- verkaufen
- vermieten
- verleihen
- verändern
- vernichten
- staatlichen Schutz (Strafe bei Diebstahl)

19 Welche Rechte hat der/die Eigentümer/-in an einer Sache?

Der **rechtmäßige Besitz** einer Sache **endet**
- durch freiwillige Aufgabe,
- durch den Verlust der Sache.

20 Wodurch endet der rechtmäßige Besitz einer Sache?

271

Rechtliche Rahmenbedingungen des Wirtschaftens

3.1.4 Vertragsfreiheit

21 Was bedeutet Vertragsfreiheit?

Vertragsfreiheit bedeutet:
- Freiheit eine Willenserklärung abzugeben oder nicht (**Abschlussfreiheit**)
- Freiheit bei der Wahl der Vertragsform (**Formfreiheit**), d. h. mündlich, schriftlich, fernmündlich oder durch bloßes Handeln. Bis auf einige Ausnahmen wird keine durch Gesetz bestimmte Form vorgeschrieben.
- Freiheit bei der Gestaltung des Vertragsinhaltes (**Gestaltungs- oder Inhaltsfreiheit**): Zwischen den Vertragspartnern dürfen die Inhalte der Rechtsgeschäfte frei vereinbart werden. Lediglich wenn keine besonderen Abmachungen getroffen wurden, gilt die gesetzliche Regelung.

22 Zeigen Sie die Grenzen der Vertragsfreiheit auf.

Das **Prinzip der Vertragsfreiheit** gilt dann nicht, wenn
- Abschlusszwang (= Kontrahierungszwang) besteht, z. B. bei Energieversorgungsunternehmen, Betreibern von Telekommunikationsnetzen und öffentlichen Verkehrsunternehmen. Sie sind verpflichtet, Verträge mit dem Antragsteller zu schließen;
- ein wirtschaftlich schwächerer Vertragspartner durch besondere Formvorschriften geschützt werden soll.

Das Gesetz kennt folgende Formvorschriften:
- **schriftliche Form,** die für bestimmte Verträge und Erklärungen anzuwenden ist, wie z. B. bei Miet- und Pachtverträgen, Ausbildungsverträgen oder handschriftlichen Testamenten;
- **elektronische Form,** um die Möglichkeit zu schaffen, Rechtsgeschäfte, bei denen die Form beachtet werden muss, im Internet abwickeln zu können;
- **Textform,** bei der es häufig um Informations- und Dokumentationsaufforderungen geht. Schreibt das Gesetz die Textform vor, muss die Erklärung
  - in einer Urkunde oder
  - auf andere zur dauerhaften Wiedergabe in Schriftzeichen geeigneten Weise abgegeben werden, z. B. Festplatte, CD-ROM oder DVD.
- **öffentliche Beglaubigung,** bei der die Echtheit der Unterschrift des Ausstellers unter die schriftliche Erklärung von einem Notar beglaubigt wird, wie z. B. bei Handelsregistereintragungen oder Gehaltsabrechnungen;
- **notarielle Beurkundung,** wobei z. B. der Notar durch seine Unterschrift den Wahrheitsgehalt der Unterschrift(en) **und** den gesamten protokollierten Vorgang beurkundet, wie z. B. bei Grundstückskäufen oder Eheverträgen.

Wird die **gesetzlich vorgeschriebene Form** nicht beachtet, ist das Rechtsgeschäft nichtig.

Darüber hinaus ist die Vertragsfreiheit für den gesamten Bereich des **Verbrauchsgüterkaufs** weitgehend außer Kraft gesetzt. Das bedeutet, dass fast sämtliche den Käufer bevorzugenden Regelungen vertraglich nicht geändert werden dürfen. Das gilt insbesondere für
- die Wahlfreiheit des Käufers bei Mängelrechten,
- die Beweislastumkehr innerhalb der ersten 6 Monate und
- die Verjährungsfrist von 2 Jahren für Mängel der Kaufsache.

Antrag und Annahme

Vereinbarungen sind unwirksam, mit denen versucht wird, den Käufer auf eine bestimmte Form des Nacherfüllungsrechts zu begrenzen oder den Rücktritt vom Vertrag oder die Minderung von zusätzlichen Bedingungen abhängig zu machen, die das Gesetz nicht vorsieht.

3.1.5 Rechtsgeschäfte

Äußerungen oder Handlungen einer oder mehrerer Personen, um eine **bestimmte rechtliche Wirkung** zu erzielen. Rechtsgeschäfte regeln also die rechtlichen Beziehungen von Personen.

23 Was sind Rechtsgeschäfte?

Bei einseitigen Rechtsgeschäften reicht die **Willenserklärung einer Person** aus, um Rechtsfolgen zu erreichen.

24 Erläutern Sie einseitige Rechtsgeschäfte.

Bei einseitigen, empfangsbedürftigen Rechtsgeschäften müssen die **Willenserklärungen dem Empfänger zugegangen** sein, um wirksam zu sein. Beispiele sind Kündigungen oder Mahnungen.
Bei einseitigen, nicht empfangsbedürftigen Rechtsgeschäften werden die **Willenserklärungen wie beim Testament** unmittelbar wirksam.

25 Unterscheiden Sie einseitige, empfangsbedürftige von einseitigen, nicht empfangsbedürftigen Rechtsgeschäften.

Bei zweiseitigen Rechtsgeschäften geben **mindestens zwei Personen** Willenserklärungen ab, die inhaltlich übereinstimmen müssen. Jeder Vertrag ist also ein zweiseitiges Rechtsgeschäft.

26 Was sind zweiseitige Rechtsgeschäfte?

Verträge kommen durch die **Abgabe von mindestens zwei übereinstimmenden Willenserklärungen** zustande.

27 Wodurch kommen Verträge zustande?

Die **erste Willenserklärung** wird als **Antrag**, die **zweite Willenserklärung** als **Annahme** bezeichnet. Der Antrag auf Abschluss des Vertrags kann von beiden Vertragspartnern ausgehen.
Mit der Annahme des Antrags ist der Vertrag abgeschlossen.

28 Was versteht man unter Antrag, was unter Annahme beim Abschluss eines Kaufvertrags?

WiSo Rechtliche Rahmenbedingungen des Wirtschaftens

29 Auf welche Weise können Verträge abgeschlossen werden?

Verträge können abgeschlossen werden:
- mündlich,
- schriftlich,
- durch konkludentes (schlüssiges) Verhalten.

3.1.6 Kaufvertrag: Verpflichtungs- und Erfüllungsgeschäft

30 Wann spricht man von einem Verpflichtungsgeschäft?

Von einem **Verpflichtungsgeschäft** wird deshalb gesprochen, weil beim Zustandekommen eines Kaufvertrags durch Antrag und Annahme Verkäufer und Käufer bestimmte Verpflichtungen übernehmen.

- Der **Käufer** verpflichtet sich
  - die ordnungsgemäß gelieferte Ware abzunehmen und
  - rechtzeitig zu bezahlen.
- Der **Verkäufer** verpflichtet sich
  - rechtzeitig zu liefern,
  - dem Käufer das Eigentum an der Ware zu verschaffen,
  - die Ware frei von Sach- und Rechtsmängeln zu übergeben.

Dabei ist ein Sachmangel abhängig von der Beschaffenheit der Sache zum Zeitpunkt des Gefahrenübergangs. Frei von Rechtsmängeln bedeutet, dass die Sache frei von Rechten Dritter sein muss; wenn Dritte also in Bezug auf die Sache keine oder nur die im Kaufvertrag übernommenen Rechte gegen den Käufer geltend machen können.

31 Was ist ein Erfüllungsgeschäft?

Verkäufer und Käufer müssen ihre Pflichten aus dem Kaufvertrag (siehe Verpflichtungsgeschäft) erfüllen. Das **Erfüllungsgeschäft** ist daher dadurch gekennzeichnet, dass

- der Verkäufer die Ware frei von Sach- und Rechtsmängeln an den Käufer rechtzeitig am vereinbarten Ort übergeben hat,
- die Ware in das Eigentum des Käufers übergegangen ist,
- der Käufer die Ware abgenommen hat und den vereinbarten Kaufpreis rechtzeitig bezahlt hat.

Die Erfüllung der Pflichten aus dem Kaufvertrag ist rechtlich immer unabhängig vom eigentlichen Verpflichtungsgeschäft. Zeitlich können zwischen dem Abschluss (Verpflichtungsgeschäft) und der Erfüllung (Erfüllungsgeschäft) Wochen oder sogar Monate liegen.

3.1.7 Verträge des Wirtschaftslebens

32 Erläutern Sie den Kaufvertrag.

Beim Kaufvertrag geht es um den **entgeltlichen** Erwerb einer Sache oder eines Rechts: Der Verkäufer verpflichtet sich gegen Bezahlung, dem Käufer die Sache zu übergeben und ihm das **Eigentum** daran zu verschaffen. Der Käufer verpflichtet sich, die Sache zu bezahlen und beispielsweise die Ware anzunehmen.

Werkvertrag WiSo

Beim Mietvertrag handelt es sich um die **entgeltliche** Überlassung einer Sache zum Gebrauch: Der Vermieter verpflichtet sich, dem Mieter das Mietobjekt zum Gebrauch zu überlassen. Der Mieter ist verpflichtet, dem Vermieter das Entgelt, also den vereinbarten Mietzins, zu entrichten und die gemietete Sache – die nur in seinem **Besitz** ist – nach der Beendigung des Mietverhältnisses zurückzugeben.

33 Was ist ein Mietvertrag?

Der Pachtvertrag regelt die *entgeltliche* Überlassung einer Sache zum **Gebrauch** und zur „**Fruchtziehung**": Der Verpächter ist verpflichtet, dem Pächter die Pachtsache zum Gebrauch zu überlassen und außerdem ihm die Fruchtziehung aus der Pachtsache zu gestatten (Eine Gaststätte wird verpachtet: Der Gastwirt darf die Gaststätte nutzen und die Gewinne einnehmen). Der Pächter ist verpflichtet, den vereinbarten Pachtzins zu zahlen und die Pachtsache nach Vertragsende zurückzugeben.

34 Durch welche Besonderheit ist der Pachtvertrag gekennzeichnet?

Leihe ist die **unentgeltliche Gebrauchsüberlassung** einer Sache: Der Verleiher ist nach Abschluss eines Leihvertrags verpflichtet, dem Entleiher die Sache unentgeltlich zum Gebrauch zu überlassen.

35 Was ist ein Leihvertrag?

Der Darlehensvertrag regelt die Überlassung von Geld oder anderen vertretbaren Sachen mit dem Recht auf Rückerstattung des Empfangenen in Sachen von gleicher Art, Güte und Menge. Die Sachen werden nicht nur zum Gebrauch, sondern zum **Verbrauch** überlassen: Der Darlehensschuldner braucht nicht die genau gleichen Sachen zurückzugeben, sondern lediglich Sachen in der gleichen Menge und der gleichen Beschaffenheit. Manchmal kann er per Vertrag verpflichtet werden, Zinsen zu zahlen (Bankdarlehen). Der Darlehensgeber ist verpflichtet, dem Darlehensnehmer die im Darlehensvertrag geschuldete Sache zu übergeben.

36 Erläutern Sie den Darlehensvertrag.

Vertragsgegenstand des Dienstvertrags ist die **entgeltliche** Leistung von Diensten. Das können Arbeits- oder Dienstleistungen sein: Der Dienstberechtigte (z. B. ein Arbeitgeber) ist verpflichtet, die vereinbarte Vergütung (Lohn) zu zahlen. Der Dienstverpflichtete ist verpflichtet, die geschuldeten Arbeits- und Dienstleistungen zu erbringen. Im Vordergrund steht das Tätigwerden an sich, nicht aber die Erfolgsabhängigkeit der Tätigkeit.

37 Was ist ein Dienstvertrag?

Gegenstand des Werkvertrags ist die entgeltliche Herstellung eines „Werkes". Dieser Begriff ist weit gefasst. Dazu können gehören:

- die Anfertigung einer Sache (Schneidern eines Anzugs),
- die Veränderung einer Sache (Reparatur),
- die Erzielung eines Erfolgs durch eine Dienstleistung oder durch Arbeit (Taxifahrer soll Kunden zum Flughafen bringen).

Beim Werkvertrag verpflichtet sich der Unternehmer, das Werk herzustellen. Im Vordergrund steht daher die mit einem Erfolg verbundene Tätigkeit.
Der Besteller verpflichtet sich, das Werk zu bezahlen.

38 Erläutern Sie das Wesen eines Werkvertrags.

275

Rechtliche Rahmenbedingungen des Wirtschaftens

3.1.8 Mangelhafte Lieferung (Schlechtleistung)

39 Wann spricht man von einem Sachmangel?

Ein Sachmangel liegt vor, wenn die Sache zum Zeitpunkt des Gefahrenübergangs (Übergabe) mit Fehlern behaftet ist.

40 Unterscheiden Sie Mängel nach ihrer Art.

- **Die Ware entspricht nicht der Beschaffenheit:** Die **tatsächliche** Beschaffenheit weicht von der **vereinbarten** Beschaffenheit ab.

- **Die Ware entspricht nicht der Werbeaussage:** Der Ware fehlen Eigenschaften, die der Käufer **aufgrund von Werbeaussagen** erwarten kann. Äußerungen in der Werbung, die beim Kunden entsprechende Erwartungen wecken, binden das werbende Unternehmen.

- **Die Kennzeichnung auf der Verpackung oder auf der Ware selbst weicht von den tatsächlich vorhandenen Eigenschaften ab.**

- **Montagefehler des Verkäufers:** Ein Sachmangel liegt auch bei **unsachgemäßer Montage** durch den Verkäufer oder seinen Monteur vor, selbst wenn die Kaufsache ursprünglich mangelfrei war (**Montagefehler = Sachmangel**). Voraussetzung ist allerdings, dass der Verkäufer zur Montage verpflichtet war.

- **Fehlerhafte Montageanleitung:** Eine fehlerhafte Montageanleitung führt dazu, dass eine verkaufte Sache nicht fehlerfrei montiert werden kann, vorausgesetzt, der Kunde besitzt keine eigenen Sachkenntnisse (§ 434 Abs. 2 BGB; sog **IKEA-Klausel**).

- **Falsch- und Minderlieferungen:**
  - Falschlieferung (=Artmangel): Beim Gattungskauf wird eine andere Gattung geliefert; beim Stückkauf wird nicht das bestellte Stück geliefert.
  - Minder- oder Zuweniglieferung (= Quantitätsmangel): Eine Warensendung enthält weniger Stück oder eine geringere Menge als die vereinbarte. Oder die Ware weist zu geringe Abmessungen auf.

Mangel

Nach ihrer Erkennbarkeit werden Mängel unterschieden in:

- **offene Mängel:** Sie sind sofort erkennbar, z. B. eine beschädigte Oberfläche.

- **versteckte Mängel:** Sie sind nicht erkennbar, sondern stellen sich erst später heraus, z. B. verdorbene Konserven, Materialfehler bei einem Gerät, defekte CD-ROMs, DVDs

- **arglistig verschwiegene Mängel:** Das sind versteckte (verdeckte) Mängel, die der Verkäufer absichtlich verheimlicht hat, um sich einen Vorteil zu verschaffen

41 Welche Mängel nach der Erkennbarkeit sind Ihnen bekannt?

Ein Rechtsmangel liegt vor, wenn Dritte an der gelieferten Sache Rechte gegen den Käufer geltend machen können. Beispiel: Bei einer als Original verkauften Musik-CD handelt es sich um eine Raubkopie.

42 Was verstehen Sie unter einem Rechtsmangel?

Sachmängel und Rechtsmängel werden nicht unterschieden. Die Rechtsfolgen sind die gleichen.

43 Wie werden Sachmängel und Rechtsmängel unterschiedlich behandelt?

Ist mangelhafte Ware angeliefert worden, muss beim zweiseitigen Handelskauf der Käufer den Verkäufer über die vorgefundenen Warenmängel **unverzüglich informieren.**

Diese Mitteilung der Mängelrüge ist formfrei, d. h., sie kann telefonisch oder schriftlich erfolgen. Es genügt die rechtzeitige Absendung der Rüge durch ein zuverlässiges Beförderungsmittel.
Die **Beweislast** für den Zugang und die Verlustgefahr liegt **beim Käufer.**

44 Was verstehen Sie unter einer Mängelrüge?

- Beim **Distanzkauf** muss der Käufer die mangelhafte Ware auf Kosten des Verkäufers aufbewahren, bis er ihm mitteilt, wie er weiterhin mit ihr verfahren will.

- Bei **Platzkauf** kann der Käufer die Annahme der mangelhaften Ware verweigern bzw. die beanstandete Ware sofort zurückschicken.

- Bei verderblicher Ware kann der Käufer die mangelhafte Ware öffentlich versteigern lassen oder – falls sie einen Markt- oder Börsenpreis hat – sie durch einen öffentlich ermächtigten Handelsmakler verkaufen lassen (= Notverkauf).

45 Was geschieht beim zweiseitigen Handelskauf mit der Warer, nachdem der Mangel festgestellt wurde?

277

WiSo

Rechtliche Rahmenbedingungen des Wirtschaftens

46 Welche Reklamationsfristen müssen bei der Lieferung mangelhafter Ware beachtet werden?

Der Käufer muss bestimmte Reklamationsfristen einhalten. Sie sind beim Verbrauchsgüterkauf und zweiseitigen Handelskauf unterschiedlich.

Art des Kaufs (Vertragspartner) Reklamationsfristen bei	zweiseitiger Handelskauf: Käufer und Verkäufer sind Kaufleute (für beide Seiten ist das Geschäft ein Handelsgeschäft)	einseitiger Handelskauf: (bei beweglichen Gütern: Verbrauchsgüterkauf): Käufer handelt als Privatperson und Verkäufer als Unternehmer (nur für eine Seite ist das Geschäft ein Handelsgeschäft)
offenen Mängeln	unverzüglich (= ohne schuldhaftes Verzögern) nach Erhalt und Entdeckung des Schadens bei der Eingangsprüfung, § 377 Abs. 1 HGB	• keine unverzügliche Prüfung der gelieferten Ware nötig • bei **neuen Sachen** innerhalb von **2 Jahren** nach Ablieferung (gesetzliche Gewährleistungsfrist) • bei **gebrauchten Sachen** haftet der Verkäufer innerhalb der Frist für Sachmängelhaftung von einem Jahr (§ 475 BGB)
versteckten (verdeckten) Mängeln	unverzüglich nach **Entdeckung**, jedoch spätestens innerhalb der Frist für Sachmängelhaftung (gem. BGB 2 Jahre); eine Frist für Sachmängelhaftung kann generell ausgeschlossen werden; § 377 Abs. 2 und 3 HGB	
arglistig verschwiegenen Mängeln	– innerhalb von 3 Jahren, beginnend am 1. Januar des Jahres nach der Entdeckung (§ 195 BGB) –	

47 Welche Rechte hat der Käufer bei Sachmängeln nach BGB?

Der Käufer kann, vorausgesetzt, er hat den Mangel rechtzeitig gemeldet, folgende gesetzlichen **Gewährleistungsrechte** in Anspruch nehmen:

- **vorrangig** besteht der Anspruch auf **Nacherfüllung.** Als Nacherfüllung kann der Käufer wahlweise verlangen
  - **Nachbesserung** (Beseitigung des Mangels), z. B. Reparatur. Das ist sowohl bei Gattungs- als auch bei Stückwaren möglich. Eine Nachbesserung gilt als fehlgeschlagen, wenn der **zweite Nachbesserungsversuch** erfolglos war. Der Käufer kann in diesem Fall neue (fehlerfreie) Ware verlangen.
  - **Ersatz(Neu-)lieferung** (Lieferung einer mangelfreien Sache). Das ist nur bei Gattungswaren möglich.

- Weitere Rechte kann der Käufer geltend machen, wenn eine von ihm gesetzte angemessene Nachfrist zur Nacherfüllung verstrichen ist. Er kann dann auf die folgenden **nachrangigen** Rechte zurückgreifen:
  - **Rücktritt** vom Kaufvertrag. Der Vertrag wird damit rückgängig gemacht, und zwar unter Rückabwicklung der jeweils empfangenen Leistungen. Durch den Rücktritt wird das Recht auf Schadensersatz bzw. Aufwendungsersatz nicht ausgeschlossen. Das Rücktrittsrecht besteht immer und ist unabhängig vom Verschulden.
  - **Minderung:** angemessene Herabsetzung des Kaufpreises verlangen (Preisnachlass) und die Ware behalten. Bei der Minderung bleibt – anders als beim Rücktritt – der Kaufvertrag bestehen und wird abgewickelt.

Garantie und Gewährleistung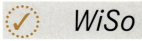

- **Schadensersatz** (wegen Nichterfüllung). Der Käufer hat bei mangelhafter Lieferung einen Anspruch auf Schadensersatz, der entweder neben Rücktritt oder Minderung geltend gemacht werden kann.

- Hat er „**statt der Leistung**" Schadensersatz verlangt, so ist allerdings der Anspruch auf die Lieferung der Ware ausgeschlossen.

Systematisch lassen sich folgende Schadensersatzansprüche unterscheiden:

- **Schadensersatz wegen des eigentlichen Mangels,** d. h. Ersatz des Schadens, der im Mangel der Sache selbst eingetreten ist:
  - **Mangelschaden (kleiner Schadensersatz; Schadensersatz neben der Leistung):** Der Anspruch ist in der Regel auf **Ersatz der Kosten** gerichtet, die erforderlich sind, um den Mangel zu beseitigen. Der Käufer behält die mangelhafte Ware. **Schadensersatz neben der Leistung** kann verlangt werden im Zusammenhang mit der Minderung oder mit der schuldhaften Verzögerung der Nacherfüllung.
  - **Schadensersatz statt der Leistung (großer Schadensersatz):** Bei einer Teilleistung des Schuldners kann der Gläubiger Schadensersatz statt der Leistung verlangen, wenn er an der Teilleistung kein Interesse hat. Es handelt sich um einen Schadensersatzanspruch, der **an die Stelle der ursprünglichen Primärleistung** tritt. Der Käufer gibt die mangelhafte Sache zurück. Anstelle des Schadensersatzes kann der Käufer den Ersatz der Aufwendungen verlangen, die ihm im Zusammenhang mit der erwarteten mangelfreien Warenlieferung entstanden sind. Hierunter fallen auch Vertragskosten.

- **Schadensersatz wegen Unmöglichkeit des Nacherfüllungsanspruchs:** Der Mangel ist nicht behebbar.

48 Welche Schadensersatzansprüche sind Ihnen bekannt?

Verkürzungen der gesetzlichen Gewährleistungspflicht von 2 Jahren sind beim Verbrauchsgüterkauf nicht möglich und damit unwirksam. Bei gebrauchten Sachen kann die Gewährleistungsfrist auf ein Jahr verkürzt werden.

49 Wie ist die in den Garantie- und Gewährleistungsbedingungen eines Händlers formulierte Klausel „... gewähren wir Ihnen eine Garantie von 6 Monaten" im Rahmen eines Verbrauchsgüterkaufs rechtlich zu beurteilen?

WiSo

Rechtliche Rahmenbedingungen des Wirtschaftens

50 Von welchem Käuferrecht würden Sie in den folgenden Fällen Gebrauch machen? Begründen Sie Ihre Antwort.

(Anm.: Die Nacherfüllung ist den Fällen, wo sie gesetzlich vorgeschrieben ist, bereits gescheitert!)

a) Ein Mikrowellenherd hat sichtbare Kratzer an der Gehäusewand.

b) Es wird Blumenkohl der Handelsklasse II statt der Handelsklasse I geliefert.

c) Eine Sendung von 50 dunklen Herrenhemden zeigt leichte Verfärbungen am Saum.

d) Es werden nicht 20 Kühlschränke „De Luxe" Nr. 435E, sondern „De Luxe", Ausführung 435C, geliefert.

a) Minderung und Schadensersatz oder Aufwendungsersatz, da der Mikrowellenherd in seiner eigentlichen Funktion nicht beeinträchtigt wurde.

b) Neulieferung, da (in diesem Fall unterstellt) erfahrungsgemäß der Blumenkohl der Klasse II an unsere Kundschaft nicht zu verkaufen ist.

c) Minderung und (z. B.) Aufwendungsersatz, da die Hemden trotz des offensichtlichen, aber geringen Mangels mit Gewinn zu verkaufen sind.

d) Rücktritt vom Vertrag und Schadensersatz, weil die Kühlschränke De Luxe 435E zwischenzeitlich von einem anderen Lieferer zu einem günstigeren Bezugspreis bezogen werden können.

Ersatz für vergebliche Aufwendungen

 WiSo

a) Grundsätzlich muss er sich zunächst im Rahmen der Nacherfüllung für Nachbesserung oder Neulieferung entscheiden.
Im Fall der Schrankwand wird er Neulieferung verlangen.
Im Fall des Spiegels wäre Minderung, eventuell Nachbesserung denkbar.

Ist die Nacherfüllung gescheitert, weil
- die dem Zimmermann zur Nacherfüllung gesetzte Frist erfolglos abgelaufen ist oder
- sie unmöglich oder unverhältnismäßig ist,

hat er ein Recht auf
- Schadensersatz und/oder
- Minderung oder
- Rücktritt.

b) Es liegt ein Verbrauchsgüterkauf vor. Demzufolge besteht für die Reklamation eine Frist von 2 Jahren.

Immer, wenn man *Schadensersatz statt der Leistung* fordern könnte.

51 Herr Franke erhält am 17. November die von ihm beim Zimmermann Mühlenbein bestellte Schrankwand, speziell nach den Maßen seines Schlafzimmers angefertigt. Als ein Geselle das Möbelstück aufstellt, stellt er fest, dass
– die Schrankwand 12 cm zu kurz und
– der dazugehörige Einbauspiegel leicht zerkratzt ist.

a) Welche Rechte kann Herr Franke in Anspruch nehmen?
b) Wann muss Herr Franke reklamieren, damit er seine gesetzlichen Gewährleistungsrechte nicht verliert?

52 Wann kann man Ersatz für vergebliche Aufwendungen verlangen?

WiSo Rechtliche Rahmenbedingungen des Wirtschaftens

53 Was passiert, wenn eine Sache, die zurückgewährt werden muss, zuvor zerstört wird?

Dann muss Wertersatz geleistet werden (§ 346 Abs. 2 BGB).

54 Welches Gewährleistungsrecht ist im Fall mangelhafter Lieferung vorrangig?

Die Nacherfüllung in Form der Mängelbeseitigung oder der Lieferung einer mangelfreien Sache (nur bei Gattungsware möglich). Alle anderen Rechte setzen grundsätzlich eine Fristsetzung voraus.

55 Wann liegt ein Sachmangel vor?

Man spricht von einem Sachmangel, wenn die vereinbarte Beschaffenheit der Kaufsache von der tatsächlichen abweicht.

56 Was verstehen Sie unter der „Ikea-Klausel"?

Ein Sachmangel ist auch eine fehlerhafte Montageanleitung (§ 434 Abs. 2 Satz 2 BGB).

57 Kann auch bei unerheblichen Mängeln Minderung oder/und Rücktritt verlangt werden?

Für unerhebliche Mängel gilt: Minderung ja, Rücktritt nein!
Darüber hinaus gilt: Rücktritt und Minderung schließen sich aus, d. h., sie können im Fall eines erheblichen Mangels nur alternativ geltend gemacht werden.

58 Wann geht beim Versendungskauf die Gefahr auf den Verbraucher über?

Mit Übergabe der Sache, nicht bereits mit der Versendung.

59 Erklären Sie, was Sie im Rahmen des Verbrauchsgüterkaufs unter „Beweislastumkehr" verstehen.

Für den Verbrauchsgüterkauf gilt beim Vorliegen eines Sachmangels, der im Lauf der **ersten 6 Monate seit Gefahrübergang** (meist Übergabe der Ware) aufgetreten ist, die Beweislastumkehr.

Danach wird zugunsten des Käufers gesetzlich vermutet, dass die Sache bereits bei Gefahrübergang mangelhaft war.

Lieferungsverzug

Unter einer Garantie (Beschaffenheits- und/oder Haltbarkeitsgarantie) wird verstanden, dass

- der Garantiegeber dem Begünstigten
- einen Anspruch einräumt,
- der **über die gesetzlichen Rechte hinausgeht.**

(Garantie = Freiwillige Zusatzleistung des Verkäufers!)

60 Was verstehen Sie unter einer Garantie?

Eine Garantieerklärung muss einfach und verständlich formuliert sein. Sie muss im Rahmen von Verbrauchsgüterkäufen enthalten:

- den Hinweis auf die gesetzlichen Rechte des Verbrauchers sowie darauf, dass sie durch die Garantie nicht eingeschränkt werden, und
- den Inhalt der Garantie und
- alle wesentlichen Angaben, die für die Geltendmachung der Garantie erforderlich sind, insbesondere Dauer und den räumlichen Geltungsbereich des Garantieschutzes sowie Namen und Anschrift des Garantiegebers.

Darüber hinaus kann der Verbraucher verlangen, dass ihm die Garantie schriftlich oder auf einem anderen dauerhaften Datenträger zur Verfügung gestellt wird. (Diese Sonderregelungen für Garantien finden zwischen Unternehmern keine Anwendung.)

61 Welche Bestimmungen gibt es hinsichtlich Garantien gegenüber Verbrauchern (Verbrauchsgüterkauf)?

3.1.9 Lieferungsverzug (Nicht-Rechtzeitig-Lieferung)

Mit Abschluss des Kaufvertrags verpflichtet sich der Verkäufer, die bestellte Ware zur rechten Zeit am richtigen Ort zu übergeben. Liefert er nicht rechtzeitig, kann er sich im Lieferungsverzug befinden. Für den Eintritt des Lieferungsverzugs sind bestimmte Voraussetzungen gesetzlich festgelegt:

- Nichtleistung (-lieferung); die Nachholung der Lieferung ist aber möglich
- Fälligkeit der Lieferung = Zeitpunkt, von dem ab der Gläubiger die Lieferung verlangen kann
- Mahnung durch den Käufer, wenn Liefertermin kalendermäßig nicht genau bestimmt bzw. bestimmbar ist. Entbehrlich bei Fixgeschäften, Leistungsverweigerung und Zweckkäufen.
- Verschulden des Verkäufers. Verzug ohne Verschulden
  - bei Gattungsware,
  - bei Rücktritt vom Vertrag,
  - beim Fixkauf.

62 Was sind die Voraussetzungen für den Eintritt des Lieferungsverzugs?

283

WiSo

Rechtliche Rahmenbedingungen des Wirtschaftens

63 **Wann ist eine Lieferung fällig?**

Steht der Liefertermin (Leistungszeit) **kalendermäßig genau** fest oder ist er **kalendermäßig genau bestimmbar** (= Vereinbarung eines genau bestimmten Zeitpunkts oder eines begrenzten Zeitraums), kommt der Verkäufer mit **Ablauf dieses Termins automatisch in Lieferungsverzug**.
Beispiel: Lieferung am 6. Juni

Lieferung 21 Tage ab heute	Termin-
Lieferung im September	geschäfte
Lieferung Anfang Januar	
Lieferung zwischen 2. und 15. März	oder:
Lieferung bis spätestens 24. Februar	
Lieferung 14. Juli fest	Fixge-
Lieferung bis 9. November fix	geschäfte

Formulierungen wie *exakt, genau* oder *prompt* weisen auf ein Fixgeschäft hin. Wird der Liefertermin (Leistungszeit) **kalendermäßig nicht genau** festgelegt, so muss der Käufer die Lieferung beim Verkäufer **anmahnen.** Erst wenn er die Ware nochmals ausdrücklich verlangt, gerät der Verkäufer in Lieferungsverzug. Die Mahnung ist formfrei, sie kann also auch mündlich erfolgen.
Beispiele: Lieferung ab Anfang Januar, Lieferung sofort, lieferbar ab Oktober, frühestens am 28. September.
Die Mahnung ist nicht notwendig, wenn der Verkäufer nicht liefern will oder liefern kann, weil er z. B. die für die Ausführung der Bestellung erforderlichen Materialien nicht rechtzeitig erhalten hat. Mit seiner Weigerung setzt er sich selbst in Verzug (→ **Selbstinverzugsetzung**).

64 **Wann kann von einem Verschulden des Verkäufers gesprochen werden?**

- Ein Verschulden liegt immer dann vor, wenn der Verkäufer **fahrlässig** oder **vorsätzlich** handelt. Fahrlässig handelt, wer die im Verkehr erforderliche Sorgfalt außer Acht lässt.

- Ist die verspätete Lieferung auf höhere Gewalt zurückzuführen (z. B. Brand, Sturm oder Streik), kommt der Verkäufer nicht in Lieferungsverzug, da er unschuldig ist.

65 **Wie ist die Haftung des Verkäufers beim Lieferungsverzug gesetzlich geregelt?**

Befindet sich der Verkäufer bereits im Lieferungsverzug, so haftet er auch für Schäden, die auf höhere Gewalt zurückzuführen sind (= **Haftungserweiterung**).

66 **Welche Rechte besitzt der Käufer im Fall des Lieferungsverzugs?**

Liegen die Voraussetzungen für den Eintritt des Lieferungsverzugs vor, so stehen dem Käufer folgende Rechte zu:

- **ohne Nachfrist:**
  - Auf die **Lieferung weiterhin bestehen** und – wenn nachweisbar –

- **Ersatz des Verzugsschadens** verlangen.

Pflicht zur Nachfristsetzung

- **nach erfolglosem Ablauf der Nachfrist:**
  - **Rücktritt** vom Vertrag (Verschulden ist nicht erforderlich) und – falls nachweisbar –
  - **Schadensersatz statt der Lieferung** (wegen Nichterfüllung).
  - Anstelle des Schadensersatzes statt der Lieferung ist der **Ersatz vergeblicher Aufwendungen,** die der Käufer im Vertrauen auf den pünktlichen Erhalt der Ware gemacht hat, möglich.
  - Der **Ersatz des Verzugsschadens** ist – nach erfolglos verstrichenem Termin zur Lieferung und Verschulden des Verkäufers – immer möglich.
  - **Ersatz des Verzugsschadens** (Schadensersatz neben der Lieferung) verlangen

Ein **Deckungskauf** liegt immer dann vor, wenn sich der Käufer eine dringend benötigte Ware von einem anderen Lieferer besorgt. Sind mit diesem Deckungskauf Mehrkosten für die Ware entstanden, so hat sie zuzüglich weiterer Kosten für z. B. Telefonate und Transport der sich in Lieferungsverzug befindende Verkäufer zu tragen.

67 Was verstehen Sie unter einem Deckungskauf?

Die Nachfristsetzung ist nicht erforderlich (§ 281 Abs. 2 BGB)

- wenn der Schuldner die Leistung ernsthaft und endgültig verweigert **(Selbstinverzugsetzung = Lieferungsverweigerung).**
- beim **Fixkauf** (als Handelskauf gem. § 376 HGB): Mit der Einhaltung des festgelegten Termins steht oder fällt der Vertrag, der Gläubiger hat bei Terminüberschreitung kein Interesse mehr an der Lieferung.
- beim **Zweckkauf:** Ein Zweckkauf liegt vor, wenn eine Ware für einen ganz bestimmten Zweck bestellt wurde, z. B. ein schwarzer Anzug anlässlich einer Hochzeit. Kommt die Ware erst nach der Feier, hat sie ihren Zweck verfehlt, sie ist für den Käufer uninteressant geworden.
  Der Verkäufer gerät sowohl beim **Fix- als auch beim Zweckkauf** mit dem Überschreiten des vereinbarten Liefertermins automatisch in Verzug, auch wenn kein Verschulden vorliegt. Der Käufer kann
  - ohne Mahnung vom Vertrag zurücktreten,
  - auf Lieferung bestehen, muss das aber dem Verkäufer **unverzüglich (sofort nach dem Stichtag)** mitteilen,
  - Schadensersatz wegen Nichterfüllung (statt der Lieferung) verlangen. Dann ist aber das Verschulden des Verkäufers Voraussetzung.
- wenn **besondere Umstände** vorliegen, die den sofortigen Rücktritt bzw. die sofortige Geltendmachung des Schadensersatzanspruchs auch ohne vorherige Fristsetzung rechtfertigen; das ist z. B. bei Just-in-time-Geschäften gegeben.

Nachfristsetzung ist beim Rücktritt und beim Schadensersatz statt der Lieferung immer notwendig, auch wenn der Liefertermin genau bestimmbar ist.

68 Wann entfällt für den Käufer die Pflicht zur Nachfristsetzung?

WiSo

Marketing: Warenverkauf ab Lager

69 Nennen Sie die verschiedenen Möglichkeiten der Schadensberechnung beim Lieferungsverzug.

Der Verkäufer muss dem Käufer den durch den Lieferungsverzug entstandenen Schaden ersetzen.

- Von **konkreten Schäden** spricht man, wenn sie sich genau nachweisen lassen, z. B. die Mehrkosten bei einem Deckungskauf, Anwaltsgebühren, Mahn- und Telefonkosten.

- **Abstrakte Schäden** liegen immer dann vor, wenn sie nur geschätzt werden können oder schwer zu beweisen sind, z. B. der entgangene Gewinn des Käufers.

70 Was verstehen Sie im Zusammenhang mit dem Lieferungsverzug unter einer Konventionalstrafe?

Eine **Konventionalstrafe** ist eine **Vertragsstrafe**, die immer dann zu zahlen ist, sobald der Verkäufer in Lieferungsverzug gerät.

Die Höhe der Vertragsstrafe muss in einem vernünftigen Rahmen bleiben (0,2 bis 0,3 % der Vertragssumme pro Tag).
Neben der Konventionalstrafe kann der Käufer weiterhin auf Lieferung bestehen.

3.2 Marketing: Warenverkauf ab Lager

3.2.1 Annahmeverzug (Gläubigerverzug)

71 Nennen Sie die Voraussetzungen für den Annahmeverzug.

Voraussetzungen:

- **Fälligkeit der Lieferung**
  Damit der Annahmeverzug eintritt, muss die Lieferung fällig sein.

- **tatsächliches Angebot der Ware**
  Der Verkäufer muss dem Käufer die Ware tatsächlich liefern, und zwar zur richtigen Zeit, am richtigen Ort und in der vereinbarten Art und Weise (Art, Güte, Menge).

- **Nichtannahme**
  Der Käufer muss die ordnungsgemäß gelieferte Ware nicht angenommen haben.
  Der Annahmeverzug setzt **kein Verschulden** voraus. Es ist demzufolge gleichgültig, ob der Käufer an der Nichtannahme schuldlos ist oder nicht.

72 Was sind die Folgen des Annahmeverzugs?

Nach Eintritt des Annahmeverzugs
- haftet der Verkäufer nur noch für Vorsatz und grobe Fahrlässigkeit.
- trägt der Käufer bei Gattungswaren die Gefahr für die Ware vom Zeitpunkt der Annahmeverweigerung. Er haftet nun auch für Schäden, die durch leichte Fahrlässigkeit und durch Zufall (z. B. höhere Gewalt) eintreten.

Rücktrittsrecht

Liegen die Voraussetzungen für den Eintritt des Annahmeverzugs vor, so stehen dem Verkäufer wahlweise folgende Rechte zu:

- Rücktritt vom Kaufvertrag und anderweitiger Verkauf
- Bestehen auf Erfüllung, d. h. Einlagerung der Ware auf Kosten und Gefahr des Käufers, und
- Bestehen auf Abnahme der Ware (der Verkäufer verklagt den Käufer auf Abnahme der Ware) oder
- Durchführung des **Selbsthilfeverkaufs,** und zwar
  - in einer **öffentlichen Versteigerung,** z. B. durch einen Gerichtsvollzieher, oder
  - im **freihändigen Verkauf,** z. B. durch einen anerkannten Handelsmakler, vorausgesetzt, die Ware hat einen Börsen- oder Marktpreis (z. B. Kaffee, Getreide, Tee, Kupfer)
  - im Rahmen eines **Notverkaufs** bei leicht verderblicher Ware, wie z. B. Gemüse, Obst oder Schnittblumen.

73 Welche Rechte hat der Verkäufer beim Annahmeverzug?

Die Durchführung des **Selbsthilfeverkaufs** (für Rechnung des Käufers) ist zum Schutz des Käufers an folgende Voraussetzungen gebunden:
Der Verkäufer muss

- dem Käufer den Selbsthilfeverkauf androhen und ihm eine angemessene Nachfrist zur Abnahme der Ware setzen. Ausnahme: bei leicht verderblicher Ware,
- ihm rechtzeitig mitteilen, wo und wann der Selbsthilfeverkauf stattfinden wird, damit er selbst mitbieten kann,
- ihn nach abgeschlossenem Selbsthilfeverkauf unverzüglich unterrichten und ihm die Abrechnung übersenden.

Den Mindererlös (= Differenz zwischen Preis und Erlös) sowie die Kosten des Selbsthilfeverkaufs muss der Käufer tragen; ein etwaiger Mehrerlös ist an den Käufer auszuzahlen.
Für Waren, die aus dem Selbsthilfeverkauf stammen, bestehen keinerlei Gewährleistungsansprüche.

74 An welche Voraussetzungen ist die Durchführung des Selbsthilfeverkaufs gebunden?

Von seinem **Rücktrittsrecht** könnte der Verkäufer **Gebrauch machen,** wenn
- er die Ware anderweitig verkaufen kann,
- die Verkaufspreise in der Zwischenzeit gestiegen sind,
- er den Kunden nicht verlieren möchte (Kulanzregelung),
- der Rechnungsbetrag in seiner Höhe wirtschaftlich unbedeutend ist.

75 Welche Überlegungen können den Verkäufer veranlassen, von seinem Rücktrittsrecht Gebrauch zu machen?

287

Marketing: Warenverkauf ab Lager

3.2.2 Zahlungsverzug (Nicht-Rechtzeitig-Zahlung)

76 Welche Voraussetzungen müssen für den Zahlungsverzug gegeben sein?

Voraussetzung für den Zahlungsverzug sind

- nicht rechtzeitige oder nicht vollständige Zahlung,
- **Mahnung** (wenn Zahlungstermin kalendermäßig nicht genau festgelegt ist) und
- **Fälligkeit** der Zahlung.

Ein Verschulden des Käufers muss nicht vorangegangen sein. Der Käufer kommt auch ohne sein Verschulden in Zahlungsverzug, wenn es sich, wie es beim Geld der Fall ist, um Gattungsware handelt.

77 Wann ist eine Mahnung entbehrlich?

Einer Mahnung bedarf es nicht, wenn

- der Zahlungstermin kalendermäßig genau bestimmt ist,
- der Schuldner die Zahlung ernsthaft und endgültig verweigert (= Selbstinverzugsetzung),

- 30 Tage nach Rechnungseingang vergangen sind,
- aus besonderen Gründen unter Abwägung der beiderseitigen Interessen der sofortige Eintritt des Verzugs gerechtfertigt ist.

78 Wann tritt der Zahlungsverzug ein?

Ohne Mahnung tritt der Zahlungsverzug in folgenden Fällen ein:

- Ist der Zahlungstermin **kalendermäßig nicht genau fixiert**, z. B. „zahlbar sofort", dann kommt der Käufer mit dem Erhalt der **Mahnung** (ab Zugang) in Zahlungsverzug.

- Ist der Zahlungstermin **kalendermäßig genau** festgelegt, z. B. „zahlbar 6. Juni", dann tritt der Zahlungsverzug nach Ablauf des Fälligkeitstermins ein.

- **Spätestens** 30 Tage nach Fälligkeit und Zugang einer Rechnung oder gleichwertigen Zahlungsaufstellung. Die 30-Tage-Frist beginnt mit Erhalt der Ware, wenn der Rechnungseingang nicht beweisbar ist bzw. vom Käufer bestritten wird.

Die 30-Tage-Regelung gilt bei einem Kaufvertrag mit einem Verbraucher nur, wenn er darauf schriftlich besonders hingewiesen wurde.

79 Welche Rechte stehen dem Gläubiger im Fall des Zahlungsverzugs zu?

Befindet sich der Käufer in Zahlungsverzug, stehen dem Verkäufer folgende Rechte zu:

- **Vorrangige Rechte:**
  - **Zahlung verlangen** und ggf. den Käufer auf Zahlung verklagen oder
  - Bestehen auf verspätete Zahlung und **Ersatz des Verzugsschadens** (Schadensersatz neben der Zahlung). Für verspätete Zahlungen kann der Verkäufer Verzugszinsen fordern

und Kostenersatz verlangen. Die Verzugszinsen betragen beim einseitigen Handelskauf und bürgerlichen Kauf 5 %, beim zweiseitigen Handelskauf 8 % pro Jahr über dem Basiszinssatz der europäischen Zentralbank vom Tag des Verzugs an. Höhere Verzugszinsen

Skonto — WiSo

können ausdrücklich oder in den Allgemeinen Geschäftsbedingungen vereinbart werden. Kostenerstattung kann z. B. für den Verwaltungsaufwand, einen Anwalt oder ein mögliches Gerichtsverfahren verlangt werden.

- **Nachrangige Rechte (nach Ablauf einer angemessenen Nachfrist):**
  - **Zahlung ablehnen** und
  - **Rücktritt vom Kaufvertrag** und/oder

- **Schadensersatz statt der Zahlung** (Nichterfüllungsschaden)
- Anstelle des **Schadensersatzes statt der Zahlung** kann der Gläubiger den **Ersatz vergeblicher Aufwendungen** verlangen.

Die **Nachfrist entfällt** u. a., wenn
- der Käufer die Zahlung endgültig verweigert,
- ein Fixgeschäft vorliegt bzw. der Zahlungstermin kalendermäßig bestimmbar ist.

---

80 Die Grotex GmbH hat an Kunden Waren im Gesamtwert von 1.280.000,00 € zu folgenden Zahlungsbedingungen verkauft: 30 Tage netto Kasse oder innerhalb von 8 Tagen 2,5 % Skonto. Nach 30 Tagen sind auf dem Konto 1.132.800,00 €; Summe des von Kunden einbehaltenen Skonto = 19.200,00 €. Ermitteln Sie:
a) den Bestand der offenen Forderungen,
b) den Anteil der beglichenen Forderungen am Gesamtwert der Forderungen in %,
c) die Summe der innerhalb der Skontofrist bezahlten Rechnungsbeträge,
d) Anteil der innerhalb der Skontofrist bezahlten Forderungen am Gesamtwert der Forderungen in %.

a) Bestand der offenen Forderungen:

$$\begin{aligned} &1.280.000{,}00\ \text{€} \\ ./.\ &1.132.800{,}00\ \text{€} \\ ./.\ &19.200{,}00\ \text{€} \\ =\ &128.000{,}00\ \text{€} \end{aligned}$$

b) Anteil der beglichenen Forderungen am Gesamtwert der Forderungen in %:

$$\frac{1.152.000{,}00 \cdot 100}{1.280.000{,}00} = 90\ \%$$

c) Summe der Rechnungsbeträge, die innerhalb der Skontofrist bezahlt wurden:

$$\frac{19.200{,}00 \cdot 100}{2{,}5} = 768.000{,}00\ \text{€}$$

d) Bezahlte Forderungen innerhalb der Skontofrist in % am Gesamtwert der Forderungen:

$$\frac{768.000{,}00 \cdot 100}{1.280.000{,}00} = 60\ \%$$

WiSo

Marketing: Warenverkauf ab Lager

81 Ein Großhandelsunternehmen stellt fest, dass seine Kunden zunehmend die ihnen eingeräumten Zahlungsziele überziehen, teilweise bis zu 3 Wochen. Auch steigt in der letzten Zeit die Forderungsausfallzahl.
a) Erläutern Sie, warum die Verantwortlichen des Großhandelsunternehmens die dringende betriebliche Notwendigkeit sehen, die fristgerechte Zahlung ihrer Kunden zu überwachen.
b) Nennen Sie sechs betriebliche Maßnahmen, mit denen das Großhandelsunternehmen versuchen könnte, die hohen Forderungsausfälle in Zukunft zu vermeiden.

a) Die betriebliche Notwendigkeit der **Zahlungsüberwachung** ist Voraussetzung zur Erfüllung von Finanzierungsplanzielen wie:
- jederzeitige Liquidität
- Begrenzung des Kreditbedarfs
- Inanspruchnahme von Skonto bei der Bezahlung von Liefererrechnungen

Darüber hinaus kann das gerichtliche Mahnverfahren dazu beitragen, dass Forderungen bedingt durch Verjährung oder Insolvenz ausfallen.

b) Vorbeugende Maßnahmen:
- Prüfen der Kreditwürdigkeit
- Warenverkauf unter Eigentumsvorbehalt
- Zahlungsbedingung: Voraus- und/oder Barzahlung
- Absichern der Forderung durch Wechselziehung oder Bürgschaft

Abwehrende Maßnahmen:
- betriebliches (kaufmännisches) Mahnwesen
- gerichtliches Mahnverfahren
- Inanspruchnahme von Inkassoinstituten
- Postnachnahme
- Factoring

82 Untersuchen Sie die Auswirkungen der einzelnen von Ihnen vorgeschlagenen betrieblichen Maßnahmen auf das künftige Verhalten der Kunden des Großhandelsunternehmens.

Auswirkungen der Einzelmaßnahmen auf künftiges Kundenverhalten: Das Großhandelsunternehmen kann durch bestimmte Maßnahmen einzelne Forderungsverluste vermeiden, muss aber aufpassen, dass nicht durch vielleicht allzu rigoroses Vorgehen künftig Kunden dem Großhändler den Rücken kehren.

Vor- und Nachteile des Einzelunternehmens

 WiSo

3.3 Rechtsform und Unternehmen

Mit der **Rechtsform** tritt ein Unternehmen nach außen auf. Die einzelnen Unternehmensformen unterscheiden sich durch:

- die Leitungsbefugnis der Teilhaber
- Art und Umfang der Teilhaber am Gewinn
- die Art der Aufbringung des Kapitals
- die Haftung der Inhaber gegenüber Dritten

Aus der jeweiligen Rechtsform lassen sich Art bzw. Ausmaß der eben genannten Merkmale erkennen.

83 Was verstehen Sie unter der Rechtsform eines Unternehmens?

3.3.1 Einzelunternehmen

Bei der Rechtsform des **Einzelunternehmens** bringt eine einzelne Person das Kapital zur Geschäftsgründung auf. Sie trägt auch allein das Geschäftsrisiko, erntet aber auch dafür allein den Gewinn.

Eigentümer und Unternehmer sind beim Einzelunternehmen in einer Person vereinigt: Diese Person trifft die Entscheidungen allein und trägt dafür allein die Verantwortung. Der Einzelunternehmer haftet mit seinem Geschäfts- und Privatvermögen.

84 Was ist ein Einzelunternehmen?

Das **Einzelunternehmen** ist die geeignetste Rechtsform für Unternehmer, die ihre eigenen Ideen allein, frei und schnell verwirklichen wollen. In keiner anderen Unternehmensform hat der Unternehmer eine größere Entfaltungsmöglichkeit seiner Fähigkeiten, muss sie sich aber durch die persönliche Haftung erkaufen.

Sie ist die am häufigsten gewählte Unternehmensform in der Bundesrepublik Deutschland. Das Einzelunternehmen eignet sich am besten für kleinere Betriebe.

85 Für wen ist das Einzelunternehmen geeignet?

Vorteilhaft für den Einzelunternehmer ist, dass er
- andere Meinungen nicht berücksichtigen muss,
- alle Entscheidungen allein, frei und rasch entscheiden kann,
- die alleinige Gewinnmöglichkeit hat.

Nachteilig wirkt sich aus, dass er
- das Risiko allein trägt,
- mit seinem geschäftlichen und privaten Vermögen haftet,
- nur ein begrenztes Eigenkapital zur Verfügung hat und eine eingeengte Kreditbasis besitzt.

86 Welche Vor- und Nachteile hat das Einzelunternehmen?

291

WiSo — Rechtsform und Unternehmen

3.3.2 Offene Handelsgesellschaft

87 Was ist eine Gesellschaft?

Bei einer **Gesellschaft** sind mehrere Personen am Unternehmen beteiligt. Vorteile einer Gesellschaft im Vergleich zu einem Einzelunternehmen sind z. B.:
- Das Risiko der Haftung verteilt sich auf mehrere Personen.
- Die Kapitalkraft kann durch Aufnahme von Gesellschaftern erweitert werden.
- Die Arbeit kann verteilt werden, die Gesellschafter können sich spezialisieren.

88 Was ist eine Personengesellschaft?

Bei einer **Personengesellschaft** wie z. B. die offene Handelsgesellschaft oder die Kommanditgesellschaft leitet mindestens ein Gesellschafter die Gesellschaft persönlich und haftet auch mit seinem Privatvermögen.

89 Was ist eine offene Handelsgesellschaft?

Die **offene Handelsgesellschaft** (im Folgenden OHG abgekürzt) ist ein Unternehmen, das mindestens von zwei Gesellschaftern betrieben wird. Alle Gesellschafter haben dieselben Rechte und Pflichten, falls sie im Gesellschaftsvertrag nichts anderes vereinbart haben.

Alle Gesellschafter haften sowohl mit ihrem Geschäftsvermögen als auch mit ihrem Privatvermögen. Die OHG ist deshalb eine Personengesellschaft.

90 Die Gesellschafter der OHG haften unbeschränkt, unmittelbar und solidarisch. Was bedeutet das?

Unbeschränkte Haftung bedeutet, der Gesellschafter haftet nicht nur mit seinem Gesellschaftsvermögen, sondern auch mit seinem Privatvermögen.
Bei einer **unmittelbaren Haftung** kann ein Gläubiger sich direkt an jeden Gesellschafter wenden und von ihm beispielsweise Zahlung verlangen.
Solidarische Haftung (gesamtschuldnerische Haftung) bedeutet, jeder Gesellschafter haftet für die Gesamtschulden der Gesellschaft.

91 Führen Sie die Rechte eines OHG-Gesellschafters auf.

Alle OHG-Gesellschafter haben unter anderem:
- Kontrollrecht
- Geschäftsführungsbefugnis
- Vertretungsrecht (Recht zur alleinigen Abgabe von Willenserklärungen für die Gesellschaft [im Außenverhältnis] für gewöhnliche und außergewöhnliche Rechtsschäfte)
- Recht auf Anteil am Gewinn
- Recht zu Privatentnahmen
- Anrecht auf Ersatz von Aufwendungen
- Kündigungsrecht mit 6-monatiger Frist auf Geschäftsjahresende

Kommanditgesellschaft

Pflichten der Gesellschafter einer OHG:

- unbeschränkte, unmittelbare, solidarische Haftung
- Kapitaleinlagepflicht
- Geschäftsführungspflicht
- Beachtung des Wettbewerbsverbots
- Beteiligungspflicht an evtl. Verlusten

92 Welche Pflichten haben die Gesellschafter einer OHG?

Der **neu eintretende Gesellschafter** haftet wie alle anderen Gesellschafter: unmittelbar, unbeschränkt, solidarisch. Er haftet auch für die vor seinem Eintritt entstandenen Schulden der OHG.

Der ausscheidende Gesellschafter haftet noch 5 Jahre für die bei seinem Ausscheiden bestehenden Schulden der OHG.

93 Welche Regelungen gelten für Eintritt eines Gesellschafters in eine OHG?

Wenn vertraglich nichts anderes vereinbart wurde, erhält jeder Gesellschafter vom **Jahresgewinn** zunächst **4 %** seiner Kapitaleinlage.

Der **restliche Reingewinn** wird nach Köpfen (also zu gleichen Anteilen) verteilt.

94 Wie ist die gesetzliche Regelung des Gewinns einer OHG?

Aufgrund seiner Einlage in Höhe von 100.000,00 € erhält Becker zunächst einmal 4.000,00 € des Gewinns. Graf bekommt für seine 150.000,00 € Kapitaleinlage vorweg 6.000,00 €.

Damit sind 10.000,00 € vom Gewinn verteilt. Die übrigen 114.000,00 € werden zu gleichen Anteilen (je 57.000,00 €) an die beiden Gesellschafter vergeben. Insgesamt bekommt Becker damit 61.000,00 € Gewinn, Graf 63.000,00 €.

95 Der Gewinn der Becker und Graf OHG in Höhe von 124.000,00 € soll verteilt werden. Die Einlage von Becker beträgt 100.000,00 €, die von Graf 150.000,00 €. Wie hoch ist der Gewinn der einzelnen Gesellschafter?

3.3.3 Kommanditgesellschaft

Eine **Kommanditgesellschaft** (im Folgenden KG abgekürzt) ist eine Personengesellschaft, die aus Gesellschaftern mit unterschiedlichen Rechten und Pflichten besteht.

Mindestens ein **Komplementär** (Vollhafter) haftet mit seinem gesamten Vermögen. Er besitzt das Recht der Geschäftsführung und -vertretung.

Weiterhin muss es mindestens einen Kommanditisten (Teilhafter) geben: Er haftet nur mit seiner Kapitaleinlage und ist von der Geschäftsführung und -vertretung ausgeschlossen.

96 Was ist eine Kommanditgesellschaft?

WiSo Rechtsform und Unternehmen

97 Welche Rechte und Pflichten haben Komplementäre und Kommanditisten?

- Die **Komplementäre** (Vollhafter) haben dieselben Rechte und Pflichten wie die Gesellschafter einer OHG.

- Die **Kommanditisten** (Teilhafter) haben im Einzelnen folgende **Rechte**:
  - Kontrollrecht (Einsichtnahme in Bilanz, Geschäftsbücher und -papiere)
  - Widerspruchsrecht bei Handlungen, die über den gewöhnlichen Betrieb des Unternehmens hinausgehen
  - Kündigungsrecht

- **Pflichten** des Kommanditisten sind:
  - Haftpflicht bis zur Höhe der Einlage
  - Verlustbeteiligung in angemessenem Verhältnis
  - Leistung einer Kapitaleinlage

98 Wie sieht die Gewinnverteilung bei der KG aus?

Wenn vertraglich nichts anderes vereinbart wurde, sollen die Gesellschafter nach der **gesetzlichen Regelung** zunächst **4 %** ihrer Kapitaleinlage bekommen.

Der **Gewinnrest** soll anschließend zwischen Teil- und Vollhaftern in angemessenem Verhältnis verteilt werden.

3.3.4 Gesellschaft mit beschränkter Haftung

99 Was ist eine Kapitalgesellschaft?

Bei **Kapitalgesellschaften** haften die Gesellschafter nicht mit ihren Privatvermögen. Es steht also die kapitalmäßige Beteiligung der Gesellschafter im Vordergrund. Eine Mitarbeit der Gesellschafter ist nicht erforderlich.

Die bekanntesten Kapitalgesellschaften sind die Aktiengesellschaft und die Gesellschaft mit beschränkter Haftung.

100 Was ist eine Gesellschaft mit beschränkter Haftung?

Eine **Gesellschaft mit beschränkter Haftung** (im Folgenden GmbH abgekürzt) ist eine Kapitalgesellschaft, die zu jedem gesetzlich zulässigen Zweck errichtet werden kann.

Das Gesellschaftskapital wird Stammkapital genannt und von den Gesellschaftern in Form von Stammeinlagen aufgebracht.
Die Gesellschafter der GmbH haften nicht persönlich für die Verbindlichkeiten der GmbH.

101 Was muss bei der Gründung einer GmbH beachtet werden?

- Es gibt **keine Mindestgründerzahl:** Auch eine Person kann eine GmbH gründen.

- Die Gesellschafter müssen ein **Stammkapital** von mindestens 25.000,00 € aufbringen. (Bei der Son-

GmbH & Co. KG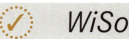

- derform der **haftungsbeschränkten Unternehmergesellschaft** reichen sogar weniger als 25.000,00 € aus: theoretisch ist die Gründung mit nur 1,00 € Stammkapital möglich)
- Die Stammeinlage muss mindestens 100,00 € betragen.

- Der **Gesellschaftsvertrag** muss in notarieller Form abgeschlossen werden.
- Eine **Anmeldung** zum Eintrag ins Handelsregister (Abt. B) muss erfolgen. Die Eintragung ist erst dann möglich, wenn mindestens die Hälfte des Stammkapitals (als Geld- oder Sacheinlagen) eingebracht wurde.

- Der oder die **Geschäftsführer** sind für die Geschäftsführung verantwortlich und vertreten die Gesellschaft gerichtlich und außergerichtlich. Sie sind an die Weisungen der Gesellschafter gebunden und handeln grundsätzlich gemeinsam.
- Ein **Aufsichtsrat** ist nur bei 500 und mehr Arbeitnehmern vorgeschrieben. Er kann aber auch bei einer kleineren GmbH durch Satzung vorgesehen sein. Seine Aufgabe ist die eines Kontrollorgans.

- Die **Gesellschafterversammlung** wird durch alle Gesellschafter gebildet. Hier entscheiden die Gesellschafter über alle grundsätzlichen Angelegenheiten. Die Zahl der Stimmen eines Gesellschafters richtet sich nach der Höhe seiner Stammeinlage.

102 Führen Sie die Organe der GmbH auf und erklären Sie deren Aufgaben.

- **Recht auf Gewinnanteil** (im Verhältnis der Geschäftsanteile, sofern im Gesellschaftsvertrag nichts anderes vereinbart ist)
- **Stimmrecht** bei der Gesellschafterversammlung
- bei Auflösung der Gesellschaft **Recht auf Anteil am Liquidationserlös**

103 Welche Rechte haben die Gesellschafter einer GmbH?

- **Einlagepflicht** (fristgerechte Einzahlung der übernommenen Stammeinlage)
- **Haftpflicht** bis zur Höhe der Stammeinlage
- **Nachschusspflicht** (Leistung von Zahlungen über den Betrag der Stammeinlage hinaus, falls das im Gesellschaftsvertrag vereinbart wurde)

104 Nennen Sie Pflichten eines Gesellschafters einer GmbH.

Eine **GmbH & Co. KG** ist eine **Personengesellschaft**, bei der die GmbH Komplementär einer KG ist, sodass alle Gesellschafter nur mit ihrer Einlage haften.
Ein weiterer Vorteil besteht in der Einsparung von Steuern.

105 Was ist eine GmbH & Co. KG?

Achtung: Die besondere Rechtsform GmbH & Co. KG ist keine Kapitalgesellschaft, sondern eine Personengesellschaft.

WiSo — Rechtsform und Unternehmen

3.3.5 Aktiengesellschaft

106 Was ist eine Aktiengesellschaft?

Die **Aktiengesellschaft** (im Folgenden AG abgekürzt) ist eine Kapitalgesellschaft (juristische Person), deren Grundkapital in viele Anteile (das sind die Aktien) zerlegt ist und deren Teilhaber (das sind die Aktionäre) nur der Gesellschaft gegenüber mit ihrer Einlage haften.

107 In welchen Situationen ist die Gründung einer AG sinnvoll?

Die **Rechtsform der AG** sollte dann gewählt werden, wenn sehr viel Kapital für das Unternehmen benötigt wird und sich Geldgeber beteiligen sollen, die lediglich mit ihrer Einlage haften sollen bzw. wollen.

108 Was ist eine Aktie?

Eine **Aktie** ist ein normiertes, verbrieftes Anteilsrecht an einer Aktiengesellschaft, das leicht übertragbar ist und sich daher für den Börsenhandel eignet.

Der Mindestnennbetrag einer Aktie beträgt 1,00 €.

109 Was versteht man unter Grundkapital?

Das **Grundkapital** ist die Summe des Nennwertes aller Aktien einer AG.

110 Nennen Sie die Voraussetzungen für die Gründung einer AG.

Die **Voraussetzungen für die Gründung einer AG** sind:

- mindestens fünf Gründer
- ein Grundkapital von wenigstens 50.000,00 €
- ein notariell beurkundeter Gesellschaftsvertrag (Satzung)
- die Eintragung ins Handelsregister

111 Erläutern Sie die Organe einer Aktiengesellschaft.

- Der **Vorstand** ist das leitendes Organ in der AG. Er wird vom Aufsichtsrat auf maximal 5 Jahre bestellt und kann aus einer oder mehreren Personen bestehen.

- Der **Aufsichtsrat** ist das überwachende Organ in einer AG. Dieses Kontrollorgan wird auf 4 Jahre gewählt. Die Zusammensetzung ergibt sich aus den verschiedenen Mitbestimmungsregelungen.

- Die **Hauptversammlung** ist das beschließende Organ einer AG. Diese Versammlung der Gesellschafter (Aktionäre) findet in der Regel einmal jährlich statt (ordentliche Hauptversammlung). Eine außerordentliche Hauptversammlung kann bei besonderen Anlässen einberufen werden.

Organe der Genossenschaft

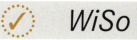

- **Recht auf Auszahlung einer Dividende** (Gewinnanteil)
- **Stimmrecht** auf der Hauptversammlung (eine Stimme pro Aktie)
- **Recht auf Auskunft** bei der Hauptversammlung
- **Bezugsrecht** bei der Ausgabe neuer Aktien

112 Führen Sie Rechte eines Aktionärs auf.

3.3.6 Genossenschaft

Eine **Genossenschaft** ist eine Selbsthilfeorganisation mit mindestens sieben Mitgliedern zur Förderung der wirtschaftlichen Ziele ihrer Mitglieder. Sie ist eine juristische Person.

Das Grundkapital, dessen Größe gesetzlich nicht vorgeschrieben ist, wird durch Einlagen der Genossen (das sind die Mitglieder) aufgebracht.
Ein Mindestkapital ist nicht vorgeschrieben.

113 Was ist eine Genossenschaft?

Der **Grundgedanke der Genossenschaft** ist die gegenseitige Hilfe und Solidarität. Dabei soll durch den Zusammenschluss vieler (z. T. wirtschaftlich schwacher) Mitglieder der selbstständige Geschäftsbetrieb dieser Genossen gestärkt werden, indem ihnen Vorteile geboten werden, die sonst nur einem kapitalstarken Großbetrieb vorbehalten sind.

114 Welche Grundidee liegt der Genossenschaft zugrunde?

Ein **Geschäftsanteil** ist der Betrag, mit dem die Genossen an der Genossenschaft beteiligt sind. Er ist für alle Genossen gleich groß.

115 Was ist ein Geschäftsanteil?

- mindestens sieben Genossen (Mitglieder)
- Aufstellung eines schriftlichen Gesellschaftsvertrags (Statut)
- Wahl von Vorstand und Aufsichtsrat aus dem Kreis der Mitglieder
- Erstellung einer Namensliste aller Genossen
- Anmeldung der Genossenschaft zum Eintrag ins Genossenschaftsregister beim Amtsgericht

116 Nennen Sie die Voraussetzungen für die Gründung einer Genossenschaft.

- Der **Vorstand** ist das leitende Organ in der Genossenschaft.
  Er setzt sich aus mindestens zwei Genossen zusammen, die die Genossenschaft unter eigener Verantwortung leiten und sie nach außen hin vertreten.
- Der **Aufsichtsrat** ist das überwachende Organ in der Genossenschaft. Er umfasst mindestens drei Genossen, die von der Generalversammlung gewählt werden.

Als Kontrollorgan überwacht er den Vorstand, prüft den Jahresabschluss und berichtet darüber der Generalversammlung.

- Die **Generalversammlung** ist das beschließende Organ. Dabei hat jeder Genosse in diesem obersten Organ der Genossenschaft, unabhängig von der Zahl seiner Geschäftsanteile, eine Stimme.

117 Erläutern Sie die Organe der Genossenschaft.

WiSo

Menschliche Arbeit im Betrieb

118 — Welche Rechte hat ein Genossenschaftsmitglied?

- Sie können die **Dienste der Genossenschaft** in Anspruch nehmen (z. B. Maschinen benutzen, Waren einkaufen).
- **Stimmrecht** bei der Generalversammlung
- Sie haben ein **Recht auf Anteil am Gewinn.**

119 — Führen Sie Pflichten eines Genossenschaftsmitgliedes auf.

- Die Genossen müssen mindestens einen Geschäftsanteil übernehmen, sofern die Satzung keine andere Regelung vorsieht, und eine entsprechende Einlage leisten **(Einlagepflicht).**
- Die Genossen haben eine **Haftpflicht,** die sich nur gegenüber der Genossenschaft auswirkt. Sie erstreckt sich auch auf eine eventuelle Nachschusspflicht, falls sie nicht durch das Statut ausgeschlossen wurde.

3.4 Menschliche Arbeit im Betrieb

3.4.1 Mitarbeitervollmachten

120 — Welche Tätigkeiten darf ein Prokurist ausführen?

Ein **Prokurist** darf alle gerichtlichen und außergerichtlichen Geschäfte und Rechtshandlungen vornehmen, die in irgendeinem Handelsgeschäft vorkommen können. Er darf z. B.

- Ware einkaufen und verkaufen,
- Mitarbeiter einstellen und entlassen,
- Wechsel unterschreiben,
- Darlehen aufnehmen,
- Bürgschaften eingehen,
- Prozesse für das Unternehmen führen,
- Grundstücke kaufen.

121 — Wer darf Prokura erteilen?

Der **Inhaber des Handelsgeschäfts** darf Prokura erteilen (oder mittels ausdrücklicher Erklärung sein gesetzlicher Vertreter).

122 — In welcher Form muss die Prokura erteilt werden?

Die Prokura muss **ausdrücklich** erteilt und in das **Handelsregister eingetragen** werden.

123 — Wann erlischt die Prokura?

Die **Prokura erlischt,** wenn sie der Kaufmann widerruft, der Prokurist aus dem Unternehmen ausscheidet oder wenn das Geschäft aufgelöst oder verkauft wird.

Ausbildungsvertrag

Bei der **Einzelprokura** kann ein Prokurist allein entscheiden. Bei der **Gesamtprokura** kann er nicht allein entscheiden. Die **Filialprokura** bezieht sich nicht auf das gesamte Unternehmen, sondern nur auf eine Filiale.

124 Wodurch unterscheiden sich Einzel-, Gesamt- und Filialprokura?

Die **allgemeine Handlungsvollmacht** berechtigt ihn zur Ausübung aller gewöhnlichen Rechtsgeschäfte, die in dem Betrieb vorkommen, z. B.
- übliche Zahlungsgeschäfte erledigen,
- Ware verkaufen,
- einkaufen,
- Mitarbeiter einstellen und entlassen.

125 Welche Rechtsgeschäfte darf ein Angestellter mit allgemeiner Handlungsvollmacht ausüben?

Die **Artvollmacht** berechtigt Angestellte, bestimmte Rechtsgeschäfte, z. B. Verkaufen, Einkaufen, dauernd zu erledigen.
Wer eine **Einzelvollmacht** erhält, darf den erhaltenen Auftrag nur einmal ausführen.

126 Unterscheiden Sie Art- und Einzelvollmacht.

3.5 Rechtliche Grundlagen des Personalwesens

3.5.1 Berufsausbildung

Duales Berufsausbildungssystem bedeutet, dass Auszubildende an zwei Lernorten – in ihrem Ausbildungsbetrieb und in der Berufsschule – ausgebildet werden. Im Ausbildungsbetrieb sollen die Auszubildenden alle Fähig- und Fertigkeiten lernen, die im Ausbildungsrahmenplan vorgeschrieben sind. Die Inhalte des Berufsschulunterrichts sind in den Richtlinien der Kultusministerien der Länder festgelegt.

127 Erläutern Sie das duale Berufsausbildungssystem.

Der **Ausbildungsvertrag** wird zwischen dem Ausbildenden und dem Auszubildenden abgeschlossen. Ist der Auszubildende noch keine 18 Jahre alt, muss ein Erziehungsberechtigter den Ausbildungsvertrag mit unterschreiben.

128 Zwischen welchen Personen wird ein Ausbildungsvertrag abgeschlossen?

Rechtliche Grundlagen des Personalwesens

129 Nennen Sie die Pflichten von Auszubildenden.

Die Pflichten des Auszubildenden sind:

- Der Auszubildende muss sich bemühen, die notwendigen Kenntnisse und Fertigkeiten zu erwerben, die erforderlich sind, um das Ausbildungsziel zu erreichen (**Lernpflicht**).
- Der Auszubildende muss die Weisungen befolgen, die ihm im Rahmen der Berufsausbildung vom Ausbildenden, vom Ausbilder oder anderen Weisungsberechtigten (z. B. der Abteilungsleiterin) erteilt werden (**Befolgung von Weisungen**).
- Der Auszubildende muss am Berufsschulunterricht teilnehmen (**Besuch der Berufsschule**).
- Der Auszubildende muss ein vorgeschriebenes Berichtsheft führen und regelmäßig vorlegen (**Führen des Berichtsheftes**).
- Der Auszubildende muss die für die Ausbildungsstätte geltende Ordnung einhalten (**Einhaltung der Betriebsordnung**).
- Der Auszubildende muss über Betriebs- und Geschäftsgeheimnisse Stillschweigen bewahren (**Schweigepflicht**).
- Der Ausbildende muss dafür sorgen, dass dem Auszubildenden die Kenntnisse und Fertigkeiten vermittelt werden, die zum Erreichen des Ausbildungszieles erforderlich sind (**Ausbildungspflicht**).

130 Nennen Sie die Pflichten der Ausbildenden.

Pflichten des Ausbildenden:

- Der Ausbildende muss Ausbildungsmittel, die für die betriebliche Ausbildung erforderlich sind, kostenlos zur Verfügung stellen (**Bereitstellung von Ausbildungsmitteln**).
- Der Ausbildende muss den Auszubildenden zum Besuch der Berufsschule anhalten und freistellen (**Freistellung für den Berufsschulunterricht**).
- Der Ausbildende darf dem Auszubildenden nur Tätigkeiten übertragen, die dem Ausbildungszweck dienen und seinen körperlichen Kräften angemessen sind. Der Auszubildende darf keinen gesundheitlichen und sittlichen Gefahren ausgesetzt werden (**Sorgepflicht**).
- Der Ausbildende muss dem Auszubildenden eine angemessene Vergütung bezahlen (**Vergütungspflicht**).

Keine Arbeiten für Jugendliche

131 In einem Unternehmen werden zwölf Auszubildende ausgebildet. Das sind 4 % der gesamten Belegschaft.
a) Wie viele Mitarbeiter beschäftigt das Unternehmen?
b) 8 % dieser Mitarbeiter sind im Lager tätig. Wie viele Lagerfacharbeiter arbeiten im Lager?
c) Unter den Beschäftigten im Lager sind zwei Auszubildende. Wie viel Prozent der Mitarbeiter im Lager sind Auszubildende?

a) 4 % ≙ 12 Mitarbeiter
100 % ≙ x Mitarbeiter
$$x = \frac{12 \cdot 100}{4} = \underline{\underline{300 \text{ Mitarbeiter}}}$$

b) 100 % ≙ 300 Mitarbeiter
8 % ≙ x Mitarbeiter
$$x = \frac{300 \cdot 8}{100} = \underline{\underline{24 \text{ Lagerfacharbeiter}}}$$

c) 24 Lagerarbeiter ≙ 100 %
2 Azubis ≙ x %
$$x = \frac{100 \cdot 2}{24} = \underline{\underline{8{,}33 \%}}$$

3.5.2 Arbeitsschutzbestimmungen

Das **Jugendarbeitsschutzgesetz** gilt für 15- bis 17-jährige Personen.

132 Für welche Personen gilt das Jugendarbeitsschutzgesetz?

Jugendliche dürfen keine gesundheitsgefährdenden Arbeiten, keine Akkordarbeit, keine Arbeiten, die ihre Leistungsfähigkeit überschreiten ausführen sowie keine Arbeiten verrichten, bei denen sie sittlichen Gefahren ausgesetzt sind.

133 Für welche Arbeiten dürfen Jugendliche nicht eingesetzt werden?

WiSo Rechtliche Grundlagen des Personalwesens

134 Wie viele Stunden dürfen Jugendliche a) täglich, b) wöchentlich höchstens arbeiten?

Jugendliche dürfen täglich höchstens 8 Stunden beschäftigt werden. Die tägliche Arbeitszeit darf auf 8,5 Stunden erhöht werden, wenn dadurch die wöchentliche Arbeitszeit von 40 Stunden nicht überschritten wird.

135 Wie viele Stunden pro Woche darf ein volljähriger Arbeitnehmer normalerweise höchstens arbeiten?

Er darf höchstens **48 Stunden** pro Woche arbeiten.

136 Wie viele Minuten Ruhepausen stehen einem Arbeitnehmer nach dem Arbeitszeitgesetz täglich mindestens zu?

Arbeitnehmer haben bei einer **täglichen Arbeitszeit** von mehr als 6 Stunden Anspruch auf mindestens eine halbstündige oder zwei viertelstündige Ruhepausen. Bei einer mehr als 9-stündigen täglichen Arbeitszeit müssen die Ruhepausen mindestens 45 Minuten betragen.

137 Mit welchen Arbeiten dürfen schwangere Frauen nicht beschäftigt werden?

Schwangere Frauen dürfen nicht mit schweren körperlichen Arbeiten, Arbeiten, bei denen sie schädlichen Einwirkungen oder der Gefahr einer Berufskrankheit ausgesetzt sind, sowie Akkord- oder Fließbandarbeit beschäftigt werden.

138 Welche Arbeitszeitregelungen gelten für schwangere Frauen?

Werdende und stillende Mütter dürfen nicht mit Mehrarbeit beschäftigt werden. Ihre tägliche Arbeitszeit darf, wenn sie unter 18 Jahre sind, 8 Stunden, wenn sie über 18 sind, 8,5 Stunden nicht überschreiten. Ferner dürfen sie nicht nachts zwischen 20:00 Uhr und 06:00 Uhr sowie an Sonn- und Feiertagen arbeiten.

139 Innerhalb welcher Zeit dürfen schwangere Frauen nicht im Betrieb beschäftigt werden?

Werdende Mütter dürfen in den letzten 6 Wochen vor der voraussichtlichen Niederkunft nicht beschäftigt werden, es sei denn, dass sie ausdrücklich arbeiten wollen. Bis zum Ablauf von 8 Wochen nach der Entbindung dürfen Frauen nicht beschäftigt werden. Bei Früh- und Mehrlingsgeburten verlängert sich diese Frist auf 12 Wochen.

Bestimmungen eines Tarifvertrags

Das **Gewerbeaufsichtsamt** überwacht die Einhaltung der Arbeitsschutzbestimmungen im Betrieb.

140 Welche Stelle überwacht die Einhaltung der Arbeitsschutzbestimmungen?

3.5.3 Tarifvertrag

Möglicher Ablauf von Tarifverhandlungen:

- Tarifverhandlungen zwischen Gewerkschaft und Arbeitgeberverband
- Scheitern der Verhandlungen, wenn sich die Tarifvertragsparteien nicht einigen können
- Schlichtungsverfahren, sofern es zwischen den Tarifvertragsparteien zuvor in einem Abkommen vereinbart wurde
- Urabstimmung der gewerkschaftlich organisierten Arbeitnehmer
- Streik, wenn in der Urabstimmung eine Zustimmung zum Arbeitskampf von mindestens 75 % erreicht wurde
- Aussperrung als Kampfmittel der Arbeitgeber
- Wiederaufnahme der Verhandlungen
- Ende des Streiks, wenn dem Verhandlungsergebnis mindestens 25 % der gewerkschaftlich organisierten Arbeitnehmer in einer erneuten Urabstimmung zustimmen

141 Beschreiben Sie den möglichen Ablauf von Tarifverhandlungen.

Der **Manteltarifvertrag** regelt allgemeine Arbeitsbedingungen, z. B. Arbeitszeit, Urlaub, Kündigungsfristen, Zulagen.

142 Welche Regelungen enthält ein Manteltarifvertrag?

Der **Lohn- und Gehaltstarifvertrag** regelt die Lohn- und Gehaltshöhe für die Arbeitnehmer in den verschiedenen Lohn- und Gehaltsgruppen. Er regelt die Höhe der Ausbildungsvergütung.

143 Welche Regelungen enthält ein Lohn- und Gehaltstarifvertrag?

Die **Bestimmungen eines Tarifvertrags** gelten für die Mitglieder der Tarifvertragsparteien.

144 Für wen gelten die Bestimmungen eines Tarifvertrags, wenn er nicht für allgemein verbindlich erklärt wurde?

Rechtliche Grundlagen des Personalwesens

145 Was versteht man unter Tarifautonomie?

Unter **Tarifautonomie** versteht man das Recht der Tarifvertragsparteien (Gewerkschaften und Arbeitgeberverbände), Tarifverträge ohne Einmischung des Staates auszuhandeln.

146 Was versteht man im Tarifrecht unter Friedenspflicht?

Friedenspflicht bedeutet, dass während der Gültigkeitsdauer eines Tarifvertrags von den vertragschließenden Gewerkschaften und Arbeitgeberverbänden keine Arbeitskampfmaßnahmen (Streiks und Aussperrungen) durchgeführt werden dürfen.

3.5.4 Arbeitsvertrag

147 Durch welche Regelungen wird die Gestaltungsfreiheit der Arbeitsvertragsinhalte eingeschränkt?

Die **Gestaltungsfreiheit des Arbeitsvertrags** wird durch Gesetze, Rechtsverordnungen, Tarifverträge und Betriebsvereinbarungen eingeschränkt.

148 Welche Pflichten übernimmt der Arbeitgeber mit dem Abschluss eines Arbeitsvertrags?

Die Pflichten des Arbeitgebers sind:

- **Vergütungspflicht:** Der Arbeitgeber muss für die erbrachte Arbeitsleistung des Arbeitnehmers eine Vergütung bezahlen.
- **Beschäftigungspflicht:** Der Arbeitgeber muss den Arbeitnehmer tatsächlich beschäftigen.
- **Urlaubsgewährungspflicht:** Der Arbeitgeber muss dem Arbeitnehmer in jedem Kalenderjahr bezahlten Erholungsurlaub gewähren.
- **Fürsorgepflicht:** Der Arbeitgeber muss alle Arbeitsbedingungen so gestalten, dass der Arbeitnehmer gegen Gefahren für Leben und Gesundheit so weit wie möglich geschützt ist.
- **Zeugnispflicht:** Der Arbeitnehmer kann von seinem Arbeitgeber bei Beendigung des Arbeitsverhältnisses ein schriftliches Zeugnis verlangen.

3.5.5 Beendigung des Arbeitsverhältnisses

149 Welche Pflichten übernimmt ein kaufmännischer Angestellter mit dem Abschluss eines Arbeitsvertrags?

Die **Pflichten des kaufmännischen Angestellten** sind:

- **Arbeitspflicht:** Der Arbeitnehmer muss die im Arbeitsvertrag vereinbarten Arbeitsleistungen erbringen.
- **Verschwiegenheitspflicht:** Der Arbeitnehmer darf Geschäfts- und Betriebsgeheimnisse nicht an Dritte mitteilen.

Kündigungsschutzklage

- **Verbot der Annahme von Schmiergeldern:** Der Arbeitnehmer darf keine Schmiergelder annehmen.
- **Gesetzliches Wettbewerbsverbot:** Solange das Arbeitsverhältnis besteht, darf ein kaufmännischer Angestellter ohne Einwilligung seines Arbeitgebers nicht selbstständig ein Handelsgewerbe sowie in dem Handelszweig seines Arbeitgebers keine Geschäfte für eigene oder fremde Rechnung betreiben.

Wenn zwischen Arbeitgeber und Arbeitnehmer **keine Kündigungsfristen vereinbart** wurden und auch keine tarifvertraglichen Vereinbarungen gelten, treten die gesetzlichen Kündigungsfristen in Kraft.

Sie betragen für Arbeiter und Angestellte vier Wochen zum 15. eines Monats oder vier Wochen zum Monatsende.
Für langjährig beschäftigte Arbeiter und Angestellte gelten bei der Kündigung durch den Arbeitgeber längere Kündigungsfristen.

150 Welche Kündigungsfristen gelten für Arbeiter und Angestellte, wenn zwischen Arbeitgeber und Arbeitnehmer keine Kündigungsfristen vereinbart wurden und auch keine tarifvertraglichen Vereinbarungen gelten?

Die **einzelvertraglich vereinbarte Kündigungsfrist** darf die gesetzliche Kündigungsfrist nicht unterschreiten.

151 Welche Mindestfrist darf bei einzelvertraglich vereinbarten Kündigungsfristen nicht unterschritten werden?

Gründe für eine außerordentliche Kündigung sind
- **seitens des Arbeitnehmers:** beharrliche Arbeitsverweigerung, dauernde Verspätungen, Diebstahl, Unterschlagungen, Beleidigungen, Tätlichkeiten usw.
- **seitens des Arbeitgebers:** Weigerung, das Gehalt zu zahlen, Beleidigungen, Tätlichkeiten usw.

152 Nennen Sie Gründe für eine außerordentliche Kündigung.

Er kann innerhalb von 3 Wochen nach Zustellung der Kündigung **Kündigungsschutzklage** beim Arbeitsgericht erheben.

153 Ein Angestellter ist mit der fristgerechten Kündigung nicht einverstanden. Was kann er tun?

WiSo Rechtliche Grundlagen des Personalwesens

154 In welchem Zeitraum darf Mitgliedern von Betriebsräten und Jugend- und Auszubildendenvertretungen nicht gekündigt werden?

Mitgliedern von Betriebsräten und Jugend- und Auszubildendenvertretungen darf während ihrer Amtszeit und innerhalb eines Jahres nach Beendigung ihrer Amtszeit nicht gekündigt werden.

155 Welchen besonderen Kündigungsschutz genießen schwerbehinderte Arbeitnehmer?

Schwerbehinderten darf nur mit Zustimmung der Hauptfürsorgestelle gekündigt werden.

156 In welchem Zeitraum darf Arbeitnehmerinnen nicht gekündigt werden?

Arbeitnehmerinnen darf während der Schwangerschaft und bis zu 4 Monaten nach der Entbindung sowie ferner während ihres Erziehungsurlaubs nicht gekündigt werden.

157 Welche Arbeitspapiere muss der Arbeitgeber bei Beendigung eines Arbeitsverhältnisses an den Arbeitnehmer herausgeben?

Bei Beendigung des Arbeitsverhältnisses müssen dem Arbeitnehmer alle **Arbeitspapiere** (Lohnsteuerkarte, Rentenversicherungsnachweis usw.) ausgehändigt werden.

3.5.6 Sozialversicherung

158 Nennen Sie die Träger der einzelnen Sozialversicherungszweige.

Träger der Sozialversicherungszweige sind:

- Träger der gesetzlichen Krankenversicherung: Allgemeine Ortskrankenkassen, Ersatzkassen, Betriebskrankenkassen, Innungskrankenkassen, landwirtschaftliche Krankenkassen, Bundesknappschaft, Seekasse

- Träger der gesetzlichen Rentenversicherung ist die Deutsche Rentenversicherung.

Leistungen der gesetzlichen Krankenversicherung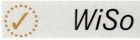

- Träger der gesetzlichen Arbeitslosenversicherung: Bundesanstalt für Arbeit
- Träger der gesetzlichen Unfallversicherung: Berufsgenossenschaften
- Träger der sozialen Pflegeversicherung: Pflegekassen

Die Beiträge zur Kranken-, Pflege-, Arbeitslosen- und Rentenversicherung werden im Prinzip je zur Hälfte vom Arbeitnehmer und -geber bezahlt. Die Beiträge zur gesetzlichen Unfallversicherung werden allein vom Arbeitgeber bezahlt.

159 Wer zahlt die Beiträge zur Sozialversicherung?

Die einbehaltenen Sozialversicherungsbeiträge werden an den Träger der gesetzlichen Krankenversicherung überwiesen.

160 An welchen Versicherungsträger werden die einbehaltenen Sozialversicherungsbeiträge der Arbeitnehmer überwiesen?

Die **Beitragsbemessungsgrenze** ist der monatliche Höchstbetrag, bis zu dem die Beiträge für die Arbeitslosen-, Kranken-, Pflege- und Rentenversicherung vom Lohn und Gehalt berechnet werden. Die Beitragsbemessungsgrenze wird jährlich angehoben.

161 Welche Bedeutung hat die Beitragsbemessungsgrenze?

Die soziale **Pflegeversicherung** wurde eingeführt, um Pflegebedürftigen Leistungen zur Verbesserung der häuslichen Pflege und zur stationären Pflege zu gewähren.

162 Aus welchen Gründen wurde die Pflegeversicherung eingeführt?

Die Träger der gesetzlichen Krankenkassen zahlen bei Erkrankung eines Arbeitnehmers **Krankenpflege** und **Krankengeld**. Im Rahmen der Krankenpflege zahlen sie die ärztliche und zahnärztliche Behandlung, die Versorgung mit Arznei-, Verbands-, Heilmitteln, Brillen (Zuschüsse), Prothesen, orthopädische und andere Hilfsmittel, Zuschüsse zu Zahnersatz und Zahnkronen, Krankenhauspflege, häusliche Krankenpflege, u. U. eine Haushaltshilfe.

Im Rahmen der Mutterschaftshilfe zahlen sie die Mutterschaftsvorsorgeuntersuchungen, Hilfe bei der Entbindung durch Hebamme oder Arzt, Pflege in der Entbindungsklinik oder Hauspflege, Mutterschaftsgeld.

163 Welche Leistungen gewährt die gesetzliche Krankenversicherung ihren Mitgliedern?

307

WiSo Rechtliche Grundlagen des Personalwesens

164 Wie lange muss ein Arbeitgeber seinen Angestellten im Krankheitsfall das Gehalt weiterbezahlen?

Der Arbeitgeber muss das Gehalt in den **ersten 6 Wochen** eines Krankheitsfalles zahlen.

165 Warum wird das System der gesetzlichen Rentenversicherung als „Generationenvertrag" bezeichnet?

Das System der gesetzlichen Rentenversicherung wird als **Generationenvertrag** bezeichnet, weil die Renten der heutigen Rentner aus den Beiträgen der derzeit Berufstätigen bezahlt werden. Die heute Berufstätigen verlassen sich darauf, dass zukünftige Generationen ihre Rente finanzieren.

166 Weshalb ist die Rente in der Bundesrepublik Deutschland eine „dynamische Rente"?

Die Rente in der Bundesrepublik Deutschland wird als **dynamische Rente** bezeichnet, weil ihre Höhe jährlich den Lohn- und Gehaltssteigerungen der rentenversicherten Arbeitnehmer angepasst wird.

167 Welche Formen des Altersruhegeldes gibt es im Rahmen der gesetzlichen Rentenversicherung?

Formen des Altersruhegeldes sind das normale Altersruhegeld ab 65 Jahre, das flexible Altersruhegeld ab 63 Jahre, das flexible Altersruhegeld für Schwerbehinderte, das vorzeitige Frauen-Altersruhegeld ab 60 Jahre, das vorzeitige Arbeitslosen-Altersruhegeld ab 60 Jahre.

168 Unterscheiden Sie volle und halbe Erwerbsminderungsrente.

Wer aufgrund gesundheitlicher Einschränkungen nur noch unter 3 Stunden täglich arbeiten kann, erhält eine **volle Erwerbsminderungsrente.** Personen, die noch 3 bis unter 6 Stunden arbeiten können, erhalten eine **halbe Erwerbsminderungsrente.**

169 Welches Problem kommt in Zukunft auf Rentner und Beitragszahler in die gesetzliche Rentenversicherung zu?

In Zukunft werden **weniger Beitragszahler** für die Rente von mehr Rentnern aufkommen müssen. Das bedeutet: Entweder zahlen die Beitragszahler zukünftig höhere Beiträge oder das Niveau der Renten sinkt.

Unfallverhütungsvorschriften

170 Welche Voraussetzungen muss ein arbeitsloser Arbeitnehmer erfüllen, damit er Arbeitslosengeld 1 erhält?

Er muss sich arbeitslos melden. Er muss unfreiwillig arbeitslos geworden sein. Er muss arbeitsfähig und arbeitswillig sein. Er muss innerhalb der letzten 2 Jahre mindestens 360 Kalendertage versicherungspflichtig beschäftigt gewesen sein.

171 Welche Personen haben Anspruch auf Arbeitslosengeld II?

Anspruch auf Arbeitslosengeld II haben Arbeitslose, deren Bezugsdauer für Arbeitslosengeld I abgelaufen ist. Sie müssen bedürftig sein.

172 Welche Maßnahmen zur Arbeits- und Berufsförderung bietet die Bundesanstalt für Arbeit an?

Maßnahmen zur Arbeits- und Berufsförderung sind Arbeitsvermittlung, Berufsberatung, Berufsausbildungsbeihilfe, Förderung von Fortbildung und Umschulung, Einarbeitungszuschüsse, Gewährung berufsfördernder Leistungen zur Rehabilitation.

173 Nach welchen Unfällen bietet die gesetzliche Unfallversicherung Versicherungsschutz?

Die **gesetzliche Unfallversicherung** bietet Versicherungsschutz nach Arbeitsunfällen. Darunter sind Unfälle zu verstehen, die im Zusammenhang mit der Berufsausübung eintreten, wie Unfälle während der Arbeit, Wegeunfälle und Berufskrankheiten.

Wegeunfälle sind Unfälle, die sich auf dem Weg von und zur Arbeit ereignen. Berufskrankheiten sind Krankheiten, die durch besonders schädigende Einflüsse am Arbeitsplatz verursacht wurden.

174 Welche Leistungen kann ein Arbeitnehmer nach einem schweren Arbeitsunfall von der gesetzlichen Unfallversicherung erhalten?

Er erhält die Kosten der Heilbehandlung bezahlt. Er erhält für die Zeit der Arbeitsunfähigkeit Verletztengeld. Sollte er erwerbs- oder berufsunfähig sein, erhält er eine Verletztenrente. Sofern er in seinem Beruf nicht mehr arbeiten kann, bezahlt die Berufsgenossenschaft die Umschulung.

175 Durch welche Maßnahmen versucht die Berufsgenossenschaft, Arbeitsunfälle zu verhüten?

Die Berufsgenossenschaft versucht, Arbeitsunfälle zu verhüten, indem sie Unfallverhütungsvorschriften erlässt und ihre Einhaltung durch regelmäßige Betriebsbesichtigungen überwacht.

WiSo

Rechtliche Grundlagen des Personalwesens

3.5.7 Mitbestimmung im Aufsichtsrat

176 Wie setzt sich der Aufsichtsrat einer Kapitalgesellschaft mit mehr als 2000 Beschäftigten zusammen?

Für alle Kapitalgesellschaften und Genossenschaften außerhalb des Montanbereichs (Bergbau, Eisen und Stahl erzeugende Industrie), die mehr als 2 000 Personen beschäftigen, gilt das **Mitbestimmungsgesetz von 1976.** Die Aufsichtsräte dieser Unternehmen setzen sich je zur Hälfte aus Arbeitnehmervertretern und Vertretern der Anteilseigner zusammen. Mindestens ein Arbeitnehmervertreter muss ein leitender Angestellter sein.

177 In welchem Verhältnis sind Gesellschafter und Arbeitnehmer einer GmbH mit 520 Beschäftigten im Aufsichtsrat des Unternehmens vertreten?

Für eine GmbH außerhalb des Montanbereichs mit 500 bis 2 000 Beschäftigten gelten die Regeln zur überbetrieblichen Mitbestimmung des **Betriebsverfassungsgesetzes von 1952.**

Danach besteht der Aufsichtsrat zu einem Drittel aus Arbeitnehmervertretern. Zwei Drittel der Aufsichtsratsmitglieder werden von der Gesellschafterversammlung als Vertreter der Anteilseigner gewählt.

178 Welches Mitbestimmungsmodell verwirklicht das Prinzip der paritätischen Mitbestimmung am ehesten?

Die **Mitbestimmung auf der Grundlage des Montanmitbestimmungsgesetzes** verwirklicht das Prinzip der paritätischen Mitbestimmung am ehesten.
Der Aufsichtsrat im Montanbereich setzt sich aus der gleichen Anzahl Arbeitnehmervertretern und Vertretern der Anteilseigner zusammen. Zusätzlich ist eine neutrale Person Mitglied des Aufsichtsrats.

179 Welche Vorteile hat die überbetriebliche Mitbestimmung für die Arbeitnehmer?

Die Arbeitnehmer haben durch ihre Vertreter im Aufsichtsrat **Einfluss auf die unternehmerischen Entscheidungen** ihres Unternehmens.

180 Warum ist in Unternehmen, für die das Mitbestimmungsgesetz gilt, der Aufsichtsratsvorsitzende in der Regel ein Vertreter der Anteilseigner?

Der Aufsichtsratsvorsitzende ist in solchen Unternehmen in der Regel ein **Vertreter der Anteilseigner,** weil sie aus ihrer Mitte den Vorsitzenden wählen, wenn der gesamte Aufsichtsrat nicht mit Zweidrittelmehrheit einen Aufsichtsratsvorsitzenden wählt.

Anhörung des Betriebsrates

3.5.8 Betriebliche Mitwirkungs- und Mitbestimmungsrechte

Es müssen mindestens **fünf wahlberechtigte Arbeitnehmer** in einem Betrieb beschäftigt sein.

181 Wie viele wahlberechtigte Arbeitnehmer müssen in einem Betrieb beschäftigt sein, damit ein Betriebsrat gewählt werden darf?

Der **Betriebsrat** ist die wichtigste Interessenvertretung der Arbeitnehmer im Betrieb. Zu seinen Aufgaben gehört es, darüber zu wachen, dass im Betrieb alle zum Schutz der Arbeitnehmer erlassenen Gesetze, Verordnungen, Unfallverhütungsvorschriften und Tarifverträge eingehalten werden.

Darüber hinaus hat der Betriebsrat eine Reihe von Mitwirkungs- und Mitbestimmungsrechten. Dabei bedeutet Mitbestimmung: Die betriebliche Maßnahme wird erst mit Zustimmung des Betriebsrates wirksam. Mitwirkung bedeutet hingegen nur: Der Betriebsrat hat ein Informations-, Beratungs- oder Anhörungsrecht. Durch seinen Widerspruch wird die vom Arbeitgeber angeordnete Maßnahme nicht unwirksam.

182 Welche Aufgaben hat der Betriebsrat?

Eine **Zustimmung des Betriebsrates** ist erforderlich in allen sozialen Angelegenheiten. Dazu gehören Kurzarbeit und Überstunden, Beginn und Ende der täglichen Arbeitszeit, Einrichtung betrieblicher Sozialeinrichtungen (z. B. Kantinen und Aufenthaltsräume), Entscheidung über Arbeitsplätze mit leistungsbezogenem Entgelt (Akkordlöhne oder Prämien), Einführung von Arbeitszeitkontrollen. In Betrieben mit mehr als 20 wahlberechtigten Arbeitnehmern ist die Zustimmung des Betriebsrats auch bei Einstellungen und Versetzungen von Arbeitnehmern notwendig.

183 In welchen Fällen ist eine Entscheidung des Arbeitgebers ohne Zustimmung des Betriebsrates ungültig?

In wirtschaftlichen Angelegenheiten hat der Betriebsrat nur ein **Informationsrecht**.

184 In welchen Angelegenheiten hat der Betriebsrat nur ein Informationsrecht?

Wenn der Betriebsrat vor der **Kündigung** nicht gehört wurde, ist die Kündigung unwirksam.

185 Welche Folgen hat es, wenn einem Arbeitnehmer ohne Anhörung des Betriebsrates gekündigt wurde?

311

WiSo — Steuern

186. Was kann in einem Betrieb durch Betriebsvereinbarungen geregelt werden?

Betriebsvereinbarungen regeln die Ordnung und die Arbeitsverhältnisse des einzelnen Betriebs, z. B. Arbeitszeiten, Pausenzeiten, Urlaubsregelungen.
Sie gelten für alle Mitarbeiter des Betriebs.
Betriebsvereinbarungen werden zwischen Arbeitgeber und Betriebsrat abgeschlossen.

187. Welche Personen dürfen zu Jugend- und Auszubildendenvertretern gewählt werden?

Alle Arbeitnehmer und Auszubildenden eines Betriebs, die noch nicht 25 Jahre alt sind, dürfen zu **Jugend- und Auszubildendenvertretern** gewählt werden.

188. Welche Personen haben das Recht, an einer Betriebsversammlung teilzunehmen?

Der Betriebsrat muss einmal in jedem Kalendervierteljahr auf einer **Betriebsversammlung** alle Arbeitnehmer (einschließlich der Auszubildenden) über seine Tätigkeit informieren und sich zur Diskussion stellen. Der Arbeitgeber muss ebenfalls eingeladen werden. Er hat das Recht, auf der Betriebsversammlung zu sprechen. An der Betriebsversammlung können Beauftragte der im Betrieb vertretenen Gewerkschaften beratend teilnehmen. Der Arbeitgeber kann Vertreter seines Arbeitgeberverbandes hinzuziehen, wenn er an einer Betriebsversammlung teilnimmt.

3.6 Steuern

189. Unterscheiden Sie Einkommen-, Lohn- und Körperschaftsteuer.

- **Einkommensteuer** ist die Steuer, die natürliche Personen von ihrem Einkommen zahlen müssen.

- **Lohnsteuer** ist eine besondere Erhebungsform der Einkommensteuer für Einkünfte aus nichtselbstständiger Arbeit.

- **Körperschaftsteuer** ist die Steuer, die juristische Personen von ihrem Einkommen bezahlen müssen.

190. Welche Angestellten müssen eine Einkommensteuererklärung abgeben?

- Angestellte, die noch andere Einkünfte, die nicht Lohneinkünfte sind, von mehr als 410,00 € bezogen haben;

- auf deren Lohnsteuerkarte ein Freibetrag eingetragen ist.

Außergewöhnliche Belastungen

 WiSo

Werbungskosten sind Ausgaben, die für Erwerb, Sicherung und Erhalt der Einnahmen notwendig sind.
Werbungskosten für Einkünfte aus nichtselbstständiger Arbeit sind vor allem:

- Aufwendungen für Fahrten zwischen Wohnung und Arbeitsstätte
- Beiträge zu Berufsverbänden, z. B. Gewerkschaften
- Aufwendungen für Arbeitsmittel, z. B. Fachliteratur, Bürobedarf
- Mehraufwendungen für Verpflegung bei über 8-stündiger berufsbedingter Abwesenheit von der Wohnung
- Mehraufwendungen für eine beruflich bedingte doppelte Haushaltsführung
- Bewerbungskosten
- Kontoführungsgebühren
- Kosten für Arbeits- und Dienstbekleidung
- weitere Werbungskosten, z. B. Fortbildungskosten, Reisekosten, beruflich bedingte Umzugskosten

191 Welche Aufwendungen kann ein Angestellter als Werbungskosten von der Steuer absetzen?

Sonderausgaben sind Aufwendungen der Lebensführung, die aus sozialen, wirtschaftlichen und steuerpolitischen Gründen steuerlich begünstigt werden. Die größte und wichtigste Gruppe innerhalb der Sonderausgaben bildenden die **Versorgungsaufwendungen.** Das sind:

- Beiträge zur gesetzlichen Renten- und Arbeitslosenversicherung,
- Beiträge zur Kranken-, Unfall-, Lebens- und Haftpflichtversicherung

Die **übrigen Sonderausgaben** sind:
- Unterhaltszahlungen an den geschiedenen oder dauernd getrennt lebenden Ehegatten
- Renten und dauernde Lasten, zu deren Zahlung sich der Steuerpflichtige verpflichtet hat

- Berufsausbildungskosten
- die gezahlte Kirchensteuer
- Steuerberatungskosten
- Spenden/Beiträge für wissenschaftliche, mildtätige und kulturelle Zwecke
- Spenden/Beiträge für religiöse und gemeinnützige Zwecke
- Spenden und Mitgliedsbeiträge an politische Parteien

192 Welche Aufwendungen kann ein Angestellter als Sonderausgaben absetzen?

Eine **außergewöhnliche Belastung** ist gegeben, wenn ein Steuerpflichtiger zwangsläufig größere Aufwendungen bestreiten muss als die überwiegende Mehrzahl der Steuerpflichtigen gleicher Einkommens- und Vermögensverhältnisse.

Wenn diese Aufwendungen eine zumutbare Eigenbelastung übersteigen, wird der übersteigende Betrag auf Antrag vom Gesamtbetrag der Einkünfte abgezogen.

Außergewöhnliche Belastungen sind z. B.: Krankheitskosten, soweit sie nicht von Dritten ersetzt werden, Kurkosten, Unterstützung bedürftiger Angehöriger, Anwalts- und Gerichtskosten bei Scheidungen, Kinderbetreuungskosten, besondere Aufwendungen von Körperbehinderten oder beispielsweise Aufwendungen, die durch die persönliche häusliche Pflege eines Angehörigen entstehen.

193 Welche Ausgaben kann ein Angestellter als außergewöhnliche Belastungen absetzen?

Markt und Preis/Wirtschaftsordnung

3.7 Markt und Preis/Wirtschaftsordnung

3.7.1 Markt und Marktarten

194 Welche Bedingungen müssen gegeben sein, damit man allgemein von einem Markt sprechen kann?

Der **Markt** ist
- jedes Zusammentreffen von Angebot und Nachfrage für ein bestimmtes Wirtschaftsgut.
- nicht an einen bestimmten Ort gebunden.
- der Ort, an dem sich Preise für Güter bilden.

195 Nennen Sie die Marktarten. Unterscheiden Sie dabei in Faktor- und Gütermärkte.

Die Marktarten können eingeteilt werden in:

- **Faktormärkte** (Märkte für die Produktionsfaktoren):
  - Arbeitsmarkt: Arbeitsleistungen werden gegen Arbeitsentgelte gehandelt.
  - Immobilienmarkt: Handel mit Grundstücken und Gebäuden.
  - Kapital- und Geldmarkt: Vermittlung von z. B. lang- und kurzfristigen Krediten.

- **Gütermärkte:**
  - Konsumgütermarkt: Handel mit Konsumgütern; es existiert eine Vielzahl von Märkten, z. B. Kartoffel-, Automobil-, Computermarkt; Anbieter sind die Unternehmen, Nachfrager die privaten Haushalte.
  - Investitionsgütermarkt: Handel mit Produktionsgütern, z. B. Maschinen, Werkzeugen; Anbieter und Nachfrager sind die Unternehmen.

3.7.2 Bildung des Gleichgewichtspreises – seine Veränderungen und Aufgaben

196 Was ist im Allgemeinen unter dem Begriff des Angebots bzw. der Nachfrage zu verstehen?

- **Angebot** = Die Gütermenge, die die Unternehmen auf dem Markt anbieten wollen.

- **Nachfrage** = Der am Markt in Kaufentscheidungen umgesetzte Bedarf. Darunter wird die Menge an Gütern verstanden, die ein Wirtschaftssubjekt zu kaufen beabsichtigt, um seine Bedürfnisse zu befriedigen.

Angebot beeinflussende Faktoren

 WiSo

Je nach nachfragendem Wirtschaftssektor können folgende **Nachfragearten** unterschieden werden:

- **Haushaltsnachfrage:** Die Menge an Konsumgütern, die ein privater Haushalt zu kaufen beabsichtigt.
- **Unternehmensnachfrage:** Der Bedarf an Produktionsgütern, den ein Unternehmer am Markt deckt.
- **Staatsnachfrage:** Die Nachfrage der öffentlichen Haushalte, um ihren Bedarf an Gütern und Dienstleistungen zu befriedigen, z. B. zur Unterhaltung von öffentlichen Einrichtungen.
- **Auslandsnachfrage:** Zur Auslandsnachfrage können alle ausländischen Wirtschaftssubjekte gerechnet werden, die ihre benötigten Güter im Inland kaufen.

197 Nennen Sie in Anlehnung an den Wirtschaftskreislauf die Arten der Nachfrage.

Grundsätzlich bestimmen die einzelnen Nachfrager frei und selbstständig darüber, was sie nachfragen. Insofern gibt es eine Vielzahl von Faktoren, die die persönliche Nachfrage beeinflussen. Unter gesamtwirtschaftlicher Betrachtungsweise sind für die **Nachfrage** folgende **Größen** bestimmend:

- Preis des angebotenen Gutes
- Preise anderer Güter (Substitutions- bzw. Komplementärgüter)
- verfügbares Einkommen der Haushalte (Kaufkraft)
- Erwartungen über die zukünftige wirtschaftliche Entwicklung
- Bedarfsstruktur (Art der Bedürfnisse und ihre Dringlichkeit) der Haushalte (abhängig vom Geschlecht, Alter, Beruf, gesellschaftlichem Umfeld, Ausstattung mit Gütern, Einkommen usw.)
- Anzahl der Nachfrager

198 Welche Größen bestimmen das Verhalten der Nachfrager?

Entscheidende **Faktoren**, die das **Angebot beeinflussen,** sind:

- Preis des angebotenen Gutes
- Preis anderer Güter (Substitutions- bzw. Komplementärgüter)
- Gewinnerwartung
- Kosten der Produktionsfaktoren (z. B. Arbeits-, Kapitalkosten)
- Unternehmensziele (z. B. Gewinnmaximierung, Existenzerhaltung, Vergrößerung des Marktanteils)
- Stand der technischen Entwicklung (des technischen Know-hows)
- Wettbewerbssituation auf dem Markt
- Einschätzung der zukünftigen wirtschaftlichen Entwicklung
- Finanzsituation

199 Nennen Sie die Faktoren, die das Angebot beeinflussen.

WiSo

Markt und Preis/Wirtschaftsordnung

200 Betrachtet man das Verhältnis von nachgefragter Menge und Preis, so kommt man zu einigen wesentlichen Aussagen (Gesetzmäßigkeiten) hinsichtlich des Nachfrageverhaltens bzw. des Verlaufs der Nachfragekurve.

Nennen Sie diese sogenannten „Gesetze der Nachfrage".

Nachfragereaktionen (Gesetz der Nachfrage):

- Sinkt der Preis eines Gutes, dann erhöht sich die Nachfrage nach diesem Gut – unter sonst gleichen Bedingungen (ceteris paribus).
- Steigt der Preis eines Gutes, dann sinkt die Nachfrage nach diesem Gut.
- grafischer Verlauf der Nachfragekurve: von links oben nach recht unten

<u>Merke:</u> **Verändert sich der Preis** des Gutes, so ergibt sich eine neue Preis-Mengen-Kombination **auf (entlang)** der Nachfragekurve. Dabei bleibt die Lage der Kurve unverändert.

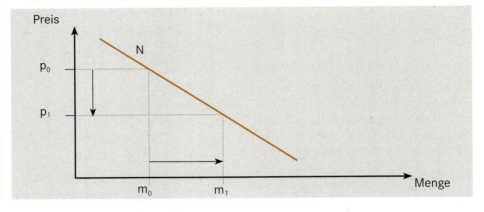

201 Beschreiben Sie anhand der nebenstehenden Grafik den Verlauf der Angebotskurve.

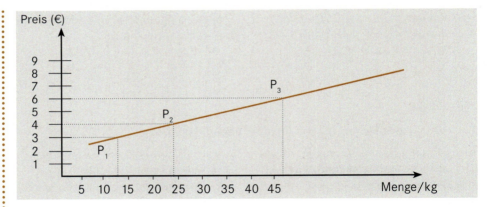

Das Angebot des Unternehmens ist gekennzeichnet durch folgende Gesetzmäßigkeiten:

- Je niedriger der Preis eines Gutes, desto geringer ist das Angebot dieses Gutes. Begründung: Der Verkauf des Gutes verspricht wenig Aussicht auf Erträge, sodass die Anzahl der Unternehmen, die dieses Gut anbieten, abnimmt.
- Mit steigendem Preis steigt wegen der zunehmenden Gewinnaussichten das Angebot.
- Grafisch dargestellt verläuft die Angebotskurve von links unten nach rechts oben.

Wettbewerbspreis

Grafisch sieht die Bildung des Markt-/Gleichgewichtspreises (unter vollkommenen Marktbedingungen) wie folgt aus:

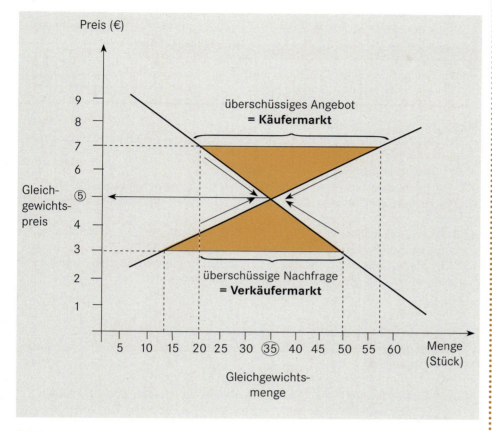

Wie bildet sich auf einem polypolistischen Markt (bei vollständiger Konkurrenz) der Wettbewerbspreis? 202

Erklärung:
Beide Kurven schneiden sich bei einem Preis von 5,00 €/Stück. Bei diesem Preis werden 35 Stück des Gutes angeboten und 35 Stück des Gutes nachgefragt. Lediglich bei diesem Preis stimmen angebotene und nachgefragte Menge überein. Dieser Preis wird daher als **Gleichgewichtspreis** bezeichnet; die Menge nennt man **Gleichgewichtsmenge.** Der Gleichgewichtspreis ergibt sich durch das Zusammentreffen von Angebot und Nachfrage auf diesem Konsumgütermarkt.
Beim Marktpreis von 7,00 € besteht ein Überangebot (Angebot 57 Stück/Nachfrage 20 Stück), die Anbieter können nicht sämtliche Güter absetzen, sie müssen den Preis senken **(= Käufermarkt).** Der Marktpreis von 3,00 € hingegen erscheint den Nachfragern so günstig, dass sie 50 Stück erwerben möchten, die Anbieter aber nur 12 Stück anbieten; der Preis wird steigen **(= Verkäufermarkt).**
In beiden Fällen herrscht kein Gleichgewicht. Die Pfeile verdeutlichen, wie sich in einem ständigen Anpassungsprozess der Preis dem Gleichgewichtspreis nähert. Alle Anbieter, die bereit sind, zum Gleichgewichtspreis zu verkaufen, können ihr gesamtes Angebot absetzen. Alle Nachfrager, die zum Gleichgewichtspreis kaufen wollen, können ihre Wünsche realisieren. Vom Marktgeschehen ausgeschlossen sind daher all jene Anbieter, die einen höheren Marktpreis erzielen, und sämtliche Nachfrager, die ihren Nutzen mittels eines niedrigeren Marktpreises maximieren wollen.

Fortsetzung Seite 318

WiSo

Markt und Preis/Wirtschaftsordnung

Fortsetzung von Seite 317

Preis in Euro	Nachfrage/ Stück	Angebot/ Stück	Differenz/ Stück	Möglicher Absatz/Stück	Marktlage
2,00	57	3	54	3	Nachfrageüberhang (= Verkäufermarkt)
3,00	50	12	38	12	
5,00	**35**	**35**	**0**	**35**	*Gleichgewichtspreis*
7,00	20	57	37	20	Angebotsüberhang (= Käufermarkt)
8,00	14	68	54	14	

Merke:
- Der Gleichgewichtspreis bildet sich im Schnittpunkt von Angebots- und Nachfragekurve.
- Der Gleichgewichtspreis „räumt den Markt".
- Zum Gleichgewichtspreis wird die größtmögliche Warenmenge abgesetzt.
- Der Gleichgewichtspreis ist der Preis, bei dem sich Anbieter und Nachfrager einig sind.
- Steigt das Angebot im Verhältnis zur Nachfrage (Nachfragelücke, Angebotsüberhang), dann sinkt der Preis. Es existiert ein Käufermarkt.
- Steigt die Nachfrage im Verhältnis zum Angebot (Angebotslücke, Nachfrageüberhang), dann steigt der Preis. Es liegt ein Verkäufermarkt vor.

203 „Der Absatz von Frischkartoffeln geht zurück. Das könnte an der Qualität liegen", sagt die Ernährungsforscherin. Verzehrte im Jahr 01 der Bundesbürger pro Kopf und Jahr noch 80,5 kg, so waren es im Jahr 03 laut Verbraucherzentrale im Durchschnitt 8 kg weniger.
a) Stellen Sie fest, ob ein Käufer- oder ein Verkäufermarkt vorliegt. Begründen Sie Ihr Ergebnis.
b) Warum könnte sich der Preis verändern, wenn die Anbieter von Kartoffeln wieder qualitativ bessere Ware anbieten würden?

a) Es liegt ein **Käufermarkt** vor. Die Nachfrage nach Kartoffeln geht zurück, die Anbieter von Kartoffeln können ihr Angebot nicht vollständig absetzen. Sie müssen die Preise senken.

b) Nach **Qualitätsware** besteht eine höhere Nachfrage. Übersteigt die Nachfrage nach Qualitätskartoffeln das bestehende Angebot, so ist dieses Gut knapp, was steigende Preise zur Folge haben würde.

Konsumenten- und Produzentenrente

Beim Gleichgewichtspreis entsprechen sich Angebot und Nachfrage. Das heißt, dass die Mehrzahl der Anbieter und Nachfrager zu diesem Preis zu einem Geschäftsabschluss bereit ist.
Es wird die **größtmögliche** Gütermenge umgesetzt – der „**Markt wird geräumt**".

> **WiSo**
>
> **204** Was verstehen Sie unter der „Markträumungsaufgabe" des Gleichgewichtspreises?
>
> **205** Was verstehen Sie unter
> a) Konsumentenrente,
> b) Grenznachfrager,
> c) Produzentenrente und
> d) Grenzanbieter?

a) Die **Konsumentenrente** macht die Differenz aus, die sich zwischen dem **höheren** Betrag, den ein Nachfrager zu zahlen bereit ist, und dem tatsächlichen Marktpreis multipliziert mit der nachgefragten Menge ergibt.
Beispiel: Ein Textilgroßhändler ist bereit, für einen Jogginganzug der Marke TerraX 180,00 € zu zahlen. Das Unternehmen bestellt 90 Stück und kann letztlich einen Kaufvertrag zum Stückpreis von 155,00 € pro Anzug abschließen. Damit hat es eine Konsumentenrente in Höhe von 2.250,00 € erzielt (25,00 € · 90 Stück).

b) **Grenznachfrager** ist der Marktteilnehmer, dessen Konsumentenrente null beträgt. Der Betrag, den dieser Nachfrager höchstens zu zahlen bereit ist, entspricht dem Marktpreis. Eine noch so geringfügige Erhöhung des Marktpreises hätte ein Ausscheiden des Grenznachfragers zur Folge.

c) Die **Produzentenrente** macht die Differenz aus, die sich zwischen dem **niedrigsten** Preis, zu dem ein Anbieter ein bestimmtes Gut noch anbieten würde, und dem tatsächlichen Marktpreis multipliziert mit der angebotenen Menge ergibt.
Beispiel: Ein Textilgroßhändler ist bereit, 30 Jogginganzüge der Marke TerraX an die Einzelhändlerin Stephanie Tankink e. Kffr. zum Stückpreis von 210,00 € abzugeben. Der Marktpreis, zu dem der Großhändler letztlich ausliefert, liegt schließlich bei 237,00 €. Seine Produzentenrente beträgt demzufolge 27,00 € · 30 Stück = 810,00 €.

d) **Grenzanbieter** ist der Marktteilnehmer, der zu einem Marktpreis anbietet, der seine Gesamtkosten gerade noch deckt. Seine Produzentenrente ist gleich null. Bei einer noch so geringen Preissenkung würde er als Anbieter aus dem Markt ausscheiden.

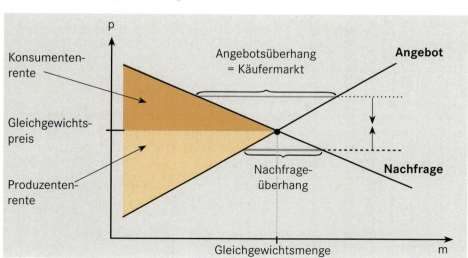

WiSo — Markt und Preis/Wirtschaftsordnung

206 Wie verändert sich die Nachfragekurve, wenn andere Einflussfaktoren (Preis der Güter, Zahl der Nachfrager, Einkommen, Preis des Komplementär- bzw. Substitutionsgutes, Wertschätzung des Gutes) wirksam werden?

Stellen Sie die Situation (Preis-Mengen-Diagramm) unter Zugrundelegung eines sich verändernden Einkommens grafisch dar.

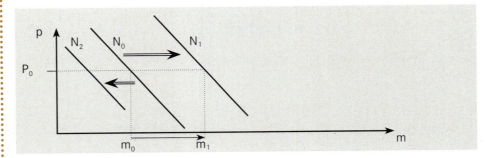

Indem z. B. das **Einkommen** der Haushalte **steigt,** können sie eine höhere Menge eines bestimmten Gutes nachfragen; die **Nachfragekurve verschiebt sich nach rechts,** d. h. von $N_0 \rightarrow N_1$; die nachgefragte Menge steigt von $m_0 \rightarrow m_1$.

Merke:
- Verändert sich ein Einflussfaktor der Nachfrage (ausgenommen der Preis), **verschiebt** sich die Nachfrage.
- Eine **Nachfragesenkung** ist dabei gleichzusetzen mit einer **Verschiebung** der Nachfrage **nach links.**
- Eine **Nachfrageerhöhung** entspricht einer **Rechtsverschiebung** der Nachfrage.

Ursachen für Änderungen der Gesamtnachfrage und ihre Auswirkung		
positiv	• Erwartungen über die zukünftige wirtschaftliche Entwicklung	negativ
steigt	• Haushaltseinkommen	sinkt
steigt	• Wertschätzung des Gutes	sinkt
steigt	• Preis eines Substitutionsgutes	sinkt
sinkt	• Preis eines Komplementärgutes	steigt
steigt	• Zahl der Nachfrager	sinkt
⇓ Erhöhung der Nachfrage Verschiebung nach rechts [$N_0 \rightarrow N_1$]		⇓ Senkung der Nachfrage Verschiebung nach links [$N_0 \leftarrow N_2$]

207 Angenommen, die Unternehmen erhöhen ihr Angebot aufgrund von steigenden Gewinnerwartungen, der Einführung modernerer Technik oder sinkenden

Erhöhen die Unternehmen ihr Angebot bei **gleichbleibender Nachfrage,** verschiebt sich die Angebotskurve nach rechts. Die Rechtsverschiebung der Angebotskurve bedeutet, dass das Angebot bei jedem möglichen Preis höher ist als vor der Verschiebung der Angebotskurve. Das Marktgleichgewicht verschiebt sich nach rechts unten.

Änderung von Nachfrage und Angebot

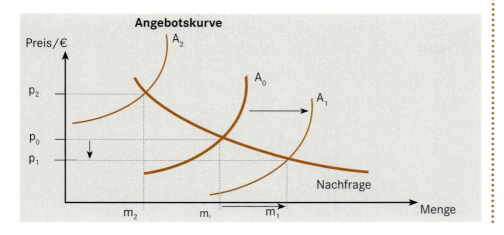

Ändern sich bei vollständiger Konkurrenz **die Einflussfaktoren** der Nachfrage oder des Angebots, so kommt es zu Links- bzw. Rechtsverschiebungen der Angebots- bzw. Nachfragekurve. Es kommt zu einem neuen Gleichgewichtspreis, der unter oder über dem ursprünglichen Gleichgewichtspreis liegt. Der **Gleichgewichtspreis verringert sich** beispielsweise, wenn sich

- die **Nachfragefunktion nach links** verschiebt (= Nachfrageverringerung), d. h., bei gleichem Preis wird weniger nachgefragt.
- die **Angebotsfunktion nach rechts** verschiebt (= Angebotserhöhung), d. h., bei gleichem Preis wird mehr angeboten.

Angebotsfunktion	Ursachen für Verschiebungen der Angebots- bzw. Nachfragefunktion	Nachfragefunktion
positiv	• Erwartungen über die zukünftige wirtschaftliche Entwicklung	positiv
angebotserhöhend	• Veränderungen der Unternehmensziele	–
–	• Haushaltseinkommen	sinkt
sinken	• Kosten der Produktionsfaktoren	–
–	• Wertschätzung des Gutes	sinkt
steigt	• Preis eines Substitutionsgutes	sinkt
sinkt	• Preis eines Komplementärgutes	steigt
steigt	• Zahl der Nachfrager	sinkt
⇓ Erhöhung des Angebots Verschiebung nach rechts [$A_0 \rightarrow A_1$]		⇓ Senkung der Nachfrage Verschiebung nach links [$N_1 \leftarrow N_0$]

*Es entsteht ein neuer Gleichgewichtspreis, der **unter** dem ursprünglichen Preis liegt!*

WiSo

Preisen der Produktionsfaktoren. Welche Auswirkungen hat das auf den Verlauf der Angebotskurve bei gleichbleibender Nachfrage? Stellen Sie die Veränderung in einem Koordinatensystem grafisch dar.

208 Wie verändert sich der Gleichgewichtspreis bei Änderung von Nachfrage und Angebot?

WiSo

Markt und Preis/Wirtschaftsordnung

209 Legen Sie bei der Beantwortung der nachfolgenden Fragen die nebenstehende Abbildung zugrunde.

a) Durch welche Kurve (A oder B) wird das Verhalten der Anbieter wiedergegeben?

b) Welcher Anbieter (I/II/III) wird durch den Gleichgewichtspreis vom Markt verdrängt?

c) Welcher Anbieter wird beim vorhandenen Gleichgewichtspreis eine Produzentenrente erzielen?

d) Welcher der Anbieter I, II und III wird als Grenzanbieter bezeichnet?

e) Bei welchem Preis (p_1, p_2, p_3, p_4) kann die größtmögliche Warenmenge umgesetzt werden?

f) Bezeichnen Sie den Gleichgewichtspreis.

g) Bei welcher Preissituation bietet Anbieter I an?

h) Bei welcher Preissituation
– findet Umsatz statt und
– ist die angebotene Menge kleiner als die nachgefragte?

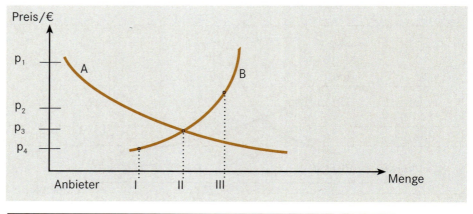

Frage	a)	b)	c)	d)	e)	f)	g)	h)
Lösung	A	III	I	II	p_3	p_4	p_4	p_4

Angebot und Nachfrage

 WiSo

a) Kaufaufträge

Preis in € je kg	Nachfrage in kg				insgesamt
	E	F	G	H	
6,00	1 000	400	600	300	2 300
6,60		400	600	300	1 300
7,20			600	300	900
7,80				300	300

Verkaufsaufträge

Preis in € je kg	Angebot in kg				insgesamt
	I	J	K	L	
6,00				400	400
6,60			900	400	1 300
7,20		600	900	400	1 900
7,80	1 000	600	900	400	2 900

b) Übersicht aller Kauf- und Verkaufsaufträge

Preis in € je kg	Gesamt-nachfrage in kg	Gesamt-angebot in kg	Marktum-satz in kg	Wirkung auf den Preis	Marktlage
6,00	2 300	400	400	steigend	Nachfrage-überhang
6,60	1 300	1 300	1 300	keine	Gleichge-wicht
7,20	900	1 900	900	sinkend	Angebots-überhang
7,80	300	2 900	300	sinkend	Angebots-überhang

Aus den Angaben ermittelte der Makler den Preis von 6,60 € für 1 kg *Purissimi Arabica – klassisch*. Würde er einen Preis von 7,80 € festsetzen, würden zwar 2 900 kg angeboten, wovon aber wegen der geringen Nachfrage nur 300 kg abgesetzt werden könnten.
Es besteht ein Angebotsüberhang bzw. eine Nachfragelücke in Höhe von 2 600 kg. Bei einem Preis von 6,00 € je kg würden zwar 2 300 kg nachgefragt, aber nur 400 kg angeboten und verkauft.

Es besteht ein Nachfrageüberhang bzw. eine Angebotslücke in Höhe von 1 900 kg. Der Makler wird an diesem Börsentag den Preis von 6,60 € für 1 kg *Purissimi Arabica – klassisch* festlegen. Bei diesem Preis planen die Anbieter 1 300 kg zu verkaufen und die Nachfrager planen 1 300 kg zu kaufen.

---

210 An der Kaffeebörse in Hamburg erhält ein Makler am 12. Mai 20.. von diversen Kaufinteressenten folgende Kaufaufträge für brasilianischen Kaffee der Sorte *Purissimi Arabica – klassisch*:

- Emmerich will 1 000 kg kaufen, jedoch höchstens 6,00 € pro kg bezahlen.
- Franke will 400 kg kaufen, aber höchstens 6,60 € pro kg ausgeben.
- Günther will 600 kg kaufen und ist bereit, 7,20 €/kg zu zahlen.
- Hausmann hingegen möchte 300 kg kaufen und würde für diese Menge sogar 7,80 €/kg zahlen.

Von den Anbietern (Verkäufern) erhält der Makler am selben Tag für die gleiche Kaffeesorte *Purissimi Arabica – klassisch* folgende Verkaufsaufträge:

- Illner bietet 1 000 kg an, jedoch nur, wenn er mindestens 7,80 € je kg bekommt.

Fortsetzung Seite 324

WiSo Markt und Preis/Wirtschaftsordnung

Fortsetzung von Seite 323

- Jonas bietet 600 kg an und will hierfür mindestens 7,20 €/kg erzielen.
- Klein bietet 900 kg an und gibt als Preisuntergrenze 6,60 € je kg an.
- Ludwig bietet 400 kg des brasilianischen Kaffees an bei einem Limit von 6,00 € pro kg.

a) Ermitteln Sie das Gesamtangebot und die Gesamtnachfrage.

b) Ermitteln Sie den jeweiligen Marktumsatz in kg, der erzielt wird bei einem Preis von 6,00 € pro kg, 6,60 € pro kg, 7,20 € pro kg, 7,80 € pro kg. Tragen Sie Ihre Ergebnisse in eine entsprechende Tabelle ein.

c) Leiten Sie aus den Ergebnissen der letzten Tabelle die Gesetze von Angebot und Nachfrage ab.

Es besteht weder ein Angebots- noch ein Nachfrageüberschuss. Bei keinem anderen Preis kann eine größere Menge umgesetzt werden. Der Preis von 6,60 € je kg ist der Gleichgewichtspreis.

c)
- Die Nachfrage steigt bei unverändertem Angebot [N > A] → steigender Marktpreis.
- Das Angebot sinkt bei unveränderter Nachfrage [A < N] → steigender Marktpreis.
- Die Nachfrage sinkt bei unverändertem Angebot [N < A] → sinkender Marktpreis.
- Das Angebot steigt bei unveränderter Nachfrage [A > N] → sinkender Marktpreis.

bzw.
- Angebotsregel:
  - Je mehr der Preis eines Gutes steigt, desto größer wird das Angebot.
  - Je mehr der Preis eines Gutes fällt, desto geringer wird das Angebot.

- Nachfrageregel:
  - Je mehr der Preis eines Gutes steigt, desto geringer wird die Nachfrage.
  - Je mehr der Preis eines Gutes sinkt, desto größer wird die Nachfrage.

- Der Gleichgewichtspreis ist der Preis, bei dem die Anbieter bereit sind, eine bestimmte Gütermenge abzugeben, und die Nachfrager bereit sind, diese Gütermenge abzunehmen. Anbieter und Nachfrager sind sich in ihren Kaufhandlungen einig.

- Beim Gleichgewichtspreis wird der maximale Umsatz erzielt, Angebot und Nachfrage sind ausgeglichen. Der Gleichgewichtspreis „räumt den Markt".

Gleichgewichtspreis und -menge

- Es liegt ein Angebotsüberhang von 55 000 Konsolen vor.
- Es besteht daher ein Käufermarkt.
- Folgewirkung: Die Preise für Spielekonsolen sinken (im Sinne der Nachfrager).

Kaufaufträge (Nachfrage)

Käufer	Kaufmenge in t	akzeptierte Preisobergrenze
A	150	105,00 €/t
B	60	120,00 €/t
C	90	132,00 €/t
D	45	140,00 €/t

Verkaufsaufträge (Angebot)

Verkäufer	Angebot in t	akzeptierte Preisuntergrenze
E	150	140,00 €/t
F	90	132,00 €/t
G	135	120,00 €/t
H	60	105,00 €/t

Lösung:
a) 120,00 €
b) 195 Tonnen

---

211 Auf dem polypolistischen Markt für Spielekonsolen ist die folgende Situation gegeben: Nachfrage im letzten Quartal nach Spielkonsolen insgesamt 70 000 Stück. Verkaufspreis pro Stück: 255,00 €. Insgesamt wurden in diesem Quartal 125 000 Konsolen von den Herstellern angeboten. Beschreiben Sie die vorliegende Marktsituation wenn angenommen werden soll, dass ein vollkommener Markt vorliegt.

212 An der Kaffeebörse in Hamburg liegen die nebenstehend aufgeführten Notierungen (Angebot und Nachfrage) für den Rohstoff Kaffee vor. Bestimmen Sie
a) den Gleichgewichtspreis sowie
b) die Gleichgewichtsmenge
für eine Tonne Rohkaffee.

Markt und Preis/Wirtschaftsordnung

213 Welche Aufgaben (Funktionen) hat der Gleichgewichtspreis bei polypolistischer Konkurrenz?

Der **Marktpreis** hat **im Modell polypolistischer Konkurrenz** folgende Aufgaben:

- **Informations- oder Signalfunktion**
Der Marktpreis zeigt die Knappheitsverhältnisse der Güter an. Er zeigt den Marktteilnehmern, wie dringlich der Bedarf einzuschätzen bzw. wie knapp das Gut ist. Ändert sich der Preis, deutet das auf eine veränderte Güterknappheit hin.

- **Lenkungsfunktion**
Die Unternehmen werden in den Bereichen ihre Güter anbieten, in denen sie sich den größtmöglichen Gewinn versprechen. Ist der Preis hoch, deutet das auf hohe Wertschätzung bei den Nachfragern hin. Die Gewinnaussichten sind in diesem Wirtschaftsbereich größer.
Hohe Gewinne regen an, das Angebot zu steigern. Die Produktionsfaktoren werden in diesem Erfolg versprechenden Produktionsbereich verstärkt eingesetzt (Produktionslenkung durch den Preis), in einem Bereich, in dem die Güter von den Nachfragern auch tatsächlich verlangt werden.

- **Ausgleichs- oder Markträumungsfunktion**
Der Gleichgewichtspreis räumt den Markt. In dieser Situation besteht ein Gleichgewicht zwischen Angebot und Nachfrage. Sämtliche Marktteilnehmer sind zufrieden: Alle von den Anbietern angebotenen Güter werden von den Nachfragern restlos aufgekauft. Weniger kaufkräftige Nachfrager und nicht konkurrenzfähige Anbieter werden bei dem zustande gekommenen Gleichgewichtspreis vom Markt ferngehalten. Insofern sind Ausgleichs- und Ausleseaufgabe eng verknüpft.

- **Auslese- oder Selektionsfunktion**
Nicht wettbewerbsfähig ist ein Anbieter, der mit überhöhten Kosten arbeitet. Er müsste, um wirtschaftlich, d. h. kostendeckend, zu arbeiten, seinen Preis heraufsetzen. Die Folge: Der Anbieter wird vom Markt gedrängt, da er zur Kostendeckung zu hohe Preise verlangt.
Auf diese Weise bewirkt die Auslesefunktion des Preises, dass sich die jeweils kostengünstigere Produktionstechnik durchsetzt.
Auf der Seite der Nachfrager wird derjenige vom Markt verdrängt, der zum Gleichgewichtspreis nicht mehr zahlungsfähig oder zahlungswillig ist.

214 Was verstehen Sie unter der Preiselastizität der Nachfrage?

Die **Preiselastizität der Nachfrage** gibt Auskunft, in welchem Ausmaß die Nachfrager auf Preisänderungen eines Gutes (mengenmäßig) reagieren (prozentuale Mengenänderung).

$$\text{Preiselastizität der Nachfrage} = \frac{\text{prozentuale Veränderung der nachgefragten Menge}}{\text{prozentuale Veränderung des Preises}}$$

Nachfrageelastizitäten

WiSo ✓

Stellen Sie die verschiedenen Nachfrageelastizitäten grafisch dar. (215)

Theoretisch kann die Preiselastizität (ausgedrückt durch den Elastizitätskoeffizienten E) jeden Wert von null bis unendlich einnehmen. Dabei sollen die folgenden Elastizitäten unterschieden werden:

Vollkommen unelastische (starre) Nachfrage
$[E_N = 0]$
Die Nachfrager reagieren auf Preisänderungen überhaupt nicht.
Beispiele:
lebenswichtige Medikamente, Blutkonserven.

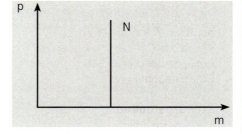

Unelastische Nachfrage
$[0 < E_N < 1]$
Der Wert der Preiselastizität liegt zwischen null und eins, d. h., die Nachfrager reagieren auf Preisänderungen nur begrenzt.
Beispiele:
Grundnahrungsmittel, Wohnungsmieten.

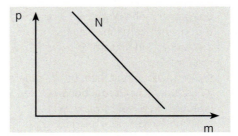

Elastische Nachfrage
$[1 < E_N < \infty]$
Eine elastische Nachfrage liegt immer dann vor, wenn der Wert der Preiselastizität größer als eins ist, d. h., die Nachfrager reagieren auf Preisänderungen sehr stark.
Beispiele:
Güter des gehobenen Bedarfs, wie Schmuck.

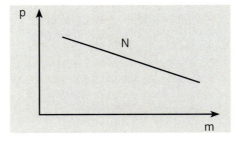

Vollkommen elastische Nachfrage
$[E_N = \infty]$
Die vollkommen elastische Nachfrage ist als ein Grenzfall zu sehen, da die Preiselastizität der Nachfrage einen Wert von unendlich annimmt. In diesem theoretischen Fall reagieren die Nachfrager auch auf eine nur geringfügige Preisänderung mit absolutem Nachfrageverzicht.

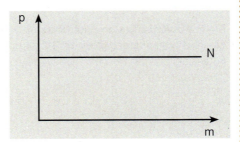

WiSo

Markt und Preis/Wirtschaftsordnung

216 Erklären Sie Substitutions- und Komplementärgüter.

- **Substitutionsgüter** können sich aufgrund des gleichen Nutzens bzw. Ertrags gegenseitig ersetzen. Da sie bei der Bedürfnisbefriedigung alternativ nachgefragt werden, stehen sie aus der Sicht der Nachfrager in Konkurrenz zueinander.

- **Komplementärgüter** ergänzen sich und werden nur zusammen nachgefragt bzw. nur gemeinsam mit anderen Gütern genutzt. Die Nachfrage nach einem Gut beeinflusst direkt die Nachfrage nach dem Komplementärgut.

217 Stellen Sie sowohl bei Substitutions- als auch bei Komplementärgütern grafisch dar, wie sich die Nachfrage nach einem Gut verändert, wenn sich der Preis des zugehörigen Substitutions- bzw. Komplementärgutes verändert.

- **Substitutionsgüter:** [Butter/Margarine], [Öl/Gas], [Blech/Kunststoff], [Zucker/Süßstoff], [Reis/Nudeln], [Kaffee/Tee], [Rindfleisch/Schweinefleisch]

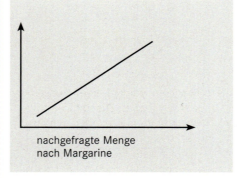

nachgefragte Menge nach Margarine

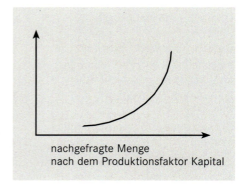

nachgefragte Menge nach dem Produktionsfaktor Kapital

Preiserhöhungen bei Butter führen zu einer Erhöhung des Margarineabsatzes, wenn die Margarinepreise nicht gleichzeitig angehoben werden. Die Haushalte substituieren demnach Butter gegen Margarine. Man spricht in diesem Fall von **Kreuzpreiselastizität**.

Bei ansteigenden Personalkosten wird der Produktionsfaktor Arbeit zunehmend durch den Produktionsfaktor Kapital (z. B. Maschinen) ersetzt (substituiert).

- **Komplementärgüter:** [Automobil/Benzin], [CD-ROM/Computer], [Pfeife/Tabak], [Fotoapparat/Film], [Kaffeemaschine/Filterpapier], [Kugelschreiber/Mine]

Steigt der Preis für Computer, dann hat das eine Nachfragesenkung bei PCs zur Folge; gleichzeitig werden auch weniger CDs nachgefragt.

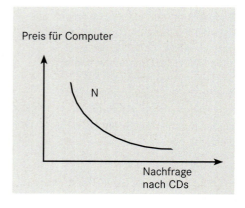

Vollkommener und unvollkommener Markt

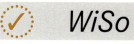

Steigt der Preis für Fotoapparate, werden die Anbieter von Filmen mit einer sinkenden Nachfrage nach Fotoapparaten rechnen und ihr Angebot an Filmen ebenfalls reduzieren.

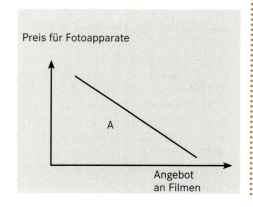

3.7.3 Markttypen und Marktformen

Mit dem gedanklichen Modell des **vollkommenen Marktes,** das nur einen Ausschnitt der Praxis wiedergibt, hat man die Möglichkeit, die grundlegenden Zusammenhänge der Preisbildung verständlich machen zu können. Folgende Voraussetzungen müssen für einen vollkommenen (störungsfreien) Markt gegeben sein:

- **Vollständige Konkurrenz.** Viele Nachfrager treffen auf viele Anbieter (= Marktform des Polypols). Eine Veränderung der Angebotsmenge des einzelnen Anbieters führt daher nicht zu einer Preisänderung.
- **Markttransparenz.** Jeder Marktteilnehmer ist vollständig informiert über das, was auf den Märkten geschieht, sie verfügen über eine lückenlose Marktkenntnis.
- **Homogenität der Güter.** Die gehandelten Güter sind beliebig teilbar und darüber hinaus nicht unterscheidbar, d. h., sie sind gleichartig hinsichtlich ihrer Art, Qualität und Aufmachung.
- **Handeln nach dem ökonomischen Prinzip.** Die Marktteilnehmer handeln vernunftbezogen, d. h., sie verhalten sich bei allen ihren Entscheidungen rational als homo oeconomicus (lat. = der wirtschaftlich handelnde und denkende Mensch). Demzufolge haben sie **keine Bevorzugungen (Präferenzen)** gegenüber bestimmten Anbietern bzw. Nachfragern. Es werden folgende Präferenzen unterschieden:
  - *Persönliche Präferenzen:* Sie würden vorliegen, wenn aufgrund von freundschaftlichen Beziehungen zwischen den Geschäftspartnern der Vertragsabschluss beeinflusst würde.
  - *Sachliche Präferenzen* liegen vor, wenn ein Gut gekauft würde, weil es sich von anderen unterscheidet in Geschmack, Qualität, Farbe usw.
  - *Räumliche Präferenzen* existieren nicht. Der vollkommene Markt ist ein Punktmarkt, wie z. B. die Börse. Entfernungsmäßige Unterschiede dürfen nach dem Modell des vollkommenen Marktes nicht vorhanden sein.
  - *Zeitliche Präferenzen:* Sowohl Nachfrager als auch Anbieter handeln ohne zeitliche Verzögerungen, womit eine unendlich hohe Anpassungsgeschwindigkeit der Marktteilnehmer an Veränderungen bei Preisen und Mengen unterstellt wird.
- **Einheitlicher Preis.** Es bildet sich zu jedem Zeitpunkt auf einem durchsichtigen, polypolistischen Markt für eine Güterart nur **ein einheitlicher** Marktpreis.

Dem Markttyp des vollkommenen Marktes (Modell) steht die Realität in Form des unvollkommenen Marktes gegenüber.

Unterscheiden Sie diese beiden Markttypen.

Fortsetzung Seite 330

Markt und Preis/Wirtschaftsordnung

Fortsetzung von Seite 329

Fehlt auch nur eine der Voraussetzungen des vollkommenen Marktes, so liegt ein **unvollkommener Markt** vor. Die Wirklichkeit kennt nur unvollkommene Märkte, weil:
- die vollständige Markttransparenz fehlt,
- Bevorzugungen (Präferenzen) bestehen,
- keine Gleichartigkeit der Güter gegeben ist,
- sogenannte Timelags (zeitliche Verzögerungen) bestehen,
- die Marktformen des Oligopols und des Monopols vorhanden sind.

Beispiele: Die Anbieter versuchen, durch möglichst differenzierte und umfangreiche absatzpolitische Maßnahmen die Bedingungen des vollkommenen Marktes zu verändern, beispielsweise durch Verpackungsunterschiede, unterschiedliche Produktgestaltung, Werbemaßnahmen, Preisdifferenzierungen (räumliche, zeitliche, persönliche, sachliche) usw.

Die Folge ist, dass **auf unvollkommenen Märkten** sich **kein Gleichgewichtspreis** bildet, den sämtliche Marktteilnehmer als Datum hinnehmen müssen.

219 Welche Möglichkeit hat der einzelne Marktteilnehmer bei vollkommener Konkurrenz, den Preis zu beeinflussen?

Eine **Preisbeeinflussung** besteht aufgrund der nicht vorhandenen „Machtposition" der einzelnen Marktteilnehmer nicht.

Im vollständigen Wettbewerb hat der einzelne Unternehmer keine Möglichkeit, Preispolitik zu betreiben; der Preis ist zu akzeptieren, er stellt für ihn ein Datum dar, weil

- er nur einen geringen Marktanteil hat, den Gesamtmarkt demnach nicht beeinflussen kann.
- bei Preissenkungen die sprunghaft steigende Nachfrage wegen der geringen Kapazitäten gar nicht bedient werden kann.
- bei Preiserhöhungen die Nachfrager unverzüglich zur Konkurrenz abwandern.

220 Erklären Sie, warum man in der Wirtschaftslehre das Modell des vollkommenen Marktes überhaupt behandelt.

Das eher **theoretische Modell des vollkommenen Marktes** wird in der Wirtschaftslehre aufgestellt, um

- die Möglichkeit zu schaffen, die komplexen wirtschaftlichen Zusammenhänge der Preisbildung transparent und damit verständlich machen zu können bzw.
- das Verhalten der Anbieter und Nachfrager im Rahmen der Preisbildung genauer untersuchen zu können.

221 Welche Marktformen werden in der Ökonomie unterschieden?

Auf einem Markt kann es einen Anbieter bzw. einen Nachfrager geben, mehrere Anbieter bzw. Nachfrager oder viele Anbieter bzw. Nachfrager.

Unterscheidet man daher die Märkte nach der Anzahl der Marktteilnehmer, d. h. nach der Anzahl von Anbietern und Nachfragern, so ergeben sich die folgenden **Marktformen:**

Unvollkommene Märkte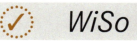

- **Monopol:**
  - **Angebotsmonopol:** ein Anbieter/viele Nachfrager
  - **Beschränktes Angebotsmonopol:** ein Anbieter/wenige Nachfrager
  - **Nachfragemonopol:** viele Anbieter/ein Nachfrager
  - **Beschränktes Nachfragemonopol:** wenige Anbieter/ein Nachfrager
  - **Zweiseitiges (bilaterales) Monopol:** ein Anbieter/ein Nachfrager

- **Oligopol:**
  - **Angebotsoligopol:** wenige (starke) Anbieter/viele Nachfrager
  - **Zweiseitiges (bilaterales) Oligopol:** wenige Anbieter/wenige Nachfrager
  - **Nachfrageoligopol:** viele Anbieter/wenige Nachfrager

- **Polypol:**
  Viele Anbieter/viele Nachfrager (atomistische/vollständige Konkurrenz)

Je geringer die Zahl der Anbieter bzw. Nachfrager, desto größer ist ihre Marktmacht.

3.7.4 Preisbildung auf eingeschränkten (unvollkommenen) Märkten

Im **unvollkommenen Polypol** (unvollständige Konkurrenz) ist mindestens eine der Bedingungen des vollkommenen Marktes nicht erfüllt. Auf realen Märkten fehlt es häufig sogar an mehreren Erfordernissen. Der Wettbewerb ist demnach unvollständig, da beispielsweise

- die Nachfrager keine Markttransparenz haben,
- die Nachfrager feste Kauf- und Verbrauchsgewohnheiten haben, also Präferenzen setzen,
- die Anbieter nur an ihrem Standort auf dem Markt tätig sind,
- Güter in verschiedenen Qualitäten und Aufmachungen angeboten werden.

Insofern kann es keinen einheitlichen Marktpreis geben. Innerhalb einer gewissen Bandbreite kann der einzelne Unternehmer Preisänderungen vornehmen, indem er durch den Einsatz von absatzpolitischen Instrumenten Präferenzen schafft. Mit entsprechenden Reaktionen seitens seiner Konkurrenten (die Zahl der Anbieter wird als groß unterstellt) oder der Nachfrager muss er in diesem Fall nicht rechnen. Da die Konkurrenz aufgrund der heterogenen Güter (= Güter, die aus der Sicht der Nachfrager trotz des gleichen Verwendungszwecks nicht identisch sind) unvollkommen ist, spricht man auch von **heterogener Konkurrenz.** Und da sich der Polypolist auf diesem unvollkommenen Markt wie ein Monopolist verhalten kann, spricht man auch vom **monopolistischen Absatzbereich,** auf dem der Preis höher ist als bei vollkommenem Wettbewerb. Diese guten Gewinnaussichten spornen wiederum andere Anbieter an, ebenfalls auf diesem Markt tätig zu werden, sodass der monopolistische Spielraum wieder geringer wird.

222 Warum können auf unvollkommenen Märkten für gleichartige Güter unterschiedliche Preise entstehen?

WiSo

Markt und Preis / Wirtschaftsordnung

223 Durch welche Maßnahmen erhält ein Anbieter beim unvollkommenen Polypol eine monopolähnliche Stellung?

Wahl des Standortes, Schaffung von Parkmöglichkeiten, Schnelligkeit des Kundendienstes, Verkäuferschulungen usw. Insgesamt durch die **Schaffung von Präferenzen**, um sich so von seinen Konkurrenten absetzen und seine Preise – ähnlich wie ein Monopolist – innerhalb bestimmter Grenzen festsetzen zu können.

224 Wie findet die Preisbildung im unvollkommenen Angebotsoligopol statt?

Das **unvollkommene Angebotsoligopol** ist dadurch gekennzeichnet, dass den vielen kleinen Nachfragern nur wenige, relativ starke Anbieter auf einem unvollkommenen Markt gegenüberstehen.
Der Oligopolist muss bei der Preisfestsetzung die Reaktionen der Nachfrager beachten. Je elastischer die Nachfrage, desto größer wird seine Marktmacht sein. Neben dem Verhalten der Nachfrager müssen bei der Preisfestsetzung auch die Reaktionen der anderen Oligopolisten berücksichtigt werden. Bei der Bestimmung des Preises sind folgende Verhaltensweisen und Strategien denkbar:

- **Marktverdrängung,** d. h., Vergrößerung des Marktanteils durch Ausschalten der Konkurrenz als Folge eines ruinösen Preiswettbewerbs
- **Preisabsprachen,** d. h., Sicherung der Marktmacht (oligopolistische Zusammenarbeit; Kollektivmonopol)
- **Preisführerschaft,** d. h., der wirtschaftlich stärkste Oligopolist wird von seinen Mitbewerbern als Preisführer anerkannt. Dieses große Unternehmen bestimmt die Preise und die anderen folgen ihm. Bei diesem friedlichen Verhalten wird der Wettbewerb unter den Oligopolisten nicht mehr über den Preis ausgetragen. Sie verlagern ihn nun auf die Qualität und die Aufmachung ihrer Produkte.

225 Wie könnte die Preis-Absatz-Kurve im unvollkommenen Oligopol aussehen? Stellen Sie sie grafisch dar.

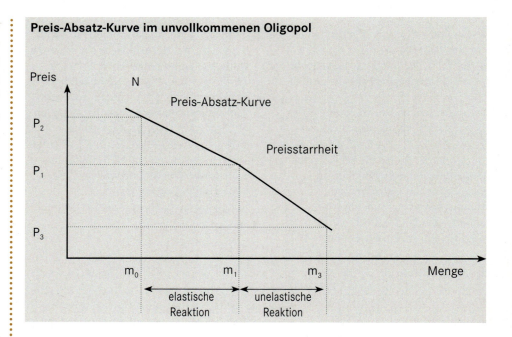

Unvollkommenes Angebotsmonopol

- Setzt ein Oligopolist seinen Preis von P_1 auf P_2 herauf, ist damit zu rechnen, dass er einen spürbaren Absatzrückgang hinzunehmen hat, vorausgesetzt, dass die anderen Oligopolisten ihre Preise unverändert lassen.

- Erfolgt hingegen eine Preissenkung von P_1 auf P_3, so werden die anderen Oligopolisten ebenfalls ihren Preis senken. Die dadurch bedingte Nachfrageerhöhung kann aber nicht im vollen Umfang realisiert werden (m_1 ➔ m_3), da die Nachfrager auf die Preissenkungen der Mitbewerber reagieren werden, sodass sich letztlich die entstehende Nachfrageerhöhung auf alle Oligopolisten verteilt.

- Insofern lohnt es sich nicht, den Preis mit dem Ziel zu senken, eine größere Absatzsteigerung zu erzielen. Folgerichtig wird der Preis (P_1) konstant gehalten und der Wettbewerb auf andere Bereiche verlagert (siehe oben).

Der **Monopolist** ist der **alleinige Anbieter eines Gutes.** Er ist keinem Wettbewerb ausgesetzt und kann den Angebotspreis autonom, d. h. selbst bestimmen. Da für ihn der Preis demnach keine unbeeinflussbare Größe ist, ist er in der Lage, Preispolitik zu betreiben. Er kann wahlweise den Preis oder die Absatzmenge bestimmen. In der Regel setzt er einen bestimmten Preis fest.

Da der Monopolist von der Preisempfindlichkeit der Nachfrager abhängig ist, kann er den Preis nicht willkürlich bestimmen. Er wird sich für den Preis entscheiden, von dem er langfristig den größtmöglichen Gewinn erwartet. Sein Ziel der Gewinnmaximierung wird dort erreicht sein, wo der Unterschied zwischen Umsatz und den Kosten am größten ist.

Preis in € je Stück	Nachfrage in Stück	Umsatz in €	Kosten in €	Gewinn in €	
20,00	110 000	2.200.000,00	1.595.000,00	605.000,00	
31,00	76 000	2.356.000,00	1.102.000,00	1.254.000,00	
42,50	58 000	2.465.000,00	841.000,00	1.624.000,00	
49,00	47 600	2.332.400,00	690.200,00	1.642.200,00	
61,00	**38 000**	**2.318.000,00**	**551.000,00**	**1.767.000,00**	maximaler Gewinn
70,00	31 000	2.170.000,00	449.500,00	1.720.500,00	
82,00	24 750	2.029.500,00	358.875,00	1.670.625,00	
90,50	19 200	1.737.600,00	278.400,00	1.459.200,00	
99,50	15 800	1.572.100,00	229.100,00	1.343.000,00	

Seinen maximalen Gewinn in Höhe von 1.767.000,00 € wird der Monopolist bei einem Verkaufspreis von 61,00 € erzielen. Es ist dabei offensichtlich, dass es dem Monopolisten nicht um den höchsten Umsatz geht (den würde er bei einem Preis von 42,50 € erzielen). Im Gegenteil, er verkauft weniger Güter zu einem höheren Preis, als es bei einem Polypol mit vielen Anbietern der Fall wäre. Der Markt ist damit unterversorgt.

---

226 Beschreiben Sie die Preisbildung im unvollkommenen Angebotsmonopol.

Markt und Preis/Wirtschaftsordnung

227 Inwiefern ist der Monopolist von der Elastizität der Nachfrage abhängig?

Je höher der Preis ist, desto geringer wird die nachgefragte Menge. Bei unangemessen hohen Preisforderungen kann u. U. die Nachfrage vollständig zurückgehen.

3.7.5 Staatliche Preisbildung

228 Unterscheiden Sie marktkonforme (indirekte) und marktkonträre (direkte) Maßnahmen des Staates.

Bei der **indirekten (marktkonformen)** staatlichen Einflussnahme wird der Preismechanismus nicht außer Kraft gesetzt, da der Staat selbst als Anbieter oder Nachfrager auftritt. Der Gleichgewichtspreis bildet sich auf dem Markt. Der Preismechanismus wird **nicht außer Kraft** gesetzt, da alle Funktionen des Gleichgewichtspreises erfüllt werden.

Im Rahmen von **direkten (marktkonträren)** Maßnahmen tritt der Staat nicht als Marktteilnehmer auf, sondern greift direkt u. a. durch Vorschriften in die Preisbildung ein und setzt damit die Preisfunktionen außer Kraft. Die Selbststeuerung des Marktes über den Preis ist damit nicht mehr gegeben. Diese wettbewerbsfeindlichen Eingriffsmöglichkeiten können eingeteilt werden in:

- **Preiseingriffe** durch die Festsetzung von
  ○ Mindestpreisen
  ○ Höchstpreisen
  ○ Festpreisen

- **Mengeneingriffe** durch
  ○ Ein- und Ausfuhrverbote
  ○ Investitionsverbote
  ○ Produktionsauflagen
  ○ Bewirtschaftung

229 Wie kann der Staat das Angebot bzw. die Nachfrage marktkonform beeinflussen?

Durch **marktkonforme staatliche Eingriffe** sollen die Marktteilnehmer in ihrem Marktverhalten beeinflusst werden. Derartige Maßnahmen heben daher den Preismechanismus des Marktes nicht auf, sondern verändern lediglich die Marktbedingungen. **Marktkonforme Eingriffe des Staates** in die Preisbildung können beispielsweise sein:

- Steuersenkungen für die Unternehmen, um die Nachfrage nach Investitionsgütern anzuregen
- Verringerung der Staatsnachfrage nach Wohnbauten, um die Preissteigerungen im Wohnungsbau zu bremsen
- Subventionen für Hersteller von alternativen Energieträgern
- Erhöhung der Zölle, um die Einfuhren von Gütern aus dem Ausland zu verringern
- Zahlung von Wohngeld an Einkommensschwache, die dadurch besseren Wohnraum nachfragen können
- Einführung von Sonderabschreibungsmöglichkeiten auf bestimmte Investitionsgüter für längstens 3 Jahre

Konzentration — WiSo

Aufgrund dieser beispielhaften Übersicht lassen sich zwei Zielrichtungen von marktkonformen Eingriffen feststellen:

- Die **Preisbeeinflussung** aufgrund von
  - Verbesserungen bei den Einkommen für die Nachfrager bzw. bei den Erlösen für die Anbieter und
  - Kostenreduzierungen für die Hersteller (→ fiskalpolitische Ziele).
- Die **Mengenregulierung,** wie beispielsweise durch
  - Einfuhrverbote,
  - Einfuhrkontingente oder
  - staatliche Vorratshaltung (→ mengenorientierte Ziele).

Ein **Angebotsüberhang** kann entstehen durch die Festsetzung von Mindestpreisen (→ Mindestpreis liegt <u>über</u> dem Gleichgewichtspreis GP):

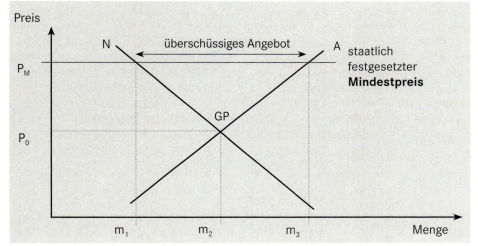

230 Durch welchen marktkonträren staatlichen Eingriff in die Preisbildung entsteht ein Angebotsüberhang?

Stellen Sie die Marktsituation grafisch in einem Preis-Mengen-Diagramm dar.

Mit dem Mindestpreis P_M hat der Staat eine Preis-**Untergrenze** festgesetzt, unter die der Preis nicht fallen darf. Dieser Preis muss von den Nachfragern mindestens gezahlt werden.

Beispiel: Der Gleichgewichtspreis für ein Pfund Butter würde 0,70 € betragen. Ein Mindestpreis liegt vor, wenn der staatlich verordnete Preis z. B. auf 2,10 € festgesetzt wird.

3.7.6 Konzentration in der Wirtschaft (Kartell, Konzern und Trust)

Der Zusammenschluss von Unternehmen zu großen Wirtschaftseinheiten wird als **Konzentration** bezeichnet.
Sie kann durch vertragliche oder kapitalmäßige Bindungen erfolgen. Die wirtschaftliche Selbstständigkeit der einzelnen Unternehmen wird dadurch eingeschränkt oder völlig aufgegeben.

231 Was versteht man unter Konzentration?

Markt und Preis/Wirtschaftsordnung

232 Unterscheiden Sie die Zusammenschlüsse Kartell, Konzern und Trust.

- **Kartelle** sind Zusammenschlüsse zwischen Unternehmen der gleichen Produktions- und Handelsstufe (= horizontale Zusammenschlüsse), bei denen nur vertragliche Absprachen erfolgen. Die beteiligten Unternehmen bleiben rechtlich und wirtschaftlich selbstständig. Die wirtschaftliche Entscheidungsfreiheit der dem Kartell angehörenden Unternehmen ist jedoch je nach Art des Kartells mehr oder weniger stark eingeschränkt.

- **Konzerne** sind Zusammenschlüsse von rechtlich selbstständigen Unternehmen, die ihre wirtschaftliche Selbstständigkeit unter einer einheitlichen wirtschaftlichen Leitung aufgeben.

- Ein **Trust** ist eine Verschmelzung (= Fusion) von Unternehmen, die ihre rechtliche und wirtschaftliche Selbstständigkeit aufgeben. Es besteht nur noch ein rechtlich und wirtschaftlich selbstständiges Unternehmen.

233 Welche Kartelle sind verboten?

Verboten sind:
- **Preiskartelle** = Vereinbarungen über eine einheitliche Preisstellung
- **Kalkulationskartelle** = Vereinbarungen einer gleichartigen Preisermittlung
- **Produktionskartelle** (Quotenkartelle) = Festlegung einer bestimmen Produktionsmenge für jedes Mitglied
- **Gebietskartelle** = vertragliche Vereinbarungen, die eine räumliche Aufteilung des Marktes zwischen den Vertragspartnern vorsehen

234 Welche Kartelle sind in der Bundesrepublik Deutschland erlaubt?

Das Gesetz gegen Wettbewerbsbeschränkungen lässt die Bildung folgender Kartelle zu:

- **Konditionenkartelle** = Verabredungen über gleichartige Lieferungs- und Zahlungsbedingungen
- **Normen- und Typenkartelle** = Vereinbarungen über die einheitliche Anwendung von Normen und Typen
- **Rationalisierungskartelle** = vertragliche Absprachen und gegenseitige Hilfen mit dem Ziel, Maßnahmen zur Steigerung des wirtschaftlichen Erfolges durchzuführen
- **Spezialisierungskartelle** = Vereinbarungen und Beschlüsse, die die Rationalisierung wirtschaftlicher Vorgänge durch Spezialisierung zum Gegenstand haben, z. B. die Aufteilung bestimmter Produkte auf die einzelnen Betriebe
- **Strukturkrisenkartelle** = Absprachen zwischen Unternehmen, die von einer Strukturkrise betroffen sind. Sie bezwecken eine gleichmäßige Einschränkung der Produktion bzw. einer Anpassung der Größe der einzelnen Betriebe an die geänderte Marktlage
- **Mittelstandskartelle** = z. B. Vereinbarungen und Beschlüsse, die den gemeinsamen Einkauf von Waren oder die gemeinsame Beschaffung gewerblicher Leistungen zum Gegenstand haben

Wirtschaftsordnungsmodelle

Eine **Holdinggesellschaft** ist eine Finanzierungs- und Verwaltungsgesellschaft. Sie verwaltet lediglich die angeschlossenen Unternehmen, ohne selbst Produktions- oder Handelsaufgaben zu übernehmen.

235 Welche Aufgaben hat eine Holdinggesellschaft?

Ein Unternehmenszusammenschluss muss beim **Bundeskartellamt gemeldet** werden, wenn im letzten Geschäftsjahr vor dem Zusammenschluss

a) die beteiligten Unternehmen insgesamt weltweit mehr als 500 Mio. € Umsatzerlöse und

b) mindestens ein beteiligtes Unternehmen im Inland Umsatzerlöse von mehr als 25 Mio. € erzielt haben.

236 Unter welcher Voraussetzung muss ein Unternehmenszusammenschluss beim Bundeskartellamt gemeldet werden?

3.8 Wirtschaftsordnung

3.8.1 Modelle der Wirtschaftsordnung

Idealtypische Wirtschaftsordnungen sind **theoretische Modelle,** d. h. gedanklich konstruierte volkswirtschaftliche Systeme, die in der wirtschaftlichen Wirklichkeit in ihrer reinen Form nicht vorkommen.

237 Wodurch unterscheiden sich die idealtypischen von den realtypischen Wirtschaftsordnungsmodellen?

Als idealtypische Modelle werden
- die **freie Marktwirtschaft** und
- die **Zentralverwaltungswirtschaft**

unterschieden.

Realtypen sind **tatsächlich verwirklichte** volkswirtschaftliche **Systeme.** Als realtypische Wirtschaftsordnungen standen sich bis Ende der 80er-Jahre
- die **soziale Marktwirtschaft** demokratischer Staaten und
- die **sozialistische Planwirtschaft** kommunistischer Staaten

gegenüber.

Nach dem Zusammenbruch der sozialistischen Wirtschaftsordnungen vor allem in Osteuropa gibt es die sozialistische Planwirtschaft heute nur noch in Kuba und Nordkorea. Aktuell vorherrschend sind unterschiedliche Ausprägungen der sozialen Marktwirtschaft.

WiSo

Wirtschaftsordnung

238 Welche Merkmale kennzeichnen die freie Marktwirtschaft?

Im **Modell der freien Marktwirtschaft** kommt die **Grundidee des Individualismus** (Vorrecht des Einzelnen) zum Ausdruck. Der Staat unterwirft sich den Spielregeln des Marktes und überlässt die Wirtschaft dem freien Spiel der Kräfte („Nachtwächterstaat", der sich nur um Ruhe und Ordnung kümmert; seine Aufgaben beschränken sich daher auf Schutz und Rechtspflege sowie auf die Außenpolitik und Bildung).
Die **freie Marktwirtschaft** ist gekennzeichnet durch die folgenden **Merkmale:**

- zentrale Rolle des Konsumenten
- freie Preisbildung auf dem Markt durch Angebot und Nachfrage
- Individualprinzip als Basis
    - Eigenverantwortlichkeit der Wirtschaftssubjekte
    - Eigenvorsorge (Individualplanungen und individuelles Risiko)
- Recht auf Privateigentum, d.h. auch an den Produktionsmitteln
- Vertragsfreiheit
- Gewerbefreiheit
- freie Berufs- und Arbeitsplatzwahl
- Konsumfreiheit (die Haushalte entscheiden über den Bedarf und seine Rangordnung; Konsumentensouveränität)
- Produktions- und Handelsfreiheit (die Unternehmer können frei über die Art und den Umfang von Produktion und die Produktionsverfahren entscheiden)
- Handeln nach dem Grundsatz des größtmöglichen Gewinns (Gewinnmaximierungsprinzip; Gewinn als Maßstab für das Vorgehen der Produzenten)
- freie Lohnbildung über den Arbeitsmarkt (ausgehandelt zwischen Arbeitgebern und Arbeitnehmern; Gewährleistung vollständiger Tarifautonomie)
- offene, freie Märkte (offener Marktzugang für jeden Marktteilnehmer)
- Chancengleichheit auf allen Märkten (Konkurrenzprinzip, d. h. keine Monopole und Absprachen)

239 Nennen Sie die Grundelemente der Zentralverwaltungswirtschaft.

Grundelemente der Zentralverwaltungswirtschaft:

- **Ziele:**
    - Einsatz der Arbeitskräfte nach ihren Fähigkeiten
    - Streben nach Bedarfsdeckung

- **Wesen:**
    - Koordination über Planbehörden
        - Streben nach Planerfüllung als Richtschnur des Handelns
        - straffe Planung des Produktionsmitteleinsatzes

- **Merkmale:**
    - Kollektivprinzip als Grundlage
    - staatliches Eigentum an den Produktionsmitteln
    - Planerfüllungsprinzip
    - Preisfestsetzung durch staatliche Behörden
    - keine Vertragsfreiheit
    - Festsetzung der Löhne durch den Staat
    - zentrale Planung der Güterproduktion und -verteilung
    - staatliches Außenhandelsmonopol

Soziale Marktwirtschaft

 WiSo

Idealtypische Wirtschaftsordnung	Freie Marktwirtschaft	Zentralverwaltungswirtschaft
Vorteile	<ul><li>freie Berufswahl</li><li>freie Entfaltung (Eigeninitiative; hohes Maß an Freiheit und Selbstverantwortung)</li><li>Gewinnerzielung (hoher Leistungseffekt aufgrund von Gewinnaussichten)</li><li>Konkurrenzprinzip (nur kostengünstige Produktionsverfahren garantieren die Konkurrenzfähigkeit)</li><li>Gewerbefreiheit</li><li>Vertragsfreiheit</li><li>Konsumfreiheit</li><li>Produktionsfreiheit</li><li>breite Warensortimente</li><li>Selbstregulierung der Märkte</li><li>Vorantreiben des technischen Fortschritts und Rationalisierung zur Kostensenkung und Innovationen</li><li>Verteilung des Einkommens erfolgt leistungsgerecht</li></ul>	<ul><li>keine Arbeitslosigkeit</li><li>kein Konkurrenzkampf (soziale Missstände werden durch Ausschalten des rücksichtslosen Gewinnstrebens verhindert)</li><li>Preisstabilität; staatl. Preisgarantie (niedrige Mieten und Grundnahrungsmittelpreise)</li><li>wirtschaftliche Stabilität aufgrund staatlicher Planungen (keine Hochkonjunktur, Rezession, Inflation und Streiks)</li><li>kein Absatzrisiko b. den staatl. Betrieben</li><li>geringerer Leistungsdruck</li><li>keine Produktion nicht benötigter Güter</li></ul>
Nachteile	<ul><li>Benachteiligung der wirtschaftlich Schwachen</li><li>Ausnutzung individueller Machtpositionen (finanzstarke Unternehmen können die Konkurrenz durch wirtschaftlich nicht gerechtfertigte Preise ruinieren und somit eine Monopolstellung erlangen)</li><li>Unternehmenszusammenschlüsse und Konzentration in der Wirtschaft</li><li>Nur die besten und billigsten Arbeitskräfte haben eine Chance auf dem Arbeitsmarkt.</li><li>große Konjunkturschwankungen</li><li>Vernachlässigung von kulturellen Werten und ggf. des Bildungswesens</li><li>ungerechte Einkommens- und Vermögensverteilung</li></ul>	<ul><li>Antriebsmotor Gewinnstreben fehlt → Fehlleitung von Kapital</li><li>Verbraucherverhalten und bessere Produktionsverfahren werden kaum berücksichtigt (individueller Bedarf und Geschmack werden nicht berücksichtigt).</li><li>Löhne sind nicht leistungsbezogen.</li><li>Fehlplanungen → Stillstand eines großen Gefüges bei kleinen Planungsfehlern</li><li>Auftreten von Versorgungslücken</li><li>langsame Anpassungsfähigkeit der Planung an wirtschaftliche Gegebenheiten</li><li>Unterordnung der Einzelinteressen unter das „Gemeinwohl" → keine Eigeninitiative → kein Anreiz zu Neuerungen</li><li>bürokratisch und starr</li><li>keine Freiheit beim Konsum</li><li>weder Freizügigkeit noch freie Berufswahl</li></ul>

240 Nennen Sie die Vor- und Nachteile der freien Marktwirtschaft und stellen Sie sie der Zentralverwaltungswirtschaft in einer Tabelle gegenüber.

Erfolgsgaranten der **sozialen Marktwirtschaft** sind die **marktwirtschaftlichen Prinzipien** und **Bereiche zur sozialen Sicherung**:
- Wettbewerbsordnung
- Eigentumsordnung
- Sozialordnung

241 Was sind die Erfolgsgaranten der sozialen Marktwirtschaft?

242 Erklären Sie die Wettbewerbsordnung in ihren Grundzügen.

Wirtschaftsordnung

Ein **funktionierender Wettbewerb** (Leistungswettbewerb) stellt sicher, dass der Verbraucher die besten Qualitäten zu den günstigsten Preisen kaufen kann. Damit der Wettbewerb fair bleibt, muss der Staat „Spielregeln" aufstellen und deren Einhaltung überwachen:

- **Preisbildung grundsätzlich durch Angebot und Nachfrage**
  Die freie Preisbildung ist ein ganz wichtiges Element der Marktwirtschaft. Viele Kaufentscheidungen, die über Erfolg oder Misserfolg von Unternehmen entscheiden, werden durch den Preis bestimmt. Deshalb liefern sich die Unternehmen hier einen harten Wettbewerb: Sie gewähren ihren Kunden Rabatte, Skonti, nehmen Altgeräte in Zahlung oder geben günstige Kredite, damit bei ihnen und nicht woanders gekauft wird. Weitere Wettbewerbsmittel, die auf die Nachfrager und Mitkonkurrenten einwirken, sind die Produktqualität und der Service.
  Einschränkungen durch den Staat:
    - Schutz des Verbrauchers (Höchstpreise)
    - Schutz eines Berufsstandes (Mindestpreise)
    - Kartellgesetzgebung (Verbotsprinzip)
- **Gewerbefreiheit**
  Einschränkungen:
    - Drogerien, Apotheken
    - Schutz gegen Gefahr, Lärm, Schmutz, Geruch
- **Freie Planung der Unternehmer**
  Aber: Eingriffe des Staates aus sozialen Gründen:
    - Mitbestimmung der Arbeitnehmer
    - Sicherung der Arbeitsplätze (Kündigungsschutz)
    - gesetzliche Sozialversicherung
- **Steuerung der Wirtschaft**
  Verantwortung liegt generell in der Hand der Privatwirtschaft.
  Staatliche Eingriffe:
    - gerechte Verteilung des Sozialprodukts (Sozialhilfe, Wohngeld, Kindergeld, Vermögensbildung, Steuerpolitik)
    - Schutzgesetze, z. B. Jugendarbeitsschutz, Urlaubsgesetz
- **Vertragsfreiheit**
  Gesetzliche Regelungen zum Schutz des schwächeren Vertragspartners.
  Einschränkungen bezüglich:
    - der Geschäftsfähigkeit
    - Nichtigkeit und Anfechtung von Rechtsgeschäften
- **Freiheit der Berufswahl**
- **Lohnfestsetzung**
  Tarifautonomie: Die eigenverantwortliche Regelung der Arbeitsbedingungen durch die Tarifpartner hält den Staat aus Verteilungskonflikten zwischen Arbeit und Kapital heraus. Außerdem sind Arbeitgeberverbände und Gewerkschaften aufgrund ihrer Sachnähe kompetenter als staatliche Institutionen, einen fairen Interessenausgleich auszuloten.

Sozialordnung der sozialen Marktwirtschaft

 WiSo

- **Gewinnmaximierung als Hauptziel der Betriebe**
  Gewinne sind der Motor für das wirtschaftliche Handeln. Nur wer Gefahr läuft, durch Verluste sein eingesetztes Kapital zu verlieren, handelt risikobewusst und vermeidet Verschwendung. Deshalb ist Privateigentum an den Produktionsmitteln unumgänglich.

- **Privateigentum (Art. 14 GG)**
  Das Privateigentum ist die wichtigste Grundlage der Marktwirtschaft. Privateigentum garantiert zielgerichtetes Handeln. Das Privateigentum an den Produktionsmitteln sorgt dafür, dass Kapital an den Stellen eingesetzt wird, wo es den größten Ertrag bringt. Unternehmer produzieren dort, wo sie die für ihre Unternehmensziele besten Bedingungen vorfinden – wie etwa bezüglich Materialkosten und -qualität, der Arbeitskosten oder Zinsen. Jeder Unternehmer konzentriert sich auf das, was er am besten kann. Die damit verbundene Arbeitsteilung fördert die Effizienz des gesamten wirtschaftlichen Handelns.
  Eingriffe des Staates: Enteignung und Staatseigentum möglich.

243 Beschreiben Sie das Wesen der Eigentumsordnung im Rahmen der sozialen Marktwirtschaft.

Am Markt lassen sich nur leistungsgerechte Einkommen erzielen. Damit aber diejenigen, die nur begrenzt am Leistungswettbewerb teilnehmen können, nicht ins soziale Abseits geraten, muss die Marktwirtschaft durch eine **Sozialordnung** ergänzt werden.
Bereiche (mit staatlichen Eingriffen) und soziale Komponenten der sozialen Marktwirtschaft (Zusammenfassung):

- Chancengleichheit und Gleichberechtigung:
  - Mitbestimmungsregelungen, z. B. BetrVG (1952; 1972; 1976), Montan-Mitbestimmung (1951), Mitbestimmungsgesetz (1976) sowie
  - Schaffung von allgemeinen Bildungseinrichtungen
- Schutz von Arbeitnehmern und Konsumenten: sozialpolitische Zielsetzung durch Verbraucherschutz, Mieterschutz, Kündigungsschutz, Arbeitszeitregelungen, Sicherheitsvorschriften
- Wettbewerbspolitik, Sicherung des Wettbewerbs und Verhinderung von Monopolen, z. B. Kartellgesetz (1958)
- Wohnungsbau und Städteplanung
- Steuerpolitik
- Umweltschutz

244 Welche Elemente kennzeichnen die Sozialordnung der sozialen Marktwirtschaft?

WiSo

Wirtschaftsordnung

245 Wer schützt den Wettbewerb in Deutschland vor Missbrauch?

Ob und wieweit der **Mechanismus des Wettbewerbs** wirksam wird, hängt wesentlich von den vorherrschenden Marktformen ab. Überall, wo auf der Nachfrage- oder Angebotsseite Marktmacht ausgeübt wird, ist die freie Preisbildung eingeschränkt. Wo Unternehmen Absprachen treffen, können Kartelle entstehen, die das Angebot und die Preise beeinflussen. Kartelle haben das Ziel, mithilfe vertraglicher Abmachungen den Wettbewerb zwischen den beteiligten Unternehmen zu beschränken. Eine extreme Situation gelenkter Preisbildung ist dann gegeben, wenn das gesamte Angebot in der Hand eines Verkäufers liegt (Monopol). Auch Zusammenschlüsse von Unternehmen (Fusionen) können zum Missbrauch marktbeherrschender Stellungen führen.

Kartellverbot, Fusionskontrolle und Missbrauchsaufsicht sind deshalb die Eckpfeiler der marktwirtschaftlichen Wettbewerbsverfassung.

- **Das Gesetz gegen den unlauteren Wettbewerb (UWG)** verbietet alle Wettbewerbshandlungen, die gegen die guten Sitten verstoßen.
- **Das Gesetz gegen Wettbewerbsbeschränkungen (GWB, Kartellgesetz)** soll die missbräuchliche Ausnutzung von Marktmacht verhindern. Missbrauch liegt beispielsweise vor, wenn die Wettbewerbsmöglichkeiten anderer Unternehmen ohne sachlich gerechtfertigten Grund beeinträchtigt werden.
- **Das Gesetz zur Förderung der Stabilität und des Wachstums der Wirtschaft (Stabilitätsgesetz)** soll ebenfalls missbräuchliche Marktmacht verhindern und die Freiheit des Wettbewerbs sicherstellen.
Das Grundprinzip der Wettbewerbsordnung ist das Verbot wettbewerbsbeschränkender Praktiken bei gleichzeitigen fest definierten Ausnahmen, wie z. B. Rationalisierungs- und Konditionenkartelle.

3.8.2 Gesetzliche Regelungen des Wettbewerbs

246 Welche Ziele hat das Gesetz gegen den unlauteren Wettbewerb?

Das **Gesetz gegen den unlauteren Wettbewerb** (UWG) soll einen fairen Wettbewerb unter den Anbietern sicherstellen bzw. den Verbraucher vor Übervorteilungen schützen. Das Gesetz wendet sich mit seiner Generalklausel umfassend gegen alle Formen des unlauteren Wettbewerbs (→ sittenwidrige Werbung). Wettbewerbsverhalten verstößt gegen die **guten Sitten,** wenn es
- dem Anstandsgefühl des Durchschnittsgewerbetreibenden widerspricht oder
- von der Allgemeinheit missbilligt oder als untragbar angesehen wird.

247 Nennen Sie Maßnahmen, die gegen das Gesetz gegen den unlauteren Wettbewerb (UWG) verstoßen.

Folgende Maßnahmen verstoßen gegen das **UWG** und sind deshalb grundsätzlich verboten:

- irreführende geschäftliche Handlungen
- Lockvogelwerbung
- Bestechung von Angestellten anderer Unternehmen
- Verrat von Geschäfts- und Betriebsgeheimnissen
- geschäftsschädigende Behauptungen
- Ausnutzen der Unerfahrenheit von Kindern oder Jugendlichen und der Leichtgläubigkeit oder einer Zwangslage
- Ausüben von Druck und Angst auf Käufer
- unzumutbare Belästigung durch Telefon-, Telefax- und E-Mail-Werbung
- Mondpreiswerbung

Irreführende Werbemaßnahmen

 WiSo

Aussagen:
a) Der Inhaber einer Textilgroßhandlung kündigt einen größeren Warenposten an: „Greifen Sie zu, nur noch wenige Exemplare."
b) In einem Werbebrief steht: „... ist mein Sortiment umfangreicher und preisgünstiger als das der Großhandlung Liebermann. Vergleichen Sie genau!"
c) Der Einzelhändler Mayer erzählt dem Großhändler Kempe, Feinkosthändler Blume sei pleite. Heute wäre der Insolvenzantrag gestellt worden.
d) Der Großhändler Pump lässt seine Briefbögen mit einem Foto bedrucken, das einen Herstellerbetrieb mit demselben Namen zeigt.
e) Ein Großhändler importiert aus Fernost Kleidungsstücke, die er ausschließlich mit „Made in Germany" deklariert.
f) Die Großhandlung Drautz GmbH inseriert in der Textilfachzeitschrift: „Unser Sortiment braucht bezüglich Preis und Qualität keinen Vergleich zu scheuen, insbesondere den nicht mit der Konkurrenz Grotex".
g) Großhändler Völker bietet aus seinem Sortiment das Faxgerät IOS 73/8 im Rahmen einer zeitlich befristeten Sonderaktion zum Preis von 220,00 € anstatt 315,00 € an.

248 Wie beurteilen Sie die links stehenden Aussagen a) bis g) vor dem Hintergrund des UWG?

Lösungen:
a) UWG verbietet täuschende Werbemaßnahmen; hier: Werbung mit Falschaussage zur Vorratsmenge = Lockvogelwerbung
b) vergleichende Werbung ist in diesem Fall erlaubt, wenn auch schon an der Grenze, da hier kein sachlicher Leistungsvergleich angestellt wird (u. U. Verstoß gegen die guten Sitten)
c) geschäftsschädigende Behauptung und daher unlautere Wettbewerbshandlung
d) Benutzung fremder Firmenbezeichnungen gilt als Verstoß gegen das WWG
e) Werbung mit irreführenden Angaben über die Herkunft der Ware ist verboten.
f) vergleichende Werbung in diesem Fall erlaubt, wenn auch genzfall (wie b)
g) kein Verstoß

Lockvogelwerbung ist Werbung, die darauf abzielt, Kunden mit einem preisgünstigen Angebot in das Geschäft zu locken, um ihnen aber nicht diese Waren zu verkaufen, sondern andere, höherpreisige Produkte.

249 Was verstehen Sie unter Lockvogelwerbung?

Irreführende Angaben über die Vorratsmenge liegen vor, wenn die beworbene Ware als besonders preisgünstig angeboten wird, sie aber im Unternehmen gar nicht oder in nicht ausreichender Menge vorhanden ist. Die Kunden werden in die Geschäftsräume gelockt, um sie zum Kauf anderer, weniger preisgünstiger Waren zu verleiten.
Grundsätzlich gilt: Was angeboten wird, muss auch vorrätig sein.

250 Wann liegt Werbung mit irreführenden Angaben über die Vorratsmenge vor?

343

WiSo

Soziale Marktwirtschaft

251 Welche Folgen können Verstöße gegen das Gesetz gegen den unlauteren Wettbewerb haben?

Mögliche Rechtsfolgen:
- Unterlassungsanspruch,
- Anspruch auf Schadenersatz,
- strafrechtliche Verfolgung.

Zuständig für Streitigkeiten sind zunächst aber die **Einigungsstellen** bei den Industrie- und Handelskammern. Sie sollen Wettbewerbsstreitigkeiten durch gütliche Vergleiche regeln und damit Prozesskosten aufgrund gerichtlicher Auseinandersetzungen vermeiden.

3.9 Grundzüge der Wirtschaftspolitik in der sozialen Marktwirtschaft

3.9.1 Wirtschaftskreislauf mit staatlicher Aktivität und Außenwirtschaft

252 Beschreiben Sie ausführlich den einfachen Wirtschaftskreislauf.

Im einfachen Wirtschaftskreislauf werden die Beziehungen zwischen den **Haushalten** und den **Unternehmen** dargestellt.
Es gibt keinen Staat und keine Wirtschaftsbeziehungen zum Ausland (Modellbetrachtung: geschlossene Wirtschaft ohne staatliche Aktivität).
Zwischen diesen beiden Wirtschaftsbereichen findet eine ständige Wiederholung von Kauf und Verkauf statt. Dabei steht einer großen Zahl von Haushalten eine Vielzahl unterschiedlicher Unternehmen (z. B. Handel, Industrie, Banken) gegenüber:

- Die Haushalte stellen den Unternehmen ihre Arbeitsleistung zur Verfügung. Zudem erhalten die Unternehmen von den Haushalten Grundstücke (Boden) und Geld zur Finanzierung der Produktion (Kapital). Die Unternehmen investieren dabei nur in den Ersatz verbrauchter Anlagen.
- Die Haushalte erhalten als Gegenleistung Geld von den Unternehmen (Einkommen als Lohn, Pacht oder Zinsen).

- Die Haushalte verwenden das gesamte Einkommen zum Kauf von Gütern (im Modell nur Konsumgüter).
- Von den Unternehmen fließen den Haushalten im Tausch mit ihren Geldausgaben Konsumgüter zu.

Im Wirtschaftskreislauf fließt jedem Güterstrom ein wertgleicher Geldstrom entgegen.

Modell des einfachen Wirtschaftskreislaufs

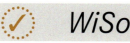

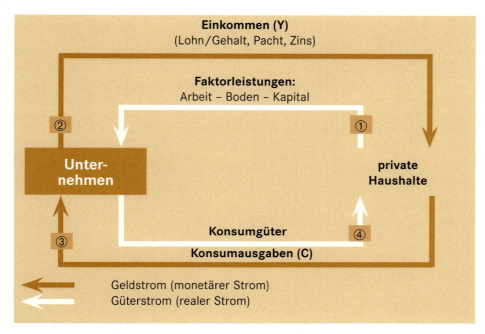

Merke:

- Der **Geldstrom** (= monetärer Strom) besteht aus dem Einkommen der Haushalte (Lohn für die Arbeit; Pacht für den Boden; Zins für das Kapital) und aus deren Konsumausgaben. Die Konsumausgaben werden bei den Unternehmen zu Erlösen.

- Der **Güterstrom** (= realer Strom) verläuft gegenüber dem Geldstrom entgegengesetzt. Er umfasst die Faktorleistungen der Haushalte und die von den Unternehmen bereitgestellten Güter.

Das **Modell des einfachen Wirtschaftskreislaufs** bildet die wirtschaftliche Wirklichkeit stark vereinfacht wieder, denn es wird dabei Folgendes unterstellt:

- In der betrachteten Volkswirtschaft gibt es nur einen Unternehmens- und einen Haushaltsbereich. Beziehungen zum Staat und zum Ausland werden nicht berücksichtigt, wie z. B. Rente oder Arbeitslosengeld oder Geld, das z. B. Urlauber im Ausland ausgeben.
- Das gesamte Einkommen der privaten Haushalte wird zum Kauf von Konsumgütern ausgegeben, es wird also nicht gespart.
- Die Unternehmen und die Haushalte leihen bei den Kreditinstituten (Banken und Sparkassen) kein Geld; fragen also um keine Kredite nach.
- Die Produktion und der Konsum fallen zeitlich zusammen.
- Die Haushalte beziehen nur von den Unternehmen Einkommen.

Warum gibt das Modell des einfachen Wirtschaftskreislaufs die wirtschaftliche Wirklichkeit nur stark vereinfacht wieder?

Soziale Marktwirtschaft

254 Warum befindet sich eine Volkswirtschaft bei der Übereinstimmung von Investieren und Sparen im Gleichgewicht?

Gleichung der Einkommensverwendung: Y = C + S
Gleichung der Einkommensentstehung: Y = C + I
Wenn C + I = C + S ist, dann kann daraus geschlossen werden, dass Sparen und Investieren gleich groß sein müssen:

S = I.

Diese Gleichung besagt, dass die gesamten Ersparnisse der Haushalte für deren Nachfrage nach Investitionsgütern über das Bankensystem an die Unternehmen geflossen sind.

255 Was versteht man in der Volkswirtschaftslehre unter „wirtschaften"?

Wirtschaften bedeutet den sparsamen Umgang mit knappen Ressourcen. Ziel wirtschaftlichen Handelns ist die Befriedigung möglichst vieler Bedürfnisse der Menschen.

256 Warum gibt es im einfachen Wirtschaftskreislauf ohne Sparen und Investieren kein Wirtschaftswachstum?

Einerseits werden die erzielten Einkommen (Y) der privaten Haushalte für konsumtive Zwecke (C) vollständig wieder ausgegeben. Andererseits investieren die Unternehmen nicht in Ersatz- und/oder Neuinvestitionen.
Diese Kreislaufprämissen verhindern daher die Möglichkeit eines Wirtschaftswachstums.

257 Was würde geschehen, wenn die Haushalte ihr Einkommen nicht in voller Höhe für Konsumgüter ausgeben, sondern einen Teil sparen würden?

Es wird **weniger gekauft** als vorher. Da die Warenmenge jedoch gleich geblieben ist, müssen die Unternehmen die Preise senken, um ihr Warenangebot absetzen zu können. Gleichzeitig wird die Produktion eingeschränkt. Es wird daher in Zukunft weniger gearbeitet (Kurzarbeit oder Entlassungen). Weniger Arbeit bedeutet weniger Einkommen und somit weniger Geld auf der Verbraucherseite insgesamt. Die Wirtschaft schrumpft aufgrund des Nachfrageausfalls, die Preise sinken weiter ...

258 Was unterscheidet die evolutorische (= sich fortentwickelnde) von der stationären (= unveränderten) Wirtschaft?

In der sich **fortentwickelnden Wirtschaft**
- wird ein Teil des Einkommens der privaten Haushalte gespart und kann an die Unternehmen für Investitionszwecke als Kredit weitergegeben werden;
- tätigen die Unternehmen Zusatzinvestitionen zur Ausweitung ihrer Kapazitäten.

Ergänzung des „magischen Vierecks"

- **Geschlossene Volkswirtschaft:** Volkswirtschaft ohne den Sektor Ausland
- **Offene Volkswirtschaft:** Volkswirtschaft, in die das Ausland in die Kreislaufbetrachtung mit einbezogen wurde.

Unterscheiden Sie die geschlossene von der offenen Volkswirtschaft. **259**

- **Einfacher Wirtschaftskreislauf:** Besteht aus zwei Wirtschaftssubjekten, und zwar den privaten Haushalten und den Unternehmen bzw. bei der Betrachtung von Sparen und Investieren zusätzlich aus dem Bankensektor.
- **Erweiterter Wirtschaftskreislauf:** Ergänzung des einfachen Wirtschaftskreislaufs um die beiden Sektoren Staat und Ausland

Unterscheiden Sie den einfachen vom erweiterten Wirtschaftskreislauf. **260**

Transferzahlungen sind staatliche Zahlungen ohne Gegenleistung der Zahlungsempfänger, wie beispielsweise Pensionen, Renten, Wohngeld und Subventionen.
Die Transferzahlungen fließen an die **Unternehmen** und die **privaten Haushalte**.

Erklären Sie, was Sie unter Transferzahlungen verstehen und an wen Transferzahlungen fließen. **261**

a) Unterschied zwischen dem Wert der exportierten und dem Wert der importierten Güter und Dienstleistungen
b) Exporte > Importe
c) Exporte < Importe

Was verstehen Sie unter
a) Außenbeitrag,
b) positivem Außenbeitrag,
c) negativem Außenbeitrag? **262**

- Die inländische Gütermenge nimmt ab, d. h., es werden weniger Güter konsumiert und investiert, als im Inland produziert werden.
- Das inländische Einkommen erhöht sich.
- Die Forderungen des Inlands gegenüber dem Ausland steigen an.
- Durch die Verringerung des inländischen Güterangebots (bzw. die Erhöhung der Geldmenge im Inland) steigen die Preise im Inland.

Welche gesamtwirtschaftlichen Folgewirkungen sind bei einem Exportüberschuss im Inland zu erwarten? **263**

Die beiden Ziele sind
- die Erhaltung der lebenswerten Umwelt,
- die gerechte Einkommens- und Vermögensverteilung.

Nennen Sie die beiden Ziele, um die das „magische Viereck" zur Bewältigung der Zukunftsprobleme ergänzt wird. **264**

Soziale Marktwirtschaft

265 Warum wurde die Forderung nach einer lebenswerten Umwelt in den Zielkatalog aufgenommen?

Der Ruf nach einer lebenswerten Umwelt entstand aus den negativen Folgewirkungen der sogenannten Wachstumsmentalität.
Wirtschaftswachstum = Steigerung der Lebensqualität, so die langjährige Maxime.
Dabei sind folgende Probleme entstanden, die sich stichwortartig zusammenfassen lassen:

- Zunahme der Kohlendioxid-Konzentration in der Luft
- Waldsterben
- Entsorgungsprobleme: Müllbeseitigung, Abwasserreinigung, Lüftreinigung, Lagerung radioaktiver Abfälle
- Grundwasser- und Gewässerverschmutzung
- Treibhauseffekt
- Klimaveränderungen
- Ausbeutung nicht regenerativer Rohstoff- und Energiequellen
- Aussterben vieler Tier- und Pflanzenarten
- Lebensraumzerstörung von Mensch und Tier

Ziel: kein Raubbau an Rohstoffen und Umwelt

266 Wie würden Sie die Aussage begründen, dass Umweltschutz zur Steigerung des qualitativen Wachstums beiträgt?

Umweltschutz erhält unsere Lebensgrundlage und fördert unsere Lebensqualität. In diesem Sinn fördert er ein qualitatives Wachstum.

267 Worin sehen Sie die Grenzen des Wirtschaftswachstums zur Verbesserung der Lebensqualität?

Grenzen des (quantitativen) Wachstums:
- knappe Rohstoffe
- erschöpfte Energieträger
- führt zu weiteren Umweltbelastungen
- einseitig auf materielle Verbesserung ausgerichtet
- Ausbeutung der Natur zulasten der nächsten Generation

3.9.2 Bruttoinlandsprodukt/Bruttosozialprodukt und Volkseinkommen

268 Erläutern Sie, was Sie unter dem Bruttoinlandsprodukt verstehen.

Das **Bruttoinlandsprodukt (BIP)** ist der in Marktpreisen ausgedrückte Wert aller Güter und Dienstleistungen, die innerhalb eines Jahres im Inland erzeugt worden sind. Dabei ist es unwesentlich, ob Inländer oder Ausländer ihre Arbeitskraft und ihr Kapital in die Produktion eingebracht haben (= Inlandskonzept).

269 Wodurch unterscheidet sich das Bruttonationaleinkommen vom Bruttoinlandsprodukt?

Beim Inländerkonzept (Bruttonationaleinkommen) umfasst eine Volkswirtschaft die Gesamtheit der Inländer. Nicht zum Bruttoinlandsprodukt gehören demnach im Inland entstandene Faktoreinkommen (z. B. Löhne, Pachten, Zinsen, Dividenden), die Ausländern zufließen. Andererseits werden alle im Ausland entstandenen Einkommen, die Inländern zufließen, zum Bruttoinlandsprodukt gerechnet.

Nettoinlandsprodukt

Bruttoinlandsprodukt zu Marktpreisen
(= Produktionsergebnis aller im Inland verwendeten Produktionsfaktoren = **Inlandskonzept**)
+ Einkommen von Inländern, das aus dem Ausland fließt
./. Einkommen von Ausländern, das vom Inland gezahlt wird
= Bruttonationaleinkommen
(= Inländerkonzept)

Das Bruttonationaleinkommen ist demzufolge die Summe aller Einkommen, die Inländer (z. B. Deutsche) erhalten, und zwar vom Inland und Ausland (≙ personenbezogenes Inländerkonzept).
Inländer sind daher alle Personen und Institutionen, die ihren ständigen Wohnsitz im Inland haben.
Als **Marktpreis** wird der auf einem Markt tatsächlich erzielte bzw. gezahlte Preis für Güter und Dienstleistungen einschließlich Umsatzsteuer verstanden.

Der Bruttoproduktionswert umfasst die Gesamtleistung einer Volkswirtschaft. Man ermittelt ihn, indem man die hergestellten Güter und die erbrachten **Leistungen aller Wirtschaftsbereiche** (Land- und Forstwirtschaft, Waren produzierendes Gewerbe, Handel und Verkehr, Dienstleistungen, Staat, private Haushalte) **in einer Summe** zusammenfasst (Produkt von produzierten Gütermengen und jeweiligen Herstellungspreisen in einem Jahr).
Der **Bruttoproduktionswert** enthält noch viele Doppelzählungen. Der Grund: Die einzelnen Unternehmen tauschen Güter untereinander aus. Um diese Doppel- bzw. Mehrfachzählungen zu vermeiden, werden die Vorleistungen (die Verkäufe eines Unternehmens können zum Teil Vorleistungen eines anderen Unternehmens sein) nicht mehr berücksichtigt:

Bruttoproduktionswert
./. Vorleistungen
= **Bruttoinlandsprodukt zu Marktpreisen**
(Inlandskonzept)

270 Was versteht man unter Bruttoproduktionswert und wie unterscheidet er sich vom Bruttoinlandsprodukt zu Marktpreisen?

Das Nettoinlandsprodukt zu Faktorkosten beinhaltet die Summe aller in einem Jahr im Inland erzielten Erwerbs- und Vermögenseinkommen einer Volkswirtschaft (= Nettowertschöpfung). Dies sind Einkommen aus unselbstständiger Arbeit plus Einkommen aus Unternehmertätigkeit und Vermögen. Die Rechnung:

Bruttoinlandsprodukt zu Marktpreisen (Inlandskonzept)
./. Abschreibungen
= **Nettoinlandsprodukt zu Marktpreisen**
./. indirekte Steuern
+ Subventionen
= **Nettoinlandsprodukt zu Faktorkosten**

271 Was verstehen Sie unter Nettoinlandsprodukt zu Faktorkosten und wie wird es berechnet?

WiSo

Soziale Marktwirtschaft

272 Warum werden die Subventionen zum Nettoinlandsprodukt zu Marktpreisen hinzugerechnet und die indirekten Steuern abgezogen?

Subventionen verringern den Marktpreis künstlich, sodass die eigentliche Wertschöpfung zu niedrig ausgewiesen ist. Zur Ermittlung der tatsächlichen Produktionskosten müssen sie daher addiert werden.

Indirekte Steuern, die im Marktpreis enthalten sind, stellen keine Kosten der Produktion dar, sie **erhöhen** nur künstlich den Marktpreis und gehören daher nicht zur Wertschöpfung. Deshalb müssen sie vom Nettoinlandsprodukt zu Marktpreisen abgezogen werden.

273 Was verstehen Sie unter Subventionen?

Subventionen sind Leistungen der öffentlichen Hand, die zur Erreichung eines bestimmten, im öffentlichen Interesse liegenden Zwecks gewährt werden. Subventionen gewährt der Staat nicht nur Not leidenden Unternehmen, z. B. in Form von Steuerermäßigungen oder direkten Zahlungen, sondern auch kulturellen Einrichtungen, wie z. B. Theatern.

274 Was sind indirekte Steuern?

Indirekte Steuern (Tabaksteuer, Mehrwertsteuer, Biersteuer, Mineralölsteuer, Versicherungssteuer usw.) sind Abgaben an den Staat, die im Marktpreis der Güter enthalten sind.

3.9.3 Sozialprodukt und Wirtschaftswachstum

275 Welche Bedeutung haben die nominale und die reale Bewertung des Wachstums in der volkswirtschaftlichen Gesamtrechnung?

Das **Bruttoinlandsprodukt zu Marktpreisen** kann nominal und real ermittelt werden:

- **Nominales BIP:** Grundlage zur Bewertung der Güter und Dienstleistungen stellen die Marktpreise des jeweiligen Jahres dar.
  Kritische Betrachtung:
  - Steigen die Marktpreise, so erhöht sich auch das nominale BIP, obwohl nicht mehr Güter produziert wurden. Preisveränderungen wirken sich daher unmittelbar auf die Höhe des nominalen BIP aus.
  - Das nominale BIP gibt damit nicht mehr Auskunft über die tatsächliche gesamtwirtschaftliche Leistung eines Landes.

- **Reales BIP:** Als Grundlage zur Bewertung des echten, des realen Anstiegs der Wirtschaftsleistung dienen die (konstanten) Preise eines Basisjahres. Das Basisjahr wird in Zeitabständen aktualisiert.
  Folgewirkungen:
  - Preissteigerungen bleiben unberücksichtigt. Indem sie bei der Berechnung ausgeschaltet werden, gibt das ein genaueres Abbild über die tatsächliche Entwicklung der gesamtwirtschaftlichen Leistung einer Volkswirtschaft.
  - Beispielsweise werden die mengenmäßigen Leistungen von 2010 mit den Preisen von 2000 bewertet. Vergleicht man nun die beiden Ergebnisse miteinander, so ist eine Steigerung allein auf eine mengenmäßige Steigerung der Wirtschaftsleistung zurückzuführen.

Auswertungsmethoden

Es entsteht kein Wirtschaftswachstum. Im Gegenteil: Die Wirtschaftskraft dieses Landes geht zurück, einhergehend mit einer hohen Inflationsrate.

Beurteilen Sie 276 **das Wirtschaftswachstum eines Landes, wenn das nominale Sozialprodukt ansteigt, das reale aber zurückgeht.**

3.9.4 Entstehung, Verteilung und Verwendung des Bruttoinlandsprodukts

Mithilfe der Bruttoinlandsproduktberechnung kann man erkennen, wie das vorjährige wirtschaftliche Ergebnis **entstanden** ist, wie es **verwendet** wurde und wie die Einkommen in der Volkswirtschaft **verteilt** wurden:

- **Entstehungsrechnung:** Sie zeigt, welchen Beitrag die verschiedenen Wirtschaftsbereiche der Volkswirtschaft zum Bruttoinlandsprodukt erbracht haben. Unterschieden werden dabei die folgenden Wirtschaftszweige:
  - Land- und Forstwirtschaft, Fischerei
  - Waren produzierendes Gewerbe
  - Handel und Verkehr
  - Dienstleistungsunternehmen
  - Staat
  - Haushalte
- **Verwendungsrechnung:** Sie zeigt, für *welche Zwecke* das Bruttoinlandsprodukt verwendet wurde. Dabei unterscheidet man:
  - den privaten Verbrauch
  - den Staatsverbrauch
  - Bruttoinvestitionen (= Ersatzinvestitionen plus Nettoinvestitionen)
  - Außenbeitrag (= Export minus Import)

Die Verwendungsrechnung gibt Auskunft darüber:
- welche Teile der volkswirtschaftlichen Produktion verbraucht oder nicht verbraucht (gespart) und damit investiert wurden und
- wie das Ergebnis der außenwirtschaftlichen Beziehungen (Sachgüter- und Dienstleistungsexporte und -importe) zustande gekommen ist.

- **Verteilungsrechnung:** Sie gibt Auskunft über die Aufgliederung des Volkseinkommens auf die Einkommensarten.
Dabei wird unterschieden zwischen:
  - Bruttoeinkommen aus unselbstständiger Arbeit (Einkommen der Arbeitnehmer) und
  - Bruttoeinkommen aus Unternehmertätigkeit und Vermögen (Gewinne der privaten Unternehmen und Einkommen der Arbeitnehmer u. a. aus Zinserträgen auf Sparkonten, aus Bausparverträgen und Wertpapierbesitz).

Unterscheiden 277 **Sie die drei Auswertungsmethoden des Bruttoinlandsprodukts.**

351

WiSo

Soziale Marktwirtschaft

278 Was verstehen Sie unter der Lohnquote und wie wird sie ermittelt?

Die **Lohnquote** ist der Anteil der Arbeitnehmereinkommen am gesamten Volkseinkommen.

$$\text{Lohnquote} = \frac{\text{Einkommen aus unselbstständiger Arbeit}}{\text{Volkseinkommen}} \cdot 100$$

Die Lohnquote gehört zu den wirtschafts- und gesellschaftspolitisch am stärksten beachteten Kennzahlen der volkswirtschaftlichen Gesamtrechnung.

3.9.5 Aussagekraft und Bedeutung des Bruttoinlandsprodukts

279 Welche Bedeutung hat die volkswirtschaftliche Gesamtrechnung?

Die Ergebnisse der **volkswirtschaftlichen Gesamtrechnung** dienen unterschiedlichen Gruppen als Planungsgrundlage für ihr zukünftiges Handeln:

- Für **Unternehmen** ist das umfangreiche Zahlenmaterial über die Leistungsfähigkeit der eigenen Volkswirtschaft eine wichtige Grundlage für zukünftige Investitionsplanungen sowie für die Festlegung eigener betrieblicher Ziele.

- Für die **Haushalte** gehört die Lohnquote zu den wirtschafts- und gesellschaftspolitisch am stärksten beachteten Kennzahlen der volkswirtschaftlichen Gesamtrechnung. Darüber hinaus hat die Entwicklung des Bruttoinlandsprodukts (BIP) auch eine psychologische Wirkung auf die Bevölkerung. Wachstum und Arbeitslosigkeit hängen eng zusammen. Die Zukunftsängste werden bei einem sinkenden BIP oder bei schlechten Entwicklungsprognosen größer.

- Der **Staat** versucht durch eine gezielte Wirtschaftspolitik für ein stetiges Wirtschaftswachstum zu sorgen. Das BIP dient hierbei als Kontrollinstrument. Die Entwicklung des BIP ist eine Orientierungshilfe bei der Schätzung der Steuereinnahmen, die wiederum wesentlichen Einfluss bei der Aufstellung des Staatshaushaltes hat.

- Das **BIP** ermöglicht Vergleiche der Leistungsfähigkeit von verschiedenen Volkswirtschaften mithilfe von Kennziffern. Es gilt auch als Maßstab für die Einteilung der verschiedenen Nationen in Industrieländer, Schwellenländer und Entwicklungsländer und als Wertmaßstab zur Einschätzung des Lebensstandards in den einzelnen Ländern.

280 Unterscheiden Sie quantitatives und qualitatives Wirtschaftswachstum.

- **Quantitatives Wachstum** bedeutet die rein mengenmäßige Steigerung der Produktion. Es liegt vor, wenn sich die Menge an Gütern und Dienstleistungen **real** jährlich erhöht bzw. wenn das Angebot an Gütern und Dienstleistungen pro Kopf der Bevölkerung zunimmt. Das quantitative Wachstum sagt allerdings nichts aus über die
  - Verteilung der Einkommen,
  - Bedeutung von Gütern und Dienstleistungen,
  - Qualität der Güter,
  - Leistungen ohne Geldeinkommen,
  - Verbesserungen der Arbeitsbedingungen und der Arbeitsplatzgestaltung für die Arbeitnehmer und
  - die Einbußen an Lebensqualität durch Lärm und Umweltverschmutzung.

Teilbilanzen der Zahlungsbilanz

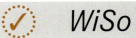

- Beim **qualitativen Wachstum** hingegen wird insbesondere Wert gelegt auf die Art und Weise des Zustandekommens des Wachstums. Es wird gefordert, dass an die Stelle eines unkontrollierten, rein mengenmäßig bestimmten Wirtschaftswachstums ein Wachstum treten sollte, dem das Konzept der Lebensqualität zugrunde liegt.

Leistungen, die den Wohlstand eines Volkes positiv beeinflussen, sollten hinzugezählt werden. Und negative Beiträge, wie z. B. die Staatsausgaben zur Beseitigung von Umweltschäden, müssten vom BIP abgezogen werden:

```
  Bruttosozialprodukt zu Marktpreisen
./. soziale Kosten, z. B. Umweltschutzmaßnahmen, Ausgaben für Polizei
    und Verteidigung
./. Ausgaben für staatliche Verwaltung
 +  private Dienste, für die kein Marktpreis besteht, z. B. Hausarbeit,
    Nachbarschaftshilfe
 +  Schwarzarbeit
 +  immaterielle Werte, z. B. mehr Freizeit, ausgebautes Bildungswesen,
    verbesserte medizinische Versorgung
 =  Net Economic Welfare (NEW)
```

3.9.6 Zahlungsbilanz

- Die **Zahlungsbilanz** ist die **wertmäßige Aufzeichnung** aller wirtschaftlichen Beziehungen eines Landes, die innerhalb eines Jahres zwischen Inland und Ausland stattgefunden haben.

- Die Zahlungsbilanz ist demnach eine **zahlenmäßige Darstellung** des gesamten jährlichen Waren-, Dienstleistungs-, unentgeltlichen Zahlungs- und Kapitalverkehrs zwischen Inland und Ausland. Sie vermittelt einen Gesamtüberblick über die außenwirtschaftlichen Beziehungen eines Landes.

281 Erläutern Sie das Wesen der Zahlungsbilanz.

Die **Zahlungsbilanz** umfasst folgende **Teilbilanzen:**

- Handelsbilanz
- Dienstleistungsbilanz   } Sie bilden
- Übertragungsbilanz   zusammen die
- Bilanz der Erwerbs- und   Leistungsbilanz.
  Vermögenseinkommen

- Kapitalbilanz
- Devisenbilanz

282 Welche Teilbilanzen umfasst die Zahlungsbilanz?

WiSo Soziale Marktwirtschaft

283 Warum ist die Zahlungsbilanz formal immer ausgeglichen?

Die **Zahlungsbilanz** ist immer **formal ausgeglichen,** weil jeder Buchung auf einer der Teilbilanzen eine Gegenbuchung auf einer anderen Teilbilanz folgt (jeder Gutschrift entspricht eine Lastschrift). Eine aktive oder passive Zahlungsbilanz kann es folglich nicht geben.

Teilbilanzen weisen in der Regel jedoch Salden auf – nur zufällig könnten sämtliche Teilbilanzen ausgeglichen sein. Insofern ist der Grund für ein Zahlungsbilanzdefizit bzw. für einen Zahlungsbilanzüberschuss generell in der Unausgeglichenheit der Teilbilanzen zu finden.

Von einem **Zahlungsbilanzausgleich** spricht man demzufolge, wenn langfristig (in einem Zeitraum von 2 bis 3 Jahren) in einer Volkswirtschaft die Zuflüsse und Abflüsse an Devisen ausgeglichen sind, d. h., wenn der Saldo der Devisenbilanz gleich null ist.

284 Worauf bezieht sich immer eine aktive bzw. eine passive Zahlungsbilanz?

Eine **aktive** bzw. eine **passive Zahlungsbilanz** bezieht sich immer auf die **Devisenbilanz,** in der regelmäßig ein Saldo entsteht. Die Zahlungsbilanz selber ist formal stets ausgeglichen.

285 Erklären Sie die Entstehung und Bedeutung einer aktiven und einer passiven Zahlungsbilanz.

- **Aktive Zahlungsbilanz (Zahlungsbilanzüberschuss)** bedeutet: Devisenabfluss < Devisenzufluss, d. h., der Bundesbank sind mehr ausländische Devisen oder Gold zugeflossen, als sie an andere nationale Notenbanken abgegeben hat.
Beispiel:
Ausgangssituation: starker Anstieg der Exporttätigkeit (Exporte > Importe)

Die Folge:
Devisenzufluss → steigende umlaufende (nachfragewirksame) Geldmenge im Inland → sinkende Zinsen → steigende Nachfrage nach (zinsgünstigen) Krediten → Preissteigerungen (importierte Inflation) → verminderte Wettbewerbsfähigkeit auf den Auslandsmärkten.

- **Passive Zahlungsbilanz (Zahlungsbilanzdefizit)** bedeutet: Devisenabfluss > Devisenzufluss, beispielsweise bei hoher Kreditgewährung an das Ausland.

Die Folge:
Auslandsverschuldung bzw. Verringerung der Geldmenge im Inland → Zinsniveau steigt → Beschäftigung geht zurück → Preissteigerungsraten gehen zurück (deflatorische Tendenz).

286 Beschreiben Sie den Aufbau und die Bedeutung der Leistungsbilanz.

- Die **Leistungsbilanz** setzt sich zusammen aus den Salden der Handelsbilanz, Dienstleistungsbilanz, Bilanz der laufenden Übertragungen und der Bilanz der Erwerbs- und Vermögenseinkommen. Der Saldo in der Leistungsbilanz zeigt die Differenz zwischen inländischer Ersparnis und Nettoinvestition an.

Dienstleistungsbilanz

- Die Leistungsbilanz kann aktiv oder passiv sein:
  - Eine **passive Leistungsbilanz** bedeutet (hier am Beispiel von Deutschland), dass die Bundesrepublik an das Ausland zahlen muss. **Defizite** (= Ausgabenüberschüsse) haben zur Folge, dass die Bundesrepublik sich in einer Schuldnerposition befindet. Es sind mehr Devisen in das Ausland geflossen als umgekehrt von dort hereingekommen sind.
  - Eine **aktive Leistungsbilanz** bedeutet (am Beispiel von Deutschland): Das Ausland muss an die Bundesrepublik zahlen. Ein Einnahmenüberschuss in der Leistungsbilanz stellt also ein **Guthaben** an ausländischen Zahlungsmitteln dar, es ist eine Forderung gegenüber dem Ausland entstanden.

Die **Handelsbilanz** stellt wertmäßig alle **Exporte** (Warenausfuhr) und **Importe** (Wareneinfuhr) von Waren gegenüber, die per Lkw, Bahn, Binnen- und Seeschiff, Flugzeug oder Post im grenzüberschreitenden Verkehr hin und her bewegt werden.

287 Welche Größen werden in der Handelsbilanz erfasst?

Die Warenexporte führen als Forderungen zu Einnahmen, die Warenimporte bedeuten als Verbindlichkeiten Ausgaben.

- Eine **passive Handelsbilanz** liegt vor, wenn der Wert der Exporte kleiner ist als der Wert der Importe.
- Sind die Exportwerte größer als die Importwerte, spricht man von einer **aktiver Handelsbilanz.**

288 Wann liegt eine passive, wann liegt eine aktive Handelsbilanz vor?

Eine **aktive Handelsbilanz**
- sichert Arbeitsplätze,
- erhöht das Volkseinkommen,
- führt zu einem Devisenzufluss und damit zu einem Ungleichgewicht zwischen Geld- und Gütermenge mit der Folge
- einer importierten Inflation.

289 Was für Auswirkungen hat eine aktive Handelsbilanz?

In der **Dienstleistungsbilanz** werden die Ex- und Importe von Dienstleistungen („unsichtbare Ex- und Importe") mit dem Ausland gegenübergestellt. Die wichtigsten Dienstleistungen sind:

- Reisen ins Ausland
- Transportdienste
- Transithandel
- Versicherungen, Lizenzen, Patente, Provisionen, Bauleistungen und Montagen, Werbe- und Messekosten

290 Was verstehen Sie unter einer Dienstleistungsbilanz?

Soziale Marktwirtschaft

3.9.7 Gesamtwirtschaftliche Ziele

291 Was verstehen Sie unter Wirtschaftspolitik?

Wirtschaftspolitik umfasst sämtliche staatliche Maßnahmen, durch die der Wirtschaftsprozess mit geeigneten Mitteln beeinflusst werden soll, damit sich die gesamte Volkswirtschaft möglichst störungsfrei und gleichmäßig entwickeln und wachsen kann. Dadurch sollen sichergestellt werden die

- soziale Sicherheit,
- persönliche Freiheit,
- Mehrung des Wohlstandes,
- gerechte Verteilung des wachsenden Wohlstandes.

292 Welche Ziele verfolgt die staatliche Wirtschaftspolitik?

Die **Ziele,** an denen sich die staatliche Wirtschaftspolitik zu orientieren hat, sind im **Gesetz zur Förderung der Stabilität und des Wachstums der Wirtschaft (Stabilitätsgesetz)** formuliert. Danach haben Bund und Länder bei ihren wirtschafts- und finanzpolitischen Maßnahmen die Erfordernisse des gesamtwirtschaftlichen Gleichgewichts zu beachten. Dieses Ziel steht als Kurzform für die wirtschaftspolitischen Unterziele:

- stabiles Preisniveau
- hoher Beschäftigungsstand („Vollbeschäftigung")
- angemessenes und stetiges Wirtschaftswachstum
- außenwirtschaftliches Gleichgewicht (Import = Export)

Betrachtet man diese vier Ziele, so kann man feststellen, dass sie sich gegenseitig zwar nicht ausschließen, aber häufig in Konkurrenz zueinander stehen. Das bedeutet, dass sie sich in der wirtschaftlichen Praxis oftmals nicht zum gleichen Zeitpunkt und in gleichem Ausmaß verwirklichen lassen. Häufig behindern staatliche Maßnahmen, die der Erfüllung des einen Zieles dienen sollen, das Erreichen eines anderen Zieles. Weil für das gleichzeitige Erreichen aller Ziele geradezu magische Kräfte erforderlich wären, wird diese Zielkombination auch als **„magisches Viereck"** bezeichnet.

293 Nennen Sie weitere qualitative Ziele der Wirtschaftspolitik, die die gesetzlich fixierten Ziele des „magischen Vierecks" ergänzen.

Meldungen von Umweltskandalen, Problemen bezüglich der Finanzierbarkeit des sozialen Netzes sowie die Diskussion um eine ökologische Steuerreform fordern die soziale Marktwirtschaft neu heraus. Zur Bewältigung der Zukunftsprobleme haben sich **weitere wirtschaftspolitische Ziele** entwickelt:
- die Erhaltung einer lebenswerten Umwelt,
- eine gerechte Einkommens- und Vermögensverteilung.

294 Was verstehen Sie unter – Nominallohn und – Reallohn?

- Der **Nominallohn** gibt an, wie viel Geld jemand verdient. Er entspricht dem Nennwert des Lohnes.
- Der **Reallohn** (der Wert des Lohnes) gibt an, welche Menge an Gütern tatsächlich erworben werden kann. Er wird ermittelt unter Berücksichtigung des Preisniveaus.

Preisniveaustabilität

- Steigt z. B. der Preis für ein Gut, dann nimmt der Wert des Geldes ab. Man erhält für den gleichen Geldbetrag eine geringere Gütermenge. Der Reallohn ist **gesunken** (≙ Kaufkraftverlust).

- Liegt die Lohnsteigerungsrate über der Preissteigerungsrate, so **steigt** der Reallohn (≙ Kaufkraftgewinn).

• Der **allgemeine Verbraucherpreisindex** zeigt in einer Messzahl die Preisänderungen von Gütern und Dienstleistungen – bezogen auf ein bestimmtes Basisjahr (= 100 %). Erfasst werden alle privaten Haushalte.

• Als **Inflation** bezeichnet man einen Prozess, der dadurch gekennzeichnet ist, dass die Preise im Zeitablauf ständig steigen und damit zu einem sinkenden Geldwert führt.

• Die **Deflation** weist auf ein ständiges Sinken des Preisniveaus hin mit der Folge, dass die Kaufkraft (der Wert des Geldes) zunimmt.

295 Erläutern Sie folgende Fachbegriffe:
– Verbraucherpreisindex,
– Inflation und
– Deflation.

Das **Preisniveau** gibt den Durchschnitt aller Preise für Güter im Zeitablauf (i. d. R. ein Jahr) an. Zur Messung der Preisentwicklung (der Kaufkraft) verwendet man einen **Verbraucherpreisindex.**
Diese Indexziffer wird vom Statistischen Bundesamt anhand der Preise für die Güter und Dienstleistungen eines **Warenkorbs** ermittelt, dessen Zusammensetzung sich nach den tatsächlichen Verbrauchsverhältnissen richtet (= repräsentative Güterauswahl). Ausgangspunkt für den **Wert des Warenkorbs** ist ein bestimmtes Basisjahr (= 100 %). Sind die Preise gegenüber dem Vorjahr um 2,9 % gestiegen, ist der Verbraucherpreisindex auf 102,9 % gestiegen. Das **Preisniveau** (der Durchschnitt aller Güter in der Volkswirtschaft) ist angestiegen, die **Kaufkraft** ist gesunken. Veränderte Gebrauchsgewohnheiten und das Vordringen neuer Produkte machen es erforderlich, dass der Warenkorb von Zeit zu Zeit neu gepackt und auf eine zeitgemäße Basis gestellt wird (neues Basisjahr).

296 Wie wird die Preisniveaustabilität gemessen?

Allgemeine **Teuerungsrate** (Preisveränderung in %)	=	$\dfrac{\text{neuer Indexwert}}{\text{alter Indexwert}} \cdot 100 \ ./. \ 100$
Kaufkraft des Euro	=	$\dfrac{1}{\text{Preisniveau}} \cdot 100$
Kaufkraftveränderung	=	$\dfrac{\text{alter Indexwert}}{\text{neuer Indexwert}} \ ./. \ 1$
Kaufkraftveränderung gegenüber dem Vorjahr (in Prozent)	=	$\dfrac{\text{alter Indexwert}}{\text{neuer Indexwert}} \cdot 100 \ ./. \ 100$

Soziale Marktwirtschaft

297 Unterscheiden Sie die Arten der Inflation nach
– der Erkennbarkeit,
– der Geschwindigkeit.

- **Nach der Erkennbarkeit** unterscheidet man:
  - **offene Inflation:**
    Sie ist durch eine ständige Geldentwertung (Preisniveausteigerung) für jedermann erkennbar.
  - **verdeckte Inflation:**
    Hier bleiben die offiziellen Preise relativ stabil, z. B. durch staatlichen Preisstopp, Beschränkungen oder andere staatliche Maßnahmen. Dadurch wird die tatsächliche Entwicklung verschleiert. Es entsteht ein Geldüberhang, dem kein entsprechendes Handelsvolumen gegenübersteht. Es entwickeln sich sogenannte „schwarze Märkte", auf denen Güter zu überhöhten Preisen gehandelt werden.

- **Nach der Geschwindigkeit** des Inflationsprozesses unterscheidet man:
  - **schleichende Inflation:**
    Preissteigerungen sind niedrig (bis maximal 5 %), jedoch lang anhaltend
  - **trabende Inflation:**
    Teuerungsraten liegen zwischen 5 % und 50 % und
  - **galoppierende Inflation (Hyperinflation):**
    Geldentwertung ab 50 % pro Jahr.

298 Unterscheiden Sie Inflationen nach der Ursache ihrer Entstehung.

Nach den Ursachen unterscheidet man:
- **geldmengenverursachte Inflation:**
  Eine im Verhältnis zur Gütermenge übermäßige Geld- und Kreditschöpfung durch das Bankensystem führt zu einer Erhöhung des Preisniveaus.

- **Nachfrageinflation** (Überschussnachfrageinflation):
  Der erste Anstoß für die Geldentwertung geht von der Nachfrage aus. Die Preise müssen steigen, wenn die gesamtwirtschaftliche Nachfrage größer ist als das gesamtwirtschaftliche Angebot. Die nachfrageverursachte Inflation kann untergliedert werden in *konsum-, investitions-, staats- und auslandsnachfrageverursachte* Inflation.

- **Angebotsinflation:**
  In diesem Fall ist der Auslöser für die Inflation die Angebotsseite. Die angebotsverursachte Inflation kann in *gewinn- und kostenverursachte Inflation* unterteilt werden.

299 Wie unterscheiden sich gewinn- und kostenverursachte Inflation genau?

Bei der **kostenverursachten Inflation** sind die Preissteigerungen auf die Verteuerung der Produktionsfaktoren zurückzuführen, wie z. B. der Löhne und Gehälter und der importierten Vorprodukte. Auch Zins- und Steuererhöhungen können zu Preissteigerungen führen.

Das Merkmal einer **gewinnverursachten Inflation** sind Preissteigerungen auch bei rückläufiger Nachfrage. Das ist nur denkbar bei Marktmacht des Anbieters (Monopolstellung) bzw. der Anbieter (Preisabsprachen) und der Ausschaltung des Wettbewerbs.

Gleichung des Preisniveaus

WiSo

Die Zusammenhänge von Kaufkraftveränderungen begründen die Vertreter der Quantitätstheorie mit der Umlaufgeschwindigkeit des Geldes und der Geldmenge:

$G \cdot U$ (Geldseite)	=	$P \cdot H$ (Güterseite)

- G = Geldmenge (Münz-, Papier- und Buchgeld), die sich im Wirtschaftskreislauf befindet
- U = Umlaufgeschwindigkeit des Geldes (Geldumsatz = $G \cdot U$)
- P = durchschnittliche Preise aller im Handelsvolumen enthaltenen Güter und Dienstleistungen (Preisniveau)
- H = umgesetzte Gütermenge innerhalb eines Jahres (Gesamtpreis des Güterumsatzes = $P \cdot H$)

300 Erläutern Sie die Verkehrsgleichung (Tauschgleichung).

Formt man die Gleichung

$$G \cdot U = P \cdot H$$

um, so erhält man die Gleichung des Preisniveaus:

$$P = \frac{G \cdot U}{H}$$

301 Wie erhält man die Gleichung des Preisniveaus?

Danach ist das **Preisniveau** abhängig von
- der umlaufenden Geldmenge,
- der Umlaufgeschwindigkeit des Geldes,
- dem Handelsvolumen.

Beispiel für steigendes Preisniveau (sinkender Geldwert):

	G	
steigt		unverändert
unverändert	U	steigt
unverändert	H	unverändert

dann steigt → Preisniveau ← steigt dann
sinkt → Geldwert ← sinkt

359

WiSo Soziale Marktwirtschaft

302 Worin sind die Ursachen einer Deflation zu sehen?

Steigt das Handelsvolumen stärker als die Geldmenge (= Geldmengenunterversorgung), besteht die Gefahr einer deflatorischen Entwicklung. Darüber hinaus können im Einzelnen **Ursachen einer Deflation** sein:

- Rückgang der gesamtwirtschaftlichen Nachfrage (Unternehmen, Haushalte, Staat, Ausland)
- Horten von Geld, mangelnde Kreditnachfrage
- zu hohe Besteuerung

303 Was bedeutet Stagflation?

Der Begriff der **Stagflation** (aus Stagnation und Inflation) bezeichnet einen Zustand der Wirtschaft, der von Preissteigerungen bei gleichzeitigem realen Wachstumsstillstand und Arbeitslosigkeit gekennzeichnet ist.

304 Welche Wirkungen hat eine Deflation?

Als Folge des **Ungleichgewichts von Geld- und Gütermenge** [Inlandsnachfrage (Geldmenge) < Inlandsangebot (Gütermenge)] ergeben sich folgende **Wirkungen einer Deflation:**

- sinkende Preise (steigender Geldwert)
- zunehmende Sparneigung (Kaufentscheidungen werden hinausgeschoben)
- abnehmende Umlaufgeschwindigkeit des Geldes
- abnehmender Verbrauch (Nachfrageausfall)
- zurückgehende Umsätze (weniger Aufträge) und Zinsen
- Überkapazitäten
- Produktionseinstellungen/-stilllegungen
- Gewinneinbußen
- Entlassungen (bis Massenarbeitslosigkeit)
- private Anschaffungen und Investitionen werden wegen der schlechten Wirtschaftslage bzw. in Erwartung weiterer Preis- und Zinssenkungen zurückgestellt
- zurückgehende gesamtwirtschaftliche Nachfrage
- Bankenzusammenbrüche, Insolvenzen

305 Was verstehen Sie unter importierter Inflation?

Ausgehend von der Annahme, dass die Exporte die Importe wertmäßig übersteigen **(Exporte > Importe)**, kommt es zu einem Zustrom von ausländischen Zahlungsmitteln, die von der EZB (DBB) in Euro umgetauscht werden.
Dadurch wird die Geldmenge im Inland ausgedehnt. Die Folgen einer solchen **importierten Inflation** sind:

- Die Zinsen sinken.
- Kredite werden verstärkt nachgefragt.
- Die gesamtwirtschaftliche Nachfrage nimmt zu.
- **Die Preise steigen.**

Beschäftigungsstand

 WiSo

Bei **steigenden Preisen**
- sinkt die Kaufkraft und die Bezieher fester Einkommen verlieren einen Teil ihres Einkommens und Sparguthabens,
- kann es zur Gefährdung des sozialen Wohlstandes und einer unkontrollierten Umverteilung der Realeinkommen kommen (was unter Umständen soziale Ungerechtigkeiten und Unruhen nach sich zieht),
- sinkt das Vertrauen in den Wert und die Aufgaben des Geldes und in die Wirtschaft insgesamt.

Ein **stabiles Preisniveau** verhindert die Geldentwertung und schützt damit insbesondere die kleinen Geldsparer.

> 306 Welche Gründe gibt es für die Forderung nach Preisniveaustabilität?

Die Höhe des Beschäftigungsstandes wird durch die **Arbeitslosenquote** ausgedrückt. Das Ziel des hohen Beschäftigungsstandes ist auch dann noch erreicht, wenn der Anteil der Arbeitslosen an der Gesamtzahl der unselbstständig Erwerbstätigen zwischen 1 % und 2 % liegt.

Die Formel zur Ermittlung der Arbeitslosenquote lautet:

$$\text{Arbeitslosenquote in \%} = \frac{\text{Anzahl der registrierten Arbeitslosen}}{\text{Anzahl der abhängigen Erwerbspersonen}^1} \cdot 100$$

Die Zahl der abhängigen Erwerbspersonen wird von der Bundesagentur für Arbeit auf der Basis der Erwerbstätigenerhebung festgelegt.

Ein anderer Maßstab für den hohen Beschäftigungsstand ist die **Anzahl der offenen Stellen:**
- Entspricht die Anzahl der Arbeitslosen im Wesentlichen der Anzahl der offenen Stellen, spricht man ebenfalls von hohem Beschäftigungsstand.
- Ist die Anzahl der offenen Stellen jedoch geringer als die Anzahl der Arbeitslosen, liegt **Unterbeschäftigung** vor.
- Bei **Überbeschäftigung** übersteigt die Anzahl der offenen Stellen die Arbeitslosenzahl.

> 307 Wie wird der Beschäftigungsstand ermittelt?

---

1 Abhängige Erwerbstätige und registrierte Arbeitslose

361

WiSo

Soziale Marktwirtschaft

308 Welche Ursachen für Arbeitslosigkeit gibt es?

- Jahreszeitliche Einflüsse (**saisonale Arbeitslosigkeit**): Ist kurzfristig und kehrt regelmäßig wieder, wie z. B. im Baugewerbe oder in der Touristikbranche.

- Zyklische Schwankungen im Wirtschaftsgeschehen (**konjunkturelle Arbeitslosigkeit**): Wird hervorgerufen durch allgemeinen Nachfragerückgang, insbesondere in der Phase des Abschwungs. Folge: Produktionseinschränkungen in allen Wirtschaftszweigen.

- Niedergang einer Branche; Schrumpfen einzelner Wirtschaftszweige (**strukturelle Arbeitslosigkeit**): Sie entsteht u. a. durch veränderte Produktionsverfahren oder durch verändertes Nachfrageverhalten.

- Kurzfristige Übergangsschwierigkeiten (**friktionelle Arbeitslosigkeit**): Vorübergehende Arbeitslosigkeit, weil Arbeitnehmer z. B. einen neuen Arbeitsplatz suchen, sodass sie kurzzeitig mehr oder minder „freiwillig" arbeitslos sind (**Fluktuationsarbeitslosigkeit**).

- **Profilbedingte Arbeitslosigkeit:** Sie ist darauf zurückzuführen, dass die Profile der Arbeitsplätze und der Arbeitsuchenden nicht zueinander passen (= Mismatch-Arbeitslosigkeit).

309 Warum wird ein hoher Beschäftigungsstand angestrebt?

Arbeitslosigkeit führt zu gesamtwirtschaftlichen Nachteilen, wie z. B.:

- Kaufkraftschwund und Wachstumsverlust
- Ausfällen bei Steuereinnahmen (Lohn-, Einkommen-, Umsatzsteuer) und Sozialversicherungsbeiträgen
- steigenden Ausgaben, z. B. beim Arbeitslosengeld, der Arbeitslosen- und Sozialhilfe und dem Wohngeld

310 Was ist unter dem Außenbeitrag einer Volkswirtschaft zu verstehen?

Der **Außenbeitrag einer Volkswirtschaft** ist der Unterschied zwischen dem Wert der exportierten und dem Wert der importierten Güter und Dienstleistungen. Ermittelt wird diese Größe als Saldo aus **Handels-** und **Dienstleistungsbilanz**.

- Bei einem **positiven Außenbeitrag** sind die Exporte größer als die Importe, d. h.
  ○ die Gütermenge im Inland nimmt ab,
  ○ Forderungen des Inlands gegenüber dem Ausland steigen an,
  ○ inländische Haushalte leisten Konsumverzicht für das Ausland,
  ○ inländisches Einkommen erhöht sich.

- Sind die Importe größer als die Exporte, spricht man von einem **negativen Außenbeitrag**, d. h.
  ○ die Gütermenge im Inland nimmt zu,
  ○ Verbindlichkeiten des Inlands gegenüber dem Ausland nehmen zu,
  ○ das Ausland verzichtet auf Konsum für das Inland,
  ○ inländisches Einkommen vermindert sich.

Wirtschaftswachstum

 WiSo

311 Was ist unter einem außenwirtschaftlichen Gleichgewicht zu verstehen?

Das Ziel eines außenwirtschaftlichen Gleichgewichts ist erreicht, wenn sich die Einfuhren (Importe) und Ausfuhren (Exporte) von Gütern ausgleichen; der sogenannte **Außenbeitrag ist dann null.**

Das Ziel eines außenwirtschaftlichen Gleichgewichts gilt auch noch bei einem positiven Außenbeitrag als erreicht. Dabei darf aber der Überschuss höchstens zwischen 1,5 % und 2 % des nominalen Bruttoinlandsprodukts zu Marktpreisen ausmachen.

$$\text{Außenbeitragsquote} = \frac{\text{Außenbeitrag}}{\text{Bruttoinlandsprodukt}} \cdot 100$$

312 Warum wird ein außenwirtschaftliches Gleichgewicht angestrebt?

- Ein **neutraler Außenbeitrag** ist ein Beitrag zur Preisniveaustabilität. Denn bei **Exportüberschüssen** wird ein Teil der Einnahmen aus dem Export nicht wieder für Einfuhren ausgegeben, sondern verbleibt im Inland und erhöht dort die Geldmenge. Da in dieser Situation das Gut Geld nicht mehr knapp ist, sinkt sein Preis, also der Zins. Die Folge ist die vermehrte Nachfrage nach zinsgünstigen Krediten, die für den Kauf von Investitions- und Konsumgütern verwendet werden. Dies führt zu Preissteigerungen und zur **importierten Inflation.**

- Ist umgekehrt die **Nachfrage** von inländischen Unternehmen **an ausländischen Gütern** und Dienstleistungen besonders hoch, weil dort die Waren preisgünstiger angeboten werden (die Importe können nun größer werden als die Exporte), geht der Absatz der inländischen Produzenten und Händler zurück. Mögliche Folgen: Betriebsstilllegungen, Arbeitslosigkeit.

313 Was hat ein leicht positiver Außenbeitrag zur Folge?

Ein Außenbeitrag, der 1,5 % bis 2 % des nominalen BIP zu Marktpreisen nicht übersteigt, trägt zum Wirtschaftswachstum und zur Verbesserung des Beschäftigungsstandes bei. Deshalb wird ein **positiver Außenbeitrag** noch als Beitrag zum gesamtwirtschaftlichen Gleichgewicht angesehen.

314 Wie wird (quantitatives) Wirtschaftswachstum erzielt bzw. gemessen?

Gesamtwirtschaftliches Wachstum wird erzielt durch eine Zunahme des Güter- und Dienstleistungsangebots (pro Kopf der Bevölkerung).
Wirtschaftswachstum wird gemessen an der jährlichen Zunahme des realen (um Preissteigerungen bereinigten) Bruttoinlandsprodukts. Das Ziel eines stetigen und angemessenen Wachstums gilt heute als erreicht, wenn unter Bezugnahme auf ein bestimmtes Basisjahr Wachstumsraten von 2 % bis 3 % erzielt werden.

- **Stetig** ist das Wachstum, wenn starke Wachstumsschwankungen, wie sie durch Boom und Depression verkörpert werden, vermieden werden. Das reale BIP soll von Jahr zu Jahr gleichmäßig steigen.

- **Angemessen** ist das Wachstum, wenn die Zuwachsraten des BIP die übrigen Ziele des Stabilitätsgesetzes unterstützen. Das heißt, dass das Wachstum so stark sein sollte, dass die Arbeitslosigkeit beseitigt wird, ohne das Ziel der Geldwertstabilität zu gefährden.

WiSo — Soziale Marktwirtschaft

315 Welche positiven Folgen hat anhaltendes (quantitatives) Wirtschaftswachstum?

Positive Folgen anhaltenden **Wirtschaftswachstums:**

- steigende Steuereinnahmen
- verbesserte staatliche Leistungsfähigkeit
- möglicherweise Erhaltung eines hohen Beschäftigungsstandes
- Arbeitnehmer beziehen höhere Einkommen, können mehr Güter kaufen und haben dabei mehr Freizeit
- Bei den Unternehmen erhöht sich der Absatz, die Kapazitäten werden weiter ausgelastet und die Gewinnerwartungen steigen.
- ansteigende Investitionstätigkeit

316 Welche Argumente gibt es gegen ein quantitatives (mengenmäßiges) Wirtschaftswachstum?

Argumente gegen quantitatives **Wirtschaftswachstum:**

- Umweltbelastung durch Schadstoffe, wie z. B. Kohlendioxid (CO_2)
- Verstärkung des Treibhauseffekts und Temperaturerhöhung an der Erdoberfläche
- Zersiedelung und Zubetonierung der Landschaft
- Waldsterben
- rücksichtslose Ausbeutung nicht wieder herstellbarer Rohstoff- und Energiequellen (Öl- und Kohlevorräte)
- zunehmende Entsorgungsprobleme für Haushalte und Unternehmen: Müllbeseitigung, Abwasserreinigung, Luftreinhaltung, Lagerung von chemischen und radioaktiven Abfällen
- Verschmutzung von Gewässern, Boden und Luft
- Bedrohung der Tierwelt, Rückgang der Artenvielfalt
- Steigendes Wirtschaftswachstum erhöht den Luxus; die Menschen werden aber trotz des steigenden materiellen Wohlstands nicht unbedingt glücklicher.

317 Welche Ziele werden mit der Forderung nach einer gerechten Einkommens- und Vermögensverteilung verfolgt?

- Die Forderung nach einer **gerechten Einkommens- und Vermögensverteilung** soll die Vermögensbildung der Arbeitnehmer fördern und so zu einer gleichmäßigen Verteilung des gesellschaftlichen Vermögens führen.
- Die Reichen sollen nicht ständig reicher werden, während die Armen immer ärmer werden.
- Der Lebensstandard der Menschen soll nicht allein von ihren am Markt erzielten Einkommen abhängen.
- Die Einkommens- und Vermögensverteilung soll sich an den sozialen Bedürfnissen ausrichten.
- Die Einkommens- und Vermögenshöhe soll sich an den erbrachten Leistungen orientieren, wie es z. B. bei den tariflich ausgehandelten Löhnen und Gehältern bereits der Fall ist (Leistungsprinzip).

Zielkonflikt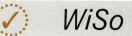

3.9.8 Zielkonflikte

Zwischen den **wirtschaftspolitischen Zielen** bestehen unterschiedliche Beziehungen. Grundsätzlich unterscheidet man folgende **Zielbeziehungen:**

- **Zielneutralität:**
  Beeinflussungen bzw. Wechselwirkungen zwischen Zielen sind nicht messbar, z. B. außenwirtschaftliches Gleichgewicht und lebenswerte Umwelt

- **Zielharmonie** (komplementäre Ziele):
  Mit der Verfolgung eines Zieles wird auch ein anderes Ziel besser erreicht, z. B.
  - Wirtschaftswachstum und hoher Beschäftigungsstand,
  - außenwirtschaftliches Gleichgewicht und Preisniveaustabilität.

- **Zielkonflikt** (konkurrierende Ziele):
  Ein Spannungsverhältnis besteht zwischen zwei oder mehreren Zielen, z. B.
  - Wirtschaftswachstum und Preisniveaustabilität
  - hoher Beschäftigungsstand und außenwirtschaftliches Gleichgewicht
  - Stabilität des Geldwertes und hoher Beschäftigungsstand
  - lebenswerte Umwelt und Wirtschaftswachstum

In der praktischen Wirtschaftspolitik werden bestehende Zielkonflikte dadurch zu lösen versucht, dass man stets dasjenige Ziel vorrangig verfolgt, das in einer bestimmten wirtschaftlichen Situation am meisten gefährdet erscheint.

318 Was verstehen Sie unter Zielkonflikten der Wirtschaftspolitik?

a) Ziel: Erreichen eines hohen Beschäftigungsstandes; Folge: adäquate staatliche Unterstützungsmaßnahmen; Ergebnis: Wirtschaftswachstum/Hochkonjunktur. Im Boom gibt es quasi keine Arbeitslosigkeit mehr, es herrscht im Gegenteil Arbeitskräftemangel (Folge: steigende Löhne). Die Auftragseingänge sind ebenso wie die Produktion stark steigend (Vollauslastung der Kapazitäten). Insgesamt ist die wirtschaftliche Stimmung bei allen Wirtschaftssubjekten gut, was sich sowohl auf die Investitionsneigung als auch auf den privaten Konsum nachfragesteigernd auswirkt. Die wirtschaftliche Folge: steigende Preise (Verkäufermarkt).

b) Ein Zielkonflikt zwischen diesen beiden Zielen ist zu erkennen, wenn das „Mehr" an materiellen Gütern zulasten der allgemeinen Lebensqualität geht. Beispiele: umweltfeindliche Produktionsanlagen und -verfahren, Kahlschlag der Natur, Vermehrung der Luft-, Erd- und Wasserschadstoffe. Zwischen Wirtschaftswachstum und lebenswerter Umwelt muss kein Zielkonflikt bestehen. Zielharmonie ist festzustellen, wenn Wirtschaftswachstum auf die Produktion von Umweltschutzmaßnahmen zurückzuführen ist.

c)
- Wenn die Exporterträge durch überhöhte Preise für Importgüter (z. B. Erdöl) aufgezehrt werden (= Handelsbilanzausgleich). Durch die Preissteigerung der importierten Rohstoffe verteuert sich die einheimische Produktion und das Preisniveau steigt.
- Wenn der Staat zur Herstellung des außenwirtschaftlichen Gleichgewichts die Ausfuhren fördert, fließt ein Teil des Güterangebots ins Ausland ab, während im Inland die monetäre Nachfrage zunimmt und das Preisniveau steigt.
- Wenn der Staat zur Bekämpfung der Inflation das inländische Güterangebot durch Importerleichterungen verstärkt, kann er dadurch Preisstabilität erreichen. Er muss aber unter Umständen mit einer negativen Handelsbilanz rechnen.

319 Erklären Sie den Zielkonflikt zwischen
a) Preisstabilität und Wirtschaftswachstum,
b) Wachstum und Umweltschutz,
c) außenwirtschaftlichem Gleichgewicht und Preisstabilität.

WiSo Soziale Marktwirtschaft

320 Beschreiben Sie Zielharmonien und nennen Sie ein Beispiel.

Zielharmonien liegen vor, wenn ein priorisiertes wirtschaftspolitisches Ziel (z. B. das außenwirtschaftliche Gleichgewicht) vereinbar ist mit anderen Zielen des erweiterten „magischen Sechsecks" bzw. diese positiv beeinflusst (z. B. Preisstabilität oder gerechte Einkommens- und Vermögensverteilung).

Beispiele:
hoher Beschäftigungsgrad → stetiges angemessenes Wirtschaftswachstum
Preisniveaustabilität → z. B. außenwirtschaftliches Gleichgewicht
stetiges angemessenes Wirtschaftswachstum → z. B. Schonung der Umwelt und hoher Beschäftigungsstand

3.9.9 Konjunkturelle Schwankungen

321 Wie könnte man den Begriff „Konjunktur" umschreiben?

Konjunktur bezeichnet
- das Auf und Ab der wirtschaftlichen Aktivität,
- Wirtschaftsschwankungen, die regelmäßig wiederkehren.

322 Nennen Sie die drei von der Wirtschaftswissenschaft unterschiedenen Arten von Wirtschaftsschwankungen.

Wirtschaftswissenschaftlich werden die folgenden drei Arten von zyklischen Wirtschaftsschwankungen (Konjunkturen) unterschieden:

- **Saisonale Schwankungen** (kurzfristige Konjunkturen)
  Sie treten **kurzfristig** auf, dauern meist nur wenige Wochen oder Monate, sind **jahreszeitlich bedingt** und betreffen lediglich **bestimmte Branchen.**

- **Konjunkturschwankungen** (mittelfristige Konjunkturen)
  Will man das Auf und Ab wirtschaftlicher Aktivitäten über Jahrzehnte darstellen, so müssen die jährlichen Wachstumsraten des Bruttoinlandsprodukts herangezogen werden. Diese rhythmischen Veränderungen wiederholen sich Untersuchungen zufolge **alle 4 bis 5 Jahre** ständig.
  Eine solche wellenförmige Bewegung der gesamtwirtschaftlichen Entwicklung kann in vier Phasen eingeteilt werden:
  - den Aufschwung (Erholung oder Expansion)
  - die Hochkonjunktur (Boom)
  - den Abschwung (Konjunkturabschwächung, Rezession)
  - den Tiefstand (Krise oder Depression)

- **Strukturelle Schwankungen** (langfristige Konjunkturen)
  Einige Ökonomen versuchen nachzuweisen, dass die Weltkonjunktur seit dem Beginn der Industrialisierung langfristigen Schwankungen (Wellenlängen innerhalb von 50 bis 70 Jahren) unterliegt. Ein Auf- und Abschwung fällt stets zusammen mit der Einführung neuer Techniken. Eine derart technische Erfindung dominiert für längere Zeit die Wirtschaft. Diese langen Wellen sind nach ihrem „Entdecker", dem russischen Wissenschaftler Nikolai Kondratieff, benannt.

Wachstumstrend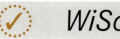

Die Zeitspanne zwischen zwei Wendepunkten, z. B. von einem Tiefpunkt bis zum nächsten Tiefpunkt, bezeichnet man allgemein als Zyklus.

Durchläuft eine wirtschaftliche Entwicklung die vier Konjunkturphasen (Tiefstand, Aufschwung, Hochkonjunktur, Abschwung) mit einer zyklischen Abfolge, so spricht man von **Konjunkturzyklus.**

Die einzelnen Zyklen können sehr voneinander abweichen. Sie können sich sowohl in der Stärke des Ausschlags als auch in der Phasenlänge unterscheiden.

323 Was verstehen Sie unter Konjunkturzyklus?

Als **Maßstab der konjunkturellen Entwicklung,** die im Gegensatz zu saisonalen Schwankungen Auswirkungen auf die Gesamtwirtschaft hat, dient die Entwicklung des realen Bruttoinlandsprodukts (BIP).

324 Was hat ein leicht positiver Außenbeitrag zur Folge?

Langfristige Betrachtungen ergeben, dass das **BIP** in Deutschland – bis auf wenige Ausnahmen – stetig wächst. Genauer gesagt: Das Niveau des unteren Wendepunktes (Tiefstand) eines Zyklus wird vom unteren Wendepunkt des folgenden Zyklus übertroffen (langfristig steigende Tendenz).

Die **Konjunkturschwankungen** entwickeln sich somit um einen ansteigenden (langfristigen) **Wachstumstrend.** Der **Wachstumspfad,** wie er auch genannt wird, stellt demzufolge den Mittelwert der gesamtwirtschaftlichen Schwankungen dar. Er gibt die Grundrichtung der wirtschaftlichen Entwicklung an und sichert die Zielerreichung eines stetigen und angemessenen Wirtschaftswachstums.

325 Was ist ein Wachstumstrend?

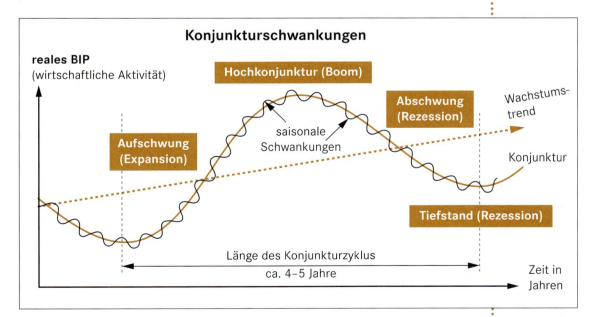

WiSo Soziale Marktwirtschaft

326 Beschreiben Sie die Kurvenverläufe der obigen Grafik zum Konjunkturverlauf.

Die jahreszeitlich bedingten **saisonalen Schwankungen** sind durch kurzfristige Veränderungen von Angebot und Nachfrage – und das nur in bestimmten Wirtschaftsbereichen – gekennzeichnet. *Beispiele:* Hotel- und Gaststättengewerbe in Erholungsgebieten; Baugewerbe; Landwirtschaft.

Saisonale Schwankungen verlaufen wellenförmig um die mittelfristigen Konjunkturschwankungen. Die **Konjunkturschwankungen** verlaufen ebenfalls wellenförmig, aber um den **Wachstumstrend**. Sie sind gekennzeichnet durch die **konjunkturellen Phasen** Tiefstand, Aufschwung, Hochkonjunktur und Abschwung.

327 Durch welche Merkmale lässt sich der Aufschwung (Expansion) beschreiben?

Der **Aufschwung (Expansion)** ist gekennzeichnet durch folgende Merkmale:

- vorsichtige bis optimistische wirtschaftliche Stimmung
- geringe Preissteigerungen
- noch niedrige Zinsen
- langsamer Anstieg der Produktion und der Umsätze
- steigende Investitionsneigung
- schnell ansteigende Unternehmergewinne
- steigende Aktienkurse
- zunehmende Beschäftigung bzw. Rückgang der Arbeitslosigkeit
- steigende Einkommen bzw. ansteigende Kaufhaltung der Konsumenten

328 Wodurch ist die Hochkonjunktur (Boom) gekennzeichnet?

Die Phase der **Hochkonjunktur (Boom)** lässt sich wie folgt beschreiben:

- hohes Produktionsniveau (Vollauslastung der Kapazitäten)
- hohe Umsätze
- Aktienstände erreichen Höchststände
- hohes und weiter steigendes Preisniveau
- Voll- bis Überbeschäftigung (offene Stellen; Arbeitskräftemangel)
- hohes Lohnniveau, hohes Zinsniveau
- hohe Investitionsbereitschaft der Unternehmen mit nachlassender Tendenz: Die hohen Gewinne wachsen wegen der gestiegenen Rohstoff- und Materialpreise, der gestiegenen Löhne und Zinsen nicht mehr oder nur noch langsam
- nachlassende Nachfrage der Haushalte wegen fehlender Kaufkraft (Lohn- und Gehaltssteigerungen bleiben zeitlich hinter den Preissteigerungen zurück)
- verlangsamtes Wachstum
- optimistische bis gedämpfte Erwartungen der Unternehmer

329 Veranschaulichen Sie den volkswirtschaftlichen Wirkungszusammenhang in der Hochkonjunktur (Boom).

In der nachfolgenden Grafik wird der volkswirtschaftliche Wirkungszusammenhang in der **Hochkonjunktur** (Boom) verdeutlicht.

Depression

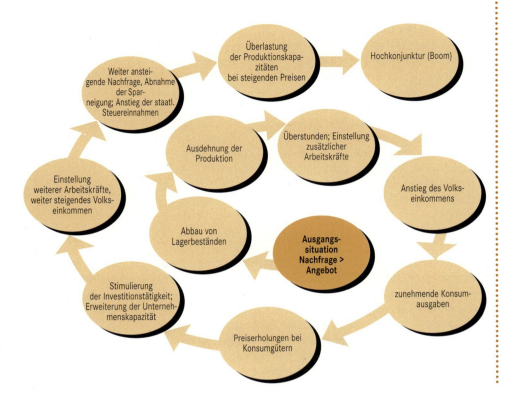

Der **Abschwung (Rezession)** ist gekennzeichnet durch:

- pessimistische Gewinnerwartungen
- zurückgehende Nachfrage zunächst in der Investitionsgüterindustrie
- Verschlechterung der Beschäftigungssituation (Kurzarbeit; Entlassungen; weniger offene Stellen)
- Rückgang der Produktion auch von Konsumgütern
- sinkende Zuwachsraten bei Löhnen und Gehältern
- abnehmende Preissteigerungen, Preissenkungen
- sinkende Gewinne
- sinkende Aktienkurse
- pessimistische Stimmung der Unternehmer und Konsumenten

330 Welche Merkmale kennzeichnen den Abschwung (die Rezession)?

Die **Depression** kann als Tief der Produktion und des Absatzes bezeichnet werden. Kennzeichen dieser Phase:

- hohe Arbeitslosigkeit
- niedriges Volkseinkommen (zurückgehende Löhne; zum Teil Reallohnsenkungen; Kürzungen bei den sogenannten betrieblichen Zusatzleistungen)
- geringe Konsumgüternachfrage
- unausgelastete Produktionskapazitäten
- hohe Lagerbestände
- niedrige Preise
- statt Gewinne werden oft Verluste erwirtschaftet
- sinkende bis zusammenbrechende Aktienkurse
- depressive Stimmung
- geringe Investitionsneigung, Investitionsstopp
- niedriges Zinsniveau, das zusammen mit den niedrigen Personal- und Rohstoffkosten günstige Voraussetzungen für die Produktion schafft und damit einen neuen Aufschwung einleiten kann

331 Wodurch ist die Phase der Depression gekennzeichnet?

WiSo

Soziale Marktwirtschaft

332 Wie ist es zu erklären, dass in der Konjunkturphase der Depression die Aktienkurse zusammenbrechen und die Zinsen sehr niedrig sind?

In der Phase der **Depression** ist die Stimmung der Wirtschaftssubjekte niedergedrückt, d. h. die Investitionsneigung äußerst gering und die Arbeitslosigkeit hoch.
Derart schlechte Gewinn- und Zukunftsaussichten machen **Aktien** für den Kapitalanleger relativ uninteressant. Er sucht nach alternativen Geldanlagen, wie sie beispielsweise festverzinsliche Wertpapiere darstellen oder Immobilien, die in dieser Phase insgesamt an Attraktivität gewinnen.

Aufgrund der mangelnden Investitions- und Konsumbereitschaft geht die Nachfrage nach Krediten zurück. Die Folge sind **sinkende Zinsen,** um die Kreditaufnahme anzuregen. Die Europäische Zentralbank betreibt in dieser konjunkturellen Situation eine **Politik des billigen Geldes,** indem sie dem Bankensektor günstigere Refinanzierungskonditionen gewährt.

333 Was sind die Ursachen von Konjunkturschwankungen?

Marktwirtschaftlich orientierte Volkswirtschaften sind einem ständigen Auf und Ab wirtschaftlicher Aktivitäten unterworfen, die man als **Konjunkturschwankungen** bezeichnet. Mittelfristig, d. h. über einen Zeitraum von 3 bis 5 Jahren, lassen sich wellenförmige Schwankungen der gesamtwirtschaftlichen Entwicklung feststellen. Diese Konjunkturschwankungen treten immer dann auf, wenn sich gesamtwirtschaftlich **Angebot und Nachfrage nicht mehr im Gleichgewicht** befinden.
Im Wesentlichen sind vier Ursachen zu nennen, die in unterschiedlichen Kombinationen einen Konjunkturzyklus kennzeichnen:

- Änderungen der Geldmenge, hervorgerufen durch die Europäische Zentralbank. Ist die Geldmenge größer als die Gütermenge, kommt es zu inflationären Prozessen.
- technische Erfindungen neuer Produktionsverfahren (Innovationen)
- psychologische Größen, die zu einer pessimistischen Einstellung der Unternehmer und privaten Haushalte führen und so deren Investitions- und Verbraucherverhalten verändern
- fehlende Übereinstimmung zwischen Konsumverhalten der privaten Haushalte und Investitionsentscheidungen der Unternehmer. Es kommt zu **Fehl- oder Überinvestitionen,** obwohl die Preise steigen.

3.9.10 Konjunkturindikatoren

334 Unterscheiden Sie die Konjunkturindikatoren nach ihrer zeitlichen Beziehung zur Wirtschaftssituation und nennen Sie Beispiele.

Konjunkturindikatoren (Indikator = Anzeiger; gesamtwirtschaftliche Entwicklungsgröße) sind Kennzahlen zur Beurteilung der wirtschaftlichen Lage einer Volkswirtschaft. Unterschieden werden:

- **Frühindikatoren** (dem Konjunkturverlauf vorauseilend)
  Sie dienen zur Vorhersage für die Konjunkturentwicklung der kommenden Monate und **ermöglichen Konjunkturprognosen:**
  - Auftragseingänge der Industrie
  - Baugenehmigungen im Hochbau
  - Stimmung und Erwartungen der Wirtschaftssubjekte
  - Aktienkurse
  - Arbeitsplatzangebot

Konjunkturpolitik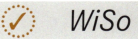

- **Gegenwartsindikatoren** (mit dem Konjunkturverlauf zusammenfallend) Sie lassen Beschreibungen der gegenwärtigen Konjunkturlage zu und **ermöglichen die Konjunkturdiagnose:**
  - Entwicklung der gesamtwirtschaftlichen Produktion und der Umsätze
  - Auftragsbestand/Kapazitätsauslastung
  - Reaktion der Beschäftigung (Kurzarbeit/Überstunden)
  - Löhne und Gehälter
  - Lagerbestandsveränderungen
  - Konsumgüternachfrage (Einzelhandelsumsätze)
  - Investitionsneigung der Unternehmer
  - Zinssätze
  - Gewinne der Unternehmen

- **Spätindikatoren** (dem Konjunkturverlauf nachlaufend)
  - Verbraucherpreisindex
  - Volkseinkommen
  - Arbeitslosenquote
  - Wirtschaftswachstum
  - Steueraufkommen

Mithilfe der Früh-, der Gegenwarts- und der Spätindikatoren (**Konjunkturindikatoren**) ist es möglich, sowohl eine Konjunkturdiagnose als auch eine Konjunkturprognose zu stellen.

335 Wozu kann man Konjunkturindikatoren nutzen?

- **Konjunkturdiagnose** ist die Beschreibung der **gegenwärtigen** wirtschaftlichen Lage mithilfe von Kennziffern wie dem Preisniveau, der Arbeitslosenquote, dem realen Anstieg des Bruttoinlandsprodukts und dem Außenbeitrag.

- **Konjunkturprognose** enthält hingegen Aussagen über die **zukünftige** wirtschaftliche Entwicklung.

336 Was verstehen Sie unter Konjunkturdiagnose und unter Konjunkturprognose?

3.9.11 Fiskalpolitik des Staates

Unter **Konjunkturpolitik** werden staatliche Eingriffe in das Wirtschaftsgeschehen verstanden, um Konjunkturschwankungen so gering wie möglich zu halten.

337 Was verstehen Sie unter Konjunkturpolitik?

WiSo Soziale Marktwirtschaft

338 Was unterscheidet die Fiskalpolitik von der antizyklischen Fiskalpolitik?

- Die staatliche **Konjunktursteuerung** mithilfe der **Fiskalpolitik** bedeutet, dass der Staat die Konjunktur durch die Variation der Staatseinnahmen (Einnahmenpolitik) und Staatsausgaben (Ausgabenpolitik) – also über den Staatshaushalt (mit öffentlichen Finanzmitteln) – zur Erreichung gesamtwirtschaftlicher Ziele beeinflusst (daher auch der Name „Haushalts- oder Finanzpolitik").

- **Antizyklische Fiskalpolitik** ist die staatliche Steuerung insbesondere der gesamtwirtschaftlichen Nachfrage mit dem Ziel, die **Ausschläge** des Konjunkturzyklus mit geeigneten Maßnahmen zu **dämpfen**.

339 Unterscheiden Sie die Nachfragebereiche, die die antizyklische Fiskalpolitik zum Ziel hat.

Als Nachfragebereiche können unterschieden werden:
- Nachfrage der **privaten Haushalte** nach Konsumgütern
- Nachfrage der **Unternehmen** nach Investitionsgütern
- Nachfrage des **Staates**
- Nachfrage des **Auslands** (Exporte)

340 Welche zwei Möglichkeiten sind nach dem Stabilitätsgesetz denkbar, um die gesamtwirtschaftliche Nachfrage mithilfe der Haushaltspolitik zu beeinflussen?

Beeinflussung mithilfe der Ausgaben- und Einnahmenpolitik

341 Wozu dient die Einnahmenpolitik eines Staates?

Zu den **staatlichen Einnahmen** zählen neben Gebühren, Beiträgen und Zöllen insbesondere Steuern.
Durch Heraufsetzen oder Herabsetzen der Steuersätze soll die gesamtwirtschaftliche Nachfrage beeinflusst werden. Damit kann die **Einnahmenpolitik** eines Staates dem Konjunkturverlauf entgegenwirken.

342 Nennen Sie fiskalpolitische Maßnahmen im Rahmen der Einnahmenpolitik.

Beispiele für **fiskalpolitische Maßnahmen** im Rahmen der Einnahmenpolitik sind die Erhöhung bzw. Senkung der Einkommen- und Körperschaftsteuer oder die Gewährung bzw. Aussetzung von Abschreibungsvergünstigungen.

Fiskalpolitische Maßnahmen

 WiSo

- Wird die **Steuerbelastung erhöht**,
  - werden die privaten Haushalte weniger Einkommen zur Verfügung haben und die Nachfrage nach Konsumgütern wird zurückgehen,
  - werden die Unternehmen weniger investieren und produzieren,
  - wird die Nachfrage nach Investitionsgütern nachlassen.

- **Steuersenkungen** vergrößern das verfügbare Einkommen. Dadurch sollen die Unternehmen zum Investieren veranlasst werden und die privaten Haushalte Anreize zu mehr Konsum erhalten.

343 Was hat die Erhöhung, was die Senkung der Einkommen- und Körperschaftsteuer als fiskalpolitische Maßnahme zur Folge?

Durch eine **Beschränkung von Abschreibungsmöglichkeiten** (z. B. durch die Aufhebung von Sonderabschreibungen) steigt der zu versteuernde Gewinn, sodass höhere Steuern an das Finanzamt zu zahlen sind.

Diese Maßnahme hat zum Ziel, die gesamtwirtschaftliche Nachfrage zu verringern und so die Konjunktur zu dämpfen.

344 Was bringt eine Beschränkung von Abschreibungsmöglichkeiten als fiskalpolitische Maßnahme?

Die **Verbesserung von Abschreibungsmöglichkeiten,** z. B. durch die Erhöhung von Abschreibungssätzen oder die Einführung von Sonderabschreibungen, soll durch die Steuerersparnis zu zusätzlichen Investitionen führen und die Konjunktur beleben.

345 Welche wirtschaaftlichen Auswirkungen hat die Verbesserung von Abschreibungsmöglichkeiten als fiskalpolitische Maßnahme?

Die **fiskalpolitischen Maßnahmen** im Rahmen der Ausgabenpolitik sind im Einzelnen:

- **Bildung bzw. Auflösung von Konjunkturausgleichsrücklagen:**
  Die Konjunkturausgleichsrücklage ist ein zinsloses Sperrkonto der öffentlichen Hand bei der BBK. Entstandene Haushaltsüberschüsse können, wenn konjunkturpolitisch wünschenswert, der Konjunkturausgleichsrücklage zugeführt oder zur Schuldentilgung verwendet werden.
  In beiden Fällen werden dadurch Gelder, die sonst der Nachfrageerhöhung dienen würden, dem Wirschaftskreislauf entzogen.

- **Aufschieben bzw. Beschleunigung von ausgabewirksamen Maßnahmen,** z. B. für Investitionen im Wohnungs- und Straßenbau oder für Schulen.

Die staatlichen Mehr- oder Minderausgaben können bewirken, dass die gesamtwirtschaftliche Nachfrage den Umfang der ursprünglich verausgabten bzw. stillgelegten Gelder erheblich übersteigt.

- **Beschränkung bzw. Ausweitung der Kreditfinanzierung:**
  Verschuldet sich der Staat, um zusätzliche Ausgaben zu finanzieren, spricht man von **Deficitspending**. Der Staat gibt mehr aus, als er einnimmt (Haushaltsdefizit), und versucht so, die Konjunktur anzuregen.
  Wird die öffentliche Kreditaufnahme beschränkt, ist das gleichzusetzen mit einer Verminderung der Staatsausgaben und einer Dämpfung der Nachfrage und der Konjunktur.

346 Nennen Sie fiskalpolitische Maßnahmen im Rahmen der Ausgabenpolitik.

Soziale Marktwirtschaft

347 Was bedeutet Ausgabenpolitik?

Ausgabenpolitik bedeutet, dass der Staat seine öffentlichen Ausgaben erhöht oder senkt, um so die Nachfrage zu beeinflussen und damit der Konjunktur entgegenzuwirken.

348 Was versteht man unter Staatsquote?

Mit der **Staatsquote** wird der Grad der Beanspruchung der Volkswirtschaft durch den öffentlichen Sektor gemessen:

$$\text{Staatsquote} = \frac{\text{öffentliche Ausgaben (inkl. Sozialversicherung)}}{\text{Bruttoinlandsprodukt}} \cdot 100$$

349 Was ist das Ziel einer angebotsorientierten Fiskalpolitik?

Die angebotsorientierte Fiskalpolitik hat zum **Ziel**, die wirtschaftlichen Aktivitäten auf der Angebotsseite langfristig zu beleben. Grundüberlegung: Die Rentabilität der Produktion bestimmt die Höhe des Einkommens und der Beschäftigung.

350 Nennen Sie Maßnahmen einer angebotsorientierten Fiskalpolitik.

Maßnahmen angebotsorientierter Fiskalpolitik sind:
- Verbesserung des Investitionsklimas
- Verbesserung der Rahmenbedingungen für die Wirtschaft
- Günstigere Gewinnchancen für die Unternehmen:
  - steuerliche Entlastungen
  - Abschreibungserleichterungen
  - Kostenentlastungen
  - Verringerung administrativer Hemmnisse
  - Flexibilisierung des Arbeitsmarktes
  - Förderung von zukunftsgerichteten Investitionen
  - Senkung der Lohn- und Einkommensteuer zur Erhöhung der Leistungsbereitschaft
  - Ausbau der Infrastruktur
  - Erleichterung von Existenzgründungen
- Konsolidierung der Haushaltsdefizite
- Senkung der Staatsquote
- Privatisierung staatlicher Beteiligungen
- Abbau von Subventionen
- Begrenzung des Wohlfahrtstaates (stärkere Betonung der Eigenverantwortung des Einzelnen)
- Begrenzung der jährlichen Neuverschuldung
- Bevorzugung investiver statt konsumtiver Ausgaben

351 Erläutern Sie, was Sie unter Deficitspending verstehen.

Vom Deficitspending spricht man, wenn der Staat zum Zweck zusätzlicher Ausgabenfinanzierung Kredite aufnimmt.

Bekämpfung der Arbeitslosigkeit

 WiSo

In den Phasen der Rezession und der Depression

352 In welcher konjunkturellen Phase ist die Verschuldung des Staates konjunkturpolitisch sinnvoll?

Der Konjunkturzyklus soll abgeschwächt werden mit der Folge einer konjunkturellen Dämpfung.

353 Was will der Staat bezwecken, wenn in der Phase des Booms die Staatsausgaben kleiner sind als die Staatseinnahmen?

a) Fiskalpolitische Maßnahmen zur Stimulierung der gesamtwirtschaftlichen Nachfrage, z. B.:
- Senkung der Lohn- und Einkommensteuer
- Erhöhung der Transferzahlungen an die Haushalte
  → Das verfügbare Einkommen der Haushalte steigt.
  → Die Nachfrage nach Konsumgütern nimmt zu.
- Verbesserung der Abschreibungsmöglichkeiten durch Sonderabschreibungen
  → Der ausgewiesene Gewinn kann gesenkt werden.
  → geringere Steuerbelastungen für die Unternehmen
  → Finanzkraft steigt an
  → Anregung der Investitionsnachfrage
- Gewährung von Subventionen an Unternehmen
  → Anstieg der Nachfrage nach Investitionen
- Erhöhung der Staatsaufträge
  → Steigerung des Staatskonsums mit Folgewirkung auf die Nachfrage nach Investitionsgütern sowie auf die Beschäftigungssituation (Steigerung der Konsumgüternachfrage führt zu einem höheren Steueraufkommen)

b) Grenzen der Fiskalpolitik bei der Bekämpfung der Arbeitslosigkeit, z. B.:
- Von Steuersenkungen geh möglicherweise kein spürbarer Effekt auf den Arbeitsmarkt aus, weil die Haushalte ihr Konsumniveau beibehalten („Angstsparen") bzw. die Unternehmen trotz staatlicher Anreize wegen unausgelasteter Kapazitäten und schlechter Gewinnaussichten eine zurückhaltende Investitionspolitik betreiben.
- Die Arbeitslosigkeit in der Bundesrepublik Deutschland ist im Wesentlichen strukturell bedingt und kann durch eine Nachfrageerhöhung kaum abgebaut werden.
- Koordinationsprobleme zwischen Bund, Ländern und Gemeinden bei Investitionen. Die hohe Staatsverschuldung (Zinsen, Tilgungszahlung) beschränkt die fiskalpolitischen Möglichkeiten.
- Erfahrungen mit dem Fiskalismus haben gezeigt, dass er bestenfalls ein kurzfristiges Instrument zur Konjunktursteuerung dargestellt. Zur Bekämpfung insbesondere der strukturellen Arbeitslosigkeit ist die Fiskalpolitik nicht geeignet.

354 Die Bekämpfung der Arbeitslosigkeit ist das wichtigste Ziel der Wirtschaftspolitik. Während die eine Bundesregierung u. a. auf die Entlastung der Unternehmen, die Liberalisierung der Märkte und den Abbau der Staatsverschuldung setzte, rückt eine andere Regierung eine nachfrageorientierte Wirtschaftspolitik in den Mittelpunkt.
a) Zeigen Sie anhand von vier Maßnahmen, wie mithilfe der Fiskalpolitik die gesamtwirtschaftliche Nachfrage stimuliert werden könnte.
b) Legen Sie anhand von vier Aspekten dar, inwiefern dieser Art von Fiskalpolitik bei der Bekämpfung der Arbeitslosigkeit Grenzen gesetzt sind.

Soziale Marktwirtschaft

3.9.12 Staatliche Wachstums- und Umweltschutzpolitik

355 Was verstehen Sie unter Wachstums- und Umweltschutzpolitik?

- Unter dem Begriff **„Wachstumspolitik"** werden sämtliche staatliche Maßnahmen zusammengefasst, die das Ziel haben, das Wirtschaftswachstum zu fördern.

- Unter **Umweltschutzpolitik** werden alle Maßnahmen verstanden, die auf die Erhaltung und Verbesserung der Umwelt gerichtet sind. Träger der Umweltpolitik sind in erster Linie staatliche Körperschaften, wie Bund, Länder und Gemeinden.

- Sollen notwendige höhere Wachstumsraten keine ständigen sozialen, gesundheitlichen und finanziellen Folgewirkungen für die Menschen nach sich ziehen, so kann Wachstumspolitik heutzutage nicht mehr losgelöst gesehen werden von einer nachhaltig verfolgten Umweltschutzpolitik.

356 Nennen Sie Vor- und Nachteile von Wirtschaftswachstum.

- **Vorteile von Wirtschaftswachstum:**
  - Es erhöht den materiellen Lebensstandard.
  - Es sichert und vermehrt Arbeitsplätze.
  - Es erleichtert die sozialpolitisch motivierte Umverteilung von Einkommen und Vermögen.
  - Es sichert die Erfüllung staatlicher Aufgaben wie soziale Sicherung oder Umweltschutz.

- **Nachteile von Wirtschaftswachstum:**
  - Es führt zu weiteren Umweltbelastungen.
  - Es beutet die Natur zulasten späterer Generationen aus.
  - Es ist einseitig auf materielle Verbesserungen ausgerichtet.

357 Welche Bedeutung hat der technische Fortschritt für das Wirtschaftswachstum?

Der technische Fortschritt fördert sowohl das qualitative Wirtschaftswachstum als auch das quantitative, besonders vor dem Hintergrund gesättigter Märkte (= Erhöhung des Kapitalstocks durch Nettoinvestitionen).

Unter qualitativem Aspekt ist der **Einsatz neuer Produktionsverfahren** zu erwähnen, die produktiver, kapazitätsausweitend und umweltverträglicher wirken, z. B. Abgasreinigung, Lärmschutz, Energieeinsparung. Hinzu kommt die **Produktion umweltfreundlicher Produkte,** die den wirtschaftlichen Strukturwandel fördern und dadurch neue Markt- und Wachstumschancen eröffnen.

Wenn sämtliche Kapazitäten ausgelastet sind und alle erwerbswilligen Arbeitnehmer Arbeit haben, kann ein weiteres Wachsen der Wirtschaft nur dadurch erfolgen, dass neue Produkte und/oder Produktionsverfahren entwickelt werden. Ohne die Erfindung von Computern, Kunststoffen und Maschinen hätte es nicht zum heutigen Umfang der Güterproduktion kommen können.

UGR

Maßnahmen im Rahmen **der Umweltschutzpolitik** sind:

- staatliche Förderung bei der **Entwicklung alternativer Energiequellen,** z. B. Wasserkraftwerke, Wind-, Solar- und Gezeitenkraftwerke, umweltfreundlichere Produkte und Fertigungstechniken (sanfte Technologie)

- staatliche **Verkehrspolitik,** wie z. B. Ausbau der öffentlichen Verkehrsmittel Bus, Eisenbahn, U-Bahn und Straßenbahn, um die Luftbelastung mit Kohlenmonoxid und Stickstoffoxiden zu verringern

- staatliche **Förderung der Wiederverwertung** der in der Gesellschaft entstehenden Abfallprodukte (Recyclingtechnologie)

- staatlich verordnete **Umweltschutzvorschriften** in den Bereichen Natur- und Landschaftsschutz, Luftreinigung, Gewässerschutz, Lärmschutz und Abfallbeseitigung

358 Nennen Sie staatliche Maßnahmen im Rahmen der Umweltschutzpolitik.

Politische **Maßnahmen zum Schutz der Umwelt** sind:

- **Auflagen:** Grenzwerte werden aufgestellt, z. B. für den CO_2-Ausstoß. Die Wirtschaft muss die Einhaltung durch technische Einrichtungen sicherstellen.

- **Abgaben:** Abwasser- und Müllabgaben sollen die Umweltbelastung einschränken. Steuerliche Mehrbelastung für umweltschädliche Technologie ist möglich. Zur Förderung von umweltschonenden Technologien werden Subventionen an die Wirtschaft gezahlt.

- **Zertifikate:** Es wird eine Höchstbelastung (z. B. CO_2) festgelegt. Der Staat verkauft innerhalb dieser Höchstmengen an die Unternehmen Zertifikate. Diese Zertifikate berechtigen zu einem CO_2-Ausstoß.

359 Welche politischen Maßnahmen werden zum Schutz der Umwelt eingesetzt?

Die **Umweltökonomische Gesamtrechnung (UGR)** soll die Wechselwirkungen zwischen Wirtschaft und Umwelt erfassen und in einem Gesamtzusammenhang darstellen. Sie soll außerdem darüber informieren:
- wie Umweltbelastungen durch menschliche Aktivitäten entstehen,
- wie sich der Zustand der Umwelt verändert und
- welche spezifischen Umweltschutzmaßnahmen eingeleitet werden.

360 Was ist das Ziel der vom Statistischen Bundesamt angebotenen Umweltökonomischen Gesamtrechnung (UGR)?

WiSo Soziale Marktwirtschaft

361 Erklären Sie, was Sie im Zusammenhang mit der Umweltpolitik unter
– Verursacherprinzip,
– Gemeinlastprinzip und
– Vorsorgeprinzip verstehen.

- **Verursacherprinzip:** Es besagt, dass die Kosten des Umweltschutzes (Kosten zur Vermeidung, zur Beseitigung und/oder zum Ausgleich von Umweltbelastungen) der Verursacher der Schäden zu tragen hat.

- **Gemeinlastprinzip:** Kann der Verursacher der Umweltverschmutzung nicht festgestellt werden, dann werden die Kosten des Umweltschutzes von der Allgemeinheit (= Gemeinschaft der Steuerzahler) in Form von höheren Steuern und Abgaben getragen.

- **Vorsorgeprinzip:** Es findet Anwendung im Rahmen des präventiven Umweltschutzes. Gefahren und Belastungen für die Umwelt sollen von vornherein durch vorbeugende Maßnahmen (staatliche Verbote und Beschränkungen) vermieden werden.

362 Was verstehen Sie unter integriertem Umweltschutz?

Integrierter Umweltschutz: Produktionsverfahren werden von vornherein so entwickelt, dass sie nachsorgende Umweltmaßnahmen überflüssig machen, zum Beispiel durch

- Anwendung von Produktionsprozessen, bei denen von Anfang an möglichst wenige Schadstoffe entstehen oder anfallen;

- Entwicklung und Herstellung von Produkten, die hinsichtlich ihres Gebrauchs und ihrer Entsorgung möglichst umweltfreundliche Eigenschaften aufweisen.

3.9.13 Strukturwandel und Strukturpolitik des Staates

363 Was verstehen Sie unter Strukturpolitik und unter Infrastruktur?

- Unter **Strukturpolitik** versteht man staatliche Eingriffe in Märkte, um den Anpassungsprozess an die wirtschaftliche Entwicklung zu erleichtern, zu fördern bzw. zu beschleunigen – bei Vermeidung sozialer Härten.

- Mit **Infrastruktur** sind alle Einrichtungen und Maßnahmen gemeint, die für die wirtschaftliche Entwicklung des Raumes erforderlich sind: Verkehrsnetz, Bildungseinrichtungen, Nachrichtenübermittlung, Energieversorgung usw.

364 Warum betreibt der Staat Strukturpolitik?

Wegen des Strukturwandels entstehen neue Arbeitsplätze, aber viele gehen auch verloren. **Strukturpolitik** ist darauf ausgelegt, bestimmte Wirtschaftszweige oder Wirtschaftsregionen gezielt zu beeinflussen, um strukturelle Arbeitslosigkeit zu verhindern bzw. zu mildern.

Europäische Zentralbank

Sektorale Strukturpolitik bedeutet die gezielte Förderung wirtschaftlich schwacher oder in ihrer Existenz bedrohter einzelner Wirtschaftszweige, wie z. B. Stahlindustrie, Bergbau, Werftindustrie, Landwirtschaft.
Durch finanzielle Anreize soll die **Branchenstruktur** in die gewünschte Richtung gelenkt und sollen Arbeitsplätze und Einkommen der Bewohner gesichert werden.

365 Welche Bedeutung hat die sektorale Strukturpolitik?

Mögliche staatliche **Maßnahmen in der sektoralen Strukturpolitik** sind:

- Preisfestsetzungen im Bereich der Landwirtschaft
- Einfuhrzölle, Subventionen für einzelne Technologiesektoren und für Forschungsprojekte
- Exportgarantien des Bundes als Schutz vor Handelsrisiken

366 Nennen Sie mögliche staatliche Maßnahmen in der sektoralen Strukturpolitik.

Regionale Strukturpolitik hat die Förderung von Wirtschaftsräumen (Regionen) zum Ziel, in denen sich wirtschaftliche Schwierigkeiten ergeben haben, z. B. das Ruhrgebiet, Ostfriesland, die neuen Bundesländer oder der Bayerische Wald.

367 Welches Ziel hat die regionale Strukturpolitik?

Mögliche staatliche **Maßnahmen in der regionalen Strukturpolitik** sind:

- Subventionen an Privatunternehmer
- Steuervergünstigungen
- Förderprogramme für den Wohnungsbau
- Ausbau der Infrastruktur
- Erschließung von Industriegebieten
- Durchführung von Fortbildungs- und Umschulungsmaßnahmen

368 Nennen Sie mögliche staatliche Maßnahmen in der regionalen Strukturpolitik.

3.9.14 Stellung, Aufgaben und Geldpolitik der Europäischen Zentralbank (EZB)

Das **Europäische System der Zentralbanken (ESZB)** besteht aus der Europäischen Zentralbank (EZB) und den nationalen Zentralbanken aller EU-Mitgliedstaaten. Da das ESZB nicht mit eigener Rechtspersönlichkeit ausgestattet ist, bedient es sich der Beschlussorgane der EZB. Das ESZB wird vom **Europäischen Zentralbankrat** und dem **Direktorium der EZB** geleitet.
Die Aufgabenteilung des ESZB geschieht nach folgender Zweiteilung:

- **zentral zu treffende Entscheidungen** bzw. Leitlinien, um die Einheitlichkeit der Geld- und Währungspolitik im Eurogebiet sicherzustellen, und
- **dezentrale Durchführung** des operativen Geschäfts durch die nationalen Zentralbanken.

369 Erläutern Sie das Europäische System der Zentralbanken.

WiSo Soziale Marktwirtschaft

370 Worin bestehen die grundlegenden Aufgaben des ESZB?

Die grundlegenden **Aufgaben des ESZB** bestehen darin,
- die Geldpolitik der Gemeinschaft festzulegen und auszuführen,
- Devisengeschäfte durchzuführen,
- die offiziellen Währungsreserven der Mitgliedsstaaten zu halten und zu verwalten,
- das reibungslose Funktionieren der Zahlungssysteme zu fördern.

371 Erläutern Sie die Stellung der Europäischen Zentralbank.

- Die **Europäische Zentralbank** (EZB) mit Sitz in Frankfurt am Main ist mit eigener Rechtspersönlichkeit ausgestattet.
- Die EZB ist unabhängig von Weisungen nationaler Regierungen oder nationaler Instanzen.

372 Welche Organe hat die Europäische Zentralbank?

Die Europäische Zentralbank besitzt zwei Organe:
- **Europäischer Zentralbankrat** (EZB-Rat):
  - oberstes Entscheidungsgremium der EZB
  - besteht aus dem Direktorium und den Präsidenten der nationalen Zentralbanken des Euro-Währungsgebietes (für alle gleiches Stimmrecht)
  - Amtszeit der Präsidenten: mindestens 5 Jahre
- **Direktorium** (ausführendes Organ):
  - führt die laufenden Geschäfte
  - Mitglieder: Präsident, Vizepräsident der EZB und 4 weitere Mitglieder
  - Amtszeit: einmalig 8 Jahre

Die Präsidenten der nationalen Zentralbanken und die Mitglieder des Direktoriums können nur durch den Europäischen Gerichtshof aus ihrem Amt zwangsentlassen werden.

373 Beschreiben Sie die Ziele und Aufgaben der EZB.

Ziele und Aufgaben der Europäischen Zentralbank:
Die EZB
- gewährleistet Preisniveaustabilität, indem sie die Geldpolitik der Gemeinschaft festlegt und so
  - die Wirtschaft mit Geld versorgt,
  - den Geldumlauf regelt,
  - die Wirtschaft mit Krediten versorgt.
- nimmt zur Durchführung von Geschäften, die zu den Aufgaben des ESZB gehören, die nationalen Zentralbanken in Anspruch.
- unterstützt die allgemeine Wirtschaftspolitik in der Gemeinschaft, soweit dies ohne Beeinträchtigung des Zieles der Preisniveaustabilität möglich ist.
- genehmigt die Ausgabe von Euro-Banknoten und -Münzen.
- und nimmt schließlich Devisengeschäfte zu Interventionszwecken vor.

374 Welche Aufgaben hat die Deutsche Bundesbank im Rahmen des ESZB?

Wie die anderen nationalen Zentralbanken hat auch die **Deutsche Bundesbank** die Entscheidungen der EZB auszuführen. Sie nimmt im Rahmen des ESZB die folgenden **Aufgaben** wahr:
- die Abwicklung der Refinanzierung
- das Halten der Mindestreserven
- die Versorgung der Wirtschaft mit Bargeld
- die Abwicklung eines großen Teils des bargeldlosen Zahlungsverkehrs
- die Ausgabe von Banknoten

Offenmarktpolitik

375 Was wird unter Geldpolitik verstanden?

Unter **Geldpolitik** sind sämtliche Maßnahmen des Europäischen Systems der Zentralbanken (ESZB) zur Steuerung der **nachfragewirksamen Geldmenge** (Geldmengenentwicklung M3) zu verstehen, um das **Ziel Preisniveaustabilität** möglichst zu erreichen. Dabei wirkt die EZB insbesondere auf den **Geldumlauf** und die **Kreditversorgung** ein. Diese Einwirkungsmöglichkeit kann zwei alternative Zielsetzungen haben:

- **die nachfragewirksame Geldmenge zu vermehren**
  - zur Förderung der konjunkturellen Entwicklung und
  - zur Vermeidung von deflatorischen Entwicklungen

- **die nachfragewirksame Geldmenge zu verringern**
  - zur Dämpfung der konjunkturellen Entwicklung und
  - zur Vermeidung von inflationären Entwicklungen

376 Welchen Einfluss hat die EZB auf die Banken?

Die Europäische Zentralbank hat die Möglichkeit, die **Kreditinstitute** reichlich mit Geld zu versorgen oder sie knapp bei Kasse zu halten. Damit kann die Nachfrage nach Krediten und schließlich nach Gütern und Dienstleistungen beeinflusst werden.

Die EZB ist daher bestrebt,
- das Verhalten der Banken und deren Vergabe von Krediten (das Kreditangebot) und
- die Geld- und Kreditnachfrage der Wirtschaft

über die Veränderungen der Bankenliquidität und den Zinsmechanismus zu steuern.

377 Nennen Sie die geldpolitischen Instrumente der Europäischen Zentralbank.

Im Rahmen der Zins- und Liquiditätspolitik (Geldpolitik) hat die EZB folgende **geldpolitischen Instrumente** zur Verfügung, deren Nutzung bzw. Ausgestaltung der EZB-Rat jederzeit ändern kann:

- Offenmarktpolitik
- Mindestreservenpolitik

} **liquiditätspolitische Instrumente**

- Politik der ständigen Fazilitäten
  - Spitzenrefinanzierungsfazilitäten („Übernachtkredit")
  - Einlagefazilität („Übernachtanlage")

} **zinspolitisches Instrument**

Der Einsatz dieser Instrumente dient zur Steuerung der Zinssätze und der Liquidität am Markt, um das vorrangige Ziel zu sichern, die Preise in der Euro-Zone stabil zu halten.

378 Was versteht man unter Offenmarktpolitik?

Unter **Offenmarktpolitik** versteht man den Kauf und den Verkauf von Wertpapieren durch das Europäische System der Zentralbanken (ESZB) für eigene Rechnung am offenen Markt sowie die Gewährung von Krediten gegen Verpfändung von Wertpapieren.

381

WiSo

Soziale Marktwirtschaft

379 Zeigen Sie die gesamtwirtschaftlichen Folgewirkungen von Wertpapiertransaktionen durch das ESZB auf.

Die **gesamtwirtschaftlichen Folgewirkungen** von Wertpapierkauf und -verkauf (Offenmarktpolitik) durch das ESZB stellen sich wie folgt dar:

Offenmarktpolitik des ESZB – Wertpapiere werden	
gekauft	verkauft
um die Wirtschaft anzukurbeln	um die Wirtschaft und den Preisanstieg zu dämpfen
Folgen bei **expansiver** Geldpolitik: • Wirtschaftskreislauf erhält zusätzlich Geld (→ Erhöhung der Liquidität) • Die Geldmenge wird vergrößert. • Das Zinsniveau sinkt (bei gleichbleibender Nachfrage). • Die Kreditnachfrage steigt. • Die gesamtwirtschaftliche Nachfrage nach Investitions- und Konsumgütern nimmt zu.	Folgen bei **restriktiver** Geldpolitik: • Dem Wirtschaftskreislauf wird Geld entzogen (→ Minderung der Liquidität). • Die Geldmenge wird verringert (Geldangebot wird geringer). • Die Zinssätze am Geldmarkt steigen. • Die Kreditnachfrage geht zurück. • Die gesamtwirtschaftliche Nachfrage nach Gütern wird gedämpft.
Konjunktur wird angeregt	Konjunktur wird gedrosselt

380 Was sind Wertpapierpensionsgeschäfte?

Wertpapierpensionsgeschäfte sind Offenmarktgeschäfte auf Zeit. Offiziell lautet die Bezeichnung: **Offenmarktgeschäfte mit Rückkaufsvereinbarung über festverzinsliche Wertpapiere.**
Darunter versteht man

- die Veränderung des Zuteilungsvolumens für den Ankauf von Wertpapieren gegen die Verpflichtung zum Rückkauf (Liquiditätspolitik) bzw.
- die Veränderung der Pensionssätze für Pensionsgeschäfte (Zinspolitik).

Eigentlich handelt es sich hier um zwei Geschäfte:
- Das **ESZB kauft** beispielsweise von den Kreditinstituten Wertpapiere und
- vereinbart mit ihnen gleichzeitig den Rückkauf dieser Papiere zu einem geringeren Kurs, und zwar **zu einem vorher vereinbarten Termin.**

Wertpapierpensionsgeschäfte dienen der Feinsteuerung des Geldmarktes.

Wertpapierpensionsgeschäfte

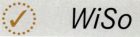

- Für den Zeitraum zwischen Kauf und Verkauf, während dessen die Kreditinstitute ihre Wertpapiere an das ESZB vorübergehend **in Pension** geben, erhalten die Kreditinstitute **zeitlich begrenztes Guthaben,** d. h. kurzfristig liquide Mittel. Der Geldmarkt, an dem die Banken miteinander Zentralbankgeld handeln, wird dann bei sinkenden Zinsen flüssiger. Die Banken können nun mehr und billigere Kredite vergeben.

- **Verkauft** das ESZB dagegen Wertpapiere, so zieht es Geld aus dem Verkehr. Das Geld wird knapper und daher teurer. Die Zinsen am Geldmarkt und die Zinsen für Bankkredite und Bankeinlagen steigen.

381 Wie funktioniert die Feinsteuerung des Geldmarktes durch Wertpapierpensionsgeschäfte?

Durch die **Veränderung des Zinssatzes** und des **Umfangs** von Wertpapierpensionsgeschäften ist die EZB in der Lage, die **Bankenliquidität und das Zinsniveau am Geldmarkt zu beeinflussen.**

Da die bei Wertpapierpensionsgeschäften angewandten Zinssätze, insbesondere der RePo-Satz, Signalwirkung haben, lassen sich die Pensionsgeschäfte einsetzen, um die Zinserwartungen der Märkte zu testen und auch zu beeinflussen.

382 Welche Wirkungen haben Wertpapierpensionsgeschäfte?

WiSo Soziale Marktwirtschaft

383 Nennen Sie die Arten von geldpolitischen Geschäften.

Im Hinblick auf ihre Zielsetzungen, den Rhythmus und die Verfahren können die Offenmarktgeschäfte des ESZB in folgende **vier Kategorien** unterteilt werden:

- Hauptrefinanzierungsgeschäfte und
- Längerfristige Refinanzierungsgeschäfte
  als ständig angebotene Geschäfte, die ausschließlich der Geldaufnahme dienen, sowie

- Feinsteuerungsoperationen und
- Strukturelle Operationen
  als situativ angebotene Geschäfte, die sowohl der Geldaufnahme als auch der Geldanlage dienen.

384 Erläutern Sie die Hauptrefinanzierungsgeschäfte genauer.

Als **Hauptrefinanzierungsgeschäfte** dienen regelmäßig stattfindende **liquiditätszuführende befristete Transaktionen.**
Das ESZB gewährt den Kreditinstituten kurzfristige Kredite gegen die Verpfändung von bonitätsmäßig einwandfreien und börsenfähigen Schuldverschreibungen, Aktien sowie Kreditforderungen.
Im Rahmen dieser Geschäfte können sich die Kreditinstitute **einmal wöchentlich** beim ESZB Liquidität beschaffen, und zwar für eine **Laufzeit von 2 Wochen.**

385 Welche Bestimmungen bestehen hinsichtlich der Veröffentlichung von Handelsregistereintragungen?

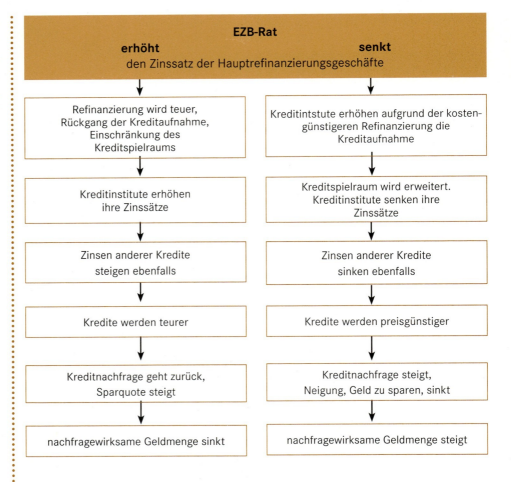

Abwicklung von Offenmarktgeschäften

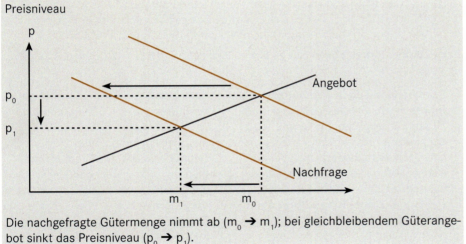

Die nachgefragte Gütermenge nimmt ab ($m_0 \rightarrow m_1$); bei gleichbleibendem Güterangebot sinkt das Preisniveau ($p_0 \rightarrow p_1$).

1 Da keine Vollbeschäftigung herrscht, können die Produktion und das Güterangebot steigen, ohne dass die Preise gleich stark ansteigen müssen.

Bei der Durchführung **offenmarktpolitischer Geschäfte** – also bei der Kreditvergabe – wird vor allem auf das **Tenderverfahren** zurückgegriffen. Das ist ein Versteigerungs- bzw. Ausschreibungsverfahren, bei dem die geldpolitische Operation durch das ESZB initiiert wird.
Die Europäische Zentralbank (EZB) kann dabei zwei *Techniken* anwenden – meist getrennt, manchmal aber auch gleichzeitig:
- das **Mengentenderverfahren** und
- das **Zinstenderverfahren.**

Welches Verfahren wird zur Abwicklung von Offenmarktgeschäften hauptsächlich angewendet?

Soziale Marktwirtschaft

387 Wie unterscheiden sich das Mengentenderverfahren und das Zinstenderverfahren voneinander?

- Beim **Mengentenderverfahren** (Festzinstender) wird den Banken gegen die Verpfändung von Wertpapieren Zentralbankgeld angeboten. Dabei legt die EZB den **Zinssatz**, das **Gesamtvolumen** und die **Laufzeit** des Pensionsgeschäftes bereits bei der Ausschreibung **fest**. Die Kreditinstitute geben daraufhin bis zu einem vorgegebenen Zeitpunkt ihre Gebote für die von ihnen gewünschten Beträge ab. Übersteigt die Summe der Einzelgebote die vom ESZB festgelegte Zuteilungssumme, erhalten alle Bieter denselben Prozentsatz (Zuteilquote) ihres Gebotes.
  Mengentender haben sowohl Zins- als auch Liquiditätswirkungen. Mit dem dort vorgegebenen Zins wirkt das ESZB direkt auf die Zinsbildung am Geldmarkt ein. Mit dem zugeteilten Betrag beeinflusst sie direkt die Bankenliquidität.

- Beim **Zinstenderverfahren** beteiligt die EZB die Kreditinstitute im Rahmen des Zuteilungsverfahrens an der Ermittlung des Zinssatzes. Eine Bank kann bis zu zehn Gebote abgeben.

388 Welche unterschiedlichen Zuteilungsarten gibt es beim Zinstenderverfahren?

Beim **Zinstenderverfahren** gibt es das holländische und das amerikanische Zuteilungsverfahren:

- Beim **holländischen Zuteilungsverfahren** verzichtet die EZB darauf, den Zinssatz vorzugeben. Sie **nennt** neben der Laufzeit zur Orientierung lediglich einen **Mindestzinssatz** und überlässt es anschließend den Kreditinstituten, bei Abgabe ihrer Gebote den Zins zu steigern. **Die Zuteilung erfolgt dann zu einem Einheitszinssatz** (= marginaler Zinssatz).

- Beim **amerikanischen Zuteilungsverfahren** gibt die EZB **keinen Zins** vor, sondern teilt nur mit, dass sie bis zu einem bestimmten Zeitpunkt Gebote erwartet. Die Kreditinstitute müssen dann sowohl den Betrag als auch den Zins nennen, zu denen sie das Geschäft abschließen möchten. Sie sind an den von ihnen abgegebenen Zins gebunden. **Die Zuteilung erfolgt zu dem von den Kreditinstituten gebotenen Zinssatz.**

389 Was sind ständige Fazilitäten?

Ständige Fazilitäten sind **Kreditmöglichkeiten,** die bei Bedarf von den Kreditinstituten auf ihre **eigene Initiative** gegen Stellung erstklassiger Sicherheiten **unbeschränkt** in Anspruch genommen werden können.
Sie dienen dazu, **Übernachtliquidität** bereitzustellen oder abzuschöpfen, je nachdem, ob ein Kreditinstitut Geld für einen Tag beim ESZB ausleiht oder für einen Tag überschüssige Liquidität zu einem festen Zins anlegt. Es gibt demzufolge auch die Möglichkeit, Liquiditätsüberschüsse jeweils kurzfristig zinsbringend anzulegen. Diese Zinssätze sind ein Orientierungsrahmen für die Geldmarktzinsen.

Fazilitäten

Unter der **Politik der ständigen Fazilitäten** wird die Veränderung des Zinssatzes verstanden mit dem Ziel, den Kreditspielraum der Kreditinstitute zu beeinflussen und so die umlaufende Geldmenge und damit das allgemeine Zinsniveau zu steuern.

390 Was wird unter der Politik der ständigen Fazilitäten verstanden?

Die **ständigen Fazilitäten** können in zwei Formen genutzt werden:
- **Spitzenrefinanzierungsfazilität**
  Bei ihr können sich die Kreditinstitute kurzfristig – praktisch über Nacht – Geld beschaffen, und zwar:
  - bei den nationalen Zentralbanken
  - zu einem vorgegebenen Zinssatz
  - gegen refinanzierungsfähige Sicherheiten
  - für die Laufzeit eines Geschäftstages

  Diese Tagegeld- oder Übernachtliquidität dient daher der **Liquiditätsbereitstellung**. Die Kredithöhe wird begrenzt durch die zur Verfügung gestellten Sicherheiten.
  Spitzenrefinanzierungsfazilitäten erhöhen einerseits den Kreditspielraum der Geschäftsbanken. Andererseits verteuern sich die Refinanzierungsmöglichkeiten für die Kreditinstitute, wenn die EZB die Zinsen für Übernachtkredite erhöht. <u>Folge:</u> allgemeine Erhöhung des Zinsniveaus mit entsprechend nachlassender Kreditnachfrage, rückläufigen Investitions- und Konsumausgaben und dämpfender Wirkung für die Konjunktur. Die gegenteilige Wirkung hat eine Zinssenkung.

- **Einlagenfazilität**
  Sie ermöglicht es den Kreditinstituten, überschüssige Gelder für einen Tag bei der nationalen Zentralbank zu einem vorgegebenen Zinssatz anzulegen; sie dient daher der **Liquiditätsabschöpfung**. Dieser Zinssatz bildet grundsätzlich die **Untergrenze für Tagesgeld**.

391 Nennen und erläutern Sie die Formen der ständigen Fazilitäten.

Die beiden Fazilitäten setzen Signale bezüglich des allgemeinen Kurses der Geldpolitik und sollen einen Zinskanal für den Geldmarkt vorgeben. Der Mittelwert im Zinskanal ist in der Regel der Zinssatz für Wertpapierpensionsgeschäfte. Alle drei zusammen bilden die **Leitzinssätze für den Finanzsektor**.

392 Welchen Einfluss haben die Spitzenrefinanzierungsfazilität und die Einlagenfazilität auf die Leitzinsen?

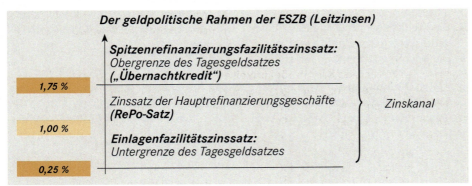

Die Zinssätze werden vom EZB-Rat vorgegeben, die Fazilitäten aber dezentral von den nationalen Zentralbanken verwaltet.

387

Soziale Marktwirtschaft

393. Was sind Mindestreserven?

Mindestreserven sind Einlagen (Pflichtguthaben oder Zwangseinlagen), die die Kreditinstitute bei der jeweiligen nationalen Zentralbank unterhalten müssen. Die Höhe der Mindestreserven wird durch den jeweiligen **Mindestreservesatz** bestimmt.

394. Was wird unter Mindestreservepolitik verstanden?

Unter **Mindestreservepolitik** versteht man die Veränderung der Mindestreservehöhe mit dem Ziel, die Geld- und Kreditschöpfungsmöglichkeiten der Kreditinstitute **direkt** zu beeinflussen und so den Geldumlauf und das allgemeine Zinsniveau zu steuern.

Die Politik der Mindestreserve ist als ein **liquiditätspolitisches Instrument** anzusehen, weil die **Liquiditätslage** der Kreditinstitute **unmittelbar betroffen** wird.

395. Welche Wirkungen kann eine Erhöhung des Mindestreservesatzes hervorrufen?

Eine **Erhöhung des Mindestreservesatzes** wird von der Europäischen Zentralbank vorgenommen, um in Zeiten von Vollbeschäftigung und starkem Wirtschaftswachstum die Inflation einzudämmen. Die Geschäftsbanken müssen nun höhere Guthaben bei der EZB hinterlegen, wodurch ihr **Geldschöpfungsspielraum,** also die Fähigkeit, Kredite zu gewähren, unmittelbar **eingeschränkt** wird (d. h. die Überschussreserven der Kreditinstitute sinken). <u>Die Folgen:</u>

- Geld (Kreditangebot) wird knapp.
- Die Kreditzinsen steigen.
- Die Kreditnachfrage sinkt.
- Die nachfragewirksame Geldmenge sinkt.
- Die gesamtwirtschaftliche Nachfrage nach Gütern und Dienstleistungen geht zurück.

<u>Ergebnis:</u> **Die Konjunktur wird gedämpft und die Preissteigerungen fallen geringer aus.**

396. Welche Wirkungen kann eine Senkung des Mindestreservesatzes hervorrufen?

Eine **Senkung des Mindestreservesatzes** bewirkt eine **Verringerung des Mindestreservesolls** der Kreditinstitute bei den nationalen Zentralbanken. Die Kreditinstitute verfügen jetzt über mehr Geld, sie werden liquider, sodass sie ihre **Kreditschöpfungsmöglichkeiten erweitern** können.
<u>Die Folgen:</u>

- Die Kreditinstitute können (durch das zusätzliche Geld) mehr Kredite anbieten.
- Die Kreditzinsen sinken (aufgrund der verbesserten Liquiditätslage).
- Die Nachfrage nach Krediten steigt.
- Die nachfragewirksame Geldmenge steigt.
- Die gesamtwirtschaftliche Nachfrage nach Investitions- und Konsumgütern nimmt zu.

<u>Ergebnis:</u> **Die Konjunktur wird belebt und das Preisniveau steigt an.** Die Senkung der Mindestreservesätze ist somit in einer **Depression** angebracht, in der Arbeitslosigkeit vorherrscht und in der ein rückläufiges Bruttoinlandsprodukt (BIP) zu beobachten ist.

Grenzen der Geldpolitik

In Zeiten des **Booms** (Hochkonjunktur) wird die EZB eine *restriktive Geldpolitik* betreiben. Sie wird versuchen, die gesamtwirtschaftliche Nachfrage nach Gütern und nach Dienstleistungen zu verringern, indem sie die Geldmenge reduziert und die Zinsen erhöht.

Soll **in Zeiten der Rezession** die Wirtschaft mit den Mitteln einer *expansiven Geldpolitik* unterstützt werden, so wird die EZB den kombinierten Einsatz ihres geldpolitischen Instrumentariums in entgegengesetzter Richtung erwägen.

Welche Geldpolitik wird die EZB in der Phase des Booms, welche in der Rezession betreiben? (397)

- Die wirtschaftlich erwünschte Zinserhöhung mit ihrer Auswirkung auf die Kreditnachfrage soll durch die **Anhebung der Leitzinsen** erreicht werden.
- Gleichzeitig werden die **Mindestreservesätze erhöht**.
- Die Verringerung der Geld- und Kreditmenge kann durch die **Verringerung des Zuteilungsvolumens** im Rahmen der Pensionsgeschäfte unterstützt werden.
- Ferner können durch den definitiven **Verkauf von Wertpapieren** und die **Ausgabe von Schuldverschreibungen** freie Liquiditätsreserven der Kreditinstitute verringert und der Kreditspielraum noch weiter eingeengt werden.

Wie kann die Zinserhöhung durch die EZB in Phasen der Hochkonjunktur konkret aussehen? (398)

- Bei einer **Politik der hohen Zinsen** gibt es folgende Grenzen bzw. Einschränkungen:
  - Die EZB hat keinen Einfluss auf die nichtkreditfinanzierte Nachfrage nach Gütern und Dienstleistungen.
  - Bei einer gewollten Hochzinspolitik wird ausländisches Kapital in den Euro-Währungsraum gelockt, d. h., die Geldmenge wird vermehrt. Die Stabilitätsbemühungen der EZB werden damit unterlaufen.
  - Die Zinsen stellen im Rahmen der unternehmerischen Kalkulation nur einen (kleinen) Kostenbereich dar. Vielfach werden langfristig angelegte Investitionsvorhaben wegen gestiegener Geldkosten kaum zeitlich verschoben – dies insbesondere dann nicht, wenn sich die zusätzlichen Geldbeschaffungskosten auf die Verkaufspreise abwälzen lassen.
  - Die Unternehmen orientieren sich bei ihren Investitionsentscheidungen weniger an den aktuellen Zinssätzen als an der langfristigen Gesamtrentabilität ihrer Investitionen. Sie werden daher trotz hoher Zinsen investieren, wenn sie ihre Gewinnerwartungen und Absatzchancen positiv einschätzen.
  - Wenn die Kreditinstitute ausreichend mit Geld versorgt sind, dann hat die Erhöhung der Leitzinsen wenig Einfluss auf das Zinsverhalten der Banken bei ihrer Kreditvergabe.
  - Die öffentlichen Haushalte reagieren, obwohl aufgrund der jährlichen Neuverschuldung die Zinsbelastungen weiterhin ständig zunehmen, wenig auf Zinssteigerungen.

- Bei einer **Politik der niedrigen Zinsen** gibt es folgende Grenzen bzw. Einschränkungen:
  - Solange die wirtschaftliche Entwicklung pessimistisch eingeschätzt wird, sind weder die Unternehmen noch die privaten Haushalte bereit, Kredite aufzunehmen. Die gesamtwirtschaftliche Nachfrage wird sich daher kaum erhöhen.

Worin sind die Grenzen der Geldpolitik zu sehen? (399)

Fortsetzung Seite 390

WiSo Soziale Marktwirtschaft

Fortsetzung von Seite 389

- In Phasen niedriger Zinsen legen Geldanleger im Euro-Währungsgebiet ihr Geld lieber im Ausland an – sofern das Zinsniveau dort höher ist. Die beabsichtigte Geldmengenerweiterung der EZB findet deshalb nicht statt.
- Darüber hinaus können sich auch folgende **unerwünschte prozyklische Wirkungen** ergeben:
  - Die Wirtschaftssubjekte reagieren oft mit zeitlichen Verzögerungen auf geldpolitische Maßnahmen.
  - Die Geldpolitik wirkt insgesamt mit einiger Verzögerung. Was der EZB-Rat heute entscheidet, wird erst nach 12 bis 15 Monaten in der Preisentwicklung sichtbar und schlägt sich in 1,5 bis 2 Jahren im Preisniveau nieder.
  - Beim Einsatz der geldpolitischen Instrumente besteht die Gefahr der Über- oder Untersteuerung der Wirtschaft.

3.9.15 Europäische Wirtschafts- und Währungsunion

400 Nennen Sie die drei Säulen des Einigungswerks nach dem Vertrag von Maastricht.

Gemäß dem am 1. Januar 1993 in Kraft getretenen Vertrag über die Europäische Union (Maastrichter Vertrag) stützt sich das Gebäude der Europäischen Union auf drei Säulen:

- **europäische Gemeinschaft**
  - Zollunion
  - Binnenmarkt
  - gemeinsame Agrarpolitik
  - Strukturpolitik
  - Wirtschafts- und Währungsunion
- **gemeinsame Außen- und Sicherheitspolitik**
- **Zusammenarbeit in der Innen- und Rechtspolitik**

401 Was kennzeichnet die Wirtschaftsunion?

Die **Wirtschaftsunion** ist gekennzeichnet durch:

- gemeinsamen Binnenmarkt mit Waren-, Dienstleistungs-, Kapital- und Personenfreiheit,
- gemeinsame Wettbewerbspolitik zur Marktstärkung,
- Maßnahmen zur Strukturanpassung/Regionalentwicklung,
- Koordinierung der nationalen Wirtschaftspolitiken.

402 Was kennzeichnet die Währungsunion?

Kennzeichen der Währungsunion sind:

- unwiderrufliche Fixierung der Wechselkurse,
- Beseitigung der Bandbreiten,
- Ersatz nationaler Währungen durch eine gemeinsame,
- vollständige Liberalisierung des Kapitalverkehrs und volle Integration der Banken- und Finanzmärkte.

Europäischer Wechselkursmechanismus

WiSo

403 Welche Bedingungen müssen die Nationen erfüllen, die an der Währungsunion teilnehmen wollen?

Nach Artikel 109 j des Vertrages von Maastricht und den dazugehörigen Protokollen müssen die Euro-Teilnehmerstaaten die folgenden **Konvergenzkriterien** erfüllen:.

1. **Inflationskriterium:** Ein hoher Grad an Preisniveaustabilität gilt als erreicht, wenn die Inflationsrate eines Landes – gemessen am Verbraucherpreisindex auf vergleichbarer Grundlage – im Jahr vor der Konvergenzprüfung durchschnittlich um nicht mehr als 1,5 Prozentpunkte über der Inflationsrate jener – höchstens 3 – Mitgliedstaaten liegt, die auf dem Gebiet der Preisstabilität das beste Ergebnis erzielt haben.

2. **Zinskriterium:** Hinreichende Konvergenz der Zinssätze bedeutet, dass im Verlauf von einem Jahr vor der Prüfung in einem Mitgliedstaat der durchschnittliche langfristige Nominalzins nicht mehr als 2 Prozentpunkte über dem entsprechenden Satz in jenen – höchstens 3 – Mitgliedstaaten liegt, die auf dem Gebiet der Preisstabilität das beste Ergebnis erzielt haben.

3. **Wechselkurskriterium:** Im Hinblick auf die Wechselkursentwicklung gilt ein Land als qualifiziert, wenn es die im Rahmen des Wechselkursmechanismus des europäischen Währungssystems (EWS) vorgesehenen *normalen Bandbreiten* zumindest in den letzten 2 Jahren vor der Prüfung, ohne starke Spannungen, eingehalten hat. Insbesondere darf es den bilateralen Leitkurs seiner Währung innerhalb des gleichen Zeitraums gegenüber der Währung eines anderen Mitgliedstaates nicht von sich aus abgewertet haben.

4. **Finanzpolitische Kriterien:** Ein Land gilt ferner als qualifiziert, wenn es kein „übermäßiges" Defizit und die öffentliche Verschuldung keine schwerwiegende Fehlentwicklung aufweist. Zur Messung dienen zwei Referenzwerte:

   a) 3 % für das Verhältnis zwischen öffentlichem Defizit und Bruttoinlandsprodukt zu Marktpreisen (Defizitkriterium) und

   b) 60 % für das Verhältnis zwischen öffentlicher Bruttoverschuldung und Bruttoinlandsprodukt zu Marktpreisen (Schuldenstandskriterium).

404 Erklären Sie den europäischen Wechselkursmechanismus.

Mit Beginn der dritten Stufe der Wirtschafts- und Währungsunion (WWU) am 01.01.1999 gingen die Währungen der elf EU-Mitgliedstaaten im **Euro als gemeinsame und eigenständige Währung** auf. Für die sich noch nicht am Euro als gemeinsamer Währung beteiligenden 4 Mitgliedstaaten gilt ein neuer **europäischer Wechselkursmechanismus**, kurz **WKM II** genannt.
Der WKM II bietet Dänemark, Estland, Lettland und Littauen die Möglichkeit, ihre Währung an den Euro anzubinden und sich so auf den späteren Beitritt zur Euro-Zone und auf die volle Integration in den Euroraum vorzubereiten.

Für die **am WKM II teilnehmenden Währungen** wurden die **Leitkurse** und deren Schwankungsbreite zum Euro festgelegt. Für die dänische Krone wurde eine Bandbreite von +/- 2,25 % vereinbart.
Zur **Abwehr spekulativer Auf- und Abwertungen** greifen die beteiligten Zentralbanken bei einem Überschreiten der Schwankungsmarge auf dem Devisenmarkt ein. Zeichnen sich anhaltende Abweichungen vom Leitkurs ab, soll er rechtzeitig neu festgelegt werden.

WiSo

Soziale Marktwirtschaft

405 Worin besteht der Unterschied zwischen Floating und Interventionspflicht?

- **Floating** bedeutet, dass sich die Wechselkurse frei (ohne staatliche Eingriffe) am Devisenmarkt bilden.

- **Interventionspflicht** verhindert diese freie Kursfindung, da die Marktkräfte nicht mehr frei wirksam werden können.

406 Welche Auswirkungen hat eine anhaltend aktive Zahlungsbilanz im System flexibler Wechselkurse?

Im **System flexibler Wechselkurse** erfolgt die Wechselkursänderung automatisch und mündet in einen laufenden Aufwertungsprozess der inländischen Währung (= Sinken der Wechselkurse).

Folge:
Die inländischen Güter und Dienstleistungen werden billiger. Dadurch geht der Export zurück und die Importe steigen an, sodass die Handelsbilanzüberschüsse verringert und der Zahlungsbilanzausgleich gefördert wird.

Auswirkungen:
Zustrom von Devisen ins Inland. Die Deutsche Bundesbank ist zu Interventionen verpflichtet. Sie wird versuchen, durch zusätzliche Käufe von Devisen am unteren Interventionspunkt den Kurs zu stützen, bis er sich wieder innerhalb der Bandbreite befindet.

407 Wie sehen im WKM II die Interventionen der beteiligten Zentralbanken bei steigendem Wechselkurs aus?

Steigt der Wechselkurs einer Währung in Richtung auf den oberen Interventionspunkt an, bedeutet das, dass die Nachfrage nach dieser Währung stark bzw. das Angebot gering ist.

Droht der Wechselkurs wegen einer zu großen Nachfrage **über den oberen Interventionspunkt** zu steigen und damit die Bandbreite zu verlassen, müssen die Zentralbanken der angeschlossenen Länder als Anbieter der starken Währung auftreten (die Zentralbanken intervenieren), d. h., sie müssen **Fremdwährung** aus ihren Devisenbeständen am Markt **verkaufen.**

Durch das zusätzliche Angebot der fremden Währung soll der Kurs gesenkt werden, bis er sich wieder innerhalb der Bandbreite bewegt.

Wirkt diese Intervention jedoch nicht, dann muss die starke Währung aufgewertet werden. Die Regierungen legen dann einen **neuen Leitkurs** fest.

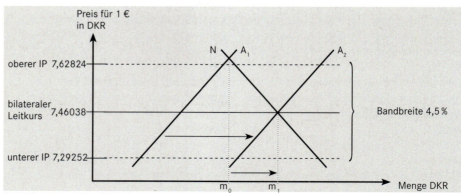

Der Referenzkurs liegt **über** dem oberen Interventionspunkt (IP), was eine schwache dänische Krone und einen starken Euro dokumentiert. In dieser Situation muss die dänische Zentralbank die Angebotslücke schließen, indem sie **Euro** ans ESZB **verkauft** ($m_0 \rightarrow m_1$). *Folge:* Das Angebot an Euro steigt an, der Kurs fällt in die Bandbreite zurück (→ schwache Währung kauft starke).

Ausgleich der Zahlungsbilanz

Sinkt der Wechselkurs – z. B. aufgrund verstärkter Exporte – **bis zum unteren Interventionspunkt** und besteht die Gefahr, dass er überschritten wird, liegt ein hohes Angebot bzw. eine zu geringe Nachfrage nach der fremden Währung vor. Die **Deutsche Bundesbank** ist in diesem Fall zur **Intervention** verpflichtet. Sie wird versuchen, durch zusätzliche Käufe den Kurs zu stützen, bis er sich wieder innerhalb der Bandbreite gefestigt hat.

408 Zeigen Sie die Situation bei sinkenden Wechselkursen im WKM II auf.

Wie ist die entsprechende Reaktion der angeschlossenen Zentralbanken?

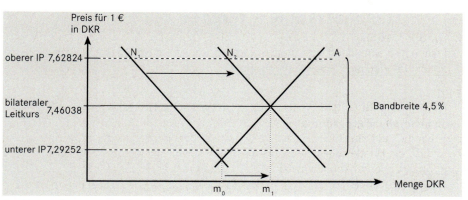

Der Referenzkurs liegt **unter** dem unteren Interventionspunkt (IP), was eine starke dänische Krone und einen schwachen Euro dokumentiert. In dieser Situation muss die dänische Zentralbank die Nachfragelücke schließen, indem sie **Euro** vom ESZB **kauft** ($m_0 \rightarrow m_1$). *Folge:* Die Nachfrage nach Euro steigt an, der Kurs befindet sich wieder innerhalb der Bandbreite (➜ schwache Währung kauft starke).

Stabile Wechsel- oder Devisenkurse verringern das Kursrisiko. Würden die Kurse nämlich starken Schwankungen unterliegen, dann würden knapp kalkulierte Exportgeschäfte nicht abgeschlossen.

<u>Begründung:</u> Zu hohes Geschäftswagnis zwischen Abschluss und Erfüllung des Vertrags.

409 Warum sind Importeure und Exporteure an stabilen Wechselkursen interessiert?

Die **Erlöse aus den Exportgeschäften** (Devisen) werden von den Exportunternehmen über die Kreditinstitute auf dem Devisenmarkt angeboten. Importunternehmen hingegen fragen auf diesem Markt zur Abwicklung ihrer Geschäfte **Devisen** nach.

Ist nun beispielsweise bei einem vorhandenen Kurs die **Nachfrage nach Devisen größer als das Angebot** (Importe > Exporte), steigt der Kurs (= flexibler Wechselkurs).

<u>Folge:</u>
- Für die **Importunternehmen** werden die Waren, die sie im Ausland kaufen, teurer, sodass die Importe zurückgehen.
- Für die **Exporteure** hingegen wird durch die Änderung des Kurses die Ausfuhr begünstigt. Die ausländischen Kunden werden mehr bei ihnen kaufen (= Exportsteigerung). Dadurch wird die Zahlungsbilanz tendenziell ausgeglichen.

410 Wie ist es zu erklären, dass flexible Wechselkurse tendenziell den Ausgleich der Zahlungsbilanz bewirken?

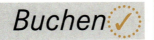

Geschäftsfälle

Ich buche nach Belegen

4 Geschäftsfälle – Buchen nach Belegen

4.1 Buchen nach Beleg Nr. 1–3

Sie sind Mitarbeiter/Mitarbeiterin der Textilgroßhandlung Grotex GmbH, Hannover.

Bilden Sie die Buchungssätze zu den nachfolgenden Belegen für die Textilgroßhandlung.

Den zu verwendenden Kontenrahmen finden Sie am Ende des Buches auf Seite 550 f.

Unternehmensbeschreibung

Name Sitz der Firma Rechtsform Geschäftsführer Handelsregister	Grotex 30559 Hannover, Lange Str. 4 GmbH Dr. Wolfgang Tischler Amtsgericht Hannover HRB 36 417 Steuernummer: 143 067 172 2 Zollnummer: 5 318 043 Erfüllungsort und Gerichtsstand: Hannover

Bankverbindungen	Postbank Hannover
	  Konto-Nr.: 275 942-305
	  BLZ: 250 100 30
	Norisbank Hannover
	  Konto-Nr.: 800 621 900
	  BLZ: 760 260 00
	USt-IdNr. DE 183 631 402

Betriebszweck	Großhandel mit Textilien (Haushaltswäsche, Fashion, Sport- und Freizeitbekleidung, Sportartikel, Damenoberbekleidung, Damenwäsche, Herrenbekleidung, Unterwäsche, Accessoires, Schmuck)
Abteilungen	Stabsstelle Organisation/EDV Sekretariat Geschäftsleitung Verwaltung Einkauf Lager/Logistik Verkauf Rechnungswesen
Mitarbeiter	Mitarbeiter 300 Auszubildende 6
Geschäftsjahr	1. Januar–31. Dezember

Bestellung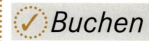

Beleg 1

Buchungen zu den Belegen (Beträge in €)

Mewax GmbH • Goethestraße 137 • 31135 Hildesheim

Goethestraße 137 • 31135 Hildesheim
Tel.: 05121 47118 • Fax: 05121 47110
E-Mail: info@mewax-wvd.de
Internet: www.mewax-wvd.de

Textilgroßhandlung
Grotex GmbH
Lange Straße 4
30559 Hannover

Kunden-Nr.: 2119
Rechnungs-Nr.: 40109
Lieferdatum: 16.02.20..
bitte stets angeben!

Hildesheim, 16.02.20..

Rechnung

Artikel-Nr.	Menge	Artikelbezeichnung	Einzelpreis/€	Gesamtpreis/€
505-T	400	Leggins, schwarz, Gr. 42/44	10,90	4.360,00
510-Gi	600	BH-Garnitur, oliv bedruckt, Cup A	16,50	9.900,00
416-Pt	250	Damenpullover, Länge 70 cm, Gr. 46, 48	35,10	8.775,00
426-St	350	Strickjacke, apricot, Gr. 50, 52, 54	59,30	20.755,00
518-Sg	500	Stringbody, silber, Gr. 75, 80, 85, 90	21,10	10.550,00
				54.340,00
		+ 19 % Umsatzsteuer		10.324,60
		Gesamt		**64.664,60**

Bezahlung innerhalb von 10 Tagen – 2 % Skonto;
innerhalb von 40 Tagen netto.

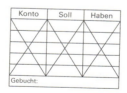

Bankverbindung:
Sparkasse Hildesheim
Konto 96 766 218 • BLZ 259 501 30
BIC: NOLADE21HIK • IBAN: DE13 2595 0130 0096 7662 18

Geschäftsführer:
Dr. Manfred Menschke
Registergericht Hannover HRB 77 030
USt-IdNr.: DE 153 187 823

Buchungssatz:

3010		Wareneingang	54.340,00	
1410		Vorsteuer	10.324,60	
an	1710	Verbindlichkeiten a. LL		64.664,60

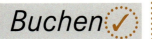

Geschäftsfälle

Beleg 2

Schwertfeger GmbH
Internationale Spedition und Transporte

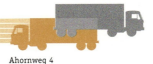

Schwertfeger GmbH • Ahornweg 4 • 31139 Hildesheim

Ahornweg 4
31139 Hildesheim
Telefon: 05121 2332-42
Telefax: 05121 2332-43
E-Mail: info@schwertfeger-wvd.de
Internet: www.schwertfeger-wvd.de

Textilgroßhandlung
Grotex GmbH
Lange Straße 4
30559 Hannover

EINGEGANGEN
17. Febr. 20..
Erl. ....

Ihr Auftrag vom:	16.02.20..
Kunden-Nr.:	196 GH
Rechnung-Nr.:	6437
Datum:	16.02.20..

Rechnung

Für den Transport von 120 Kartons Textilien à 7,00 € netto
von Hildesheim, Ahornweg 4, zur Lange Straße 4 in Hannover
am 14.02.20.. stellen wir vereinbarungsgemäß in Rechnung: 840,00 €

+ 19 % USt 159,60 €

999,60 €

Zahlbar ohne Abzug innerhalb 14 Tagen.

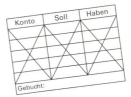

Sparkasse Hildesheim
Konto 3 103 205 697 • BLZ 259 501 30
BIC: NOLADE21HIK • IBAN: DE55 2595 0130 3103 2056 97

Geschäftsführer: Gerald Schwertfeger
Reg.-Gericht Hannover, HRB 87 342
USt-IdNr.: DE 852 973 461

Buchungssatz:

3020		Warenbezugskosten	840,00	
1410		Vorsteuer		159,60
an	1710	Verbindlichkeiten a. LL		999,60

Liefererskonti und Zinssatz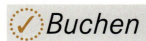

Beleg 3

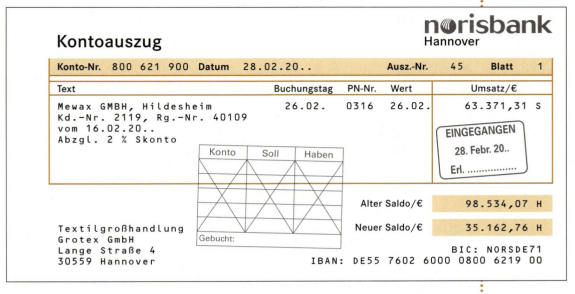

Buchungssatz:

1710		Verbindlichkeiten a. LL	64.664,60	
	an 1310	Kreditinstitute		63.371,31
	an 3080	Liefererskonti		1.086,80
	an 1410	Vorsteuer		206,49

4.2 Buchen nach Beleg Nr. 4–20

$$p = \frac{2\,\% \cdot 100 \cdot 360}{98\,\% \cdot 30\ (= 40\ ./.\ 10\ \text{Tage})} = \underline{\underline{24{,}49\,\%}}$$

Wie hoch ist der Zinssatz, der dem angebotenen Liefererkredit der Mewax GmbH, Hersteller von Damenbekleidung, entspricht?

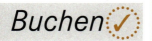

Beleg 4

Geschäftsfälle

Abrechnung der Brutto-Netto-Bezüge — Juni 20..

Personal-Nr.	Name, Vorname	Kostenstelle	Eintritt	Abrechnung	Währung
346	Berger, Michael		01.10.1996	Monat	

Öffentl. Dienst	St.-Kl.	Kinder	Kirche	Freibetrag
nein	III	2,0	Ja	2.640,00 €

KV	PV	RV	AV
14,9 %	ja	ja	ja

Resturlaub	Urlaubsanspruch
12,00 Tage	28,00 Tage

Textilgroßhandlung
Grotex GmbH
Lange Straße 4, 30559 Hannover

Herrn
Michael Berger
De-Haen-Platz 36
30163 Hannover

Bruttobezüge	Betrag
Bruttogehalt	3.350,00 €
Treueprämie	125,00 €

	Gesamt-Brutto
Steuer/Sozialversicherung	3.475,00 €

Steuer Brutto	Lohnsteuer	SolZ	KiSt	Steuerrechtliche Abzüge
3.255,00 €	333,83 €	1,76 €	8,96 €	344,55 €

SV-Brutto	KV	PV	RV	AV	SV-rechtliche Abzüge
3.475,00 €	274,53 €	33,88 €	345,76 €	48,65 €	702,82 €
0,00 €	0,00 €	0,00 €	0,00 €	0,00 €	0,00 €

	Netto-Verdienst
	2.427,63 €

Anmerkung: Der KV-Anteil von 14,9 %, Stand Juli 2010, soll evtl. in Zukunft auf 15,5 % steigen.

Sozialversicherungsanteil des Arbeitgebers: 671,54 €

Die Grotex GmbH meldet daraufhin der Krankenkasse (= zuständige Einzugsstelle) rechtzeitig einen Gesamtsozialversicherungsbeitrag in Höhe von insgesamt:

Arbeitnehmeranteil (zu tragender SV-Anteil von Herrn Berger)	702,82 €
Arbeitgeberanteil (von der Grotex GmbH zu tragender SV-Anteil)	671,54 €
	1.374,36 €

Die Krankenkasse bucht diesen Betrag aufgrund der ihr vorliegenden Einzugsermächtigung vom Bankkonto der Grotex GmbH ab.

Buchungssatz 1:

| 1160 | SV-Beitragsvorauszahlung | 1.374,36 | |
| an | 1310 | Kreditinstitue | | 1.374,36 |

Brutto-Netto-Bezüge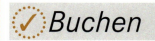

Die abgebuchte Vorauszahlung der Sozialversicherungsbeiträge (Arbeitgeber- und Arbeitnehmeranteil) wird auf dem Verrechnungskonto 1160 SV-Vorauszahlung (im Soll) erfasst und bei der späteren Gehaltsbuchung (siehe Buchungssatz 2) und der Buchung des Arbeitgeberanteils zur Sozialversicherung (siehe Buchungssatz 3) verrechnet.

Buchungssatz 2:

4020	Gehälter	3.475,00	
an 1310	Kreditinstitute		2.427,63
an 1160	SV-Beitragsvorauszahlung		702,82
an 1910	Verbindlichkeiten aus Steuern		344,55

- Das Gehalt von Herrn Berger wird als **Personalkosten** auf dem Konto 4020 Gehälter gebucht.
- Herr Berger erhält sein Nettogehalt in Höhe von 2.427,63 € überwiesen. Der Betrag wird vom Geschäftskonto der Grotex GmbH abgebucht (Haben-Buchung auf dem Konto 1310 Kreditinstitute).
- Der von der Krankenkasse abgebuchte Arbeitnehmeranteil zur Sozialversicherung (siehe Buchung 1) wird auf dem Konto 1160 SV-Vorauszahlung (im Haben) erfasst.
- Die vom Arbeitgeber einbehaltenen Steuerabzüge werden auf dem passiven Bestandskonto 1910 Verbindlichkeiten aus Steuern gebucht und bis zum 10. des Folgemonats an das Finanzamt überwiesen (siehe Buchungssatz 4).

Buchungssatz 3:

4040		Gesetzliche soziale Aufwendungen	671,54
an	1160	SV-Beitragsvorauszahlung	671,54

- Der Arbeitgeberanteil zur Sozialversicherung wird als **Personalkosten** auf dem Aufwandskonto 4040 Gesetzliche soziale Aufwendungen gebucht.
- Der von der Krankenkasse abgebuchte Arbeitgeberanteil zur Sozialversicherung (siehe Buchung 1) wird auf dem Konto 1160 SV-Vorauszahlung (im Haben) erfasst, womit das Verrrechnungskonto SV-Vorauszahlung im vorliegenden Fall ausgeglichen ist.
- Im Falle eines möglicherweise verbleibenden Saldos (= Restschuld bzw. Restforderung gegenüber den Sozialversicherungsträgern) ist das Konto 1160 SV-Vorauszahlung beim Jahresabschluss zu passivieren bzw. zu aktivieren.

Buchungssatz 4:

1910		Verbindlichkeiten aus Steuern	344,55
an	1310	Kreditinstitute	344, 55

Sind die abzuführenden Steuern am Bilanzstichtag noch nicht an das Finanzamt abgeführt, so wird das Konto 1910 Verbindlichkeiten aus Steuern über das Schlussbilanzkonto angeschlossen und erscheint damit als Verbindlichkeit in der Bilanz.

Die Personalkosten des Arbeitgebers für den kaufmännischen Angestellten Michael Berger betragen:

Bruttogehalt von Herrn Berger	3.475,00 €
+ Sozialversicherungsanteil des Arbeitgebers	671,54 €
= **Personalkosten des Arbeitgebers**	**4.146,54 €**

Buchen ✓

Geschäftsfälle

Beleg 5

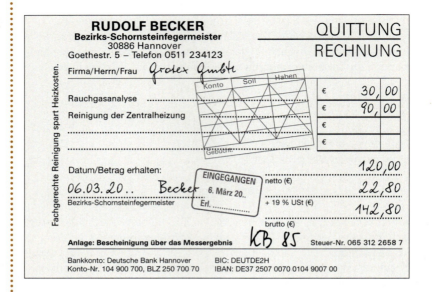

Buchungssatz:

4710	Instandhaltung	120,00	
1410	Vorsteuer	22,80	
an	1510 Kasse		142,80

Beleg 6

Buchungssatz:

4400	Werbe- und Reisekosten	350,00	
an	1510 Kasse		350,00

Kundenskonti **Buchen**

Beleg 7

Buchungssatz:

4820		Porto, Telefon, Telefax	340,00	
an	1510	Kasse		340,00

Beleg 8

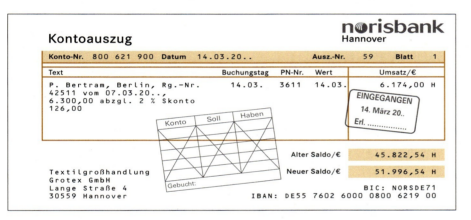

Buchungssatz:

1310		Kreditinstitute	6.174,00	
8080		Kundenskonti	105,88	
1810		Umsatzsteuer	20,12	
an	1010	Forderungen a. LL		6.300,00

Beleg 9

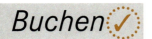

Geschäftsfälle

Kontoauszug zu Beleg 9

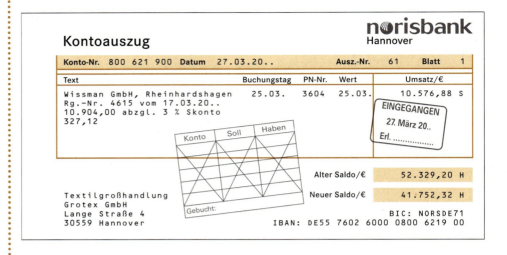

Buchungssatz:

1710		Verbindlichkeiten a. LL	10.904,00	
an	3080	Liefererskonti		274,89
an	1410	Vorsteuer		52,23
an	1310	Kreditinstitute		10.576,88

Beleg 10

Telefon- und Betriebskosten

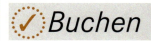

Kontoauszug zu Beleg 10

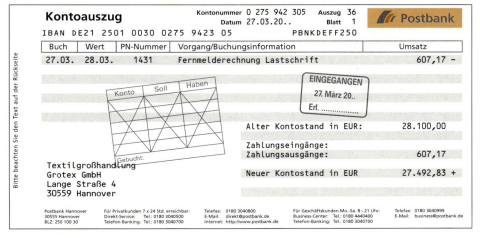

Buchungssatz:

4820		Porto, Telefon, Telefax	510,23	
1410		Vorsteuer	96,94	
an	1320	Postbank		607,17

Beleg 11

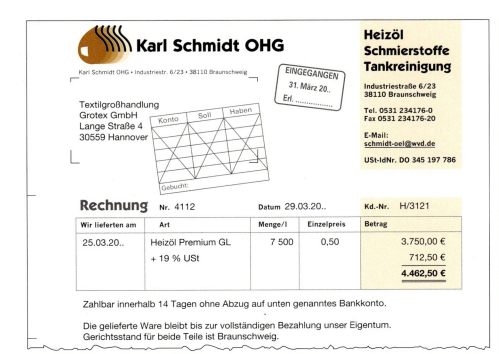

Buchungssatz:

4700		Betriebskosten, Instandhaltung	3.750,00	
1410		Vorsteuer	712,50	
an	1710	Verbindlichkeiten a. LL		4.462,50

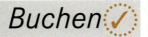

Geschäftsfälle

Beleg 12

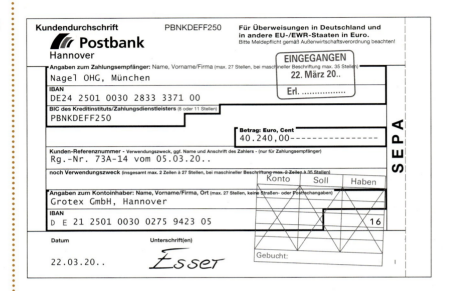

Kontoauszug zu Beleg 12

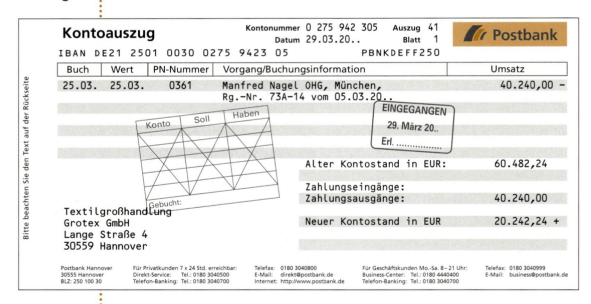

Buchungssatz:

1710		Verbindlichkeiten a. LL	40.240,00	
an	1320	Postbank		40.240,00

Betriebs- und Geschäftsausstattung

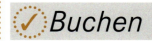 Buchen

Beleg 13

Georg Schwarzer GmbH
BÜROEINRICHTUNGEN

Ahornweg 4 • 31139 Hildesheim
Tel.: 05121 6529-0
Fax: 05121 6529-30

E-Mail: info@schwarzer-wvd.de
Internet: www.schwarzer-wvd.de

Georg Schwarzer GmbH • Ahornweg 4 • 31139 Hildesheim

Textilgroßhandlung
Grotex GmbH
Lange Straße 4
30559 Hannover

Ihr Auftrag vom	Kunden-Nr.	Rechnung-Nr.	Datum
20.03.20..	KV 7 3/11	412-V	30.03.20..

Lieferdatum: 26.03.20..

Wir lieferten für Ihre Rechnung und auf Ihre Gefahr

4 PC-Tische „Novoplex" KMR-116	à 390,00 €	1.560,00 €
	+ 19 % Umsatzsteuer	296,40 €
		1.856,40 €

EINGEGANGEN
1. April 20..
Erl. ....

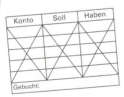

Commerzbank Hildesheim
Konto 82 053 397 • BLZ 259 400 33
BIC: COBADEFF259
IBAN: DE17 2594 0033 0082 0533 97

Nord/LB Hannover
Konto 234 323 278 • BLZ 250 500 00
BIC: NOLADE2H
IBAN: DE92 2505 0000 0234 3232 78

Geschäftsführer: Georg Schwarzer
Reg.-gericht Hannover HRB 90 215
USt-IdNr.: DE 502 845 671

Buchungssatz:

0330	Betriebs- und Geschäftsausstattung	1.560,00	
1410	Vorsteuer	296,40	
an	1710 Verbindlichkeiten a. LL		1.856,40

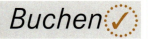

Geschäftsfälle

Beleg 14

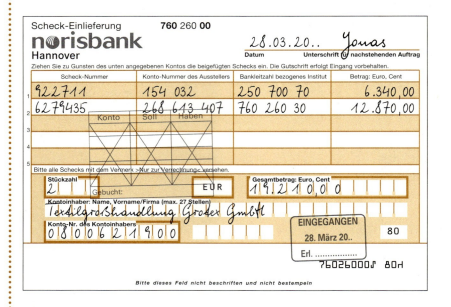

Kontoauszug zu Beleg 14

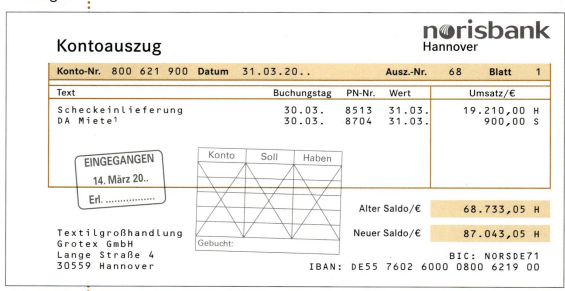

Buchungssatz:

1310		Kreditinstitute	19.210,00	
an	1010	Forderungen a. LL		19.210,00

Buchungssatz:

1610		Privatentnahmen	900,00	
an	1310	Kreditinstitute		900,00

Preisnachlass

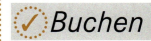

Beleg 15

Hemdenfabrik Spengler & Sohn GmbH

Spengler & Sohn GmbH · Lahnstraße 14 · 35578 Wetzlar

Lahnstraße 14 • 35578 Wetzlar
Telefon: 06441 5675-0
Telefax: 06441 5675-11

Internet: www.spengler-wvd.de
E-Mail: info@spengler-wvd.de

Textilgroßhandlung
Grotex GmbH
Lange Straße 4
30559 Hannover

Ihr Zeichen, Ihre Nachricht vom	Unser Zeichen	Telefon, Name 06441 5675-	Datum
16.03.20..	Me/lg	55 Herr Schneider	30.03.20..

Gutschrift Nr. 417/R

Sehr geehrter Herr Prinzke,

auf die von Ihnen zu Recht beanstandete Lieferung vom 14.03.20.. gewähren wir Ihnen nachträglich einen Preisnachlass von

EINGEGANGEN
1. April 20..
Erl. ....

netto	340,00 €	
+ 19 % USt	64,60 €	
	404,60 €	

Wir bitten um gleichlautende Buchung.

Mit freundlichen Grüßen

Hemdenfabrik Spengler & Sohn GmbH

F. Schneider

i. A. F. Schneider

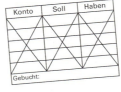

Geschäftsführer: Rainer Spengler sen.
Registergericht: Wetzlar, HRB 85 991
USt-IdNr.: DE 437 411 509
Bankverbindungen:
Postbank Frankfurt • Konto-Nr.: 544 699 • BLZ: 500 100 60 • BIC: PBNKDEFF • IBAN: DE11 5001 0060 0000 5446 99
Commerzbank Wetzlar • Konto-Nr.: 798 654 • BLZ: 515 400 37 • BIC: COBADEFF515 • IBAN: DE23 5154 0037 0000 7986 54

Buchungssatz:

1710		Verbindlichkeiten a. LL	404,60	
an	3060	Nachlässe von Lieferern		340,00
an	1410	Vorsteuer		64,60

Geschäftsfälle

Beleg 16

GROTEX GMBH
TEXTILGROẞHANDLUNG

Lange Straße 4 • 30559 Hannover

Telefon: 0511 4408-0
Telefax: 0511 4408-80
E-Mail: info@grotex-wvd.de
Internet: www.grotex-wvd.de

Grotex GmbH • Lange Straße 4 • 30559 Hannover

Firma
Niedermaier
Frau Eva Schmidt
Mühlenstraße 4
13125 Berlin

Ihr Zeichen, Ihre Bestellung vom	Unser Zeichen	Telefon, Name 0511 4408-	Datum
		57 Frau Matz	27.03.20..

Gutschrift 217-09

Sehr geehrte Frau Schmidt,

aufgrund Ihrer Beanstandung der letzten Lieferung Herrenunterwäsche (Rechnungs-Nr. 43817) schreiben wir Ihnen gut:

20 % vom Warenwert	830,00 €
+ 19 % USt	157,70 €
	987,70 €

Mit freundlichen Grüßen

Grotex GmbH

Matz
i. A. Matz

Konto	Soll	Haben
Gebucht:		

Postbank Hannover
Konto: 275 942 305 • BLZ: 250 100 30
BIC: PBNKDEFF250
IBAN: DE21 2501 0030 0275 9423 05

Norisbank Hannover
Konto: 800 621 900 • BLZ: 760 260 00
BIC: NORSDE71
IBAN: DE55 7602 6000 0800 6219 00

Geschäftsführer: Dr. Wolfgang Tischler
Sitz und Registergericht:
Hannover HRB 36 417
USt-IdNr.: DE 183 631 402

Buchungssatz:

8060		Nachlässe an Kunden	830,00	
1810		Umsatzsteuer	157,70	
an	1010	Forderungen a. LL		987,70

Warenverkauf

Beleg 17

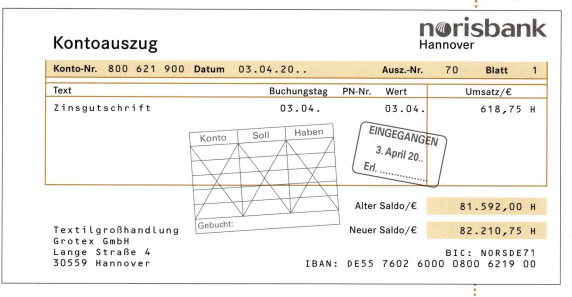

Buchungssatz:

1310		Kreditinstitute	618,75	
an	2610	Zinserträge aus kurzfristigen Forderungen		618,75

409

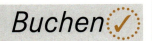 Geschäftsfälle

Beleg 18

Lange Straße 4 • 30559 Hannover

Grotex GmbH • Lange Straße 4 • 30559 Hannover

Telefon: 0511 4408-0
Telefax: 0511 4408-80
E-Mail: info@grotex-wvd.de
Internet: www.grotex-wvd.de

Sport-Osterthal
Herrn Anton Osterthal
Marienberger Weg 3
50767 Köln

Auftrags-Nr.:	
Vertreter:	
Lieferdatum:	03.04.20..
Rechnungsdatum:	03.04.20..

Rechnung
Bei Zahlung bitte stets angeben!   Rechnung-Nr.: 44356   Kunden-Nr.:

Anzahl	Art.-Nr.	Bezeichnung	Einzelpreis in €	Gesamtpreis in €
60	431-TS	Tennishemd, Rundhalsausschnitt, weiß, Größe L	55,00	3.300,00
		+ 19 % Umsatzsteuer		627,00
		Rechnungsbetrag		**3.927,00**
		Zahlbar innerhalb von 8 Tagen mit 2 % Skonto oder innerhalb von 60 Tagen ohne Abzug.		

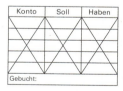

Postbank Hannover
Konto: 275 942 305 • BLZ: 250 100 30
BIC: PBNKDEFF250
IBAN: DE21 2501 0030 0275 9423 05

Norisbank Hannover
Konto: 800 621 900 • BLZ: 760 260 00
BIC: NORSDE71
IBAN: DE55 7602 6000 0800 6219 00

Geschäftsführer: Dr. Wolfgang Tischler
Sitz und Registergericht:
Hannover HRB 36 417
USt-IdNr.: DE 183 631 402

Buchungssatz:

1010	Forderungen a. LL	3.927,00	
an	8010 Warenverkauf		3.300,00
an	1810 Umsatzsteuer		627,00

Versicherung und Strom

Beleg 19

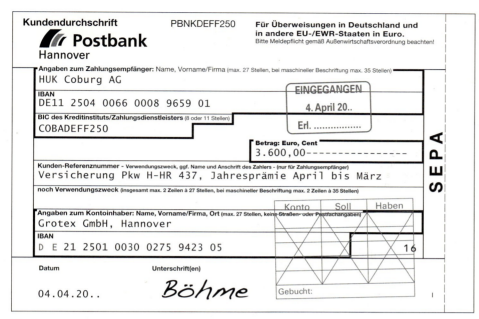

Buchungssatz:

4260		Versicherungen	3.600,00
an	1310	Kreditinstitute	3.600,00

Beleg 20

Buchungssatz:

4300		Energie, Betriebsstoffe	2.500,00
1410		Vorsteuer	400,00
an	1320	Postbank	2.900,00

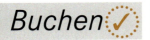

Geschäftsfälle

4.3 Buchen nach Beleg Nr. 21–38

22 Gemäß Darlehensvertrag (langfristige Forderung) begleicht unser Darlehensschuldner die jährlichen Darlehenszinsen (01.06. bis 31.05. n. J.) von 3.000,00 € im Voraus am 10. April.

Beleg 21

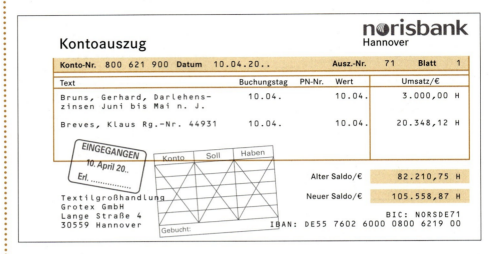

Buchungssatz:

1310		Kreditinstitute	23.348,12	
an	2620	Zinserträge aus langfristigen Forderungen		3.000,00
an	1010	Forderungen a. LL		20.348,12

Beleg 22

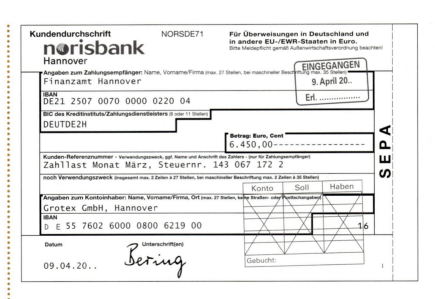

Buchungssatz:

1810		Umsatzsteuer	6.450,00	
an	1310	Kreditinstitute		6.450,00

Unfallversicherung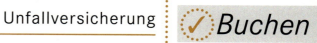

Beleg 23

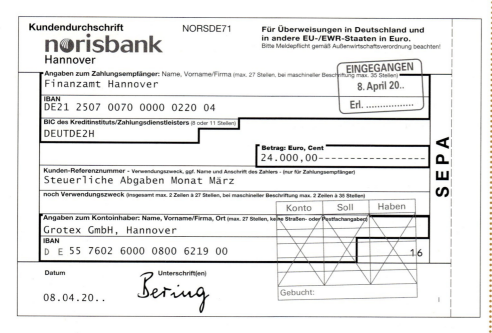

Buchungssatz:
1910		Verbindlichkeiten aus Steuern	24.000,00	
an	1310	Kreditinstitute		24.000,00

Beleg 24

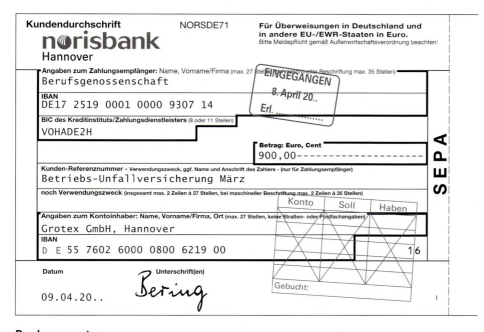

Buchungssatz:
4040		Gesetzliche soziale Aufwendungen	900,00	
an	1310	Kreditinstitute		900,00

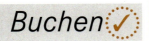

Geschäftsfälle

Beleg 25

MEWAX GmbH
Damenbekleidung

Mewax GmbH • Goethestraße 137 • 31135 Hildesheim

Goethestraße 137 • 31135 Hildesheim
Tel.: 05121 47118 • Fax: 05121 47110
E-Mail: info@mewax-wvd.de
Internet: www.mewax-wvd.de

Textilgroßhandlung
Grotex GmbH
Lange Straße 4
30559 Hannover

EINGEGANGEN
17. April. 20..
Erl. ....

Kunden-Nr.: 2119
Rechnungs-Nr.: 40111
Lieferdatum: 15.04.20..
bitte stets angeben!

Rechnung

Hildesheim, 15.04.20..

Artikel-Nr.	Menge	Artikelbezeichnung	Einzelpreis/€	Gesamtpreis/€
JS-409	300	Damen-Jeanshose „Schlag", Größe 38	40,00	12.000,00
DS-411	400	Damen-Sommer-Short „Tichy" mit Kordelzug, schwarz, Größe M	25,00	10.000,00
		+ Transportkosten		200,00
				22.200,00
		+ 19 % Umsatzsteuer		4.218,00
		Gesamt		26.418,00

Zahlungsbedingung: 10 Tage 3 % Skonto
30 Tage ohne Abzug

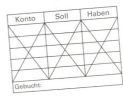

Bankverbindung:
Sparkasse Hildesheim
Konto 96 766 218 • BLZ 259 501 30
BIC: NOLADE21HIK • IBAN: DE13 2595 0130 0096 7662 18

Geschäftsführer:
Dr. Manfred Menschke
Registergericht Hannover HRB 77 030
USt-IdNr.: DE 153 187 823

Buchungssatz:

3010	Wareneingang	22.000,00	
3020	Warenbezugskosten	200,00	
1410	Vorsteuer	4.218,00	
an	1710	Verbindlichkeiten a. LL		26.418,00

Bürobedarf

Beleg 26

Bürobedarf PAPYRUS GmbH

Papyrus GmbH, Kurt-Schuhmacher-Str. 69, 30159 Hannover

Kurt-Schumacher-Str. 69
30159 Hannover
Tel.: 0511 198273
Fax: 0511 732189

E-Mail: papyrus@wvd-t-online.de

Textilgroßhandlung
Grotex GmbH
Lange Straße 4
30559 Hannover

Geschäftsführerin: Dagmar Jähnel
Registergericht: Hannover HRB 64 881

Deutsche Bank Hannover
Konto 45 497 822 • BLZ 250 700 70
BIC: DEUTDE2H
IBAN: DE85 2507 0070 0045 4978 22

EINGEGANGEN
17. April. 20..
Erl. ....

Barverkauf Nr. 312 Hannover, 16. April 20..

Menge	Einheit	Artikel	Einzelpreis	Betrag
100	Rollen	Fax-Papier	2,00 €	200,00 €
		./. 10 % Rabatt		20,00 €
				180,00 €
		+ 19 % USt		34,20 €
		Gesamt		**214,20 €**

Betrag erhalten
Jähnel

Buchungssatz:

4810	Bürobedarf	180,00	
1410	Vorsteuer	34,20	
an	1510 Kasse		214,20

Buchen ✓ Geschäftsfälle

Beleg 27

Lange Straße 4 • 30559 Hannover

Telefon: 0511 4408-0
Telefax: 0511 4408-80
E-Mail: info@grotex-wvd.de
Internet: www.grotex-wvd.de

Grotex GmbH • Lange Straße 4 • 30559 Hannover

Herrn
Dr. Wolfgang Tischler
(Geschäftsführer)

DURCHSCHRIFT

Auftrags-Nr.:
Vertreter:
Lieferdatum: 22.04.20..
Rechnungsdatum: 22.04.20..

Rechnung

Bei Zahlung bitte stets angeben!   Rechnung-Nr.: 49438   Kunden-Nr.:

Anzahl	Art.-Nr.	Bezeichnung	Einzelpreis in €	Gesamtpreis in €
1	209-TSR	Thermo-Skianzug silber, Größe XL		246,00
		+ 19 % Umsatzsteuer		46,74
		Rechnungsbetrag		**292,74**
		Zahlbar sofort rein netto		

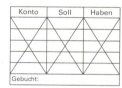

Postbank Hannover
Konto: 275 942 305 • BLZ: 250 100 30
BIC: PBNKDEFF250
IBAN: DE21 2501 0030 0275 9423 05

Norisbank Hannover
Konto: 800 621 900 • BLZ: 760 260 00
BIC: NORSDE71
IBAN: DE55 7602 6000 0800 6219 00

Geschäftsführer: Dr. Wolfgang Tischler
Sitz und Registergericht:
Hannover HRB 36 417
USt-IdNr.: DE 183 631 402

Buchungssatz:

1610		Privatentnahmen	292,74	
an	8710	Entnahme von Waren		246,00
an	1810	Umsatzsteuer		46,74

Zinsaufwendungen

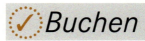

Beleg 28
(siehe hierzu
Beleg 25)

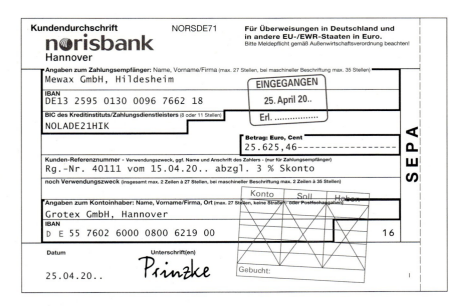

Buchungssatz:

1710		Verbindlichkeiten a. LL	26.418,00	
an	1310	Kreditinstitute		25.625,46
an	3080	Liefererskonti		666,00
an	1410	Vorsteuer		126,54

Beleg 29

Kontoauszug

norisbank Hannover

Konto-Nr. 800 621 900	Datum 30.04.20..		Ausz.-Nr. 86	Blatt 1
Text	Buchungstag	PN-Nr. Wert	Umsatz/€	
Kreditzinsen für April	30.04.	30.04.	2.400,00 S	

EINGEGANGEN
30. April 20..
Erl. ....

Alter Saldo/€ 76.503,00 H
Neuer Saldo/€ 74.103,00 H

Textilgroßhandlung
Grotex GmbH
Lange Straße 4
30559 Hannover

BIC: NORSDE71
IBAN: DE55 7602 6000 0800 6219 00

Buchungssatz:

2110		Zinsaufwendungen für kurzfristige Verbindlichkeiten	2.400,00	
an	1310	Kreditinstitute		2.400,00

Buchen ✓ Geschäftsfälle

Beleg 30

Quittung zu Beleg 30

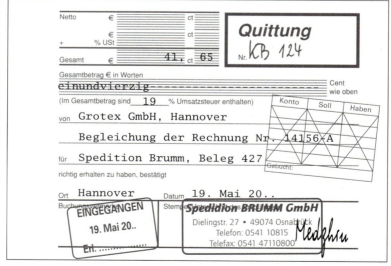

Buchungssatz:

3020		Warenbezugskosten	35,00	
1410		Vorsteuer	6,65	
an	1510	Kasse		41,65

Rücksendung

Beleg 31

Hemdenfabrik Spengler & Sohn GmbH

Lahnstraße 14 • 35578 Wetzlar
Telefon: 06441 5675-0
Telefax: 06441 5675-11

Internet: www.spengler-wvd.de
E-Mail: info@spengler-wvd.de

Spengler & Sohn GmbH · Lahnstraße 14 · 35578 Wetzlar

Textilgroßhandlung
Grotex GmbH
Lange Straße 4
30559 Hannover

Ihr Zeichen, Ihre Nachricht vom:
Unser Zeichen: FS/lg
Telefon, Name: 06441 5675- 55 Herr Schneider
Datum: 21.05.20..

EINGEGANGEN
22. Mai 20..
Erl. ....

Rücksendung

Sehr geehrte Damen und Herren,

wie vereinbart nehmen wir die falsch gelieferten Herrenunterhemden zurück und schreiben Ihnen gut:

Unterhemden „Classic" MS 400, weiß, Gr. M	netto	900,00 €
	+ 19 % USt	171,00 €
		1.071,00 €

Wir bitten das Versehen zu entschuldigen und um eine entsprechende Buchung.

Mit freundlichen Grüßen

Hemdenfabrik Spengler & Sohn GmbH

F. Schneider

i. A. F. Schneider

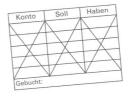

Geschäftsführer: Rainer Spengler sen.
Registergericht: Wetzlar, HRB 85 991
USt-IdNr.: DE 437 411 509
Bankverbindungen:
Postbank Frankfurt • Konto-Nr.: 544 699 • BLZ: 500 100 60 • BIC: PBNKDEFF • IBAN: DE11 5001 0060 0000 5446 99
Commerzbank Wetzlar • Konto-Nr.: 798 654 • BLZ: 515 400 37 • BIC: COBADEFF515 • IBAN: DE23 5154 0037 0000 7986 54

Buchungssatz:

1710		Verbindlichkeiten a. LL	1.071,00	
an	3050	Rücksendungen an Lieferer		900,00
an	1410	Vorsteuer		171,00

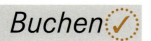

Geschäftsfälle

Beleg 32

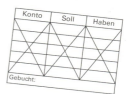

KATALAN Designfabrik GmbH
Auf der Sandhude 22
31141 Hildesheim
Tel. 05121 97305-0
Fax 05121 97305-10

KATALAN GmbH, Auf der Sandhude 22, 31141 Hildesheim

Grotex GmbH
Lange Straße 4
30559 Hannover

Ihr Zeichen:
Ihre Nachricht vom:
Unser Zeichen: hv
Unsere Nachricht vom:

Name: M. Münch
Telefon: 05121 97305-3114
Telefax: 05121 97305-10
E-Mail: m.muench@katalan-wvd.de

Datum: 26. Mai 20..

EINGEGANGEN
28. Mai 20..
Erl. ....

Gutschrift Nr. 5/374

Sehr geehrter Herr Esser,

für die Rückgabe der Transportbehälter aus der Rechnung Nr. 4931-B
vom 8. Mai 20.. schreiben wir Ihnen gut:

Gutschriftspreis	netto		240,00 €
	+ 19 % USt		45,60 €
Gutschriftsbetrag			**285,60 €**

Wir bitten um gleichlautende Buchung.

Mit freundlichen Grüßen

M. Münch
M. Münch

Geschäftsführer:
Walter Wilhelmsen
USt-IdNr.: DE 335 872 425

Registergericht:
Hildesheim
HRB 17 552

Sparkasse Hildesheim
Konto: 880 472, BLZ: 259 501 30,
BIC: NOLADE21HIK
IBAN: DE55 2595 0130 0000 8804 72

Buchungssatz:

1710		Verbindlichkeiten a. LL	285,60	
an	3020	Warenbezugskosten		240,00
an	1410	Vorsteuer		45,60

Liefererboni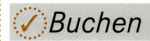

Beleg 33

MASCH Textilien AG · Industriestr. 150–185 · 34359 Reinhardshagen

Masch Textilien AG
Industriestr. 150–185
34359 Reinhardshagen

Telefon: 05544 2745-0
Fax: 05544 2745-20

E-Mail: masch-textilien@wvd.de
Internet: www.masch-textilien-wvd.de

Textilgroßhandlung
Grotex GmbH
Lange Straße 4
30559 Hannover

Ihr Zeichen, Ihre Nachricht vom	Unser Zeichen	Telefon, Name	Datum
	ar/ma	05544 2745- 27 Frau Masch	26. Mai 20..

Bonusgutschrift

Sehr geehrter Herr Treuend,

für das Jahr 20.. schreiben wir der Grotex GmbH einen Bonus
gut in Höhe von   1.738,56 €

+ 19 % Umsatzsteuer   330,33 €

Gesamtbetrag   2.068,89 €

Wir bedanken uns für das entgegengebrachte Vertrauen.

Mit freundlichen Grüßen

Masch Textilien AG

J. Masch

Konto	Soll	Haben
Gebucht:		

Bankverbindung: Kasseler Sparkasse
Konto: 33 350 120 · BLZ: 520 503 53
BIC: HELADEF1KAS · IBAN: DE65 5205 0353 0033 3501 20

Geschäftsführer: Joseph Masch
Registergericht: Kassel HRB 66 428
USt-IdNr.: DE 479 851 247

Buchungssatz:

1710		Verbindlichkeiten a. LL	2.068,89	
an	3070	Liefererboni		1.738,56
an	1410	Vorsteuer		330,33

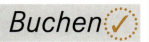

Geschäftsfälle

Beleg 34

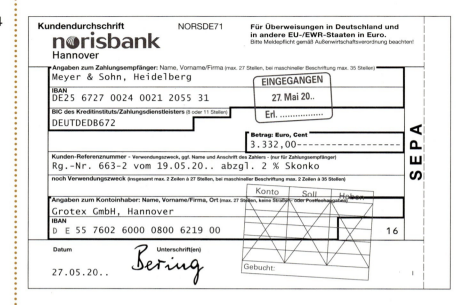

Buchungssatz:

1710		Verbindlichkeiten a. LL	3.400,00	
an	3080	Lieferskonti		57,14
an	1410	Vorsteuer		10,86
an	1310	Kreditinstitute		3.332,00

Beleg 35

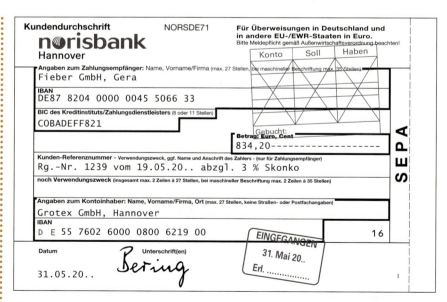

Buchungssatz:

1710		Verbindlichkeiten a. LL	860,00	
an	3080	Lieferskonti		21,68
an	1410	Vorsteuer		4,12
an	1310	Kreditinstitute		834,20

Gutschrift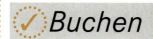

Beleg 36

Weber Textilien GmbH • Falkenweg 96 • 49088 Osnabrück

Textilgroßhandlung
Grotex GmbH
Lange Straße 4
30559 Hannover

Falkenweg 96 • 49088 Osnabrück
Tel. 0541 67493 • Fax 0541 39467
E-Mail: textilien@weber-wvd.de

EINGEGANGEN
1. Juni 20..
Erl. ....

Ihr Zeichen, Ihre Nachricht vom	Unser Zeichen	Telefon, Name 0541 67493	Datum
	il/mk	Herr Kramer	30. Mai 20..

Gutschrift

Sehr geehrte Frau Besten,

wir gewähren Ihnen aufgrund Ihrer Mängelrüge vom 12. Mai 20.. (Webfehler, Bettwäsche) wie vereinbart einen Preisnachlass von 6 % auf den Warenwert.

Preisnachlass, netto	530,00 €
+ 19 % USt	100,70 €
	630,70 €

Mit freundlichen Grüßen

Textilien Weber GmbH

M. Kramer

M. Kramer

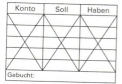

Volksbank Osnabrück • Konto 65 009 102 • BLZ 265 900 25 • BIC GENODEF1OSV • IBAN DE32 2659 0025 0065 0091 02
Geschäftsführer: H. M. Weber e. Kfm. • Registergericht Osnabrück HRB 57 018 • USt-IdNr. 898 531 692

Buchungssatz:

1710		Verbindlichkeiten a. LL	630,70	
an	3060	Nachlässe von Lieferern		530,00
an	1410	Vorsteuer		100,70

Buchen ✓

Beleg 37

Geschäftsfälle

Quick and Easy GmbH • Grenzstr. 44 • 30559 Hanover

Grenzstraße 44
30559 Hannover
Telefon: 0511 1278-0
Telefax: 0511 1278-55
E-Mail: info@quickeasy-wvd.de
Internet: www.quickeasy-wvd.de

Textilgroßhandlung
Grotex GmbH
Lange Straße 4
30559 Hannover

EINGEGANGEN
10. Juni 20..
Erl. ....

Ihr Zeichen, Ihre Nachricht vom

Unser Zeichen
il/mk

Telefon, Name
0511 1278-
21 Herr Schulz

Datum
9. Juni 20. .

Gutschrift Nr. 4316

Sehr geehrte Damen und Herren,

für die versehentlich zu viel gelieferten und zurückgenommenen Herren-Sporthosen gemäß Lieferschein Nr. 930 vom 6. Juni schreiben wir Ihnen gut:

20 Sporthosen „Elva", Gr. 44, dunkelblau	366,00 €
+ 19 % USt	69,54 €
	435,54 €

Wir bitten das Versehen zu entschuldigen.

Mit freundlichen Grüßen

Quick and easy GmbH

F. Schulz

F. Schulz

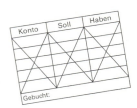

Postbank Hannover • Konto: 447 982 125 • BLZ 250 100 30
BIC: PBNKDEFF250 • IBAN: DE32 2501 0030 0447 9821 25

Geschäftsführer: F. Schulz
Registergericht: Hannover HRB 97 018
USt-IdNr.: DE 541 129 391

Buchungssatz:

1710		Verbindlichkeiten a. LL	435,54	
an	3050	Rücksendungen an Lieferer		366,00
an	1410	Vorsteuer		69,54

Warenbezug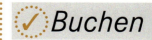

Beleg 38

Hemdenfabrik Spengler & Sohn GmbH

Lahnstraße 14 • 35578 Wetzlar
Telefon: 06441 5675-0
Telefax: 06441 5675-11

Internet: www.spengler-wvd.de
E-Mail: info@spengler-wvd.de

Spengler & Sohn GmbH · Lahnstraße 14 · 35578 Wetzlar

Textilgroßhandlung
Grotex GmbH
Lange Straße 4
30559 Hannover

EINGEGANGEN
14. Juni 20..
Erl. ....

Kunde Nr.:	10 109
Lieferdatum:	13.06.20..
Bestelldatum:	02.06.20..
Sachbearbeiter/-in:	Frau Peters

Rechnungsnummer: 417
Rechnungsdatum: 13.06.20..

Rechnung

Pos.	Einheit	Artikel	Menge	Preis je Einh./€	Betrag/€
1	St.	Herrensportjacke Größe 39 Feinripp, weiß, Best.-Nr. 4537	40	8,10	324,00
2	St.	Herrensportjacke Größe 40 Feinripp, weiß, Best.-Nr. 4538	40	8,10	324,00
3	St.	Herrensportjacke Größe 41 Feinripp, weiß, Best.-Nr. 4539	20	8,10	162,00

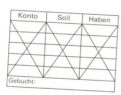

Gesamt	810,00
./. 15 % Rabatt	121,50
	688,50
+ Fracht	180,00
	868,50
+ 19 % USt	165,02
Rechnungsbetrag	**1.033,52**

Zahlungsbedingungen: 10 Tage 2 % Skonto oder 30 Tage ohne Abzug.

Geschäftsführer: Rainer Spengler sen.
Registergericht: Wetzlar, HRB 85 991
USt-IdNr.: DE 437 411 509

Bankverbindungen:
Postbank Frankfurt • Konto-Nr.: 544 699 • BLZ: 500 100 60 • BIC: PBNKDEFF • IBAN: DE11 5001 0060 0000 5446 99
Commerzbank Wetzlar • Konto-Nr.: 798 654 • BLZ: 515 400 37 • BIC: COBADEFF515 • IBAN: DE23 5154 0037 0000 7986 54

Buchungssatz:

3010		Wareneingang	688,50	
3020		Warenbezugskosten	180,00	
1410		Vorsteuer	165,02	
an	1710	Verbindlichkeiten a. LL		1.033,52

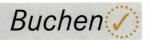

Geschäftsfälle

4.4 Buchen nach Beleg Nr. 39–42

40

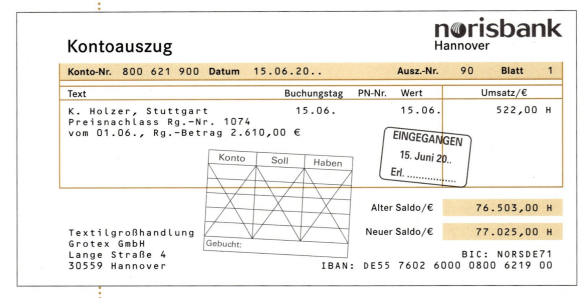

Beleg 39

Bereits bezahlte Sportmützen können wegen mangelhafter Nähte nur mit Preisnachlass verkauft werden. Der Lieferer der Kopfbedeckungen gewährt der Grotex GmbH nachträglich einen Preisnachlass von 20 %.

Buchungssatz:

1310		Kreditinstitute	522,00	
an	3060	Nachlässe von Lieferern		438,66
an	1410	Vorsteuer		83,34

Liefererskonti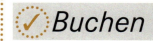

Beleg 40

Hemdenfabrik Spengler & Sohn GmbH

Lahnstraße 14 • 35578 Wetzlar
Telefon: 06441 5675-0
Telefax: 06441 5675-11

Internet: www.spengler-wvd.de
E-Mail: info@spengler-wvd.de

Spengler & Sohn GmbH · Lahnstraße 14 · 35578 Wetzlar

Textilgroßhandlung
Grotex GmbH
Lange Straße 4
30559 Hannover

Ihr Zeichen, Ihre Nachricht vom	Unser Zeichen	Telefon, Name	Datum
	fs/me	06441 5675- 55 Herr Schneider	18.06.20..

**Kunde Nr. 10 109,
Rechnung Nr. 1239 vom 19.05.20..**

EINGEGANGEN
19. Juni 20..
Erl. ....

Sehr geehrte Frau Besten,

beim Ausgleich unserer Rechnung Nr. 1239 vom 19.05.20.. über 860,00 € wurden von Ihnen 3 % Skonto abgezogen. Den vereinbarten Zahlungsbedingungen entsprechend waren Sie aber nur zum Abzug von Skonto berechtigt, wenn der Zahlungseingang innerhalb von 10 Tagen erfolgt. Da der Betrag aber erst am 15. Juni 20 .. einging, haben wir daher Ihr Konto wieder belastet.

Skonto (netto)	22,24 €
+ 19 % USt	4,23 €
	26,47 €

Mit freundlichen Grüßen

Hemdenfabrik Spengler & Sohn GmbH

F. Schneider

F. Schneider

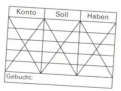

Geschäftsführer: Rainer Spengler sen.
Registergericht: Wetzlar, HRB 85 991
USt-IdNr.: DE 437 411 509

Bankverbindungen:
Postbank Frankfurt • Konto-Nr.: 544 699 • BLZ: 500 100 60 • BIC: PBNKDEFF • IBAN: DE11 5001 0060 0000 5446 99
Commerzbank Wetzlar • Konto-Nr.: 798 654 • BLZ: 515 400 37 • BIC: COBADEFF515 • IBAN: DE23 5154 0037 0000 7986 54

Buchungssatz:

3080		Liefererskonti	22,24	
1410		Vorsteuer	4,23	
an	1710	Verbindlichkeiten a. LL		26,47

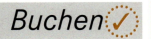

Geschäftsfälle

 Beleg 41

Grotex GmbH • Lange Straße 4 • 30559 Hannover

Lange Straße 4 • 30559 Hannover

Telefon: 0511 4408-0
Telefax: 0511 4408-80
E-Mail: info@grotex-wvd.de
Internet: www.grotex-wvd.de

Textileinzelhandel
Helen Villanueva e. Kffr.
Alhoffstraße 117
14482 Potsdam

Auftrags-Nr.:	8743
Vertreter:	06
Lieferdatum:	20.06.20..
Rechnungsdatum:	20.06.20..

Rechnung

Bei Zahlung bitte stets angeben!

| Rechnung-Nr.: | 75081 | Kunden-Nr.: | 10143 |

Anzahl	Art.-Nr.	Bezeichnung	Einzelpreis in €	Gesamtpreis in €
20	916-DSt	Damen-Stiefelhose, camel, Größe 38	21,40	428,00
		./. 10 % Rabatt		42,80
				385,20
		+ 19 % Umsatzsteuer		73,19
		Rechnungsbetrag		**458,39**
		Zahlbar innerhalb von 8 Tagen mit 2 % Skonto oder innerhalb von 60 Tagen ohne Abzug.		

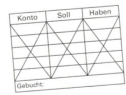

Postbank Hannover
Konto: 275 942 305 • BLZ: 250 100 30
BIC: PBNKDEFF250
IBAN: DE21 2501 0030 0275 9423 05

Norisbank Hannover
Konto: 800 621 900 • BLZ: 760 260 00
BIC: NORSDE71
IBAN: DE55 7602 6000 0800 6219 00

Geschäftsführer: Dr. Wolfgang Tischler
Sitz und Registergericht:
Hannover HRB 36 417
USt-IdNr.: DE 183 631 402

Buchungssatz:

1010		Forderungen a. LL	458,39	
an	8010	Warenverkauf		385,20
an	1810	Umsatzsteuer		73,19

Warenverkauf

Beleg 42

Lange Straße 4 • 30559 Hannover

Grotex GmbH • Lange Straße 4 • 30559 Hannover

Telefon: 0511 4408-0
Telefax: 0511 4408-80
E-Mail: info@grotex-wvd.de
Internet: www.grotex-wvd.de

Damenoberbekleidung
Gerhard Aust e. K.
Munzinger Str. 19
79111 Freiburg i. Breisgau

Auftrags-Nr.:	98796
Vertreter:	11/FR
Lieferdatum:	21.06.20..
Rechnungsdatum:	21.06.20..

Rechnung

Bei Zahlung bitte stets angeben!

| Rechnung-Nr.: | 75115 | Kunden-Nr.: | 10196 |

Anzahl	Art.-Nr.	Bezeichnung	Einzelpreis in €	Gesamtpreis in €
20	903-BS	Bouclé-Shirt, pink/schwarz, Größe 48/50	81,00	1.620,00
		./. 5 % Rabatt		81,00
				1.539,00
		+ Fracht		70,00
				1.609,00
		+ 19 % Umsatzsteuer		305,71
		Rechnungsbetrag		**1.914,71**

Zahlbar innerhalb von 8 Tagen mit
2 % Skonto oder innerhalb von
60 Tagen ohne Abzug.

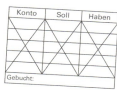

Postbank Hannover
Konto: 275 942 305 • BLZ: 250 100 30
BIC: PBNKDEFF250
IBAN: DE21 2501 0030 0275 9423 05

Norisbank Hannover
Konto: 800 621 900 • BIC: 760 260 00
BIC: NORSDE71
IBAN: DE55 7602 6000 0800 6219 00

Geschäftsführer: Dr. Wolfgang Tischler
Sitz und Registergericht:
Hannover HRB 36 417
USt-IdNr.: DE 183 631 402

Buchungssatz:

1010		Forderungen a. LL	1.914,71	
an	8010	Warenverkauf		1.609,00
an	1810	Umsatzsteuer		305,71

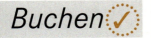

Geschäftsfälle

4.5 Buchen nach Beleg Nr. 43–45

44 Frau Villanueva (siehe Beleg Nr. 41) überweist am 28. Juni (8-Tage-Frist) den Rechnungsbetrag für die 20 Damenstiefelhosen abzüglich 2 % Skonto per Bank.

Beleg 43

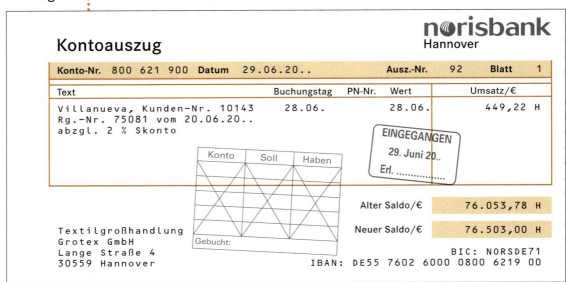

Buchungssatz:

1310		Kreditinstitute	449,22	
8080		Kundenskonti	7,71	
1810		Umsatzsteuer	1,46	
an	1010	Forderungen a. LL		458,39

Ausgangsfrachten 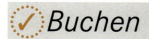

Beleg 44

Kaulbachstraße 14
30625 Hannover
Tel. 0511 47110815
Fax 0511 47110800

Blinker Speditionsgesellschaft mbH · Kaulbachstraße 14 · 30625 Hannover

Textilgroßhandlung
Grotex GmbH
Lange Straße 4
30559 Hannover

GESCHÄFTSFÜHRER:
Dipl.-Ing. W. Hierler

REGISTERGERICHT:
Hannover HRB 54 457
USt-IdNr. DE 723 684 523

EINGEGANGEN
30. Juni 20..
Erl. ....

RECHNUNG Nr. 3928   29.06.20..

Material: 2 Kartons Blusen
Fracht von Hannover – Kassel am 29.06.   70,00 €
  + 19 % USt   13,30 €
Gesamt   **83,30 €**

Bezahlung innerhalb von 10 Tagen 2 % Skonto;
innerhalb von 40 Tagen kein Skonto.

Betrag dankend erhalten
Jahnel

Hannoversche Volksbank
Konto-Nr. 8 732 100, BLZ 251 900 01
BIC: VOHADE2H, IBAN: DE 34 2519 0001 0008 7321 00

Buchungssatz:

4620		Ausgangsfrachten	70,00	
1410		Vorsteuer	13,30	
an	1510	Kasse		83,30

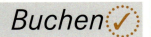

Geschäftsfälle

Beleg 45 (siehe Beleg 41)

Lange Straße 4 • 30559 Hannover

Telefon: 0511 4408-0
Telefax: 0511 4408-80
E-Mail: info@grotex-wvd.de
Internet: www.grotex-wvd.de

Grotex GmbH • Lange Straße 4 • 30559 Hannover

Textileinzelhandel
Helen Villanueva e. Kffr.
Alhoffstraße 117
14482 Potsdam

DURCHSCHRIFT

Ihr Zeichen, Ihre Nachricht vom	Unser Zeichen	Telefon, Name 0511 4408-	Datum
	be/me	26 Frau Melzer	30.06.20..

Gutschrift 471-13

Sehr geehrte Frau Villanueva,

vielen Dank für die zurückgeschickten Damen-Stiefelhosen gemäß Rechnung Nr. 75081 vom 20.06. d. J.

Wir schreiben Ihnen gut:

3 Damen-Stiefelhosen, camel, Gr. 38, je 21,40 €	64,20 €
./. 10 % Rabatt	6,42 €
	57,78 €
+ 19 % USt	10,98 €
	68,76 €

Den Rücknahmebetrag schreiben wir Ihrem Konto gut.

Mit freundlichen Grüßen

Grotex Gmbh

Sabine Melzer

i. A. Sabine Melzer

Postbank Hannover
Konto: 275 942 305 • BLZ: 250 100 30
BIC: PBNKDEFF250
IBAN: DE21 2501 0030 0275 9423 05

Norisbank Hannover
Konto: 800 621 900 • BLZ: 760 260 00
BIC: NORSDE71
IBAN: DE55 7602 6000 0800 6219 00

Geschäftsführer: Dr. Wolfgang Tischler
Sitz und Registergericht:
Hannover HRB 36 417
USt-IdNr.: DE 183 631 402

Buchungssatz:

8050		Rücksendung von Kunden	57,78	
1810		Umsatzsteuer	10,98	
an	1010	Forderungen a. LL		68,76

Nachlass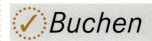

4.6 Buchen nach Beleg Nr. 46–54

GROTEX GMBH
TEXTILGROSSHANDLUNG

Lange Straße 4 • 30559 Hannover

Grotex GmbH • Lange Straße 4 • 30559 Hannover

Telefon: 0511 4408-0
Telefax: 0511 4408-80
E-Mail: info@grotex-wvd.de
Internet: www.grotex-wvd.de

Damenoberbekleidung
Gerhard Aust e. K.
Munzinger Str. 19
79111 Freiburg i. Breisgau

DURCHSCHRIFT

Ihr Zeichen, Ihre Nachricht vom | Unser Zeichen be/me | Telefon, Name 0511 4408- 26 Frau Melzer | Datum 30.06.20..

Gutschrift 551-11

Sehr geehrter Herr Aust,

Ihre Reklamation erkennen wir an. Für die mangelhaften drei Bouclé-Shirts (Rechnung Nr. 75115 vom 21.06. d. J) gewähren wir Ihnen einen Nachlass von 10 %.

Wir schreiben Ihnen gut:	153,90 €
+ 19 % USt	29,24 €
	183,14 €

Der Gutschriftsbetrag wird auf Ihr Konto bei der Sparkasse Freiburg-Nördlicher Breisgau überwiesen.

Mit freundlichen Grüßen

Grotex Gmbh

Sabine Melzer

i. A. Sabine Melzer

Konto	Soll	Haben
Gebucht:		

Postbank Hannover
Konto: 275 942 305 • BLZ: 250 100 30
BIC: PBNKDEFF250
IBAN: DE21 2501 0030 0275 9423 05

Norisbank Hannover
Konto: 800 621 900 • BLZ: 760 260 00
BIC: NORSDE71
IBAN: DE55 7602 6000 0800 6219 00

Geschäftsführer: Dr. Wolfgang Tischler
Sitz und Registergericht:
Hannover HRB 36 417
USt-IdNr.: DE 183 631 402

47

Herr Aust, Gesellschafter des Fachgeschäfts für Damenoberbekleidung in Freiburg, teilt der Grotex GmbH in Hannover mit, dass drei Bouclé-Shirts (siehe Beleg Nr. 46; Rechnung Nr. 75115) geringfügige Farbfehler aufweisen. Die Grotex GmbH gewährt aufgrund dieser Mängelrüge der Gerhard Aust OHG einen 20%igen Preisnachlass. Da die Pullover bereits bezahlt waren, erfolgt die Gutschrift per Banküberweisung.

Beleg 46
(siehe Beleg 42)

Buchungssatz:

8060		Nachlässe an Kunden	153,90
1810		Umsatzsteuer	29,24
an	1310	Kreditinstitute	183,14

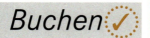

Geschäftsfälle

Beleg 47

Weber Textilien GmbH • Falkenweg 96 • 49088 Osnabrück

Falkenweg 96 • 49088 Osnabrück
Tel. 0541 67493 • Fax 0541 39467
E-Mail: textilien@weber-wvd.de

Textilgroßhandlung
Grotex GmbH
Lange Straße 4
30559 Hannover

EINGEGANGEN
8. Juli 20..
Erl. ....

Ihr Zeichen, Ihre Nachricht vom

Unser Zeichen
il/kg

Telefon, Name
0541 67493
Herr Gerster

Datum
7. Juli 20..

Gutschrift 43
Unsere Rechnung vom 8. Mai 20..
Unsere Rechnungs-Nr. 4937-B

Sehr geehrter Herr Esser,

wie vertraglich vereinbart erhalten Sie eine Gutschrift für die Rücksendung von drei Gitterboxen à 90,00 €

Netto		270,00 €
+ 19 % USt		51,30 €
		321,30 €

Mit freundlichen Grüßen

Textilien Weber GmbH

K. Gerster

K. Gerster

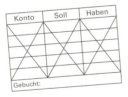

Volksbank Osnabrück • Konto 65 009 102 • BLZ 265 900 25 • BIC GENODEF1OSV • IBAN DE32 2659 0025 0065 0091 02
Geschäftsführer: H. M. Weber e. Kfm. • Registergericht Osnabrück HRB 57 018 • USt-IdNr. 898 531 692

Buchungssatz:

1710		Verbindlichkeiten a. LL	321,30	
an	3020	Warenbezugskosten		270,00
an	1410	Vorsteuer		51,30

Instandhaltung

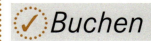 Buchen

Beleg 48

Werkstatt Sander GmbH

Sander GmbH, Industriestr. 164 a, 86179 Augsburg

Textilgroßhandlung
Grotex GmbH
Lange Straße 4
30559 Hannover

Industriestraße 164 a
86179 Augsburg
Tel.: 0821 4490-0
Fax: 0821 4490-75

E-Mail: info@sander-wvd.de
www.sander-wvd.de

Auftragsannahme:	15.07.20..
km-Stand:	121 400
Kunden-Nr.:	11347
Rechnungs-Nr.:	13146
Rechnungsdatum:	15.07.20..

EINGEGANGEN
15. Juli 20..
Erl. ....

Rechnung

Anzahl	Artikel-Nr.	Leistung	€ je Einheit	€ Gesamt
		Inspektion Ihres Lkw H-RV 613		376,00
		+ Materialverbrauch und Arbeitslohn gem. Anlage		205,00
				581,00
		+ 19 % USt		110,39
		Rechnungsbetrag		**691,39**

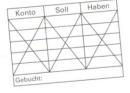

Geschäftsführer: Werner Sander
USt-IdNr.: DE 343 795 252

Registergericht Augsburg
HRB 49 705

HypoVereinsbank Augsburg • Konto 1 533 794 • BLZ 720 200 70
BIC: HYVEDEMM408 • IBAN: DE21 7202 0070 0001 5337 94

Stadtsparkasse Augsburg • Konto 4 032 655 • 720 500 00
BIC: AUGSDE77 • IBAN DE98 7205 0000 0004 0326 655

Buchungssatz:

4710		Instandhaltung	581,00	
1410		Vorsteuer	110,39	
an	1710	Verbindlichkeiten a. LL		691,39

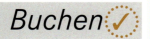 Geschäftsfälle

Beleg 49

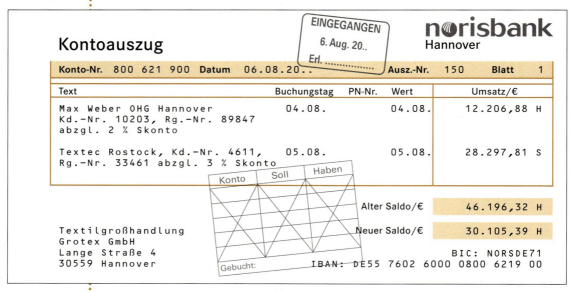

Buchungssätze:

a)
  Rechnung Nr. 89847
1310	Kreditinstitute	12.206,88	
8080	Kundenskonti	209,34	
1810	Umsatzsteuer	39,78	
an 1010	Forderungen a. LL		12.456,00

b)
  Rechnung Nr. 33461
1710	Verbindlichkeiten a. LL	29.173,00	
an 1310	Kreditinstitute		28.297,81
an 3080	Lieferertskonti		735,45
an 1410	Vorsteuer		139,74

Warenverkauf **Buchen**

Beleg 50

Lange Straße 4 • 30559 Hannover

Telefon: 0511 4408-0
Telefax: 0511 4408-80
E-Mail: info@grotex-wvd.de
Internet: www.grotex-wvd.de

Grotex GmbH • Lange Straße 4 • 30559 Hannover

Textileinzelhandel
Marlies Grotian e. Kffr.
Südstraße 7
31061 Alfeld/Leine

			Auftrags-Nr.:	
			Vertreter:	
			Lieferdatum:	21.08.20..
			Rechnungsdatum:	21.08.20..

Rechnung

Bei Zahlung bitte stets angeben! Rechnung-Nr.: 92112 Kunden-Nr.: 10513

Anzahl	Art.-Nr.	Bezeichnung	Einzelpreis in €	Gesamtpreis in €
40	728-Bx	Boxershort mit Glanzstreifen, bordeaux, Größe 8	22,30	892,00
30	611-Ts	Thermo-Spannbetttuch, 100 % Baumwolle, marine, 150 x 200	63,15	1.894,50
20	613-Bs	Bettwäsche-Garnitur, 2-teilig, Mako-Satin, apricot, 155 x 200	61,90	1.238,00
				4.024,50
		./. 5 % Rabatt		402,45
				3.622,05
		+ Verpackung		105,00
				3.727,05
		+ 19 % Umsatzsteuer		708,14
		Rechnungsbetrag		**4.435,19**

Zahlbar binnen 8 Tagen abzgl.
2 % Skonto; binnen 60 Tagen netto.

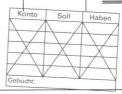

Postbank Hannover
Konto: 275 942 305 • BLZ: 250 100 30
BIC: PBNKDEFF250
IBAN: DE21 2501 0030 0275 9423 05

Norisbank Hannover
Konto: 800 621 900 • BLZ: 760 260 00
BIC: NORSDE71
IBAN: DE55 7602 6000 0800 6219 00

Geschäftsführer: Dr. Wolfgang Tischler
Sitz und Registergericht:
Hannover HRB 36 417
USt-IdNr.: DE 183 631 402

Buchungssatz:

1010		Forderungen a. LL	4.435,19	
an	8010	Warenverkauf		3.727,05
an	1810	Umsatzsteuer		708,14

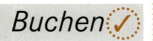 

Geschäftsfälle

 Beleg 51

Schwertfeger GmbH
Internationale Spedition und Transporte

Ahornweg 4
31139 Hildesheim
Telefon: 05121 233242
Telefax: 05121 233243
E-Mail: info@schwertfeger-wvd.de
Internet: www.schwertfeger-wvd.de

Schwertfeger GmbH • Ahornweg 4 • 31139 Hildesheim

Textilgroßhandlung
Grotex GmbH
Lange Straße 4
30559 Hannover

EINGEGANGEN
23. Aug. 20..
Erl. ....

Ihr Auftrag vom:	21.08.20..
Kunden-Nr.:	196-GH
Rechnung-Nr.:	9614
Datum:	22.08.20..

Rechnung

Für den Transport diverser Textilien von Hannover an Ihren Kunden Grotian in Alfeld/Leine am 21.08.20.. berechnen wir:

Transportkosten, netto	170,00 €
+ 19 % USt	32,30 €
	202,30 €

Zahlbar binnen 14 Tagen ohne Abzug.

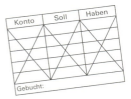

Sparkasse Hildesheim
Konto 3 103 205 697 • BLZ 259 501 30
BIC: NOLADE21HIK • IBAN: DE55 2595 0130 3103 2056 97

Geschäftsführer: Gerald Schwertfeger
Reg.-Gericht Hannover, HRB 87 342
USt-IdNr.: DE 852 973 461

Buchungssatz:

4620		Ausgangsfrachten	170,00
1410		Vorsteuer	32,30
an	1710	Verbindlichkeiten a. LL	202,30

Frachtkosten

Buchen

Beleg 52
(siehe Beleg 51)

GROTEX GMBH
TEXTILGROßHANDLUNG

Lange Straße 4 • 30559 Hannover

Grotex GmbH • Lange Straße 4 • 30559 Hannover

Telefon: 0511 4408-0
Telefax: 0511 4408-80
E-Mail: info@grotex-wvd.de
Internet: www.grotex-wvd.de

Textileinzelhandel
Marlies Grotian e. Kffr.
Südstraße 7
31061 Alfeld/Leine

Auftrags-Nr.:
Vertreter:
Lieferdatum:

Rechnung
Bei Zahlung bitte stets angeben!

Rechnungsdatum: 26.08.20..
Rechnung-Nr.: 92976
Kunden-Nr.: 10513

Anzahl	Art.-Nr.	Bezeichnung	Einzelpreis in €	Gesamtpreis in €
		Vereinbarungsgemäß belasten wir Sie für die Zustellung diverser Textilien am 21.08.20.. mit		
		Fracht, netto		170,00
		+ 19 % USt		32,30
		Gesamtbetrag		**202,30**
		Zahlbar sofort netto.		

Postbank Hannover
Konto: 275 942 305 • BLZ: 250 100 30
BIC: PBNKDEFF250
IBAN: DE21 2501 0030 0275 9423 05

Norisbank Hannover
Konto: 800 621 900 • BLZ: 760 260 00
BIC: NORSDE71
IBAN: DE55 7602 6000 0800 6219 00

Geschäftsführer: Dr. Wolfgang Tischler
Sitz und Registergericht:
Hannover HRB 36 417
USt-IdNr.: DE 183 631 402

Buchungssatz:

1010		Forderungen a. LL	202,30	
an	8010	Warenverkauf		170,00
an	1810	Umsatzsteuer		32,30

Buchen ✓

Geschäftsfälle

Beleg 53

GROTEX GMBH
TEXTILGROSSHANDLUNG

Lange Straße 4 • 30559 Hannover

Telefon: 0511 4408-0
Telefax: 0511 4408-80
E-Mail: info@grotex-wvd.de
Internet: www.grotex-wvd.de

Grotex GmbH • Lange Straße 4 • 30559 Hannover

Textileinzelhandel
Marlies Grotian e. Kffr.
Südstraße 7
31061 Alfeld/Leine

DURCHSCHRIFT

Ihr Zeichen, Ihre Nachricht vom	Unser Zeichen	Telefon, Name 0511 4408-	Datum
22.08.20..	be/me	26 Frau Melzer	27.08.20..

Gutschrift 586-01
Unsere Lieferung vom 21.08.20..
Rechnungs-Nr. 92112 vom 21.08.20..

Sehr geehrte Frau Grotian,

aufgrund Ihrer Reklamation gewähren wir Ihnen wegen geringfügiger Farbabweichungen bei zwei Spannbetttüchern 611-Ts einen Preisnachlass.

	netto	25,26 €
	+ 19 % USt	4,80 €
		30,06 €

Bitte kürzen Sie den Bruttorechnungsbetrag entsprechend.

Mit freundlichen Grüßen

Grotex GmbH

Sabine Melzer

i. A. Sabine Melzer

Konto	Soll	Haben
Gebucht:		

Postbank Hannover
Konto: 275 942 305 • BLZ: 250 100 30
BIC: PBNKDEFF250
IBAN: DE21 2501 0030 0275 9423 05

Norisbank Hannover
Konto: 800 621 900 • BLZ: 760 260 00
BIC: NORSDE71
IBAN: DE55 7602 6000 0800 6219 00

Geschäftsführer: Dr. Wolfgang Tischler
Sitz und Registergericht:
Hannover HRB 36 417
USt-IdNr.: DE 183 631 402

Buchungssatz:

8060		Nachlässe an Kunden	25,26	
1810		Umsatzsteuer	4,80	
an	1010	Forderungen a. LL		30,06

Nachlass · ✓ *Buchen*

Beleg 54

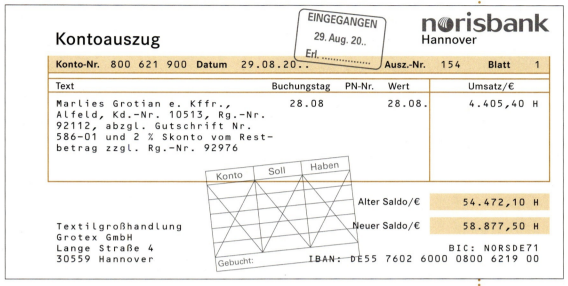

Buchungssatz:

1310		Kreditinstitute	4.519,33	
8080		Kundenskonti	74,03	
1810		Umsatzsteuer	14,07	
an	1010	Forderungen a. LL		4.607,43

(➔ 4.435,19 + 202,30 − 30,06)

(siehe Beleg 50, 52, 53)

Einzelpreis Spannbettlaken:	63,15 €
./. 10 Rabatt	6,32 €
=	56,83 €

$$x = \frac{12{,}63 \cdot 100}{56{,}83} = \underline{\underline{22{,}22\ \%}}$$

Wie hoch ist der prozentuale Nachlass je Thermo-Spannbettlaken 611-Ts, den die Grotex GmbH der Textileinzelhändlerin Marlies Grotian (siehe Beleg 53; Gutschrift Nr. 586-01) aufgrund der Farbabweichungen gewährt hat?

Buchen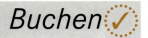

Geschäftsfälle

57 Ermitteln Sie die Summe der Umsatzsteuerkorrektur aufgrund der Belege 53 und 54.

Vorüberlegung:

AR:	Warenverkauf (Beleg 54), brutto	4.435,19 €
./.	Gutschrift (Beleg 57), brutto	30,06 €
=		4.405,13 €
./.	2 % Skonto	88,10 €
=		4.317,03 €
+	Fracht (Beleg 56), brutto	202,30 €
=	Überweisungsbetrag (Beleg 58)	4.519,33 €

Umsatzsteuer-Anteil im Skontobetrag 88,10 €:

$\dfrac{88,10}{119} \cdot 19 =$ 14,07 €

+ USt-Berichtigung gem. Beleg 57:

$\dfrac{30,06}{119} \cdot 19 =$ 4,80 €

= **Summe der Umsatzsteuerberichtigung**   **18,87 €**

58 Wie hoch ist
a) der Nettoumsatz sowie
b) die Umsatzsteuerzahllast der Textilgroßhandlung Grotex GmbH aufgrund der Belege 50 bis 54?

a)

H	8010 Warenverkauf	S
25,26		3.727,05
74,03		170,00

Der Nettoumsatz beträgt 3.797,76 €.

b)

H	1810 USt	S
4,80		708,14
14,07		32,30
Vorst. 32,30		

Die Umsatzsteuerzahllast beträgt 689,27 €.

Technische Anlagen und Maschinen

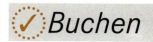 Buchen

4.7 Buchen nach Beleg Nr. 55–57

Maschinenbau **Wendenburg** GmbH

Wendenburg GmbH · Kugelfang 7 · 22297 Hamburg

Textilgroßhandlung
Grotex GmbH
Lange Straße 4
30559 Hannover

EINGEGANGEN
15. Sept. 20..
Erl. ....

Ihre Bestellung vom:	12.02.20..
Ihre Kunden-Nr.:	45316
Rechnungs-Nr.:	3114
Lieferdatum:	12.09.20..
Rechnungsdatum:	14.09.20..

Rechnung

Menge	Artikelbezeichnung	Einzelpreis €	Gesamtpreis €
1	elektronische Lagersteuerungsanlage gemäß Spezifikation vom 12.02.20..	162.505,00	162.505,00
	+ 5 ‰ Transportversicherung		812,53
			163.317,53
	+ 19 % Umsatzsteuer		31.030,33
			194.347,86

Zahlungsbedingungen:
2,5 % Skonto binnen 10 Tagen oder 30 Tage netto Kasse.

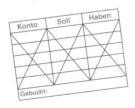

Sparda-Bank Hamburg
Konto 32 631 602 • BLZ 206 905 00
BIC GENODEF1S11 • IBAN DE12 2069 0500 0032 6316 02

Geschäftsführer: Gerald Wendenburg
Sitz und Registergericht: Hamburg HRB 25 334
USt-IdNr.: DE 523 505 922

Buchungssatz:

0310		Technische Anlagen und Maschinen	163.317,53	
1410		Vorsteuer	31.030,33	
an	1710	Verbindlichkeiten a. LL		194.347,86

Bilden Sie die entsprechenden Buchungssätze. **59**

Beleg 55

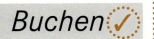 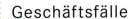

 Beleg 56

Transtex GmbH, Parowstr. 17, 22419 Hamburg

Textilgroßhandlung
Grotex GmbH
Lange Straße 4
30559 Hannover

Parowstraße 17
22419 Hamburg

Telefon: 040 7878053
Telefax: 040 9034021

E-Mail: info@transtex-wvd.de
Internet: www.transtex-wvd.de

USt-IdNr.: DE 551 247 642

Wir arbeiten nach den ADSp.

Rechnung Nr. 1434-A; Kunde-Nr. 21286   Hamburg, 16.09.20..

Leistung	Summe/€
Transport einer Lagersteuerungsanlage von Hamburg nach Hannover am 14.08.20..	
Transport	960,00
+ Montage	5.430,00
	6.390,00
+ 19 % USt	1.214,10
Rechnungsbetrag	**7.604,10**
Zahlung binnen 14 Tagen, netto Kasse.	

Konto	Soll	Haben
Gebucht:		

Volksbank Hamburg
Konto 444 101 817 • BLZ 201 900 03
IBAN: DE32 2019 0003 04444 1018 17
BIC: GENODEF1HH2

Geschäftsführer: Dr. Felix Mantell
Registergericht: Hamburg HRB 67 032

Buchungssatz:

0310		Technische Anlagen und Maschinen	6.390,00
1410		Vorsteuer	1.214,10
an	1710	Verbindlichkeiten a. LL	7.604,10

Verbindlichkeiten Buchen

Beleg 57

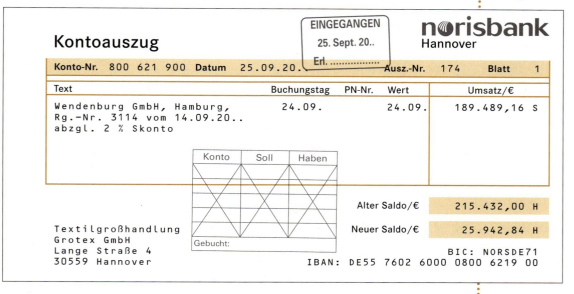

Buchungssatz:

1710		Verbindlichkeiten a. LL	194.347,86	
an	1310	Kreditinstitute		189.489,16
an	0310	Technische Anlagen und Maschinen		4.082,94
an	1410	Vorsteuer		775,76

(siehe Beleg 55)

Buchen ✓

Geschäftsfälle

62 Beantworten Sie unter Zugrundelegung der Belege 55 bis 57 die folgenden Fragen:

a) Wie hoch sind für die Grotex GmbH die Anschaffungskosten der elektronischen Lagersteuerungsanlage?

a) Die Anschaffungskosten der Lagersteuerungsanlage betragen

	Anschaffungspreis	162.505,00 €
+	Transportversicherung	812,53 €
+	Transport/Montage	6.390,00 €
=		169.707,53 €
./.	Skonto 2,5 %	4.082,94 €
=		165.624,59 €

b) Wie hoch ist die absetzbare Vorsteuer aus diesem Anschaffungsvorgang?

b) Die absetzbare Vorsteuer beträgt 31.468,67 €.
(➔ 165.624,59 · 0,19)

c) Wie hoch ist der Abschreibungsbetrag pro Jahr bei linearer Abschreibung und einer betriebsgewöhnlichen Nutzungsdauer von 20 Jahren ab dem Jahr, das dem der Anschaffung folgt?

c) Der Abschreibungsbetrag macht 8.281,23 € aus.

➔ $\dfrac{165.624,59}{20}$

d) Bilden Sie den Buchungssatz zur Erfassung der Abschreibung.

d) 4910 Abschreibungen auf Sachanlagen
    an 0310 Technische Anlagen und Maschinen

Gehaltszahlung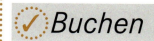

4.8 Buchen nach Beleg Nr. 58–59

Bilden Sie die entsprechenden Buchungssätze.

Beleg 58

				Abzüge				Gesamt-abzüge	Aus-zahlung netto	Arbeit-geberanteil an der Sozialver-sicherung
lfd. Nr.	Name	Steuer-klasse	Brutto-gehalt bzw. -lohn	Lohn-steuer	Soli.-zuschlag	Kirchen-steuer	Sozial-vers.-beiträge			
..	..	..	..	..	..	..	..	..	..	..
..	..	..	..	..	..	..	..	..	..	..
	Summe		81.830,00	12.360,00	679,80	968,35	16.247,70	30.225,85	51.574,15	15.532,80

Grotex GmbH
Gehaltsliste September 20.. (Auszug)

Buchung des Bankeinzugs der SV-Beiträge (AG- und AN-Anteil):
1160   SV-Beitragsvorauszahlung   31.780,50
an   1310   Kreditinstitute   31.780,50

Buchung der Gehaltszahlung:
4020   Gehälter   81.830,00
an   1310   Kreditinstitute   51.574,15
an   1160   SV-Beitragsvorauszahlung   16.247,70
an   1910   Verbindlichkeiten aus Steuern   14.008,15

Buchung des AG-Anteils zur Sozialversicherung:
4040   Gesetzliche soziale Aufwendungen   15.532,80
an   1160   SV-Beitragsvorauszahlung   15.532,80

Buchung der Überweisung der einbehaltenen und noch abzuführenden Steuern an das Finanzamt:
1910   Verbindlichkeiten aus Steuern   14.008,15
an   1310   Kreditinstitute   14.008,15

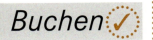

Geschäftsfälle

 Beleg 59

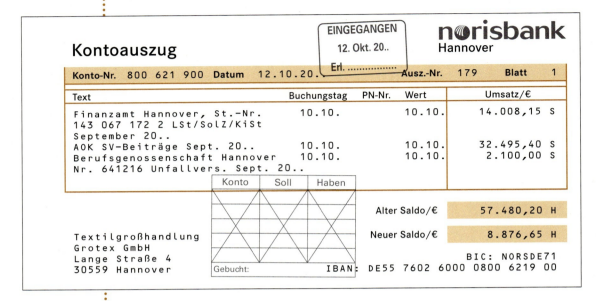

Buchungssatz:

1910		Verbindlichkeiten aus Steuern	14.008,15
1160		SV-Beitragsvorauszahlung	32.495,40
4040		Gesetzliche soziale Aufwendungen	2.100,00
an	1310	Kreditinstitute	48.603,55

Personalkosten und Mieterträge 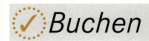 Buchen

Die Personalkosten der Grotex GmbH betragen

81.830,00 € + 15.532,80 € = 97.362,80 €.

65 Wie hoch sind die Personalkosten der Grotex GmbH aufgrund der Gehaltszahlung im September?

4.9 Buchen nach Beleg Nr. 60–70

66 Bilden Sie die entsprechenden Buchungssätze.

Beleg 60

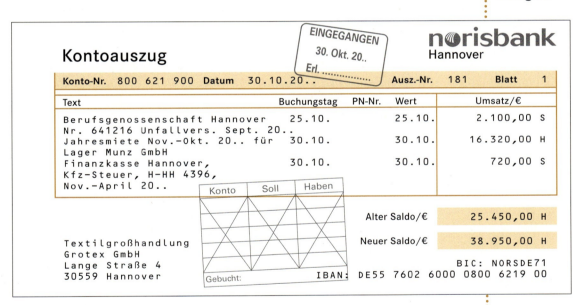

Buchungssätze:

1310		Kreditinstitute	16.320,00	
an	2421	Mieterträge		16.320,00
4220		Kfz-Steuer	1.440,00	
an	1310	Kreditinstitute		1.440,00
4040		Gesetzliche soziale Aufwendungen	2.100,00	
an	1310	Kreditinstitute		2.100,00

Buchen ✓

Geschäftsfälle

Beleg 61

Grotex GmbH • Lange Straße 4 • 30559 Hannover

Lange Straße 4 • 30559 Hannover
Telefon: 0511 4408-0
Telefax: 0511 4408-80
E-Mail: info@grotex-wvd.de
Internet: www.grotex-wvd.de

DURCHSCHRIFT

Sport Ostertal
Herrn Anton Ostertal e. K.
Marienberger Weg 3
50767 Köln

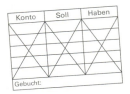

Auftrags-Nr.:	10987
Vertreter:	FR/FR
Lieferdatum:	15.11.20..
Rechnungsdatum:	15.11.20..

Rechnung

Bei Zahlung bitte stets angeben!

Rechnungs-Nr.:	96436
Kunden-Nr.:	10617

Anzahl	Art.-Nr.	Bezeichnung	Einzelpreis in €	Gesamtpreis in €
15	203-Sj	Ski-Jacke, 100 % Polyester, Futter 100 % Polyamid, Füllung 100 % Polyester, orange, Gr. M und L	68,30	1.024,50
15	204-Sh	Ski-Hose, schwarz, zusätzlich innen mit PU beschichtet, Gr. M und L	62,70	940,50
20	210-H	Fuli Sport- und Street-Hose, mit kontrastfarbenen Seitenstreifen, dunkelblau, Gr. S und XL	49,70	994,00
50	224-Ts	Ekin Trainings-Shirt in modisch glänzender Optik, rot, Gr. M	32,65	1.632,50
				4.591,50
		+ 19 % USt		872,39
		Gesamt		**5.463,89**

Zahlbar innerhalb von 8 Tagen mit 2 % Skonto oder 30 Tagen netto.

Postbank Hannover
Konto: 275 942 305 • BLZ: 250 100 30
BIC: PBNKDEFF250
IBAN: DE21 2501 0030 0275 9423 05

Norisbank Hannover
Konto: 800 621 900 • BLZ: 760 260 00
BIC: NORSDE71
IBAN: DE55 7602 6000 0800 6219 00

Geschäftsführer: Dr. Wolfgang Tischler
Sitz und Registergericht:
Hannover HRB 36 417
USt-IdNr.: DE 183 631 402

Buchungssatz:

1010		Forderungen a. LL	5.463,89	
an	8010	Warenverkauf		4.591,50
an	1810	Umsatzsteuer		872,39

Wareneingang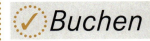

Beleg 62

Büchner GmbH • Textilhandel

Ehrenstraße 23
30559 Hannover

Telefon: 0511 528125-0
Telefax: 0511 528125-10

Büchner GmbH, Ehrenstraße 23, 30559 Hannover

Internet: www.buechner-wvd.de
E-Mail: info@buechner-wvd.de

Textilgroßhandlung
Grotex GmbH
Lange Straße 4
30559 Hannover

EINGEGANGEN
17. Nov. 20..
Erl. ....

Ihre Bestellung vom: 12.11.20..
Unsere Auftr.-Nr.: VR 736 c
Lieferdatum: 15.11.20..

Rechnungsnummer: **19463**
Rechnungsdatum: **16.11.20..**

Rechnung

Wir sandten für Ihre Rechnung und auf Ihre Gefahr:

Bestellnummer	Artikel	Menge/Einheit	Preis je Einh./€	Betrag/€
109-VH	Vollachselhemd, weiß, Gr. 46/48	200 St.	3,70	740,00
115-Ts	Taillenslip, Jaquard, 100 % Baumwolle, weiß, Größe 38/40	600 St.	7,20	4.320,00
117-Jp	Jazzpant, schwarz, Größe 36/38	1 000 St.	4,70	4.700,00
	Warenwert			9.760,00
	+ 19 % USt			1.854,40
	Rechnungsbetrag			**11.614,40**

Zahlbar binnen 30 Tagen rein netto.

Geschäftsführer: S. Frank
Registergericht: Hannover, HRB 97 018
USt-IdNr.: DE 915 647 873

Bankverbindungen:
Postbank Hannover • Konto-Nr.: 447 982 125 • BLZ: 250 100 30 • BIC: PBNKDEFF250 • IBAN: DE18 2501 0030 0447 9821 25
Hannoversche Volksbank • Konto-Nr.: 795 055 310 • BLZ: 251 900 01 • BIC: VOHADE2H • IBAN: DE68 2519 0001 0795 0553 10

Buchungssatz:

3010		Wareneingang	9.760,00	
1410		Vorsteuer	1.854,40	
an	1710	Verbindlichkeiten a. LL		11.614,40

Buchen

Geschäftsfälle

Beleg 63

Kontoauszug zu Beleg 63

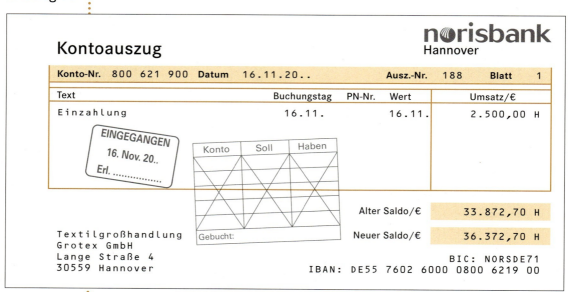

Buchungssatz:

1310		Kreditinstitute	2.500,00	
an	1510	Kasse		2.500,00

Privatentnahme und Instandhaltung

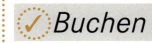

Beleg 64

Buchungssatz:

1610		Privatentnahmen	800,00	
an	1510	Kasse		800,00

Beleg 65

Buchungssatz:

4710		Instandhaltung	630,00	
1410		Vorsteuer	119,70	
an	1510	Kasse		749,70

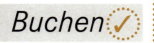 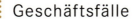

Geschäftsfälle

Beleg 66

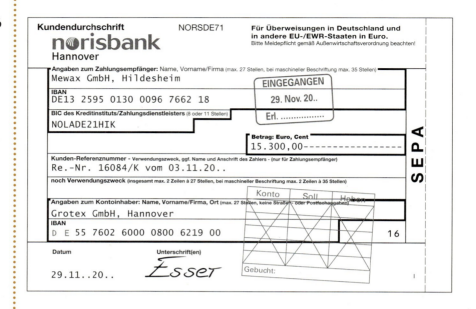

Buchungssatz:

1710	Verbindlichkeiten a. LL	15.300,00	
an	1310 Kreditinstitute		15.300,00

Kontoauszug zu Beleg 66

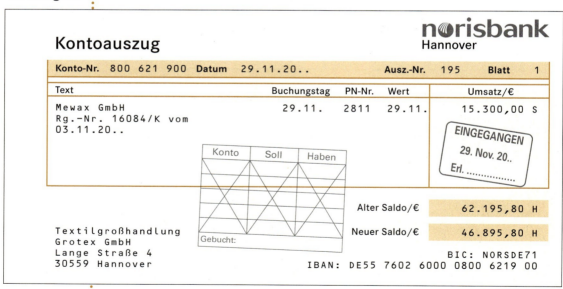

Gutschrift

✓ **Buchen**

Beleg 67

73

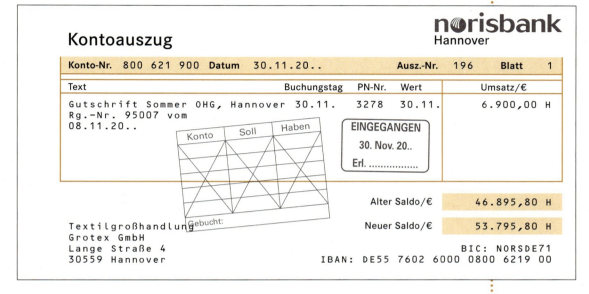

Buchungssatz:

1310		Kreditinstitute	6.900,00	
an	1010	Forderungen a. LL		6.900,00

455

Geschäftsfälle

Beleg 68

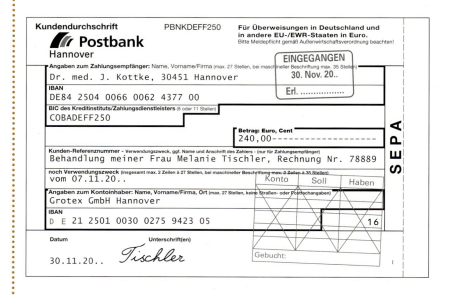

Buchungssatz:

1610		Privatentnahmen	240,00	
an	1310	Kreditinstitute		240,00

Kontoauszug zu Beleg 68

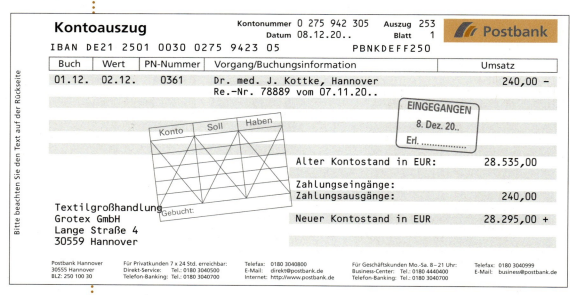

Privatentnahme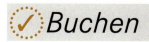

Beleg 69

Lange Straße 4 • 30559 Hannover

Grotex GmbH • Lange Straße 4 • 30559 Hannover

Telefon: 0511 4408-0
Telefax: 0511 4408-80
E-Mail: info@grotex-wvd.de
Internet: www.grotex-wvd.de

Herrn
Dr. Wolfgang Tischler
im Hause

Ihr Zeichen, Ihre Nachricht vom Unser Zeichen Telefon, Name 0511 4408- Datum 29.11.20..

Entnahmebeleg

Zur privaten Verwendung heute aus dem Lager erhalten:

1 Damenrock XGA-43-a	120,00 €
1 Tennisanzug Pl 13-4	75,00 €
	195,00 €
+19 % USt	37,05 €
	232,05 €

W. Tischler

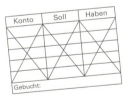

Postbank Hannover
Konto: 275 942 305 • BLZ: 250 100 30
BIC: PBNKDEFF250
IBAN: DE21 2501 0030 0275 9423 05

Norisbank Hannover
Konto: 800 621 900 • BLZ: 760 260 00
BIC: NORSDE71
IBAN: DE55 7602 6000 0800 6219 00

Geschäftsführer: Dr. Wolfgang Tischler
Sitz und Registergericht:
Hannover HRB 36 417
USt-IdNr.: DE 183 631 402

Buchungssatz:

1610		Privatentnahmen	232,05	
an	8710	Entnahme von Waren		195,00
an	1810	Umsatzsteuer		37,05

Buchen ✓

76 Beleg 70

Geschäftsfälle

GROTEX GMBH
Textilgroßhandlung

Lange Straße 4 • 30559 Hannover

Telefon: 0511 4408-0
Telefax: 0511 4408-80
E-Mail: info@grotex-wvd.de
Internet: www.grotex-wvd.de

Grotex GmbH • Lange Straße 4 • 30559 Hannover

Textileinzelhandel
Helen Villanueva e. Kffr.
Althoffstraße 117
14482 Potsdam

Ihr Zeichen, Ihre Nachricht vom   Unser Zeichen   Telefon, Name 0511 4408-   Datum
                                    Tr/Az   325 Herr Trumpf   22.12.20..

Umsatzbonus

Sehr geehrte Frau Villanueva,

für den Gesamtumsatz im 2. Halbjahr 20.. von 41.760,00 €
schreiben wir Ihnen einen Bonus von 2 % gut.

                                                        835,20 €
+ 19 % USt   158,69 €
                                                        ────────
                                                        993,89 €

Mit freundlichen Grüßen

Grotex GmbH

Trumpf
Trumpf

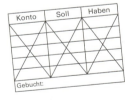

Postbank Hannover   Norisbank Hannover   Geschäftsführer: Dr. Wolfgang Tischler
Konto: 275 942 305 • BLZ: 250 100 30   Konto: 800 621 900 • BLZ: 760 260 00   Sitz und Registergericht:
BIC: PBNKDEFF250   BIC: NORSDE71   Hannover HRB 36 417
IBAN: DE21 2501 0030 0275 9423 05   IBAN: DE55 7602 6000 0800 6219 00   USt-IdNr.: DE 183 631 402

Buchungssatz:

8070	Kundenboni	835,20	
1810	Umsatzsteuer	158,69	
an	1010 Forderungen a. LL		993,89

Abschreibungen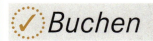

4.10 Vorbereitende Abschlussbuchungen (keine Vollständigkeit) Abschlussangaben

Buchungssätze:

Beleg 19
0910		Aktive Rechnungsabgrenzungsposten	900,00	
an	4260	Versicherungen		900,00

Beleg 21
2620		Zinserträge aus langfristigen Forderungen	1.250,00	
an	0930	Passive Rechnungsabgrenzungsposten		1.250,00

Beleg 60
2421		Mieterträge	13.600,00	
an	0930	Passive Rechnungsabgrenzungsposten		13.600,00
0910		Aktive Rechnungsabgrenzungsposten	480,00	
an	4220	Kfz-Steuer		480,00

Buchungssatz für den festgestellten Warenminderbestand:
3010		Wareneingang	105.080,00	
an	3900	Warenbestände		105.080,00

Buchungssätze:
4910		Abschreibungen auf Sachanlagen	108.560,00	
an	0200	Grundstücke und Gebäude		10.600,00
an	0310	Technische Anlagen und Maschinen		25.000,00
an	0330	Betriebs- und Geschäftsausstattung		37.760,00
an	0340	Fuhrpark		35.200,00

---

77 Ermitteln Sie zum Jahresende die abzugrenzenden Beträge aufgrund der Belege 20, 23 und 64 und bilden Sie anschließend die Buchungssätze zum 31. Dezember zur zeitlichen Abgrenzung.

78 Warenendbestand lt. Inventur 13.800,00 €.
Im Rahmen der Umbuchungen ist der Warenmehr- bzw. Warenminderbestand zu buchen.
Folgende Abschreibungen sind durchzuführen: 0200 Gebäude: 10.600,00, 0310 Technische Anlagen und Maschinen: 25.000,00, 0330 Betriebs- und Geschäftsausstattung: 37.760,00, 0340 Fuhrpark: 32.200,00.
Im Übrigen entsprechen die Schlussbestände der anderen Bestandskonten den Inventurbeständen.

Lernfeldorientierte Fragen

Ich löse lernfeldorientierte Aufgaben

5 Lernfeldorientierte Aufgaben

5.1 Anfrage/Angebot/Bezugskalkulation

Sie sind Mitarbeiter/-in der Textilgroßhandlung Spindler KG, Goseriede 41 in 30159 Hannover. Die Verantwortlichen der Spindler KG stellen aufgrund von Anfragen aus dem Einzelhandel ein zunehmendes Interesse der Verbraucher an Bettwäsche aus Seide fest. Um die Wettbewerbsfähigkeit nicht zu verlieren, soll das Sortiment entsprechend erweitert werden. Im Rahmen der Bezugsquellenermittlung wandte sich die Spindler KG mit einer Anfrage u. a. an die Elastic GmbH in Sachsenhagen, einem führenden Hersteller von Bettwäsche aller Art. Die Spindler KG erhielt auf diese Anfrage folgendes Angebot (Auszug rechts):

ELASTIC GmbH
BETTWÄSCHE ALLER ART

Elastic GmbH • Goethestr. 236 • 31553 Sachsenhagen

Spindler KG
Goseriede 41
30159 Hannover

Ihr Zeichen, Ihre Nachricht vom	Unser Zeichen	Telefon, Name 05185 139752-	Datum
12.09.20..	Lü/Rs-1	131 Herr Lütje	20.09.20..

Angebot

Sehr geehrter Herr Possen,

wir danken für Ihre Anfrage vom 12. d. M.

Gern unterbreiten wir Ihnen ein Angebot über die gewünschte Seidenbettwäsche, 2-teilig, zum Listenpreis von 96,00 €.
Bei Abnahme größerer Mengen erfolgt die Lieferung zu folgenden Staffelpreisen:

ab	200	Stück (Mindestabnahmemenge)	95,20 €
ab	400	Stück	91,40 €
ab	800	Stück	88,10 €

Bei einer Abnahme von mehr als 2 000 Garnituren gewähren wir einen Rabatt von 10 %, bei einer Abnahme ab 4 000 Garnituren einen Rabatt von 15 % vom Listenverkaufspreis.

- 2 -

Elastic GmbH
Bettwäsche – Garnituren
31553 Sachsenhagen • Goethestraße 236 • Tel.: 05185 139752-0 • Fax: 05185 139752-111
E-Mail: info@elastic-wvd.de • Internet: www.elastic-wvd.de
Bankverbindung:
HypoVereinsbank Hannover • Konto: 21 590 500 • BLZ: 250 300 00
BIC: HYVEDEMM210 • IBAN: DE98 2503 0000 0021 5905 00
Geschäftsführer: Karl W. Lütje
Sitz und Registergericht: Hannover HRB 36 417 • USt-IdNr.: DE 821 547 749

Anfrage/Angebot/Bezugskalkulation

Fragen

ELASTIC GmbH
BETTWÄSCHE ALLER ART

- 2 -

Die Preise zuzüglich 19 % Umsatzsteuer gelten ab Werk Sachsenhagen. Die Lieferung erfolgt auf Wunsch per Lkw durch eine von uns beauftragte Spedition an Ihr Lager Hannover gegen ein Frachtentgelt von 10,00 € je 50 Stück 2-teilige Garnitur zuzüglich 19 % Umsatzsteuer.

Unsere Rechnungen sind innerhalb von 30 Tagen ab Rechnungsdatum netto Kasse oder innerhalb von 10 Tagen abzüglich 3 % Skonto zu begleichen.

Erfüllungsort und Gerichtsstand für beide Teile ist Sachsenhagen. Im Übrigen gelten unsere diesem Angebot beigefügten Allgemeinen Geschäftsbedingungen.

Unser Angebot ist bis zum 31. Dezember 20.. gültig.

Wir würden uns freuen, Ihren Auftrag zu erhalten. Im Falle einer Auftragserteilung sichern wir Ihnen eine gewissenhafte Ausführung Ihrer Bestellung zu.

Mit freundlichen Grüßen
Elastic GmbH

Karl W. Lütje

Karl W. Lütje
Geschäftsführer

Elastic GmbH
Bettwäsche – Garnituren
31553 Sachsenhagen • Goethestraße 236 • Tel.: 05185 139752-0 • Fax: 05185 139752-111
E-Mail: info@elastic-wvd.de • Internet: www.elastic-wvd.de
Bankverbindung:
HypoVereinsbank Hannover • Konto: 21 590 500 • BLZ: 250 300 00
BIC: HYVEDEMM210 • IBAN: DE98 2503 0000 0021 5905 00
Geschäftsführer: Karl W. Lütje
Sitz und Registergericht: Hannover HRB 36 417 • USt-IdNr.: DE 821 547 749

Lösungen:

a) Durch die Anfrage nach Seidenbettwäsche kann die Spindler KG Preise und Beschaffungskonditionen, Warenqualität und Preisnachlässe erfragen. Dadurch wird es ihr möglich, die Leistungsfähigkeit der bisherigen Lieferer zu überprüfen. Durch die Anfrage können aber auch neue Geschäftsverbindungen, im vorliegenden Fall mit der Elastic GmbH in Sachsenhagen, zustande kommen.

---

a) Nennen Sie Gründe für die vorangegangene Anfrage der Spindler KG an die Elastic GmbH in Sachsenhagen.

Fortsetzung Seite 462

Fragen

Lernfeldorientierte Fragen

2 b) Welche rechtliche Bedeutung hat die Anfrage der Spindler KG an die Elastic GmbH?

b) Die Anfrage der Spindler KG an die Elastic GmbH ist unverbindlich; sie verpflichtet die Spindler KG daher nicht zum Kauf. Um am günstigsten einkaufen zu können, ist die Anfrage nach ein und derselben Ware bei mehreren Lieferern gleichzeitig sinnvoll.

3 c) Welche rechtliche Verbindlichkeit hat das Elastic-GmbH-Angebot?

c) Das Angebot der Elastic GmbH ist bis zum Ablauf der angegebenen Frist (31. Dezember des laufenden Jahres) verbindlich.

4 d) Ermitteln Sie anhand des Angebots den Bezugspreis für eine 2-teilige Seidengarnitur. Berücksichtigen Sie, dass a) bei einer werksseitigen Lieferung die Beschaffungsmenge zunächst den geplanten Absatz von 500 Stück im lfd. Jahr nicht übersteigen und b) Skonto grundsätzlich in Anspruch genommen werden soll.

		d)	e)
	Abnahmemenge	500 Stück	4 000 Stück
	Listeneinkaufspreis	45.700,00 €	352.400,00 €
./.	Rabatt	–	52.860,00 €
=	Zieleinkaufspreis	45.700,00 €	299.540,00 €
./.	2 % Skonto	1.371,00 €	8.986,20 €
=	Bareinkaufspreis	44.329,00 €	290.553,80 €
+	Fracht	100,00 €	800,00 €
=	Bezugspreis	44.429,00 €	291.353,80 €
	Bezugspreis für 1 Garnitur:	88,86 €	72,84 €

5 e) Ermitteln Sie unter Berücksichtigung einer werkseigenen Lieferung und bei einer Zahlung unter Abzug von Skonto den Einstandspreis (Bezugspreis) einer Garnitur bei einer geschätzten Abnahme von 4 000 Garnituren pro Jahr.

Anfrage/Angebot/Bezugskalkulation

f) x · 91,40 €/Garnitur = 800 Garnituren · 88,10 €/Garnitur

$$x = \frac{70.480,00 \text{ €}}{91,40 \text{ €/Stück}} = \underline{772 \text{ Stück}}$$

Bei Abnahmemengen ab **772** Stück ist es wegen des günstigeren Staffelpreises wirtschaftlich sinnvoll, mindestens 800 Stück zu bestellen.

g)
	Bezugspreis	44.429,00 €
+	Handlungskosten 30 %	13.328,70 €
=	Selbstkosten	57.757,70 €
+	Gewinn 15 %	8.663,66 €
=	Barverkaufspreis	66.421,36 €
+	Kundenskonto 3 %	2.054,27 €
=	Zielverkaufspreis	68.475,63 €
+	Kundenrabatt 5 %	3.603,98 €
=	**Listenverkaufspreis**	**72.079,61 €**

Der Listenverkaufspreis einer Garnitur der Seidenbettwäsche beträgt 144,16 €.

h)
	Bezugspreis	88,86 €
+	Handlungskosten 30 %	26,66 €
=	Selbstkosten	115,52 €
+	**Gewinn 8,17 %**	**9,44 €**
=	Barverkaufspreis	124,96 €
+	Kundenskonto 3 %	3,86 €
=	Zielverkaufspreis	128,82 €
+	Kundenrabatt 5 %	6,78 €
=	Listenverkaufspreis	135,60 €

i) $$p = \frac{100 \cdot 360 \cdot 3}{97 \cdot 20} = \underline{55,67 \text{ \%}}$$

Die Ausnutzung des Zahlungszieles von 30 Tagen würde bedeuten, dass von der Spindler KG ein sehr teurer Lieferekredit in Anspruch genommen wird.
Daher ist die vorzeitige Zahlung empfehlenswert, da selbst die Aufnahme eines Kredits für das Ausnutzen von Skonto noch lohnenswert ist. Denn der Skontoertrag übersteigt in diesem Fall die Nettokreditkosten (Kreditkosten + eigene Bearbeitungskosten).
Nur wenn die Kosten des Liefererkredits (Skontoerträge) niedriger sind als die Kreditkosten der Bank oder wenn sich die Erträge und Kosten ausgleichen, ist es empfehlenswert, den gesamten Zielzeitraum in Anspruch zu nehmen.

Fragen

Lernfeldorientierte Fragen

10 **j)** Die Spindler KG will ihre Lieferer- und Artikeldatei nach Erhalt des Angebots der Elastic GmbH vervollständigen. Nennen Sie Stammdaten, die in der Zukunft für Bestellungen in eine 1. Artikeldatei bzw. 2. Liefererdatei aufgenommen werden sollten.

j) **Stammdaten** zur Aufnahme in die **Artikeldatei:**
- Artikelbezeichnung
- Artikelnummer
- Einzelpreis
- Lieferer
- Kundennummer
- Abmessungen
- Qualitätsstandard u. a.

Stammdaten zur Aufnahme in die **Liefererdatei:**
- Firma, Name
- Anschrift
- Faxnummer
- E-Mail-Adresse
- Rufnummer
- Ansprechpartner
- Konditionen u. a.

11 **k)** Welche wirtschaftlichen und rechtlichen Auswirkungen hinsichtlich der Lieferzeit hat das Angebot der Elastic GmbH für die Textilgroßhandlung Spindler KG?

k) Zur Lieferzeit fehlt in dem vorliegenden Angebot der Elastic GmbH eine genaue Aussage. Dafür findet sich der Hinweis auf die beigefügten Allgemeinen Geschäftsbedingungen. Sollte in diesen Bedingungen ebenfalls *keine Aussage zur Lieferzeit* formuliert sein, dann *gilt die gesetzliche Regelung.*
Die Spindler KG kann in diesem Fall **sofort die Lieferung verlangen,** wodurch sich für sie einige nicht unbedeutende wirtschaftliche Vorteile ergeben, wie beispielsweise
- die Verringerung der Meldebestände und der Mindestbestände,
- eine Reduzierung des in den Waren gebundenen Kapitals,
- die Verringerung des Lagerrisikos u. a.

12 **l)** Erläutern Sie die rechtliche Auswirkung aus dem Erfüllungsort Sachsenhagen bezüglich der Warenschuld für die Textilgroßhandlung Spindler KG in Hannover.

l) Die Elastic GmbH hat in ihrem Angebot den Erfüllungsort für beide Seiten mit Sachsenhagen angegeben. Das hat für die Spindler KG in Hannover die folgenden rechtlichen Auswirkungen:
- Generell sind Warenschulden Holschulden. Das bedeutet, dass die Elastic GmbH in Sachsenhagen mit der rechtzeitigen und ordnungsgemäßen Bereitstellung der Seidenbettwäsche bzw. mit der Übergabe an den Frachtführer (beim Versendungskauf gem. § 447 BGB) ihre Pflichten aus dem Kauf erfüllt hat.
- Mit der Übergabe der verkauften Seidenbettwäsche am Erfüllungsort Sachsenhagen geht die Gefahr des zufälligen Untergangs und einer zufälligen Verschlechterung (z. B. Transportunfall, Diebstahl, Brand) auf die Spindler KG über. Das bedeutet, dass die Ware auf Gefahr der Spindler KG reist. Sie muss das Transportrisiko tragen, nicht die Elastic GmbH.
- Wird die Ware vor der Übergabe zufällig beschädigt oder vernichtet, werden die Vertragspartner von ihren Leistungspflichten befreit.

Betriebslehre / Beschaffung 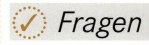 Fragen

5.2 Betriebslehre/Beschaffung

Die Textilgroßhandlung Spindler KG hat Seidenbettwäsche bezogen. Die ersten Erfolge am Absatzmarkt zeigen, dass sich zu dem Preis von 135,60 € je Garnitur ca. 900 Garnituren pro Halbjahr verkaufen lassen. Zwar empfinden alle Beteiligten der Spindler KG die Erfolgssituation als unbefriedigend; trotzdem soll die Bettwäsche im Rahmen des Gesamtsortiments geführt werden.

a) Betriebliche Maßnahmen können bestehen in:
- einer intensiveren Analyse des Beschaffungsmarktes, um einen kostengünstigeren Lieferer für die Seidenbettwäsche zu finden
- der Bündelung der Halbjahresmengen zu einem oder zwei Bestellungen, um Mengenrabatt beanspruchen zu können
- der Aufnahme von Verhandlungen mit der Elastic GmbH, um günstigere Konditionen bei den Bezugskosten und günstigere Rahmenbedingungen zu erzielen, beispielsweise Streckengeschäft oder Kauf auf Abruf
- der Durchführung von Rationalisierungsmaßnahmen, um die betrieblichen Handlungskosten nachhaltig zu senken
- die Abholung der Ware mit einem eigenen Lieferwagen u. v. m.

b) Risiken, die mit den Umsetzungsmaßnahmen verbunden sein können:
- höhere Lagerkosten
- höheres Lagerrisiko
- Transportrisiko
- erhöhtes Risiko beim Absatz
- Erhöhung der Liquiditätsbelastung
- Verschlechterung des Arbeitsklimas u. a.

a) Erläutern Sie **13** drei mögliche Maßnahmen, mit denen es gelingen könnte, trotz des vorgegebenen Listenverkaufspreises die betriebliche Erfolgssituation bei der Seidenbettwäsche zu verbessern.

b) Nennen Sie **14** Risiken, die mit der Umsetzung Ihrer Maßnahmen verbunden sein können.

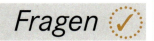

Lernfeldorientierte Fragen

5.3 Beschaffung/Liefererwahl

Die Textilgroßhandlung Spindler KG, Goseriede 41, 30159 Hannover, beliefert Einzelhandelsunternehmen in ganz Deutschland. Das Sortiment umfasst die folgenden Warengruppen:
– Haushaltswäsche,
– Herrenwäsche,
– Damenwäsche,
– Damenoberbekleidung,
– Fashion sowie
– Sport- und Freizeitbekleidung.
Als Sachbearbeiter/-in sind Sie verantwortlich für die Beschaffung und Lagerung von Damenoberbekleidung. Am 6. Juni liegt Ihnen das rechts stehende schriftliche Angebot (Auszug) der Textilfabrik Helmut Blüm OHG, Osnabrück, vor.

...

Wir bieten Ihnen unverbindlich an:

Bluse in aktueller Veloursleder-Optik, Reißverschluss, zwei aufgesetzte Taschen mit Knopf, hinten mit Passe

Länge:	ca. 75 cm
Farben:	jeansblau/hummer/schilf
Größen:	alle von 36 bis 52
Listenpreis:	32,50 € je Bluse
Frachtkosten:	pauschal 78,00 € je Lkw-Zufuhr (je Lkw maximal 35 Kartons à 20 Blusen)
Mindestabnahmemenge:	200 Stück
Mengenrabatt:	ab 500 Stück 15 %
	ab 1 000 Stück 20 %
Zahlungsbedingungen:	innerhalb von 40 Tagen netto, innerhalb von 10 Tagen 2,5 % Skonto
Lieferzeit:	unverzüglich

...

Der Warendatei Ihres Warenwirtschaftssystems entnehmen Sie folgende Informationen zu weiteren möglichen Lieferern von ganz ähnlich modischen Blusen:

Lieferer	Bezugspreis	Bemerkungen
GERNOT KG	27,90 € gem. Angebot vom 22. Mai 20.. Lieferzeit 3 Wochen Zahlungsziel: 30 Tage	– pünktlich – bis zu 2 000 Stück, – Preis- und Lieferbindung bis Ende August
Mancg@4U GmbH	26,30 € gem. Angebot vom 21. Mai 20.. Lieferzeit: sofort Zahlungsziel: 6 Wochen	– Qualitätsmängel – verspätete Lieferung
(...)	(...)	(...)

Betriebslehre / Beschaffung

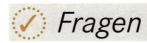 *Fragen*

Lösungen:

a)
	Listeneinkaufspreis	22.750,00 €
./.	Rabatt 15 %	3.412,50 €
=	Zieleinkaufspreis	19.337,50 €
./.	Skonto 2,5 %	483,44 €
=	Bareinkaufspreis	18.854,06 €
+	Bezugskosten	78,00 €
=	**Bezugs-(Einstands-)preis**	**18.932,06 €**

: 700 Stück
= **27,05 € pro Bluse**

b) Vor dem Hintergrund des Preises wäre die Mancg@4U GmbH der günstigste Anbieter. Um das günstigste Angebot für eine Ware zu ermitteln, vergleicht der Einkäufer aber nicht nur die Preise, Preisabzüge und Bezugskosten (Beförderungskosten und Versandkosten). Darüber hinaus können bei der Wahl des Lieferers auch andere Gesichtspunkte eine Rolle spielen, wie beispielsweise die Lieferzeit, die Zahlungsbedingungen, die Preisbindung, die Zuverlässigkeit, die Qualität sowie die Umwelt- und Gesundheitsverträglichkeit der angebotenen Waren.

c) **Bestellung bei der Helmut Blüm OHG:**
Es kommt **kein Kaufvertrag** zustande, da das **vorliegende Angebot unverbindlich** ist; in diesem Fall ist die Bestellung lediglich ein Antrag. (Durch Freizeichnungsklauseln wie „freibleibend", „unverbindlich" oder „ohne Obligo" kann die Verbindlichkeit eines Angebots ganz ausgeschlossen werden.)

Bestellung bei der GERNOT KG:
Es kommt ein Kaufvertrag zustande, da ein **verbindliches Angebot** vorliegt, das zudem eine Bindungsklausel bis Ende August 20.. enthält. Die Bestellung ist als Annahme des Antrags zu sehen – es liegen zwei übereinstimmende Willenserklärungen mit **rechtlich bindender Wirkung** vor.

Bestellung bei der Mancg@4U GmbH:
Es kommt kein Kaufvertrag zustande, da die Bindungsfrist an den Antrag abgelaufen ist: Schriftliche Angebote werden in dem Moment verbindlich, in dem sie dem Empfänger zugehen. Der Anbieter ist so lange an dieses Angebot gebunden, wie er unter verkehrsüblichen Bedingungen mit einer Antwort rechnen muss.

Die Bindungsfrist beträgt bei einem Angebotsbrief nach Handelsbrauch gewöhnlich eine Woche.

Das Angebot der Mancg@4U stammt vom 21. Mai 20.., bei der Sindler KG eingegangen etwa 3 Tage später am 24. Mai 20... Die Bestellung wird hingegen frühestens am 6. oder 7. Juni 20.. erfolgen können, da erst zu diesem Zeitpunkt das Vergleichsangebot der Helmut Blüm OHG vorliegt, insgesamt sind also ca. 14 Tage nach Eingang des Angebots verstrichen.

---

a) Berechnen Sie den Bezugspreis der Helmut Blüm OHG, Osnabrück, je Bluse bei einer Bestellmenge von 700 Stück und bei Inanspruchnahme aller Vergünstigungen. **15**

b) Für welchen der drei Lieferer entscheiden Sie sich unter Berücksichtigung der Angaben in der Warendatei? Begründen Sie Ihre Entscheidung. **16**

c) Kommt durch die Bestellung der Spindler KG ein Kaufvertrag zustande? Begründen Sie Ihre Entscheidung unter Berücksichtigung Ihrer Wahl unter Punkt b). **17**

Lernfeldorientierte Fragen

5.4 Rechnungswesen/Controlling

Die Spindler KG bestellt letztlich bei der Helmut Blüm OHG in Osnabrück die 700 Damenblusen. Bei der Warenüberprüfung in Hannover stellt der Lagerarbeiter Menke fest, dass 12 Blusen sehr auffällige Webfehler aufweisen. Herr Esser, Sachbearbeiter im Einkauf, hält nach einer Begutachtung die derart mit Mängeln behafteten Blusen für nicht mehr verkaufsfähig.

18 a) Erläutern Sie die Rechte der Spindler KG aus dieser mangelhaften Lieferung.

19 b) Welches der unter a) genannten Rechte sollte die Spindler KG in diesem Fall in Anspruch nehmen? Begründen Sie Ihre Entscheidung.

a) Die Spindler KG hat – bei rechtzeitiger Meldung des Schadens bei der Blüm OHG – folgende Gewährleistungsrechte zur Wahl:
- (vorrangige) **Nacherfüllung**
  Der Käufer kann als Nacherfüllung **wahlweise** verlangen (§ 439 Abs. 1 BGB):
  - **Nachbesserung** (Beseitigung des Mangels) z. B. durch Reparatur (bei Stück- und Gattungsware) oder
  - **Ersatz-(Neu-)lieferung** (Lieferung einer mangelfreien Sache; nur bei Gattungsware möglich) und
  - bei Verschulden **Schadensersatz neben der Leistung.**

  Grundsätzlich darf der Käufer entscheiden, ob er die alte Sache behalten möchte und lediglich der Mangel behoben werden soll (z. B. durch eine Reparatur), oder ob er eine ganz neue Sache haben möchte.
  Die im Zusammenhang mit der Nacherfüllung anfallenden Aufwendungen, insbesondere Transport-, Wege-, Arbeits- und Materialkosten sind vom Verkäufer zu tragen (§ 439 Abs. 2 BGB).

- (nachrangige) **Ansprüche auf:**
  Preisnachlass (Minderung), Rücktritt vom Vertrag, Schadensersatz statt Leistung, Aufwendungsersatz
  Ist die **Nacherfüllung gescheitert,**

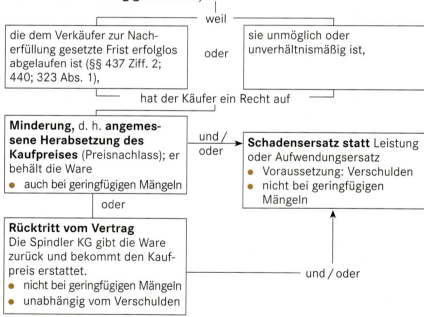

b) Der Spindler KG sollte empfohlen werden, das Recht auf Ersatzlieferung in Anspruch zu nehmen, d. h., die Lieferung von mangelfreien Blusen verlangen. Gründe:
- Der vereinbarte Kaufpreis war günstig,
- die Helmut Blüm OHG ist ansonsten ein zuverlässiger Geschäftspartner.

Rechnungswesen/Controlling

c) Aufgrund der Bezahlung durch Verrechnungsscheck hat die Spindler KG einen Kostenvorteil, da im Vergleich zur Überweisung das eigene Konto erst später belastet und insofern ein Zinsgewinn erzielt wird.

d) Bei der Zahlung per Scheck auf dem Postweg ist der Poststempel für die **fristgerechte Zahlung** maßgebend.

Seine **Zahlungspflicht** hat der Zahlungsschuldner, also die Spindler KG, allerdings erst erfüllt, wenn die Helmut Blüm OHG den Betrag erhalten hat bzw. wenn der Betrag auf dem Konto des Gläubigers gutgeschrieben wurde.

e) Bei einem Verrechnungsscheck wird dem Überbringer des Schecks der Scheckbetrag nicht bar ausgezahlt, sondern seinem Konto gutgeschrieben. Verrechnungsschecks sind deshalb sicherer als Barschecks.

Wenn z. B. ein Verrechnungsscheck gestohlen würde, könnte der Dieb nur an das Geld kommen, wenn er den Scheck seinem Konto gutschreiben ließe. Dazu müsste er aber seine Identität preisgeben.

Fragen

Die Spindler KG begleicht die fällige Eingangsrechnung der Helmut Blüm OHG über 21.961,19 € mit einem Verrechnungsscheck statt durch Banküberweisung.

c) Begründen Sie diese Entscheidung der Abteilungsleiterin des Rechnungswesens, Frau Jonas. Der Verrechnungsscheck wird mit Standardbrief (kein Einschreiben) der Textilfabrik Helmut Blüm OHG zugeschickt. [20]

d) Hat die Spindler KG mit der Absendung des Verrechnungsschecks ihre Zahlungsverpflichtung erfüllt? Begründen Sie Ihre Entscheidung. [21]

e) Erläutern Sie, warum die Spindler KG keinen Barscheck zum Rechnungsausgleich verschickt hat. [22]

Fragen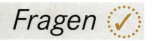

Lernfeldorientierte Fragen

5.5 Betriebslehre/Kaufvertrag

Die Prokuristin Frau Bering bestellt bei der Computerfirma Security Council GmbH mit nebenstehendem Fax die darin aufgeführten Waren. Die Computerfirma liefert die Ware termingerecht und ordnungsgemäß am 18. November 20.. Der Sendung ist neben den Warenbegleitpapieren ein zusätzliches Schreiben mit folgendem Wortlaut beigefügt (Auszug):
„…. mussten wir leider aufgrund gestiegener Beschaffungskosten den Preis für den Flachbildschirm Sabeu 37XP um 40,00 € auf 710,00 € erhöhen."

23 Wie wirkt sich diese Mitteilung der Computerfirma auf das Zustandekommen des Kaufvertrags aus?

Spindler KG   Goseriede 41, 30159 Hannover, Tel.: 0511 448-60, Fax: 0511 4408-3 25

FAX

An:	Security Council GmbH	Von: Spindler KG
Fax:	030/25174452	Seiten: 1
Tel.:	030/25174451	Datum: 15. November 20..

Betreff: Bestellung

☒ Dringend   ☐ Zur Erledigung   ☐ Zur Stellungnahme

☐ Zur Kenntnis   ☐ Mit Dank zurück

Wir benötigen bis zum 18. November 20.. folgende Artikel wie gehabt:

Art. Nr.	Stück	Artikel	Preis in €/Stück
Sabeu 37XP	2	PC-Flachbildschirme	670,00

Lösung:
Ein Kaufvertrag kommt durch inhaltlich übereinstimmende, rechtsgültige Willenserklärungen von mindestens zwei Personen zustande. Beide Willenserklärungen müssen in allen wesentlichen Vertragsbedingungen übereinstimmen. Die Vertragspartner müssen sich demnach über alle wichtigen Einzelheiten geeinigt haben (§ 154 Abs. 1, S. 1 BGB).
Im vorliegenden Fall hat die Spindler KG ohne vorhergehendes verbindliches Angebot der Security Council GmbH bestellt. Die Computerfirma hat die Bestellung in Form der Lieferung zwar angenommen, allerdings hat sie den Preis der Flachbildschirme ohne vorherige Benachrichtigung erhöht.
Insofern ist **kein Kaufvertrag zustande gekommen,** da keine zwei übereinstimmenden Willenserklärungen vorliegen. Daran ändert auch die Tatsache nichts, dass sich die Spindler KG auf den letzten Kaufvertrag bezieht bzw. die Ware termingerecht durch die Security Council am 18. November geliefert wurde.
Die Lieferung der Computerfirma ist rechtlich als neuer Antrag zu sehen, sodass ein Kaufvertrag erst zustande kommt, wenn
- die Spindler KG den abgeänderten Preis in Höhe von 710,00 € bestätigt bzw.
- sie nach Prüfung der Ware die Bildschirme in Gebrauch nimmt.

Die Bestätigung bzw. die Ingebrauchnahme durch die Spindler KG ist deshalb erforderlich, weil die Annahme (= Lieferung) mit Preisänderung durch die Computerfirma als Ablehnung gilt, verbunden mit einem neuen Antrag (§ 150 Abs. 2 BGB).

Lagerbestände/Bezugskalkulation

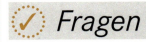

5.6 Lagerbestände/Bezugskalkulation

a)

1. Der Sicherheitsbestand beträgt 500 Stück.

   → 5 Wochen · 100 Stück = 500 Stück

2. Der Meldebestand beträgt 1 500 Stück.

   → 500 Stück + (10 Wochen · 100 Stück) = 1 500 Stück

3. Es gibt Probleme: Der Meldebestand ist schon unterschritten. Wahrscheinlich muss der Sicherheitsbestand angegriffen werden.

b)

Der Bezugspreis beträgt für 20 Hosen exkl. MWSt **730,40 €**.

	Listeneinkaufspreis (exkl. MWSt)	50,00 €
./.	Rabatt 35 %	17,50 €
=	Zieleinkaufspreis (exkl. MWSt)	32,50 €
./.	Skonto 3 %	0,98 €
=	Bareinkaufspreis (exkl. MWSt)	31,52 €
+	Bezugskosten	+ 5,00 €
=	Bezugspreis (exkl. MWSt)	36,52 €

Bezugspreis pro Stück 36,52 € · 20 Hosen = 730,40 €

Fragen

Am 1. Januar beträgt der Lagerbestand an Sakkos einer bestimmten Marke bei der Spindler KG 1 100 Stück. Pro Monat werden 400 Stück verkauft. Ein Sicherheitsbestand von 5 Wochen ist am Lager zu halten; Lieferfrist des Lieferers 9 Wochen; Bearbeitungszeit beim Lieferer eine Woche. Es wird innerhalb der Bestellzeit nur ein Mal bestellt.

a) 1. Wie hoch ist der Sicherheitsbestand? **24**

   2. Wie hoch ist der Meldebestand?

   3. Beurteilen Sie die Situation.

b) Die Hosen eines bestimmten Lieferers kosten je Stück 59,50 € inkl. MWSt. Der Lieferer gewährt Rabatt von 35 %. Die Lieferkosten betragen für 20 Stück 119,00 € inkl. MWSt. Außerdem gewährt der Lieferer ein Zahlungsziel von 14 Tagen bei 3 % Skonto. Berechnen Sie den Bezugspreis (exkl. MWSt) für 20 Hosen. **25**

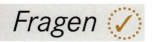

Lernfeldorientierte Fragen

5.7 ABC-Analyse

Das Warenwirtschaftssystem der Spindler KG stellt eine ABC-Analyse (siehe rechts) zur Verfügung.

ABC-Analyse							
EAN	Bezeichnung	Menge	Preis in €	Umsatz in €	%-Anteil	kum. Anteil	Gruppe
4021002125030	Nadelsteifenanzug mit Weste	9600	159,59	1.532.064,00	25,6	25,6	A
4021002200018	Multifunktionsjacke	23600	43,16	1.018.576,00	17,0	42,6	A
4022005252075	Jerseykleid	35000	20,29	710.150,00	11,9	54,5	A
4023007373126	Baumwoll-Sakko, gefüttert	13000	50,00	650.000,00	10,9	65,4	B
4022005252068	Jeans-Rock	20000	30,00	600.000,00	10,0	75,4	B
4021003131023	Wellness Microfaser-Anzug	13200	36,16	477.312,00	8,0	83,4	B
4024010404166	Holzfällerhemden, Farbe sortiert	21000	10,11	212.310,00	3,5	86,9	B
4024010404180	Jogginganzug	6000	33,00	198.000,00	3,3	90,2	C
4021003131085	Hosenanzug	5000	37,96	189.800,00	3,2	93,4	C
4024009494154	Boxershirts, Gr. L, 100 % BW	18000	8,85	159.300,00	2,7	96,1	C
4020102200081	Jeansweste mit Pailletten	5000	25,00	125.000,00	2,1	98,2	C
4021004141052	Jacquard-Blazer	5000	21,61	108.050,00	1,8	100	C

26 a) Erläutern Sie, was eine ABC-Analyse ist.

27 b) Analysieren Sie die vorliegenden Ergebnisse.

28 c) Führen Sie Konsequenzen für den Artikel „Nadelstreifenanzug mit Weste" auf.

a) Die ABC-Analyse ist ein betriebswirtschaftliches Analyseverfahren. Sie teilt eine Menge von Objekten in die Klassen A, B und C auf, die nach absteigender Bedeutung geordnet sind.
A-Artikel bewirken am meisten Umsatz.
B-Artikel bewirken mittleren Umsatz.
C-Artikel machen den geringsten Umsatz.

b) Die drei A-Artikel machen 55 % des gesamten Umsatzes aus.
Die vier folgenden B-Artikel machen immerhin noch 32 % des Umsatzes aus.
Die fünf C-Artikel sind für nur noch 13 % des Umsatzes verantwortlich.

c) Dieser Artikel ist ein A-Artikel.
A-Artikel unterliegen einer bevorzugten Behandlung im Unternehmen. Bei diesen Artikeln müssen also aufwendige Maßnahmen eingeleitet werden.
- exakte Dispositionsverfahren
- exakte Bestandsrechnung
- genaue Überwachung der Verweildauer
- sorgfältige Festlegung der Sicherheits- und Meldebestände
- sorgfältige Festlegung der wirtschaftlichen Bestellmengen
- strenge Terminkontrollen

Lagerbestandsgrößen/Lagerkennziffern

d) Dies ist ein C-Artikel. Sie werden wegen ihres geringen Wertes für das Unternehmen großzügiger verwaltet:
- einfache Dispositionsverfahren
- nicht notwendige exakte Bestandsrechnung
- nicht notwendige exakte Überwachung der Verweildauer
- Festlegung höherer Meldebestände
- Festlegung größerer Bestellmengen
- Einschränkung bzw. Verzicht auf Terminkontrolle

5.8 Lagerbestandsgrößen/Lagerkennziffern

a) Der **Sicherheitsbestand** beträgt 600 Stück. (Bei 400 Stück Monatsabsatz werden pro Woche 100 Stück verkauft. Der Sicherheitsbestand soll 6 Wochen reichen, also: 6 · 100 Stück.)

b) Der **Meldebestand** beträgt 1 400 Stück (8 · 100 Stück + 600 Stück Sicherheitsbestand).

c) Es muss **sofort bestellt** werden, da die Bestellung schon seit 2 Wochen überfällig ist.

Fragen

d) Geben Sie an, welche Konsequenzen sich für den Artikel „Jaquard-Blazer" ergeben könnten. *(29)*

Am Anfang des Jahres schaut sich der Lagerleiter der Spindler KG vor einer Abteilungsleiterkonferenz stichprobenartig mithilfe der EDV die Lagersituation zweier Artikel an. Der Lagerbestand des Artikels A beträgt am 1. Januar 1 200 Stück. Jeden Monat werden 400 Stück an Einzelhändler verkauft. Die Spindler KG hält vorsichtshalber einen Sicherheitsbestand, der 6 Wochen reicht. Die Lieferfrist des Herstellers beträgt 8 Wochen.
Ermitteln Sie
a) die Höhe des Sicherheitsbestands, *(30)*
b) die Höhe des Meldebestands und *(31)*
c) den Bestelltermin. *(32)*

Fragen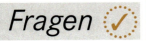

Aus der Lagerdatei ergibt sich der Verlauf der Ein- und Ausgänge für den Artikel B (siehe rechts).

33 d) Ermitteln Sie den jeweiligen Bestand des Artikels am Tag des Warenein- oder Warenausgangs.

Lernfeldorientierte Fragen

Datum	Eingang	Ausgang	Bestand
01.01.			20
12.01.	15		
24.01.		6	
17.02.		3	
02.03.		10	
05.03.	15		
12.04.		8	
05.05.		9	
29.05.	15		
08.06.		6	
21.07.		8	
18.08.	15		
27.08.		9	
03.09.		11	
29.09.	15		
02.10.		4	
20.10.		8	
09.11.	15		
18.11.		10	
05.12.		5	
15.12.	20		
20.12.		4	

Lösungen:
d)

a)

Datum	Eingang	Ausgang	Bestand
01.01.			20
12.01.	15		35
24.01.		6	29
17.02.		3	26
02.03.		10	16
05.03.	15		31
12.04.		8	23
05.05.		9	14
29.05.	15		29
08.06.		6	23
21.07.		8	15
18.08.	15		30
27.08.		9	21
03.09.		11	10
29.09.	15		25
02.10.		4	21
20.10.		8	13
09.11.	15		28
18.11.		10	18
05.12.		5	13
15.12.	20		33
20.12.		4	29

Einlagerungssystem/Lagerhalter

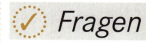 **Fragen**

e) Es müssen neben dem Jahresanfangsbestand (20 Stück) die 12 Monatsendbestände ermittelt werden. Es ergibt sich ein **durchschnittlicher Lagerbestand** von 23 Stück.

$$\frac{20 + 29 + 26 + 31 + 23 + 29 + 23 + 15 + 21 + 25 + 13 + 18 + 29}{13} = \text{ca. } 23{,}2$$

f) Die **Lagerumschlagsgeschwindigkeit** beträgt 4,39.

$$\frac{\text{Jahresabsatz von 101 Stück}}{\text{durchschnittlicher Lagerbestand von 23 Stück}}$$

g) Der Artikel liegt **durchschnittlich** 82 Tage **auf Lager**.

$$\frac{360 \text{ Tage}}{\text{Lagerumschlagsgeschwindigkeit } 4{,}39} = 82 \text{ Tage}$$

h) Der **Lagerzinssatz** beträgt 1,82 %.

$$\frac{\text{Bankzinssatz 8 \% } \cdot \text{ durchschnittliche Lagerdauer 82 Tage}}{360}$$

e) Berechnen Sie den durchschnittlichen Lagerbestand. [34]

f) Ermitteln Sie die Lagerumschlagsgeschwindigkeit. [35]

g) Berechnen Sie die durchschnittliche Lagerdauer. [36]

h) Berechnen Sie den Lagerzinssatz unter der Annahme, dass der Zinssatz 8 % beträgt. [37]

5.9 Einlagerungssystem/Lagerhalter

a)
- schnellerer Zugriff auf die gelagerten Artikel
- effektivere Ausnutzung der Lagerplätze
- kleinere Lagerfläche
- durch z. B. geringere Mitarbeiterzahl (Automatisierung) zumindest mittelfristig Kosteneinsparungen

Es mehren sich die Anzeichen, dass das bisherige Lager der Spindler KG zu klein ist. Auf der Abteilungsleiterkonferenz soll deshalb darüber diskutiert werden, ob das bisherige eingeschossige Lager mit systematischer Lagerung durch ein neues Bauvorhaben auf ein computergesteuertes Hochregallager mit chaotischer Lagerung umgestellt werden soll.

a) Erläutern Sie zwei wirtschaftliche Gründe für die Umstellung. [38]

Fragen ✓

Lernfeldorientierte Fragen

39 b) Führen Sie zwei Nachteile der Umstellung für die Spindler KG und die Beschäftigten auf.

b)
- Arbeitsplatzverlust für Mitarbeiter möglich
- Mitarbeiter müssen umgeschult werden.
- hohe Investitionskosten (zumindest am Anfang)

40 c) Beschreiben Sie kurz die systematische und die chaotische Lagerplatzzuordnung.

c)
Beim Festplatzsystem oder systematischen System erhält jeder Artikel eine warenbezogene Lageradresse, die in einem Lagerplan erfasst ist.

Beim chaotischen System gibt es dagegen keine festen Lagerplätze: Neue Ware wird durch die EDV dem nächsten freien Lagerplatz zugewiesen.

41 d) Nennen Sie jeweils einen Vor- und Nachteil der chaotischen Lagerplatzzuordnung.

d)
Positiv ist die Kostensenkung durch bessere Ausnutzung der Lagerfläche sowie die Personaleinsparung.
Nachteilig sind hohe Investitionskosten in die EDV und die Abhängigkeit von den elektronischen Steuerungssystemen.

Auf der Abteilungsleiterkonferenz wird diskutiert, statt eines Lagerneubaus Artikel fremdzulagern.

42 e) Nennen Sie je zwei Rechte und Pflichten eines Lagerhalters.

e)
- **Rechte:**
  - Anspruch auf Lagergeld
  - gesetzliches Pfandrecht
  - Kündigungsrecht

- **Pflichten:**
  - Ausstellung eines Lagerscheins
  - Sorgfalts- und Haftungspflicht
  - Mitteilung an den Einlagernden bei Veränderungen des Artikels
  - Probenentnahme und Besichtigung muss jederzeit erlaubt werden.

5.10 Frachtführer/Spediteur/Just-in-time

Die Spindler KG überdenkt momentan ihr Versandkonzept. Überlegt wird Spediteure einzuschalten, statt direkt Versandaufträge an Frachtführer zu vergeben.

43 a) Unterscheiden Sie die Aufgabenbereiche des „Frachtführers" und des „Spediteurs".

a)
- **Frachtführer** sind selbstständige Kaufleute, die im eigenen Namen für fremde Rechnung die Beförderung der Güter übernehmen. Zwischen dem Frachtführer und dem Auftraggeber wird ein Frachtvertrag in Form eines Frachtbriefes geschlossen. Frachtführer sind Unternehmen der Deutschen Bahn AG, private Paketdienste, die Unternehmen des Güterkraftverkehrs, die Reedereien und die Fluggesellschaften.

- Ein **Spediteur** ist ein Kaufmann, der gewerbsmäßig Gütertransporte durch Frachtführer für Rechnung des Versenders, aber in eigenem Namen besorgt.

Frachtführer/Spediteur/Just-in-time

b)
- **Pflichten des Frachtführers:**
  - Prüfungspflicht (insbesondere der Verpackung)
  - Beförderungspflicht in angemessener Pflicht
  - Haftung bei Verschulden
  - Aushändigung des Frachtbriefteils und der Ware an den Empfänger

- **Rechte des Frachtführers:**
  - Anspruch auf Übergabe der Begleitpapiere
  - Anspruch auf vertragsgemäße Zahlung
  - Pfandrecht zur Sicherung seiner Forderung

- **Pflichten des Spediteurs:**
  - Sorgfaltspflicht
  - Haftung
  - Besorgung der Versendung

- **Rechte des Spediteurs:**
  - Anspruch auf Übergabe der erforderlichen Begleitpapiere
  - Anspruch auf vereinbarte Vergütung
  - Selbsteintrittsrecht, d. h. das Recht, die Beförderung selbst zu übernehmen
  - Pfandrecht
  - Recht auf Sammelladung

c) Just-in-Time ist ein System der Logistik, bei dem die Lagervorräte aus Kostengründen auf ein Minimum reduziert werden. Die kleinste erforderliche Menge wird „genau zur rechten Zeit" geliefert.

d) Voraussetzung der Just-in-time-Belieferung sind:
- ständige Produktions- – und Lieferbereitschaft der beteiligten Unternehmen
- genaue Abstimmung der Produktions- und Lieferpläne
- Qualitätskontrolle durch den Lieferer
- Einsatz moderner Kommunikationstechnik und permanenter Informationsaustausch
- feste Kooperationsverträge zwischen allen Beteiligten
- flexibles Transportsystem

e) Folgen der Just-in-time-Belieferung sind in der Regel eine Verlagerung des Transports auf die Straße und die damit verbundene ökologische Belastung. Durch die Einschaltung von Güterverkehrszentren als logistische Dienstleistung können Aufträge gebündelt und die Verkehrsbelastung reduziert werden.

Fragen

44 b) Führen Sie die jeweiligen Rechte und Pflichten auf.

Die Spindler KG vereinbart mit einem Kunden eine Just-in-time-Belieferung.

45 c) Erläutern Sie den Begriff „Just-in-time-Belieferung".

46 d) Geben Sie Voraussetzungen für die Umsetzung des Just-in-time-Konzepts an.

47 e) Welche Folgen sind bei der Einführung des Just-in-time-Konzepts zu bedenken?

Fragen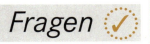

Lernfeldorientierte Fragen

5.11 Betriebslehre/Güterversand

Angesichts der Kosteneinsparung prüft die Spindler KG, ob der Warentransport durch eigene Lkws erfolgen könnte. Man hat ermittelt, dass bei Fremdtransport die umsatzabhängigen Kosten 8,3 % pro Jahr betragen. Bei Eigentransport würden die umsatzabhängigen Kosten 2,5 % jährlich und die monatlichen fixen Kosten 17.000,00 € betragen.

48 a) Ermitteln Sie den Umsatz, bei dem die Kosten bei Fremd- und Eigentransport gleich hoch sind. Wie wäre Ihre Entscheidung aufgrund des von Ihnen errechneten Ergebnisses?

49 b) Welche Argumente sprechen neben den Kosten für einen Transport durch eigene Lkws?

50 c) Der Eigentransport bringt rechtliche Folgen bezüglich des Gefahrenübergangs und des Haftungsrisikos mit sich. Nehmen Sie hierzu Stellung.

a) $\frac{2,5}{100} x + (17.000,00 \cdot 12) = \frac{8,3}{100} x$

$\frac{5,8}{100} x = 204.000,00$

$x = \frac{204.000,00 \cdot 100}{5,8} = \underline{3.517.241,38\ €}$

→ Bei Umsätzen unter 3.517.214,38 € ist der Fremdtransport zu empfehlen. Allerdings dürfen bei der Ermittlung der niedrigsten Transportkosten nicht nur die unmittelbaren (direkten) Transportkosten (Frachtkosten) berücksichtigt werden. Mit in die Kostenberechnungen sind auch die mittelbaren (indirekten) Transportkosten einzubeziehen. Denn je nach Verkehrsmittel können unterschiedliche Versandarbeiten und damit Kosten (z. B. Lager- und Verpackungskosten, anteilige Verwaltungskosten) entstehen.

b) **Vorteile der Warenzustellung mit eigenen Fahrzeugen:**
- höhere Flexibilität durch eigene Termingestaltung und Tourenplanung
- Die Fahrzeuge können durch zweckentsprechende Beschriftung und bildliche Darstellungen als Werbeträger genutzt werden (Erhöhung des Bekanntheitsgrades, Imageverbesserung).
- Größere Sicherheit und Zuverlässigkeit durch eigenes Personal: persönliche Verantwortung des Fahrers erhöht die Sicherheit beim Beförderungsvorgang.
- einfachere Transportverpackung und damit Ersparnis an Verpackungskosten
- Der Kundendienst (Aufstellen, Anschließen usw.) kann mit eigenen Fahrern besser durchgeführt werden.
- Individuelle Kundenbehandlung und Sonderwünsche sind möglich.
- Der Fahrer kann den Kaufpreis kassieren, wenn der Kunde die Ware zuvor noch nicht bezahlt hat.
- unabhängig von Frachtführern
- Liefertermine können zuverlässiger eingehalten werden.
- Der eigene Fuhrpark gewährleistet die stetige Lieferbereitschaft.
- Direktbeförderung vom Lieferer zum Empfänger, also von Haus zu Haus, erfolgt ohne Umladen.

c) Die Warenschuld wird zur Bringschuld, d. h., die Spindler KG trägt das Risiko bis zur Übergabe der Ware beim Käufer (Versendungskauf gem. § 447 BGB).

Betriebslehre/Marketing

5.12 Betriebslehre/Marketing

a) Gründe für die geplante **Sortimentserweiterung** können beispielsweise sein:
- neuer Trend/Geschmacksrichtungen
- stärkere Bindung der Stammkunden
- günstigere Beschaffungsbedingungen
- Exklusivität der Anbieter
- Erhöhung der Konkurrenzfähigkeit
- Gewinnung neuer Kunden
- Risikostreuung
- Aufbau eines marktgebundenen Sortiments: Es werden Artikel zu einem Sortiment zusammengestellt, die zu einer geschlossenen Bedarfsgruppe gehören.

b) Maßnahmen, Kunden über die Sortimentserweiterung zu informieren, können z. B. sein:
- Vertreterbesuche
- Anzeigen
- Werbebriefe
- Mailings
- Telefonate
- persönliche Gespräche
- Prospektbeilagen
- Hausmessen

Fragen

Die Spindler KG ist auf Sport- und Freizeitbekleidung, Fashion sowie Haushalts-, Herren- und Damenwäsche spezialisiert. Die Klientel umfasst Einzelhandelsunternehmen in ganz Deutschland. Das Sortiment soll um die Sport-Schuhe Serie MARS folgender Marken erweitert werden:
- „Trail" (Trainings- und Freizeitschuh),
- „Walking Walker" (Adventure- und Freizeitschuh),
- „Response" (Tennis- und Freizeitschuh),
- „Studio" (Fitness-Schuh).

a) Nennen Sie Gründe für diese beabsichtigte Sortimentserweiterung. 51

b) Nennen Sie geeignete Maßnahmen, mit denen die Spindler KG ihre Kunden über diese Sortimentserweiterung informieren kann. 52

Fragen

Lernfeldorientierte Fragen

53 c) Um das Käuferverhalten hinsichtlich der Neueinführung zu testen, wird ein Marktforschungsinstitut beauftragt, eine Marktanalyse zu erstellen. Nennen Sie Gründe, weshalb sie nicht von der Spindler KG selbst durchgeführt wird.

c) Gründe für die Beauftragung eines Marktforschungsinstituts:
- kein spezialisiertes Personal
- Neutralität beim fremden Dienstleister
- kostengünstiger als der Aufbau eines eigenen Marktforschungsteams

d) Aufgrund der Befragung wurde u. a. ermittelt, welche Mengen des neuen MARS „Trail" Trainings- und Freizeitschuhs im 1. Halbjahr bei den nebenstehenden Preisen abzusetzen wären (alle Angaben in der Tabelle rechts beziehen sich auf ein Paar Schuhe).

54 1. Bei welchem Verkaufspreis würde die Spindler KG den höchsten Gewinn erzielen, wenn die fixen Kosten 15.000,00 €, die variablen Kosten pro Schuhpaar 27,00 € betragen?

55 2. Wie hoch wäre in diesem Fall der Gesamtgewinn?

d)

Verkaufspreis der Spindler KG	54,00 €	47,25 €	43,50 €
prognostizierte absetzbare Menge/Stück	2 500	3 750	5 000

Lösung:

alle Angaben in €

Menge	Preis	Erlös	K_v	K_f	K_G	Gewinn
2 500	54,00	135.000,00	67.500,00	15.000,00	82.500,00	52.500,00
3 750	47,25	177.187,50	101.250,00	15.000,00	116.250,00	60.937,50
5 000	**43,50**	217.500,00	135.000,00	15.000,00	150.000,00	**67.500,00**

1. Der Verkaufspreis beträgt 43,40 €.

2. Bei diesem Verkaufspreis würde der Gewinn 67.500,00 € betragen.

Betriebslehre/Marketing

- **Überregionale Zeitschriften:** ungeeignet, da zu großer Streuverlust.

- **Fernsehwerbung:** Bei der geplanten Absatzmenge wirtschaftlich nicht vertretbar.

- **Fachzeitschriften des Einzelhandels:** geeignet; Zielgruppe kann gezielt erreicht werden.

- **Werbebriefe:** Geeignet, da der Werbebrief neben dem Verkaufsgespräch im Handel das persönlichste Werbemittel darstellt. Mit seiner Hilfe kann die Spindler KG als Anbieter der Sportschuhe einen bestimmten Kundenkreis ganz gezielt und persönlich ansprechen.

  Der Werbebrief in Verbindung mit Prospektmaterial, Bestell- und Preislisten ist im Rahmen der Direktwerbung ein wesentliches Werbemittel von Großhandelsunternehmen. Gegenüber Anzeigen und sonstiger Werbung hat er kaum Streuverluste.

- **Homepage im Internet:** Geeignet, da im Internet tagesaktuelle Informationen für den potenziellen Kundenkreis zur Verfügung gestellt werden. Zu nennen sind neben Preislisten, Sonderkonditionen, Exklusivangeboten, Lieferzeiten eben auch Sortimentserweiterungen und Sortimentsgruppierungen.

✓ Fragen

Für die Einführungswerbung der neuen Sportschuhe-Serie auf dem Testmarkt in Norddeutschland werden von Herrn Trumpf, Leiter der Verkaufsabteilung, folgende Werbemittel bzw. Werbeträger vorgeschlagen:
– überregionale Zeitschriften,
– Fernsehwerbung,
– Fachzeitschriften für den Textileinzelhandel,
– Werbebriefe und
– Homepage im Internet.

56 Nehmen Sie Stellung, inwieweit sich die vorgeschlagenen Werbemittel dafür eignen.

481

Fragen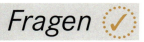

Lernfeldorientierte Fragen

5.13 Betriebslehre/Vertrieb

Das Absatzgebiet soll auf die neuen Bundesländer ausgedehnt werden. Im Zusammenhang mit der Suche nach der optimalen Absatzform soll daher entschieden werden, ob die infrage kommenden Einzelhändler neben den bisher eingesetzten Außendienstmitarbeitern Breiter und König von einem weiteren, neu einzustellenden Reisenden betreut werden sollen oder ob alternativ zu diesem Reisenden ein Handelsvertreter eingesetzt werden soll.

57 a) Nennen Sie die Unterschiede zwischen diesen beiden Absatzorganen.

a)

Kriterium	Reisender	Einfirmenvertreter	Mehrfirmenvertreter
vertragliche Bindung	§ 59 ff. HGB, unselbstständig, stark weisungsgebunden	§ 84 ff. HGB, selbstständig, grundsätzlich nicht weisungsgebunden	in der Regel wie Einfirmenvertreter
Arbeitszeit und Tätigkeit	Vorgabe durch Unternehmen, Umsatz-Soll	freie Gestaltung im Rahmen des Vertrags	in der Regel wie Einfirmenvertreter
Entgelt	Gehalt, evtl. Provision	Provision vom erzielten Umsatz (Deckungsbeitrag)	in der Regel wie Einfirmenvertreter
zusätzliche Kosten	Kfz-, Telefon-, Bürokosten, Sozialleistungen, Tagegelder, Übernachtungsgelder	evtl. aus Vertrag, z. B. garantiertes Einkommen	in der Regel keine
Kostencharakter	größtenteils fix	fast nur variabel	in der Regel variabel
Kundenbearbeitung	weitgehend nach Vorgabe durch die Verkaufsleitung	nach eigener Entscheidung in Abstimmung mit der Verkaufskonzeption des Unternehmens	wie Einfirmenvertreter, Überschneidungen können auftreten
Kontakte zu Kunden	auf der Basis des Verkaufsprogramms und persönlicher Beziehungen	auf der Basis des Verkaufsprogramms und persönlicher Beziehungen	sehr vielseitige Kontakte durch das breite Verkaufsprogramm von verschiedenen Unternehmen
Interessenlage	vertritt vorwiegend Interessen des Unternehmens	vertritt Interessen des Unternehmens und „eigene" Interessen	vertritt vorwiegend sein Interesse und das seiner Kunden
Änderung der Verkaufsbezirke	grundsätzlich leicht möglich	schwieriger, nur mit Einverständnis des Vertreters, sonst Änderungskündigung	wie Einfirmenvertreter
Berichterstattung	kann von Verkaufsleitung genau vorgeschrieben werden	muss vertraglich vereinbart werden	wie Einfirmenvertreter

Betriebslehre/Vertrieb

Kriterium	Reisender	Einfirmenvertreter	Mehrfirmenvertreter
Einsatzmöglichkeiten	grundsätzlich im gesamten Unternehmen	nur im Rahmen des Vertrags	Rücksichtnahme auf die anderen vertretenen Unternehmen
Arbeitskapazität	steht dem Unternehmen voll zur Verfügung	steht dem Unternehmen voll zur Verfügung	verteilt sich auf mehrere Unternehmen
Arbeitsweise	weitgehend unternehmensorientiert	unternehmens- und einkommensorientiert	vorwiegend einkommensorientiert
Verkaufstraining	integrierter Bestandteil der Aus- und Weiterbildung	entsprechend des Vertrags	schwieriger möglich, nur im Rahmen des Vertrags
Nebenfunktion	Verkaufsförderung, Markterkundung, Kundendienst	entsprechend den vertraglichen Vereinbarungen	schwieriger möglich, nur im Rahmen des Vertrags
Kündigung	wie bei jedem Angestellten	Sonderregelung, evtl. Ausgleichsanspruch nach § 89 HGB	wie Einfirmenvertreter

Handelsreisender	Handelsvertreter
– Fixum p. a. 30.000,00 € – Umsatzprovision 4 %	Provision vom Umsatz 12 %

b) Zu ermitteln ist von Herr Trumpf, *ab welcher Umsatzhöhe* sich der Einsatz eines fest angestellten Reisenden lohnt (kritischer Umsatz):

Mathematische Lösung:

$$30.000{,}00 + \frac{4x}{100} = \frac{12x}{100}$$

$$\frac{8}{100}x = 30.000{,}00$$

$$x = \underline{375.000{,}00\ €}$$

b) Welches Absatzorgan würden Sie anstelle von Abteilungsleiter Trumpf einsetzen, wenn die links stehenden Daten zu berücksichtigen sind?

Fragen

Lernfeldorientierte Fragen

Grafische Lösung:

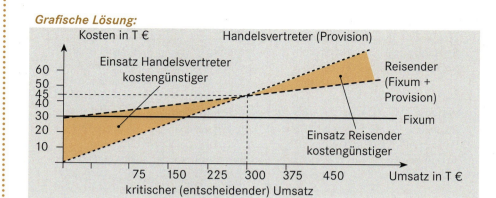

Bei einer Umsatzhöhe *bis* 375.000,00 € ist es für die Spindler KG lohnenswerter, einen Handelsvertreter einzusetzen. *Über* 375.000,00 € Umsatz ist der Einsatz eines Reisenden kostengünstiger.

Da Abteilungsleiter Trumpf im kommenden Geschäftsjahr für das neu zu betreuende Absatzgebiet einen Umsatz in Höhe von 420.000,00 € erwartet, wäre es vom kostenrechnerischen Standpunkt aus betrachtet naheliegend, der Geschäftsführung den Einsatz eines Reisenden zu empfehlen:

Kosten des Handlungsreisenden: Kosten des Handelsvertreters:
420.000,00 · 0,04 + 30.000,00 = 46.800,00 €   420.000,00 · 0,12 = 50.400,00 €

5.14 Sortiments- und Produktpolitik

Die Spindler KG führt auch Sportbekleidung. Das Sortiment ist tief. Die Nachfrage ist in den letzten Jahren gesunken. Die Geschäftsleitung nimmt das bisherige Sortiment genau unter die Lupe.

59 a) Erläutern Sie in diesem Zusammenhang den Begriff des „tiefen Sortiments".

60 b) Nennen Sie jeweils einen Vor- und Nachteil eines tiefen Sortiments.

a) Ein **tiefes Sortiment** ist gekennzeichnet durch die Zahl der Variationen eines gleichartigen Produkts. Variationen können sein: verschiedene Materialien, Größen, Farben, Preislagen.

b) • **Nachteile:**
  ○ Lagerrisiko
  ○ hohe Kapitalbildung durch viele Varianten
  ○ Absatzrisiko, wegen Spezialisierung
• **Vorteile:**
  ○ hohe Kundenbindung
  ○ besetzt Marktnischen

Sortiments- und Produktpolitik

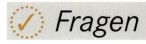

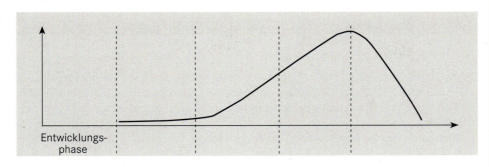

Herr Spindler stellt den Produktlebenszyklus eines typischen Artikels aus dem Bereich Sportbekleidung vor:

c) Beschriften Sie die fehlenden Teile im links stehenden Diagramm. **61**

Lösung c):

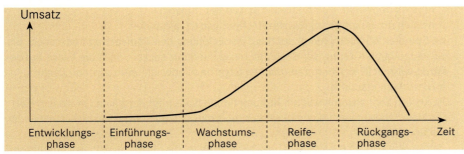

d) Erst mit dem Wandel vom Verkäufermarkt zum Käufermarkt waren die Unternehmen gezwungen, sich mit ihrem Leistungsangebot auf die Wünsche und Bedürfnisse der potenziellen Abnehmer einzustellen.
Es war also erforderlich, das Unternehmen vom Absatzmarkt her zu führen. Der Konkurrenzdruck verstärkte sich!:
- Die Massenproduktion führt zu Überkapazitäten.
- Die Beseitigung von Zöllen und Einfuhrsperren führt zu globalen Märkten.
- Durch Kommunikationsmittel (Internet) steigt für die Nachfrager die Markttransparenz.

Herr Spindler äußert in der Sitzung: „Durch den Wandel von Verkäufer- zu Käufermärkten sind wir immer stärker von Marketingbemühungen abhängig."

d) Erläutern Sie die Gründe für den Wandel von Verkäufer- zu Käufermärkten. **62**

Die Spindler KG möchte Sportschuhe in ihr Sortiment aufnehmen. In diesem Zusammenhang wird ein Werbeplan erstellt.

e) Nennen Sie mindestens vier Bestandteile eines Werbeplans. **63**

e) **Bestandteile eines Werbeplans:**
- Werbeinhalt
- Streukreis
- Streugebiet
- Streuzeit
- Streuweg
- Werbeetat

f) Die **AIDA-Formel** ist ein Stufenmodell der Werbewirkungsforschung und bedeutet Attention, Interest, Desire und Action.
Es ist zur Erreichung der Werbeziele erforderlich, zuerst die Aufmerksamkeit der Zielpersonen zu gewinnen (Attention), dann deren Interesse zu wecken (Interest), das in einem Kaufwunsch mündet (Desire), der dann zum Kaufakt führt (Action).

f) Erläutern Sie die Aufgaben der Werbung mithilfe der AIDA-Formel. **64**

485

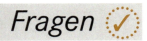

Lernfeldorientierte Fragen

5.15 Marketing/Warenverkauf ab Lager

Der Einzelhändler Frank Schwemann in Jena bestellte bei der Spindler KG 20 Paar der neu eingeführten Schuh-Marke „Response". Die Lieferung erfolgte ordnungsgemäß zum vereinbarten Termin am 23. Juni. Herr Schwemann verweigerte jedoch die Annahme, da er zum vereinbarten Termin wegen zurzeit schleppender Verkäufe keinen Lagerraum frei hatte. Die Lieferung mit den Tennis- und Freizeitschuhen wurde daher wieder nach Hannover zurückgebracht.

65 Welche rechtlichen Möglichkeiten stehen der Spindler KG zur Verfügung?

Da die *Voraussetzungen für den Annahmeverzug* vorliegen (Fälligkeit der Lieferung, tatsächliches Angebot der Lieferung), stehen der Textilgroßhandlung Spindler KG nach der Nichtannahme durch den Käufer (Verschulden ist nicht erforderlich) die folgenden Rechte zu:

- **Rücktritt vom Vertrag.** Von diesem Recht wird die Spindler KG Gebrauch machen, wenn
  - die Ware anderweitig verkauft werden kann,
  - die Verkaufspreise zwischenzeitlich gestiegen sind,
  - man es mit einem guten Kunden zu tun hat (Kulanz),
  - es sich um einen geringfügigen Rechnungsbetrag handelt.

Die Spindler KG kann jedoch auch auf der Erfüllung des Kaufvertrags bestehen. Bis zur endgültigen Klärung der Sachlage muss sie dafür sorgen, dass die **Ware aufbewahrt** wird, z. B. in einem *öffentlichen Lagerhaus* oder in ihrem *eigenen Lager* (= Hinterlegungsrecht).

Die Kosten der Lagerung und die Haftung für die Ware trägt der Käufer, in diesem Fall also Herr Schwemann. Der Aufbewahrungsort muss dem Käufer unverzüglich mitgeteilt werden.

Gleichzeitig kann die Spindler KG *wahlweise* folgende Rechte in Anspruch nehmen:

- **Bestehen auf Abnahme der Ware:** Die Spindler KG **verklagt** Herrn Schwemann auf Abnahme der Ware. Sie wird das in Erwägung ziehen, wenn sie die Ware anderweitig nicht mehr oder nur mit Verlust verkaufen kann.

  Nachteil des Klageweges: Er ist sehr zeitraubend, gefährdet die Geschäftsbeziehung und erhöht die Lager- und Gerichtskosten.

- **Selbsthilfeverkauf durchführen:** Um eine Klage zu umgehen, kann die Spindler KG die eingelagerte und hinterlegte Ware im Selbsthilfeverkauf verkaufen, und zwar
  - in einer öffentlichen Versteigerung, z. B. durch einen Gerichtsvollzieher, oder
  - im freihändigen Verkauf, z. B. durch einen anerkannten Handelsmakler, vorausgesetzt die Ware hat einen Börsen- oder Marktpreis, wie beispielsweise Kaffee, Getreide, Tee oder Kupfer.

Den Mindererlös (= Differenz zwischen Preis und Erlös) sowie die Kosten des Selbsthilfeverkaufs muss Herr Schwemann als Käufer tragen, ein etwaiger Mehrerlös ist an ihn auszuzahlen.

Marketing/Warenverkauf ab Lager

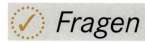 **Fragen**

a) Ein **Rackjobber** (Regalgroßhändler, auch Servicemerchandiser genannt) ist ein Großhändler, dem in Einzelhandelsunternehmen Verkaufsraum oder Regalflächen zur Verfügung gestellt werden. Dort bietet der Rackjobber (wörtlich ist das Wort „rack" mit Gestell/Ständer und das Wort „jobber" mit Akkordarbeiter zu übersetzen) für eigene Rechnung Waren an, die das Sortiment des Einzelhandelsunternehmens ergänzen. Mit dem Rackjobbing übernimmt die Textilgroßhandlung Spindler KG eine Reihe von Aufgaben des Lebensmitteleinzelhändlers:
- Sie liefert die Ware in einzelhandelsgerechten Einheiten,
- füllt selbst regelmäßig die Regale mit Ware nach,
- entscheidet häufig auch über das Sortiment,
- verwaltet die Ware mengenmäßig,
- rechnet die verkaufte Ware mit dem Einzelhandelsunternehmen ab,
- sortiert alte oder nicht verkaufsfähige Ware aus und
- besorgt den Einkauf der Ware.

Durch die Regalvermietung an Rackjobber wie der Spindler KG hat der Einzelhändler den Vorteil, sein Sortiment risikolos zu erweitern, ohne sich um Einkauf und Sortimentsgestaltung dieser Warengruppe kümmern zu müssen.

b) Als textile Ware für die Filialen des Lebensmittelhändlers kämen beispielsweise infrage:
- Geschirrtücher
- Tischdecken
- Servietten
- Damenstrümpfe
- Strumpfhosen
- Herrensocken u. Ä. m.

c) Für den Vertriebsweg des Rackjobbings sprechen aus der Sicht der Textilgroßhandlung Spindler KG:
- Entlastung des eigenen Lagers durch Vorratshaltung in angemieteten Regalen des Einzelhandels
- sofortige Marktpräsenz
- schnelle und breit gestreute Rückmeldung über Verbraucherreaktionen und Absatz: Aus dem Artikelbericht kann der Verkauf eine „Renner- und Pennerliste" erstellen. Die Rennerliste enthält alle Artikel aus dem Artikelbericht, die gut verkauft wurden. Die Pennerliste listet Artikel auf, die wenig verkauft wurden.
- frühzeitige Information über künftige Beschaffung
- Nutzung als Testmarkt
- hohe Akzeptanz beim Einzelhandel wegen risikoloser Sortimentserweiterung und Erträgen aus Vermietung und Verkauf

---

Im Zusammenhang mit seiner Suche nach weiteren Absatzformen und -gebieten für das Sortiment wird dem Abteilungsleiter des Verkaufs, Herrn Trumpf, angeboten, in den Filialen des Lebensmittelhandelsunternehmens Gut-Markt als Rackjobber tätig zu werden.

a) Was ist ein Rackjobber und welche Aufgaben übernimmt der Textilgroßhändler mit dem Rackjobbing? ⟨66⟩

b) Wählen Sie Artikel aus, die die Textilgroßhandlung Spindler KG in den Lebensmittelfilialen als Rackjobber anbieten kann. ⟨67⟩

c) Erläutern Sie einige Aspekte, die für die Wahl dieses Vertriebsweges sprechen. ⟨68⟩

487

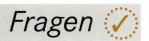

Lernfeldorientierte Fragen

5.16 Kooperation

Im Zusammenhang mit der Suche nach weiteren Kosteneinsparungen, der Verbesserung der Wirtschaftlichkeit des Textilunternehmens und als Reaktion auf die zunehmende Konzentration im Handel will sich die Spindler KG am Aufbau einer freiwilligen Kette beteiligen.

69 a) Welche Kooperationspartner muss die Spindler KG dafür gewinnen?

70 b) Stellen Sie einen Katalog von Leistungen zusammen, den die Spindler KG ihren Kooperationspartnern anbieten kann.

a) **Freiwillige Ketten** sind Kooperationen zwischen einem oder mehreren Großhändlern und vielen Einzelhändlern meist der gleichen Branche zur gemeinsamen Durchführung unternehmerischer Aufgaben. Die beteiligten Unternehmen bleiben rechtlich und wirtschaftlich selbstständig.

Insofern muss die Spindler KG Einzelhandels- und Großhandelsunternehmen, die in der Textilbranche tätig sind, als Kooperationspartner gewinnen.

b)
- Ziele der Zusammenarbeit der *Kettengroßhändler untereinander* sind:
  - **größere Marktmacht** im Beschaffungsmarkt durch Verringerung der Zahl der Nachfrager
  - **Rationalisierung durch gemeinschaftlichen Einkauf:** Durch zentralen Einkauf können günstigere Einkaufspreise und -konditionen erzielt werden.
  - **Erhöhung der Markttransparenz** durch Kommunikation zwischen den Mitgliedern und besondere Bemühungen der Verbundzentrale
  - **Steigerung der Wirtschaftlichkeit** der Werbemaßnahmen durch Werbeverbund der freiwilligen Handelskette:
    - überproportionale Werbekostensenkung
    - höhere Werbemittelauflage
    - geringere Streuverluste
  - **Rationalisierung durch Sortimentsbereinigung:** Durch die Schaffung von Handelsmarken wird eine Abhebung von der Konkurrenz und eine relative Unabhängigkeit von Markenartikeln erreicht. Daraus ergibt sich die Möglichkeit der Sortimentsverkleinerung.

- Die Zusammenarbeit des Kettengroßhändlers mit einer größeren Anzahl von selbstständigen Einzelhändlern bietet dem Kettengroßhändler u. a. folgende Vorteile:
  Genauere Beschaffungsplanung und rascher Lagerumschlag: Der durch die Kundenbindung bedingte, regelmäßige Absatz ermöglicht eine genauere Beschaffungsplanung und eine größere Wirtschaftlichkeit der Lagerhaltung.
  - **Rationeller Absatz:**
    - Feste Auslieferungstouren der Lkws ermöglichen eine optimale Auslastung des Fuhrparks.
    - Reisende, die angeschlossene Einzelhändler in festen Zeitabständen besuchen, nehmen Aufträge für problemlose Artikel auf Bestellformularen des Lieferers in Mengeneinheiten von Originalkolli an. Dadurch werden Doppelarbeiten vermieden.
  - **Leistungserstellung bindet relativ wenig Kapital:**
    Regelmäßiger Absatzfluss bei hohen Bestellgrößen (auch wenn die Einzelhändler nicht gezwungen sind, alle Waren beim Kettengroßhändler zu beziehen), rascher Lagerumschlag, genormter Zahlungsverkehr (Bankeinzugsverfahren) und eine diesem Leistungsvorgang gut angepasste Verwaltung bewirken eine relativ geringe Kapitalbindung für die Leistungserstellung.

Warenwirtschaftssystem

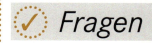 *Fragen*

- Den angeschlossenen *Einzelhandelsunternehmen* können u. a. folgende Leistungen angeboten werden (Vorteile von Kettenverträgen):
  - gemeinsame Werbung
  - gemeinsame Handelsmarken
  - Zusammenarbeit auf den Gebieten der Verkaufsraumgestaltung, der verkaufsfördernden Maßnahmen (z. B. Sonderangebotsaktionen) und der Verwaltung (z. B. im Rechnungswesen, der Datenverarbeitung und der Verkäuferschulung)

5.17 Warenwirtschaftssystem

a)
- **Offenes WWS:**
  - Nur ein Teil der warenwirtschaftlichen Arbeit erfolgt mithilfe des Computers.
  - Die übrigen Aufgaben werden manuell gelöst.

- **Geschlossenes WWS:**
  - Alle Aufgaben werden mithilfe eines Computers gelöst.
  - die Normalform der Warenwirtschaftssysteme
  - EDV- Anlagen begleiten den gesamten Warendurchlauf durch das Unternehmen.

- **Integrierte WWS:**
  - unternehmensübergreifende Übertragung warenwirtschaftlicher Daten
  - bindet Kunden, Lieferer und Banken in die Warenwirtschaft des Großhandels mit ein
  - Daten fließen durch Datenträgeraustausch in das EDV- System der Marktpartner.
    Vorteile:
    – Schnelligkeit des Informationsaustauschs
    – kostensparender Wegfall der Mehrfacherfassung

b)
- Mahnwesen
- Wareneingang
- Rechnungsprüfung
- Bestellwesen
- Artikelauskunftssystem
- Liefererauskunftssystem
- System für Angebotsaufforderung

c) EAN = Europäische Artikelnummerierung
Die EAN wird als einheitliches Kennzeichnungssystem eingesetzt, d. h., jeder handelsüblichen Mengen- und Verpackungseinheit beim Hersteller wird eine eigene Nummer zugeordnet. Diese Nummer begleitet den Artikel bis zum Endverbraucher. Sie besteht aus 13 Ziffern:
- Nummer 1–2 = Länderkennzeichen,
- Nummer 3–7 = bundeseinheitliche Betriebsnummer „bbn"
- Nummer 8–12 = individuelle Artikelnummer des Herstellers
- Nummer 13 = Prüfziffer

In der Spindler KG plant man die Einführung eines neuen Warenwirtschaftssystems.

a) Erklären Sie **71** den Unterschied zwischen einem offenem, geschlossenem oder integriertem EDV-gestütztem Warenwirtschaftssystem.

b) Nennen **72** Sie fünf Bereiche, in denen das Warenwirtschaftssystem im Einkauf eingesetzt wird.

c) Wofür **73** steht die Abkürzung EAN und wofür wird sie eingesetzt?

Fragen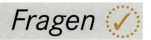

Lernfeldorientierte Fragen

5.18 Projekte/Netzplantechnik

In der Spindler KG ist die Einrichtung eines neuen Lagergebäudes notwendig geworden. Der Bau wird als internes Projekt durchgeführt.

74 a) Erläutern Sie kurz den Unterschied zwischen einem internen und einem externen Projekt.

a) Bei einem internen Projekt wird der Anstoß zur Durchführung eines Projekts dadurch gegeben, dass im Unternehmen besondere Maßnahmen durchgeführt werden. Die Initiative zur Durchführung eines Projekts kommt aus dem Unternehmen selbst.
Beispiel: Die Integration einer Filiale, die neu übernommen wurde.

Bei externen Projekten kommt der Anstoß zur Projektgründung von außen.
Beispiel: Staatliche Auflagen zwingen das Unternehmen dazu. Auch ein Kunde oder ein Lieferer außerhalb des Unternehmens fordert Unternehmensleistungen ab, für die es noch keine Standardlösungen gibt.

75 b) Nennen Sie mindestens drei Merkmale eines Projekts, die man aus einem Netzplan ablesen kann.

b)
- Dauer des Projekts
- mögliche Risiken
- kritische Aktivitäten, die das Projekt verzögern könnten, wenn sie nicht rechtzeitig fertig werden
- Sollte das Projekt früher fertig werden – was ist am besten zu tun?
- Wie kann man eine Beschleunigung des Projekts mit den geringsten Kosten erreichen?

76 c) Rechts sehen Sie einen Ausschnitt aus dem Netzplan „Errichtung des Lagergebäudes". Der Ausschnitt ist jedoch unvollständig. Fügen Sie die fehlenden Zahlen oder Elemente hinzu.

c)
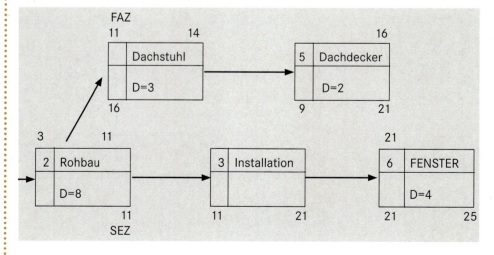

Projekte/Netzplantechnik

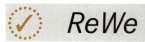

Lösung:

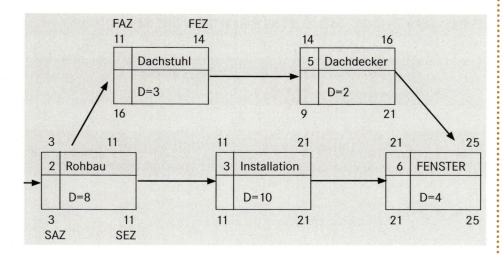

MC Multiple-Choice-Aufgaben

Ich löse typische Aufgaben des gebundenen Teils der Abschlussprüfung

6 Multiple-Choice-Aufgaben nach Lernfeldern (LF*)

6.1 LF 1: Den Ausbildungsbetrieb als Groß- und Außenhandelsunternehmen präsentieren

1

Wirtschaftskreislauf

Welche zwei Sektoren gehören sowohl zum einfachen als auch zum erweiterten Wirtschaftskreislauf?
(1) Banken
(2) private Haushalte
(3) Staaten
(4) Ausland
(5) Unternehmen

2

Aufkaufgroßhandel

Was trifft auf den Aufkaufgroßhandel zu?
(1) Bezieht Güter in größeren Mengen von den Herstellern und verkauft sie in kleineren Mengen überwiegend an Einzelhändler und Handwerksbetriebe.
(2) Ist Mittler zwischen den verschiedenen aufeinanderfolgenden Stufen der gewerblichen Wirtschaft.
(3) Ist der für die Raumüberbrückungsfunktion zuständige Großhandel.
(4) Kauft von verschiedenen Herstellern Wirtschaftsgüter in kleinen Mengen, die gesammelt, umsortiert und anschließend in größeren Mengen an Betriebe der Weiterverarbeitung abgegeben werden.
(5) Ist für den Verkauf an Endverbraucher zuständig.

3

Raum- und Zeitüberbrückung

Ordnen Sie den folgenden drei Begriffen die entsprechenden Definitionen zu.

Begriff: a) Raumüberbrückung, b) Zeitüberbrückung, c) Markterschließung
Definition: (1) Da er die Wünsche und Vorstellungen seiner Kunden kennt, kann der Großhändler die Hersteller über Nachfrage- und Bedarfsverschiebungen informieren.
(2) Der Großhandel erstellt ein passendes Warenangebot.
(3) Der Großhandel bietet Serviceleistungen an.
(4) Der Großhandel gleicht die Spanne zwischen Herstellung und Verbraucher durch Lagerung aus.
(5) Der Großhandel gleicht die räumliche Entfernung zwischen Hersteller und Konsumenten aus.
(6) Der Großhandel ist Vermittler zwischen Hersteller und Verbraucher.

* **Hinweis:** Die Multiple-Choice-Aufgaben decken nicht alle prüfungsrelevanten Themen ab. Sie dienen zum Einüben des Umgangs mit Multiple-Choice-Aufgaben im Rahmen des gebundenen Prüfungsteils.

Lernfeld 1

Rackjobber
Was ist ein Rackjobber?
(1) ein Großhändler, der dafür sorgt, dass Ware das Lager nicht berührt, sondern direkt vom Lieferer an die Kunden geliefert wird
(2) ein Großhändler, der überwiegend im Außenhandel tätig ist
(3) ein Großhändler, der überwiegend ein breites Sortiment führt
(4) ein Großhändler, der überwiegend ein schmales Sortiment führt
(5) ein sogenannter Regalgroßhändler

Rentabilität
Zu welchem Unternehmensziel gehört die Rentabilität?
(1) Erhaltung des Betriebes
(2) Bedarfsdeckung
(3) Sicherung der Arbeitsplätze
(4) Schutz von Umwelt und Gesundheit
(5) Streben nach Gewinn

Käufermarkt
Was trifft auf einen Käufermarkt zu?
(1) Wegen der großen Nachfrage der Käufer bei gleichzeitig geringem Warenangebot haben die Hersteller die Marktmacht.
(2) Auf einem solchen Markt sind Verkäufer und Kunde Partner.
(3) Markt, auf dem Verkäufer als Gegner gesehen werden.
(4) Die Konsumenten haben durch das riesige Warenangebot die Marktmacht.
(5) Ein Markt, auf dem Kunden durch Rabatte zum Kauf animiert werden.

Offene Handelsgesellschaft
Was trifft auf eine offene Handelsgesellschaft zu?
(1) Mindestens zwei Personen stellen Eigenkapital zur Verfügung.
(2) Der Gesellschafter der OHG heißt Komplementär.
(3) Die OHG handelt durch den Geschäftsführer.
(4) Unternehmensleitung und Mitgliedschaft in der offenen Handelsgesellschaft sind grundsätzlich getrennt.
(5) Die OHG hat ein Grundkapital von 25.000,00 €.

Rechtsform
In einer Rechtsform gibt es ein Mindestkapital von 25.000,00 €, das Stammkapital genannt wird. In einer Sonderform benötigt man als Gesellschafter sogar gar kein Kapital. Welche Rechtsform liegt vor?
(1) Einzelunternehmen
(2) OHG
(3) KG
(4) GmbH
(5) Aktiengesellschaft

MC Multiple-Choice-Aufgaben

9

Weisungssysteme

Auf welches Weisungssystem trifft die folgende Anmerkung zu: „Der Vorteil dieses Leitungssystems liegt in den klaren Verantwortungsbereichen. Es gibt eine eindeutige Regelung der Weisungszuständigkeit. Als Nachteil gilt die starke Belastung der oberen Leitungsebenen, bei der alle Entscheidungen von Vorgesetzten getroffen werden müssen. Durch die langen Dienstwege ist dieses System für Anordnungen und Meldungen sehr schwerfällig.
(1) Einliniensystem
(2) Mehrliniensystem
(3) Stabliniensystem
(4) divisionale Organisation
(5) Matrixorganisation

10

Mehrliniensystem

Was trifft auf das Mehrliniensystem zu?
(1) Genau wie im Stabliniensystem gibt es hier auch Stabsstellen.
(2) Alle Personen sind in einem einheitlichen Befehlsweg eingegliedert, der von der obersten Instanz bis zur letzten Arbeitskraft reicht.
(3) Dieses System wird häufig auch Spartenorganisation genannt.
(4) Ein Mitarbeiter kann von mehreren spezialisierten Vorgesetzten Anweisung erhalten.
(5) Hat der Spezialist im Mehrliniensystem eine direkte Gewinnverantwortung gegenüber der Unternehmensleitung, spricht man auch von einem Profitcenter.

11

Unterstützungsprozess

Was ist ein Unterstützungsprozess?
(1) Einkauf
(2) Lagerung
(3) Verkauf
(4) Finanzierung
(5) Hilfe unter Kollegen

12

Probezeit

Welche Aussage über die Probezeit ist richtig?
(1) Sie muss mindestens einen Monat und darf höchstens 6 Monate betragen.
(2) Sie muss mindestens 6 Wochen und darf höchstens 4 Monate betragen.
(3) Sie muss mindestens einen Monat und darf höchstens 4 Monate betragen.
(4) Nach Ablauf der Probezeit darf gekündigt werden mit einer Kündigungsfrist von 6 Wochen, wenn die Berufsausbildung aufgegeben wird.
(5) Während der Probezeit kann jederzeit gekündigt werden. Es muss allerdings ein Grund angegeben werden.

13

Jugendarbeitsschutzgesetz

Welche Aussage über das Jugendarbeitsschutzgesetz ist falsch?
(1) Es gilt für 14- bis 17-jährige Jugendliche.

Lernfeld 1

(2) Es gibt Beschäftigungsverbote und Beschäftigungsbeschränkungen für gesundheitsgefährdende Arbeiten.
(3) Akkordarbeit wird für Jugendliche untersagt.
(4) Die wöchentliche Arbeitszeit darf 48 Stunden nicht überschreiten.
(5) Jugendliche sind an einem Tag in der Woche den ganzen Tag von der Arbeit befreit, wenn sie an diesem Tag für mehr als 5 Unterrichtsstunden die Berufsschule besuchen.

Rechtsform
In welcher Rechtsform tritt eine Kapitalgesellschaft als Komplementär auf?
(1) KG
(2) OHG
(3) stille Gesellschaft
(4) GmbH & Co KG
(5) KGaA

Visualisierungshilfsmittel
Die Sachbearbeiter der Spindler KG wenden in ihrer täglichen Arbeit viele Methoden an. Welche Methode ist ein Hilfsmittel zur Visualisierung?
(1) Brainstorming
(2) Mindmapping
(3) SQR3-Methode
(4) Rollenspiel
(5) Kopfstandmethode

Manteltarifvertrag
Was wird *nicht* im Manteltarifvertrag beschrieben?
(1) Kündigungsfrist
(2) Gehaltshöhe
(3) Nachtarbeit
(4) Urlaubsregelung
(5) Mehrarbeit
(6) Dauer der Arbeitszeiten

Sortimentsgroßhandel
Wodurch ist der Sortimentsgroßhandel gekennzeichnet?
(1) schmales Sortiment
(2) tiefes Sortiment
(3) breites Sortiment
(4) weltweite Aktivität
(5) Selbstbedienungssortiment

MC Multiple-Choice-Aufgaben

Lösungen zu 6.1 Multiple-Choice-Aufgaben 1 bis 17

Aufgabe 1
(2) und (5)

Aufgabe 2
(4)

Aufgabe 3
(5), (4) und (1)

Aufgabe 4
(5)

Aufgabe 5
(5)

Aufgabe 6
(4)

Aufgabe 7
(1)

Aufgabe 8
(4)

Aufgabe 9
(1)

Aufgabe 10
(4)

Aufgabe 11
(4)

Aufgabe 12
(3)

Aufgabe 13
(1)

Aufgabe 14
(4)

Aufgabe 15
(2)

Aufgabe 16
(4)

Aufgabe 17
(3)

6.2 LF 2: Aufträge kundenorientiert bearbeiten

1

Auftragsbearbeitung

Bringen Sie die folgenden Abläufe der Auftragsbearbeitung, vom erteilten Auftrag bis zur Auslieferung und Abrechnung, in die richtige Reihenfolge, indem Sie die Ziffern von 1–6 eintragen.
( ) Zusammenstellung
( ) Umsetzung
( ) Fakturierung
( ) Übermittlung
( ) Versand
( ) Aufbereitung

2

Rechtsfähigkeit

§ 1 BGB regelt die Rechtsfähigkeit. Welche der folgenden Aussagen ist richtig?
(1) Wer rechtsfähig ist, ist auch volljährig.
(2) Wer rechtsfähig ist, ist auch geschäftsfähig.
(3) Jeder Mensch kann ohne Einschränkungen Verträge abschließen.
(4) Jeder Mensch ist Träger von Rechten und Pflichten.
(5) Nur Rechtsanwälte und Notare sind rechtsfähig.

Lernfeld 2

Rechtsfähigkeit
Die Rechtsfähigkeit des Menschen beginnt mit ...
(1) Vollendung der Geburt.
(2) 7 Jahren.
(3) 18 Jahren.
(4) 16 Jahren.
(5) 6 Jahren.

Rechtsfähigkeit
Die Rechtsfähigkeit natürlicher Personen endet mit ...
(1) der Aberkennung der bürgerlichen Ehrenrechte.
(2) der Entmündigung aufgrund von Geisteskrankheit.
(3) der Anordnung einer Pflegschaft aufgrund sehr hohen Alters.
(4) dem Tod.
(5) Betreten eines Gerichts.

Geschäftsunfähigkeit
In welchem Alter ist der Mensch geschäftsunfähig?
(1) von 0–18 Jahren
(2) von 0–14 Jahren
(3) von 7–18 Jahren
(4) von 0–16 Jahren
(5) von 0–6 Jahren

Geschäftsfähigkeit
Welche der folgenden Definitionen zur „Geschäftsfähigkeit" ist richtig?
(1) Fähigkeit einer Person, Träger von Rechten und Pflichten zu sein
(2) Fähigkeit einer Person, Rechtsgeschäfte rechtswirksam abzuschließen
(3) Fähigkeit einer Person, rechtsgültige Kreditgeschäfte abzuschließen
(4) Fähigkeit einer Person, gewerbsmäßig die Lagerung von fremden Gütern zu übernehmen
(5) Fähigkeit einer Person, die Versendung von Gütern durch Frachtführer zu besorgen

Anfrage
Die Spindler KG möchte eine allgemein gehaltene Anfrage an einen Lieferer richten. Wonach fragt sie?
(1) Güte und Beschaffenheit
(2) Artikel und Artikelnummer
(3) Katalog und Preisliste
(4) Zahlungs- und Lieferbedingungen
(5) Preis und Lieferzeit

Multiple-Choice-Aufgaben

8 Angebot
Wann gilt weiterhin die Bindung an ein Angebot?
(1) Der Empfänger lehnt das Angebot ab.
(2) Die Bestellung weicht vom Angebot ab.
(3) Der Widerruf des Anbieters trifft nach dem Angebot beim Empfänger ein.
(4) Die Bestellung trifft 2 Wochen nach dem Angebotsbrief ein.
(5) Die Bestellung geht 48 Stunden nach dem telegrafischen Angebot ein.

9 Zahlungsbedingungen
Was ist die gesetzliche Regelung für Zahlungsbedingungen?
(1) unverzüglich bei Lieferung
(2) sofort netto Kasse
(3) Vorauszahlung
(4) Ratenkauf
(5) gegen Nachnahme

10 Versandkosten
Bei welcher der folgenden vertraglichen Regelungen der Versandkosten zahlt der Käufer nichts?
(1) frachtfrei
(2) ab hier
(3) frei Bahnhof dort
(4) frei Lager
(5) ab Werk

11 Kaufart
Ordnen Sie den jeweiligen Fällen zu, indem Sie die Ziffern 1, 2 oder 3 eintragen.
(1) bürgerlicher Kauf, (2) einseitiger Handelskauf, (3) zweiseitiger Handelskauf

( ) Der 20-jährige Azubi kauft einen Gebrauchtwagen beim Händler.
( ) Der Unternehmer kauft für seine Tochter eine Filmkamera im Einkaufszentrum beim Fotohändler.
( ) Uwe Otte benötigt einen A3-Drucker. Sein Onkel veräußert ihm seinen kürzlich erworbenen Drucker.
( ) Ein Einzelhandelskaufmann schließt mit seinem Freund einen Kaufvertrag über zwei Handbälle ab.
( ) Eine Großhandlung verkauft Spanplatten an einen Tischler.

12 Kaufart
Die Spindler KG kauft bei einem Industrieunternehmen zunächst lediglich eine geringe Menge, um sie zu testen. Um welche Kaufvertragsart handelt es sich?
(1) Kauf auf Probe
(2) Kauf nach Probe
(3) Kauf zur Probe
(4) Gattungskauf
(5) Stückkauf

Lernfeld 2

Anfechtbares Rechtsgeschäft
In welchem Fall ist das Rechtsgeschäft anfechtbar?
(1) Willenserklärung von Geschäftsunfähigen
(2) Scherzgeschäft
(3) Willenserklärung, die im Zustand vorübergehender Geistesstörung abgegeben wurde
(4) Verstoß gegen ein gesetzliches Verbot
(5) arglistige Täuschung

Quittung
Welche der folgenden Angaben muss nicht auf einer Quittung enthalten sein?
(1) Zahlungsbetrag (in Ziffern und in Buchstaben)
(2) Name des Zahlers
(3) Grund der Zahlung
(4) Unterschrift des Zahlungsempfängers
(5) Bank des Zahlungsempfängers

Dauerauftrag
Welche Merkmale treffen beim Dauerauftrag zu?
(1) regelmäßige Zahlung zu einem bestimmten Termin; Betrag immer in derselben Höhe
(2) mehrere Überweisungen an verschiedene Zahlungsempfänger in einem Überweisungsauftrag
(3) regelmäßige Zahlung zu einem bestimmten Termin; variable Beträge
(4) unregelmäßige Zahlung; variable Beträge
(5) Der Zahlungspflichtige erteilt dem Zahlungsempfänger die Ermächtigung, einen fälligen Forderungsbetrag einmalig oder mehrmals von seinem Konto einzuziehen.

Sozialgerichtsbarkeit
Entscheiden Sie bei den folgenden Angaben, ob eine Mahnung des Käufers notwendig ist, um den Lieferer in Verzug zu setzen. Geben Sie an, wenn eine Mahnung notwendig ist.
(1) Lieferung sofort
(2) Lieferung am 18.07. dieses Jahres
(3) Lieferung 3 Tage nach Ostermontag des Jahres
(4) Lieferung im Laufe des Monats Mai
(5) Lieferung bis Ende April dieses Jahres

Eigentum
Welche der folgenden Äußerungen zum Eigentum ist falsch?
(1) Eigentum ist die rechtliche Herrschaft über eine Sache oder ein Recht.
(2) Das Eigentum an einer beweglichen Sache kann durch Einigung und Übergabe erworben werden.
(3) Das Eigentum an einer beweglichen Sache kann z. B. nur durch Einigung erworben werden. Der Veräußerer bleibt in diesem Fall der Besitzer.
(4) Gutgläubiger Erwerb ist nicht möglich bei verloren gegangenen oder gestohlenen Sachen.
(5) Das Eigentum an einer unbeweglichen Sache kann nur durch Auflassung und Eintragung in das Grundbuch erworben werden. Eine notarielle Beurkundung reicht nicht aus.

MC Multiple-Choice-Aufgaben

18

Verjährung

Ordnen Sie zu, indem Sie die Zahlen 1 oder 2 eintragen.
(1) Unterbrechung der Verjährung
(2) Hemmung der Verjährung

( ) Der Gläubiger erhebt eine Klage wegen Nichtzahlung.
( ) Der Mahnbescheid wird vom Amtsgericht zugestellt.
( ) Der Schuldner leistet eine Teilzahlung.
( ) Die Zinsen für die Restschuld werden vom Schuldner überwiesen.
( ) Der Zahlungsschuldner erkennt eine Nachbesserung aufgrund von Mangelansprüchen an.
( ) Der Verkäufer schickt eine Mahnung mit dem Hinweis, bei Nichtzahlung gerichtliche Maßnahmen einzuleiten.

Lösungen zu 6.2 Multiple-Choice-Aufgaben 1 bis 18

Aufgabe 1
(4), (3), (6), (1), (5), (2)

Aufgabe 2
(4)

Aufgabe 3
(1)

Aufgabe 4
(4)

Aufgabe 5
(5)

Aufgabe 6
(2)

Aufgabe 7
(3)

Aufgabe 8
(3)

Aufgabe 9
(1)

Aufgabe 10
(4)

Aufgabe 11
(2), (2), (1), (1) und (3)

Aufgabe 12
(4)

Aufgabe 13
(5)

Aufgabe 14
(5)

Aufgabe 15
(1)

Aufgabe 16
(1)

Aufgabe 17
(3)

Aufgabe 18
(2), (2), (1), (1), (1), (1)

6.3 LF 3: Beschaffungsprozesse planen, steuern und durchführen

1

Beschaffungsplanung

Welcher Teil der Beschaffungsplanung sagt etwas darüber aus, wo eingekauft werden soll?
(1) Zeitplanung
(2) Sortimentsplanung
(3) Mengenplanung
(4) Bezugsquellenermittlung
(5) Finanzplanung

Lernfeld 3 — MC

Mengenplanung
Worüber gibt die Mengenplanung Auskunft? Sie gibt Auskunft darüber, ...
(1) was eingekauft werden soll.
(2) wie viel eingekauft werden soll.
(3) wann eingekauft werden soll.
(4) wo eingekauft werden soll.
(5) warum eingekauft werden soll.

Optimale Bestellmenge
Was trifft auf die optimale Bestellmenge zu?
(1) Die Gesamtkosten der Bestellung sind am geringsten.
(2) Die größtmögliche Bestellmenge wird bestellt.
(3) Es braucht nur einmal im Jahr bestellt zu werden.
(4) Die Gesamtkosten der Bestellung sind am höchsten.
(5) Die niedrigste Bestellmenge wird bestellt.

Optimale Bestellmenge
Nennen Sie die optimale Anzahl an Bestellungen, wenn unsere Großhandlung einen Jahresbedarf von 2 000 Laserdruckern hat. Die Lagerkosten liegen pro Stück bei 0,50 € und die Bestellkosten betragen pro Bestellung 40,00 €.
(1) 2
(2) 3
(3) 4
(4) 5
(5) 6

Limitrechnung
Wofür verwendet man die Limitrechnung in einem Unternehmen? Man verwendet in einem Unternehmen die Limitrechnung, ...
(1) um den maximalen Einkaufspreis für eine Ware zu berechnen.
(2) um eine Grenze zu setzen, die angibt, für viel Euro in einem bestimmten Zeitraum eingekauft werden darf.
(3) um den maximalen Verkaufspreis für eine Ware zu berechnen, für den der Artikel verkauft werden kann.
(4) um eine Grenze zu setzen, die angibt, wie viel Ware höchstens in einem bestimmten Zeitraum eingekauft werden darf.
(5) um die Kostenfaktoren des nächsten Jahres im Voraus zu berechnen.

Meldebestand
Was ist der Meldebestand (Bestellpunktverfahren)?
(1) Sicherheitsvorrat, der dauernd vorhanden sein muss, um unvorhersehbaren Störungen vorzubeugen
(2) aktueller Warenvorrat
(3) Bestand, der die Zeitspanne zwischen Bestellung bis zur Lieferung der Ware überbrückt
(4) Bestand, der maximal eingekauft/gelagert werden kann
(5) Bestandsmenge, bis zu der verkauft werden kann

MC ✓ Multiple-Choice-Aufgaben

7 Primärquellen
Was trifft auf Primärquellen zu?
(1) Es sind zufällige Anfragen extern vorhandener Beschaffungsmarktdaten.
(2) Es handelt sich um die eigene direkte und gezielte Erhebung von Beschaffungsmarktdaten.
(3) Es sind Informationsquellen, die man auf Messen auswerten kann.
(4) Es sind Informationsquellen über die primär zu beliefernden Kunden.
(5) Es sind Quellen, mit denen man die Beschaffungsmarktdaten auswerten kann.

8 Sekundärquellen
Welche der folgenden Tätigkeiten der Liefererauswahl gehört zu den Sekundärquellen?
(1) eigene, gezielte Liefererbefragung
(2) Teilnahme an Messen
(3) Besuch möglicher Lieferer
(4) Erfahrungsaustausch mit Kollegen in Einkaufsverbänden
(5) Sammlung von Katalogen, Prospekten, Preislisten, Werbematerial

9 E-Klausel
Was beinhaltet die E-Klausel?
(1) Der Verkäufer organisiert und bezahlt den Haupt- und Nachlauf.
(2) Der Verkäufer organisiert den gesamten Transport. Er übernimmt die gesamten Kosten und Gefahren.
(3) Der Käufer organisiert und bezahlt den Haupt- und Nachlauf.
(4) Der Käufer übernimmt die Kosten ab der Einfuhr ins Importland.
(5) Der Käufer organisiert den gesamten Transport. Er übernimmt die gesamten Kosten und Gefahren.

10 C-Klausel
Was beinhaltet die C-Klausel?
(1) Der Verkäufer organisiert und bezahlt den Haupt- und Nachlauf.
(2) Der Käufer organisiert den gesamten Transport. Er übernimmt die gesamten Kosten.
(3) Der Käufer organisiert und bezahlt den Haupt- und Nachlauf.
(4) Der Verkäufer trägt die Haupttransportkosten. Das Transportrisiko trägt er jedoch nur bis zur Übergabe an den Frachtführer.
(5) Der Käufer übernimmt die Kosten ab der Einfuhr ins Importland.

11 FOB
Ein Importeur in Hannover bestellt bei einem amerikanischen Lieferer in Washington auf Lieferbasis FOB New York. Wie sichert er sein Transportrisiko ab?
(1) Transportversicherung von Washington bis Hannover
(2) Transportversicherung von New York bis Hannover
(3) Transportversicherung von Washington bis Hamburg
(4) Transportversicherung von New York bis Hamburg
(5) Transportversicherung von Washington bis New York

Lernfeld 3 — MC

12. Seefracht
Bei welcher Lieferbedingung geht das Transportrisiko auf den Käufer über, sobald sich die Ware an Bord des Seeschiffes befindet, obwohl der Verkäufer die Seefracht trägt?
(1) CFR
(2) FCA
(3) DDP
(4) EXW
(5) FAS

13. Klausel
Welche Klausel laut Incoterms ist für den Verkäufer am günstigsten?
(1) CFR
(2) DDU
(3) FOB
(4) FCA
(5) EXW

14. Unverzügliche Warenprüfung
Wann wird in der Warenannahme die Ware geprüft, wenn dies „unverzüglich" geschehen soll?
(1) sofort
(2) nächste Woche
(3) in den nächsten Stunden
(4) am nächsten Tag
(5) nächstmöglicher Zeitpunkt ohne schuldhafte Verzögerung

15. Warenkontrolle
Nummerieren Sie die Tätigkeiten bei der Warenkontrolle gegenüber dem Frachtführer in der Reihenfolge von 1–5.
( ) Kontrolle von Anschrift, äußerer Beschaffenheit und Richtigkeit des Transportmittels
( ) Abgleich der gelieferten Waren nach Menge und Art mit dem Lieferschein
( ) Dokumentation der Mängel auf Lieferscheinen
( ) Bestätigung der Mängel durch Anlieferer
( ) Empfangsbestätigung und Quittung

16. Offener Mangel – Rügefristen
Wie sind die Rügefristen bei einem „zweiseitigen Handelskauf", wenn ein offener Mangel vorliegt?
(1) beim nächsten Einkauf
(2) beim nächsten Vertreterbesuch
(3) nach einer Woche
(4) unverzüglich
(5) keine Rügefrist, da es sich um einen „zweiseitigen Handelskauf" handelt

MC Multiple-Choice-Aufgaben

17
Einseitiger Handelskauf
Was versteht man unter einem „einseitigen Handelskauf"?
(1) Haftung erfolgt nach vorheriger Absprache nur vom Verkäufer oder Käufer (einseitig)
(2) Verkäufer und Käufer sind Privatleute.
(3) Verkäufer und Käufer sind Unternehmer (Kaufleute nach HGB).
(4) Der Verkäufer ist Unternehmer, der Käufer ist eine Privatperson.
(5) Die Gefahr über Verlust, Beschädigung usw. der Ware trägt nur der Verkäufer, der Käufer ist davon befreit.

18
Einseitiger Handelskauf
Was muss bei einem „einseitigen Handelskauf" bei einem Verbrauchsgüterverkauf beachtet werden?
(1) Rügefrist beträgt 2 Jahre, nach 6 Monaten erfolgt eine Beweislastumkehr
(2) keine Rügefrist
(3) Rügefrist beträgt 3 Jahre, nach 6 Monaten erfolgt eine Beweislastumkehr
(4) Rügefrist beträgt 2 Jahre, keine Beweislastumkehr
(5) keine Ansprüche bei Schlechtleistung

19
Mangelhafte Lieferung
Welche zwei vorrangigen Rechte hat der Käufer bei einer mangelhaften Lieferung?
(1) Nachbesserung
(2) Rücktritt vom Vertrag
(3) Minderung des Kaufpreises
(4) Schadensersatz neben Leistung
(5) Neulieferung

20
Mangelart
Bei einer Weinlieferung wird in einer Lebensmittelgroßhandlung festgestellt, dass einige Kartons an der Unterseite durchnässt sind. Wie bezeichnet man diesen Mangel?
(1) versteckter (verdeckter) Mangel
(2) offener Mangel
(3) arglistig verschwiegener Mangel
(4) kein Mangel, da dies auf dem Transport passieren kann
(5) Rechtsmangel

21
Nachrangige Rechte bei mangelhafter Lieferung
Geben Sie an, welche dieser Rechte zu den nachrangigen Rechten bei der mangelhaften Lieferung gehören (mehrere Antworten möglich).
(1) Nachbesserung
(2) Preisnachlass
(3) Rücktritt vom Vertrag
(4) Schadensersatz statt Leistung
(5) Schadensersatz für den Frachtführer
(6) Neulieferung

Lernfeld 4 MC

Lösungen zu 6.3 Multiple-Choice-Aufgaben 1 bis 21

Aufgabe 1 (4)	**Aufgabe 8** (1)	**Aufgabe 15** (1), (4), (3), (5), (2)
Aufgabe 2 (2)	**Aufgabe 9** (5)	**Aufgabe 16** (4)
Aufgabe 3 (1)	**Aufgabe 10** (4)	**Aufgabe 17** (4)
Aufgabe 4 (4)	**Aufgabe 11** (2)	**Aufgabe 18** (1)
Aufgabe 5 (2)	**Aufgabe 12** (1)	**Aufgabe 19** (1), (5)
Aufgabe 6 (3)	**Aufgabe 13** (5)	**Aufgabe 20** (2)
Aufgabe 7 (2)	**Aufgabe 14** (5)	**Aufgabe 21** (2), (3), (4)

6.4 LF 4: Geschäftsprozesse als Wertströme erfassen, dokumentieren und auswerten

Kapital

Was wird im Unternehmen als Kapital bezeichnet?
(1) das eigene Vermögen, das ins Unternehmen eingebracht wird
(2) eine Gruppe wichtiger Finanzinvestoren
(3) die Finanzierungsquellen des in einem Unternehmen vorhandenen Vermögens
(4) das fremde Vermögen, das ins Unternehmen eingebracht wird
(5) die im ganzen Kalenderjahr vorhandenen und flüssigen finanziellen Mittel

1

Anlagevermögen

Was bedeutet der Begriff „Anlagevermögen"?
Anlagevermögen bedeutet ...

(1) alle Vermögensteile, die langfristig im Unternehmen gebunden sind.
(2) alle Vermögensteile, die kurzfristig im Unternehmen gebunden sind.
(3) alle Vermögensteile, die durch Eigenkapital finanziert sind.
(4) alle Geldwerte eines Unternehmens, die in Wertpapieren angelegt sind.
(5) alle Vermögensteile, die durch Fremdkapital finanziert sind.
(6) alle Vermögensteile, die Kapitalanlagen darstellen.

2

Multiple-Choice-Aufgaben

3 Inventar

Was ist ein Inventar?
(1) die körperliche und buchmäßige Bestandsaufnahme aller Vermögensteile und Schulden nach Art, Menge und Wert
(2) die Gesamtheit der Büroausstattung
(3) das Umlaufvermögen
(4) ein Buchungssatz, der mehr als fünf Konten berührt
(5) das Bestandsverzeichnis aller Vermögensteile und Schulden nach Art, Menge und Wert

4 Inventur

Was versteht man unter einer Inventur?
(1) das Bestandsverzeichnis aller Vermögensteile und Schulden nach Art, Menge und Wert
(2) die buchmäßige Bestandsaufnahme aller Vermögensteile
(3) ein anderes Wort für das Umlaufvermögen
(4) die körperliche und buchmäßige Bestandsaufnahme aller Vermögensteile und Schulden nach Art, Menge und Wert
(5) ein Vorgang, der nach jeder erfolgten Warenbuchung durchzuführen ist, damit die Bestände immer stimmen

5 Aktives Bestandskonto

Welches der folgenden Konten ist ein aktives Bestandskonto?
(1) Büro- und Geschäftsausstattung
(2) Löhne und Gehälter
(3) Verbindlichkeiten aus Lieferungen und Leistungen
(4) Wareneingang
(5) Eigenkapital

6 Passives Bestandskonto

Welches der unten aufgeführten Konten ist ein passives Bestandskonto?
(1) Forderungen aus Lieferungen und Leistungen
(2) Gewerbesteuer
(3) Zinsaufwendung
(4) Grundstücke und Gebäude
(5) Verbindlichkeiten

7 Erfolgskonto

Welches der folgenden Konten gehört zur Gruppe der Erfolgskonten?
(1) Bank
(2) Warenverkauf
(3) Darlehen
(4) Hilfsstoffe
(5) Gehälter

Lernfeld 4 MC

Ermäßigte Umsatzsteuer
Wie hoch ist der ermäßigte Umsatzsteuersatz?
(1) 6 %
(2) 7 %
(3) 19 %
(4) 16 %
(5) 5 %

Ermäßigte Umsatzsteuer
Für welches der folgenden Produkte gilt der ermäßigte Umsatzsteuersatz?
(1) Möbel
(2) Tabakwaren
(3) Elektronikartikel
(4) Spielzeug
(5) Lebensmittel

Aktiv-Passiv-Minderung
Welcher der folgenden Geschäftsfälle stellt eine Aktiv-Passiv-Minderung dar?
(1) Kauf eines PC gegen bar
(2) Begleichung von Lieferverbindlichkeiten durch Banküberweisung
(3) Umwandlung von kurzfristigen Schulden in langfristige Schulden
(4) Kaufen von Waren auf Ziel
(5) Ausgleich einer Limitüberschreitung auf einem Bankkonto durch Einzahlung des entsprechenden Betrages aus der Kasse

Aktivseite der Bilanz
Bringen Sie die Aktivseite der Bilanz in die richtige Reihenfolge.
(1) Fuhrpark
(2) Bank
(3) Waren
(4) Forderung
(5) BGA
(6) Gebäude
(7) Kasse

Passivseite der Bilanz
Bringen Sie die Passivseite der Bilanz in die richtige Reihenfolge.
(1) Verbindlichkeiten aus Lieferungen und Leistungen
(2) Hypothekenschulden
(3) Eigenkapital
(4) Darlehensschulden

MC — Multiple-Choice-Aufgaben

13. Reingewinn

Aus den Konten „Eigenkapital", „Privatentnahme" und „Privateinlage" ergeben sich folgende Zahlen:

Anfangsbestand Eigenkapital   150.000,00 €
Schlussbestand Eigenkapital   140.000,00 €
Privatentnahmen   10.000,00 €
Privateinlagen   15.000,00 €

Errechnen Sie den Reingewinn.

14. Kontenrahmen

Was bezeichnet der Begriff „Kontenrahmen"?
(1) Es ist der Organisations- und Gliederungsplan der Buchführungskonten. In ihm werden die Konten grundlegend systematisch geordnet.
(2) Er stellt die tatsächliche, konkrete, betriebsspezifische Kontenorganisation dar.
(3) Der Begriff bezeichnet das Fenster in der Buchhaltungsabteilung.
(4) Der Kontenrahmen bezeichnet das höchste Limit eines Bankkontos.
(5) Im Kontenrahmen werden nur die Buchungen erfasst, die die Bezugskonten betreffen.

15. Sofortrabatte

Wieso werden Sofortrabatte buchhalterisch nicht erfasst?
(1) Dies geschieht nicht, weil es zu aufwendig wäre.
(2) Die Frage impliziert etwas Falsches, denn sie werden buchhalterisch erfasst.
(3) Sie werden sofort vom Netto-Rechnungsbetrag abgezogen und müssen deshalb nicht erfasst werden.
(4) Sie sind keine Bezugskosten und werden deshalb nicht erfasst.
(5) Sie werden erfasst und im Wareneingang gebucht.

16. Butto-Rechnungsbetrag

Was bezeichnet der Begriff „Brutto-Rechnungsbetrag"?
(1) Der Brutto-Rechnungsbetrag bezeichnet den vollständigen Rechnungsbetrag inklusive Umsatzsteuer.
(2) Der Brutto-Rechnungsbetrag bezeichnet den vollständigen Rechnungsbetrag vor Addition der Umsatzsteuer.
(3) Der Brutto-Rechnungsbetrag ist ein anderer Begriff für Ist-Bestände.
(4) Der Brutto-Rechnungsbetrag ist ein anderer Begriff für Soll-Bestände.
(5) Mit dem Brutto-Rechnungsbetrag wird die Kostenstruktur eines Unternehmens optimiert.

17. Umsatzsteuerzahllast

Wie wird die Umsatzsteuerzahllast ermittelt?
(1) Die Umsatzsteuerforderungen aus den Eingangsrechnungen und die Vorsteuerverbindlichkeiten aus den Ausgangsrechnungen werden gegeneinander aufgerechnet.
(2) Die Vorsteuerforderungen aus den Eingangsrechnungen und die Umsatzsteuerverbindlichkeiten aus den Ausgangsrechnungen werden gegeneinander aufgerechnet.

Lernfeld 4   MC

(3) Sie stellt unsere Forderungen und kurzfristigen Verbindlichkeiten gegenüber. Der Saldo bezeichnet, wenn für das eigene Unternehmen negativ, den von uns an unsere Lieferer zu zahlenden Betrag.
(4) Die Umsatzsteuerzahllast wird in den Allgemeinen Geschäftsbedingungen aufgeführt und dort abgelesen.
(5) Es wird die Gesamtheit der in einem Großhandelsunternehmen regelmäßig zum Verkauf angebotenen Artikel ermittelt.

18

Aktiv-Passiv-Minderung
Die Spindler KG kauft Waren auf Ziel. Welche Konten werden berührt?
(1) Wareneingang
(2) Warenverkauf
(3) Vorsteuer
(4) Umsatzsteuer
(5) Verb. a. LL

S			H
[...]	[...]	[...]	

19

Aktiv-Passiv-Minderung
Am Ende des Jahres muss bei der Spindler KG eine Passivierung der Zahllast erfolgen. Wie lautet der Buchungssatz?
(1) GuV
(2) Wareneingang
(3) Umsatzsteuer
(4) SBK
(5) Vorsteuer

S		H
[...]	[...]	

Lösungen zu 6.4 Multiple-Choice-Aufgaben 1 bis 19

Aufgabe 1
(3)

Aufgabe 2
(1)

Aufgabe 3
(5)

Aufgabe 4
(4)

Aufgabe 5
(1)

Aufgabe 6
(5)

Aufgabe 7
(5)

Aufgabe 8
(2)

Aufgabe 9
(5)

Aufgabe 10
(2)

Aufgabe 11
(6), (1), (5), (3), (4), (7), (2)

Aufgabe 12
(3), (2), (4), (1)

Aufgabe 13
15.000,00 €

Aufgabe 14
(1)

Aufgabe 15
(3)

Aufgabe 16
(1)

Aufgabe 17
(2)

Aufgabe 18
(1), (3) an (5)

Aufgabe 19
(3) an (4)

MC Multiple-Choice-Aufgaben

6.5 LF 5: Personalwirtschaftliche Aufgaben wahrnehmen

1 Personalakte
Ist der Arbeitnehmer berechtigt, in seine Personalakte Einsicht zu verlangen?
(1) Ja, er darf jederzeit Einsicht verlangen.
(2) Er darf nur Einsicht verlangen, wenn der Betriebsrat zustimmt.
(3) Nein, er ist nicht dazu berechtigt.
(4) Ja, er darf Einsicht verlangen, wenn er volljährig ist.
(5) Nein, er darf ohne Zustimmung des Arbeitgebers keine Einsicht verlangen.

2 Betriebsrat
Ab welchem Alter darf man den Betriebsrat wählen?
(1) ab 16 Jahren
(2) ab 17 Jahren, wenn man 4 Wochen Betriebszugehörigkeit hat
(3.) ab 17 Jahren, wenn man 3 Monate Betriebszugehörigkeit hat
(4) ab 20 Jahren
(5) ab 18 Jahren

3 Einkommensteuerpflichtige Einkunftsarten
Was gehört *nicht* zu den einkommensteuerpflichtigen Einkunftsarten?
(1) Einkünfte aus selbstständiger Arbeit
(2) Einkünfte aus Land- und Forstwirtschaft
(3) Einkünfte aus Kapitalvermögen
(4) Einkünfte aus Spenden
(5) Einkünfte aus nicht selbstständiger Arbeit
(6) Einkünfte aus Gewerbebetrieben

4 Werbungskosten
Was zählt zu den Werbungskosten? (drei Antwortmöglichkeiten)
(1) Aufwendungen für Fahrten zwischen Wohnung und Arbeitsstätte
(2) Ausrüstungskauf für einen Sanitätskasten (Erste-Hilfe-Kasten)
(3) Beiträge zu Berufsverbänden, z. B. Gewerkschaftsbeiträge
(4) Aufwendungen für Arbeitsmittel
(5) Aufwendung für Reinigungsmittel
(6) Spende für das Rote Kreuz

5 Lohnsteuerklasse
Welche Lohnsteuerklassen kann das Ehepaar Otte beantragen?
(1) beide Partner Lohnsteuerklasse III

Lernfeld 5

(2) beide Partner Lohnsteuerklasse V
(3) ein Partner Lohnsteuerklasse III, der andere Lohnsteuerklasse IV
(4) ein Partner Lohnsteuerklasse III, der andere Lohnsteuerklasse V
(5) ein Partner Lohnsteuerklasse IV, der andere Lohnsteuerklasse V
(6) ein Partner Lohnsteuerklasse I, der andere Lohnsteuerklasse III

Arbeitsschutzbestimmungen
Welche Aussage trifft in Zusammenhang mit Arbeitsschutzbestimmungen zu?
(1) Schwangere Frauen dürfen nur im Büro arbeiten.
(2) An Sonn- und Feiertagen dürfen nur max. vier Arbeitsstunden geleistet werden.
(3) Schwangere Frauen dürfen keine Akkord- oder Fließbandarbeit vornehmen.
(4) Bei einer Arbeitszeit von 9 Stunden müssen 15 Minuten Ruhepause eingehalten werden.
(5) Leitende Angestellte dürfen nicht länger als 10 Stunden arbeiten.

Lohnfortzahlung bei Krankheit
Ein Arbeitnehmer ist wegen Krankheit arbeitsunfähig. Wie lange muss sein Arbeitgeber ihm das Gehalt weiterzahlen?
(1) 4 Wochen
(2) 6 Wochen
(3) 8 Wochen
(4) 10 Wochen
(5) 12 Wochen

Konfliktfall
Geben Sie die richtige Vorgehensweise im allgemeinen Konfliktfall an.
(1) wahrnehmen, ignorieren, weiterarbeiten
(2) sehen, sprechen, hören, klären
(3) wahrnehmen, austragen, lösen, nacharbeiten
(4) sehen, austragen, unterdrücken

Bundesdatenschutzgesetz
Welche Daten sind durch das Bundesdatenschutzgesetz geschützt?
(1) Mara AG
(2) Spindler KG
(3) Ernst Wiedemann GmbH
(4) Gewerbeaufsichtsamt
(5) Max Mutzke

Multiple-Choice-Aufgaben

10

Bundesdatenschutzgesetz

Welche Rechte haben die Betroffenen nach dem Bundesdatenschutzgesetz hinsichtlich der zu ihrer Person gespeicherten Daten?
(1) Auskunft, Berichtigung, Sperrung, Löschung
(2) Speicherung, Berichtigung, Sperrung, Löschung
(3) Zugangskontrolle, Abgangskontrolle, Speicherung, Löschung
(4) Auskunft, Berichtigung, Benachrichtigung, Speicherung
(5) Benachrichtigung, Löschung, Wahl zum Datenschutzbeauftragten, Auskunft

11

Bundesdatenschutzgesetz

Welche Daten sind durch das Bundesdatenschutzgesetz geschützt?
(1) die Bilanz der Spindler KG
(2) die Umsatzzahlen eines bestimmten Sportschuhs
(3) die personenbezogene Daten natürlicher Personen
(4) alle Daten juristischer Personen
(5) die GuV-Rechnung der Ambiente Warenhaus AG

12

Bundesdatenschutzgesetz

Welche Rechte kann eine Person geltend machen, wenn Daten über sie unrechtmäßig gespeichert sind?
(1) Benachrichtigungsrecht
(2) Zugriffskontrolle
(3) Anhörungsrecht
(4) Löschungsrecht
(5) Abgangskontrolle

13

Zeugnis

Welche Aussage gilt für ein qualifiziertes Zeugnis?
(1) Es werden auch Aussagen über die Leistung und die Führung des Arbeitnehmers getroffen.
(2) Es kann, muss aber nicht durch den Arbeitgeber ausgestellt werden.
(3) Es darf wegen eventueller Nachteile für den Arbeitnehmer nicht ausgestellt werden.
(4) Es darf wegen eventueller Nachteile für den Arbeitnehmer nur von diesem vorformuliert werden.
(5) Es qualifiziert durch Nennung von Art und Dauer der Beschäftigung für spätere gleichartige Tätigkeiten.

14

Zeitlohn

Welche Aussage trifft auf den Zeitlohn zu?
(1) Der Arbeitnehmer erhält ihn, wenn er den Akkordrichtsatz überschreitet.
(2) Der Arbeitnehmer erhält ihn, wenn ein bestimmter Umsatz erreicht wird.
(3) Der Arbeitnehmer erhält ihn für eine bestimmte Zeit, die er am Arbeitsplatz verbringt, ohne dass ein Arbeitsergebnis bewertet wird.
(4) Neben einer erfolgsunabhängigen Komponente enthält er auch eine erfolgsabhängige Vergütung.
(5) Geleistete Überstunden werden als Gutstunden dem Arbeitnehmer verrechnet.

Lernfeld 5   MC

Kündigung
Wann ist eine fristlose Kündigung rechtmäßig?
(1) Der Arbeitnehmer weigert sich Überstunden zu leisten.
(2) Der Betrieb möchte aus Rationalisierungsgründen Arbeitnehmer freisetzen.
(3) Der Arbeitnehmer bedroht einen Vorgesetzten tätlich.
(4) Das Unternehmen hat im letzten Monat kaum noch etwas verkauft.
(5) Der Arbeitnehmer ist seit 10 Wochen krank.

Kündigung
Ein Arbeitnehmer möchte sich gegen eine Kündigung wehren. Vor welches Gericht muss er ziehen?
(1) Amtsgericht
(2) Verwaltungsgericht
(3) Wirtschaftsstrafkammer
(4) Sozialgericht
(5) Arbeitsgericht

Beitragsbemessungsgrenze
Was versteht man unter der Beitragsbemessungsgrenze?
(1) Ab diesem Betrag endet die Versicherungspflicht.
(2) Ab diesem Betrag beginnt die Versicherungspflicht.
(3) Dieser Betrag ist der Höchstbetrag im Rahmen der Beitragsberechnung.
(4) Der Beitragssatz darf prozentual nicht überschritten werden.
(5) Bis zu diesem Betrag darf höchstens der Versicherungsbeitrag berechnet werden.

Dynamische Rente
Welches Kriterium ist entscheidend für die Anpassung der dynamischen Rente?
(1) Entwicklung des Bruttoinlandsproduktes
(2) Entwicklung des Volkseinkommens
(3) Entwicklung der allgemeinen Lebenshaltungskosten
(4) Entwicklung der Löhne und Gehälter
(5) Entwicklung der Rentenbeiträge

Lösungen zu 6.5 Multiple-Choice-Aufgaben 1 bis 18

Aufgabe 1
(1)

Aufgabe 2
(5)

Aufgabe 3
(4)

Aufgabe 4
(1), (3), (4)

Aufgabe 5
(4)

Aufgabe 6
(3)

Aufgabe 7
(2)

Aufgabe 8
(3)

Aufgabe 9
(5)

Multiple-Choice-Aufgaben

Aufgabe 10 (1)	Aufgabe 13 (1)	Aufgabe 16 (5)
Aufgabe 11 (3)	Aufgabe 14 (3)	Aufgabe 17 (3)
Aufgabe 12 (4)	Aufgabe 15 (3)	Aufgabe 18 (4)

6.6 LF 6: Logistische Prozesse planen, steuern und kontrollieren

1 Logistische Kette

Was versteht man unter einer logistischen Kette (supply chain)?
(1) den Weg vom Endkunden bis zum Zulieferer
(2) den Weg vom Hersteller bis zum Endkunden
(3) den Weg vom Großhändler bis zum Einzelhändler
(4) den Weg vom Lieferer bis zum Großhändler
(5) den Weg vom Einzelhändler bis zum Endkunden

2 Spediteure

Was sind Spediteure?
(1) selbstständige Kaufleute, die gewerbsmäßig Güter befördern
(2) die Person, die die Waren empfängt
(3) der Absender einer Ware
(4) selbstständige Einzelschiffer
(5) selbstständige Kaufleute, die auf Rechnung des Versenders die Güterversendung durch Frachtführer besorgen
(6) Lkw-Fahrer

3 Binnenschifffahrt

Die Binnenschifffahrt wird betrieben von:
(1) Partikulieren, Reedereien, Werksbetrieben
(2) Spediteuren, Reedereien, Werksbetrieben
(3) Partikulieren, Reedereien, Spediteuren
(4) Frachtführern, Spediteuren, Partikulieren
(5) Partikulieren, Frachtführern, Werksbetrieben

Lernfeld 6

Eisenbahnfrachtbrief
Nennen Sie die vier Bestandteile des Eisenbahnfrachtbriefes.
(1) Frachtbriefdoppel, Versandblatt, Empfangsblatt, Ladeschein
(2) Versandblatt, Frachtbriefdoppel, Empfangsblatt, Frachtbrief
(3) Frachtbrief, Ladeschein, Frachtbriefdoppel, Lieferschein
(4) Lieferschein, Ladeschein, Frachtbrief, Empfangsblatt
(5) Empfangsblatt, Lieferschein, Frachtbriefdoppel, Empfangsquittung

Tourenplanung
Welche Daten sind für die Tourenplanung erforderlich?
(1) Planungsraumdaten, Kundenstammdaten, Auftragsdaten, Fuhrparkstammdaten, Personalstammdaten
(2) Planungsraumdaten, Kundenstammdaten, Auftragsdaten, Fuhrparkstammdaten, Flexibilität
(3) Planungsraumdaten, Kundenstammdaten, Ersatzfahrzeuge, Fuhrparkstammdaten, Flexibilität
(4) Planungsraumdaten, Auftragsdaten, Fuhrparkstammdaten, Auslieferungskosten
(5) Planungsdaten, Kundendaten, Auftragsstammdaten, Fuhrparkstammdaten, Personaldaten

Luftfrachtbrief
Wofür dient der Luftfrachtbrief *nicht*?
(1) als Beweis für den Empfang der Güter zur Beförderung
(2) als Versandliste, auf der die Begleitpapiere und ggf. besondere Anweisungen des Absenders eingetragen sind
(3) als Frachtrechnung
(4) als Ladeschein

Transportpapiere
Ordnen Sie den unten stehenden Punkten die aufgeführten Transportpapiere 1–4 zu.
( ) muss für den grenzüberschreitenden Güterverkehr ausgestellt werden
( ) Versand- und Verfügungspapier in der Binnenschifffahrt
( ) muss nach dem Montrealer Abkommen aus mindestens drei Ausfertigungen bestehen
( ) beweist den Versand der Ware im Seefrachtverkehr

Transportpapiere:
1. Ladeschein, 2. Luftfrachtbrief, 3. internationaler Frachtbrief, 4. Konnossement

Logistische Kette
Durch welche Versendungsart kann die Spindler KG als Absender nachweisen, dass sie einen Brief aufgegeben hat?
(1) Einschreiben
(2) Infobrief
(3) Infopost
(4) Büchersendung
(5) Postwurfsendung
(6) Paketschein

Multiple-Choice-Aufgaben

9
Logistische Kette

Ein Einschreibebrief der Spindler KG im Wert von über 65,00 € geht verloren. Wie viel Euro Schadensersatz leistet die Post?
(1) 10,00 €
(2) 25,00 €
(3) 40,00 €
(4) 50,00 €
(5) 65,00 €
(6) 100,00 €

10
Logistische Kette

Was ist ein Frachtführer?
(1) ein Unternehmer, der gegen Entgelt Transporte durchführt
(2) ein Unternehmer, der auf Rechnung des Versenders die Güterversendung organisiert
(3) ein Unternehmer, der Waren nicht auf eigene Rechnung, sondern gegen Provision verkauft
(4) Arbeitnehmer in einem Unternehmen, der für die Versandaufgaben zuständig ist
(5) Arbeitnehmer, der den firmeneigenen Pkw fährt.

11
Logistische Kette

Wie nennt man im Großhandel die Lager, die in den Filialen eingerichtet sind?
(1) Vorratslager
(2) Umschlagslager
(3) Eigenlager
(4) Fremdlager
(5) zentrale Lager
(6) dezentrale Lager

12
Logistische Kette

Welche Versicherungsart gehört zu den Sachversicherungen?
(1) Pflegeversicherung
(2) Unfallversicherung
(3) Kfz-Versicherung
(4) Feuerversicherung
(5) Haftpflichtversicherung

13
Lagerbestand

Welchen Vorteil hat ein kleiner Lagerbestand für die Spindler KG?
(1) eine niedrige Umschlagsgeschwindigkeit
(2) größerer Umsatz
(3) besserer Schutz vor Preissteigerungen
(4) geringere Kapitalbindung
(5) weniger Aufwand für Nachbestellungen

Lernfeld 6

14. Lagerumschlagsgeschwindigkeit
Es gelingt der Spindler KG bei einem bestimmten Artikel, die Lagerumschlagsgeschwindigkeit zu erhöhen. Wie wirkt sich das aus?
(1) Der Lagerzinssatz für diesen Artikel steigt.
(2) Der Mindestbestand sinkt.
(3) Der Meldebestand sinkt.
(4) Die Kapitalbindung wird erhöht.
(5) Die durchschnittliche Lagerdauer wird kleiner.

15. Chaotische Lagerhaltung
Im Lager der Spindler KG werden die Waren nach dem System der chaotischen Lagerhaltung eingelagert. Welche Aussage trifft zu?
(1) Es wird keine EDV benötigt, um den Standort eines Artikels zu finden.
(2) Jede Ware hat immer ihren festen Platz.
(3) Lagergüter werden dort gelagert, wo gerade Platz ist.
(4) Es geht hier um die Optimierung der Zugriffswege, nicht um eine Optimierung des Flächenbedarfs.
(5) Es ist ein sehr übersichtliches System.

16. Fifo-Prinzip
Im Lager der Spindler KG werden die Waren nach dem Fifo-Prinzip eingelagert. Welche Aussage trifft zu?
(1) Ware, die zuletzt eingelagert wurde, wird als Erstes wieder ausgegeben.
(2) Ware, die zuletzt eingelagert wurde, wird als letzte wieder ausgegeben.
(3) Ware, die zuerst eingelagert wurde, wird als letzte wieder ausgegeben.
(4) Das Fifo-Prinzip findet überwiegend Anwendung bei Schüttgütern.
(5) Das Fifo-Prinzip kann nicht bei Lebensmitteln angewendet werden.

17. Umschlagshäufigkeit
Die Umschlagshäufigkeit eines Artikels ist 60. Wie viel Tage beträgt die durchschnittliche Lagerdauer?
(1) 30
(2) 40
(3) 50
(4) 60
(5) 70
(6) 80
(7) 90

18. Lagerkennzahlen
Welche Aussage über Lagerkennzahlen ist richtig?
(1) Je größer die Umschlagsgeschwindigkeit, desto geringer ist der Kapitalbedarf für das Lager.
(2) Je länger die Lagerdauer, desto geringer ist das Lagerrisiko.
(3) Je kürzer die Lagerdauer, desto größer ist das Lagerrisiko.
(4) Die Höhe des durchschnittlichen Lagerbestandes hängt ausschließlich vom Umsatz ab.
(5) Die Lagerdauer ist für den Kaufmann gleichgültig, da ausschließlich der Umsatz zählt.

MC Multiple-Choice-Aufgaben

19

Mindestbestand

Am Morgen des ersten Arbeitstages eines Monats liegen bei der Spindler KG von einem Artikel noch 150 Stück auf Lager. Der Mindestbestand beträgt 46 Stück. Im Durchschnitt werden täglich 8 Stück abgesetzt.
Nach wie viel Arbeitstagen muss neue Ware bestellt werden, wenn die Lieferzeit 9 Tage beträgt?
(1) 2
(2) 3
(3) 4
(4) 5
(5) 6
(6) 7
(7) 8
(8) 9

20

Kennzahlen

Welche Kennzahl wird mit der Formel „Wareneinsatz : durchschnittlichen Lagerbestand" berechnet?
(1) Mindestbestand
(2) Meldebestand
(3) Lagerzinssatz
(4) durchschnittliche Lagerdauer
(5) Umschlagsgeschwindigkeit

Lösungen zu 6.6 Multiple-Choice-Aufgaben 1 bis 20

Aufgabe 1
(2)

Aufgabe 2
(5)

Aufgabe 3
(1)

Aufgabe 4
(2)

Aufgabe 5
(1)

Aufgabe 6
(4)

Aufgabe 7
(3), (1), (2), (4)

Aufgabe 8
(1)

Aufgabe 9
(2)

Aufgabe 10
(1)

Aufgabe 11
(6)

Aufgabe 12
(4)

Aufgabe 13
(4)

Aufgabe 14
(5)

Aufgabe 15
(3)

Aufgabe 16
(2)

Aufgabe 17
(4)

Aufgabe 18
(1)

Aufgabe 19
(3)

Aufgabe 20
(5)

Lernfeld 7

6.7 LF 7: Gesamtwirtschaftliche Einflüsse auf das Groß- und Außenhandelsunternehmen analysieren

Bruttonationaleinkommen
Wodurch unterscheidet sich das Bruttonationaleinkommen vom Bruttoinlandsprodukt?
(1) durch Abschreibungen
(2) durch Subventionen
(3) durch die indirekten Steuern
(4) durch die Transferzahlungen der privaten Haushalte
(5) durch das Einkommen von Inländern aus Erwerbstätigkeit und Vermögen im Ausland

Arbeitslosigkeit
In welchem Fall spricht man von struktureller Arbeitslosigkeit?
(1) Arbeitnehmer wurden aus wichtigem Grund gekündigt und fanden nicht gleich wieder einen Arbeitsplatz.
(2) Arbeitnehmer fanden nach einer Betriebsauflösung nicht gleich wieder einen Arbeitsplatz.
(3) Die Arbeitslosigkeit entstand durch eine allgemeine Konjunkturabschwächung.
(4) Arbeitnehmer in der Textilindustrie wurden arbeitslos, da wegen des ständig zunehmenden Importdrucks Absatzschwierigkeiten entstanden.

Konjunkturzyklus
Welches Merkmal ist typisch für die Aufschwungphase im Konjunkturzyklus?
(1) Rückgang der Investitionen
(2) Zunahme der Investitionen
(3) Zunahme der Arbeitslosigkeit
(4) Abnahme der gesamtwirtschaftlichen Lohnsumme
(5) Abnahme der Kapazitätsauslastung der Betriebe

Kunjunkturverlauf
Welcher Indikator gilt als Frühindikator für den Konjunkturverlauf?
(1) Beschäftigung
(2) Bruttoinlandsprodukt
(3) Lohnstückkosten
(4) Auftragseingänge
(5) Preisniveau

MC Multiple-Choice-Aufgaben

5

Magisches Viereck
Welche Forderung ergänzt die im Stabilitätsgesetz genannten Ziele des „Magischen Vierecks"?
(1) Stabilität des Preisniveaus
(2) hoher Beschäftigungsgrad
(3) Schutz der Umwelt
(4) stetiges und angemessenes Wirtschaftswachstum
(5) Schutz vor Wirtschaftskrisen

6

Bruttoinlandsprodukt
Welches wirtschaftspolitische Ziel wird unmittelbar an den jährlichen Veränderungen des realen Bruttoinlandsprodukts gemessen?
(1) Preisniveaustabilität
(2) hoher Beschäftigungsgrad
(3) außenwirtschaftliches Gleichgewicht
(4) stetiges und angemessenes Wirtschaftswachstum
(5) gerechte Einkommens- und Vermögensverteilung

7

Bruttoinlandsprodukt
Was versteht man unter dem Bruttoinlandsprodukt?
(1) Den Gesamtwert aller Güter (Waren und Dienstleistungen), die innerhalb eines Jahres innerhalb der Landesgrenzen einer Volkswirtschaft hergestellt wurden und dem Endverbrauch dienen.
(2) Bezeichnet die Gesamtheit aller Einkommen aus unselbstständiger Arbeit (Erwerbsarbeit) und aus unternehmerischer Tätigkeit sowie aus Vermögen (Kapitaleinkommen), die Inländer während einer Periode (i. d. R. ein Jahr) im Inland und im Ausland erzielt haben.
(3) allgemeine Bezeichnung für die Geschäftslage
(4) Entgelte, die den Produktionsfaktoren als wirtschaftlicher Gegenwert aus dem volkswirtschaftlichen Produktionsprozess zugerechnet werden, wie Löhne und Gehälter dem Produktionsfaktor Arbeit (Arbeitseinkommen), Mieten oder Pachten dem Produktionsfaktor Boden (Bodeneinkommen) und Gewinne dem Produktionsfaktor Kapital.

8

Inflation
Welche Aussage zur Inflation ist richtig?
(1) Wenn das gesamtwirtschaftliche Angebot größer ist als die gesamtwirtschaftliche Nachfrage, steigt das Preisniveau.
(2) Eine Senkung der direkten Steuern wirkt dem Preisanstieg entgegen.
(3) Die Erhöhung der Mineralölpreise hat keinen Einfluss auf die inflationäre Entwicklung.
(4) Wenn Anbieter die Marktmacht haben, ihre Preise heraufzusetzen, ohne dabei von Konkurrenten vom Markt verdrängt zu werden, verstärkt das eine inflationäre Entwicklung.
(5) Bei einer Inflation ist in einer Volkswirtschaft zu wenig Geld im Umlauf.

9

Volkswirtschaft
Das Wirtschaftswachstum einer Volkswirtschaft beträgt gegenüber dem Vorjahr real und nominal 5 %. Welche Feststellung trifft zu?

Lernfeld 7

(1) Das Preisniveau ist unverändert geblieben.
(2) Das Preisniveau ist gestiegen.
(3) Das Preisniveau ist gesunken.
(4) Das Bruttoinlandsprodukt ist unverändert geblieben.
(5) Nur das Nettoinlandsprodukt ist gestiegen.

10 Stabilitätsgesetz
Welche im Stabilitätsgesetz vorgesehene Maßnahme wirkt nachfrageerhöhend?
(1) Heraufsetzung der Einkommensteuer um höchstens 15 % für ein Jahr
(2) Aussetzungen der Sonderabschreibungen
(3) Beschränkung der Möglichkeiten der Kreditaufnahmen durch die öffentliche Hand
(4) Beschleunigung der Planung und Vergabe von Investitionsvorhaben des Staates
(5) Bildung einer Konjunkturausgleichsrücklage bei der Europäischen Zentralbank

11 Konkunkturpolitik
In welchem Fall wird die Bundesregierung im Rahmen der Einnahmepolitik des Staates tätig?
(1) In der Hochkonjunktur setzt der Staat Mittel zur zusätzlichen Tilgung seiner Schulden ein.
(2) Die Bundesregierung beschließt, mit einer Aufwertung des Euro einer importierten Inflation entgegenzuwirken.
(3) Die Bundesregierung streicht in einer Hochkonjunktur die Investitionsprämien für Unternehmen.
(4) Die Bundesregierung stoppt aus konjunkturpolitischen Überlegungen die Ausgaben für öffentliche Investitionen.
(5) Zur Überwindung einer Rezession senkt die Bundesregierung die Lohn- und Einkommensteuer um 8 %.

12 Konjunkturpolitik
In welcher Situation lässt sich eine verstärkte Kreditaufnahme der öffentlichen Haushalte konjunkturpolitisch rechtfertigen?
(1) Rezession
(2) Nachfrageinflation
(3) Vollbeschäftigung
(4) Überbeschäftigung
(5) Hochkonjunktur

13 Marktwirtschaft
Was ist ein Kennzeichen des Modells der freien Marktwirtschaft?
(1) Festsetzung von Höchstpreisen
(2) zentral gelenkter Verbrauch
(3) Angebot und Nachfrage regeln den Preis
(4) Gemeineigentum an Produktionsmitteln
(5) staatliche Lenkung der Investition

MC Multiple-Choice-Aufgaben

14
Marktwirtschaft
Welches Merkmal kennzeichnet den Idealtyp der freien Marktwirtschaft?
(1) Leistung von Subventionen
(2) Beschäftigungspolitik des Staates
(3) wirtschaftliches Handeln auf staatliche Anweisung
(4) Verbot wirtschaftlicher Konzentration
(5) Privateigentum an den Produktionsmitteln

15
Marktwirtschaft
Welche Aussage widerspricht den Grundsätzen der freien Marktwirtschaft?
(1) Alle Produktionsmittel sind in privater Hand.
(2) Zwischen Arbeitgebern und Arbeitnehmern können Verträge beliebigen Inhalts geschlossen werden.
(3) Ein Arbeitgeber kann einem Arbeitnehmer jederzeit im Rahmen bestehender Verträge kündigen.
(4) Das Ausüben bestimmter Gewerbe und Berufe ist an Genehmigungen gebunden.
(5) Arbeitnehmer tragen das volle Risiko des Arbeitsplatzverlustes.

16
Marktwirtschaft
Welche Maßnahme ist mit dem Modell der freien Marktwirtschaft vereinbar?
(1) Festsetzung von Mindestpreisen für landwirtschaftliche Güter
(2) Einflussnahme der Regierung auf Tarifabschlüsse
(3) Rationalisierungsmaßnahmen mit dem Streben nach maximalem Gewinn
(4) Festlegung von Wechselkursen, die sich in einer bestimmten Bandbreite ändern können
(5) Maßnahmen der Regierung zur Förderung des Wirtschaftswachstums

17
Marktwirtschaft
Was kennzeichnet die Zentralverwaltungswirtschaft?
(1) Konjunktursteuerung des Staates mithilfe geldpolitischer Maßnahmen
(2) Tarifautonomie der Sozialpartner
(3) Märkte als Regulator für Angebot und Nachfrage
(4) Kollektiveigentum an Produktionsmitteln
(5) Verbot der Preisbindung

18
Marktwirtschaft
Welche Aussage widerspricht dem System der Zentralverwaltungswirtschaft?
(1) Die Produktionsmittel sind Eigentum der Gesellschaft.
(2) Produktion und Verteilung werden von einer staatlichen Planungsbehörde festgelegt.
(3) Grundsatz wirtschaftlichen Handelns ist das Prinzip der Planerfüllung.
(4) Die Befriedigung der Bedürfnisse Einzelner ist wichtiger als das Wohl der Gemeinschaft.
(5) Auszeichnungen und Prämien fördern die Leistungsbereitschaft.

Lernfeld 7 — MC

19 — Marktwirtschaft
Welche Maßnahme widerspricht den Regeln einer sozialen Marktwirtschaft?
(1) Die steuerlichen Abschreibungsmöglichkeiten für private Bauherren werden erhöht.
(2) Den Beziehern niedriger Einkommen wird Wohngeld gezahlt.
(3) In einer Rezession wird die Konjunktur durch zusätzliche Staatsaufträge angekurbelt.
(4) Der Umtausch von Euro in ausländische Währungen wird begrenzt.
(5) Das Kindergeld wird erhöht.

20 — Marktwirtschaft
Welche Aussage widerspricht den Grundsätzen der sozialen Marktwirtschaft?
(1) Zur gerechteren Einkommensverteilung werden vom Staat alle Löhne und Gehälter festgelegt.
(2) Grundsätzlich bestehen freie Berufswahl, Freizügigkeit und die Möglichkeit, den Arbeitsplatz zu wechseln.
(3) Es besteht Vertragsfreiheit, die durch Gesetze zum Schutz des jeweiligen schwächeren Marktteilnehmers eingeschränkt wird.
(4) Es besteht eine aktive staatliche Wettbewerbspolitik zur Erhaltung eines funktionsfähigen Wettbewerbs.
(5) Zur gerechteren Einkommensverteilung werden vom Staat höhere Einkommen prozentual höher besteuert.

21 — Marktwirtschaft
Welcher Sachverhalt ist typisch für die soziale Marktwirtschaft, nicht jedoch für das Modell der freien Marktwirtschaft?
(1) Die Unternehmen erstellen in eigener Verantwortung und auf eigenes Risiko die Produktionspläne.
(2) Die Haushalte erstellen entsprechend ihrer Bedürfnisse und ihrer Einkommen die individuellen Verbrauchspläne.
(3) Der Staat greift korrigierend durch Sozial-, Wettbewerbs- und Konjunkturpolitik in das Marktgeschehen ein.
(4) Der Staat plant über seine Behörden die volkswirtschaftliche Produktion und den Verbrauch.
(5) Der Markt sorgt über den Preis für einen Ausgleich zwischen Angebot und Nachfrage.

22 — Marktwirtschaft
Prüfen Sie, welche Maßnahme mit dem Modell der freien Marktwirtschaft vereinbar ist.
(1) Preisbindung für Bücher
(2) Einflussnahme der Regierung auf Löhne und Gehälter
(3) Maßnahmen der Regierung zur Förderung mittelständischer Betriebe
(4) Festsetzung von Höchstpreisen für landwirtschaftliche Güter
(5) Rationalisierungsmaßnahmen mit dem Streben nach maximalem Gewinn

23 — Konjunkturpolitik
Welcher Sachverhalt betrifft die staatliche Umverteilungspolitik?
(1) Die Aktionäre einer AG mit Staatsbeteiligung erhalten eine Dividende.
(2) Die Gesellschafter einer OHG erhalten eine 5%ige Verzinsung ihrer Kapitaleinlage.
(3) Die Geschäftsführer einer GmbH erhalten eine Tantieme.
(4) Die Arbeitnehmer der Deutschen Bundesbank erhalten ein 13. und 14. Monatsgehalt.
(5) Die Wohnungsbaugesellschaften erhalten einen staatlichen Baukostenzuschuss zur Erstellung von Sozialwohnungen.

MC Multiple-Choice-Aufgaben

24

Marktwirtschaft
In einem Vortrag werden Merkmale der freien und der sozialen Marktwirtschaft gegenübergestellt, um Vor- und Nachteile der jeweiligen Wirtschaftsordnung aufzuzeigen. Prüfen Sie, welches Merkmal ausschließlich der sozialen Marktwirtschaft zuzuordnen ist.
(1) Vertragsfreiheit
(2) Konzentration der Wirtschaft
(3) Subvention
(4) Privateigentum an Produktionsmitteln
(5) Gewerbefreiheit

25

Marktwirtschaft
Ein Unternehmer prüft verschiedene Möglichkeiten zur Erhöhung der Flexibilität und Verbesserung der Wettbewerbsfähigkeit. Welche Maßnahme lässt sich im Rahmen der sozialen Marktwirtschaft nicht realisieren?
(1) Stilllegung einiger Produktionszweige und entsprechende Reduzierung der Belegschaft
(2) bessere Auslastung der Maschinen durch flexiblere Arbeitsregelungen
(3) betriebsbedingte Kündigungen ohne Beteiligung des Betriebsrates
(4) Einführung von Schichtarbeit
(5) Abbau übertariflicher Leistungen

Lösungen zu 6.7 Multiple-Choice-Aufgaben 1 bis 25

Aufgabe 1
(5)

Aufgabe 2
(4)

Aufgabe 3
(2)

Aufgabe 4
(4)

Aufgabe 5
(3)

Aufgabe 6
(4)

Aufgabe 7
(1)

Aufgabe 8
(4)

Aufgabe 9
(1)

Aufgabe 10
(4)

Aufgabe 11
(5)

Aufgabe 12
(1)

Aufgabe 13
(3)

Aufgabe 14
(5)

Aufgabe 15
(4)

Aufgabe 16
(3)

Aufgabe 17
(4)

Aufgabe 18
(4)

Aufgabe 19
(4)

Aufgabe 20
(1)

Aufgabe 21
(3)

Aufgabe 22
(5)

Aufgabe 23
(5)

Aufgabe 24
(3)

Aufgabe 25
(3)

Lernfeld 8

6.8 LF 8: Preispolitische Maßnahmen erfolgsorientiert vorbereiten und steuern

Variable Kosten
Welche Aussage trifft auf die variablen Kosten zu?
(1) Sie werden durch Veränderungen des Beschäftigungsgrades nicht beeinflusst.
(2) Sie ändern sich in Abhängigkeit vom Beschäftigungsgrad.
(3) Sie können den betrieblichen Kostenträgern unmittelbar zugerechnet werden.
(4) Sie werden nicht durch einen betrieblichen Kostenträger verursacht und können nur indirekt zugeordnet werden.
(5) Sie sind die tatsächlich anfallenden Kosten.

Gemeinkosten
Wonach werden Gemeinkosten eingeteilt?
(1) nach ihrer Entstehungsursache
(2) nach ihrem Verhalten bei schwankendem Beschäftigungsgrad
(3) nach ihrer Ermittlung
(4) nach ihrer kalkulatorischen Verrechenbarkeit
(5) nach ihrem kalkulatorischen Verhalten

Plankosten
Welche Definition entspricht den Plankosten?
(1) Die Kosten werden aufgrund exakter Arbeitsablauf-, Arbeitszeit- und Verbrauchsstudien ermittelt.
(2) Die Kosten sind unabhängig von der Veränderung des Beschäftigungsgrades.
(3) Die Kosten verändern sich in Abhängigkeit vom Beschäftigungsgrad.
(4) Die Kosten können den betrieblichen Kostenträgern unmittelbar zugerechnet werden.
(5) Es handelt sich um die tatsächlich anfallenden Kosten.

Fertigungsmaterial und -lohn
Welchen Kosten werden „Fertigungsmaterial und Fertigungslohn" zugeordnet?
(1) fixe Kosten
(2) Gemeinkosten
(3) variable Kosten
(4) Normalkosten
(5) Einzelkosten

Gesamtprozesskostensatz
Woraus ergibt sich der Gesamtprozesskostensatz?
(1) aus den leistungsmengenneutralen (lmn) Abteilungskosten und den leistungsmengeninduzierten (lmi) Kostenprozessen
(2) aus den leistungsmengeninduzierten (lmi) Prozesskosten und den leistungsmengenneutralen (lmn) Prozesskosten
(3) aus dem Quotienten von Prozesskosten durch Prozesskostenmenge
(4) aus den leistungsmengenneutralen (lmn) Abteilungskosten und den leistungsmengenneutralen (lmn) Prozesskosten
(5) aus den leistungsmengeninduzierten (lmi) Prozesskosten durch Prozesskostenmenge

MC Multiple-Choice-Aufgaben

6

Kosten
Welcher Kostentreiber wird den leistungsmengenneutralen (lmn) Abteilungskosten zugeordnet?
(1) Anzahl der bearbeiteten Angebote
(2) Anzahl der aufgegebenen Bestellungen
(3) Bestelltermine verfolgen
(4) Pflege der Liefererstammdaten
(5) Abteilungsleitung

7

Gliederungszahlen
Was drücken Gliederungszahlen aus?
(1) Sie drücken das potenziale Verhältnis einer Teilmasse zu ihrer Gesamtmasse aus.
(2) Sie drücken das Verhältnis zweier verschiedenartiger Massen zueinander aus.
(3) Sie drücken das prozentuale Verhältnis einer Teilmasse zu einer anderen Teilmasse oder einer Gesamtmasse zu einer anderen Gesamtmasse aus.
(4) Sie geben die prozentuale Veränderung von Größen im Zeitablauf an.
(5) Sie drücken das Verhältnis einer Gesamtmasse zu einer Teilmasse aus.

8

Operative Planung
Wie lange beträgt der Betrachtungszeitraum bei der operativen Planung?
(1) 4 bis 5 Jahre
(2) 3 bis 6 Jahre
(3) 2 bis 6 Jahre
(4) 1 bis 2 Jahre
(5) 6 bis 7 Jahre

9

Controlling
Ordnen Sie den Bereichen jeweils einen Baustein (1–6) des Controlling-Berichtswesens zu.

Bereich	Baustein des Controllings
( ) Kostenbereich	(1) Kapazitätsauslastung
( ) Personalbereich	(2) Lohn- und Gehaltskosten
( ) Lagerbereich	(3) Betriebsergebnisrechnung
( ) Absatzbereich	(4) Liquidität
( ) Erfolgsbereich	(5) fixe Kosten
( ) Finanzbereich	(6) Gesamtumsatz

10

Controlling
Welche Aussage über das Controlling ist richtig?
(1) Die Zielvorgabe des operativen Controllings ist die Erhöhung der Rentabilität.
(2) Controlling-Abteilungen besitzen kein fachliches Weisungsrecht.
(3) Die Aufgabe des Controllers ist, die Zielvorgaben zu realisieren.

Lernfeld 8

(4) Die Kostenstellenleiter haben Preis- und Verbrauchsabweichungen zu verantworten.
(5) Die Geschäftsführung muss das Budget der einzelnen Kostenstellen festlegen.

Controlling

Was zählt nicht zum strategischen Controlling?
1. Der Betrachtungszeitraum ist langfristig.
2. Die Informationsgrundlagen sind Daten aus der Kosten- und Leistungsrechnung.
3. Das Ziel ist die Zukunftssicherung des Unternehmens.
4. Die Informationsgrundlagen sind u. a. gesellschaftliche, politische und wirtschaftliche Daten über die Entwicklung der Zukunft.

Finanzierung

Ihnen liegen folgende Formeln der Finanzkennzahlen vor. Welche Formel ist die der Finanzierung?

(1) $\dfrac{\text{Fremdkapital} \cdot 100}{\text{Gesamtkapital}}$ (2) $\dfrac{\text{Fremdkapital} \cdot 100}{\text{Eigenkapital}}$ (3) $\dfrac{\text{flüssige Mittel} \cdot 100}{\text{Gesamtvermögen}}$

(4) $\dfrac{\text{Eigenkapital} \cdot 100}{\text{Gesamtkapital}}$ (5) $\dfrac{\text{Eigenkapital} \cdot 100}{\text{Fremdkapital}}$

Kalkulationszuschlag

Was drückt der Kalkulationszuschlag aus?
(1) die Differenz zwischen dem Angebotspreis und dem Bezugspreis in Prozent vom Bezugspreis
(2) die Differenz zwischen dem Angebotspreis und dem Bezugspreis in Prozent vom Angebotspreis
(3) die Differenz zwischen dem Angebotspreis und dem Einstandspreis
(4) das prozentuale Verhältnis von Handlungskosten zum Wareneinsatz
(5) die Differenz zwischen dem Listeneinkaufspreis und dem Listenverkaufspreis

Vorwärtskalkulation

Was wird mit der Vorwärtskalkulation berechnet?
(1) der vom Einkaufspreis kalkulierte Preis, zu dem die Ware mindestens verkauft werden muss
(2) der vom Einkaufspreis kalkulierte Preis, zu dem die Ware mindestens eingekauft werden muss
(3) der vom Verkaufspreis kalkulierte Preis, zu dem die Ware höchstens eingekauft werden darf
(4) der Preis, zu dem die Ware eingekauft wird
(5) der Preis, zu dem die Ware verkauft wird

Kalkulation

Was ermittelt man mit der Kalkulation?
(1) alle angefallenen Kosten einer Rechnungsperiode auf die einzelnen Kostenträger
(2) Kosten und Preise pro Kostenträger
(3) nur Preise pro Kostenträger
(4) nur Kosten pro Kostenträger
(5) alle Gemeinkosten pro Kostenträger

Multiple-Choice-Aufgaben

16 Konditionspolitik
Was versteht man unter Konditionspolitik?
(1) alle Entscheidungen, die sich mit der Festsetzung des Preises beschäftigen
(2) Lieferungs- und Zahlungsbedingungen, die zwischen Verkäufer und Käufer vereinbart wurden
(3) alle Entscheidungen, die sich mit den Lieferbedingungen beschäftigen
(4) Preisbedingungen, die zwischen Verkäufer und Käufer vereinbart wurden
(5) alle Entscheidungen, die sich mit den Lieferungs- und Zahlungsbedingungen beschäftigen

17 Ausgleichnehmer
Wer oder was ist ein Ausgleichnehmer?
(1) ein Artikel, bei denen sich die Käufer sehr preisbewusst verhalten
(2) ein Artikel, bei denen sich die Kunden weniger preisbewusst verhalten
(3) Kunde, der sich bei allen Artikel preisbewusst verhält
(4) Kunde, der sich bei allen Artikeln weniger preisbewusst verhält
(5) ein Käufer, der sich bei allen Sonderangebot-Artikeln preisbewusst verhält

18 Preisdifferenzierung
Welche Aussage über die mengenmäßige Preisdifferenzierung ist richtig?
(1) bei Abnahme größerer Mengen einer Ware wird ein günstiger Preis gewährt
(2) bei Abnahme kleinerer Mengen einer Ware wird ein günstiger Preis gewährt
(3) die gleiche Ware oder Dienstleistung wird zu verschiedenen Zeiten zu unterschiedlichen Preisen angeboten
(4) Angebot gleicher Waren und Dienstleistungen zu unterschiedlichen Preisen
(5) bei Abnahme kleinerer Mengen einer Ware wird ein höherer Preis gewährt

19 Bezugspreis
Welche Kalkulation wird angewendet, wenn man den Bezugspreis berechnen will, zu dem die Ware höchstens eingekauft werden darf?
(1) Vorwärtskalkulation
(2) Rückwärtskalkulation
(3) Differenzkalkulation
(4) Mischkalkulation
(5) Ausgleichskalkulation

20 Rabatt
Worum handelt es sich bei einem Rabatt?
(1) Preisnachlass für vorzeitige Zahlung
(2) nachträglich gewährter Preisnachlass nur in Form von Waren
(3) Preisnachlass, wenn der Kunde einen Mindestumsatz erreicht oder überschritten hat
(4) Nachlass von einheitlich festgelegten Bruttopreisen
(5) Nachlass von einheitlich festgelegten Nettopreisen

Lernfeld 8

21. Vollkostenrechnung
Welcher Nachteil ergibt sich in der Vollkostenrechnung?
(1) Die Handlungskosten (Gemeinkosten) werden den Kostenträgern nicht verursachungsgerecht zugeordnet.
(2) Fixe Kosten werden nicht dazugerechnet.
(3) Variable Kosten werden vernachlässigt.
(4) Der Beschäftigungsgrad des Betriebes wird hier mit einkalkuliert.
(5) Mit der Vollkostenrechnung wird der erwartete Gewinn/Verlust tatsächlich berechnet.

22. Deckungsbeitrag
Wie wird der Deckungsbeitrag errechnet?
(1) Verkaufspreis ./. variable Kosten
(2) Verkaufspreis + Fixkosten
(3) Einkaufspreis ./. variable Kosten
(4) Verkaufspreis ./. Fixkosten
(5) Verkaufspreis + variable Kosten

23. Break-even-Point
Wo liegt der Break-even-Point?
(1) im Schnittpunkt der Erlös- und Kostenfunktion
(2) in der Gewinnzone
(3) in der Verlustzone
(4) in der neutralen Zone
(5) im Schnittpunkt zwischen Deckungsbeitrag und Kostenfunktion

24. Break-even-Point
Wie wird der Break-even-Point rechnerisch ermittelt?
(1) Erlös = tatsächlicher Kostenverlauf
(2) Erlös = verrechnete Kostenkurve der Vollkostenrechnungen
(3) tatsächlicher Kostenverlauf = verrechnete Kostenkurve der Vollkostenrechnungen
(4) Fixkosten = Erlös
(5) Fixkosten = tatsächlicher Kostenverlauf

25. Deckungsbeitrag
Was versteht man unter einem Deckungsbeitrag?
(1) die Differenz zwischen den Verkaufserlösen und den variablen Kosten eines Kostenträgers
(2) die Differenz zwischen den Verkaufserlösen und den fixen Kosten eines Kostenträgers
(3) die Differenz zwischen den Verkaufserlösen und den variablen Kosten einer Kostenstelle
(4) Beitrag des Gewinns
(5) Summe für vorhergesehene Ausgaben eines Betriebes

MC Multiple-Choice-Aufgaben

26

Rechnung
Bei der Valutierung wird die Rechnung vordatiert. Was bedeutet das?
(1) Die Zahlung muss erst zu einem späteren Zeitpunkt erfolgen und die Laufzeit für Skonto beginnt erst ab dem vordatierten Rechnungsdatum.
(2) Skonto darf ab dem vordatierten Rechnungsdatum nicht mehr abgezogen werden.
(3) Der Kunde gerät ab dem vordatierten Rechnungsdatum in Zahlungsverzug.
(4) Die Rechnung wurde schon beglichen.
(5) Der Kunde muss für die vordatierte Rechnung zusätzliche Kosten wegen Zahlungsverzug zahlen.

27

Marktformen
Welche Marktformen sind typisch für den Handel?
(1) Polypol und Angebotsoligopol
(2) Monopol und Angebotsoligopol
(3) Polypol und Monopol
(4) Oligopol und Polypol
(5) beschränktes Angebotsmonopol und beschränktes Nachfragemonopol

Lösungen zu 6.8 Multiple-Choice-Aufgaben 1 bis 27

Aufgabe 1
(2)

Aufgabe 2
(4)

Aufgabe 3
(1)

Aufgabe 4
(5)

Aufgabe 5
(2)

Aufgabe 6
(5)

Aufgabe 7
(1)

Aufgabe 8
(4)

Aufgabe 9
(5), (2), (1), (6), (3), (4)

Aufgabe 10
(3)

Aufgabe 11
(2)

Aufgabe 12
(5)

Aufgabe 13
(1)

Aufgabe 14
(1)

Aufgabe 15
(2)

Aufgabe 16
(5)

Aufgabe 17
(1)

Aufgabe 18
(1)

Aufgabe 19
(3)

Aufgabe 20
(5)

Aufgabe 21
(1)

Aufgabe 22
(1)

Aufgabe 23
(1)

Aufgabe 24
(1)

Aufgabe 25
(1)

Aufgabe 26
(1)

Aufgabe 27
(1)

Lernfeld 9 MC

6.9 LF 9: Marketing planen, durchführen und kontrollieren

Marketing
Was verstehen Sie unter dem Begriff „Marketing"?
(1) Es ist die Umsatzsteigerung durch Werbung.
(2) Es ist die maximale Aufnahmefähigkeit eines Marktes für ein Produkt in einer Periode.
(3) Es ist die Gesamtheit der absatzfördernden Maßnahmen.
(4) Es ist der Anteil eines Unternehmens am Marktvolumen.
(5) Es ist ein Verfahren der Marktforschung.

Käufermarkt
Welches Merkmal kennzeichnet einen Käufermarkt?
(1) Dies ist ein Markt, auf dem die Nachfragen nach Gütern das Angebot übersteigen.
(2) Die Käufer entscheiden auf dieser Form des Marktes ausschließlich mithilfe von Trendscouts selbst, welches Produkt demnächst auf dem Markt erscheinen soll.
(3) Die Beschaffung von Gütern steht dort im Vordergrund.
(4) Das Angebot an Gütern übersteigt die Nachfrage.
(5) Es herrscht keine große Konkurrenz auf der Anbieterseite.

Marktbeobachtung
Welche Eigenschaft trifft auf eine Marktbeobachtung zu?
(1) zukunftsbezogen
(2) zeitraumbezogen
(3) zeitpunktbezogen
(4) absatzbezogen
(5) keine Alternative ist richtig

Sekundärforschung
In der Marktforschung unterscheidet man bei der Erschließung von Informationsquellen zwischen Primär- und Sekundärforschung. Bei welcher Maßnahme handelt es sich nicht um eine Sekundärerhebung?
(1) Analyse von Geschäftsberichten der Wettbewerber
(2) Auswertung von Prospekten, Preislisten von Mitbewerbern
(3) Sichtung der Kundenstatistik
(4) Auswertung der Branchenkennzahlen des Großhandelsverbandes
(5) Durchführung von Verbraucherinterviews

MC ✓ Multiple-Choice-Aufgaben

5

Produktlebenszyklus
Was bezeichnet der Begriff „Produktlebenszyklus"?
(1) das relative Alter eines Produktes
(2) das durchschnittliche Alter der Konsumenten, die dieses Produkt kaufen
(3) die Familienstruktur der Käufer, d. h. unverheiratet, verheiratet, verheiratet ohne Kinder, verheiratet mit kleinen Kindern, verheiratet mit älteren Kindern, im Ruhestand, verwitwet
(4) die Feststellung, ob das Produkt in diesem Jahr einen guten Markt finden wird oder nicht
(5) die Absatz- bzw. Umsatzentwicklung eines Produktes über einen variablen Zeitablauf

6

Produktlebenszyklus
Was kennzeichnet die Wachstumsphase im Produktlebenszyklus?
(1) hohe Gewinne, die jedoch nur langsam anwachsen
(2) einen durch hohe Werbekosten relativ niedrigen Umsatz
(3) stark steigenden Gewinn und Umsatz
(4) das Hauptziel, die Kosten möglichst gering zu halten
(5) die Absetzung kleinerer Stückzahlen

7

Marktsegmentierung
Welches Ziel verfolgt die Marktsegmentierung?
(1) neue Produkte und Güter in das Warensortiment aufnehmen, um so das Angebot für die Kunden zu vergrößern
(2) Kostensenkung durch Kürzung der Löhne und Gehälter
(3) ins Ausland expandieren, um größtmöglichen Gewinn zu erzielen
(4) Aufteilung des Gesamtmarktes in einheitliche Käufergruppen, um so eine bestmögliche Marktbearbeitung zu gewährleisten
(5) Verkäufermärkte langfristig in Käufermärkte umzuwandeln

8

Verpackung
Welche der folgenden Funktionen einer Packung war die ursprüngliche und einzige Aufgabe einer Verpackung?
(1) Informationsfunktion
(2) Rationalisierungsfunktion
(3) Umweltschutzfunktion
(4) Werbe- und Verkaufsförderungsfunktion
(5) Schutz der Ware

9

Vollkommener Markt
Der vollkommene Markt ist das Idealmodell eines Marktes in der Marktwirtschaft. Prüfen Sie, welche der folgenden Aussagen nicht zu den Bedingungen eines vollkommenen Marktes gehört.
(1) Für die Nachfrager ist die unterschiedliche Qualität der Produkte wichtig.
(2) Alle Marktteilnehmer haben die vollständige Marktübersicht.
(3) Die Nachfrager bevorzugen keine bestimmten Anbieter.
(4) Käufer und Verkäufer reagieren sofort auf veränderte Marktsituationen.
(5) Es liegt eine Markttransparenz vor.

Lernfeld 9

Diversifikation
Welche Definition über Diversifikation ist richtig?
(1) Bei der Diversifikation werden bestimmte Artikel und Sorten aus dem Sortiment gestrichen.
(2) Bei der Diversifikation werden zusätzliche Artikel und Sorten in das Sortiment aufgenommen.
(3) Diversifikation ist ein Verfahren, um die Sortimentsbreite zu verringern.
(4) Diversifikation ist die Aufnahme von Warengruppen, die mit den bisherigen keine oder nur geringe Verwandtschaft aufweisen.
(5) Diversifikation wird mit den Begriffen „Sortimentsbreite" und „Sortimentstiefe" beschrieben.

Sortimentspolitik
Die Spindler KG entschließt sich, Sportartikel künftig nicht mehr anzubieten. Wie nennt man diesen Prozess?
(1) Sortimentstiefe
(2) Diversifikation
(3) Sortimentserweiterung
(4) Sortimentsbreite
(5) Sortimentsbereinigung

Sortimentspolitik
Die Spindler KG nimmt Elektroartikel als neues Produkt in ihr Sortiment auf. Hierbei erfolgt eine Ausweitung des Warenangebotes auf ein Gebiet, auf dem die Spindler KG bisher nicht tätig war. Wie wird dieser Prozess genannt?
(1) Produktumgestaltung
(2) Sortimentsbereinigung
(3) Diversifikation
(4) Produktvariation
(5) Kernsortiment

Sortimentspolitik
Die Spindler KG erweitert ihr Kernsortiment um eine zusätzliche Warengruppe. Was kann hierfür ausschlaggebend sein?
(1) Die Spindler KG führt eine Sortimentsbereinigung durch.
(2) Die Spindler KG möchte damit die Produktgestaltung erweitern.
(3) Die Spindler KG möchte damit die Lagerung der Waren vereinfachen.
(4) Die Spindler KG möchte durch die Aufnahme neuer Warengruppen in das Kernsortiment die Stammkunden binden und neue Kunden hinzugewinnen.
(5) Der Spindler KG wurde nahegelegt, den Sortimentsumfang zu überdenken.

Handlungsreisender
Für die Spindler KG ist ein Handlungsreisender tätig. Was versteht man unter einem Handlungsreisenden?
(1) Der Handlungsreisende ist Gewerbetreibender, der im Namen und für Rechnung der Spindler KG Geschäfte abschließt.
(2) Der Handlungsreisende ist ein kaufmännischer Angestellter, der im eigenen Namen und für fremde Rechnung Geschäfte abschließt.
(3) Der Handlungsreisende ist ein kaufmännischer Angestellter, der im eigenen Namen und für Rechnung der Spindler KG Geschäfte abschließt.
(4) Der Handlungsreisende ist selbstständiger Kaufmann und vermittelt ausschließlich Geschäfte für die Spindler KG.
(5) Der Handlungsreisende ist selbstständiger Kaufmann, der im eigenen Namen/Rechnung Geschäfte abschließt.

Multiple-Choice-Aufgaben

15. Vergütung
Wie nennt man die Vergütung, die ein Reisender neben der Provision erhält?
(1) Reisekosten
(2) Fixum
(3) Nettolohn
(4) Bruttogehalt
(5) Beteiligung am Umsatz

16. Handelsvertreter
Was ist unter einem Handelsvertreter zu verstehen?
(1) Er ist ein kaufmännischer Angestellter.
(2) Er ist ein spezieller Kommissionär.
(3) Er ist ein Gewerbetreibender.
(4) Er ist selbstständiger Kaufmann, der im eigenen Namen und für fremde Rechnung Geschäfte abschließt.
(5) Er ist Angestellter eines Unternehmens.

17. Handlungsreisender und Handelsvertreter
Die Spindler KG steht vor der Entscheidung, ihre Waren mithilfe eines Handlungsreisenden bzw. Handelsvertreters abzusetzen. Der Handlungsreisende erhält ein Fixum von 36.000,00 € pro Jahr, zusätzlich 3 % Umsatzprovision. Der Handelsvertreter bekommt 12 % Umsatzprovision. Bei welchem Jahresumsatz verursachen beide Absatzformen die gleichen Kosten in der Vergütung?
(1) 500.000,00 €   (2) 300.000,00 €   (3) 350.000,00 €
(4) 400.000,00 €   (5) 420.000,00 €

18. Public Relations
Was ist unter dem Begriff „Public Relations" zu verstehen?
(1) alle Maßnahmen des Großhändlers, die seine Absatzbemühungen unterstützen
(2) Veröffentlichungen über das Verhalten der Konkurrenz
(3) Beeinflussung des Umworbenen, ohne dass die Werbung bewusst wahrgenommen wird
(4) Öffentlichkeitsarbeit zur Hebung des Ansehens des eigenen Unternehmens
(5) irreführende Werbung

19. Werbeträger
Die Spindler KG sucht geeignete Werbeträger. Welche Begriffsgruppe beinhaltet ausschließlich Werbeträger?
(1) Litfaßsäule, Hörfunk, Kino
(2) Plakat, Hauswand, Autos
(3) Internet-Anzeige, Kino, Telefonzellen
(4) Werbedurchsage, Fachzeitschrift, Plakat
(5) Zeitungsanzeige, Internet-Anzeige, Straßenbahn

Lernfeld 9 — MC

20. Werbung
Ein Angestellter der Spindler KG sieht einen Werbespot, in dem für „extrem sparsame ökologische Autos" geworben wird. Bei diesem Werbespot wird keine Firma (namentlich) genannt. Um welche Art der Werbung handelt es sich?
(1) Massenwerbung
(2) Einzelwerbung
(3) Sammelwerbung
(4) Gemeinschaftswerbung
(5) Alleinwerbung

21. Sortimentspolitik
Ordnen Sie zu, indem Sie die Kennziffern von drei der sieben Fragestellungen in die Kästchen bei den Begriffen eintragen:

(1) Welche Wirkung soll erzielt werden?
(2) Wie viel Geld steht für die Werbung zur Verfügung?
(3) Wer soll mit der Werbung angesprochen werden?
(4) Wo soll geworben werden?
(5) Womit soll geworben werden?
(6) Wie können die Werbeziele umgesetzt werden, sodass sie von der Zielgruppe verstanden werden?
(7) Wann soll mit der Webekampagne begonnen werden und wie lange soll sie laufen?

( ) Streugebiet
( ) Streukreis
( ) Streuzeit

22. Vertrieb
Was haben Kommissionär, Handelsmakler und Handelsvertreter gemeinsam?
(1) Sie sind Angestellte.
(2) Sie handeln im eigenen Namen für fremde Rechnung.
(3) Sie handeln in fremden Namen für fremde Rechnung.
(4) Sie sind selbstständige Kaufleute.
(5) Sie erhalten eine Delkredereprovision.

23. Werbeerfolg
Wie erfolgt die Ermittlung des ökonomischen Werbeerfolgs?

(1) $\dfrac{\text{Gesamtumsatz}}{\text{gesamte Werbekosten}}$
(2) $\dfrac{\text{Gesamterträge}}{\text{Werbekosten für die Werbeaktion}}$
(3) $\dfrac{\text{Reingewinn}}{\text{gesamte Werbekosten}}$

(4) $\dfrac{\text{Wareneinsatz}}{\text{Werbekosten für die Werbeaktion}}$
(5) $\dfrac{\text{Umsatzsteigerung}}{\text{Werbekosten für die Werbeaktion}}$

Multiple-Choice-Aufgaben

24

Kommunikationspolitik

Zur Einführung eines Artikels werden Mitarbeiter der Spindler KG geschult. Um welche Art der Kommunikationspolitik handelt es sich?
(1) Product-Placement
(2) Salespromotion
(3) Werbung
(4) Sponsoring
(5) Public Relations

Lösungen zu 6.9 Multiple-Choice-Aufgaben 1 bis 24

Aufgabe 1 (3)	Aufgabe 9 (1)	Aufgabe 17 (4)
Aufgabe 2 (4)	Aufgabe 10 (4)	Aufgabe 18 (4)
Aufgabe 3 (2)	Aufgabe 11 (5)	Aufgabe 19 (1)
Aufgabe 4 (5)	Aufgabe 12 (3)	Aufgabe 20 (4)
Aufgabe 5 (5)	Aufgabe 13 (4)	Aufgabe 21 (4), (3), (7)
Aufgabe 6 (3)	Aufgabe 14 (3)	Aufgabe 22 (4)
Aufgabe 7 (4)	Aufgabe 15 (2)	Aufgabe 23 (5)
Aufgabe 8 (5)	Aufgabe 16 (5)	Aufgabe 24 (2)

6.10 LF 10: Finanzierungsentscheidungen treffen

1

Zinsen

Die Spindler KG möchte sich 55.000,00 € zu 6,5 % Zinsen p. a. leihen. Wie viel Euro muss sie dann nach einem Jahr an Zinsen zahlen?
(1) 6.000,00 €
(2) 4.500,00 €
(3) 3.575,00 €
(4) 2.750,00 €

Lernfeld 10 MC

Zinsen
Wie viel Euro muss die Spindler KG zurückzahlen, wenn sie sich 40.000,00 € 9 Monate lang zu 5,5 % Zinsen p. a. leiht?
(1) 58.000,00 €
(2) 48.400,00 €
(3) 43.900,00 €
(4) 42.200,00 €

Zinstage
Die Spindler KG hat sich Geld vom 1. August 2009 bis zum 15. März 2010 ausgeliehen. Wie viel Zinstagen entspricht das?
(1) 210 Tage
(2) 225 Tage
(3) 230 Tage
(4) 250 Tage

Zinssatz
Die Spindler KG hat einen Kredit von 30.000,00 € für 256 Tage aufgenommen und muss 362,67 € an Zinsen zahlen. Wie hoch war der Zinssatz, zu dem sie das Geld geliehen hat?
(1) 1,7 %
(2) 1,5 %
(3) 1,8 %
(4) 2,0 %

Prozentrechnung
Eine Schokoladenfabrik setzt bei äußerlich unveränderter Verpackung das Gewicht des Inhalts einer Pralinenschachtel von 250 g auf 200 g herab. Der Preis je Schachtel bleibt gleich. Welcher Preiserhöhung in Prozent entspricht diese Maßnahme?
(a) einer Preiserhöhung von 15 %
(b) einer Preiserhöhung von 20 %
(c) einer Preiserhöhung von 25 %
(d) einer Preiserhöhung von 30 %

Kreditsicherung
Für eine Kreditaufnahme zum Bau einer Lagerhalle möchte die Spindler KG ihr Firmengebäude in Hannover als Sicherheit anbieten. Welche Kreditsicherung kommt hierfür infrage?
(1) Leasing
(2) Grundschuld
(3) Zession
(4) Lombard
(5) Bürgschaft
(6) Sicherungsübereignung

MC Multiple-Choice-Aufgaben

7 Investition
Die Spindler KG möchte veraltete Regale ersetzen. Wie nennt man diese Art der Investition?
(1) Neuinvestition
(2) Bruttoinvestition
(3) Ersatzinvestition
(4) Erweiterungsinvestition

8 Investition
Die Spindler KG möchte eine neue Filiale eröffnen. Was muss sie zunächst tun?
(1) eine Kapitalbedarfsrechnung durchführen
(2) Stellenausschreibungen für das neu benötigte Personal veranlassen
(3) Waren für die neue Filiale beim Lieferer bestellen
(4) einen Kredit zur Finanzierung der neuen Filiale aufnehmen

9 Eigenfinanzierung
Welche Aussage trifft als Definition für die Eigenfinanzierung zu?
(1) befristete Überlassung von Mitteln durch Gläubiger mit Rückzahlungsverpflichtung
(2) befristete Überlassung von Mitteln durch den bzw. die Eigentümer
(3) Gewährung eines Zahlungszieles durch den Lieferer
(4) Verkauf von Wechseln an eine Bank

10 Bilanz
Welche drei der folgenden Begriffe können der Aktivseite einer Bilanz zugeordnet werden?
(1) Kapitalherkunft
(2) Investition
(3) Finanzierung
(4) Vermögen
(5) Kapitalverwendung
(6) Kapital

11 Finanzierungsart
Entscheiden Sie bei den folgenden Beispielen, ob es sich um a) Einlagenfinanzierung, b) Selbstfinanzierung oder c) Fremdfinanzierung handelt.
(1) Kapitaleinlage eines Kommanditisten
(2) Überziehung des Kontokorrentkontos
(3) Ausgabe neuer Aktien
(4) Erhöhung des Eigenkapitals durch Einlagen

12 Kreditart
Welche der folgenden Punkte gehört nicht zu den kurzfristigen Krediten?

Lernfeld 10

(1) Liefererkredit
(2) Hypothek
(3) Kontokorrentkredit
(4) Wechseldiskontkredit
(5) Darlehen
(6) Kredit vom Kunden
(7) Kreditleihen

Finanzierung
Welches ist eine langfristige Möglichkeit zur Kapitalbeschaffung?
(1) Inanspruchnahme eines Zahlungszieles
(2) Verkauf von Wechseln an eine Bank
(3) Aufnahme eines Darlehens bei einer Bank
(4) Inanspruchnahme eines Dispokredits

Finanzierungsart
Bei welcher Finanzierungsart handelt es sich um eine Innenfinanzierung?
(1) Finanzierung aus Gewinn
(2) Ratenkauf
(3) Finanzierung über ein Darlehen
(4) Wareneinkauf auf Ziel

Finanzierungsart
Die Gesellschafter möchten als Gesellschafter selbst neues Kapital in eine Gesellschaft einbringen, um eine Investition finanzieren zu können. Welche Arten der Finanzierung liegen in diesem Fall vor?
(1) Innen- und Fremdfinanzierung
(2) Außen- und Fremdfinanzierung
(3) Innen- und Selbstfinanzierung
(4) Außen- und Selbstfinanzierung

Factoring
Was ist der Unterschied zwischen „echtem" und „unechtem" Factoring?
(1) Beim „echten" Factoring bietet der Factor eine zusätzliche Delkrederefunktion an, die z. B. in der Sicherung vor Verlusten aus Insolvenzen besteht.
(2) Beim „unechten" Factoring bietet der Factor eine zusätzliche Delkrederefunktion an, die z. B. in der Sicherung vor Verlusten aus Insolvenzen besteht.
(3) Beim „echten" Factoring bietet der Factor eine zusätzliche Delkrederefunktion an, die aus einer Kreditgewährungsfunktion besteht.
(4) Beim „unechten" Factoring bietet der Factor eine zusätzliche Delkrederefunktion an, die z. B. aus der Übernahme von Wechseln besteht.

MC — Multiple-Choice-Aufgaben

17 Finance-Leasing
Welches ist ein Merkmal des Finance-Leasings?
(1) Der Vertrag besteht ohne feste Grundmietzeit.
(2) Der Vertrag kann vom Leasingnehmer jederzeit gekündigt werden.
(3) Das Investitionsrisiko liegt beim Leasinggeber.
(4) Der Leasinggeber stellt das Kapital zur Verfügung und trägt das Kreditrisiko.

18 Export
Die Spindler KG exportiert Waren ins Ausland. Entscheiden Sie, welche der angegebenen Risiken auftreten können.
(2 Antworten)
(1) Transportrisiko
(2) Leasingrisiko
(3) Urlaubsrisiko
(4) Annahmerisiko
(5) Trendrisiko

19 Dokumentenakkreditiv
Welches Merkmal trifft *nicht* auf das Dokumentenakkreditiv zu?
(1) Es ermöglicht ein „Zug-um-Zug-Geschäft".
(2) Das abstrakte Schuldversprechen einer oder zweier Banken sichert den Exporteur ab.
(3) Es garantiert die Sicherstellung einer mangelfreien Lieferung.
(4) Das Akkreditiv ist immer unwiderruflich.

20 Export
Welche der genannten Zahlungsbedingungen dient als Risikominderung im Außenhandel?
(1) Zahlung in der eigenen Währung
(2) Scheck
(3) Barzahlung
(4) Zahlung aus einem Dokumentenakkreditiv

21 Transferverbot
Was ist ein Transferverbot?
(1) Die Einfuhr von Waren im Einfuhrland ist nicht erlaubt.
(2) Die Überweisung des ausländischen Käufers an den Exporteur wird hinausgezögert oder nicht genehmigt.
(3) Die Einfuhr bestimmter Waren, die auf der sogenannten Transferverbotsliste stehen, ist verboten.
(4) Die Lieferung der Ware an den Importeur wird verzögert.

22 Kredit
Welche der folgenden Aussagen ist falsch?
(1) Der Vorteil einer Sicherungsübereignung ist, dass der Schuldner die Sache weiterhin nutzen kann.

Lernfeld 10

(2) Eine stille Zession liegt vor, wenn der Drittschuldner keine Kenntnis von der Forderungsabtretung hat.
(3) Wenn neben dem Kreditnehmer noch weitere Personen haften, handelt es sich um einen verstärkten Personalkredit.
(4) Bei einem Lombardkredit wird die Bank der Eigentümer der beliehenen Wertpapiere.

23

Einrede der Vorausklage
Die „Einrede der Vorausklage" bedeutet, ...
(1) dass der Kreditnehmer und der Bürge die Forderung zu je gleichen Teilen bezahlen müssen.
(2) dass der Bürge sein Versprechen hält und die Forderung für den Kreditnehmer bezahlt.
(3) dass sie im Zusammenhang mit einer Bürgschaft überhaupt nichts aussagt.
(4) dass der Bürge erst zahlt, wenn beim Kreditnehmer erfolglos gepfändet wurde.

24

Kredit
Welche zwei der folgenden Aussagen sind richtig?
(1) Zur Sicherung von Krediten können Personen, aber auch Sachgegenstände dienen.
(2) Kann ein Kreditnehmer das Geld nicht zurückzahlen, wird der Kreditvertrag als nichtig erklärt.
(3) Kreditwürdig sind nur natürliche Personen.
(4) Ein anderer Begriff für Kreditwürdigkeit ist Bonität.
(5) Die Zession gehört zu den Sachkrediten.

25

Insolvenz
Bringen Sie folgende Schritte einer Insolvenz in die richtige Reihenfolge.
(1) Zahlungsschwierigkeiten
(2) immer geringer werdende Gewinne
(3) Umsatzrückgang
(4) Zahlungsunfähigkeit
(5) Verluste und Schrumpfen des Eigenkapitals
(6) zunehmende Verschuldung

26

Insolvenz
Um ein Insolvenzverfahren eröffnen zu können, muss ein Insolvenzgrund vorliegen. Welcher der folgenden Punkte ist kein Insolvenzgrund?
(1) Zahlungsunfähigkeit
(2) Überschuldung
(3) schlechte Auftragslage
(4) drohende Zahlungsunfähigkeit

MC Multiple-Choice-Aufgaben

27

Insolvenz
In welcher Reihenfolge müssen folgende Forderungen in einem Insolvenzverfahren befriedigt werden?
(1) Aufrechnung
(2) Kosten des Insolvenzverfahrens und sonstige Masseverbindlichkeiten
(3) Forderungen nachrangiger Insolvenzgläubiger
(4) Absonderung
(5) Forderungen der (nicht nachrangigen) Insolvenzgläubiger

Lösungen zu 6.10 Multiple-Choice-Aufgaben 1 bis 27

Aufgabe 1
(3)

Aufgabe 2
(4)

Aufgabe 3
(2)

Aufgabe 4
(1)

Aufgabe 5
(2)

Aufgabe 6
(2)

Aufgabe 7
(3)

Aufgabe 8
(1)

Aufgabe 9
(2)

Aufgabe 10
(2), (4), (5)

Aufgabe 11
(1a), (2c), (3c), (4b)

Aufgabe 12
(2), (5)

Aufgabe 13
(3)

Aufgabe 14
(1)

Aufgabe 15
(4)

Aufgabe 16
(1)

Aufgabe 17
(4)

Aufgabe 18
(1), (4)

Aufgabe 19
(4)

Aufgabe 20
(4)

Aufgabe 21
(2)

Aufgabe 22
(4)

Aufgabe 23
(4)

Aufgabe 24
(1), (4)

Aufgabe 25
(3), (2), (5), (6), (1), (4)

Aufgabe 26
(3)

Aufgabe 27
(4), (1), (2), (5), (3)

6.11 LF 11: Unternehmensergebnisse aufbereiten, bewerten und nutzen

Buchung
Die halbjährlich fälligen Darlehenszinsen vom 1. September bis zum 28. Februar von 1.200,00 € werden von unserem Darlehensschuldner am 28. Februar an uns überwiesen (200,00 € Zinsen).
a) Bitte buchen Sie den Geschäftsfall am Bilanzstichtag des Abschlussjahrs
b) und die Buchung bei Zahlungseingang am 28. Februar des neuen Geschäftsjahres.

Lernfeld 11

(1) Sonstige Verbindlichkeiten
(2) Sonstige Forderungen
(3) Rückstellungen
(4) Zinsaufwendungen aus langfristigen Verbindlichkeiten
(5) Zinserträge aus langfristigen Forderungen
(6) Kreditinstitute

S		H
[...]		[...]

S		H
[...]		[...] [...]

Jahresabgrenzung
Ein Aufwand bzw. Ertrag, der durch das laufende Geschäftsjahr wirtschaftlich begründet ist, dessen Zahlungsvorgang jedoch erst im neuen Geschäftsjahr erfolgt, wird am Bilanzstichtag als was buchungsmäßig erfasst?
(1) sonstige Forderung bzw. sonstige Verbindlichkeit
(2) sonstige Verbindlichkeit bzw. Darlehen
(3) kurzfristige Verbindlichkeit bzw. Forderung
(4) Verbindlichkeit bzw. Hypothek
(5) Forderung bzw. Disagio

Lineare Abschreibung
Wie wird bei der linearen Abschreibungsmethode abgeschrieben?
(1) mit fallenden Beträgen vom Anschaffungswert
(2) mit gleichbleibenden Beträgen vom Anschaffungswert
(3) mit fallenden Beträgen vom Restwert
(4) mit gleichbleibenden Beträgen vom Restwert
(5) mit fallenden Beträgen

Leistungsabschreibung
Welche Zahlen benötigt man für die Leistungsabschreibung?
(1) Anschaffungskosten, Ist-Leistung pro Jahr, Soll-Gesamtleistung
(2) Anschaffungskosten, Nutzungsdauer
(3) Abschreibungsbetrag, Anschaffungskosten
(4) Abschreibungsprozentsatz, Abschreibungsbetrag
(5) Ist-Leistung, Abschreibungsprozentsatz

Lineare Abschreibung
Welche ist die richtige Formel für den Abschreibungs*prozentsatz* bei der *linearen* Abschreibungsmethode?

(1) $\dfrac{\text{Anschaffungswert}}{\text{Nutzungsdauer}}$ (2) $\dfrac{100\,\%}{\text{Nutzungsdauer}}$ (3) $\dfrac{\text{Buchwert} \cdot \text{Abschreibungssatz}}{100}$

(4) $\dfrac{\text{Nutzungsdauer}}{\text{Anschaffungswert}}$ (5) $\dfrac{\text{Nutzungsdauer}}{100\,\%}$

MC Multiple-Choice-Aufgaben

6 Buchungssatz

Bilden Sie den richtigen Buchungssatz: Kauf eines Büroschreibtisches (325,00 € netto) auf Ziel.
(1) Vorsteuer
(2) Umsatzsteuer
(3) Verbindlichkeiten a. LL
(4) Forderungen a. LL
(5) Geringwertige Wirtschaftsgüter
(6) Kreditinstitute

S			H
[...]	[...]		[...]

7 Abschreibung

Im Zugangsjahr wird die **zeitanteilige** Abschreibung so gehandhabt, dass das angeschaffte Anlagegut abgeschrieben wird
(1) ab der Woche des Zugangs
(2) ab dem Monat des Zugangs
(3) ab dem Jahr des Zugangs
(4) ab der Stunde des Zugangs
(5) ab der Minute des Zugangs

8 Anlagevermögen

Welche Posten gehören zum abnutzbaren Anlagevermögen?
(1) Kasse, Forderungen, Verbindlichkeiten
(2) Gebäude, Maschinen, Fuhrpark, BGA
(3) kurzfristige Forderungen, Darlehen, Hypothek
(4) sonstige Forderungen, sonstige Verbindlichkeiten
(5) Waren, Kasse

9 Buchwert

In der Spindler KG beläuft sich der Buchwert einer Maschine auf 140.000,00 €. Die planmäßige Abschreibung beträgt 35.000,00 €. Bedingt durch technischen Fortschritt verliert die Maschine zusätzlich 6.000,00 € an Wert. Berechnen Sie den neuen Buchwert.

10 Anlagevermögen

Welche Unterscheidung gilt bei der Bewertung des Anlagevermögens?
(1) neuer Buchwert/alter Buchwert
(2) lineare Methode und Durchschnittsbewertung
(3) nicht abnutzbares und abnutzbares Anlagevermögen
(4) degressive und lineare Methode
(5) degressive Methode und Durchschnittsbewertung

Lernfeld 11

Vorräte
Welches Verfahren unterstellt, dass die zuerst angeschafften Vorräte auch zuerst veräußert oder verbraucht werden?

(1) Disagio
(2) Lifo
(3) Fifo
(4) Fofi
(5) Foli

Bewertung der Vorräte
Welches Verfahren ist zulässig bei der Bewertung der Vorräte?
(1) degressive Methode
(2) lineare Methode
(3) Durchschnittsbewertung
(4) Abnutzungsmethode

Durchschnittbewertung
Eine Durchschnittsbewertung kann in welchen zwei Formen durchgeführt werden?
(1) jährliche und laufende Durchschnittswertermittlung
(2) quartalsanteilige und monatliche Durchschnittswertermittlung
(3) monatliche und laufende Durchschnittswertermittlung
(4) wöchentlich und laufende Durchschnittswertermittlung
(5) tägliche und laufende Durchschnittswertermittlung

Bonität
Welche drei Gruppen von Forderungen unterscheidet man nach dem Grad der Güte (Bonität)? (Drei Antworten sind richtig.)
(1) bezahlte Forderungen
(2) einwandfreie Forderungen
(3) zweifelhafte Forderungen
(4) uneinbringliche Forderungen
(5) unbezahlte Forderungen

Forderung
In welchem der unten aufgeführten Fälle liegt eine uneinbringliche Forderung vor?
(1) Ein Kunde stellt seine Zahlung ein.
(2) Das Insolvenzverfahren über das Vermögen eines Kunden wird eröffnet.
(3) Ein Kunde zahlt nicht den vollen fälligen Betrag.
(4) Eine Forderung ist verjährt.
(5) Der Kunde ist nicht erreichbar.

Multiple-Choice-Aufgaben

16 — Disagio
Was versteht man unter dem Begriff „Disagio"?
(1) ein zusätzlicher Zinsertrag für den Kreditnehmer
(2) ein Differenzbetrag, der von der Kredithöhe abgezogen wird
(3) ein betriebsfremder Ertrag
(4) eine Bonusrückzahlung an einen Kunden

17 — Verbindlichkeiten
Nach welchem Prinzip sind Verbindlichkeiten anzusetzen?
(1) Niederstwertprinzip
(2) Höchstwertprinzip
(3) Beides ist möglich.
(4) Es gibt eine freie Wahl der Höhe der Verbindlichkeiten.

18 — GuV-Konto
Wie wird das GuV-Konto bei kleinen Kapitalgesellschaften offengelegt?
(1) ungekürzt
(2) verkürzt
(3) Offenlegung entfällt
(4) Die ersten beiden Möglichkeiten können wahlweise gewählt werden.

19 — Ausweis der Forderungen
Was ist unter dem Begriff „Ausweis der Forderungen" zu verstehen?
(1) Um die Liquidität des Unternehmens sichtbar zu machen, ist der Betrag von Verbindlichkeiten mit einer Restlaufzeit bis zu einem Jahr zu vermerken (§ 268 Abs. 5 HGB).
(2) Gemäß § 268 Abs. 2 HGB müssen Kapitalgesellschaften die Entwicklung der einzelnen Posten des Anlagevermögens in der Bilanz oder im Anhang darstellen.
(3) Um einen Einblick in die Liquidität des Unternehmens zu gewähren, ist der Betrag der Forderungen zu vermerken, die eine Restlaufzeit von mehr als einem Jahr haben (§ 268 Abs. 4 HGB).

20 — Anlageintensität
Geben Sie die richtige Formel zur Berechnung der Anlageintensität an.

(1) $\dfrac{\text{Anlagevermögen} \cdot 100}{\text{Umlaufvermögen}}$

(2) $\dfrac{\text{Gesamtvermögen} \cdot 100}{\text{Anlagevermögen}}$

(3) $\dfrac{\text{Anlagevermögen} \cdot 100}{\text{Gesamtvermögen}}$

(4) $\dfrac{\text{Anlagevermögen} \cdot 100}{\text{Gesamtkapital}}$

(5) $\dfrac{\text{Anlagevermögen} \cdot 100}{\text{Forderungen}}$

Lernfeld 11

Liquiditätskennzahlen
Was drücken die Liquiditätskennzahlen aus?
(1) Sie drücken die Schulden aus, die in der Bilanzerstellung auftreten.
(2) Sie erhöhen die Werte des Anlagevermögens.
(3) Sie drücken den über das Jahr erwirtschafteten Gewinn in der Bilanz aus.
(4) Sie drücken die grundsätzliche Zahlungsbereitschaft des Unternehmens zum Zeitpunkt der Bilanzerstellung aus.
(5) Sie drücken aus, wie das Eigenkapital im Unternehmen auf das Vermögen und die Schulden aufgeteilt ist.

Betriebsgewinn
Wann ergibt sich ein Betriebsgewinn?
(1) Erträge > Aufwendungen
(2) Leistungen < Kosten
(3) Erträge < Aufwendungen
(4) Leistungen > Kosten
(5) Leistungen = Gewinn

Lösungen zu 6.11 Multiple-Choice-Aufgaben 1 bis 22

Aufgabe 1
a) (2) an (5)
b) (6) an (2) und (5)

Aufgabe 2
(1)

Aufgabe 3
(2)

Aufgabe 4
(1)

Aufgabe 5
(2)

Aufgabe 6
(1) und (5) an (3)

Aufgabe 7
(2)

Aufgabe 8
(2)

Aufgabe 9
99.000,00 €

Aufgabe 10
(3)

Aufgabe 11
(3)

Aufgabe 12
(3)

Aufgabe 13
(1)

Aufgabe 14
(2), (3), (4)

Aufgabe 15
(4)

Aufgabe 16
(2)

Aufgabe 17
(2)

Aufgabe 18
(3)

Aufgabe 19
(3)

Aufgabe 20
(3)

Aufgabe 21
(4)

Aufgabe 22
(4)

Multiple-Choice-Aufgaben

6.12 LF 12: Berufsorientierte Projekte für den Groß- und Außenhandel durchführen

1 **Projektmerkmale**

Was ist *kein* Merkmal eines Projekts?
(1) Zusammenarbeit von Spezialisten
(2) Das Projekt ist zeitlich begrenzt.
(3) einmaliges Vorhaben
(4) Durch genaue Planung und Organisation kommt es immer zur Planerfüllung.
(5) Risikominderung durch rechtzeitige Absprachen

2 **Projektphase**

Was ist eine Phase eines Projekts?
(1) Meilenstein
(2) Kick-off-Sitzung
(3) Dokumentation
(4) Projektabschluss
(5) Netzplanung

3 **Projektphase**

Was ist die Phase in einem Projekt, in der die Projektarbeit inhaltlich und terminlich genau strukturiert wird?
(1) Projektstart
(2) Projektplanung
(3) Projektdurchführung
(4) Projektabschluss
(5) Nullphase

4 **Kick-off-Sitzung**

Die Kick-off-Sitzung ist die erste gemeinsame Sitzung des Projektteams nach der Erteilung des Projektauftrages. Was wird hier *nicht* besprochen bzw. festgelegt?
(1) Vereinbarung von Spielregeln
(2) Zusammenstellung des Projektteams
(3) Herstellen eines gleichen Informationsstandes
(4) Kennenlernen der Projektmitglieder
(5) Verteilung von Aufgaben

5 **Meilenstein**

Was kennzeichnet den Begriff „Meilenstein"?
(1) eine einfach zu erstellende Terminplanung von Arbeitspaketen
(2) wesentliches Zwischenziel in einem Projekt
(3) den Projektstart

Lernfeld 12

(4) Präsentation des Projektergebnisses
(5) Projektidee

Nullphase
Was versteht man unter der Nullphase?
(1) Es wird erkannt, dass ein Problem vorliegt, dieses Problem soll mithilfe eines Projektes gelöst werden.
(2) Die Nullphase ist der Punkt, an dem das Projekt beendet ist.
(3) Die Nullphase kennzeichnet den Zeitpunkt, an dem alle Projektmitglieder vor einem scheinbar unlösbaren Problem stehen und keiner sprichwörtlich „null Plan" hat.
(4) Die Nullphase ist der Punkt, an dem das Projekt beginnt.
(5) Es wird erkannt, dass während des Projekts keine Probleme auftauchen dürften (null Problem).

Netzplan
Was kennzeichnet der Pfeil in einem Netzplan?
(1) Der Pfeil zeigt die Beziehung zwischen Vorgänger und Nachfolger an.
(2) Der Pfeil markiert in der Darstellung die Stelle des kritischen Weges, wo die meisten Probleme auftauchen könnten.
(3) Der Pfeil gibt an, wann jeder einzelne Vorgang jeweils beginnen kann.
(4) Der Pfeil informiert, wann der Vorgang frühestens beendet sein kann.
(5) Der Pfeil informiert, welche Gruppe für diesen Arbeitsbereich zuständig ist.

Netzplan
Wie berechnet sich der früheste Endzeitpunkt (FEZ) in einem Netzplan?
(1) SAZ − FAZ = FEZ
(2) FAZ + FEZ − SAZ = FEZ
(3) FAZ + Dauer des Vorgangs = FEZ
(4) Dauer des Vorgangs − SEZ = FEZ
(5) FAZ −SAZ + (Dauer des Vorgangs + SEZ) = FEZ

Lösungen zu 6.12 Multiple-Choice-Aufgaben 1 bis 8

Aufgabe 1
(4)

Aufgabe 2
(4)

Aufgabe 3
(2)

Aufgabe 4
(2)

Aufgabe 5
(2)

Aufgabe 6
(1)

Aufgabe 7
(1)

Aufgabe 8
(3)

Konten — Kontenrahmen

Kontenrahmen für den Groß- und Außenhandel[1]

Kontenklassen

Kontenklasse 0	Kontenklasse 1	Kontenklasse 2
Anlage- und Kapitalkonten	**Finanzkonten**	**Abgrenzungskonten**

Kontenklasse 0 – Anlage- und Kapitalkonten

- **00 Ausstehende Einlagen**
- **01 Immaterielle Vermögensgegenstände (z. B. Firmenwert)**
  - 0100 Immaterielle Vermögensgegenstände
- **02 Grundstücke und Gebäude**
  - 0210 Grundstücke
  - 0230 Bauten auf eigenen Grundstücken
- **03 Anlagen, Maschinen, Betriebs- und Geschäftsausstattung**
  - 0310 Technische Anlagen und Maschinen
  - 0330 Betriebs- und Geschäftsausstattung
  - 0340 Fuhrpark
  - 0350 Geleistete Anzahlungen
  - 0360 Anlagen im Bau
  - 0370 Geringwertige Wirtschaftsgüter
  - 0380 Sammelposten (Wirtschaftsgüter ab 150,01 € bis 1.000,00 €)
    - 0381 Sammelposten Jahr 1 (WG ab 150,01 € bis 1.000,00 €)
    - 0382 Sammelposten Jahr 2 (WG ab 150,01 € bis 1.000,00 €)
    - 0383 ... usw. (bis Jahr 5)
- **04 Finanzanlagen**
  - 0430 Beteiligungen
  - 0450 Wertpapiere des Anlagevermögens
  - 0460 Sonstige Ausleihungen (Darlehen)
- **05 Wertberichtigungen**
  - 0510 Wertberichtigungen bei Sachanlagen
  - 0520 Wertberichtigungen bei Forderungen
    - 0521 Einzelwertberichtigungen bei Forderungen
    - 0522 Pauschalwertberichtigungen bei Forderungen
- **06 Eigenkapital**
  - 0610 Gezeichnetes Kapital oder Eigenkapital
  - 0620 Kapitalrücklage
  - 0630 Gewinnrücklage
    - 0631 Gesetzliche Rücklagen
    - 0632 Rücklagen für eigene Anteile
    - 0633 Satzungsgemäße Rücklagen
    - 0634 Andere Gewinnrücklagen
  - 0640 Gewinnvortrag, Verlustvortrag
  - 0650 Jahresüberschuss, Jahresfehlbetrag
  - 0660 Bilanzgewinn, Bilanzverlust
  - 0670 Ergebnisverwendungskonto
- **07 Sonderposten mit Rücklageanteil und Rückstellungen**
  - 0710 Sonderposten mit Rücklageanteil
  - 0720 Rückstellungen
    - 0721 Rückstellungen für Pensionen
    - 0722 Steuerrückstellungen
    - 0724 Sonstige Rückstellungen
- **08 Verbindlichkeiten**
  - 0820 Verbindlichkeiten gegenüber Kreditinstituten (z. B. Darlehen)
- **09 Rechnungsabgrenzungsposten**
  - 0910 Aktive Rechnungsabgrenzungsposten
  - 0920 Disagio
  - 0930 Passive Rechnungsabgrenzungsposten

Kontenklasse 1 – Finanzkonten

- **10 Forderungen**
  - 1010 Forderungen a. LL
  - 1020 Zweifelhafte Forderungen
- **11 Sonstige Vermögensgegenstände**
  - 1130 Sonstige Forderungen
  - 1140 Geleistete Anzahlungen
  - 1150 Forderungen gegenüber Gesellschaftern
  - 1160 SV-Beitragsvorauszahlung
- **12 Wertpapiere des Umlaufvermögens**
  - 1200 Wertpapiere des UV
- **13 Banken**
  - 1310 Kreditinstitute
  - 1320 Postbank
- **14 Vorsteuer**
  - 1410 Vorsteuer Normalsteuersatz
  - 1420 Vorsteuer ermäßigter Steuersatz
  - 1430 Einfuhrumsatzsteuer
- **15 Zahlungsmittel**
  - 1510 Kasse
  - 1520 Schecks
  - 1530 Wechselforderungen
    - 1531 Protestwechsel
    - 1532 Prolongationswechselforderungen
- **16 Privatkonten**
  - 1610 Privatentnahmen
  - 1620 Privateinlagen
- **17 Verbindlichkeiten**
  - 1710 Verbindlichkeiten a. LL
  - 1750 Erhaltene Anzahlungen auf Bestellungen
  - 1760 Wechselverbindlichkeiten
    - 1761 Prolongationswechselverbindlichkeiten
- **18 Umsatzsteuer**
  - 1810 Umsatzsteuer Normalsteuersatz
  - 1820 Umsatzsteuer ermäßigter Steuersatz
- **19 Sonstige Verbindlichkeiten**
  - 1910 Verbindlichkeiten aus Steuern
  - 1920 Verbindlichkeiten im Rahmen der sozialen Sicherheit
  - 1930 Verbindlichkeiten gegenüber Gesellschaftern
  - 1940 Sonstige Verbindlichkeiten
  - 1950 Verbindlichkeiten aus Vermögensbildung
  - 1960 Noch auszuschüttende Gewinne

Kontenklasse 2 – Abgrenzungskonten

- **20 Außerordentliche und sonstige Aufwendungen**
  - 2010 Außerordentliche Aufwendungen i. S. § 277 HGB
  - 2020 Betriebsfremde Aufwendungen
  - 2030 Periodenfremde Aufwendungen für frühere Jahre
  - 2040 Verluste aus dem Abgang von AV
  - 2050 Verluste aus dem Abgang von UV (außer Vorräte)
  - 2060 Sonstige Aufwendungen
  - 2070 Spenden (bei Kapitalgesellschaften)
- **21 Zinsen und ähnliche Aufwendungen**
  - 2110 Zinsaufwendungen für kurzfristige Verbindlichkeiten
  - 2120 Zinsaufwendungen für langfristige Verbindlichkeiten
  - 2130 Diskontaufwendungen
  - 2140 Zinsähnliche Aufwendungen
  - 2150 Aufwendungen aus Kursdifferenzen
- **22 Steuern vom Einkommen**
  - 2210 Körperschaftsteuer
  - 2230 Kapitalertragsteuer
  - 2250 Steuernachzahlungen für frühere Jahre
- **23 Forderungsverluste**
  - 2310 Übliche Abschreibungen auf Forderungen
  - 2320 Über das übliche Maß hinausgehende Abschreibungen auf Forderungen
  - 2330 Zuführungen zu Einzelwertberichtigungen zu Forderungen
  - 2340 Zuführungen zu Pauschalwertberichtigungen zu Forderungen
- **24 Außerordentliche und sonstige Erträge**
  - 2410 Außerordentliche Erträge i. S. § 277 HGB
  - 2420 Betriebsfremde Erträge
  - 2421 Mieterträge
  - 2430 Periodenfremde Erträge aus früheren Jahren
  - 2460 Sonstige Erträge
- **25 Erträge aus Beteiligungen, Wertpapieren und Ausleihungen des Finanzanlagevermögens**
  - 2510 Erträge aus Beteiligungen
  - 2520 Erträge aus Wertpapieren
- **26 Sonstige Zinsen und ähnliche Erträge**
  - 2610 Zinserträge aus kurzfristigen Forderungen
  - 2620 Zinserträge aus langfristigen Forderungen
  - 2630 Diskonterträge
  - 2640 Zinsähnliche Erträge
  - 2650 Erträge aus Kursdifferenzen
  - 2660 Dividendenerträge aus UV
- **27 Sonstige betriebliche Erträge**
  - 2700 Erlöse aus Anlageabgängen
  - 2710 Erträge a. d. Abgang von AV
  - 2720 Erträge aus dem Abgang von UV (außer Vorräte)
  - 2730 Erträge aus Zuschreibungen
  - 2740 Erträge aus abgeschriebenen Forderungen

[1] Basis: Kontenrahmen für Groß- und Außenhandel, BGA, Bonn. Großhandelskontenplan, AKA, Nürnberg. Die **drei**stelligen Kontenummern sind hier EDV-gerecht mit Nullen auf **vier** Stellen ergänzt worden.

Kontenrahmen

Kontenrahmen für den Groß- und Außenhandel

Kontenklassen

Kontenklasse 3
Wareneinkaufskonten[2]
Warenbestandskonten

- **30 Sammelkonto Waren**
  - 3010 Wareneingang
  - 3020 Warenbezugskosten
  - 3030 Leihemballagen
  - 3050 Rücksendungen an Lieferer
  - 3060 Nachlässe von Lieferern
  - 3070 Liefererboni
  - 3080 Liefererskonti
- **31 Warengruppe I**
  - 3110 Wareneingang
  - 3120 Warenbezugskosten
  - 3130 Leihemballagen
  - 3150 Rücksendungen an Lieferer
  - 3160 Nachlässe von Lieferern
  - 3170 Liefererboni
  - 3180 Liefererskonti
- **32 Warengruppe II**
- **33 Warengruppe III**
- **34 Warengruppe IV**
- **35 Warengruppe V**
- **38 Wareneinfuhr aus innergemeinschaftlichem Erwerb**
  - 3800 Wareneingang aus innergemeinschaftlichem Erwerb
- **39 Warenbestände**
  - 3910 Warengruppe I
  - 3920 Warengruppe II
  - 3930 Warengruppe III
  - 3940 Warengruppe IV
  - 3950 Warengruppe V
  - 3960 Warengruppe VI

Fortsetzung Kontenklasse 2

- 2750 Erträge aus der Auflösung von Wertberichtigungen zu Forderungen
  - 2751 Auflösung von Einzelwertberichtigungen zu Forderungen
  - 2752 Auflösung von Pauschalwertberichtigungen zu Forderungen
- 2760 Erträge aus der Auflösung von Rückstellungen
- 2770 Sonstige Erträge
- 2780 Entnahme von sonstigen Gegenständen und Leistungen
- 2790 Steuerfreier Eigenverbrauch
- **28 Verrechnete kalkulatorische Kosten**
- **29 Abgrenzung innerhalb des Geschäftsjahres**

Kontenklasse 4
Konten der Kostenarten

- **40 Personalkosten**
  - 4010 Löhne
  - 4020 Gehälter
  - 4030 Aushilfslöhne
  - 4040 Gesetzliche soziale Aufwendungen
  - 4050 Freiwillige soziale Aufwendungen
  - 4060 Aufwendungen für Altersversorgung
  - 4070 Vermögenswirksame Leistungen
  - 4080 Übrige sonstige Personalaufwendungen
- **41 Mieten, Pachten, Leasing**
  - 4110 Miete
    - 4111 Gebäude
    - 4112 Pkw
  - 4120 Pacht
  - 4130 Leasing
- **42 Steuern, Beiträge, Versicherungen**
  - 4210 Gewerbesteuer
  - 4220 Kfz-Steuer
  - 4230 Grundsteuer
  - 4240 Sonstige Betriebssteuern
  - 4260 Versicherungen
  - 4270 Beiträge
  - 4280 Gebühren und sonstige Abgaben
- **43 Energie, Betriebsstoffe**
  - 4310 Heizung
  - 4320 Gas, Strom, Wasser
  - 4330 Treib-, Schmierstoffe
  - 4340 Kraftstoffe
- **44 Werbe- und Reisekosten**
  - 4400 Werbe- und Reisekosten
- **45 Provisionen**
  - 4500 Provisionen
- **46 Kosten der Warenabgabe**
  - 4610 Verpackungsmaterial
  - 4620 Ausgangsfrachten
  - 4630 Gewährleistungen
- **47 Betriebskosten, Instandhaltung**
  - 4710 Instandhaltung
  - 4730 Sonstige Betriebskosten
- **48 Allgemeine Verwaltung**
  - 4810 Bürobedarf
  - 4820 Porto, Telefon, Telefax
    - 4821 Porto
    - 4822 Telefonkosten
  - 4830 Kosten der Datenverarbeitung
  - 4840 Rechts- und Beratungskosten
  - 4850 Personalbeschaffungskosten
  - 4860 Kosten des Geldverkehrs
  - 4890 Diverse Aufwendungen
- **49 Abschreibungen**
  - 4910 Abschreibungen auf Sachanlagen
    - 4911 Abschreibungen auf Sammelposten (WG ab 150,01 € bis 1.000,00 €)
    - 4912 Außerplanmäßige Abschreibungen auf Sachanlagen
  - 4930 Abschreibungen auf Finanzanlagen des AV
  - 4940 Abschreibungen auf Wertpapiere des UV

Kontenklasse 5
Konten der Kostenstellen

Für die Konten der Kostenstellen sind betriebs- und branchenbedingt unterschiedliche Aufteilungen möglich. Die nachfolgende Untergliederung nach Funktionen ist beispielhaft aufgeführt:
- Einkauf
- Lager
- Vertrieb
- Verwaltung
- Fuhrpark
- Be-/Verarbeitung

Kontenklasse 6
Konten für Umsatzkostenverfahren

Kontenklasse 7
frei

Kontenklasse 8
Warenverkaufskonten[2]
(Umsatzerlöse)

- **80 Sammelkonto Waren**
  - 8010 Warenverkauf
  - 8050 Rücksendungen von Kunden
  - 8060 Nachlässe an Kunden
  - 8070 Kundenboni
  - 8080 Kundenskonti
- **81 Warengruppe I**
  - 8110 Warenverkauf
  - 8150 Rücksendungen von Kunden
  - 8160 Nachlässe an Kunden
  - 8170 Kundenboni
  - 8180 Kundenskonti
- **82 Warengruppe II**
- **83 Warengruppe III**
- **84 Warengruppe IV**
- **85 Warengruppe V**
- **87 Sonstige Erlöse aus Warenverkäufen**
  - 8710 Entnahme von Waren
  - 8720 Provisionserträge
- **88 Ausfuhrerlöse**
  - 8810 Ausfuhrerlöse (Drittländer)
  - 8820 Warenverkauf aus steuerfreier innergemeinschaftlicher Lieferung

Kontenklasse 9

- **9100 Eröffnungsbilanzkonto**
  - 9150 Saldenvorträge (Sammelkonto)
- **9200 Warenabschlusskonto**
- **9300 Gewinn- und Verlustkonto**
  - 9310 Ergebnisverwendungskonto
- **9400 Schlussbilanzkonto**

---

2 Die Konten der Kontengruppe 30 bzw. 80 sind bei den Geschäftsgängen als Sammelkonten definiert. Die Kontengruppe 31 bzw. 81 bezieht sich dann auf die Warengruppe I, die Kontengruppe 32 bzw. 82 auf die Warengruppe II usw.

Register

Stichwortverzeichnis

A

Abbuchungsverfahren	235
Abgrenzung, zeitliche	170
Abholgroßhandel	30
Ablaufhemmung	60
Ablauforganisation	39
Absatzgroßhandel	29
Absatzmarketing	68
Absatzorgane, unternehmenseigene	75
Absatzorgane, unternehmensfremde	75
Abschlussprüfung, schriftliche	13
Abschreibungen, kalkulatorische	187
Abschreibungsbetrag	166
Abschreibungsmöglichkeiten, Beschränkung von	373
Abschreibungsmöglichkeiten, Verbesserung von	373
Abschreibungsprozentsatz	166
Abschwung	369
Absetzung für Abnutzung	165
Abteilung	38
Abzahlungsdarlehen	248
AfA	165
After-sales-Services	89
AG	296
Agenturvertrag	76
Ähnlichkeitsblockaden	21
AIDA-Formel	86
Akkordlohn	263 f.
Aktiengesellschaft	296
Aktionär	297
Aktivseite	132
Akzept	253
Akzeptkredit	247
Altersruhegeldes, Formen des	308
Amortisationsdarlehen	248
Anderskosten	187
Anfrage	43
Anfrage, allgemein gehaltene	44
Anfrage, bestimmt gehaltene	44
Angebot	44, 314 f.
Angebot, verbindliches	45
Angebots, Bestandteile eines	45
Angebotsinflation	358
Angebotskurve	321
Angebotspreis	202
Angebotsüberhang	335
Angebotsvergleich	45
Angestellten, Pflichten des kaufmännischen	304
Anlagenintensität	224
Annahmeverzug	286 f.
Annuitätendarlehen	248
Annuitätentilgung	250
Anpreisung	45
Anschaffungskostenprinzip	176
Anschaffungsnebenkosten	164
Antwortaufgaben, offene	25
Anwendungssoftware	64
Arbeitgebers, Pflichten des	304
Arbeitslosengeld 1	309
Arbeitslosengeld II	309
Arbeitslosenversicherung	160 f.
Arbeitslosigkeit	362
Arbeitspapiere	306
Arbeitsproduktivität	31
Arbeitsproduktivität, Steigerung der	32
Arbeitsspeicher	62 f.
Arbeitsunfälle	309
Arbeitsvertrag	304
Arbeitszeit, tägliche	302
Artvollmacht	299
Aufbauorganisation	37
Aufgabenstile, verschiedene	23
Aufkaufgroßhandel	29
Aufschwung	368
Aufsichtsratsvorsitzende	310
Auftragsbestätigung	53
Aufwendungen	140, 185
Aufwendungen, Ersatz für vergebliche	281
Aufwendungen, neutrale	185
Aufwendungen, standortbedingte	36
Ausbildenden, Pflichten des	300
Ausbildungsvertrag	299
Ausfallbürgschaft	251
Ausgaben	185
Ausgabenpolitik	374
Auskunftsrecht	259
Auslandsnachfrage	315
Auslieferungslager	96
Außenbeitrag	347
Außenbeitrag, negativer	347
Außenbeitrag, positiver	347
Außenhandel	116
Austauschpfändung	56
Auszubildenden, Pflichten des	300
Avalkredit	247

B

B2B	261
B2C	261
Bankakzept	247
Barverkaufspreis	212
Barzahlung	234
Beitragsbemessungsgrenze	307
Belastung, außergewöhnliche	313
Belege	151
Berichtigungsrecht	259
Berichtswesen	182
Berufsausbildungssystem, duales	299
Berufsgenossenschaft	309
Beschaffungsmarketing	42
Beschaffungsmarktforschung	42
Beschaffungspolitik	42
Beschäftigung, kritische	218
Beschäftigungsstand	361
Besitz	271
Bestellmenge, Erhöhung der	41
Bestellungsannahme	53
Bestimmungskauf	51
Beteiligungsfinanzierung	242 f.
Betrieb	28
Betriebsbuchführung	184
Betriebsergebnis	189
Betriebsrat	311
Betriebsräte	306
Betriebssysteme	64

Register

Betriebsvereinbarungen	312	
Betriebsverfassungsgesetzes von 1952	310	
Betriebsvergleich	192	
Betriebsversammlung	312	
Beweislastumkehr	282	
Bezugspreis	207	
Bezugsquellenermittlung	41, 43	
Bezugsquellenkartei	43	
Bilanz	132	
Bilanzkennzahlen, vertikale	226	
Bilanzpositionen	223	
Bilanzregel, goldene	227	
Binnengroßhandels, Unternehmen des	28	
Binnenschifffahrt	110	
BIP	348	
BIP, nominales	350	
BIP, reales	350	
Blankoindossament	254	
Boom	368	
Break-even-Point	218	
Bruttoinlandsprodukt	348	
Bruttoinlandsprodukts, Auswertungsmethoden des	351	
Bruttonationaleinkommen	348	
Bruttopreissystem	75	
Bruttoproduktionswert	349	
Buchführung	126	
Buchführung, Grundsätze ordnungsmäßiger	126	
Budgetierung	182	
Bundesanstalt für Arbeit	309	
Bundesbank, Deutsche	380	
Bundesdatenschutzgesetz	259	
Bundeskartellamt	337	
Bunkerlager	97	
Bürgschaft	251	
Bürgschaft, selbstschuldnerische	251	
Bürgschaftsvertrag	251	
Business-to-Business	261	
Business-to-Consumer	261	

C

Cash cows	90
Cashflow	233
Central Processing Unit	62
Channel-Marketing	75
CIF	117
Controlling	181
Controllinginstrumente	182
Controllings, Aufgaben des	181
Corporate-Identity-Politik	82
CPU	62
CRM	89

D

Darlehensarten	248
Darlehensvertrag	275
Datei	65
Dateien	61
Datendateien	62
Datenerfassungsgeräte, mobile	64
Datenkassen	63
Datenschutz	259 f.
Datensicherung	259 f.
Dauerauftrag	235
Debitorenkonten	150
Deckungsbeitrag	214
Deckungsbeitragsrechnung	214 f.
Deckungskauf	285
Deflation	357, 360
Delkrederefunktion	258
Depression	369 f.
Devisenbilanz	354
Diagramme	220
Dialogmarketing	82
Dienstleistungen, nicht warenbezogene	73
Dienstleistungen, warenbezogene	73
Dienstleistungsbilanz	355
Dienstleistungsfunktion	258
Dienstvertrag	275
Direktmarketing	82
Distanzkauf	277
Distributionspolitik	75
Diversifikation	74
Dokumente gegen Akzept	118
Dokumente gegen Kasse	118
Dokumenten-Akkreditiv	118

E

EDI	261
EDV-Anlage	62
Eigenkapitalrentabilität	32, 230
Eigenlager	96
Eigentum	271
Eigentumsordnung	341
Eigentumsvorbehalt	47
Eigentumsvorbehalt, einfacher	48
Einfuhrabgaben	119
Einfuhrpapiere	118
Einfuhrumsatzsteuer	119
Eingriffe, marktkonforme staatliche	334
Einkaufskontoren, Ziele von	34
Einkommens- und Vermögensverteilung, gerechte	364
Einkommensteuer	312
Einkommensteuererklärung	312
Einlagenfazilität	387
Einlagenfinanzierung	242
Einliniensystem	38
Einnahmenpolitik	372
Einrede der Verjährung	56
Einrede der Vorausklage	251
Einsatzplanung, EDV-gestützte	113
Einzelhändler	30
Einzelkosten	195
Einzellagerung	106
Einzelprokura	299
Einzelunternehmen	291
Einzelvollmacht	299
Einzugsermächtigungsverfahren	235
Einzugsindossament	254
Eisenbahn	110
Eisenbahnfrachtbrief	118
Electronic Commerce	260 f.
Electronic Data Interchange	261
Entlohnung	262
Entstehungsrechnung	351
Erfolgsermittlung, periodengerechte	170
Erfolgskonten	140
Erfolgsrechnung, kurzfristige	73
Erfüllungsgeschäft	274
Erfüllungsort, gesetzlicher	46
Erfüllungsort, vertraglicher	47
Erfüllungsort bestimmt das Gericht	47
Erfüllungsort für die Geldzahlung	47
Ergänzungsprüfung	17 f.
Ergebnistabelle	189, 191
Erinnerungsblockade	21
Ersatz(Neu-)lieferung	278
Erträge	140, 186

Register

Erträge, betriebliche	186
Erträge, neutrale	186
Erträge, standortbedingte	36
Erwerbsminderungsrente, halbe	308
Erwerbsminderungsrente, volle	308
Etagenlager	97
EVA-Prinzip	62
Eventmarketing	84
Expansion	368
Experiment	71
Expressdienst	113 f.

F

Fachgespräch, fallbezogenes	16
Factor	258
Factoring	257
Factoring, echtes	258
Factoring, unechtes	258
Factoringvertrag	257 f.
Faktormärkte	314
Fälligkeitsdarlehen	248
Fantasiefirma	269
FAS	117
Faustpfandkredit	252
Fazilitäten, Politik der ständigen	387
Fazilitäten, ständige	386
FCA	117
Fehlverkäufe	73
Fifo-Methode	105
Finanzbuchführung	184
Finanzierung	240
Finanzierung durch Abschreibungen	243
Finanzierungsarten	241
Finanzierungsfunktion	258
Finanzierungsgrundsätze	241
Finanzierungsregeln, horizontale	227
Finanzierungsregeln, vertikale	223
Firma	267
Firma, gemischte	269
Firmenausschließlichkeit	268
Firmenbeständigkeit	268
Firmengrundsätze	268
Firmenklarheit	268
Firmenöffentlichkeit	268
Firmenübertragbarkeit	268
Firmenwahrheit	268
Fiskalpolitik	372
Fiskalpolitik, angebotsorientierte	374
Fiskalpolitik, antizyklische	372
Fixhandelskauf	51
Flachlager	97
Floating	392
Flurförderfahrzeuge	41
FOB	117
Frachtbrief	112
Frachtführer	109
Fragezeichen	90
Franchising	35
Frauen, schwangere	302
Frei an Bord	117
Frei Frachtführer	117
Freilager	97
Frei Längsseite Schiff	117
Freizeichnungsklauseln	44
Fremdfinanzierung	243
Fremdkapitalintensität	227
Fremdlager	96
Fremdlagerung	106
Friedenspflicht	304
Fusion	336

G

Garantie	283
Garantieerklärung	283
Gattungskauf	51
Gebietskartelle	336
Gehaltsabrechnung	159
Gehaltstarifvertrag	303
Geldpolitik	381
Geldpolitik, expansive	382
Geldpolitik, Grenzen der	389
Geldpolitik, restriktive	382
Geldstrom	345
Gemeinkosten	195
Gemeinlastprinzip	378
Gemeinschaftswerbung	84
Generationenvertrag	308
Genossenschaft	297 f.
Gesamtkapitalrentabilität	32, 230 f.
Gesamtprokura	299
Gesamtrechnung, volkswirtschaftliche	352
Geschäfte, offenmarktpolitische	385
Geschäften, Arten von geldpolitischen	384
Geschäftsbedingungen, Allgemeine	48, 50
Geschäftsbriefe	269
Geschäftsbuchführung	184
Gesellschaft	292
Gesellschaft mit beschränkter Haftung	294
Gewährleistungsfrist	279
Gewerbeaufsichtsamt	303
Gewinn	131
Gewinn- und Verlustkont	140
Gewinnschwelle	218
Gewinnschwellenmenge	199
Gewinnzone	199
Gewinnzuschlagsatz	211
Gleichgewicht, außenwirtschaftliches	363
Gleichgewichtspreis	314, 321, 326
Gleichzeitigkeitsblockade	21
GmbH	294 f.
GmbH & Co. KG	295
GoB	126
GoS	127
Grenzanbieter	319
Grenznachfrager	319
Groß- und Außenhandelskontenrahmen	148
Grundkosten	187
Grundschuld	252
Gruppenakkord	264
Gütermärkte	314
Güterstrom	345
Güterversand im Großhandel	41

H

Handelsbetriebe	29
Handelsbilanz	355
Handelsbilanz, aktive	355
Handelsbilanz, passive	355
Handelsgesellschaft, Offene	292
Handelskauf, einseitiger	52
Handelskauf, zweiseitiger	52
Handelsrechnung	118
Handelsregister	270 f.
Handelsregistereintragungen, Veröffentlichung von	384

Register

Handelsspanne	209 f.	
Handelsvertreter	76 ff.	
Handkauf	53	
Handlungskosten	202	
Handlungskostenzuschlagssatz	202	
Handlungsreisender	76, 78	
Handlungsvollmacht, allgemeine	299	
Hardware	61	
Hauptrefinanzierungsgeschäfte	384	
Haushaltsnachfrage	315	
Haushaltsprinzip	30	
Hemmung	58	
Hemmungsgründe	58	
Hinweise zum Umgang mit den Aufgaben, allgemeine	15	
HKZ	202	
Hochflachlager	97	
Hochkonjunktur	368	
Hochregallager	97	
Höchstbestand	99	
Höchstwertprinzip	177	
Holdinggesellschaft	337	
Human Relations	82	
Hunde, arme	90	
Hyperinflation	358	
Hypothek	252	

I

Identkartengeräte	64
IHK-Schlüssel	17
Ikea-Klausel	282
Imageforschung	72
Inbound	93
Incoterms-Klauseln	117
Individual-Software	65
Inflation	357
Inflation, galoppierende	358
Inflation, geldmengenverursachte	358
Inflation, gewinnverursachte	358
Inflation, importierte	360
Inflation, kostenverursachte	358
Inflation, offene	358
Inflation, schleichende	358
Inflation, trabende	358
Inflation, verdeckte	358
Infrastruktur	37, 378
Inkassoindossament	254
Inländerkonzept	348
Instanz	37
Instrumente, beschaffungspolitische	42
Interventionspflicht	392
Inventar	129, 132
Inventur	127
Inventur, Kontrollfunktion der	128
Inventur, permanente	127
Inventur, verlegte	127
Inventurarbeiten	128
Inventurverfahren	127
Investition	239
Investitionsarten	240
Ist-Bestand	128

J

Jahresprozentsatz	246
Jugend- und Auszubildendenvertretung	306
Jugendarbeitsschutzgesetz	301
Jugendliche	302
Just-in-time-Prinzip	107 f.

K

Kalkulationsfaktor	206 f.
Kalkulationskartelle	336
Kalkulationsschema	200
Kalkulationszuschlag	205
Kapitals, Berechnung des	237
Kapitalstruktur	223, 226
Kapitalstruktur, Beurteilung der	225
Kartelle	336
Kauf, bürgerlicher	52
Kauf auf Abruf	52
Kauf auf Probe	51
Käuferrecht	280
Kaufleute	266
Kaufmannseigenschaft	266
Kauf nach Probe	51
Kaufvertrag	274
Kaufvertrags, Abschluss eines	273
Kaufvertragsarten	50
Kauf zur Probe	51
Kennzahlensysteme	183
Kernsortiment	73
Kette, freiwillige	35
KG	294
Kommanditgesellschaft	293
Kommanditist	294
Kommissionär	77
Kommissionieren, paralleles	105
Kommissionieren, serielles	105
Kommissionierung	105
Kommissionsgeschäft	80
Kommunikationsstörungen, Vermeidung von	93
Komplementär	293 f.
Komplementärgüter	328
Konditionen, absatzfördernde	74
Konfiguration	61
Konflikte, persönliche	93
Konfliktfall	94
Konjunktur	366
Konjunkturdiagnose	371
Konjunkturindikatoren	370
Konjunkturpolitik	371
Konjunkturprognose	371
Konjunkturschwankungen	366, 370
Konjunktursteuerung	372
Konjunkturzyklus	367
Konkurrenzforschung	72
Konnossement	118
Konsumentenrente	319
Kontenplan	148
Kontenrahmen	148
Kontierungsaufgaben	26
Konto „Umsatzsteuer"	141
Konto „Vorsteuer"	141
Konto „Wareneingang"	145
Kontokorrentbuch	150
Kontokorrentkredit	247
Konventionalstrafe	286
Konvergenzkriterien	391
Konzentration	335
Konzentrationsabfall	20
Konzerne	336
Kooperation	34
Kooperation, horizontale	34
Kooperation, vertikale	34
Körperschaftsteuer	312
Kosten	185
Kosten, degressive	197
Kosten, feste	195
Kosten, fixe	195
Kosten, kalkulatorische	186
Kosten, progressive	197
Kosten, proportionale	197
Kosten, variable	196 f.
Kosten, veränderliche	196

Register

Kosten, Versicherung, Fracht	117	
Kosten- und Leistungsrechnung	183 f.	
Kostenarten eines Großhandelsunternehmens	195	
Kostenvergleich, zwischenbetrieblicher	193	
Krankenversicherung, gesetzliche	160 f., 307	
Krankheitsfall	308	
Kreditarten	244	
Kredite, kurzfristige	244	
Kredite, langfristige	244	
Kredite, mittelfristige	244	
Kreditfinanzierung	243 f.	
Kreditleihe	247	
Kreditmittel	253	
Kreditorenkonten	150	
Kreditprüfung	250	
Kreditrisiko	117	
Kreditwürdigkeitsprüfung, persönliche	250	
Kühllager	98	
Kundenforschung	72	
Kundenkonten	150	
Kundenreklamationen	91	
Kundenstrukturanalyse	72	
Kündigung, außerordentliche	305	
Kündigungsfristen	305	
Kündigungsschutzklage	305	
Kurierdienst	113 f.	
Kursrisiko	117	

L

Ladeschein	112
Lager	95 f.
Lager, dezentrales	96
Lager, zentrales	96
Lagerbestand, durchschnittlicher	100 f.
Lagerbestand, optimaler	98 f.
Lagerbestände, Kosten für die	99
Lagerbestands, Nachteile eines zu hohen	99
Lagerdauer, durchschnittliche	102
Lagerempfangsschein	106
Lager für gefährliche Güter	98
Lagerhalter	105 f.
Lagerhaltung, Aufgaben der	98
Lagermenge, kritische	106
Lagerplatzzuordnung	104
Lagerplatzzuordnung, chaotische	104
Lagerschein	106
Lagerzinssatz	103
Lastkraftwagen	109 f.
Leasing	255 ff.
Leasinggeschäft, indirektes	256
Leihvertrag	275
Leistungen	185 f.
Leistungsbilanz	354
Leistungsbilanz, aktive	355
Leistungsbilanz, passive	355
Leistungswettbewerb	340
Leitbildwerbung	87
Leitzinssätze für den Finanzsektor	387
Lernpausen	20
Lernproblemen, Vermeidung von	20
Lernwege, verschiedene	19
Lesegeräte	63
Liefererkonten	150
Liefererkredit	244
Lieferung, mangelhafte	57, 282
Lieferungsverzug	283 f., 286
Lifo-Methode	105
Liquidität	228
Liquidität, optimale	228
Liquiditätskennzahlen	229
Listenverkaufspreis	205
Lockvogelwerbung	343
Lohn- und Gehaltsbuch	149
Lohnquote	352
Lohnsteuer	312
Lohnsteuerkarte	265
Lombardkredit	252
Löschungsrecht	259
Luftfrachtverkehr	110

M

Maastrichter Vertrag	390
Mahnung	288
Mahnverfahren, gerichtliches	54
Mahnverfahren, kaufmännisches	53
Mängel, arglistig verschwiegene	277
Mängel, offene	277
Mängel, versteckte	277
Mängelrüge	277
Mann zur Ware	105
Manteltarifvertrag	303
Marketing	67, 71
Marketing im Großhandel	68
Marketingkommunikation	81
Marketingmix	88
Marketingmix, optimaler	88
Marketingziele	69
Markt	314
Markt, polypolistischer	317
Markt, vollkommener	329
Marktanalyse	71
Marktarten	314
Marktbeobachtung	71
Marktforschung	70 ff.
Marktorientierung	68
Marktprognose	71
Marktsegmente	70
Marktsegmentierung	70
Marktveranstaltungen	81
Marktwirtschaft, freie	338 f.
Marktwirtschaft, soziale	339
Maßnahmen, fiskalpolitische	373
Matrixorganisation	39
Maximalprinzip	30
Mehrfachwahlaufgaben	24
Mehrliniensystem	38
Mehrwertsteuer	141
Meldebestand	100
Mengenplanung	41
Mengentenderverfahren	386
Mietvertrag	275
Milchkühe	90
Mindestbestand	99
Mindestreserven	388
Mindestreservepolitik	388
Mindestreservesatz	388
Minimalprinzip	30
Mitbestimmung, paritätische	310
Mitbestimmung, überbetriebliche	310

Register

Mitbestimmungsgesetz von 1976	310	
Monatsinventuren	101	
Monopol	331	
Mütter, stillende	302	
Mütter, werdende	302	

N

Nachbesserung	278
Nachfrage	314
Nachfrage, Elastizität der	334
Nachfrage, Gesetz der	316
Nachfrage, Preiselastizität der	326
Nachfragearten	315
Nachfrageelastizitäten	327
Nachfrageinflation	358
Nachfragekurve	320
Nachfragereaktionen	316
Nachfristsetzung	285
Nebenbücher	149 f.
Net Economic Welfare	353
Nettoinlandsprodukt zu Faktorkosten	349
Nettoverdienst	265
Nichtkaufleute	267
Nichtverkäufe	73
Niederstwertprinzip	176
Niederstwertprinzip, gemildertes	177
Niederstwertprinzip, strenges	177
Nominallohn	356

O

Offenmarktpolitik	381 f.
Öffentlichkeitsarbeit	81
OHG	292 f.
OHG, Gesellschafter einer	293
OHG-Gesellschafter	292
Oligopol	331
Onlineshop	261
Organisation	37
Outbound	93

P

Pachtvertrag	275
Packung, Aufgaben der	66
Panel	71
Parität	120
Passivseite	132
Personalkosten	449
Personalkredit	251
Personalkredit, verstärkter	251
Personenfirmen	269
Personengesellschaft	292
Pflegeversicherung	160 f., 307
Platzkauf	53, 277
Polypol	331
Poor dogs	90
Portfolio	90
Preis-Absatz-Kurve	332
Preis-Absatz-Kurve im unvollkommenen Oligopol	332
Preisbeeinflussung	330
Preisbildung	331
Preisbildung im unvollkommenen Angebotsmonopol	333
Preisbildung im unvollkommenen Angebotsoligopol	332
Preisdifferenzierung, Formen der	74
Preiskartelle	336
Preisniveaus, Gleichung des	359
Preisniveaustabilität	357, 361
Preisstellungssystem, nettopreisbezogenes	75
Preisuntergrenze, absolute	218
Preisuntergrenze, kurzfristige	216
Preisvergleich	45
Primärerhebungen	71
Primärforschung	71
Privateinlagen	131
Privatentnahmen	131, 146
Produktionskartelle	336
Produktionsverbindungsgroßhandel	29
Produzentenrente	319
Programme	62
Projekt	262
Projekts, Phasen eines	262
Prokura	298
Prokurist	298
Prozessor	62
Prüfung, rechnerische	150
Prüfung, sachliche	150
Prüfung, sofortige	94
Prüfung, unverzügliche	94
Prüfungsanforderungen	12
Prüfungsaufgaben, maschinell auswertbare	26
Prüfungsergebnis	16
Prüfungsfach „Großhandelsgeschäfte"	13
Prüfungsfach „Wirtschafts- und Sozialkunde"	13
Prüfungsfragen „Kaufmännische Steuerung und Kontrolle, Organisation"	13
Prüfungskatalog	14
Public-Relations-Politik, Mittel der	82
Public Relations	81
Pünktlichkeit	114

Q

Qualitätsmanagementsysteme	40
Question marks	90
Quittung	234
Quotenkartelle	336

R

Rackjobber	30, 35
Randsortiment	73
Realkredit	251
Reallohn	356
Rechnungsabgrenzung, aktive	174
Rechnungsabgrenzung, passive	174
Rechnungswesen, externes	184
Rechnungswesen, internes	184
Rechtsgeschäfte	273
Rechtsmangel	277
Regalgroßhändler	35
Reihenfolgeaufgaben	25
Reklamationsfristen	278
Rentabilität	32, 230
Rente, dynamische	308
Rentenversicherung, gesetzliche	160 f., 308
Reservelager	98
Rezession	369
Rückstellungen	175, 243
Rücktrittsrecht	287
Rückwärtskalkulation	212

Register

S

Sachfirma	269
Sachkonflikte	93
Sachmangel	276, 282
Sachmängel	278
Sachversicherungen	109
Salespromotion	83
Sammelladung	110
Sammellagerung	106
Sammelwerbung	84
Schadensersatzansprüche	279
Schlussbilanz	139
Schwangerschaft	306
Schwankungen, saisonale	366
Schwankungen, strukturelle	366
Schwerbehinderte	306
Sekundärerhebungen	71
Selbsteintrittsrecht	115
Selbstfinanzierung	241 ff.
Selbstfinanzierung, offene	242
Selbstfinanzierung, stille	242
Selbsthilfeverkauf	287
Selbstkosten	212
Serviceleistungen, kaufmännische	89
Serviceleistungen, technische	89
Sicherung, dingliche	251
Sicherungsmittel	253
Sicherungsübereignung	252
Silolager	97
Software	61
Soll-Ist-Vergleich	182, 192
Soll-Ist-Vergleich, zwischenbetrieblicher	192
Sonderausgaben	313
Sortiment	72
Sortimentsbereinigung	74
Sortimentsbreite	72
Sortimentserweiterung	74
Sortimentsgestaltung	33, 73, 216
Sortimentsgroßhandel	30
Sortimentsplanung	41
Sortimentstiefe	72
Sozialordnung	341
Sozialversicherung	108, 160 f., 306 f.
Sparprinzip	30
Spartenorganisation	39
Spediteur	115
Speicher, externe	63
Speicherbuchführung, Grundsätze ordnungsmäßiger	127
Sperrungsrecht	259
Spezialgroßhandel	30
Spitzenrefinanzierungsfazilität	387
Sponsoring	82
Staates, Maßnahmen des	334
Staatsnachfrage	315
Staatsquote	374
Stablinensystem	38
Stagflation	360
Stammdaten	65
Standort, betrieblicher	36
Standort, optimaler	36
Standortfaktoren, allgemeine	36
Standortfaktoren, örtliche	36
Standortfaktoren, zu berücksichtigende	37
Standortverbund	34
Stars	90
Stelle	37
Stelle, Daten verarbeitende	260
Stellenbeschreibungen	37
Sterne	90
Steuerbelastung	373
Steuerlager	98
Steuern, indirekte	350
Steuersenkungen	373
Stichprobeninventur	127
Stichtagsinventur	127
Streckengeschäft	52
Streckengroßhandel	30
Streugebiet	85
Streukreis	85
Streuweg	85
Streuzeit	85
Strom, monetärer	345
Strom, realer	345
Strukturpolitik	378 f.
Stückkauf	51
Substitutionsgüter	328
Subventionen	350
Supply-Chain-Management	40
Systembücher	149

T

Tanklager	97
Tarifautonomie	304
Tarifverhandlungen, Ablauf von	303
Tatbestandsaufnahme	94 f.
Tauschgleichung	359
Teilkostenrechnung	214
Terminkauf	51
Terms of Trade	116
ToT	116 f.
Tourenkontrolle	113
Tourenplanung	112 f.
Transportrisiko	117
Trust	336

U

Überliquidität	229
Überweisung	235
Umlaufintensität	224
Umlaufvermögen	228
Umsatz, kritischer	79
Umsatzrentabilität	32, 230 f.
Umsatzsteuer	141, 159
Umschlagshäufigkeit	102
Umschlagshäufigkeit, Erhöhung der	103
Umschlagslager	96
Umweltschutz, integrierter	378
Umweltschutzpolitik	377
Unfallversicherung, gesetzliche	309
Unterliquidität	229
Unternehmen	28
Unternehmens, Rechtsform eines	291
Unternehmensnachfrage	315
Unternehmenszusammenschluss	337
Unternehmerlohn, kalkulatorischer	188
Ursprungszeugnis	118
UWG	342 f.

V

Verbindlichkeiten	180

Register

Verbraucherpreisindex, allgemeiner	357	
Verbrauchsfolgeverfahren	104	
Verbrauchsgüterkauf	52, 279	
Verbrauchsteuer	141	
Veredelungsverkehr, aktiver	119	
Veredelungsverkehr, passiver	119	
Vergleichskennzahlen, betriebswirtschaftliche	193	
Verjährung	56	
Verjährung, Hemmung der	60	
Verjährung, Neubeginn der	58 f.	
Verjährungsfrist, regelmäßige	59	
Verjährungsfristen	57	
Verjährungsfristen, Verkürzung der	59	
Verkauf, persönlicher	83	
Verkaufsförderung	83	
Verkaufsgespräch am Telefon	93	
Verkaufsgespräche	92	
Verkaufskalkulation	202	
Verkaufspreis	202	
Verkehrsgleichung	359	
Vermögensstruktur	223	
Vermögensstruktur, Kennzahlen der	224	
Verpackungsverordnung	66 f.	
Verpflichtungsgeschäft	274	
Verschuldungsgrad	226	
Versendungskauf	53, 282	
Versicherung, eidesstattliche	56	
Verteilungslager	96	
Verteilungsrechnung	351	
Verträge	273	
Vertragsfreiheit	272	
Vertriebskosten	156	
Verursacherprinzip	378	
Verwendungsrechnung	351	
Vier-Felder-Portfolio-Matrix	90 f.	
Viereck, magisches	347, 356	
Volkswirtschaft, Außenbeitrag einer	362	
Volkswirtschaft, geschlossene	347	
Volkswirtschaft, offene	347	
Vollindossament	254	
Vollkostenrechnung	214	
Vollstreckungsbescheid	55	
Vorratslager	96	
Vorsorgeprinzip	378	
Vorsteuer	155	
Vorsteuerüberhang	141	
Vorwärts- und Rückwärtsblockaden	21	
Vorwärtskalkulation	212	
Vorwärtskalkulation, Vereinfachung der	204	

W

Wachstum, qualitatives	353	
Wachstum, quantitatives	352	
Wachstumspolitik	376	
Wachstumstrend	367	
Währung, Abwertung einer	123	
Währung, Aufwertung einer	123	
Währung, Außenwert der	120	
Währungsrechnen	124 f.	
Währungsunion	390	
Währungsverbindlichkeiten	180	
Warenannahme	94	
Wareneingangslager	98	
Wareneinsatz	145	
Warenrohergebnis	141	
Warenrohgewinn	141	
Warenwirtschaft	60	
Warenwirtschaftssystem	60	
Warenwirtschaftssystem, EDV-gestütztes	60	
Warenwirtschaftssystem, geschlossenes	61	
Warenwirtschaftssystem, integriertes	61	
Warenwirtschaftssystem, manuelles	60	
Warenwirtschaftssystem, offenes	61	
Ware zum Mann	105	
Webshop, idealer	261	
Wechsel	252, 254	
Wechselgeschäft	253	
Wechselkurs	120	
Wechselkursautomatismus	120	
Wechselkursbildung	120	
Wechselkurse, feste	120, 122	
Wechselkurse, flexible	120, 122, 393	
Wechselkurse, freie	120	
Wechselkurse, sinkende	393	
Wechselkurse, stabile	393	
Wechselkurse, System flexibler	392	
Wechselkursmechanismus, europäischer	391	
Wechselstrenge	255	
Werbeerfolg, außerökonomischer	87	
Werbeerfolg, ökonomischer	86	
Werbeerfolgskontrolle	87	
Werbeetat	85	
Werbegrundsätze	86	
Werbemittel	85	
Werbemittelgestaltung	85	
Werbeobjekte	85	
Werbeplan	85	
Werbeträger	85	
Werbeziele	85	
Werbung	84	
Werbung, kooperative	85	
Werbung, suggestive	87	
Werbungskosten	313	
Werkvertrag	275	
Wertersatz	282	
Wertpapierpensionsgeschäfte	382 f.	
Wettbewerb, funktionierender	340	
Wettbewerb, Gesetz gegen den unlauteren	342	
Wettbewerbsordnung	340	
Widerruf	45	
Wiederholung	20	
Wiederholungen, sinnvolle	19	
Wiederholungsplan, sinnvoller	19	
Wirkung, deklaratorische	271	
Wirkung, konstitutive	271	
Wirkung, rechtsbezeugende	271	
Wirkung, rechtserzeugende	271	
Wirtschaft, sich fortentwickelnde	346	
Wirtschaften	346	

Register

Wirtschaftlichkeit	32 f.	
Wirtschaftsgüter, geringwertige	167 f.	
Wirtschaftskreislauf, einfacher	344, 347	
Wirtschaftskreislauf, erweiterter	347	
Wirtschaftskreislaufs, Modell des einfachen	345	
Wirtschaftsordnungsmodell	337	
Wirtschaftspolitik	356	
Wirtschaftspolitik, Zielkonflikte der	365	
Wirtschaftsunion	390	
Wirtschaftswachstum	363 f., 376	

Z

Zahllast	142
Zahlschein	235
Zahlung, halbbare	234
Zahlungsbilanz	353 f.
Zahlungsbilanz, aktive	354
Zahlungsbilanz, passive	354
Zahlungsbilanzausgleich	354
Zahlungsbilanzdefizit	354
Zahlungsbilanzüberschuss	354
Zahlungsfähigkeit	228
Zahlungsmittel	253
Zahlungsüberwachung	290
Zahlungsverzug	288
Zeit, Berechnung der	238
Zeitlohn	263
Zeitplan	22
Zeitplanung	41
Zeitvergleiche, innerbetriebliche	193
Zeitvergleiche, zwischenbetriebliche	193
Zentralbank, Europäische	380
Zentralbanken, Europäisches System der	379
Zentralverwaltungswirtschaft	338 f.
Zession, offene	251
Zession, stille	251
Zessionskredit	251
Zielharmonien	366
Zielkauf	52
Zielkonflikte zwischen Ökonomie und Ökologie	31
Zinsen, Berechnung der	236
Zinsen, kalkulatorische	188
Zinserhöhung durch die EZB	389
Zinssatz	397
Zinssatz, effektiver	246, 248
Zinssatzes, Berechnung des	238
Zinstage, Berechnung der	236
Zinstenderverfahren	386
Zollbehandlung „Abfertigung zum freien Verkehr"	119
Zollgutlager	98
Zolllagerverfahren	119
Zulieferungslager	96
Zuordnungsaufgaben	24
Zusatzkosten	187 f.
Zustellgroßhandel	30
Zwangsvollstreckung	55

Bildquellenverzeichnis

Flix (Felix Görmann), Berlin   33, 49, 57, 78, 91, 101, 111, 125, 128, 129, 156, 162, 213, 219, 231, 239, 243, 246, 257, 267, 276, 280, 281, 290, 325 (2), 337, 361, 371, 397, 409 (3), 441, 445, 455, 462, 465, 469 (2), 471, 473, 479, 481, 491

Grafikdesign Claudia Hild, Angelburg   Infografiken 193, 367 und alle kaufmännischen Belege

Coverfoto: Raimo Patzer, fotolia

Umschlaggestaltung: KLAXGESTALTUNG, Braunschweig

Trotz intensiver Nachforschungen ist es uns in manchen Fällen nicht gelungen, die Rechteinhaber zu ermitteln. Wir bitten diese, sich mit dem Verlag in Verbindung zu setzen.